环球网校
移动学习 职达未来 hqwx.com

零基础过软考

信息系统项目管理师

一本通

薛大龙 兰帅辉 / 特邀主编

环球网校软考研究中心 编

U0674982

天津出版传媒集团

天津科学技术出版社

图书在版编目（CIP）数据

信息系统项目管理师·一本通 / 环球网校软考研究
中心编 . —— 天津：天津科学技术出版社，2020.10（2022.7 重印）
 计算机技术与软件专业技术资格（水平）考试零基础
过软考
 ISBN 978－7－5576－8559－1

 Ⅰ . ①信… Ⅱ . ①环… Ⅲ . ①信息系统－项目管理－
资格考试－自学参考资料 Ⅳ . ①G202
 中国版本图书馆 CIP 数据核字（2020）第 142240 号

信息系统项目管理师·一本通
XINXI XITONG XIANGMU GUANLISHI YIBENTONG
责任编辑：吴　顿
责任印制：兰　毅
出　　版：天津出版传媒集团
　　　　　天津科学技术出版社
地　　址：天津市西康路 35 号
邮　　编：300051
电　　话：（022）23332377（编辑部）
网　　址：www. tjkjcbs. com. cn
发　　行：新华书店经销
印　　刷：三河市中晟雅豪印务有限公司

开本 787×1092　1/16　印张 31.5　字数 785 000
2022 年 7 月第 1 版第 3 次印刷
定价：128.00 元

计算机技术与软件专业技术资格(水平)考试
信息系统项目管理师·一本通

编 委 会

丛 书 主 编　伊贵业

本 册 主 编　薛大龙　兰帅辉

本册副主编　马利永　王开景　孙烈阳

　　　　　　黄俊玲　唐　徽　张　诚

前　言

当前，以 5G、物联网、云计算、大数据、人工智能、移动互联网、工业互联网、虚拟/增强/混合现实、区块链等为表征的新一轮信息技术革命席卷全球，方兴未艾。人们越来越发现，技术的进步会为人们生活带来改变，为社会发展带来促进，为数字经济筑底，为产业发展提供动能，为国家实力提升提供契机。历史事实也告诉我们，要在世界变局和信息技术革命中抢占先机、永立鳌头，核心的关键在创新，而创新的关键在人。

人才是国家信息化成功之本，对国家信息化体系其他各要素的发展速度和质量有着决定性的影响，是国家信息化建设的关键。软件和信息技术服务业作为知识和技术密集型产业，其竞争的根本是人才的竞争。而当下，通过全国计算机技术与软件专业技术资格考试（以下简称"软考"）成为信息化人才，是当前我国从国家层面选拔人才最重要的方式之一，通过考试即被国家认定为具有中/高级职称资格的信息化人才。

信息系统项目管理师考试是全国计算机技术与软件专业技术资格考试中认可度最高的技术/管理类考试之一。作为高级职称资格考试，其考核方向完全契合以能力建设为核心，选拔高层次、复合型人才的考查方向。考试的难度和含金量非常高，分为三个考试科目：信息系统项目管理综合知识、信息系统项目管理案例分析、信息系统项目管理论文。

鉴于该项考试难度系数大，知识体系庞杂，环球网校软考研究院中心教师及教研团队在多年潜心研究软考知识体系的基础上，对历年的软考考试题进行了深入分析、归纳和总结，把具有规律性的内容融入到考前培训当中，并取得了显著效果。为了让更多学员能够分享他们的经验和成果，环球网校软考研究中心联合薛大龙、兰帅辉等多位业界名师，共同组织编写了本书。

俗话说，学练不分家。本书有以下几个突出的特点：

【易读易懂】零基础学员也能读懂。全书在对考试大纲进行深入分析的基础上，详细解读了考试的重点、难点，并列举案例帮助学员理解、记忆。

【应试为王】全方位应对考试。全书共五编，第一编考情介绍及备考指导指明了备考方向；第二编考点精解及同步练习共 27 章内容，涵盖了考试大纲所要求的所有知识内容，并且配套了同步练习（即"小蔡的自问自答"和"本章重要概念"两部分）；第三编案例专项介绍了历年考试中的经典案例题解题思路及应对方法；第四编论文专项讲解了如何在 120 分钟内写出 2500 字的合格论文；第五编则是两套全真模拟考卷，通过模考对知识进行查漏补缺，同时磨炼自己的答题技巧。助力学员顺利通关。

【优化结构】考点内容模块化。为了阅读及学习更有逻辑性，提高大家的学习效率，本书结合多位业界名师的授课经验，对考试大纲进行了重新整理，按照信息系统技术、项目十大管理、管理基础、高级管理、法律及法规标准规范五大部分编写，将使考生的学习事半功倍。

【学习闭环】本书集学、练、测于一体，既可用于教材理论的学习又兼具实战演练备考功能。

本书的总体结构如下：

布局谋篇	各个突破

综合知识
- 第一编 → 历年考情 | 考试特点及备考指导
- 第二编 → 模块一 信息系统及信息技术 | 模块二 项目十大管理知识
  - 模块三 项目管理基础 | 模块四 高级项目管理
  - 模块五 法律法规及单选计算

案例分析
- 第三编 → 案例专项

论文考查
- 第四编 → 论文专项

应试为王
- 第五编 → 精选模拟试卷2套

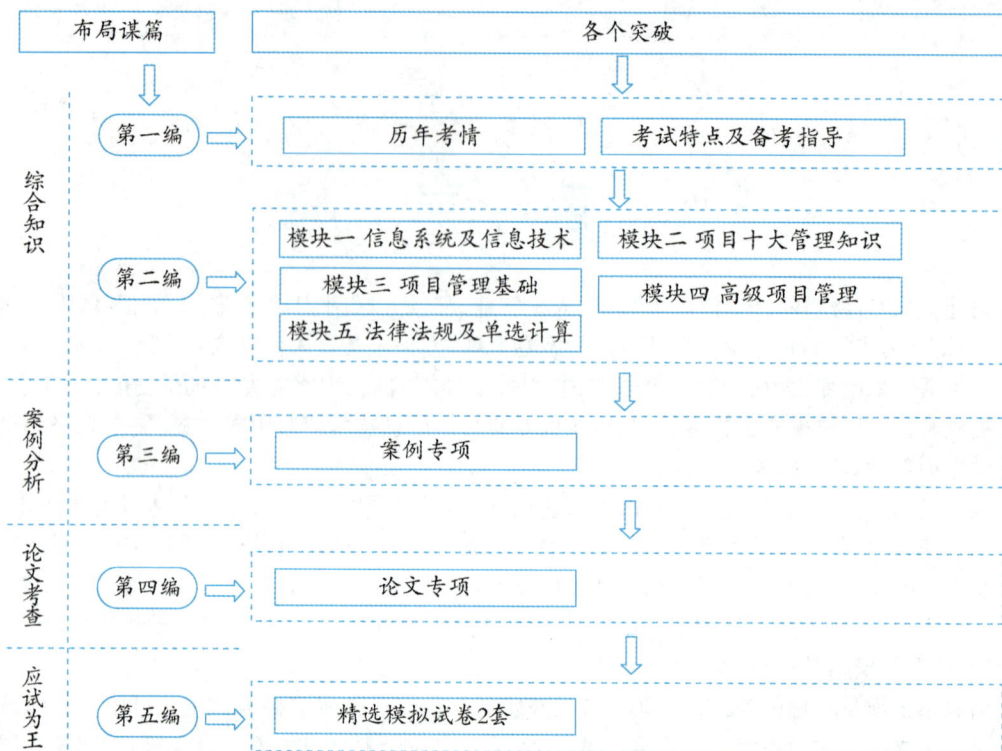

本书由薛大龙、兰帅辉任主编,马利永、王开景、孙烈阳、黄俊玲、唐徽、张诚任副主编。其中,兰帅辉完成第二编第4~5章、第13~15章、第26~27章的编写,马利永完成第二编第1章、第17章、第19~23章的编写,王开景完成第二编第6~10章的编写,黄俊玲完成第二编第16章、第18章的编写,孙烈阳完成第二编第2~3章、第11~12章、第24~25章的编写,唐徽完成第三编案例专项、第四编论文专项的编写,薛大龙完成第五编模考卷的编写。全书由薛大龙确定架构,兰帅辉统稿,兰帅辉初审,薛大龙终审完成。

参与本书编写人员还有张诚、艾教春、朱乐乐、李世超等多位专家,在此表示感谢。同时还要感谢胡燕茹、吴甜甜、高超、齐如冰在出版过程中审校书稿的辛劳付出。

本书付梓之际,再次感谢以上各位作者的付出,正是他们,本书才得以博采众长,为广大考生奉献一本凝聚了各位老师多年教学经验的好书。

本书易读、易懂、易记,既可作为考生备考"信息系统项目管理师"的学习教材供零基础学员学习使用,也适合有基础的学员用于课后练习和巩固,还可供各类培训班作为教材使用。希望本书能够助力您顺利通过信息系统项目管理师考试,迈出职业生涯中的坚实一步!

编　者

目　录

第一编　考情介绍及备考指导

历年考情 ·· 3
考试特点及备考指导 ·· 3

第二编　考点精解及同步练习

模块一　信息系统及信息技术 ·· 11
第1章　信息化和信息系统 ·· 11
第2章　信息系统安全管理 ·· 44
第3章　信息系统综合测试与管理 ·· 61

模块二　项目十大管理知识 ·· 79
第4章　项目整体管理 ··· 79
第5章　项目范围管理 ··· 99
第6章　项目进度管理 ·· 117
第7章　项目成本管理 ·· 141
第8章　项目质量管理 ·· 160
第9章　项目人力资源管理 ·· 171
第10章　项目沟通管理和干系人管理 ·· 187
第11章　项目风险管理 ··· 202
第12章　项目采购管理 ··· 221

模块三　项目管理基础 ··· 239
第13章　信息系统项目管理基础 ·· 239
第14章　项目立项管理 ··· 258
第15章　项目合同管理 ··· 269
第16章　信息文档管理与配置管理 ··· 280
第17章　知识管理 ·· 291
第18章　项目变更管理 ··· 298

模块四　高级项目管理 ··· 303
第19章　战略管理 ·· 303
第20章　组织级项目管理 ·· 308
第21章　流程管理 ·· 312
第22章　项目集管理 ··· 319
第23章　项目组合管理 ··· 324
第24章　项目管理成熟度模型 ·· 331

第 25 章　量化的项目管理 ·· 339

模块五　法律法规及单选计算 ·· 347

第 26 章　知识产权与标准规范 ·· 347

第 27 章　管理科学基础知识 ··· 364

第三编　案例专项

案例分析 ·· 387

第四编　论文专项

论文分析 ·· 431

第五编　模拟试卷及解析

全国计算机技术与软件专业技术资格（水平）考试 ····················· 443

模拟试卷（一）　信息系统项目管理师　上午试卷 ························· 443

模拟试卷（一）　信息系统项目管理师　下午试卷 I ······················ 461

模拟试卷（一）　信息系统项目管理师　下午试卷 II ····················· 466

模拟试卷（二）　信息系统项目管理师　上午试卷 ························· 468

模拟试卷（二）　信息系统项目管理师　下午试卷 I ······················ 490

模拟试卷（二）　信息系统项目管理师　下午试卷 II ····················· 495

第一编

考情介绍及备考指导

历年考情

信息系统项目管理师是全国计算机技术与软件专业技术资格(水平)考试的高级科目,目的是通过考试科学、公正地对全国高级信息系统项目管理师进行职业资格、专业技术资格认定和专业技术水平测试,通过本考试的人员意味着掌握了信息系统项目管理的知识体系,具备了管理大型、复杂信息系统项目和多项目的知识、经验和能力。

本科目自实行考试制度以来已超过15年,时至今日,考试的内容和形式趋于稳定和成熟,考试的深度和广度整体上也都有增加。横向相比较而言,此科目的考试难度相对于同等级别其他科目更为综合,以信息技术为依托、考查项目管理各方面的知识和能力,知识覆盖面广泛,技能要求综合,实际工作能力和业务水平要求较高。

本科目的考试内容涉及信息技术知识、项目管理知识、高级项目管理知识、法律法规与标准规范、管理科学知识、英语等方面。考试注重信息技术知识与项目管理技能的综合考查,注重信息技术知识的广度和项目管理能力的深度。根据近几年的考试情况来看,考查的题目理解和变形偏多,概念性的题目有所减少,而且考查的角度更加趋于灵活和更加细节,整体来说难度逐渐增加。

信息系统项目管理师考试具有一定的难度。每年报考人数很多,但每次全国通过率大概在10%~15%之间。证书的价值和社会认可度也很高,通过信息系统项目管理师考试,对于个人意味着在能力提升的同时也在职业发展、升职加薪、积分落户等方面有更多的选择和机会,拥有信息系统项目管理师的企业或组织意味着在招投标、商务运作、公司经营等方面拥有更多的核心竞争优势。

工欲善其事,必先利其器。鉴于此,我们有必要紧跟考试趋势,熟悉命题规律,系统、科学地展开本科目的学习以应对考试,只有这样,才能事半功倍,科学高效地完成我们的"小目标"。

此考试科目分为三科,分别是综合知识、案例分析和论文。考试形式均为笔试,三科满分均为75分,每科达到45分即为合格,三科一次通过即可获得证书,没有补考机会(可以重考)。以下为各科目考试时间及题型表。

各科目考试时间及题型

考试科目	考试时间	题目数量	题型
综合知识	9:00—11:30	75道单选题	约20道题考查信息技术知识;约50道题考查项目管理类知识;5道题为英文题
案例分析	13:30—15:00	3道案例题	1道计算题;2道案例材料分析题;每道题分为若干小题
论文	15:20—17:20	1道论文题	固定管理知识论题

考试特点及备考指导

1. 考试特点

(1)上午综合知识。

在上午75分的选择题中,考查范围涉及面广(考试大纲中分为了27章内容),以基础知识为主,出题重点比较固定。此科目直接考原文概念的题目是比较少的,大都集中在信息技术相关的部分。涉及管理知识的题目,都需要在理解知识的基础之后,才能够答对。因此,我们不仅要对知识点进行记忆,还要注重理解。

(2)下午案例分析。

案例题一共三道大题,每道大题下分为若干个小题。

案例题从考查角度出发,主要分为:

A—需要进行计算的计算题(主要考查进度、挣值分析的计算)。

B—通过项目管理知识,解决案例问题中的材料分析题,解答这种题,需要对管理知识体系有全局理解,这种题目综合性较强,需要扎实的基础知识。

(3)下午论文写作。

论文题目指定,应按照考试具体写作要求进行论述,具有固定框架。要求内容正确,思路清晰,逻辑有条理。此科目主要涉及十大管理内容以及安全管理内容,多与管理领域结合考查。

2. 备考指导

(1)制定计划,重视坚持。

学习要有计划,这样才能在考试的时候胸有成竹,计划不仅是对学习的一种重视,也是对学习进度和效果的直观检验。有很多考生没有制订学习计划的习惯,经常挑灯夜战却没有效果,时间付出的不比别人少,但是却没能通过考试,所以我们学习必须要有计划,有规律,这样才可以对备考有一个整体的把控。有了计划就要实施,俗话说:言之易,行之难,计划好做,坚持下来却很难,有很多考生自制力很差,经常是三分钟热度,而备战软考的关键恰恰就在于坚持,只有每天坚持,按照计划进行学习,才能攻克软考。

(2)摸清特点,科学备考。

软考考试内容多,考查范围广,如果不了解每个科目的考试特点,主次不分,眉毛胡子一把抓,不仅费时费力,还毫无效果。所以只有摸清每个科目的考试特点,我们才能进行科学的备考。比如项目十大管理的知识需要我们去理解记忆,若死记硬背,则不利于对知识运用科目的学习,如案例分析和论文。所以我们要用最高效的方法,掌握更多的知识。

(3)面对"难点"听取意见。

在学习软考的时候我们会遇到很多难点,例如,十大管理中的进度成本管理涉及的各种计算、公式等。面对这些难点,要听取专业老师的意见,方能对症下药。授课老师会在课程中举例子,帮助大家理解记忆,从而快速掌握做题技巧。所以,认真听课,不懂的地方反复听、反复问,再"难"的题也能答对。

(4)刷题练习,绝不松懈。

刷题是对自己的学习成果检验的最好方法,通过刷题我们可以了解到自己对知识的掌握情况,及时对薄弱的部分进行巩固学习。还可以通过刷题了解出题的特点、方向、角度,从而更深层次地掌握知识点及出题规律。我们可以分难易程度去树立几个目标关卡:30分、40分、40~50分、50~60分。对于错题要及时解决,并进行总结,这样才能使我们更上一层楼。

3. 阶段学习计划

备考信息系统项目管理师考试,有明确的学习阶段规划和学习目标是必不可少的。一般来说,备考分为三个阶段,以下是每个阶段必须要达到的学习目标及学习建议。

阶段	学习目标	学习建议
基础阶段 (考点精学,夯实基础)	学习教材全部内容,初步了解和熟悉基础内容,根据各个知识点考查程度进行掌握学习	此阶段为打基础阶段,需要大家投入最多的精力,每天学习2个小时,学习过程中注意把握每个知识点的学习要点及学习方法(记忆or理解)

阶段	学习目标	学习建议
强化阶段 （专项强化，巩固提高）	掌握案例题答题要点及技巧，成本进度计算必会，掌握论文写作框架和写作需要的知识点内容	此阶段为强化提升阶段，案例和论文是对基础知识的一个运用，所以除了掌握基础知识之外，还需要对其进行深入理解
冲刺阶段 （查漏补缺，冲刺通关）	查漏补缺，清除知识盲区，总结综合知识重点内容，背诵案例简答题，熟读论文	此阶段为考前冲刺阶段，也是非常重要的一个阶段，可以利用刷题检验学习成果，并及时总结错题清除知识盲区，对重点内容进行总结，为考试做准备

第一编

第二编

考点精解及同步练习

01 | 本书项目背景

　　国内软件上市公司 A 公司是国际有名的 IT 系统集成商,业务领域非常广,最近几年发展迅速。公司注重技术研发,尤其是在人脸识别技术上的研发费用投入很高,并且研发成果很好,其传统优势是针对各种场景下的考勤系统。随着人工智能技术和移动互联网的发展,考勤系统这一看似简单的应用场景越来越外延出许多新的需求,市场对应用最新技术的考勤系统的需求增量很大,目前某跨国企业刚好有这方面需求,正在公开招标。

　　A 公司组织结构如下:

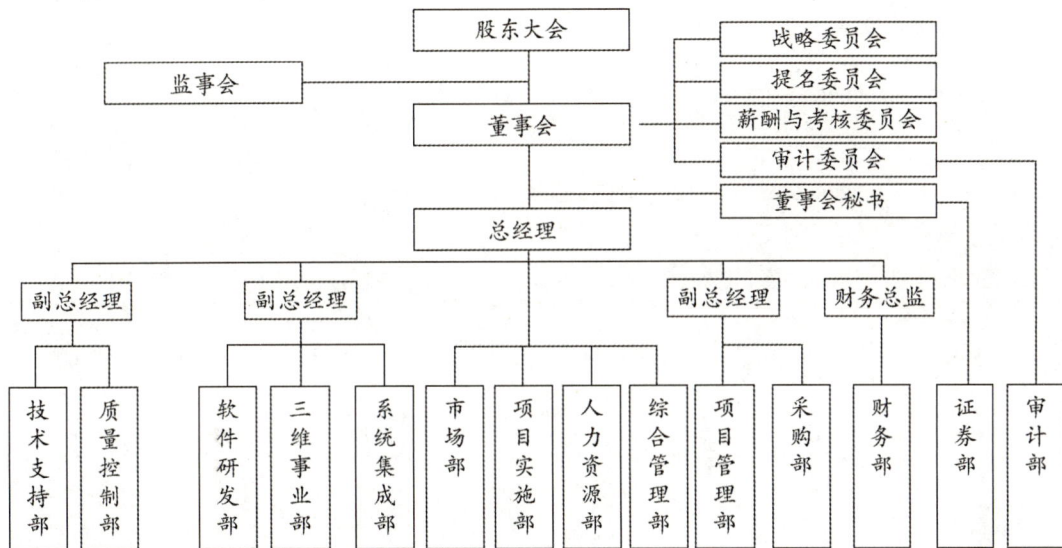

```
                    股东大会                    战略委员会
                                             提名委员会
          监事会          董事会              薪酬与考核委员会
                                             审计委员会
                                             董事会秘书
                    总经理

  副总经理        副总经理              副总经理      财务总监

 技术  质量    软件  三维  系统  市场  项目  人力  综合  项目  采购  财务  证券  审计
 支持  控制    研发  事业  集成  部   实施  资源  管理  管理  部   部   部   部
 部   部      部   部   部        部   部   部   部
```

02 | 本书相关角色

乙方(承建方):

　　薛　总　中共党员,国内知名软件上市公司 A 公司董事长,人工智能、项目管理领域兼具实战派和理论派于一体的偶像级专家,全国十大杰出青年,全国劳动模范。

　　胡　总　A 公司高管,新入职,背景不明,对项目管理的工作一窍不通,且不屑一顾,觉得国内信息系统项目主要是靠关系、靠运作,技术不重要,管理更不重要。

　　肖 经 理　市场部经理,商场沉浮多年的老人,对如何"做单"拿下信息系统项目别有心得,因为屡屡能拿到项目,深受薛总赏识,他也将薛总定为自己将要成为的那个人。

　　左 总 监　A 公司项目总监,是一个不苟言笑的人,好像有人欠他什么似的,满脸"旧社会"。

　　项 经 理　A 公司金牌项目经理,精通项目管理,理论加实践派,尤其喜欢用数学的方法解决项目管理中的问题,有点自傲。

　　蔡工程师　IT 职场小白,痴迷技术,勤学好问,立志成为名副其实的 IT 人,月薪十万是他近三年的目标,不过听从"偶像"项经理的建议:真正的 IT 达人需要技术和管理两条腿走路……最近他定了个小目标:通过信息系统项目管理师考试。

牛工程师	技术大牛,非常自恋,好为人师,有非一天、两天就能练成的"吹牛"本事。
裴工程师	女,是公司质量管理部的配置管理员,一位精明干练、做事认真的小姐姐。
申 经 理	A公司审计经理,尤其对钱看得很紧,据说是老板的近亲。
策工程师	测试经理,有点偏执,眼睛从不容沙子,吃鱼挑刺最擅长,不挑人毛病就能"死"

的节奏。

甲方(建设方):

| 贾　　总 | 甲方的行政总监,甲方的项目代表,第一次负责这种信息化的项目。 |
| 小　　贾 | 甲方的项目经理,也就是窗口人员,日常与乙方的交流都由小贾完成,为人随 |

和,但做事情有点较真。

模块一 信息系统及信息技术

第1章 信息化和信息系统

1.1 考情分布地图

项目正式立项以后,项经理开始组建项目团队工作,由于时间工期比较紧张,项经理认为除了加班以外,通过提升团队成员的知识与技能也可以提高工作效率,进而缩短工期。经过开会讨论,决定聘请某机构知名专家辛教授进行为期10天的培训,培训后进行结业考试,成绩纳入个人绩效,同时录制培训视频、总结培训文档,形成项目的组织过程资产。

小蔡用百度查询了人工智能、大数据的介绍后,感觉这类技术非常高大上,他立志成为专家级的信息化技术人才,对将要到来的培训充满了向往。

小蔡为了取经,请经验丰富的牛工吃饭,虽然是便宜的快餐,但是这也比平常多了个鸡腿。"咱们码农不是会敲代码就行吗? 为什么要学习信息化知识?"牛工打开了他的话匣子:"全国计算机技术与软件专业技术资格(水平)考试为全国统考,证书全国通用有效,是信息技术人才的'身份证'。"

第一章是信息及信息安全等相关的知识点,从历年的考试来看,本章知识点只在上午的综合知识单选题中考查,不会在案例和论文写作中考查。近3次考试平均分值在11分左右,从分值的变化来看,第一章的分值有所减少,而且从下面表格也可以看出,之前常考查的知识点在近几次考试中已经不作为重点内容进行考查了,考查的侧重点有所变化,考查趋于细节化。总分为0的知识点及信息系统服务管理近4次考试都未考查过,这部分知识点多读几遍了解即可,不需要掌握。综合知识单选题近4次历年具体分值分布如下表所示。

年份 知识点	2022年5月 单选	2021年11月 单选	2021年5月 单选	2020年11月 单选	合计
信息的基本概念	1	0	0	0	1
信息系统生命周期	0	0	0	1	1
信息系统开发方法	1	1	1	1	4
网络标准与网络协议	1	0	0	1	2
网络设备及网络服务器	0	0	1	0	1
网络存储技术	0	0	1	0	1
网络接入技术、规划与设计	0	0	0	0	0
数据仓库技术	0	0	0	0	0
中间件技术	0	0	0	0	0
需求分析	1	0	1	1	3
UML	0	0	0	0	0
软件架构风格	0	1	0	0	1
软件设计	0	0	0	0	0
软件工程的过程管理(CMMI)	0	0	1	1	2
软件测试	0	0	0	1	1

第二编

续表

年份\知识点	2022年5月 单选	2021年11月 单选	2021年5月 单选	2020年11月 单选	合计
软件集成技术	0	1	1	1	3
物联网	0	0	1	1	2
云计算	0	0	0	0	0
大数据	1	0	1	1	3
移动互联网	0	0	0	2	2
区块链	0	1	1	0	2
信息安全的有关概念	1	2	1	2	6
信息加密、解密与常用算法	1	1	1	0	3
信息系统安全	0	0	1	1	2
信息化发展与应用	0	0	0	0	0
两化融合的含义	0	0	0	0	0
电子政务及电子商务	0	0	0	1	1
信息系统服务管理	0	0	0	0	0
大型信息系统	0	0	0	1	1
信息系统的规划方法	1	0	1	1	3
信息系统的规划工具	0	1	1	1	3
本章考查分值	8	8	15	17	48

1.2 信息系统与信息化

第一堂培训课开始了,首先我们要知道什么是信息,什么是信息系统,什么是信息化。

> *Tips*
>
> 简单地说,信息系统就是输入数据,通过加工处理,产生信息的系统。

1.2.1 信息系统的"生老病死"

信息系统跟人的一生相似,即从产生、存活运行、升级维护、打补丁修复,一直到系统不再适应需要的时候消亡。简单的四个周期分为立项(规划)、开发(生产制造)、运维(投入使用)、消亡(废弃停用)。

软件在信息系统中属于较复杂的部件,可以借用软件的生命周期来表示信息系统的生命周期。软件的生命周期通常包括:可行性分析与项目开发计划、需求分析、概要设计、详细设计、编码、测试、维护七个阶段。【简称为:七阶段法】

信息系统的生命周期可以简化为系统规划(可行性分析与项目开发计划)、系统分析(需求分析,关键阶段)、系统设计(概要设计、详细设计)、系统实施(编码、测试)、运行维护五个阶段。【简称为:五阶段法】

为了便于论述,针对信息系统的项目管理,信息系统的生命周期还可以简化为立项(系统规划)、开发(系统分析、系统设计、系统实施)、运维及消亡四个阶段,在开发阶段不仅包括系统分析、系统设计、系统实施,还包括系统验收等工作。【简称为:四阶段法】

如果从项目管理的角度来看,项目的生命周期又划分为启动、计划、执行和收尾四个典型的阶段。

1.2.2　本节金色重点

信息论奠基者香农认为信息能够用来消除不确定性的东西。信息量的单位为比特(bit)。

控制论创始人维纳认为信息就是信息,既不是物质也不是能量。这个论述第一次把信息与物质和能量相提并论。信息的概念存在两个基本的层次,即本体论层次和认识论层次。

香农将热力学中的熵引入信息论,计算公式如下:

$$H(x) = -\sum_{i=1}^{n} P(x_i) \log_2 P(x_i)$$

式中,x_i 代表 n 个状态中的第 i 个状态,$P(x_i)$ 代表出现第 i 个状态的概率,$H(x)$ 代表用以消除系统不确定性所需的信息量,即以比特为单位的负熵。

由于信息满足了人们消除不确定性的需求,因此信息具有价值,而价值的大小决定于信息的质量。信息的质量属性如表 1-1 所示。

表 1-1　信息的质量属性

信息的质量属性	解释
精确性	对事物状态描述的精准程度
完整性	对事物状态描述的全面程度
可靠性	信息来源合法,传输过程可信
及时性	信息获得及时
经济性	信息获取、传输成本经济
可验证性	信息的主要质量属性可以证实或证伪
安全性	信息可以被非授权访问的可能性,可能性越低,安全性越高

小蔡感觉很难记,编了个顺口溜"精完可及经验安",豁然开朗。

信息的传输模型

信息的传输模型如图 1-1 所示。

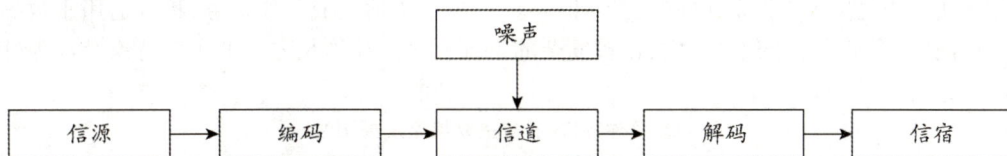

图 1-1　信息的传输模型

信源:产生信息的实体,比如我们用 QQ 发消息,录入"你好!"。

信宿:信息的归宿或接收者,如使用 QQ 的另一方(当然这一方也是信源),通过计算机屏幕接收 QQ 使用者发送的文字(如:你好!)。

编码器:实际上就是终端机的发送部分,比如我们敲击键盘,产生信息。信息通过一系列的信号采集、加工、转换、编码,最终被封装为 TCP/IP 包,推入 TCP/IP 网络,开始传播之旅。

信道:传送信息的通道,如 TCP/IP 网络(比如 5G 网络)。

译码器:译码器是编码器的逆变换设备,把信道上送来的信号转换成信宿能接受的信号,包括解调器、译码器、数模转换器等。在 QQ 接收者中,TCP/IP 包被解析,信息将显示在信宿的电脑屏幕上,发送者传送信息的不确定性消除了。

噪声:噪声可以理解为干扰。

■ 信息化的基本概念

以 A 公司的信息化为例，"企业信息化"不仅包括企业中应用信息技术，还包括通过深入应用信息技术，促成企业的业务模式、组织架构乃至经营战略发生革新或转变。

信息化从"小"到"大"分为以下五个层次：产品信息化、企业信息化、产业信息化、国民经济信息化、社会生活信息化。（顺口溜"产企业国社"）

信息化主体：全体社会成员，包括政府、企业、事业、团体和个人。

信息化时域：一个长期的过程。

信息化空域：政治、经济、文化、军事和社会的一切领域。

1.3　信息系统开发方法

> *Tips*
>
> 经过第一堂培训课的讲解，小蔡明白了什么是信息系统，那怎么在既定的预算、时间要求内，如何开发出一款让用户满意的考勤系统呢？带着这个问题，我们来学习下都有哪些常用的开发方法。

1.3.1　通往罗马的大道

工欲善其事，必先利其器，要做好一件事，正确的方法必不可少。如何选择一个合适的开发方法，在既定的预算和时间要求范围内，开发出让用户满意的信息系统，这是项目经理所必须要面临的问题。

在美国打击伊朗的战争中，作为"项目经理"的特朗普如何在大量人力、物力、财力的投入中，找出速度最快、效果最好、最省钱的办法达到目的呢？经济制裁、空中轰炸、地面占领、航母远程打击等都是可选的办法，甚至可以采用组合拳。从项目管理的角度，项目经理在系统开发时，为了更好地控制时间、质量、成本，并使用户满意，信息系统开发方法起着重要的作用。虽然条条大路通罗马，但我们应选择最快、最省钱、质量最佳的那一个方法。

1.3.2　本节金色重点

■ 结构化方法

结构化方法是按照事先设计好的程序和步骤，一步一步地完成工作任务，特别适用于数据处理领域的问题，但不适用于规模较大、比较复杂的系统开发。结构化方法的主要特点及局限性如表 1-2 所示。

表 1-2　结构化方法的主要特点及局限性

主要特点	局限性
开发目标清晰化	开发周期长。只有系统开发完毕，用户才能使用系统
开发工作阶段化	难以适应需求变化。如果用户需求经常变更，会导致开发过程返工
开发文档规范化	很少考虑数据结构。此方法为面向数据流的开发方法
设计方法结构化	从整体和全局考虑，自顶向下地分解

■ 面向对象方法

面向对象（Object-Oriented，简称 OO）：客观世界是由各种对象组成的，任何事物都是对象。三大特性：封装，继承，多态。

对象：一辆车子。

属性：车子的颜色、轮胎个数，就是车子的两个属性。

方法:车子的行为能载人、能拉货,称为对象的方法。

类:根据抽取车子的共同特征,形成车子的设计图纸,这个设计图纸称为类。

抽象:根据抽取的车子共同特征形成概念的过程。

封装:把车子的颜色、轮子个数都隐藏起来,比如按下车子上一个按钮就会播放声音:"红色的四轮车",通过这个按钮能知道这个车子的属性。

继承:以车子的类为模板,创建一个新类(自行车类),新类继承了上一个类的属性和方法。

多态:自行车、汽车、摩托车都从父类继承了车子的一些特性,同时又有自己不同的特点。

根据以上的理解咱们再来看面向对象的相关概念:

继承:表示类之间的层次关系(父类与子类),这种关系使得某类对象可以继承另一类对象的特征。

多态:使得多个类中可以定义同一操作或属性名,并在每个类中可以有不同的实现的一种方法。多态具有使得某个属性或操作在不同的时期可以表示不同类的对象特性。

接口:描述对操作规范的说明,其只说明操作应该做什么,并没有定义操作如何做。接口的方法是在继承接口的类中实现。

消息:体现对象间的交互,通过它向目标对象发送操作请求。

使用OO(面向对象)方法构造的系统具有更好的复用性,其关键在于建立一个全面、合理、统一的模型(用例模型与分析模型),既反映问题域,又能被求解域接受。

原型化方法

根据用户初步需求(或需求不明确),利用系统开发工具,快速地建立一个系统模型展示给用户,在此基础上与用户交流,最终实现用户需求的信息系统被快速开发的方法。

原型应当具备的特点如下:

(1)实际可行。

(2)具有最终系统的基本特征。

(3)构造方便、快速,造价低。

原型化方法的优缺点如表1-3所示。

表1-3 原型化方法的优缺点

优点	缺点
缩短开发周期、成本、降低风险、加快速度	开发环境高
用户对系统的功能和结构容易被理解和接受,有利于系统运行与维护	管理水平高
用户的参与增加了满意度,提高了系统开发的成功率	—

原型法适用于:

(1)需求不明确的系统开发和管理决策方法程度不高的项目。

(2)分析层面难度大、技术层面难度不大的系统,而技术层面困难远大于其分析层面的系统,则不宜用原型法。

面向服务的方法

初始的系统间调用与系统间互相直接调用,如图1-2所示。

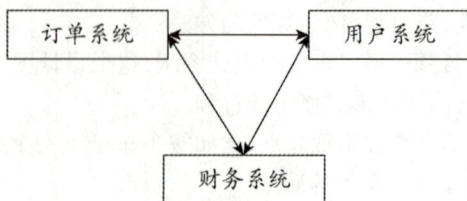

图 1-2　系统间调用

面向服务(SO)的设计,每个系统提供接口,通过数据总线发布,调用每个系统总线上的接口服务,如图 1-3 所示。

图 1-3　系统用总线连接

优点:信息系统快速响应需求与环境变化,提高系统可复用性、信息资源共享和系统之间的互操作性。

1.4　常规信息系统集成技术

> *Tips*
>
> 　　经过第二堂课的学习,项经理认为智慧考勤系统的整体开发方法已经可以确定了,他要吸收各种方法的优点融入到项目的开发之中,把四项"剑诀"作为项目开发的框架:需求采集与需求分析采用原型法,让客户参与进来;后台服务微服务化,提供访问接口与服务授权;开发语言采用面向对象的开发语言 Java;开发阶段分为分析、设计、实施。"那我们的网络结构、服务器、数据库怎么设计呢?"小蔡疑问不断。且听项老师的讲解,系统集成是指将计算机软件、硬件、网络通信等技术和产品集成为能够满足用户特定需求的信息系统,包括总体策划、设计开发、实施、服务及保障。

1.4.1　初识信息技术

整个考勤系统的构成,由硬件人脸识别器、通信网络、计算机软件三大主要要素构成,其中 A 公司成功研发人脸识别设备,计算机软件是本次项目要重点研发的内容,通信网络是信息传递的"高速路",借助我国建设的高速信息网络,按照标准的对接协议即可轻松联网,实现设备的互联互通。本章节通过对 OSI 七层模型、网络存储、网络规划设计、数据仓库技术、中间件技术的学习,了解常规的信息系统集成技术。

1.4.2　本节金色重点

■　OSI 七层模型

从下往上七层模型,如表 1-4 所示。(速记词为"物数网传会表应")

表 1-4　OSI 七层模型

OSI 七层	作用	协议
应用层	负责对软件提供接口,以使程序能使用网络服务	HTTP、Telnet、FTP、SMTP

OSI 七层	作用	协议
表示层	如同应用程序和网络之间的翻译官,在表示层,数据将按照网络能理解的方案进行格式化	JPEG、ASCII、GIF、DES、MPEG
会话层	负责在网络中的两节点之间建立和维持通信,以及提供交互会话的管理功能	RPC、SQL、NFS
传输层	主要负责确保数据可靠、顺序、无错地从 A 点传输到 B 点	TCP、UDP、SPX
网络层	其主要功能是将网络地址(例如 IP 地址)翻译成对应的物理地址	IP、ICMP、IGMP、IPX、ARP、RARP
数据链路层	它控制网络层与物理层之间的通信	IEEE 802.3/.2、HDLC、PPP、ATM
物理层	该层包括物理连网媒介	RS232、V.35、RJ-45、FDDI

TCP/IP 中 Internet 协议的主要协议及其层次关系如图 1-4 所示。

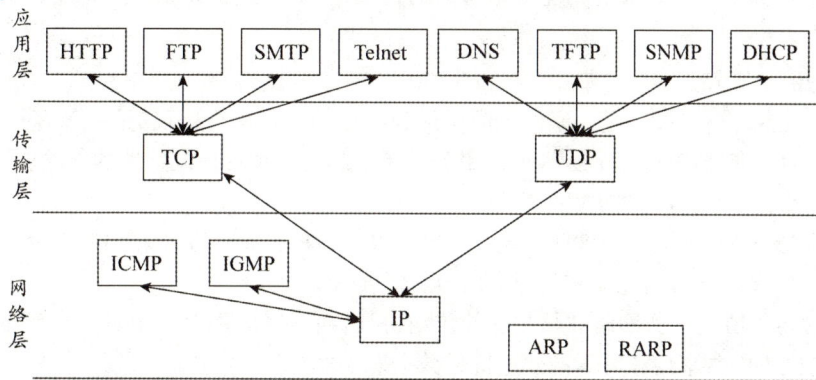

图 1-4 TCP/IP 中 Internet 协议的主要协议及其层次关系

数据链路层协议

IEEE 802 系列标准如表 1-5 所示。

表 1-5 IEEE 802 系列标准

名称	类别	速率	传输介质
IEEE 802.3	标准以太网	10Mb/s	细同轴电缆
IEEE 802.3u	快速以太网	100Mb/s	双绞线
IEEE 802.3z	千兆以太网	1000Mb/s	光纤或双绞线

PPP(点对点协议):设计目的主要是用来通过拨号或专线方式,建立点对点连接发送数据,使其成为各种主机、网桥和路由器之间简单连接的一种共通的解决方案。

ATM(异步传输模式):是一种以信元为单位的异步传输模式,ATM 适用于局域网和广域网,具有高速数据传输率和支持许多种类型,如声音、数据、传真、实时视频、CD 质量音频和图像的通信。ATM 面向连接,保证服务质量,异步时分复用方式提高信道利用率。

网络层协议

IP:所提供的服务通常被认为是无连接的和不可靠的,它将差错检测和流量控制之类的服务授权给了其他的各层协议。

ARP:用于动态地完成 IP 地址向物理地址的转换。

RARP：用于完成物理地址向 IP 地址的转换。

ICMP：一个专门用于发送差错报文的协议，由于 IP 协议是一种尽力传送的通信协议，即传送的数据可能丢失、重复、延迟或乱序传递，所以需要一种尽量避免差错并能在发生差错时报告的机制，这就是 ICMP 的功能。

IGMP：允许 Internet 中的计算机参加多播，是计算机用做向相邻多目路由器报告多目组成员的协议。

■ 传输层协议

TCP 协议：整个 TCP/IP 协议族中最重要的协议之一，它在 IP 协议提供的不可靠数据服务的基础上，采用了重发技术，为应用程序提供了一个可靠的、面向连接的、全双工的数据传输服务。TCP 协议一般用于传输数据量比较少，且对可靠性要求高的场合。

UDP 协议：是一种不可靠的、无连接的协议，它的错误检测功能要比 TCP 弱得多。TCP 提供高可靠性，而 UDP 提供高传输速率。UDP 协议一般用于传输数据量大，对可靠性要求不是很高，但要求速度快的场合。比如微信使用的就是 UDP 协议。

■ 会话层

NFS（网络文件系统）：最大的功能就是可以通过网络，让不同的机器、不同的操作系统可以共享彼此的文件。

■ 应用层

HTTP（超文本传输协议）：是互联网上应用最为广泛的一种网络协议，是一个客户端和服务器端请求和应答的标准（TCP），用于从 WWW 服务器传输超文本到本地浏览器的传输协议，它可以使浏览器更加高效，使网络传输减少。

HTTPS：是以安全为目标的 HTTP 通道，简单讲是 HTTP 的安全版，即在 HTTP 下加入 SSL 层，HTTPS 的安全基础是 SSL，因此加密的详细内容就需要 SSL。

FTP（文件传输协议）：为网络共享文件的传输协议，在网络应用软件中具有广泛的应用。FTP 的目标是提高文件的共享性和可靠高效地传送数据。

TFTP（简单文件传输协议）：是用来在客户机与服务器之间进行简单文件传输的协议，提供不复杂、开销不大的文件传输服务。

SMTP（简单邮件传输协议）：是一组用于从源地址到目的地址传输邮件的规范，通过它来控制邮件的中转方式。

POP3（邮局协议版本 3）：规定怎样将个人计算机连接到 Internet 的邮件服务器和下载电子邮件的电子协议。

■ 网络存储技术

目前主流的三种网络存储技术如表 1-6 表示。（高频考点）

表1-6　网络存储技术

名称	全称	功能
DAS	直接附加存储	将存储设备通过 SCSI 电缆直接连到服务器，其本身是硬件的堆叠，存储操作依赖于服务器，不带有任何存储操作系统
NAS	网络附加存储	采用 NAS 技术的存储设备不再通过 I/O 总线附属于某个特定的服务器，而是通过网络接口与网络直接相连，由用户通过网络访问
SAN	存储区域网络	SAN 是通过专用交换机将磁盘阵列与服务器连接起来的高速专用子网。其最大特点是将存储设备从传统的以太网中分离了出来，成为独立的存储区域网络 SAN 的系统结构

(1)直接附加存储(DAS):其本身是硬件的堆叠,存储操作依赖于服务器,不带有任何存储操作系统,如图1-5所示。

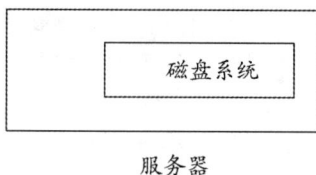

图1-5 直接附加存储(DAS)

(2)网络附加存储(NAS):存储设备不再通过I/O总线附属于某个特定的服务器,而是通过网络接口与网络直接相连,由用户通过网络访问,如图1-6所示。

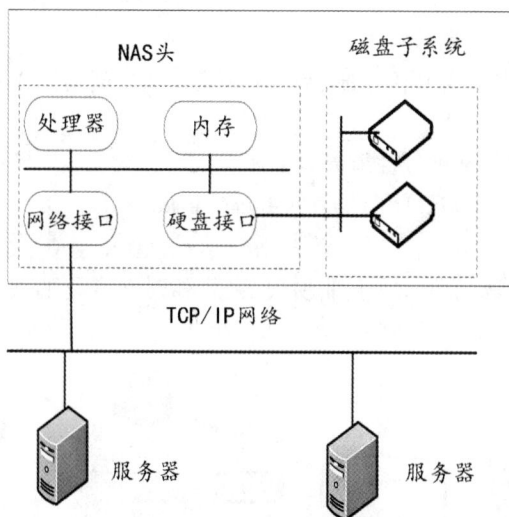

图1-6 网络附加存储(NAS)

(3)存储区域网络(SAN):通过专用交换机将磁盘阵列与服务器连接起来的高速专用子网,SAN的系统结构如图1-7所示。

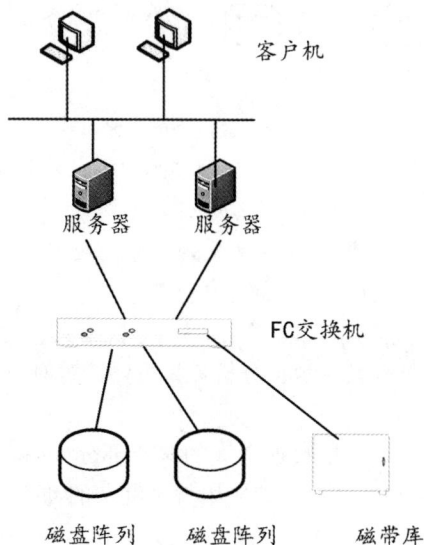

图1-7 存储区域网络(SAN)

网络规划与设计

(1)在分层设计中,引入了三个关键层的概念,分别是核心层、汇聚层和接入层。

核心层:网络主干部分称为核心层,主要目的在于通过高速转发通信,提供优化、可靠的骨干传输结构,只完成数据交换的特殊任务,因此核心层交换机应拥有更高的可靠性、性能和吞吐量。

汇聚层:是核心层和接入层的分界面,完成网络访问策略控制、数据包处理、过滤寻址,以及其他数据处理的任务。汇聚层交换机与接入层交换机比较,需要更高的性能、更少的接口和更高的交换速率。

接入层:网络中直接面向用户连接或访问网络的部分称为接入层,接入层交换机具有低成本和高端口密度特性。

(2)网络设计的原则。

可靠性原则:网络的运行是稳固的。

安全性原则:包括选用安全的操作系统、设置网络防火墙、网络防杀病毒、数据加密和信息工作制度的保密。

高效性原则:性能指标高,软硬件性能充分发挥。

可扩展性原则:能够在规模和性能两个方向上进行扩展。

数据仓库技术

数据仓库是一个面向主题的、集成的、非易失的、且随时间变化的数据集合,用于支持管理决策。数据库仓库技术如图 1-8 所示。

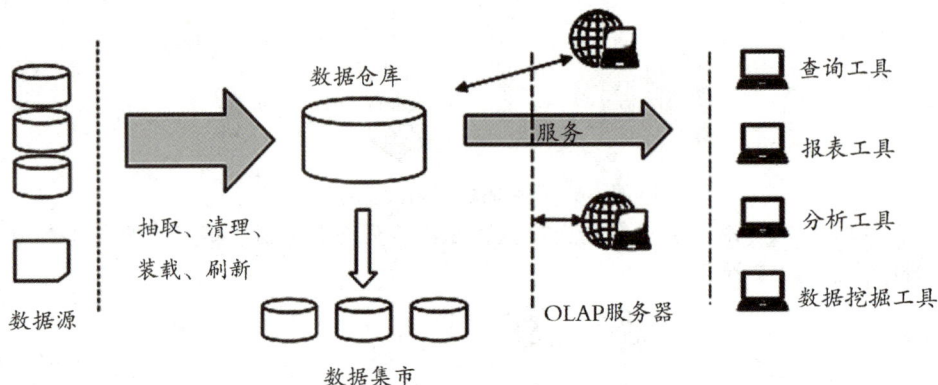

图 1-8　数据仓库技术

(1)数据源:是数据仓库系统的基础,是整个系统的数据源泉。通常包括企业内部信息和外部信息。

(2)数据的存储与管理:是整个数据仓库系统的核心。数据仓库按照数据的覆盖范围可以分为企业级数据仓库和部门级数据仓库(通常称为数据集市)。

(3)前端工具:主要包括各种查询工具、报表工具、分析工具、数据挖掘工具以及各种基于数据仓库或数据集市的应用开发工具。其中数据分析工具主要针对 OLAP 服务器,报表工具、数据挖掘工具主要针对数据仓库。

(4)联机分析处理系统(OLAP):是数据仓库的核心部分,支持复杂的分析操作,侧重决策支持,并且提供直观易懂的查询结果。其典型的应用就是复杂的动态报表系统。需特别注意与联机事务处理系统(OLTP)的区别。

联机事务处理系统(OLTP):也称为实时系统,传统的关系型数据库的主要应用,主要是基本的、日常的事务处理,记录即时的增、删、改、查,如在银行存取款,就是一个事务交易。常与 OLAP 混淆出题。

中间件技术

中间件解决了分布系统的异构问题,具有标准的程序接口和协议,处于应用与硬件操作系统之间。

(1)数据库访问中间件,典型技术 Windows 平台的 ODBC 和 Java 平台的 JDBC。

(2)远程过程调用中间件(RPC),从效果上来看和执行本地调用相同。

(3)面向消息中间件(MOM),进行平台无关的数据传递,典型产品如 IBM 的 MQSeries。

(4)分布式对象中间件,典型产品如 OMG 的 CORBA、SUN 的 RMI/EJB、Microsoft 的 DCOM 等。

(5)事务中间件,完成事务管理与协调、负载平衡、失效恢复等任务,典型产品如 IBM/BEA 的 Tuxedo、支持 EJB 的 JavaEE 应用服务器等。

1.5　软件工程

Tips

　学习到此处小蔡已经明白了信息网络、数据存储的概念,那一个项目、一个产品的研发是否如小蔡当初想的那般,仅仅是程序员敲代码、编写程序就够了呢?

软件工程是指应用计算机科学、数学及管理科学等原理,以工程化的原则和方法来解决软件问题的工程,其目的是提高软件生产率,提高软件质量,降低软件成本。

软件工程由方法、工具和过程三个部分组成。软件工程方法是完成软件工程项目的技术手段;软件工程使用的工具是人们在开发软件的活动中智力和体力的扩展与延伸,支持各种软件文档的生成;软件工程中的过程贯穿于软件开发的各个环节,管理人员在软件工程过程中,要对软件开发的质量、进度、成本进行评估、管理和控制。

需求开发

需求开发过程包括:需求获取、需求分析、需求定义(编写需求规格说明书)、需求验证。

需求的层次

软件工程需求的层次如表 1-7 所示。

表 1-7　需求层次

需求层次	定义
业务需求	业务需求是指反映企业或客户对系统高层次的目标要求,通常来自项目投资人、购买产品的客户、客户单位的管理人员、市场营销部门或产品策划部门等
用户需求	用户需求描述的是用户的具体目标,或用户要求系统必须能完成的任务
系统需求	系统需求是从系统的角度来说明软件的需求,包括功能需求、非功能需求和设计约束等

质量功能部署(QFD)

质量功能部署是一种将用户要求转化成软件需求的技术,其目的是最大限度地提升软件工程过程中用户的满意度。为了达到这个目标,QFD 将软件需求分为三类,分别是常规需求、期望需求和意外需求。

需求获取

需求获取是一个确定和理解不同项目干系人需求和约束的过程。常用的需求获取方法有访谈、问卷调查、采样、情节串联板、联合需求计划。

需求分析

需求分析将提炼、分析和审查已经获取到的需求,以确保所有的项目干系人都明白其含义并找出其中的错误、遗漏或其他不足的地方。

方法:SA(结构化分析)、OOA(面向对象分析)。

定义:针对待解决问题的特征的描述,所定义的需求必须可以被验证。

作用:检测和解决需求之间的冲突,发现系统的边界,详细描述系统的需求。

使用 SA 方法进行需求分析,其建立的模型核心是数据字典,围绕这个核心,有三个层次的模型,分别是数据模型、功能模型和行为模型(也称为状态模型)。在实际工作中,一般使用实体联系图(E-R 图)表示数据模型,用数据流图(DFD)表示功能模型,用状态转换图(STD)表示行为模型。

软件需求规格说明书

软件需求规格说明书(SRS)是需求开发活动的产物,目的是使项目干系人与开发团队对系统的初始规定有一个共同的理解,使之成为整个开发工作的基础。它是开发过程中最重要的文档之一,对于任何规模和性质的软件项目都不应该缺少。

软件需求规格说明书要包含的内容:范围、引用文件、需求、合格性规定、需求可追踪性、尚未解决的问题、注解、附录。

需求验证

需求验证也称为需求确认,其活动是为了确定以下几个方面的内容:

(1)SRS 正确地描述了预期的、满足项目干系人需求的系统行为和特征。

(2)SRS 中的软件需求是从系统需求、业务规格和其他来源中正确推导而来的。

(3)需求是完整的、高质量的。

(4)需求的表示在所有地方都是一致的。

(5)需求为继续进行系统设计、实现和测试提供了足够的基础。

UML

Unified Modeling Language (UML)又称统一建模语言或标准建模语言,UML 的结构包括构造块、规则和公共机制三个部分。它是一个支持模型化和软件系统开发的图形化语言,为软件开发的所有阶段提供模型化和可视化支持,包括由需求分析到规格、构造和配置。

1.UML2.0 分类

(1)结构图:类图、组合结构图、构件图、部署图、制品图、对象图、包图。

(2)行为图:活动图、交互图(顺序图、通信图、交互概览图、定时图)、用例图、状态图。

2.UML 视图

(1)逻辑视图:也称为设计视图,它表示了设计模型中在架构方面具有重要意义的部分,即类、子系统、包和用例实现的子集。

(2)进程视图:是可执行线程和进程作为活动类的建模,它是逻辑视图的一次执行实例,描述了并发与同步结构。

(3)实现视图:它对组成基于系统的物理代码的文件和构件进行建模。

(4)部署视图:它把构件部署到一组物理节点上,表示软件到硬件的映射和分布结构。

(5)用例视图:是最基本的需求分析模型。

软件架构风格

(1)数据流风格:数据流风格包括批处理序列和管道/过滤器两种风格。

(2)调用/返回风格:调用/返回风格包括主程序/子程序、数据抽象和面向对象,以及层次结构。

(3)独立构件风格:包括进程通信和事件驱动的系统。

(4)虚拟机风格:包括解释器和基于规则的系统。

(5)仓库风格:包括数据库系统、黑板系统和超文本系统。

■ 软件设计

设计模式包含模式名称、问题、目的、解决方案、效果、实例代码和相关设计模式等基本要素。

根据处理范围不同,设计模式可分为类模式和对象模式。类模式处理类和子类之间的关系,通过继承建立,在编译时就被确定下来,属于静态关系;对象模式处理对象之间的关系,在运行时变化,更具动态性。

根据目的和用途不同,设计模式可分为创建型模式、结构型模式和行为型模式三种。

■ 能力成熟度模型集成(CMMI)

CMMI 继承了 CMM 的阶段表示法(表1-8)和 EIA/IS731 的连续式表示法(表1-9),这两种表示方法各有优缺点,均采用统一的 24 个过程域,它们在逻辑上是等价的,对同一个组织采用两种模型分别进行 CMMI 评估,得到的结论应该是相同的。

表 1-8 过程域的阶段式分组

成熟度等级	过程域
可管理级	需求管理、项目计划、配置管理、项目监督与控制、供应商合同管理、度量和分析、过程和产品质量保证
已定义级	需求开发、技术解决方案、产品集成、验证、确认、组织级过程焦点、组织级过程定义、组织级培训、集成项目管理、风险管理、集成化团队、决策分析和解决方案、组织级集成环境
量化管理级	组织级过程性能、定量项目管理
优化管理级	组织级改革与实施、因果分析和解决方案

表 1-9 连续式模型的过程域分组

连续式分组	过程域
过程管理	组织级过程焦点、组织级过程定义、组织级培训、组织级过程性能、组织级改革与实施
项目管理	项目计划、项目监督与控制、供应商合同管理、集成项目管理、风险管理、集成化团队、定量项目管理
工程	需求管理、需求开发、技术解决方案、产品集成、验证、确认
支持	配置管理、度量和分析、过程和产品质量保证、决策分析和解决方案、组织级集成环境、因果分析和解决方案

■ 软件测试

软件测试的目的是验证软件是否满足软件开发合同或项目开发计划、系统/子系统设计文档、SRS、软件设计说明和软件产品说明等规定的软件质量要求。通过测试,发现软件缺陷,为软件产品的质量测量和评价提供依据。

软件测试的方法分为静态测试与动态测试。静态测试是指被测试程序不在机器上运行,而采用人工检测和计算机辅助静态分析的手段对程序进行检测。静态测试包括对文档的静态测试和对代码的静态测试。对文档的静态测试主要以检查单的形式进行,而对代码的静态测试一般采用桌前检查、代码走查和代码审查。

动态测试是指在计算机上实际运行程序进行软件测试,一般采用白盒测试和黑盒测试方法。

白盒测试也称为结构测试,主要用于软件单元测试中。白盒测试方法中,最常用的技术是逻辑覆盖,即使用测试数据运行被测程序,考察对程序逻辑的覆盖程度,主要的覆盖标准有语句覆盖、判定覆盖、条件覆盖、条件/判定覆盖、条件组合覆盖、修正的条件/判定覆盖和路径覆盖等。黑盒测试也称为功能测试,主要用于集成测试、确认测试和系统测试中。黑盒测试根据 SRS 所规定的功能来设计测试用例,一般包括等价类划分、边界值分析、判定表、因果图、状态图、随机测试、猜错法和正交试验法等。

测试类型

表 1-10　计算机软件测试规范(GB/T 15532—2008)

测试类别		内容
单元测试		检查每个模块,发现模块内可能存在的各种差错。依据软件详细设计说明书进行测试
集成测试		先通过单元测试,检查接口关系。依据是软件概要设计文档
确认测试	内部确认测试	开发部门依据需求规格说明书 SRS 测试
	Alpha 测试	开发环境测试
	Beta 测试	实际环境测试
	验收测试	先通过系统测试,用户需求为主,检验软件系统是否满足开发技术合同或 SRS
系统测试		先通过配置测试,在真实系统工作环境下,验证完整的软件配置项能否和系统正确连接,并满足系统/子系统设计文档和软件开发合同规定的要求。依据是用户需求或开发合同
配置项测试		检验软件配置项与 SRS 的一致性。配置项测试的技术依据是 SRS(含接口需求规格说明)
回归测试		测试软件变更之后,变更部分的正确性和对变更需求的符合性,以及软件原有的、正确的功能、性能和其他规定的要求的不损害性

软件集成技术

企业应用集成(EAI)技术可消除信息孤岛,可将多个企业信息系统连接起来,实现无缝集成。从单个企业的角度来说,EAI 可以包括表示集成、数据集成、控制集成和业务流程集成等多个层次和方面。当然,也可以在多个企业之间进行应用集成。

(1)表示集成:表示集成也称为界面集成,属于黑盒集成。这种方法将用户界面作为公共的集成点,把原有零散的系统界面集中在一个新的界面中。其模型如图 1-9 所示。

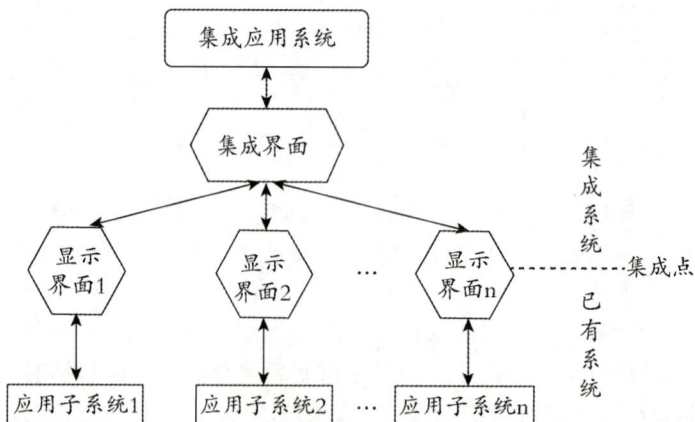

图 1-9　表示集成示意图

(2)数据集成:通过中间件对数据进行汇总集成。它是白盒集成,比表示集成要更加灵活。但是,当业务逻辑经常发生变化时,数据集成就会面临困难。其模型如图 1-10 所示。

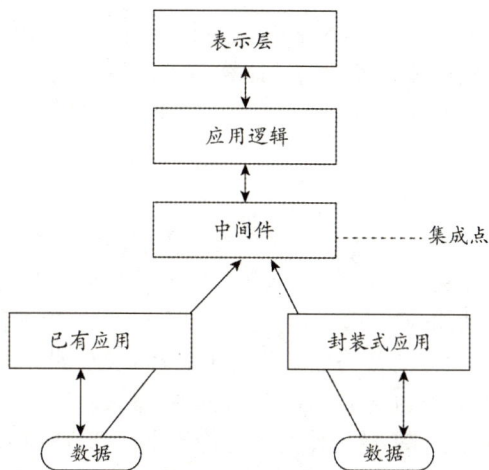

图 1-10 数据集成示意图

(3)控制集成:控制集成也称为功能集成或应用集成,属于<u>黑盒集成</u>。它是在<u>业务逻辑层</u>上对应用系统进行集成的。其模型如图 1-11 所示。

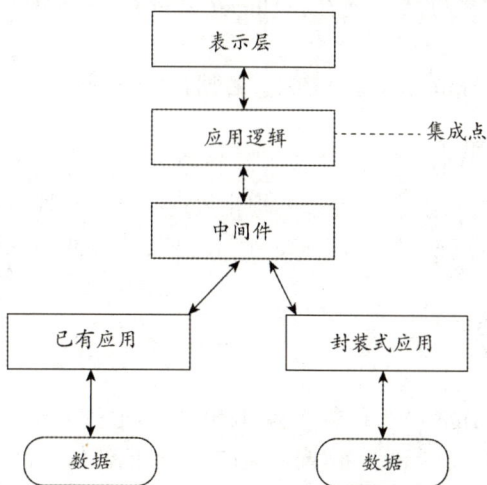

图 1-11 控制集成示意图

(4)业务流程集成:业务流程集成也称为过程集成,这种集成超越了数据和系统,它由一系列基于标准的、<u>统一数据格式的工作流</u>组成。

1.6 新一代信息技术

古有愚公移山,靠锄头、双手完成移山的伟大目标,如今随着信息化发展,大数据、云计算、互联网+、物联网、智慧城市等新一代信息技术成为了信息系统集成行业今后面临的主要业务范畴。

1.6.1 物联网

物联网的定义是通过射频识别、红外感应器、全球定位系统、激光扫描器等信息传感设备,按约定的协议,把任何物品与互联网相连接,进行信息交换和通信,以实现对物品的智能化识别、定位、跟踪、监控和管理的一种网络。

在前端采用带有传感器检测装置,采集物品的信息,转换为计算机语言,经过互联传输,显示到相关人员的显示设备上,进而根据这些信息对物品进行管理与监控。

1.6.2　云计算

如果将计算能力比作发电能力,那么从古老的单机发电模式转向现代电厂集中供电的模式,就好比从现在大家习惯的单机计算模式转向云计算模式,而"云"就好比发电厂,具有单机所不能比拟的强大计算能力。这意味着计算能力也可以作为一种商品进行流通,就像煤气、水、电一样,取用方便、费用低廉。

1.6.3　大数据

我们常常感到奇怪,为什么刚刚在某购物平台把一本书加到购物车中,在使用百度或者360浏览器时会自动弹出这本书的相关产品广告,并且可以自动连接到京东商城?这里面就利用到了大数据技术。在京东把一本书加到购物车这一行为,经过数据准备、数据存储与管理、计算处理、数据分析和知识展现五个步骤,根据你的行为数据分析出兴趣爱好,进行精准的营销服务。这样的数据在千千万万台用户设备上同时进行,第一个特点是数据量大;第二个特点是数据类型繁多,从单一的文字数据,到视频、音频、图片等;第三个特点是价值密度低,如何从海量的数据中分析出有价值的数据来,是大数据的核心价值之一;第四个特点是处理速度快,根据 IDC 的"数字宇宙"的报告,预计到 2020 年,全球数据使用量将达到 35.2ZB(1MB = 2 的 20 次方,1ZB = 2 的 70 次方);第五个特点是真实,数据来自各种信息系统网络以及网络终端的行为或痕迹。

以上五个特点也是大数据的"5V"特征:Volume(大量)、Variety(多样)、Value(价值)、Velocity(高速)、Veracity(真实性)。

大数据应用需经过五个环节:①数据准备;②数据存储与管理;③计算处理;④数据分析;⑤知识展现。

大数据关键技术包括:①HDFS:能提供高吞吐量的数据访问,非常适合大规模数据集上的应用;②HBase:不同于一般的关系数据库,是非结构化数据存储的数据库;③MapReduce:一种编程计算模型,主要思想:概念"Map(映射)"和"Reduce(归约)";④Chukwa:用于监控大型分布式系统的数据收集系统。

1.6.4　本节金色重点

物联网

物联网(The Internet of Things)也称传感网,其定义是:通过射频识别(RFID)、红外感应器、全球定位系统、激光扫描器等信息传感设备,按约定的协议,把任何物品与互联网连接起来,进行信息交换和通信,以实现智能化识别、定位、跟踪、监控和管理的一种网络。

(1)RFID(Radio Frequency Identification,射频识别)是物联网中使用的一种传感器技术,可通过无线电信号识别特定目标并读写相关数据,而无需识别系统与特定目标之间建立机械或光学接触。

(2)在物联网应用中有两项关键技术,分别是传感器技术和嵌入式技术。

(3)物联网架构可分为三层,分别是感知层、网络层和应用层。感知层由各种传感器构成,包括温湿度传感器、二维码标签、RFID 标签和读写器、摄像头、GPS 等感知终端。感知层是物联网识别物体、采集信息的来源;网络层由各种网络,包括互联网、广电网、网络管理系统和云计算平台等组成,是整个物联网的中枢,负责传递和处理感知层获取的信息;应用层是物联网和用户的接口,它与行业需求结合,实现物联网的智能应用。

智慧城市

物联网技术在智能电网、智慧物流、智能家居、智能交通、智慧农业、环境保护、医疗健康、城市管理(智慧城市)、金融服务保险业、公共安全等方面有非常关键和重要的应用。

物联网在城市管理中的综合应用就是所谓的智慧城市。智慧城市建设主要包括以下几个部分:①通过传感器或信息采集设备全方位地获取城市系统数据。②通过网络将城市数据关联、融合、处理、分析为信息。③通过充分共享、智能挖掘将信息变成知识。④结合信息技术,把知识应用到各行各业形成智慧。

智慧城市建设参考模型包括有依赖关系的五层(功能层)和对建设有约束关系的三个支撑体系。

(1)功能层。

①物联感知层:提供对城市环境的智能感知能力,通过各种信息采集设备,如各类传感器、监控摄像机、GPS终端等实现对城市范围内的基础设施、大气环境、交通、公共安全等方面信息采集、识别和监测。

②通信网络层:广泛互联,以互联网、电信网、广播电视网以及传输介质为光纤的城市专用网作为骨干传输网络,以覆盖全城的无线网络(如WiFi)、移动4G为主要接入网,组成网络通信基础设施。

③计算与存储层:包括软件资源、计算资源和存储资源,为智慧城市提供数据存储和计算,保障上层对于数据汇聚的需求。

④数据及服务支撑层:利用SOA(面向服务的体系架构)、云计算、大数据等技术,通过数据和服务的融合,支撑承载智慧应用层中的相关应用,提供应用所需的各种服务和共享资源。

⑤智慧应用层:各种基于行业或领域的智慧应用及应用整合,如智慧交通、智慧家政、智慧社区等,为社会公众、企业、城市管理者等提供整体的信息化应用和服务。

(2)支撑体系。

①安全保障体系。②建设和运营管理体系。③标准规范体系。

云计算

按照云计算服务提供的资源层次,可以分为IaaS、PaaS和SaaS三种服务类型。

(1)IaaS(基础设施即服务):向用户提供计算机能力、存储空间等基础设施方面的服务。(相当于计算机主机等硬件)

(2)PaaS(平台即服务):向用户提供虚拟的操作系统、数据库管理系统、Web应用等平台化的服务。(类似于个人的操作系统)

(3)SaaS(软件即服务):向用户提供应用软件(如CRM、办公软件等)、组件、工作流等虚拟化软件的服务。SaaS一般采用Web技术和SOA架构,通过Internet向用户提供多租户、可定制的应用能力,减少了软件升级、定制和运行维护的复杂程度,并使软件提供商从软件产品的生产者转变为应用服务的经营者,例如淘宝。

大数据

(1)大数据5V特点。

①Volume:指的是数据体量巨大,从TB级别跃升到PB级别(1PB=1024TB)、EB级别(1EB=1024PB),甚至于达到ZB级别(1ZB=1024EB)。

②Variety:指的是数据类型繁多。这种类型的多样性也让数据被分为结构化数据和非结构化数据。

③Value:指的是价值密度低。价值密度的高低与数据总量的大小成反比。

④Velocity:指的是处理速度快。这是大数据区分于传统数据挖掘的最显著特征。

⑤Veracity:指的是数据来自各种、各类信息系统网络以及网络终端的行为或痕迹。

(2)大数据应用实例有:大数据征信、大数据风控、大数据消费金融、大数据财富管理和大数据疾病预测。

（3）大数据需经过五个环节：①数据准备；②数据存储与管理；③计算处理；④数据分析；⑤知识展现。

（4）大数据关键技术。

①HDFS：能提供高吞吐量的数据访问，非常适合大规模数据集上的应用。

②HBase：不同于一般的关系数据库，是非结构化数据存储的数据库。

③MapReduce：一种编程模型，主要思想：概念"Map（映射）"和"Reduce（归约）"。

④Chukwa：用于监控大型分布式系统的数据收集系统。

移动互联网

移动互联网有以下特点：

（1）终端移动性：移动互联网业务使得用户可以在移动状态下接入和使用互联网服务，移动的终端便于用户随身携带和随时使用。

（2）业务使用的私密性：在使用移动互联网业务时，所使用的内容和服务更私密，如手机支付业务等。

（3）终端和网络的局限性：移动互联网业务在便携的同时，也受到了来自网络能力和终端能力的限制。

（4）业务与终端、网络的强关联性：由于移动互联网业务受到了网络及终端能力的限制，因此，其业务内容和形式也需要适合特定的网络技术规格和终端类型。

商业智能

（1）商业智能是从组织的许多不同的系统的数据中提取出有用的数据并进行清理，以保证数据的正确性，然后经过抽取（extraction）、转换（transformation）和装载（load），即 ETL 过程，合并到一个组织级的数据仓库里，从而得到组织数据的一个全局视图，在此基础上利用合适的查询和分析工具、数据挖掘工具、OLAP 工具等对其进行分析和处理，最后将知识呈现给管理者，为管理者的决策过程提供支持。它是数据仓库、OLAP 和数据挖掘等技术的综合运用。

（2）商业智能系统应具有的主要功能：数据仓库、数据 ETL、数据统计输出（报表）、分析功能。

（3）商业智能的实现有三个层次：数据报表、多维数据分析和数据挖掘。

（4）OLAP 是数据仓库系统的一个主要应用，支持复杂的分析操作，侧重决策支持，并且提供直观易懂的查询结果。OLAP 提供多维数据管理环境，其典型的应用是对商业问题的建模与商业数据分析。OLAP 也被称为多维分析。OLAP 有多种实现方法，根据存储数据的方式不同可以分为ROLAP、MOLAP 和 HOLAP：

①ROLAP 表示基于关系数据库的 OLAP 实现。

②MOLAP 表示基于多维数据组织的 OLAP 实现。

③HOLAP 表示基于混合数据组织的 OLAP 实现。

（5）实施商业智能的步骤：①需求分析；②数据仓库建模；③数据抽取；④建立商业智能分析报表；⑤用户培训和数据模拟测试；⑥系统改进和完善。

人工智能

人工智能英文缩写为 AI，它是研究、开发用于模拟、延伸和扩展人的智能的理论、方法、技术及应用系统的一门新的技术科学。

人工智能是计算机科学的一个分支，它企图了解智能的实质，并生产出一种新的能以人类智能相似的方式做出反应的智能机器,该领域的研究包括机器人、语言识别、图像识别、自然语言处理和专家系统等。人工智能从诞生以来,理论和技术日益成熟,应用领域也不断扩大,可以设想,未来人工智能带来的科技产品,将会是人类智慧的"容器"。人工智能是对人的意识、思维信息过程的模拟。人工智能不是人的智能,但能像人那样思考,也可能超过人的智能。

■ 区块链

区块链是分布式数据存储、点对点传输、共识机制、加密算法等计算机技术的新型应用模式。区块链(Blockchain)是比特币的一个重要概念,它本质上是一个去中心化的数据库,同时作为比特币的底层技术,是一串使用密码学方法相关联产生的数据块,每一个数据块中包含了一批次比特币网络交易的信息,用于验证其信息的有效性(防伪)和生成下一个区块。

(1)区块链的特征。

①去中心化。区块链技术不依赖额外的第三方管理机构或硬件设施,没有中心管制,除了自成一体的区块链本身,通过分布式核算和存储,各个节点实现了信息自我验证、传递和管理。去中心化是区块链最突出最本质的特征。

②开放性。区块链技术基础是开源的,除了交易各方的私有信息被加密外,区块链的数据对所有人开放,任何人都可以通过公开的接口查询区块链数据和开发相关应用,因此整个系统信息高度透明。

③独立性。基于协商一致的规范和协议(类似比特币采用的哈希算法等各种数学算法),整个区块链系统不依赖其他第三方,所有节点能够在系统内自动安全地验证、交换数据,不需要任何人为的干预。

④安全性。只要不能掌控全部数据节点的51%,就无法肆意操控修改网络数据,这使区块链本身变得相对安全,避免了主观人为的数据变更。

⑤匿名性。除非有法律规范要求,单从技术上来讲,各区块节点的身份信息不需要公开或验证,信息传递可以匿名进行。

(2)区块链的架构模型由数据层、网络层、共识层、激励层、合约层和应用层组成。

①数据层封装了底层数据区块以及相关的数据加密和时间戳等基础数据和基本算法。

②网络层则包括分布式组网机制、数据传播机制和数据验证机制等。

③共识层主要封装网络节点的各类共识算法。

④激励层将经济因素集成到区块链技术体系中来,主要包括经济激励的发行机制和分配机制等。

⑤合约层主要封装各类脚本、算法和智能合约,是区块链可编程特性的基础。

⑥应用层则封装了区块链的各种应用场景和案例。

该模型中,基于时间戳的链式区块结构、分布式节点的共识机制、基于共识算法的经济激励和灵活可编程的智能合约是区块链技术最具代表性的创新点。

(3)区块链的核心技术。

①分布式账本:指的是交易记账由分布在不同地方的多个节点共同完成,而且每一个节点记录的是完整的账目,因此它们都可以参与监督交易合法性,同时也可以共同为其作证。

②非对称加密:存储在区块链上的交易信息是公开的,但是账户身份信息是高度加密的,只有在数据拥有者授权的情况下才能访问到,从而保证了数据的安全和个人的隐私。

③共识机制:是所有记账节点之间怎么达成共识,去认定一个记录的有效性,这既是认定的手段,也是防止篡改的手段。

④智能合约:是基于这些可信的不可篡改的数据,可以自动化的执行一些预先定义好的规则

和条款。

（4）区块链的应用。

金融领域：在国际汇兑、信用证、股权登记和证券交易所等金融领域有着潜在的巨大应用价值。将区块链技术应用在金融行业中，能够省去第三方中介环节，实现点对点的直接对接，从而在大大降低成本的同时，快速完成交易支付。

物联网和物流领域：在物联网和物流领域也可以天然结合。通过区块链可以降低物流成本，追溯物品的生产和运送过程，并且提高供应链管理的效率。该领域被认为是区块链一个很有前景的应用方向。

公共服务领域：在公共管理、能源、交通等领域都与民众的生产生活息息相关，但是这些领域的中心化特质也带来了一些问题，可以用区块链来改造。

数字版权领域：通过区块链技术，可以对作品进行鉴权，证明文字、视频、音频等作品的存在，保证权属的真实、唯一性。

保险领域：在保险理赔方面，保险机构负责资金归集、投资、理赔，往往管理和运营成本较高。通过智能合约的应用，既无需投保人申请，也无需保险公司批准，只要触发理赔条件，实现保单自动理赔。

公益领域：区块链上存储的数据，高可靠且不可篡改，天然适合用在社会公益场景。公益流程中的相关信息，如捐赠项目、募集明细、资金流向、受助人反馈等，均可以存放于区块链上，并且有条件地进行透明公开公示，方便社会监督。

第五代移动通信技术（5G）

第五代移动通信技术简称5G或5G技术，是最新一代蜂窝移动通信技术，也是继4G（LTE-A、WiMax）、3G（UMTS、LTE）和2G（GSM）系统之后的延伸。5G的性能目标是高数据速率、减少延迟、节省能源、降低成本、提高系统容量和大规模设备连接。

5G网络的主要优势在于，数据传输速率远远高于以前的蜂窝网络，最高可达10Gbit/s，比当前的有线互联网要快，比先前的4G LTE蜂窝网络快100倍。另一个优点是较低的网络延迟（更快的响应时间），低于1ms，而4G为30~70ms。

（1）5G网络特点如下：

①峰值速率需要达到Gbit/s的标准，以满足高清视频、虚拟现实等大数据量传输。

②空中接口时延水平需要在1ms左右，满足自动驾驶、远程医疗等实时应用。

③超大网络容量，提供千亿设备的连接能力，满足物联网通信。

④频谱效率要比LTE提升10倍以上。

⑤连续广域覆盖和高移动性下，用户体验速率达到100Mbit/s。

⑥流量密度和连接数密度大幅度提高。

⑦系统协同化，智能化水平提升，表现为多用户、多点、多天线、多摄取的协同组网，以及网络间灵活地自动调整。

5G区别于前几代移动通信的关键是移动通信从以技术为中心逐步向以用户为中心转变的结果。

（2）5G的关键技术。

超密集异构网络：在未来5G网络中，减小小区半径，增加低功率节点数量，是保证未来5G网络支持1000倍流量增长的核心技术之一。因此，超密集异构网络成为未来5G网络提高数据流量的关键技术。

自组织网络技术：解决的关键问题主要有以下两点：①网络部署阶段的自规划和自配；②网络

维护阶段的自优化和自愈合。

内容分发网络:是在传统网络中添加新的层次,即智能虚拟网络。会对未来 5G 网络的容量与用户访问具有重要的支撑作用。

设备到设备通信(D2D):是一种基于蜂窝系统的近距离数据直接传输技术。具有潜在的提升系统性能、增强用户体验、减轻基站压力、提高频谱利用率的前景。因此,D2D 是未来 5G 网络中的关键技术之一。

M2M 通信:主要是指机器对机器、人与机器间以及移动网络和机器之间的通信,它涵盖了所有实现人、机器、系统之间通信的技术。作为物联网最常见的应用形式,在智能电网、安全监测、城市信息化、环境监测等领域实现了商业化应用。

信息中心网络(ICN):指信息包括实时媒体流、网页服务、多媒体通信等,而信息中心网络就是这些片段信息的总集合。因此,ICN 的主要概念是信息的分发、查找和传递,不再是维护目标主机的可连通性。

(3)5G 的主要应用领域有车联网与自动驾驶、外科手术和智能电网等。

1.7　信息系统安全技术

Tips

"新技术的知识对智能考勤项目特别重要,考勤系统前台结合楼宇进出人脸识别、会议室刷脸签到、食堂刷脸付费、外出移动设备打卡,后台借助大数据统计分析,中台服务承上启下,提供服务支撑",这次没等小蔡问,项经理就把新技术应用到要建设的智能考勤系统了,但是矛有了,还缺一个盾。

信息技术的广泛应用,互联网和移动互联网的深入普及,使得有关的信息安全成为信息系统规划、建设、运营时要面对的最重要问题。缺乏信息安全保障的信息系统将会给生产、经营、社会管理服务、个人资产、个人隐私等方面带来严重的损害。更为严重的是,由于信息泄露和信息系统的非法入侵,金融安全、国防安全以至国家安全将面临非常严重的危险。

■ 信息安全

1. 信息安全属性

信息安全强调信息(数据)本身的安全属性,主要包括以下内容:

(1)秘密性(Confidentiality):信息不被未授权者知晓的属性。

(2)完整性(Integrity):信息是正确的、真实的、未被篡改的、完整无缺的属性。

(3)可用性(Availability):信息可以随时正常使用的属性。

2. 信息安全层次

信息必须依赖其存储、传输、处理及应用的载体而存在,因此信息系统安全可以划分为以下四个层次:设备安全、数据安全、内容安全、行为安全。其中数据安全即是传统的信息安全。

(1)设备安全。

①设备的稳定性:设备在一定时间内不出故障的概率。

②设备的可靠性:设备在一定时间内正常执行任务的概率。

③设备的可用性:设备随时可以正常使用的概率。

(2)数据安全。安全属性包括秘密性、完整性和可用性,如数据泄露、数据篡改等。

(3)内容安全。内容安全是信息安全在政治、法律、道德层次上的要求。

①信息内容在政治上是健康的。

②信息内容符合国家的法律法规。

③信息内容符合中华民族优良的道德规范。

（4）行为安全。数据安全本质上是一种静态的安全，而行为安全是一种动态安全。

①行为的秘密性：行为的过程和结果不能危害数据的秘密性。必要时，行为的过程和结果也应是秘密的。

②行为的完整性：行为的过程和结果不能危害数据的完整性，行为的过程和结果是预期的。

③行为的可控性：当行为的过程出现偏离预期时，能够发现、控制或纠正。

行为安全强调的是过程安全，体现在组成信息系统的硬件设备、软件设备和应用系统协调工作的程序（执行序列）符合系统设计的预期，才能保证信息系统的"安全可控"。

信息安全等级保护

信息系统的安全保护等级应当根据信息系统在国家安全、经济建设、社会生活中的重要程度，信息系统遭到破坏后对国家安全、社会秩序、公共利益以及公民、法人和其他组织的合法权益的危害程度等因素确定。

受害群体从个人—公共—国家，严重程度从损害—严重损害—特别严重损害逐渐增加。

第一级（如图1-12）：个人→损害。

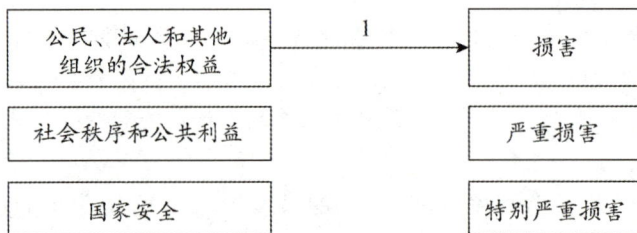

图1-12　第一级

第二级（如图1-13）：个人→严重损害；公共→损害。

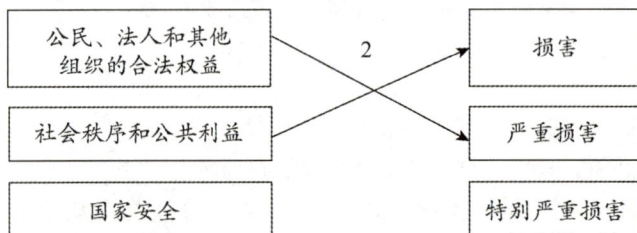

图1-13　第二级

第三级（如图1-14）：公共→严重损害；国家→损害。（单独记忆）

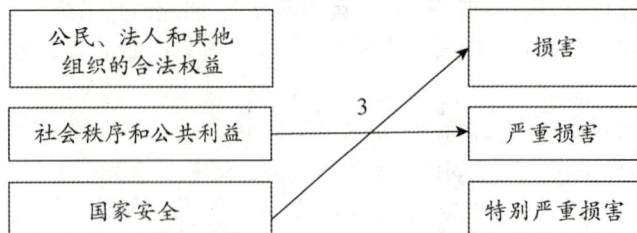

图1-14　第三级

第四级（如图1-15）：公共→特别严重损害；国家→严重损害。

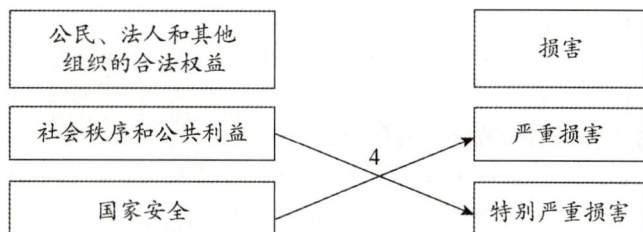

图 1-15　第四级

第五级(如图 1-16):国家→特别严重损害。

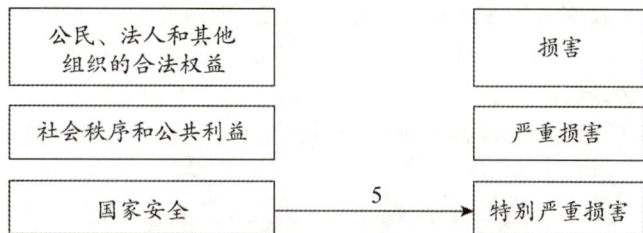

图 1-16　第五级

信息加密、解密与常用算法

(1)对称加密技术:数据发信方将明文(原始数据)和加密密钥一起经过特殊加密算法处理后,使其变成复杂的加密密文发送出去。收信方收到密文后,若想解读原文,则需要使用加密用过的密钥及相同算法的逆算法对密文进行解密,才能使其恢复成可读明文。文件加密和解密使用相同的密钥,即加密密钥也可以用作解密密钥。

特点:使用起来简单快捷,密钥较短,且破译困难。加密算法主要有 DES(用于加密保护静态存储和传输信道中的数据)、TripleDES、RC2、RC4、RC5 和 Blowfish 等。

(2)非对称加密技术:需要公开密钥(简称公钥,负责加密)和私有密钥(简称私钥,负责解密)两个密钥。公钥与私钥是一对,如果用公钥对数据进行加密,只有用对应的私钥才能解密。

特点:算法强度复杂、安全性依赖于算法与密钥,但是由于其算法复杂,而使得加密解密速度没有对称加密解密的速度快。

实现机密信息交换的基本过程:甲方生成一对密钥并将公钥公开,需要向甲方发送信息的其他角色(乙方)使用该密钥(甲方的公钥),对机密信息进行加密后再发送给甲方,甲方再用自己的私钥对加密后的信息进行解密。甲方想要回复乙方时正好相反,使用乙方的公钥对数据进行加密,同理,乙方使用自己的私钥来进行解密。

另一方面,甲方可以使用自己的私钥对机密信息进行签名后再发送给乙方,乙方再用甲方的公钥对甲方发送回来的数据进行验签。甲方只能用其私钥解密由其公钥加密后的任何信息。

(3)Hash 函数:将任意长的报文 M 映射为定长的 Hash 码 h,目的就是要产生文件、报文或其他数据块的"指纹"——Hash 码。Hash 码也称报文摘要,它具有错误检测能力,可提供保密性、报文认证以及数字签名功能。

(4)数字签名:在信息化环境下,以网络为信息传输基础的事物处理中,事物处理各方应采用电子形式的签名,即数字签名。完善的数字签名体系应满足以下三个条件:

①签名者事后不能抵赖自己的签名。

②任何其他人不能伪造签名。

③如果当事的双方关于签名的真伪发生争执,能够在公正的仲裁者面前通过验证签名来确认其真伪。

利用 RSA 密码可以同时实现数字签名和数据加密。

(5)认证:又称鉴别、确认,它是证实某事是否名副其实或是否有效的一个过程。

①认证和加密的区别在于:加密用以确保数据的保密性,阻止对手的被动攻击,如截取、窃听等;而认证用以确保报文发送者和接收者的真实性以及报文的完整性,阻止对手的主动攻击,如冒充、篡改、重播等。认证往往是许多应用系统中安全保护的第一道设防,因而极为重要。

②认证和数字签名技术都是确保数据真实性的措施,但两者有着明显的区别。

a. 认证总是基于某种收发双方共享的保密数据来认证被鉴别对象的真实性,而数字签名中用于验证签名的数据是公开的。

b. 认证允许收发双方互相验证其真实性,不允许第三者验证,而数字签名允许收发双方和第三者都能验证。

c. 数字签名具有发送方不能抵赖、接收方不能伪造和具有在公证人前解决纠纷的能力,而认证则不一定具备。

信息系统安全

1. 计算机设备安全

(1)计算机设备安全包括计算机实体及其信息的完整性、机密性、抗否认性、可用性、可审计性、可靠性等几个关键因素。

①抗否认性:是指能保障用户无法在事后否认曾经对信息进行的生成、签发、接收等行为的特性。一般通过数字签名来提供抗否认服务。

②可审计性:利用审计方法,可以对计算机信息系统的工作过程进行详尽的审计跟踪,同时保存审计记录和审计日志,从中可以发现问题。

③可靠性:是指计算机在规定的条件下和给定的时间内完成预定功能的概率。

(2)计算机设备安全包括物理安全、设备安全、存储介质安全和可靠性技术:

①物理安全:是保护计算机网络设备、设施以及其他媒体免遭地震、水灾、火灾等环境事故(如电磁污染等)及人为操作失误或错误及各种计算机犯罪行为导致的破坏。物理安全主要包括场地安全(环境安全),是指系统所在环境的安全,主要是场地与机房。

②设备安全:包括设备的防盗和防毁、防止电磁信息泄露,防止线路截获、抗电磁干扰以及电源的保护。

③存储介质安全:是指介质本身和介质上存储数据的安全。

④可靠性技术:一般采用容错系统实现。容错主要依靠冗余设计来实现,以增加资源换取可靠性。典型的冗余技术有磁盘阵列、双机热备系统、集群系统等。

2. 网络安全

常见的网络威胁包括:①网络监听;②口令攻击;③拒绝服务攻击(Dos);④漏洞攻击,例如利用 WEP 安全漏洞和 OpenSSL 安全漏洞实施攻击;⑤僵尸网络;⑥网络钓鱼;⑦网络欺骗,主要有 ARP 欺骗、DNS 欺骗、IP 欺骗、Web 欺骗、E-mail 欺骗等;⑧网站安全威胁,主要有 SQL 注入攻击、跨站攻击、旁注攻击等。

(1)防火墙:阻挡对网络的非法访问和不安全数据的传递,使得本地系统和网络免于受到许多网络安全威胁。在网络安全中,防火墙主要用于逻辑隔离外部网络与受保护的内部网络。防火墙主要是实现网络安全的安全策略,而这种策略是预先定义好的,所以是一种静态安全技术。在策略中涉及的网络访问行为可以实施有效管理,而策略之外的网络访问行为则无法控制。

(2)入侵检测与防护:其技术主要有入侵检测系统(IDS)和入侵防护系统(IPS)两种。

①入侵检测系统(IDS)注重的是网络安全状况的监管,通过监视网络或系统资源,寻找违反安全策略的行为或攻击迹象,并发出报警。因此绝大多数 IDS 系统都是被动的。

②入侵防护系统(IPS)则倾向于提供主动防护,注重对入侵行为的控制。其设计宗旨是预先对入侵活动和攻击性网络流量进行拦截,避免其造成损失。

(3)VPN(虚拟专用网络):它是依靠 ISP 和其他 NSP,在公用网络中建立专用的、安全的数据通信通道的技术。VPN 可以认为是加密和认证技术在网络传输中的应用。

VPN 网络连接由客户机、传输介质和服务器三部分组成,VPN 的连接是使用称之为"隧道"的技术作为传输介质,这个隧道是建立在公共网络或专用网络基础之上的。常见的隧道技术包括:点对点隧道协议(PPTP)、第二层隧道协议(L2TP)和 IP 安全协议(IPSec)。

(4)安全扫描:包括漏洞扫描、端口扫描、密码类扫描(发现弱口令密码)等。

安全扫描可以应用在被称为扫描器的软件来完成,扫描器是最有效的网络安全检测工具之一,它可以自动检测远程或本地主机、网络系统的安全弱点以及所存在可能被利用的系统漏洞。

(5)网络蜜罐(Honeypot)技术:一种主动防御技术,是入侵检测技术的一个重要发展方向,也是一个"诱捕"攻击者的陷阱。蜜罐系统是一个包含漏洞的诱骗系统,它通过模拟一个或多个易受攻击的主机和服务,给攻击者提供一个容易攻击的目标。攻击者往往在蜜罐上浪费时间,延缓对真正目标的攻击。由于蜜罐技术的特性和原理,使得它可以对入侵的取证提供重要的信息和有用的线索,便于研究入侵者的攻击行为。

3. 操作系统安全

操作系统安全是指操作系统无错误配置、无漏洞、无后门、无特洛伊木马等,能防止非法用户对计算机资源的非法存取。

(1)针对操作系统的安全威胁按照行为方式划分,通常有下面四种:

①切断:这是对可用性的威胁。系统的资源被破坏或变得不可用或不能用,如破坏硬盘、切断通信线路或使文件管理失效。

②截取:这是对机密性的威胁。未经授权的用户、程序或计算机系统获得了对某资源的访问,如在网络中窃取数据及非法拷贝文件和程序。

③篡改:这是对完整性的攻击。未经授权的用户不仅获得了对某资源的访问,而且进行篡改,如修改数据文件中的值,修改网络中正在传送的消息内容。

④伪造:这是对合法性的威胁。未经授权的用户将伪造的对象插入到系统中,如非法用户把伪造的消息加到网络中或向当前文件加入记录。

(2)按照安全威胁的表现形式来分,操作系统面临的安全威胁有以下几种:计算机病毒、逻辑炸弹、特洛伊木马、后门和隐蔽通道。

(3)操作系统安全性的主要方面包括:身份认证机制、访问控制机制、数据保密性、数据完整性、系统的可用性和审计。

4. 数据库系统安全

数据库安全主要指数据库管理系统安全,其安全问题可以认为是用于存储而非传输的数据的安全问题。数据库安全涉及的问题包括:物理数据库的完整性、逻辑数据库的完整性、元素安全性、可审计性、访问控制、身份认证、可用性、推理控制和多级保护。

数据库安全在技术上采取了一系列的方法,具体包括:数据库访问控制技术、数据库加密技术、多级安全数据库技术、数据库的推理控制问题和数据库的备份与恢复等。

5. 应用系统安全

Web 威胁防护技术主要包括：

（1）Web 访问控制技术：访问控制是 Web 站点安全防范和保护的主要策略，它的主要任务是保证网络资源不被非法访问者访问。Web 服务器一般提供了通过 IP 地址、子网或域名、通过用户名/口令、通过公钥加密体系 PKI（CA 认证）等访问控制方法。

（2）单点登录（SSO）技术：单点登录为应用系统提供集中统一的身份认证，实现"一点登录、多点访问"。单点登录系统采用基于数字证书的加密和数字签名技术，基于统一的策略的用户身份认证和授权控制功能，对用户实行集中统一的管理和身份认证。

（3）网页防篡改技术：网页防篡改技术包括时间轮询技术、核心内嵌技术、事件触发技术、文件过滤驱动技术等。

①时间轮询技术：利用网页检测程序，以轮询方式读出要监控的网页，与真实网页相比较来判断网页内容的完整性，对于被篡改的网页进行报警和恢复。

②核心内嵌技术：即密码水印技术。该技术将篡改检测模块内嵌在 Web 服务器软件里，它在每一个网页流出时都进行完整性检查，对于篡改网页进行实时访问阻断，并予以报警和恢复。

③事件触发技术：就是利用操作系统的文件系统或驱动程序接口，在网页文件的被修改时进行合法性检查，对于非法操作进行报警和恢复。

④文件过滤驱动技术：通过底层文件驱动技术，使整个文件复制过程达到毫秒级，其所消耗的内存和 CPU 占用率也远远低于其他防篡改技术，是一种简单、高效、安全性又极高的一种防篡改技术。

（4）Web 内容安全：内容安全管理分为电子邮件过滤、网页过滤、反间谍软件三项技术，这三项技术不仅对内容安全市场发展起到决定性推动作用，而且对于互联网的安全起到至关重要的保障作用。

1.8 信息化发展与应用

Tips

2018 年 7 月 25 日，国家主席习近平应邀出席在南非约翰内斯堡举行的金砖国家工商论坛，发表的重要讲话《顺应时代潮流，实现共同发展》同样适用于信息系统项目的建设，产品信息化、企业信息化要符合我国信息化发展趋势。

本节主要介绍信息化发展趋势和技术特点，对我国信息化战略目标和重点任务进行综述，特别是针对电子政务、电子商务、企业信息化和两化融合等领域的发展思路、技术应用要点及其对经济社会的重要作用等进行概要性阐述。

信息化发展与应用

我国在"十三五"规划纲要中，将培育人工智能、移动智能终端、第五代移动通信（5G）、先进传感器等作为新一代信息技术产业创新重点发展，拓展新兴产业发展空间。

两化融合的含义

（1）是指信息化与工业化发展战略的融合。

（2）是指信息资源与材料、能源等工业资源的融合。

（3）是指虚拟经济与工业实体经济融合。

（4）是指信息技术与工业技术、IT 设备与工业装备的融合。

电子政务

在建设电子政务系统时，应遵循如下四大原则：①统一规划，加强领导；②需求主导，突出重点；③整合资源，拉动产业；④统一标准，保障安全。

电子政务根据其服务的对象不同,基本上可以分为以下四种模式:

(1)政府对政府(G2G)。G2G是指政府上下级之间、不同地区和不同职能部门之间实现的电子政务活动。

(2)政府对企业(G2B)。G2B是政府向企业提供的各种公共服务,主要包括政府向企事业单位发布的各种方针、政策、法规和行政规定。

(3)政府对公众(G2C)。G2C实际上是政府面向公众所提供的服务。

(4)政府对公务员(G2E)。G2E是指政府与政府公务员即政府雇员之间的电子政务。

电子商务

凡使用了诸如电报、电话、广播、电视、传真以及计算机、计算机网络等手段、工具和技术进行商务活动,都可以称之为电子商务。EDI(电子数据交换)是连接原始电子商务和现代电子商务的手段。

(1)电子商务基本特征有:普遍性、便利性、整体性、安全性和协调性。

(2)电子商务模式包括:

①B2B模式即Business To Business,就是企业和企业之间通过互联网进行产品、服务及信息的交换。阿里巴巴是典型的B2B电子商务企业。

②B2C模式即Business To Consumer,就是企业和消费者个人之间的电子商务。京东、当当、苏宁等是典型的B2C电子商务企业。

③C2C模式即Consumer To Consumer,就是消费者和消费者之间通过电子商务交易平台进行交易的一种商务模式。淘宝、易趣等是典型的C2C电子商务交易平台。

④O2O模式即Online To Offline,含义是线上购买线下的商品和服务,实体店提货或者享受服务。借助O2O,能够迅速地促进门店销售,特别适合餐饮、院线、会所等服务类连锁企业。

企业信息化

(1)概念:企业信息化就是在企业作业、管理、决策的各个层面,科学计算、过程控制、事务处理、经营管理的各个领域,引进和使用现代信息技术,全面改革管理体制和机制,从而大幅度提高企业工作效率、市场竞争能力和经济效益。

(2)目前企业竞争中的"大"吃"小",正在转向为"快"吃"慢"。

(3)企业信息化发展过程应遵循如下原则:效益原则、一把手原则、中长期与短期建设相结合的原则、规范化和标准化原则、以人为本的原则。

1.9 信息系统服务管理

本节的信息系统服务管理属于软件与服务业范畴,主要指的是针对信息系统建设所进行的咨询顾问、规划评估、项目管理、监理、运行维护等工作。

信息系统工程监理的内容

信息系统工程监理主要内容可以概括为"四控、三管、一协调",即投资控制、进度控制、质量控制、变更控制、合同管理、信息管理、安全管理和沟通协调。

IT服务管理

应该说,早期的IT服务管理主要针对于企业内部的IT部门,传统的IT服务管理都是由企业内部的IT部门提供服务,即内部提供服务。

IT服务管理(ITSM)是一套帮助组织对IT系统的规划、研发、实施和运营进行有效管理的方法,是一套方法论。

ITSM的核心思想是:IT组织不管是组织内部的还是外部的,都是IT服务提供者,其主要工作就是提供低成本、高质量的 IT 服务。

ITSM 是一种 IT 管理,与传统的 IT 管理不同,它是一种以服务为中心的 IT 管理。

实施 ITSM 的根本目标有三个:以客户为中心提供 IT 服务,提供高质量、低成本的服务,提供的服务是可准确计量的。

1.10　信息系统规划

Tips

　　A 公司要应对激烈市场竞争的挑战,实现企业的战略目标,必然要实施技术创新战略、管理创新战略和市场开拓战略,要将组织工作重点转向技术创新、管理创新和制度创新的方向上来,信息化是必然的选择和必要的手段。

　　信息系统规划关注的是如何通过信息系统来支撑业务流程的运作,进而实现企业的关键业务目标,其重点在于对信息系统远景、组成架构、各部分逻辑关系进行规划。

　　考勤管理作为企业人员管理的一部分,这一简单应用场景借助于新一代信息技术的应用,成为改变企业业务流程的切入点,如何进行信息系统规划、把握市场需求、抓住机遇成为 A 公司发展的重点。

大型信息系统

大型信息系统是指以信息技术和通信技术为支撑,规模庞大,分布广阔,采用多级网络结构,跨越多个安全域,处理海量的、复杂且形式多样的数据,提供多种类型应用的大系统。大型信息系统特点如表 1-11 所示。

表 1-11　大型信息系统特点

特点	内容
规模庞大	包含的独立运行和管理的子系统甚多
跨地域性	系统分布广阔,部署不集中。例如银行系统,有上万个分布在全国各个地区的网点
网络结构复杂	采用多级网络结构、跨域多个安全域、网络关系复杂、接口众多。例如大型企业的内网包括总部、研究院、研究所三级网络,研究所接受研究院的管理,研究院接受总部的管理
业务种类多	大型信息系统提供的应用种类繁多,业务的处理逻辑复杂,业务之间关系复杂。例如大型企业内网:公文流转系统、网络会议系统、电子邮件系统等,各类业务系统之间存在着信息流转
数据量大	大型信息系统处理的业务和信息量大,存储的数据复杂、内容多且形式多样
用户多	大型信息系统的使用者多,角色多,对系统的访问、操作多。例如银行系统(包括总行、分行、支行)每天的工作人员,以及各地的用户等使用者访问系统

信息系统规划流程

(1)分析企业信息化现状。

(2)制定企业信息化战略。

(3)信息系统规划方案拟定和总体构架设计。包括技术路线、实施方案、运行维护方案等。

信息系统规划方法

(1)信息系统规划(ISP)是从企业战略出发,构建企业基本的信息系统架构,对企业内、外信息资源进行统一规划、管理与应用,利用信息系统控制企业行为,辅助企业进行决策,帮助企业实现战略目标。

ISP 方法经历了三个主要阶段：

①第一个阶段主要以数据处理为核心，围绕职能部门需求的信息系统规划，主要的方法包括企业系统规划法、关键成功因素法和战略集合转化法。

②第二个阶段主要以企业内部管理信息系统为核心，围绕企业整体需求进行的信息系统规划，主要的方法包括战略数据规划法、信息工程法和战略栅格法。

③第三个阶段的方法在综合考虑企业内外环境的情况下，以集成为核心，围绕企业战略需求进行的信息系统规划，主要的方法包括价值链分析法和战略一致性模型。

（2）企业系统规划（BSP）方法是通过全面调查，分析企业信息需求，制定信息系统总体方案的一种方法，其活动步骤（流程），如图 1-17 所示。

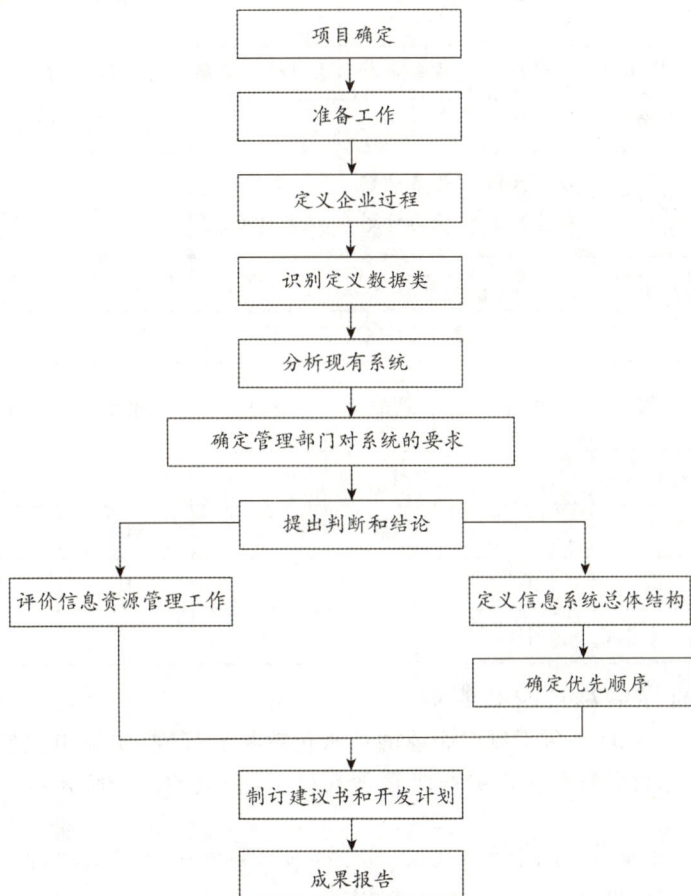

图 1-17　BSP 方法的步骤

信息系统的规划工具

（1）为把企业组织结构与企业过程联系起来，说明每个过程与组织的联系，指出过程决策人，可以采用建立过程/组织（Process/Organization，P/O）矩阵的方法。如表 1-12 所示。

（2）为定义数据类，在调查研究和访谈的基础上，可以采用实体法归纳出数据类，实体法首先列出企业资源，再列出一个资源/数据（Resource/Data，R/D）矩阵。如表 1-13 所示。

（3）CU 矩阵。企业过程和数据类定义好后，可以以企业过程为行，以数据类为列，按照企业过程生成数据类关系填写 C（Create），使用数据类关系填写 U（User），形成 CU 矩阵。如表 1-14 所示。

表1-12 P/O 矩阵示例

过程＼组织		总经理	财务副总	业务副总
人事	人员计划	√	*	
	招聘培训			
	合同支付	√	*	+

表1-13 R/D 矩阵示例

数据类型＼企业资源	产品	顾客	设备	材料	厂商	资金	人事
存档数据	产品零部件	客户	设备负荷	原材料付款单	厂家	财务会计总账	雇员工资
事务数据	订购	运输		材料接收		收款/付款	
计划数据	产品计划	销售区域 销售行业	设备计划 能力计划	需求 生产计划表		预算	人员计划
统计数据	产品需求	销售历史	设备利用率	分类需求	厂家行为	财务统计	生产率

表1-14 CU 矩阵示例

企业过程＼数据类	顾客	预算	产品	费用	销售	价格	计划
市场分析	U		U		U	U	U
产品调查	U		U		U	U	
销售预测	U	C	U		U	U	C
财务计划		U		U			C

1.11 企业首席信息官及其职责

从技术角度来看，CIO 是负责制定企业的信息化政策和标准，实施组织信息系统规划，并对企业的信息资源进行管理和控制的高级管理人员，是企业的一个跨技术、跨部门的高层决策者。

从 CIO 的职责角度来看，CIO 是三个专家，即企业业务专家、IT 专家和管理专家。系统分析师是 CIO 的最佳人选，下面简单介绍 CIO 的主要职责：

(1)提供信息，帮助企业决策。

(2)帮助企业制定中长期发展战略。

(3)有效管理 IT 部门。

(4)制定信息系统发展规划。

(5)建立积极的 IT 文化。

1.12 小蔡的自问自答

1. 信息必须依赖其存储、传输、处理及应用的载体而存在。信息系统安全可以划分为设备安全、数据安全、内容安全和(　　)①安全。

　　A. 行为　　　　　　　　　　　　　　B. 通信

　　C. 主机　　　　　　　　　　　　　　D. 信息

【解析】信息必须依赖其存储、传输、处理及应用的载体而存在,因此信息系统安全可以划分为以下四个层次:设备安全、数据安全、内容安全、行为安全。

　　2. 信息安全等级保护管理办法中,如果信息系统受到破坏后,会对社会秩序和公共利益造成特别严重损害,或者对国家安全造成严重损害,则该系统应属于(　　)②。

　　A. 第二级　　　　　　　　　　　　　B. 第三级

　　C. 第四级　　　　　　　　　　　　　D. 第五级

【解析】《信息安全等级保护管理办法》将信息系统的安全等级分为五级,具体见下表。

级别	内容
第一级	信息系统受到破坏后,会对公民、法人和其他组织的合法权益造成损害,但不损害国家安全、社会秩序和公共利益
第二级	信息系统受到破坏后,会对公民、法人和其他组织的合法权益产生严重损害,或者对社会秩序和公共利益造成损害,但不损害国家安全
第三级	信息系统受到破坏后,会对社会秩序和公共利益造成严重损害,或者对国家安全造成损害
第四级	信息系统受到破坏后,会对社会秩序和公共利益造成特别严重损害,或者对国家安全造成严重损害
第五级	信息系统受到破坏后,会对国家安全造成特别严重损害

　　3. 在信息系统的生命周期中,开发阶段不包括(　　)③。

　　A. 系统规划　　　　　　　　　　　　B. 系统设计

　　C. 系统分析　　　　　　　　　　　　D. 系统实施

【解析】信息系统的生命周期分为系统规划(可行性分析与项目开发计划)、系统分析(需求分析)、系统设计(概要设计和详细设计)、系统实施(编码、测试)、系统运行和维护五个阶段。

　　信息系统的生命周期还可以简化为项目立项(系统规划)、开发(系统分析、系统设计、系统实施)、运维及消亡四个阶段。

　　这里进行补充说明,在开发阶段不仅包括系统分析、系统设计、系统实施,还包括系统验收等工作。

　　4. 信息要满足一定的质量属性,信息的(　　)④是指信息的来源、采集方法、传输过程是可以信任的,符合预期的。

　　A. 完整性　　　　　　　　　　　　　B. 可靠性

　　C. 可验证性　　　　　　　　　　　　D. 安全性

【解析】信息的质量属性包括:

(1)精确性,对事物状态描述的精准程度。

(2)完整性,对事物状态描述的全面程度,完整信息应包括所有重要事实。

(3)可靠性,指信息的来源、采集方法、传输过程是可以信任的,符合预期的。

(4)及时性,指获得信息的时刻与事件发生时刻的间隔长短。

(5)经济性,指信息的获取、传输带来的成本在可以接受的范围内。

---

①A　②C　③A　④B

(6)可验证性,指信息的主要质量属性可以被证实或者证伪的程度。

(7)安全性,指在信息的生命周期中,信息可以被非授权访问的可能性,可能性越低、安全性越高。

5.( )①不属于信息系统项目的生命周期模型。

A. 瀑布模型   B. 迭代模型

C. 螺旋模型   D. 类-对象模型

【解析】本题考查信息系统项目的生命周期模型,必须掌握。瀑布模型、迭代模型、螺旋模型均为常见的模型。

6. 下列关于软件测试的描述,不正确的是( )②。

A. 采用桌前检查、代码走查和代码审查属于动态测试方法

B. 控制流测试和数据流测试属于白盒测试方法

C. 软件测试可分为单元测试、集成测试、确认测试、系统测试

D. 回归测试的目的是软件变更后,变更部分的正确性和对变更需求的符合性,以及软件原有的、正确的功能及性能等其他规定的要求的不损害性

【解析】软件测试的方法可以分为静态测试和动态测试。

静态测试指的是被测试程序不在机器上运行,而采用人工检测和计算机辅助静态分析的手段对程序进行检测。

静态测试包括对文档的静态测试和对代码的静态测试。对文档的静态测试主要以检查单的形式进行;对代码的静态测试一般采用桌前检查、代码走查和代码审查。

7. ( )③不属于"互联网+"的应用。

A. 滴滴打车   B. AlphaGo

C. 百度外卖   D. 共享单车

【解析】阿尔法围棋(AlphaGo)是第一个击败人类职业围棋选手、第一个战胜围棋世界冠军的人工智能机器人,由谷歌(Google)旗下 DeepMind 公司戴密斯·哈萨比斯领衔的团队开发。它属于人工智能的应用,而不属于"互联网+"的应用,其主要工作原理是"深度学习"。

8.2019 年 8 月 9 日华为正式发布自有操作系统( )④,可用于支付、人脸识别、指纹等高安全级别场景。

A. 鲲鹏   B. 麒麟

C. 昇腾   D. 鸿蒙

【解析】2019 年 8 月 9 日,华为在东莞举行华为开发者大会,正式发布操作系统鸿蒙。鸿蒙是一款"面向未来"的操作系统,是一款基于微内核的、面向全场景的分布式操作系统,它将适配手机、平板、电视、智能汽车、可穿戴设备等多终端设备。

9. 信息系统规划的工具很多,如 P/O 矩阵、R/D 矩阵、IPO 图、CU 矩阵等,每种工具的用途有所不同。( )⑤适用于归纳数据。

A. P/O 矩阵   B. R/D 矩阵

C. IPO 图   D. CU 矩阵

【解析】为定义数据类,在调查研究和访谈的基础上,可以采用实体法归纳出数据类,实体法首先列出企业资源,再列出一个资源/数据(R/D)矩阵。

①D ②A ③B ④D ⑤B

1.13　本章重要概念

重要概念连连看

信息	开放系统互连参考模型(Open System Interconnect, OSI)，其目的是为异种计算机互连提供一个共同的基础和标准框架
系统	大数据、云计算、互联网+、物联网、智慧城市等为代表的信息技术的统称
信息系统	软件工程是指应用计算机科学、数学及管理科学等原理，以工程化的原则和方法来解决软件问题的工程，其目的是提高软件生产率、提高软件质量、降低软件成本
信息化	信息（数据）本身的安全属性，一般包括秘密性、完整性、可用性三方面
信息系统生命周期	针对信息系统建设所进行的咨询顾问、规划评估、项目管理、监理、运行维护等工作
两化融合	是一个组织有关信息系统建设与应用的全局性谋划，主要包括战略目标、策略和部署等内容
信息系统开发方法	负责制定企业的信息化政策和标准，实施组织信息系统规划，并对企业的信息资源进行管理和控制的高级管理人员，是企业的一个跨技术、跨部门的高层决策者
OSI七层模型	一般指信息化与工业化发展战略的融合
软件工程	开发信息系统的方法，开发方法包括结构化方法、面向对象方法、原型化方法、面向服务的方法
新一代信息技术	把信息系统划分为不同阶段，每个阶段有不同的目标、工作方法，阶段中的任务也由不同类型的人员来负责的过程
信息安全	一般指利用现代信息技术推动经济社会发展转型的一个历史性过程
信息系统服务	输入数据，通过加工处理，产生信息的系统
信息系统规划	由相互联系、相互依赖、相互作用的事物或过程组成的具有整体功能和综合行为的统一体
企业首席信息官	香农认为它用来消除不确定性的东西

(**注**:将概念与所对应内容进行连线。)

易混概念

①基础设施即服务 *vs* 平台即服务 *vs* 软件即服务

②电子政务四种模式 *vs* 电子商务四种模式

③五种软件架构风格的区别

第 2 章　信息系统安全管理

2.1　考情分布地图

本章节主要针对信息系统安全管理进行重点梳理,在实际考试中,本章知识点在上午的选择题中有较大概率出现,主要是考查其概念,而下午的案例分析题以及论文写作均出现概率较低。上午的综合知识单选题近 4 次考试分值分布如下。

年份　知识点	2022 年 5 月 单选	2021 年 11 月 单选	2021 年 5 月 单选	2020 年 11 月 单选	合计
信息系统安全策略的概念与内容	0	0	0	1	1
建立安全策略需要处理好的关系	0	0	0	0	0
信息系统安全等级保护的概念	0	0	0	0	0
信息安全系统工程	1	1	0	0	2
PKI 公开密钥基础设施	0	0	0	0	0
访问控制	0	0	1	1	2
信息安全审计	1	1	0	1	3
本章考查分值	2	2	1	3	8

2.2　信息系统安全策略

2.2.1　信息系统安全策略的概念与内容

■ **概念**

信息系统安全是指针对信息系统的安全风险进行有效地识别、评估后,所采取的各种措施、手段,以及建立的各种管理制度、规章等。

■ **内容**

安全策略的核心内容就是"七定",即定方案、定岗、定位、定员、定目标、定制度、定工作流程。系统安全策略首先要解决定方案,其次就是定岗。速记词如表 2-1 所示。

表 2-1　"七定"速记词

速记词:按岗位原木职工						
场景记忆法:县衙对当地人才进行统计分类,工匠老鲁也在其统计之列。按照工作职位形式分类,他原来是一个运木的工人						
按	岗	位	原	木	职	工
定方案	定岗	定位	定员	定目标	定制度	定工作

2.2.2　建立安全策略需要处理好的关系

■ **"木桶效应"的观点**

"木桶效应"的观点是将整个信息系统比作一个木桶,其安全水平是由构成木桶的最短的那块木板决定的。同时,保护信息系统的各个安全要素是同等重要的,各方面要素均不容忽视。

信息系统的安全保护等级由两个定级要素决定：

一是受侵害的客体。等级保护对象受到破坏时所侵害的客体包括公民、法人和其他组织的合法权益；社会秩序、公共利益；国家安全。

二是对客体的侵害程度。对客体的侵害程度由客观方面的不同外在表现综合决定。由于对客体的侵害是通过对等级保护对象的破坏实现的，因此，对客体的侵害外在表现为对等级保护对象的破坏，通过危害方式、危害后果和危害程度加以描述。

定级要素与信息系统安全保护等级的关系如表 2-2 所示。

表 2-2　定级要素与信息系统安全保护等级的关系

等级	对象	侵害客体	侵害程度	监管强度
第一级	一般系统	合法权益	损害	自主保护
第二级	一般系统	合法权益	严重损害	指导
		社会秩序和公共利益	损害	
第三级	重要系统	社会秩序和公共利益	严重损害	监督检查
		国家安全	损害	
第四级	重要系统	社会秩序和公共利益	特别严重损害	强制监督检查
		国家安全	严重损害	
第五级	极端重要系统	国家安全	特别严重损害	专门监督检查

2.2.3　信息系统安全策略设计原则

我国信息化建设总结出来的宝贵经验有八个总原则和十个特殊原则。

八个总原则

(1) 主要领导人负责原则。

(2) 规范定级原则。

(3) 依法行政原则。

(4) 以人为本原则。

(5) 注重效费比原则。

(6) 全面防范、突出重点原则。

(7) 系统、动态原则。

(8) 特殊的安全管理原则。

十个特殊原则

(1) 分权制衡原则。

(2) 最小特权原则。

(3) 标准化原则。

(4) 用成熟的先进技术原则。

(5) 失效保护原则。

(6) 普遍参与原则。

(7) 职责分离原则。

(8) 审计独立原则。

(9) 控制社会影响原则。

第二编

（10）保护资源和效率原则。

2.2.4 本节金色重点

《计算机信息系统安全保护等级划分准则》（GB 17859—1999）是建立安全等级保护制度，实施安全等级管理的重要基础性标准，它将计算机信息系统分为以下五个安全保护等级，具体内容如表2-3所示。

表 2-3　计算机安全保护等级

等级	场景	概念
第一级 用户自主保护级	小蔡个人家用路由器修改密码等	它为用户提供可行的手段，保护用户和用户信息，避免其他用户对数据的非法读写与破坏，该级适用于普通内联网用户
第二级 系统审计保护级	小蔡所在公司为了保护商业秘密所进行的相关手段	实施了粒度更细的自主访问控制，该级适用于通过内联网或国际网进行商务活动，需要保密的非重要单位
第三级 安全标记保护级	小蔡陪同公司领导为新员工办理社保，社保大厅的共用网络网速太慢了，于是小蔡向工作人员询问内部网络访问密码，但工作人员以"网络安全规定"为由，拒绝了他的请求	具有系统审计保护级的所有功能。该级适用于地方各级国家机关、金融单位机构、邮电通信、能源与水源供给部门、交通运输、大型工商与信息技术企业、重点工程建设等单位
第四级 结构化保护级	某国家重点科研单位举办技术交流盛会，小蔡想借助此行多收集一些技术资料，休息期间小蔡拿出U盘对该单位某职工提出拷贝一些技术资料，该职工拒绝了小蔡的请求	建立于一个明确定义的形式安全策略模型之上，要求将第三级系统中的自主和强制访问控制扩展到所有主体与客体。该级适用于中央级国家机关、广播电视部门、重要物资储备单位、社会应急服务部门、尖端科技企业集团、国家重点科研单位机构和国防建设等部门
第五级 访问验证保护级	小蔡打开手机新闻客户端收到新闻推送："某国黑客对我国国防等重要部门实施多次攻击。"	满足访问控制器需求；系统具有很高的抗渗透能力。该级适用于国防关键部门和依法需要对计算机信息系统实施特殊隔离的单位

速记词：泳（用）洗（系）俺（安）解（结）放（访）

2.3　信息安全系统工程

2.3.1　信息安全系统工程概述

信息安全系统工程就是要建造一个信息安全系统，它是整个信息系统工程的一部分。

■ **几个术语之间的关系**（如图2-1）

信息系统、业务应用信息系统、信息安全系统、信息系统工程、业务应用信息系统工程、信息安全系统工程以及信息系统安全和信息系统安全工程之间的关系。

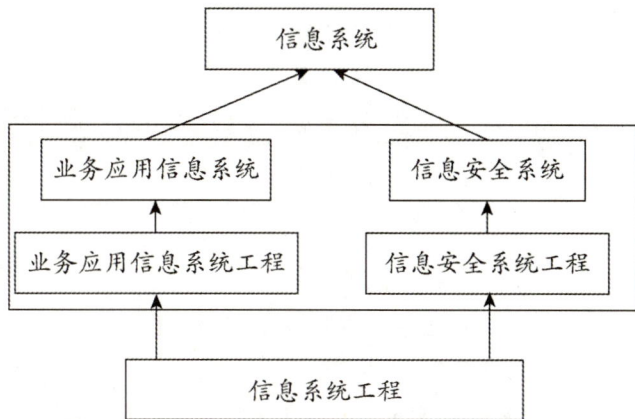

图 2-1　术语之间的关系

（1）信息系统：又称为信息应用系统、信息应用管理系统、管理信息系统,简称 MIS。信息安全系统服务于业务应用信息系统并与之密不可分,但又不能混为一谈。

> **Tips**
>
> 比如:建立国税信息系统、公安信息系统、社保信息系统等,一定包含业务应用信息系统和信息安全系统两个部分。但二者的功能、操作流程、管理方式、人员要求、技术领域等都完全不同。随着信息化地深入,两者的界限就越来越明显了。

（2）业务应用信息系统：主要支撑业务运营的计算机应用信息系统。如银行柜台业务信息系统、国税征收信息系统等。

（3）信息系统工程：即建造信息系统的工程,包括两个独立且不可分割的部分,即信息安全系统工程和业务应用信息系统工程。

（4）业务应用信息系统工程：为了达到建设好业务应用信息系统所组织实施的工程,一般称为信息系统集成项目工程。它是信息系统工程的一部分。

（5）信息安全系统工程：是指为了达到建设好信息安全系统的特殊需要而组织实施的工程。它是信息系统工程的一部分。

2.3.2　信息安全系统

信息安全保障系统一般简称为信息安全系统,它是"信息系统"的一个部分,用于保证"业务应用信息系统"正常运营。

> **Tips**
>
> 我们用一个"宏观"三维空间图来反映信息安全系统的体系架构及其组成,如图 2-2 所示。
> X 轴是"安全机制";Y 轴是"OSI 网络参考模型";Z 轴是"安全服务"。由 X、Y、Z 三个轴形成的信息安全系统三维空间就是信息系统的"安全空间"。

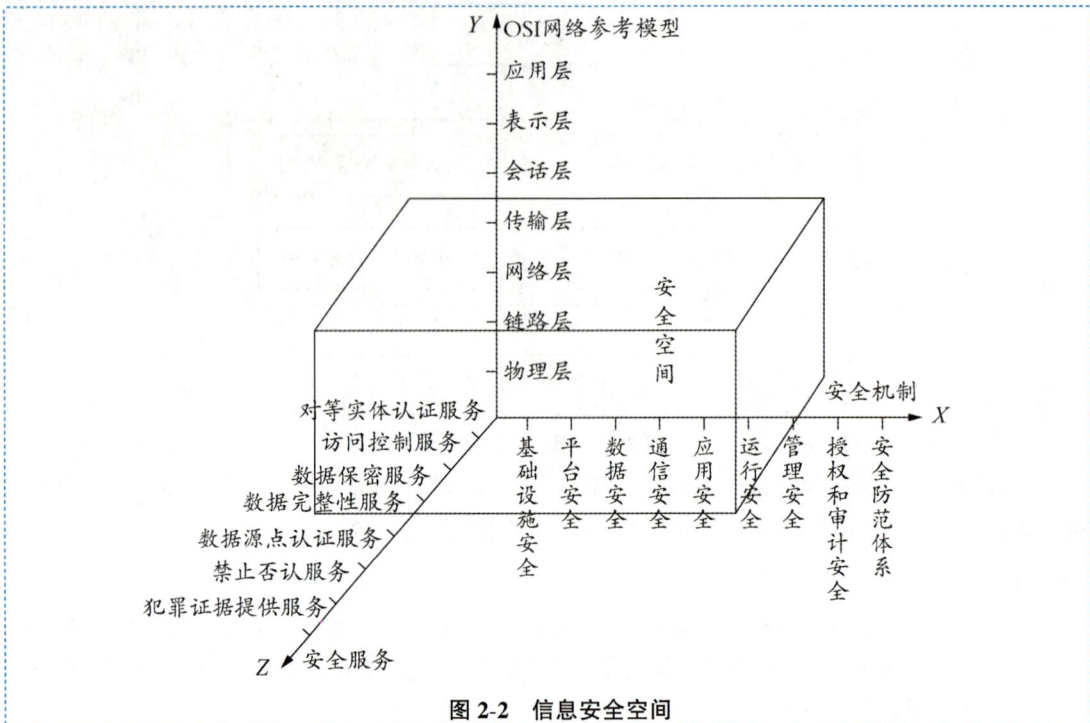

图 2-2　信息安全空间

安全机制

（1）第一层：基础设施实体安全。

①机房安全，包括机房环境、温度、湿度、电磁、噪声、防尘、静电和振动等。

②场地安全，包括建筑安全、防火、防雷、围墙和门禁系统等。

③设施安全，包括设备可靠性、通信线路安全性和辐射控制与防泄露等。

④动力系统安全，包括电源安全和空调等。

⑤灾难预防与恢复。

（2）第二层：平台安全。

①操作系统漏洞检测与修复。

②网络基础设施漏洞检测与修复。

③通用基础应用程序漏洞检测与修复。

④网络安全产品部署。

（3）第三层：数据安全。

①介质与载体安全保护。

②数据访问控制。

③数据完整性。

④数据可用性。

⑤数据监控和审计。

⑥数据存储与备份安全。

（4）第四层：通信安全。

①通信线路和网络基础设施安全性测试与优化。

第二编

②安装网络加密设施。

③设置通信加密软件。

④设置身份鉴别机制。

⑤设置并测试安全通道。

⑥测试各项网络协议运行漏洞。

（5）第五层：应用安全。

①业务软件的程序安全性测试（Bug 分析）。

②业务交往的防抵赖测试。

③业务资源的访问控制验证测试。

④业务实体的身份鉴别检测。

⑤业务现场的备份与恢复机制检查。

⑥业务数据的唯一性、一致性和防冲突检测。

⑦业务数据的保密性测试。

⑧业务系统的可靠性测试。

⑨业务系统的可用性测试。

（6）第六层：运行安全。

①应急处置机制和配套服务。

②网络系统安全性监测。

③网络安全产品运行监测。

④定期检查和评估。

⑤系统升级和补丁提供。

⑥跟踪最新安全漏洞及通报。

⑦灾难恢复机制与预防。

⑧网络安全专业技术咨询服务。

（7）第七层：管理安全。

管理安全包括人员管理、培训管理、应用系统管理、软件管理、设备管理、文档管理、数据管理、操作管理、运行管理、机房管理。

（8）第八层：授权和审计安全。

①授权安全。是指以向用户和应用程序提供权限管理和授权服务为目标，主要负责向业务应用系统提供授权服务管理。

②审计安全是指：

a. 监控网络内部的用户活动。

b. 侦察系统中存在的潜在威胁。

c. 对日常运行状况的统计和分析。

d. 对突发案件和异常事件的事后分析。

e. 辅助侦破和取证。

f. 安全审计是信息安全系统必须支持的功能特性。

（9）第九层：安全防范体系。

企业安全防范体系的建立,就是使企业具有较强的应急事故处理能力,其核心是实现企业信息安全资源的综合管理。

■ 安全服务

(1)对等实体认证服务。对等实体认证服务用于两个开放系统同等层中的实体建立链接或数据传输时,对对方实体的合法性、真实性进行确认,以防假冒。

(2)数据保密服务。为了防止网络中各系统之间的数据被截获或被非法存取而泄密,提供密码加密保护。

(3)数据完整性服务。数据完整性服务用以防止非法实体对交换数据的修改、插入、删除以及在数据交换过程中的数据丢失。

(4)数据源点认证服务。数据源点认证服务用于确保数据发自真正的源点,防止假冒。

(5)禁止否认服务。用以防止发送方在发送数据后否认自己发送过此数据,接收方在收到数据后否认自己收到过此数据或伪造接收数据。

(6)犯罪证据提供服务。

■ 安全技术

(1)加密技术:确保数据安全性的基本方法。

(2)数字签名技术:确保数据真实性的基本方法。利用数字签名技术还可以进行报文认证和用户身份认证。数字签名具有解决收发双方纠纷的能力,这是其他安全技术所没有的。

(3)访问控制技术。访问控制按照事先确定的规则决定主体对客体的访问是否合法。

(4)数据完整性技术。破坏数据的主要因素有:

①数据在信道中传输时受信道干扰影响产生错误或是被非法侵入所篡改,或是被病毒所感染等。

②数据完整性技术通过纠错编码和差错控制来应对信道干扰,通过报文认证来应对非法入侵者的主动攻击,通过病毒实时检测来应对计算机病毒。

(5)认证技术。多数认证过程采用密码技术和数字签名技术。例如,对于用户身份进行认证。

(6)数据挖掘技术。随着高科技的发展,犯罪和不法之徒的手段也越来越高科技化,对于隐蔽的手法就需要新的高科技手段来对付,利用大量的数据积累和经验的积累,数据挖掘技术是及早发现隐患、将犯罪扼杀在萌芽阶段并及时修补不健全的安全防范体系的重要技术。

■ 信息安全系统工程与安全管理的关系

信息安全系统工程应该吸纳安全管理的成熟规范部分,这些安全管理包括:

(1)物理安全。侧重于保护建筑物和物理场所的安全。

(2)计算机安全。各种类型计算设备的安全保护。

(3)网络安全。保护网络联结和数据传输的安全措施,包括网络硬件、软件和协议,以及在网络上传输的信息的安全。

(4)通信安全。保护有关安全域之间的通信安全,特别是信息在传输介质上传输时的安全。

(5)输入/输出产品的安全。保护与主机硬件和软件的安全、正常、稳定的连接和运行,防止外来的干扰和破坏。

(6)操作系统安全。保护操作系统本身安全运营的安全措施和由操作系统提供给使用者的安全措施。

(7)数据库系统安全。保护数据库管理系统本身安全运营的安全措施和由数据库管理系统提供给使用者的安全措施。

(8)数据安全。保护在存储、操作和处理中的数据。

(9)信息审计安全。保证审计信息和审计系统的安全运营,从而获得运行环境安全和安全运行态势维护。

(10)人员安全。有关人员及其可信度保证,以及安全意识培训教育保证。

(11)管理安全。有关安全管理和管理该系统的安全。

(12)辐射安全。控制所有机器设备保证不将未期望的信号发射到安全域外部。

2.3.3　本节金色重点

■ **信息安全系统架构体系**(如表2-4)

表2-4　信息安全系统架构体系

系统架构	定义	特点
MIS+S	为"初级信息安全保障系统"或"基本信息安全保障系统"。顾名思义,这样的系统是初等的、简单的信息安全保障系统	①业务应用系统基本不变 ②硬件和系统软件通用 ③安全设备基本不带密码
S-MIS	为"标准信息安全保障系统"。顾名思义,该系统一定是涉密系统,即系统中一定要用到密码和密码设备	①硬件和系统软件通用 ②PKI/CA 安全保障系统必须带密码 ③业务应用系统必须根本改变 ④主要通用的硬件、软件也要通过认证
S²-MIS	为"超安全的信息安全保障系统"。顾名思义,这样的系统是建立在"绝对的"安全的信息安全基础设施上的。它不仅使用世界公认的 PKI/CA 标准,同时硬件和系统软件都使用专用的、安全产品。主要的硬件和系统软件需要 PKI/CA 认证,可以说,这样的系统是集当今所有安全、密码产品之大成	①硬件和系统软件都专用 ②PKI/CA 安全基础设施必须带密码 ③业务应用系统必须从根本改变

2.4　PKI 公钥基础设施与 PMI 权限(授权)管理基础设施

2.4.1　公钥基础设施(PKI)基本概念

■ **PKI 概念**

公钥基础设施,也称为公开密钥基础设施。是以不对称密钥加密技术为基础,以数据机密性、完整性、身份认证和行为不可抵赖性为安全目的,来实施和提供安全服务的、具有普适性的安全基础设施。

■ **PKI 的总体架构**

一个网络的PKI包括以下几个基本的构件:

(1)数字证书。

利用数字证书,配合相应的安全代理软件,可以在网上信息交易过程中检验对方的身份真伪,实现信息交易双方的身份真伪,并保证交易信息的真实性、完整性、机密性和不可否认性。数字证书提供了 PKI 基础。

（2）数字签名。

利用发信者的私钥和可靠的密码算法对待发信息或其电子摘要进行加密处理,这个过程和结果就是数字签名。收信者可以用发信者的公钥对收到的信息进行解密从而辨别真伪。经过数字签名后的信息具有真实性和不可否认(抵赖)性。

> *Tips*
>
> 数字签名体系应满足以下 3 个条件:
> ①签名者事后不能抵赖自己的签名。
> ②任何其他人不能伪造签名。
> ③如果当事的双方关于签名的真伪发生争执,能够在公正的仲裁者面前通过验证签名来确认其真伪。

（3）认证中心。

简称 CA,它是 PKI 的核心。它是公正、权威、可信的第三方网上认证机构,负责数字证书的签发、撤销和生命周期的管理,还提供密钥管理和证书在线查询等服务。CA 的主要职能:用户注册、证书签发、证书注销、密钥恢复、密钥更新、证书使用、安全管理。

（4）数字证书注册审批机构。

简称 RA 系统,它是 CA 的数字证书发放、管理的延伸。它负责数字证书申请者的信息录入、审核以及数字证书发放等工作,同时,对发放的数字证书完成相应的管理功能。

（5）密钥和证书管理工具。

管理和审计数字证书的工具,认证中心使用它来管理在一个 CA 上的证书。

（6）双证书体系。

PKI 采用双证书体系,非对称算法支持 RSA 和 ECC 算法,对称密码算法支持国家密码管理委员会指定的算法。

（7）PKI 信任服务体系。

是为整个业务应用系统(如电子政务、电子商务等)提供基于 PKI 数字证书认证机制的实体身份鉴别服务,它包括认证机构、注册机构、证书库、证书撤销和交叉认证等。

（8）PKI 密钥管理中心(KMC)。

提供密钥管理服务,向授权管理部门提供应急情况下的特殊密钥回复功能。它包括密钥管理机构、密钥备份和恢复、密钥更新和密钥历史档案等。

（9）X. 509 证书标准。

在 PKI/CA 架构中,一个重要的标准就是 X. 509 标准,数字证书就是按照 X. 509 标准制作的。

2.4.2 PMI 权限(授权)管理基础设施

PMI 概念

即权限管理基础设施,又称为授权管理基础设施。PMI 授权技术的核心思想是以资源管理为核心,将对资源的访问控制权统一交由授权机构进行管理,即由资源的所有者来进行访问控制管理。

访问控制

访问控制是信息安全保障机制的核心内容之一,是实现数据保密性和完整性的主要手段之一。访问控制是为了限制访问主体(或称为发起者,是一个主动的实体,如用户、进程、服务等)对访问客体(需要保护的资源)的访问权限。

Tips

访问控制有两个重要过程：
①认证过程,通过"鉴别(authentication)"来检验主体的合法身份。
②授权管理,通过"授权(authorization)"来赋予用户对某项资源的访问权限。

PKI 与 PMI 之间的区别

PMI 主要进行授权管理,证明这个用户有什么权限,能干什么,即"你能做什么"。PKI 主要进行身份鉴别,证明用户身份,即"你是谁"。

PKI 与 PMI 之间的关系如图 2-3 所示。

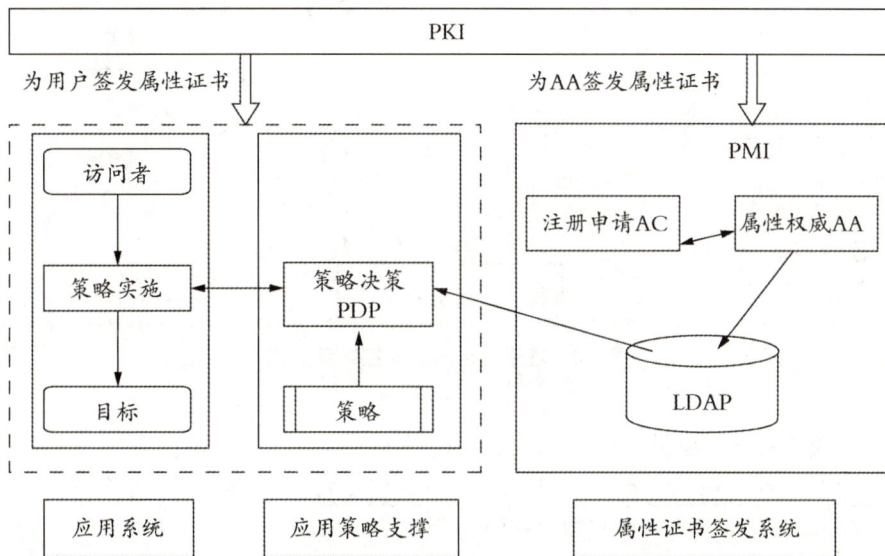

图 2-3　PKI 与 PMI 的关系

2.4.3　本节金色重点

访问控制机制分类

因实现的基本理念不同,访问控制机制可分为强制访问控制(MAC)和自主访问控制(DAC)两种。

(1)强制访问控制。系统独立于用户行为强制执行访问控制(MAC),用户不能改变他们的安全级别或对象的安全属性。

(2)自主访问控制。自主访问控制(DAC)机制允许对象的属主来制定针对该对象的保护策略。通常 DAC 通过授权列表(或访问控制列表)来限定哪些主体针对哪些客体可以执行什么操作。这样可以非常灵活地对策略进行调整。

基于角色的访问控制 RBAC

20 世纪 90 年代出现的这种技术有效地克服了传统访问控制技术中存在的不足之处。

用户不能自主地将访问权限授给别的用户,这是 RBAC 与 DAC 的根本区别所在。

基于角色的访问控制中,角色由应用系统的管理员定义。角色成员的增减也只能由应用系统的管理员来执行,即只有应用系统的管理员有权定义和分配角色,而且授权规定是强加给用户的,用户只能被动接受,不能自主地决定。用户也不能自主地将访问权限传给他人,这是一种非自主型访问控制。基于角色的访问控制的运行机理,如图 2-4 所示。

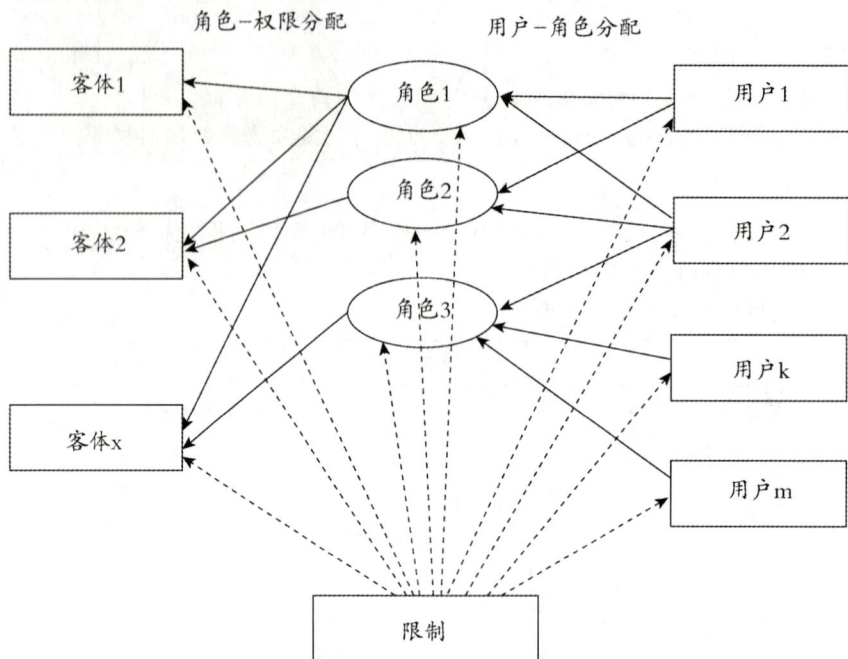

图 2-4　基于角色的访问控制示意图

> **Tips**
>
> 　　目前我们使用的访问控制授权方案,主要有以下四种:
>
> 　　(1) DAC(Discretionary Access Control) 自主访问控制方式:该模型针对每个用户指明能够访问的资源,对于不在指定的资源列表中的对象不允许访问。
>
> 　　(2) ACL(Access Control List) 访问控制列表方式:该模型是目前应用最多的方式。目标资源拥有访问权限列表,指明允许哪些用户访问。如果某个用户不在访问控制列表中,则不允许该用户访问这个资源。
>
> 　　(3) MAC(Mandatory Access Control) 强制访问控制方式:该模型在军事和安全部门中应用较多,目标具有一个包含等级的安全标签(如:不保密、限制、秘密、机密、绝密);访问者拥有包含等级列表的许可,其中定义了可以访问哪个级别的目标。例如,允许访问秘密级信息,这时,秘密级、限制级和不保密级的信息是允许访问的,但机密和绝密级信息不允许访问。
>
> 　　(4) RBAC(Role—Based Access Control) 基于角色的访问控制方式:该模型首先定义一些组织内的角色,如局长、科长、职员,再根据管理规定给这些角色分配相应的权限,最后对组织内的每个人根据具体业务和职位分配一个或多个角色。

2.5　信息安全审计

2.5.1　安全审计概念

■ 安全审计

　　记录、审查主体对客体进行访问和使用的情况,保证安全规则被正确执行,并帮助分析安全事故产生的原因。

　　通过安全审计,识别与防止计算机网络系统内的攻击行为,追查计算机网络系统内的泄密行为。

　　(1)安全审计具体包括两方面的内容。

　　①采用网络监控与入侵防范系统,识别网络各种违规操作与攻击行为,即时响应(如报警)并

进行阻断。

②对信息内容和业务流程进行审计,可以防止内部机密或敏感信息的非法泄漏和单位资产的流失。

(2)安全审计系统采用数据挖掘和数据仓库技术,被喻为"黑匣子"和"监护神"。

①信息安全审计系统就是业务应用信息系统的"黑匣子"。即使在整个系统遭到灭顶之灾的破坏后,"黑匣子"也能安然无恙,并确切记录破坏系统的各种痕迹和"现场记录"。

②信息安全审计系统就是业务应用信息系统的"监护神",随时对一切现行的犯罪行为、违法行为进行监视、追踪、抓捕,同时对暗藏的、隐患的犯罪倾向、违法迹象进行"堵漏"、铲除。

2.5.2　建立安全审计系统

建设安全审计系统的主体方案一般包括:

(1)基于入侵监测预警系统的网络与主机信息监测审计。

基本功能:负责监视网络上的通信数据流和网络服务器系统中的审核信息,捕捉可疑的网络和服务器系统活动,发现其中存在的安全问题,当网络和主机被非法使用或破坏时,进行实时响应和报警;产生通告信息和日志,系统审计管理人员根据这些通告信息、日志和分析结果,调整和更新已有的安全管理策略或进行跟踪追查等事后处理措施。

(2)重要应用系统运行情况审计。

主要有四种解决方案:

①基于主机操作系统代理。此方案与应用系统编程无关,所以通用性、实时性好,但审计粒度较粗,并且对确认的违规行为不能实现阻断控制。

②基于应用系统代理。此方案优点是实时性好,且审计粒度由用户控制,可以减少不必要的审核数据。缺点在于要为每个应用单独编写代理程序,因而与应用系统编程相关,通用性不如前者好。

③基于应用系统独立程序。在应用系统内部嵌入一个与应用服务同步运行专用的审计服务应用进程,用以全程跟踪应用服务进程的运行。此方案与应用系统密切相关,每个应用系统都需开发相应的独立程序,通用性、实时性不好,价格将会较高。但审计粒度可因需求而设置,并且用户工作界面与应用系统相同。

④基于网络旁路监控方式。此方式与基于网络监测的安全审计实现原理及系统配置相同,仅是作用目标不同而已,其系统结构由网络探测器和安全控制中心组成。

2.5.3　分布式审计系统

分布式审计系统由审计中心、审计控制台和审计 Agent 组成。

(1)审计中心。审计中心是对整个审计系统的数据进行集中存储和管理,并进行应急响应的专用软件,它基于数据库平台,采用数据库方式进行审计数据管理和系统控制,并在无人看守情况下长期运行。

(2)审计控制台。审计控制台是提供给管理员用于对审计数据进行查阅,对审计系统进行规则设置,实现报警功能的界面软件,可以有多个审计控制台软件同时运行。

(3)审计 Agent。审计 Agent 是直接同被审计网络和系统连接的部件,不同的审计 Agent 完成不同的功能。审计 Agent 将报警数据和需要记录的数据自动报送到审计中心,并由审计中心进行统一的调度管理。

审计 Agent 主要可以分为网络监听型 Agent、系统嵌入型 Agent、主动信息获取型 Agent 等。

①网络监听型 Agent。需要运行在一个网络监听专用硬件平台上,在系统中,该硬件被称为网

探。根据所处的网络平台的不同,网探分为百兆网探、千兆网探等。

②系统嵌入型 Agent。系统嵌入型 Agent 是安装在各个受保护的主机上的安全保护软件,这些软件实现基于主机的安全审计和监管。

③主动信息获取型 Agent。主要实现针对一些非主机类型的设备的日志收集,如防火墙、交换机、路由器等。

2.5.4 本节金色重点

安全审计功能

它将安全审计功能分为六个部分,具体内容如表 2-5 所示。

表 2-5 安全审计功能

安全审计功能	解释
安全审计自动响应功能	在被测事件指示出一个潜在的安全攻击时做出的响应,它是管理审计事件的需要,这些需要包括报警或行动
安全审计数据生成功能	要求记录与安全相关的事件的出现,包括鉴别审计层次、列举可被审计的事件类型,以及鉴别由各种审计记录类型提供的相关审计信息的最小集合
安全审计分析功能	分析系统活动和审计数据来寻找可能的或真正的安全违规操作。它可以用于入侵检测或对安全违规的自动响应
安全审计浏览功能	要求审计系统能够使授权的用户有效地浏览审计数据,它包括审计浏览、有限审计浏览、可选审计浏览
安全审计事件选择功能	要求系统管理员能够维护、检查或修改审计事件的集合,能够选择对哪些安全属性进行审计
安全审计事件存储功能	要求审计系统提供控制措施,以防止由于资源的不可用丢失审计数据

2.6 小蔡的自问自答

1. 按照信息系统安全策略"七定"要求,系统安全策略首先需要(　　)①。

A. 定方案　　　　　　　　　　　　B. 定岗

C. 定目标　　　　　　　　　　　　D. 定工作流程

【解析】信息系统安全策略核心内容简称"七定",包括定方案、定岗、定位、定员、定目标、定制度、定工作流程。应该首先解决定方案,其次是定岗。

2. 信息系统安全保护等级的定级要素是(　　)②。

A. 等级保护对象和保护客体

B. 受侵害的客体和对客体的侵害程度

C. 信息安全技术策略和管理策略

D. 受侵害客体的规模和恢复能力

【解析】信息系统的安全保护等级由两个定级要素决定:等级保护对象受到破坏时所侵害的客体和对客体造成侵害的程度。

一是受侵害的客体。等级保护对象受到破坏时所侵害的客体包括公民、法人和其他组织的合法权益;社会秩序、公共利益;国家安全。

---

①A　②B

二是对客体的侵害程度。对客体的侵害程度由客观方面的不同外在表现综合决定。

3.《计算机信息系统安全保护等级划分准则》将计算机系统分为五个安全保护等级。其中，

（ ）①适用于中央级国家机关、广播电视部门、重要物资储备单位等部门。

　　A. 系统审计保护级　　　　　　　　　　　B. 安全标记保护级

　　C. 结构化保护级　　　　　　　　　　　　D. 访问验证保护级

【解析】《计算机信息系统安全保护等级划分准则》将计算机系统分为五个安全保护等级，如下表所示。

用户自主保护级	用于普通内联网用户
系统审计保护级	用于内联网、国际网进行商务活动的、需要保密的非重要单位
安全标记保护级	用于地方国家机关、金融单位、邮电通信、能源与水源供给部门、交通运输、大型工商与信息技术企业、重点工程建设等单位
结构化保护级	用于中央级国家机关、广播电视部门、重要物资储备单位、社会应急服务部门、尖端科技企业集团、国家重点科研单位、国防建设等部门
访问验证保护级	用于国防关键部门、依法需要对计算机信息系统实施特殊隔离的单位

4.（ ）②在军事和安全部门中应用最多。

　　A. 自主访问控制方式（DAC）

　　B. 强制访问控制方式（MAC）

　　C. 访问控制列表方式（ACL）

　　D. 基于角色的访问控制方式（RBAC）

【解析】目前主流的访问控制授权方案，主要有以下四种。

（1）DAC（Discretionary Access Control）自主访问控制方式：该模型针对每个用户指明能够访问的资源，对于不在指定的资源列表中的对象不允许访问。

（2）ACL（Access Control List）访问控制列表方式：该模型是目前应用最多的方式。目标资源拥有访问权限列表，指明允许哪些用户访问。如果某个用户不在访问控制列表中，则不允许该用户访问这个资源。

（3）MAC（Mandatory Access Control）强制访问控制方式：该模型在军事和安全部门中应用较多，目标具有一个包含等级的安全标签（如：不保密、限制、秘密、机密、绝密）；访问者拥有包含等级列表的许可，其中定义了可以访问哪个级别的目标。例如，允许访问秘密级信息，这时，秘密级、限制级和不保密级的信息是允许访问的，但机密和绝密级信息不允许访问。

（4）RBAC（Role-Based Access Control）基于角色的访问控制方式：该模型首先定义一些组织内的角色，如局长、科长、职员，再根据管理规定给这些角色分配相应的权限，最后对组织内的每个人根据具体业务和职位分配一个或多个角色。

5.（ ）③的目标是防止内部机密或敏感信息非法泄露和单位资产的流失。

　　A. 数字证书　　　　　　　　　　　　　　B. 安全审计

　　C. 入侵监测　　　　　　　　　　　　　　D. 访问控制

【解析】安全审计具体包括两方面的内容：

（1）采用网络监控与入侵防范系统，识别网络各种违规操作与攻击行为，即时响应（如报警）并

①C　②B　③B

进行阻断。

（2）对信息内容和业务流程进行审计，可以防止内部机密或敏感信息的非法泄漏和单位资产的流失。

6. 安全审计是通过测试公司信息系统对一套确定标准的符合程度来评估其安全性的系统方法，安全审计的主要作用不包括（　　）①。

A. 对潜在的攻击者起到震慑或警告作用

B. 对已发生的系统破坏行为提供有效的追究证据

C. 通过提供日志，帮助系统管理员发现入侵行为或潜在漏洞

D. 通过性能测试，帮助系统管理员发现性能缺陷或不足

【解析】安全审计系统的主要作用有：一是震慑或警告作用；二是对破坏行为提供有效的追究证据；三是提供系统使用日志，从而帮助系统安全管理员及时发现系统入侵行为或潜在的系统漏洞；四是提供系统运行的统计日志，使系统安全管理员能够发现系统性能上的不足或需要改进的地方。

7. CC 标准将安全审计功能分为六个部分，其中，（　　）②要求审计系统提供控制措施，以防止由于资源的不可用丢失审计数据。

A. 安全审计数据生成功能

B. 安全审计浏览功能

C. 安全审计事件选择功能

D. 安全审计事件存储功能

【解析】CC 标准与安全审计功能，CC 标准将安全审计功能分为六个部分。

（1）安全审计自动响应：在检测到一个潜在的安全攻击时做出响应，如报警、中断服务、终止进程、账号失效等。

（2）安全审计数据生成：记录与安全相关的事件的出现，如对敏感数据项的访问、目标对象的删除、改变主体的安全属性。

（3）安全审计分析：分析系统活动和审计数据来寻找可能的安全违规操作，可以用于入侵检测或对安全违规的自动响应。

（4）安全审计浏览：使授权的用户有效地浏览审计数据。

（5）安全审计事件选择：要求系统管理员能够维护、检查或修改审计事件的集合，能够选择对哪些安全属性进行审计，如目标标识、用户标识、主体标识。

（6）安全审计事件存储：防止由于资源的不可用丢失审计数据，能够创造、维护、访问它所保护的对象的审计踪迹，并保护其不被修改、非授权访问或破坏。网络与主机信息监测审计，应用系统信息监测审计，网络安全系统设备信息审计和系统安全评估报告作为安全审计系统的主体，物理安全日志记录作为安全审计系统的辅助系统。

8. 信息系统设备安全是信息系统安全的重要内容，其中设备的（　　）③是指设备在一定时间内不出故障的概率。

A. 完整性　　　　　　　　　　　B. 稳定性

C. 可靠性　　　　　　　　　　　D. 保密性

【解析】信息系统设备的安全是信息系统安全的首要问题。设备安全主要包括以下三个方面：

①D　②D　③B

（1）设备的稳定性：设备在一定时间内不出故障的概率。

（2）设备的可靠性：设备能在一定时间内正常执行任务的概率。

（3）设备的可用性：设备随时可以正常使用的概率。

9. 针对信息系统，安全可以划分为四个层次，其中不包括（　　　）①。

A. 设备安全 　　　　　　　　　　　B. 人员安全

C. 内容安全 　　　　　　　　　　　D. 行为安全

【解析】信息系统安全划分为四个层次：①设备安全；②数据安全；③内容安全；④行为安全。

10.《信息安全技术——信息系统安全等级保护定级指南》（GB/T 22240—2008）标准将信息系统的安全保护等级分为五级。"信息系统受到破坏后，会对社会秩序和公共利益造成严重损害，或者对国家安全造成损害"是（　　　）②的特征。

A. 第二级 　　　　　　　　　　　　B. 第三级

C. 第四级 　　　　　　　　　　　　D. 第五级

【解析】信息系统的安全保护等级分为以下五级：

第一级，信息系统受到破坏后，会对公民、法人和其他组织的合法权益造成损害，但不损害国家安全、社会秩序和公共利益。

第二级，信息系统受到破坏后，会对公民、法人和其他组织的合法权益产生严重损害，或者对社会秩序和公共利益造成损害，但不损害国家安全。

第三级，信息系统受到破坏后，会对社会秩序和公共利益造成严重损害，或者对国家安全造成损害。

第四级，信息系统受到破坏后，会对社会秩序和公共利益造成特别严重损害，或者对国家安全造成严重损害。

第五级，信息系统受到破坏后，会对国家安全造成特别严重损害。

11. 信息系统安全技术中，关于信息认证、加密、数字签名的描述，正确的是（　　　）③。

A. 数字签名具备发送方不能抵赖、接收方不能伪造的能力

B. 数字签名允许收发双方互相验证其真实性，不准许第三方验证

C. 认证允许收发双方和第三方验证

D. 认证中用来鉴别对象真实性的数据是公开的

【解析】认证总是基于某种收发双方共享的保密数据来认证被鉴别对象的真实性，而数字签名中用于验证签名的数据是公开的。

认证允许收发双方互相验证其真实性，不准许第三者验证，而数字签名允许收发双方和第三者都能验证。

数字签名具有发送方不能抵赖、接收方不能伪造和具有在公证人前解决纠纷的能力，而认证则不一定具备。

2.7 本章重要概念

Tips

相关重要概念既要意会(通俗理解)还要言传(专业表达)。

■ 重要概念连连看

七定	适用于普通内联网用户
木桶效应	定方案、定岗、定位、定员、定目标、定制度、定工作流程
用户自主保护级	用于通过内联网或国际网进行商务活动,需要保密的非重要单位
系统审计保护级	该级适用于中央级国家机关、广播电视部门、重要物资储备单位、社会应急服务部门、尖端科技企业集团、国家重点科研单位机构和国防建设等部门
安全标记保护级	系统具有很高的抗渗透能力。该级适用于国防关键部门和依法需要对计算机信息系统实施特殊隔离的单位
结构化保护级	其安全水平是由构成中最短的那块木板决定的
访问验证保护级	简称MIS系统
信息安全系统工程	"超安全的信息安全保障系统"
	是指为了达到建设好信息安全系统的特殊需要而组织实施的工程
S²-MIS	具有系统审计保护级的所有功能。该级适用于地方各级国家机关等
信息系统	公钥基础设施,也称为公开密钥基础设施。是以不对称密钥加密技术为基础
PKI	即权限管理基础设施,又称为授权管理基础设施
PMI	自主访问控制
MAC	强制访问控制
RBAC	基于角色的访问控制
DAC	

■ 易混概念

①PKI *vs* PMI

②强制访问控制 MAC *vs* 自主访问控制 DAC *vs* 基于角色的访问控制 RBAC

③对称加密技术 *vs* 非对称加密技术

④CA *vs* RA

第3章　信息系统综合测试与管理

3.1　考情分布地图

本章节主要针对信息系统综合测试与管理的内容进行重点梳理。在实际考试中,上午的选择题有较大概率出现,而下午的案例分析题以及论文写作出现的概率较低,概率低并不意味着不会考查。在 2020 年 11 月案例分析考试中测试管理和配置管理结合进行考查,所以除了管理部分的案例分析题要掌握,也要注意技术部分和管理部分结合考查案例分析题。综合知识单选题每年平均分值在 1 分左右,综合知识单选题近 4 次历年具体分值分布如下表。

年份 知识点	2022 年 5 月 单选	2021 年 11 月 单选	2021 年 5 月 单选	2020 年 11 月 单选	合计
软件测试模型	0	0	0	0	0
软件测试类型	0	0	1	0	1
软件测试技术	0	0	0	0	0
信息系统测试管理	1	1	0	0	2
测试人员绩效考核	0	0	1	1	2
本章考查分值	1	1	2	1	5

3.2　测试基础

> **Tips**
>
> 测试的目的是什么?
>
> 通过测试,可以及时发现错误,避免因早期的错误没有及时发现而对项目的总体目标造成负面影响。
>
> 测试是一次性的么?
>
> 测试不是一次性的工作。软件系统开发各个阶段都有相应的测试阶段,例如单元测试、集成测试等。

3.2.1　软件测试模型

■ 测试模型的概念

测试模型是测试和测试对象的基本特征、基本关系的抽象。它是测试理论家们根据大量的实际测试应用总结出来的,能够代表某一类应用的内在规律,并对应于适合此类应用的一组测试框架性的东西。

> **Tips**
>
> 软件开发的主要模型包括瀑布模型、原型模型、螺旋模型、敏捷模型以及迭代模型等。
> 软件测试过程的主要模型包括 V 模型、W 模型、H 模型、X 模型、前置测试模型等。

■ V 模型

V 模型(如图 3-1)实际是软件开发瀑布模型的变种,它反映了测试活动与分析和设计的关系。V 模型中的过程从左到右,描述了基本的开发过程和测试行为。

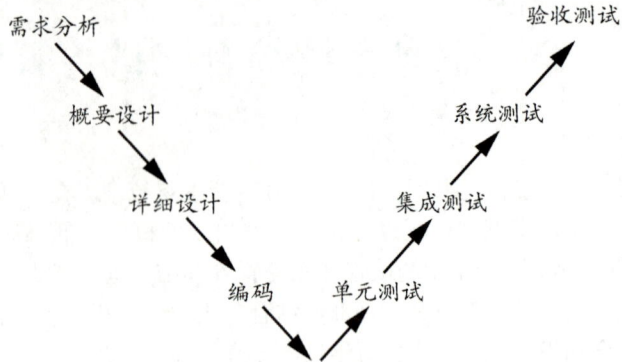

图 3-1　V 模型

V 模型的特点：

（1）左侧是开发、右侧是测试，两者一样重要。

（2）每一阶段有对应的测试。

（3）测试存在于系统开发生命周期中（即贯穿于整个软件产品的周期）。

（4）适用于需求明确、需求变更不频繁的情形。

（5）早期的错误在后期才可以发现。

V 模型特点及优缺点总结如表 3-1 所示。

表 3-1　V 模型特点及优缺点总结

V 模型比较全能，讲究的是两手都要抓（开发与测试）；做事有始有终（贯穿项目始终）；做事太粗心（后期才能发现之前犯下的错误）	
V 模型优点	将复杂的测试工作按阶段进行划分为各个较小的阶段来实现；从多角度测试系统，以便找出更多的缺陷
V 模型缺点	软件测试容易误导为软件开发的最后一个阶段；需求、设计阶段产生的问题不能尽早发现；质量控制和测试效率低

W 模型

W 模型（如图 3-2）相当于两个 V 模型的叠加，一个是开发的 V，一个是测试的 V，由于在项目中开发和测试的是同步进行，相当于两个 V 是并列、同步进行的，测试在一定程度上是随着开发的进展而不断向前进行。

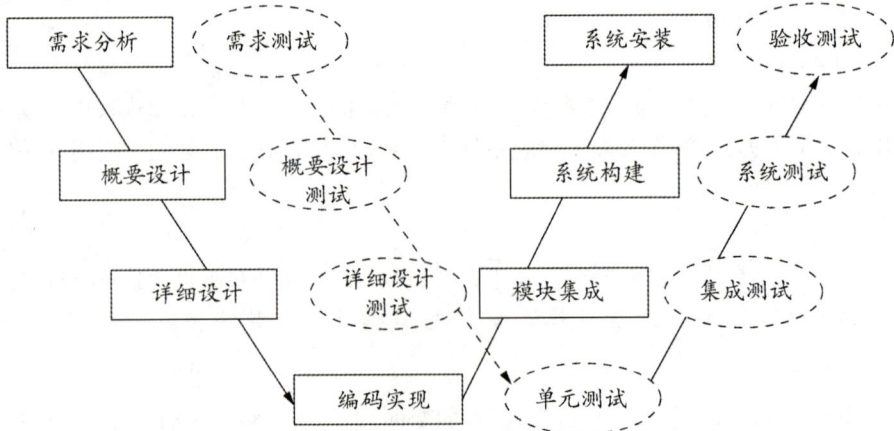

图 3-2　W 模型

W 模型强调测试阶段和开发阶段是同步进行的,而且测试的对象不仅仅是程序,还包括需求分析、概要设计和详细设计,测试伴随着整个软件开发周期。W 模型有利于尽早地全面的发现问题。

W 模型的局限性:

(1)W 模型和 V 模型都将软件的开发视为需求、设计、编码等一系列串行的活动。

(2)测试和开发活动也保持着一种线性的前后关系,即上一阶段完全结束,才能正式开始下一个阶段的工作,这样就无法支持迭代的开发模型。

W 模型特点及优缺点总结如表 3-2 所示。

表 3-2　W 模型特点及优缺点总结

对于当前软件开发复杂多变的情况,W 模型并不能解除测试管理面临着的困惑;对于当前很多文档需要事后补充,或者在项目的开发过程中根本没有文档,开发人员和测试人员都面临着同样的困扰	
W 模型优点	测试与开发同步;能尽早发现问题(缺陷);增加非程序角度测试系统的思想;测试准备以及设计工作提前进行,便于提高测试质量及效率
W 模型缺点	将软件开发视为需求、设计、编码等一系列串行的活动;开发和测试保持线性的先后顺序关系(即前文提到的上一阶段结束后,后一阶段才能开始);无法支持迭代、自发性以及变更调整

H 模型

H 模型(如图 3-3)将测试活动完全独立出来,形成一个完全独立的流程,将测试准备活动和测试执行活动清晰地体现出来。

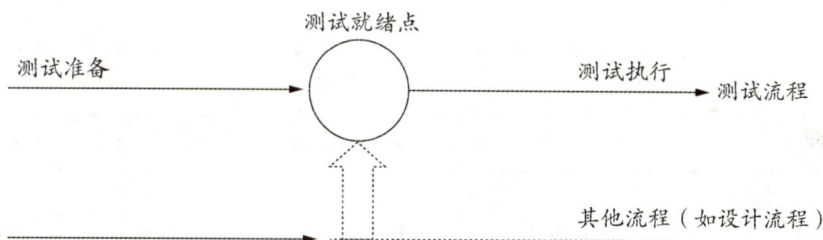

图 3-3　H 模型

H 模型特点及优缺点总结如表 3-3 所示。

表 3-3　H 模型特点及优缺点总结

H 模型揭示了一个原理:软件测试模型是一个独立的流程,贯穿于整个软件产品的周期,与其他流程并发地进行	
H 模型优点	将测试从开发中独立出来,利于研究更深的测试技术;同时测试多个项目时,可对测试技术重复利用;高效调整测试人员;缺陷修复时不受项目组内部人员限制
H 模型缺点	独立的测试组对系统认识不够深入;影响测试质量及测试效率

X 模型

X 模型(如图 3-4)是对 V 模型的改进,X 模型提出针对单独的程序片段进行相互分离的编码和测试,此后通过频繁的交接和集成最终合成为可执行的程序。

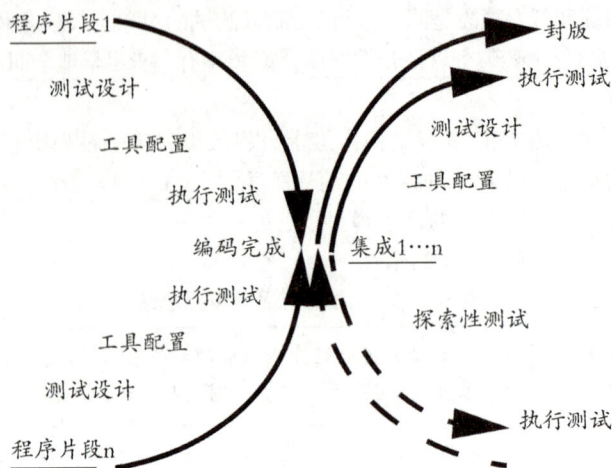

图3-4　X模型

X模型特点及优缺点总结如表3-4所示。

表3-4　X模型特点及优缺点总结

	已通过集成测试的产品可以进行封装并提交给用户,也可以作为更大规模和范围内集成的一部分。多根并行的曲线表示变更可以在各个部分发生 由图3-4可知,X模型还定位了探索性测试,这是不进行事先计划的特殊类型的测试,这一方式往往能帮助有经验的测试人员在测试计划之外发现更多的软件错误 但这样可能对测试造成人力、物力和财力的浪费,对测试员的熟练程度要求比较高
X模型优点	强调单元测试及集成测试的重要性;引入探索性测试使得测试模型与实际情况更接近;缺陷修复时不受项目组内部人员限制
X模型缺点	只强调测试过程中部分内容;没有对需求测试、验收测试等内容进行说明

前置测试模型

该模型将测试和开发紧密结合,提供了一种轻松的方式,可以使项目加快速度;前置测试模型将开发和测试的生命周期整合在一起,标识了项目生命周期从开始到结束之间的关键行为。前置测试将测试执行和开发结合在一起,并在开发阶段以"编码—测试—编码—测试"的方式来体现。当程序片段一旦编写完成,就会立即进行测试。

> **Tips**
>
> 与V模型不同的是,前置测试模型认识到验收测试中所包含的三个要素:基于测试的需求、验收标准和验收测试计划。
>
> 前置测试模型特点:
>
> 前置测试模型用较低的成本来尽早发现错误,并且充分强调了测试对确保系统的高质量的重要意义。

（1）技术测试:主要是针对开发代码的测试,如V模型中所定义的动态的单元测试,集成测试和系统测试。技术测试在设计阶段进行计划和设计,并在开发阶段由技术部门来执行。

（2）QA测试:通常跟随在系统测试之后,从技术部门的意见和用户的预期方面出发,进行最后的检查。对技术测试最基本的要求是验证代码的编写和设计的要求是否相一致。

3.2.2　软件测试类型

按照开发阶段划分

按照开发阶段划分方式,分为单元测试、集成测试、系统测试和验收测试。

(1)单元测试。又称模块测试,是针对软件设计的最小单元(即程序模块)进行正确性检验的工作;该测试必须是可重复的,程序员有责任编写功能代码,同时也就有责任为自己的代码编写单元测试;单元测试以规格说明为基础。

单元测试的原则:

①应该尽早进行软件单元测试。

②应该保证单元测试的可重复性。

③尽可能采用测试自动化的手段来支持单元测试活动。

单元测试的主要内容:

①单元功能测试。

②单元接口测试。

③单元局部数据结构测试。

④单元中重要的执行路径测试。

⑤单元的各类错误处理路径测试。

⑥单元边界条件测试。

> **Tips**
>
> 单元测试主要是对最小的各类单元进行测试。例如,生产小汽车时先对零部件进行检测。

(2)集成测试。又称组装测试、联合测试、子系统测试或部件测试,在单元测试的基础上,将所有模块按照设计要求组装成子系统或系统进行的测试活动;单元测试完成后便进入集成测试阶段。

集成测试关注的是模块间的接口,接口之间的数据传递关系。软件的集成测试工作最好由不属于该软件开发组的软件设计人员承担,以提高集成测试的效果。

集成测试目的:

①在把各个模块连接起来的时候,穿越模块接口的数据是否会丢失。

②一个模块的功能是否会对另一个模块的功能产生不利的影响。

③各个子功能组合起来,能否达到预期要求的父功能。

④全局数据结构是否有问题。

⑤单个模块的误差累积起来,是否会放大,从而达到不能接受的程度。

⑥在单元测试的同时可进行集成测试,发现并排除在模块连接中可能出现的问题,最终构成要求的软件系统。

> **Tips**
>
> 集成测试主要是针对模块之间的接口及接口之间的数据传递关系。
>
> 例如,将发动机组成的各类零部件(活塞、缸体等)集成一个完整的发动机,测试发动机的性能,或者将车窗玻璃升降器、车窗玻璃等组件集成起来,检测车窗总体的性能是否存在问题。

集成策略就是在测试对象分析的基础上,描述软件模块集成(组装)的方式、方法。主要有以下两大类:

①非增值式策略,先分别测试每个模块,再把所有模块按设计要求放在一起结合成所要的程序。

②增值式策略,又称渐增式组装。先对一个个模块进行模块测试,然后将这些模块逐步组装

成较大的系统,在组装的过程中边连接边测试,以发现连接过程中产生的问题。

(3)系统测试。对已经集成好的软件系统进行彻底的测试,以验证软件系统的<u>正确性和性能</u>等是否满足其规约所指定的要求(即检查软件的<u>行为和输出</u>是否正确)。

系统测试更多程度上是站在用户的角度上对系统做功能性的验证,同时还对系统进行一些非功能性的验证,包括压力测试、安全性测试、容错测试、恢复性测试等。<u>系统测试过程包含了测试计划、测试设计、测试实施、测试执行、测试评估几个阶段</u>。测试依据主要是产品系统的需求规格说明书、各种规范、标准和协议等。

系统测试的目的:

①在真实系统工作环境下通过与系统的需求定义作比较,检验完整的软件配置项能否和系统正确连接,发现软件与系统设计文档或软件开发合同规定不符合或与之矛盾的地方;系统测试还要检验系统的文档等是否完整、有效。

②系统测试的测试用例应根据需求分析说明书来设计,并在实际使用环境下来运行。

③系统测试一般使用<u>黑盒测试</u>技术,并由<u>独立的测试人员完成</u>。

> *Tips*
> 将汽车发动机、离合器、车身等集成一辆完整的小汽车,测试小汽车功能是否正常,例如小汽车是否可以正常<u>启动</u>、<u>行驶</u>等。

(4)<u>验收测试</u>。在软件产品完成了功能测试和系统测试之后,产品发布之前所进行的软件测试活动,它是技术测试的最后一个阶段,也称为交付测试、发布测试或确认测试。

验收测试是按照项目任务书或合同、供需双方约定的验收依据文档进行的对整个系统的测试与评审,决定是否接收系统。按照测试执行者的不同,对不同项目的验收测试的称呼也不同。

当测试的执行者是测试内部人员,且待测系统为公司内部产品时,我们称为<u>发布测试或确认测试</u>。

当测试的执行者是客户或用户,且待测系统为交付客户的项目时,我们称为<u>验收测试或交付测试</u>。

> *Tips*
> 比如客户正式接收小汽车之前,进行的综合性测试,主要目的是看小汽车是否满足用户的需求,或者小汽车是不是按照客户的要求、合同及设计等要求进行生产的。
>
> 例如,虽然生产的小汽车功能、性能(可以正常启动、行驶)等满足要求,但是用户(或者合同、设计等)要求的是"豪华跑车",而你生产的是"老年代步车"。

<u>验收测试主要包括易用性测试、兼容性测试、安装测试、文档(如用户手册、操作手册等)测试</u>等几个方面的内容。

验收测试完成标准如下:

①完全执行了验收测试计划中的每个测试用例。

②在验收测试中发现的错误已经得到修改并且通过了测试。

③完成软件验收测试报告。

验收测试需要注意以下几点:

①必须编写正式的、单独的验收测试计划。

②验收测试必须在实际的用户运行环境中运行。

③由用户和测试部门共同执行。如果是公司开发的产品,由测试人员和产品设计部门、市场部门等共同进行,可能还包括技术支持、产品培训部门。

按照测试实施组织划分

按照测试实施组织划分方式,分为开发方测试、用户测试、第三方测试。

(1)开发方测试。也称为"验证测试"或"α测试"。开发方通过检测和提供客观证据,证实软件的实现是否满足规定的需求。Alpha测试(即α测试)是由一个用户在开发环境下进行的测试,并且在开发者对用户的"指导"下进行测试,也可以是公司内部的用户在模拟实际操作环境下进行的受控测试。

需要重点指出的是:

①Alpha测试不能由程序员或测试员完成。

②Alpha测试发现的错误,可以在测试现场立刻反馈给开发人员,由开发人员及时分析和处理。

Alpha测试目的:评价软件产品的功能、可使用性、可靠性、性能和支持。尤其注重产品的界面和特色。

(2)用户测试。在用户的应用环境下,用户通过运行和使用软件,检测与核实软件实现是否符合自己预期的要求。通常情况下用户测试不是指用户的"验收测试",而是指用户的使用性测试,由用户找出软件的应用过程中发现的软件的缺陷与问题,并对使用质量进行评价。

Beta测试(即β测试)通过被看成是一种"用户测试"。Beta测试主要是把软件产品有计划地免费分发到目标市场,让用户大量使用,并评价、检查软件。Beta测试由软件的最终用户在一个或多个客户场所进行。

> *Tips*
> 与Alpha测试不同的是:
> 开发者通常不在Beta测试的现场,Beta测试不能由程序员或测试员完成;只有当Alpha测试达到一定的可靠程度后,才能开始Beta测试。

(3)第三方测试。也称为独立测试,是介于软件开发方和用户方之间的测试组织的测试;是在模拟用户真实应用的环境下,进行的软件确认测试。

第三方测试工作内容主要包括:需求分析审查、设计审查、代码审查、单元测试、功能测试、性能测试、可恢复性测试、资源消耗测试、并发测试、健壮性测试、安全测试、安装配置测试、可移植性测试、文档测试以及最终的验收测试等。

按照测试技术划分

按照测试技术划分方式,分为黑盒测试、白盒测试和灰盒测试。(黑盒测试、白盒测试、灰盒测试详见3.3.2节)

(1)黑盒测试。也称功能测试,它是通过测试来检测每个功能是否都能正常使用。

(2)白盒测试。又称结构测试,检查是否所有的结构及路径都是正确的,检查软件内部动作是否按照设计说明书的规定正常进行。

(3)灰盒测试。介于白盒测试与黑盒测试之间的测试。

按照测试执行方式划分

按照测试执行方式划分方式,分为静态测试和动态测试。

(1)静态测试。是指不运行程序,通过人工对程序和文档进行分析与检查。静态测试包括代码检查、静态结构分析、代码质量度量等。

> **Tips**
>
> 静态测试技术又称为静态分析技术,静态测试实际上是对软件中的需求说明书、设计说明书、程序源代码、用户手册等进行非运行的检查。

(2)动态测试。是指通过人工或使用工具运行程序进行检查、分析程序的执行状态和程序的外部表现。动态方法指通过运行被测程序,检查运行结果与预期结果的差异,分析运行效率结果与预期结果的差异,并分析运行效率、正确性和健壮性等性能,这种方法由三部分组成:编写测试用例,执行程序,分析程序的输出结果。

> **Tips**
>
> 静态测试与动态测试的区别如下:
> (1)静态测试用于预防,动态测试用于校正。
> (2)多次的静态测试比动态测试效率高。
> (3)静态测试主要是对程序代码进行测试。
> (4)在相当短的时间里,静态测试的覆盖率能达到100%,而动态测试只能达到50%左右。
> (5)动态测试比静态测试更费时间。
> (6)静态测试比动态测试更能发现 Bug。
> (7)静态测试的执行可以在程序编码编译前,动态测试只能在编译后才能执行。

按照测试对象类型划分

按照测试对象类型划分方式,分为功能测试、界面测试、流程测试、接口测试、安装测试、文档测试、源代码测试、数据库测试、网络测试和性能测试。

(1)功能测试。对软件功能进行的测试,主要检查软件功能是否实现了软件功能说明书(软件需求)上的功能要求。

(2)界面测试。用户界面(UI)测试主要是对软件的用户界面进行的测试,主要检查用户界面的美观度、统一性、易用性等方面的内容,如界面的风格是否满足客户要求,文字是否正确,页面是否美观等。

(3)流程测试。按操作流程进行的测试,主要有业务流程、数据流程、逻辑流程,其目的是检查软件在按流程操作时是否能够正确处理。流程测试是测试人员把系统各个模块连贯起来运行、模拟真实用户的实际操作,满足用户需求定义的功能来进行测试的过程。

(4)接口测试。根据系统的需求说明书,以实体(即具体业务处理)为对象,主要按业务的需求测试其输入、处理、输出是否满足需求,验证每个业务既符合实际工作的需要,又验证业务的处理过程是正确的,输出的结果是正确的。

接口测试是测试系统组件间接口的一种测试。接口测试主要用于检测外部系统与系统之间以及内部各个子系统之间的交互点。测试的重点是要检查数据的交换,传递和控制管理过程,以及系统间的相互逻辑依赖关系等。

(5)安装测试。确保该软件在正常情况和异常情况的不同条件下,例如,进行首次安装、升级、完整的或自定义的安装都能进行安装。

(6)文档测试。文档测试不需要编写测试用例。从交付用户的类型来划分,可分为两类:非交付用户的文档测试、交付用户的文档测试。

(7)源代码测试。通过本类型的测评发现应用程序、源代码中包括 OWASP 十大 Web 漏洞在内的安全漏洞,识别、定位存在的安全漏洞,并分析漏洞风险,提出整改建议,提高系统的安全性。

源代码安全测试的范围可以是以 C、C++、Java 等开发语言编写的应用程序或网站的全部源代码,也可以是某个独立的业务模块或关键的业务流程模块的源代码。

采用源代码分析工具对系统源代码的安全性进行测试,识别、定位代码存在的安全漏洞,并分析漏洞风险。

(8)数据库测试。

数据库测试的主要因素有:

①数据完整性。测试的重点是检测数据损坏程序。

②数据有效性。能确保信息的正确性。

③数据操作和更新。

(9)网络测试。网络测试是验证网络建设是否成功的手段。主要是验证以下几个方面:链路连接情况、错包率、连通性、网络质量、路由策略、备份路由、网管等。

(10)性能测试。检查系统是否满足需求规格说明书中规定的性能。主要包括:

①负载测试。又叫强度测试,是通过逐步增加系统负载,测试系统性能的变化,并最终确定在满足性能指标的情况下,系统所能承受的最大的负载量的测试。

②压力测试。对系统逐渐增加压力的测试,来获得系统能提供的最大的服务级别的测试或者不能接收用户请求的性能点。通俗地讲,压力测试是为了发现在什么条件下应用程序的性能会变得不可接受。压力测试包括并发测试和大数据量测试。其中,并发测试主要指当测试多用户并发访问同一个应用、模块、数据时是否产生隐藏的并发问题,如内存泄漏、线程锁、资源争用等问题,几乎所有的性能测试都会涉及并发测试;大数据量测试包括独立的数据量测试和综合数据量测试两类。独立的数据量测试指针对某些系统存储、传输、统计、查询等业务进行的大数据量测试。综合数据量测试指和压力性能测试、负载性能测试、稳定性性能测试相结合的综合测试。

③稳定性测试。稳定性测试是概率性的测试,即使稳定性测试通过,也不能保证系统实际运行的时候不出问题,所以要尽可能提高测试的可靠性。该测试可以反映出系统的性能问题,例如内存泄漏等问题。

■ 按照质量属性划分

按照质量属性划分方式,分为容错性测试、兼容性测试、安全性测试、可靠性测试、维护性测试、可移植性测试和易用性测试。

(1)容错性测试。主要检查系统的容错能力,检查软件在异常条件下自身是否具有防护性的措施或者某种灾难性恢复的手段。

> **Tips**
>
> 容错性测试是检查软件在异常条件下的行为。当系统出错时,能否在指定时间间隔内修正错误并重新启动系统。
>
> 容错性测试包括两个方面:
>
> (1)输入异常数据或进行异常操作,以检验系统的保护性。如果系统的容错性好,系统只给出提示信息,则不会导致系统出错甚至崩溃。
>
> (2)灾难恢复性测试。通过各种手段,让软件强制性地发生故障,然后验证系统已保存的用户数据是否丢失,系统和数据是否能尽快恢复。退出被测试系统后应恢复到进入前的系统状态,不应影响其他系统的正确运行。

(2)兼容性测试。是指测试软件在特定的硬件平台上、不同的应用软件之间、不同的操纵系统平台上、不同的网络等环境中是否能够很友好的运行的测试。

Tips

根据兼容性测试的对象不同,兼容性测试分为软件兼容性测试、硬件兼容性测试和数据兼容性测试。

兼容性测试的目的如下:

(1)测试软件是否能在不同的操作系统平台上正常运行。

(2)测试软件是否能在同一操作平台的不同版本上正常运行。

(3)软件本身能否向前或向后兼容。

(4)测试软件能否与其他相关的软件兼容。

(5)数据兼容性测试,主要是指数据能否共享。

(3)安全性测试。在 IT 软件产品的生命周期中,特别是产品开发基本完成到发布阶段,对产品进行检验以验证产品符合安全需求定义和产品质量标准的过程。

Tips

安全性的两个关键方面如下:

(1)应用程序级别的安全性,包括对数据或业务功能的访问。

(2)系统级别的安全性,包括对系统的登录或远程访问。

(4)可靠性测试。软件可靠性测试是指在预期的使用环境中,为检测出软件缺陷,验证和评估是否达到用户对软件可靠性需求而组织实施的一种软件测试。

Tips

软件可靠性测试是面向故障的测试,每一次测试都由代表用户完成,使得测试成为最终软件产品运行的预演。软件可靠性测试包括可靠性增长测试和可靠性验证测试。

(5)可用性测试。是评估(测试)设计方案或者产品的可用性水平。

Tips

目前最常用的评估可用性水平的指标有:用户在没有帮助的情况下完成任务的比例,完成任务所用的时间,用户寻求帮助的次数等。

(6)维护性测试。

软件维护一般包括三大类:(部分文献分为四大类——详见下文补充说明)

①纠正性维护。这类工作主要是纠正软件存在的错误。

②适应性维护。这类工作主要是为能适应变化的外部环境,对软件应用程序做出修改。

③完善性维护。这类工作是为能提升系统性能或扩大其功能,并对软件进行更改。

Tips

软件的维护活动是指需要提供软件支持的全部活动,包括:

(1)交付后完成的活动:软件修改、培训、帮助资料。

(2)交付前完成的活动:交付后运行计划、维护计划。

又可以将其细分为以下的四种:

(1)纠正性维护。也称为纠错性维护、更正性维护。由于系统测试不可能揭露系统存在的所有错误,因此在系统投入运行后频繁的实际应用过程中,就有可能暴露出系统内隐藏的错误。诊断和修正系统中遗留的错误,就是纠错性维护的主要工作。

例如,发现错误及时修改。

> **Tips**
>
> (2)适应性维护。为了使系统适应环境的变化而进行的维护工作。
>
> 例如,物体的热胀冷缩,是根据外部环境的改变而进行相应的改变。
>
> (3)完善性维护。在系统的使用过程中,用户往往要求扩充原有系统的功能,增加一些在软件需求规格说明书中没有规定的功能与性能特征,以及对处理效率和编写程序的改进。
>
> 例如,你打开电脑,发现微信、QQ提示要升级版本,但是你现在着急给同事发一份文件,所以没有去升级。(不升级也不影响部分功能的使用)但是如果你升级了,你发现微信、QQ的功能更多了。(升级之后会变得更好、更完善)
>
> (4)预防性维护。系统维护工作不应总是被动地等待用户提出要求后再进行,应进行主动的预防性维护。目的是通过预防性维护为未来的修改与调整奠定更好的基础。
>
> 例如,为婴儿打疫苗(预防乙肝、流感等),考前预习(避免考试某道题目不会)等等。
>
> 根据对各种维护工作分布情况的统计结果,一般纠错性维护占21%,适应性维护工作占25%,完善性维护达到50%,而预防性维护以及其他类型的维护仅占4%,可见系统维护工作中,一半以上的工作是完善性维护。

(7)可移植性测试。可移植性指未经修改或修改部分源代码后,应用程序或系统从一种环境移植到另一种环境中还能正常工作的难易程度。这里的环境包括软件环境、硬件环境和组织环境。可移植性是一种程度量,代表移植的难易程度。

可移植性测试可检查软件是否可以被成功移植到指定的硬件或软件平台上。

(8)易用性测试。易用性测试主要考察评定软件的易学易用性、各个功能是否易于完成、软件界面是否友好等,在很多类型的管理类软件中是非常重要的。

通常对易用性有如下定义:

①易见:单凭观察,用户就应知道设备的状态,该设备供选择可以采取的行动。

②易学:不通过帮助文件或通过简单的帮助文件,用户就能对一个陌生的产品有清晰的认识。

③易用:用户不翻阅手册就能使用软件。

■ 按照测试地域划分

按照测试地域划分方式分为本地化测试和国际化测试。

(1)本地化测试。本地化测试的对象是软件的本地化版本。本地化测试的目的是测试特定目标区域设置的软件本地化质量。

> **Tips**
>
> 本地化测试的主要工作内容有以下几个方面:
> (1)软件界面测试。
> (2)基本功能测试。
> (3)安装/卸载测试。
> (4)文档测试。

(2)国际化测试。软件国际化的测试就是验证软件产品是否支持一些特性,包括多字节字符集的支持、区域设置、时区设置、界面定制性、内嵌字符串编码和字符串扩展等。

软件国际化的测试通常在本地化开始前进行,以识别潜在的不支持软件国际化特性的问题。理想的情况是,国际化测试在英文版本完成时就已结束。

3.2.3 本节金色重点

软件测试类型的划分如下:

（1）按照开发阶段划分方式，分为单元测试、集成测试、系统测试和验收测试。

（2）按照测试实施组织划分方式，分为开发方测试、用户测试、第三方测试。

（3）按照测试技术划分方式，分为黑盒测试、白盒测试和灰盒测试。

（4）按照测试执行方式划分方式，分为静态测试和动态测试。

（5）按照测试对象类型划分方式，分为功能测试、界面测试、流程测试、接口测试、安装测试、文档测试、源代码测试、数据库测试、网络测试和性能测试。

（6）按照质量属性划分方式，分为容错性测试、兼容性测试、安全性测试、可靠性测试、维护性测试、可移植性测试和易用性测试。

（7）按照测试地域划分方式，分为本地化测试和国际化测试。

3.3　软件测试技术

软件测试技术是软件开发过程中的一个重要组成部分，是贯穿整个软件开发生命周期、对软件产品（包括阶段性产品）进行验证和确认的活动过程，其目的是尽快尽早地发现在软件产品中所存在的各种问题，即与用户需求、预先定义的不一致性；检查软件产品的 Bug；写成测试报告，交于开发人员修改。

> **Tips**
>
> 软件测试人员的基本目标是发现软件中的错误。软件测试技术主要包括白盒测试技术和黑盒测试技术。

3.3.1　黑盒测试与白盒测试

黑盒测试与白盒测试概念已在 3.2.1 节软件测试类型中有所讲解，此处不再重复描述。

3.3.2　本节金色重点

■ 黑盒测试

黑盒测试也称功能测试，它是通过测试来检测每个功能是否都能正常使用。在测试时，把被测程序视为一个不能打开的黑盒子，在完全不考虑程序内部结构和内部特性的情况下，在程序接口进行测试，它只检查程序功能是否按照需求规格说明书的规定正常使用，程序是否能适当地接收输入数据而产生正确的输出信息，并且保持外部信息（如数据库或文件）的完整性。黑盒测试主要检查程序外部结构，不考虑内部逻辑结构，主要针对软件界面和软件功能进行测试。

> **Tips**
>
> 黑盒测试仅需知道系统的【输入】和【输出】，不需要知道代码是怎么写的。
>
> 比如说：小蔡从商场的某一个入口进入，你在商场外面等待，并不知道商场内发生了什么，只知道正确的结果是，小蔡带着一堆商品从某一个出口（可以与入口相同）出来。
>
> 这是原定正确的情况，不出错我们就不需要管商场里面发生了什么，否则，在多次逛商场（多次黑盒测试）之中，发生无法达到原定正确的情况，例如小蔡与人争执、小蔡没带钱、小蔡有问题需要与自己协商等情况的发生，就需要测试人员进行检查了。

黑盒测试注重于测试软件的功能需求，主要试图发现以下几类错误：

（1）是否有不正确或遗漏了的功能。

（2）在接口上，能否正确地接受输入数据，能否产生正确地输出信息。

（3）访问外部信息是否有错。

（4）性能上是否满足要求。

（5）界面是否错误，是否不美观。

(6)初始化或终止错误。

黑盒测试的优点:

(1)比较简单,不需要了解程序内部的代码及实现。

(2)与软件的内部实现无关。

(3)从用户角度出发,能很容易地知道用户会用到哪些功能,会遇到哪些问题。

(4)基于软件开发文档,所以也能知道软件实现了文档中的哪些功能。

(5)在做软件自动化测试时较为方便。

黑盒测试的缺点:

(1)不可能覆盖所有的代码,覆盖率较低,大概只能达到总代码量的30%。

(2)自动化测试的复用性较低。

▮ 白盒测试

白盒测试将测试对象看作一个透明的盒子,按照程序内部的结构测试程序,检验程序中的每条通路是否都能按预定要求正确工作,而不顾它的功能。通过在不同点检查程序的状态,确定实际的状态是否与预期的状态一致。因此白盒测试又称为结构测试或逻辑驱动测试。

> **Tips**
>
> 比如说,小蔡从商场的某一个入口进入,你陪同进入商场,全程陪伴,观察小蔡购物的每个细节,了解其走过的每一步,发生的每个小情况,然后,你抱着一堆商品陪着小蔡从某一个出口出来。

▮ 黑盒测试与白盒测试区别

不透明保温杯(黑盒测试)。我们不知道杯子里面泡的是茶叶,还是冲的咖啡。即已知产品的功能设计规格,可以进行测试证明每个实现了的功能是否符合要求。

透明的玻璃杯(白盒测试)。可以直观地看到杯子里面冲的是茶叶。即已知产品的内部工作过程,可以通过测试证明每种内部操作是否符合设计规格要求,所有内部成分是否已经过检查。

采用白盒测试方法必须遵循以下几条原则,才能达到测试的目的:

(1)保证一个模块中的所有独立路径至少被测试一次。

(2)所有逻辑值均需测试真(true)和假(false)两种情况。

(3)检查程序的内部数据结构,保证其结构的有效性。

(4)在上下边界及可操作范围内运行所有循环。

▮ 灰盒测试

灰盒测试关注输出对于输入的正确性,同时也关注内部表现,但这种关注不像白盒那样详细、完整,只是通过一些表征性的现象、事件、标志来判断内部的运行状态,有时候输出是正确的,但内部其实已经错误了。这种情况非常多,如果每次都通过白盒测试来操作,效率会很低,因此需要采取这样的一种灰盒的方法。

> **Tips**
>
> 比如:一个带有杯套的玻璃杯(灰盒测试)。当套上杯套的时候,你看不到水杯中是咖啡还是茶水,但我们可以把杯套取下。也就是说,灰盒测试更像是白盒测试和黑盒测试的混合测试,既能做黑盒测试又能做白盒测试。

灰盒测试与黑盒、白盒测试的区别如表3-5所示。

表 3-5　灰盒测试与黑盒、白盒测试的区别

测试盒	区别
灰盒测试与黑盒测试的区别	如果某软件包含多个模块,当使用黑盒测试时,只要关心整个软件系统的边界,无需关心软件系统内部各个模块之间如何协作。而如果使用灰盒测试,就需要关心模块与模块之间的交互
灰盒测试与白盒测试的区别	在灰盒测试中,无需关心模块内部的实现细节。对于软件系统的内部模块,灰盒测试依然把它当成一个黑盒来看待。而白盒测试则不同,还需要再深入地了解内部模块的实现细节

3.4　信息测试管理

3.4.1　测试管理基础知识

测试管理基本概念

测试管理是为了实现测试工作预期目标,以测试人员为中心,对测试生命周期及其所涉及的相应资源进行有效的计划、组织、领导和控制的协调活动。

测试管理主要因素

包括测试策略的制定、测试项目进度跟进、项目风险的评估、测试文档的评审、测试内部和外部的协调沟通、测试人员的培养等。

> **Tips**
>
> 测试管理的内容按照管理范围和对象,一般可分为:
>
> (1)测试部门管理。包含部门日常事务、部门人员、部门下属项目、部门资产等的跟踪及管理工作。
>
> (2)测试项目管理。包含测试人员管理、测试计划及测试策略的编写、测试评审的组织、测试过程的跟进、测试内部和外部的沟通协调、缺陷跟踪等。

测试监控

测试监控的主要目的:为测试活动提供反馈信息和可视性。

测试监控任务包括:

(1)记录和管理测试用例的执行状态。

(2)根据当前的执行状态,判定测试用例的设计质量和效率。

(3)根据发现的缺陷分布,判定结束测试的条件是否成熟。

(4)评估测试软件的质量,根据缺陷的数量、严重程度和种类来判断质量。

(5)评估开发过程的质量,根据缺陷的分布、修复缺陷的时间、回归测试中发现的缺陷数据来判断质量。

(6)评估测试工程师的表现,如是否按计划完成测试任务,发现的缺陷的数量及质量。

3.4.2　本节金色重点

测试风险管理

(1)需求风险。对软件需求理解不准确,导致测试范围存在误差,遗漏部分需求或者执行了错误的测试方式;另外需求变更导致测试用例变更,同步时存在误差。

(2)测试用例风险。测试用例设计不完整,忽视了边界条件、异常处理等情况,用例没有完全覆盖需求;测试用例没有得到全部执行,有些用例被有意或者无意的遗漏。

(3)缺陷风险。某些缺陷偶发,难以重现,容易被遗漏。

（4）代码质量风险。软件代码质量差,导致缺陷较多,容易出现测试的遗漏。

（5）测试环境风险。有些情况下测试环境与生产环境不能完全一致,导致测试结果存在误差。

（6）测试技术风险。某些项目存在技术难度,测试能力和水平导致测试进展缓慢,项目延期。

（7）回归测试风险。回归测试一般不运行全部测试用例,可能存在测试不完全。

（8）沟通协调风险。测试过程中涉及的角色较多,存在不同人员、角色之间的沟通、协作,难免存在误解、沟通不畅的情况,导致项目延期。

（9）其他不可预计风险。一些突发状况、不可抗力等也构成风险因素,且难以预估和避免。

Tips

以上是测试过程中可能发生的风险,其中有的风险是难以避免的,如缺陷风险等;有的风险从理论上可以避免,但实际操作过程中出于时间和成本的考虑,也难以完全回避,如回归测试风险等;对于难以避免的风险,我们的目标是将风险降到最低水平。

3.5　小蔡的自问自答

1. 请简要说明测试风险管理中主要包含哪些内容?

【答案】测试风险管理主要包括需求风险、测试用例风险、缺陷风险、代码质量风险、测试环境风险、测试技术风险、回归测试风险、沟通协调风险、其他不可预计风险。

2. (　　)①指的是,对软件需求理解不准确,导致测试范围存在误差,遗漏部分需求或者执行了错误的测试方式;另外需求变更导致测试用例变更,同步时存在误差。

A. 需求风险

B. 测试技术风险

C. 软件开发技术风险

D. 测试用例风险

【解析】需求风险指的是,对软件需求理解不准确,导致测试范围存在误差,遗漏部分需求或者执行了错误的测试方式;另外需求变更导致测试用例变更,同步时存在误差。

3. 软件维护工作主要包含四个类别,请简要说明主要包含哪些?

【答案】软件维护工作主要包括纠错性维护、适应性维护、预防性维护、完善性维护。

4. 左侧是开发、右侧是测试,两者一样重要;早期的错误在后期才可以发现。前述的是(　　)②的特点。

A. H 模型

B. W 模型

C. V 模型

D. 原型法

【解析】V 模型的特点:①左侧是开发,右侧是测试,两者一样重要。②每一阶段有对应的测试。③测试存在于系统开发生命周期中。④适用于需求明确、需求变更不频繁的情形。⑤早期的错误在后期才可以发现。

①A　②C

5. 下图模型是(　　)①。

特性1：测试阶段和开发过程期间各阶段的对应关系

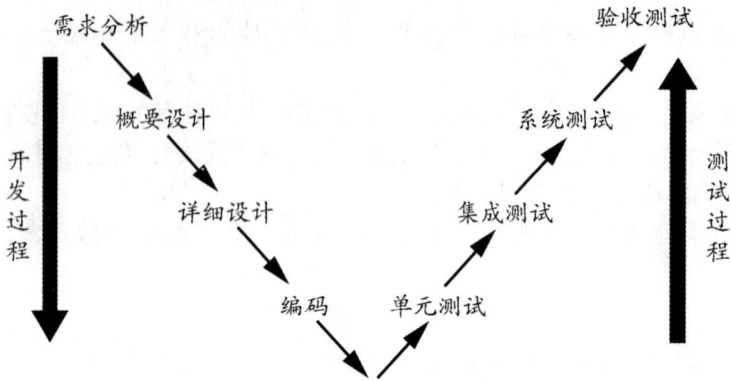

特性2：测试策略包括高层需求和底层源程序测试

A. V 模型
B. W 模型
C. H 模型
D. X 模型

【解析】V 模型最主要的特征为左侧是开发,右侧是测试,显而易见,本题 A 选项正确。

6. 软件测试类型按照开发阶段划分方式,可分为?

【答案】软件测试类型按照开发阶段划分方式可分为单元测试、集成测试、系统测试和验收测试。

7. (　　)②又称模块测试,是针对软件设计的最小单元(即程序模块)进行正确性检验的工作。

A. 单元测试

B. 集成测试

C. 系统测试

D. 验收测试

【解析】单元测试又称模块测试,是针对软件设计的最小单元(即程序模块)进行正确性检验的工作;该测试必须是可重复的,程序员有责任编写功能代码,同时也就有责任为自己的代码编写单元测试;单元测试以规格说明为基础。

8. 关于软件测试类型的说法,错误的是(　　)③。

A. 按照测试实施组织划分方式,分为开发方测试、用户测试

B. 按照测试技术划分方式,分为黑盒测试、白盒测试和灰盒测试

C. 按照测试执行方式划分方式,分为静态测试和动态测试

D. 黑盒测试不需要了解内部结构,白盒测试则需要了解内部结构

【解析】软件测试类型按照测试实施组织划分方式,分为开发方测试、用户测试、第三方测试;A 选项描述不全,缺少"第三方测试",因此本题 A 选项说法错误。按照测试技术划分方式,分为黑盒测试、白盒测试和灰盒测试。按照测试执行方式划分方式,分为静态测试和动态测试。

黑盒测试不需要关注内部结构(不透明盒子),白盒测试则需要关注内部结构(透明的盒子)。

---

①A　②A　③A

9. 开发方测试又称为( )①。

A. α 测试　　　　　　　　　　　　　　B. 程序员测试

C. 第三方测试　　　　　　　　　　　　D. β 测试

【解析】开发方测试也称为"验证测试"或"α 测试"。开发方通过检测和提供客观证据,证实软件的实现是否满足规定的需求。Alpha 测试(即 α 测试)是由一个用户在开发环境下进行的测试,并且是在开发者对用户的"指导"下进行测试,也可以是公司内部的用户在模拟实际操作环境下进行的受控测试。

---

① A

3.6 本章重要概念

■ 重要概念连连看

集成测试	又称模块测试,是针对软件设计的最小单元(即程序模块)进行正确性检验的工作
系统测试	关注的是模块间的接口,接口之间的数据传递关系
单元测试	决定是否接收系统
验收测试	验证软件系统的正确性和性能等是否满足其规约所指定的要求
黑盒测试	按照程序内部的结构测试程序
白盒测试	不考虑程序内部结构和内部特性的测试
适应性维护	诊断和修正系统中遗留的错误
纠正性维护	为了使系统适应环境的变化而进行的维护工作
预防性维护	扩充原有系统的功能,增加功能与性能特征
完善性维护	可以很好的为未来的修改与调整奠定更好的基础的维护
动态测试	包括代码检查、静态结构分析、代码质量度量等
静态测试	是指通过人工或使用工具运行程序进行检查、分析程序的执行状态和程序的外部表现
按照开发阶段划分方式	分为黑盒测试、白盒测试和灰盒测试
按照测试实施组织划分方式	分为单元测试、集成测试、系统测试和验收测试
按照测试技术划分方式	分为开发方测试、用户测试、第三方测试

■ 易混概念

①系统测试 *vs* 验收测试
②适应性维护 *vs* 完善性维护
③开发方测试 *vs* 用户测试
④容错性测试 *vs* 兼容性测试

模块二 项目十大管理知识

第4章 项目整体管理

4.1 考情分布地图

小蔡虽然将软考高级考试的事情提上了日程,但最近最让他犯愁的两个字是:整体。因为他认为自己是一个"狭隘"的人,经常只见树木不见森林。当然"狭隘"这个词在他女朋友生气时候经常从他女朋友嘴里蹦出来,听久了他甚至自认为还挺"配"这两个字,他甚至从他消瘦的身段和尖尖的脑袋中看到了某种相似。

"什么是整体管理,它是干什么的呢? 能不能讲得通俗一点? 因为我就是俗人一枚。"一次午餐时,小蔡不失时机地向项经理抛出了这个话题。

"整体管理是面向项目全局,长远的管理。这个事情对我来说是常事,我甚至因为这件事情而存在,否则这公司就没我的位置,我也没存在的意义了。通俗点讲,你能让薛总去干敲代码这种这么具体、琐碎的活吗? 他作为我们公司的"船长",面对外面的风云变幻,他始终总揽全局,思想深邃如大海,目光始终望向星辰! 我什么时候能成为他那样的人?"说话间,项经理的目光短暂定格在远方……,看来这个问题提到了项经理的痛处,也再一次在小蔡面前表达了对薛总的膜拜。

从最近4次考试来看,本章对于案例单独考查的频率不高,一般会在案例分析中结合其他的管理内容根据分析材料中出现的问题综合考察。对于整体管理的论文最近一次出现的日期是在2019年11月份。在应对案例和论文时还是以理解为主。本章单选题最近4次考查分值在2~3分左右,主要集中在项目章程的内容、项目管理计划的内容、指导与管理项目执行的成果、监控项目工作的成果及实施整体变更控制的流程和成果等重要知识点。对于结束项目阶段的内容近年来考查较少。综合知识单选题近4次历年分值分布如下表。

年份 知识点	2022 年 5 月 单选	2021 年 11 月 单选	2021 年 5 月 单选	2020 年 11 月 单选	合计
制定项目章程	1	3	1	0	5
制定项目管理计划	1	0	1	0	2
指导与管理项目执行的成果	1	0	1	0	2
监控项目工作	0	1	0	1	2
实施整体变更控制流程	0	0	0	0	0
实施整体变更控制的成果	0	1	0	1	2
结束项目或阶段	1	0	0	0	1
本章考查分值	4	5	3	2	14

4.2 项目经理:因整合而存在

一提到薛总,项经理话匣子好像打开了……

整体管理也被称为整合管理,不管怎样的叫法,都有统一、协调、平衡、协同的含义在里面。假如将项目经理比作一个企业的"董事长",那么各个局部的管理也有一个负责人的话,就是我们平常所见的各种"CXO"(CTO、CFO、COO、CMO 等),他们关注各自的领域,不同领域之间又互相影响,这个时候就需要项目经理这个"董事长"来管理全局。董事会整体结构如图 4-1 所示。

图 4-1 董事会结构

现代战争中,总指挥部这个"战斗大脑"在战争中的作用越来越明显,指挥各个军种面向全局、统一指挥、立体协同,这从美国远程打击伊朗的二号人物战神苏莱曼尼就得到了很好的说明。从情报工作收集、远程无人机打击、美国内线在事后现场拍照,显然,作为"项目经理"的特朗普在做一个"大"系统工程。从项目管理的角度,项目经理作为项目的最高指挥官,也首先需要关注整体。假如将项目的十大知识领域分为两类,那么大致分为"整体"管理和局部管理。整体管理面向全局统筹和协调,局部管理相对关注自己的某个"侧面",比如时间、成本、质量等。

假如公司任命你为某项目的项目经理,并且项目规模比较大,成员超过 200 人。你可能面对的整体问题包括:

(1)计划是行动的先导。凡事预则立,不预则废。如何制定一个面向整体的计划,能涵盖项目管理的各个方面? 能管理进度、成本、质量、范围、风险、成本、沟通、采购等这么多事情吗?

(2)众人拾柴火焰高。如何整合各种资源,使大家的力量形成合力? 不是说没有凝聚力的队伍就是一盘散沙吗?

(3)世界上唯一不变的就是变化。如何应对各种变化(例如客户需求增加、交货时间提前、员工突然离职)?

(4)既要鼓足干劲,又要多快好省。成本经理想少花钱(成本)多办事(事情办完),与项目目标能兼顾吗?

……

请注意,我们现在是用"巨人"的眼光和高度在俯视和扫视全局。在项目中,整体管理由项目经理负责总缆全局,整体管理的"整体"体现在:面向整体的策划、面向整体的组织各种资源、面向整体的变更控制、面向全周期的管理、面向多种约束之间的协调,这几个方面与整体管理的管理过程息息相关,例如本管理过程中的制定项目管理计划、指导与管理项目执行、整体监控项目工作、整体变更控制。

项目管理的"整体"与"局部"管理内容如表 4-1 所示。

表 4-1 项目管理的"整体"与"局部"管理内容

管理项目	内容
项目整体管理	包括为识别、定义、组合、统一和协调各项目管理过程组的各个过程和活动而开展的过程与活动

续表

管理项目	内容
项目范围管理	包括确保项目做且只做所需的全部工作以成功完成项目的各个过程
项目进度管理	包括为管理项目按时完成所需的各个过程
项目成本管理	包括为使项目在批准的预算内完成而对成本进行规划、估算、预算、融资、筹资、管理和控制的各个过程
项目质量管理	包括把组织的质量政策应用于规划、管理、控制项目和产品质量要求,以满足相关方的期望的各个过程
人力资源管理	包括识别、获取和管理所需人力资源以成功完成项目的各个过程
项目沟通管理	包括为确保项目信息及时且恰当地规划、收集、生成、发布、存储、检索、管理、控制、监督和最终处置所需的各个过程
项目风险管理	包括规划风险管理、识别风险、开展风险分析、规划风险应对、实施风险应对和监督风险的各个过程
项目采购管理	包括从项目团队外部采购或获取所需产品、服务或成果的各个过程
干系人管理	包括用于开展下列工作的各个过程:识别影响或受项目影响的人员、团队或组织,分析相关方对项目的期望和影响,制定合适的管理策略来有效调动相关方参与项目决策和执行

4.3　制定项目章程

4.3.1　项目的"准生证"

项目章程是一个文件,这个文件类似于小孩出生前被核发的"准生证",没有这个证件小孩出生的合法性就会受到质疑,有了这个文件标志着这个孩子可以合法的来到这个世界。项目章程是一个很重要的文件,此文件正式表明项目发起方和项目承建方之间的伙伴关系,其中记录了干系人的需要和初步的要求,其中很重要的内容是任命项目经理并对其授权(职责和权利)。

> **Tips**
>
> 　和项目的临时性类似,项目经理也可能是由普通员工在项目期间临时兼任的,如果没有正式任命并赋予相应权限,很难调动公司的各种资源和协调各个部门之间的问题。从这个角度讲,项目章程也是一纸"委任状"。

■ 项目章程的作用

(1)确认项目存在,没有章程就没有项目存在。

(2)签字后的项目章程,标志着项目的正式启动。

(3)任命项目经理,给项目经理授权。

(4)明确了项目的粗略要求(范围、进度、成本、质量)。

(5)将项目与公司日常运作结合起来(公司的世界从此以后多了一个"你")。

■ 项目章程文件的内容

(1)项目目的或批准项目的原因(项目从哪来)。

(2)可测量的项目目标和相关的成功标准(项目到哪去)。

（3）概括性的项目描述（讲情况）。

（4）项目的总体要求（提要求）。

（5）项目的主要风险（风险）。

（6）总体里程碑进度计划（时间）。

（7）总体预算（成本）。

（8）项目审批要求：用什么标准评价项目成功，由谁对项目成功下结论，由谁来签署项目结束（质量、收尾）。

（9）委派的项目经理及其职责和职权（委任）。

（10）发起人或其他批准项目章程的人员的姓名和职权（投资人）。

> **Tips**
>
> "总体来说，你需要在里面写明项目从哪来、目标在哪（到哪去）、总体情况、总体要求、风险时间成本质量收尾都是怎样的，还有两类人：负责人和投资人。"项经理敲黑板。

4.3.2　第一份重要文件

项目由项目以外的人员批准，如发起人、项目管理办公室或项目组合指导委员会。项目章程经启动者签字，即标志着项目获得批准，标志着项目正式启动。项目章程是项目的第一份重要文件。项目章程怎么来的呢？如图4-2所示。

图4-2　项目章程形成过程

■ **阶段说明**

（1）起草的作者可以是发起方（内部项目）或建设方（外部项目）自己，或委托潜在项目经理完成。

（2）提交：作者提交（本步骤可省略）。

（3）批准：由发起方（内部项目）或建设方（外部项目）签字，项目被批准，意味着项目启动。

> **Tips**
>
> 周二，会议室。薛总、胡总、项经理、小蔡。（这种会议小蔡参加多半是一个书记员的角色，做记录，回去写会议纪要）
>
> "因为这个项目的领域我们不太熟悉，肖经理也是费了很多努力才拿下，加上客户要求比较高，所以大家要认真对待，这个项目胡总任项目总监，小项你担任项目经理……受客户委托，首先请我们这边起草一个项目章程，这周内完成……"
>
> 会议刚结束，小蔡就马上贴过身来问项经理，"项目章程是啥？我们这么忙这周原来事情还做不完。"
>
> 项经理严肃地说："项目章程是对项目总体情况的说明，既是介绍项目情况，又是立制度提要求，还有就是完成对我的任命，否则我怎么指挥的了别人，名不正言不顺……上次就有一个项目章程敷衍了事……"
>
> "具体说说，老大！"小蔡仰着脸问。

4.3.3 本节金色重点

依据	工具和技术	成果
·工作说明书(SOW) ·商业论证 ·协议 ·事业环境因素 ·组织过程资产	·专家判断 ·引导技术	·项目章程

■ 工作说明书(SOW)

工作说明书是描述项目提供的产品或服务的文字说明(工作说明,也就是干活说明书)。对于内部项目,项目发起人或赞助人根据业务需求、产品或服务要求提供一份工作说明书。对于外部项目,工作说明书属于顾客招标文件的一部分,如建议邀请书、信息请求、招标邀请书或合同中的一部分。

工作说明书指明如下事项之一:

(1)业务需求——组织的业务需求可能基于培训需求、市场需求、技术进步、法律要求或政府标准。

(2)产品范围说明书——是项目创造的产品或服务要求与特征的文件。

(3)战略计划——所有的项目都应支持组织的战略目标。

> **Tips**
> 上述三个方面分别表示:①为什么要做这个;②做什么东西,长什么模样;③从公司角度来说,能为公司发展带来什么价值。

■ 商业论证

请回顾《项目立项管理》一章中的项目论证与评估内容。

■ 协议(合同)

来自立项阶段的成果,建设方(甲方)与承建方(乙方)一般通过招投标程序完成(可参考《项目合同管理》的内容)。

■ 事业环境因素(如图4-3)和组织过程资产(如图4-4)

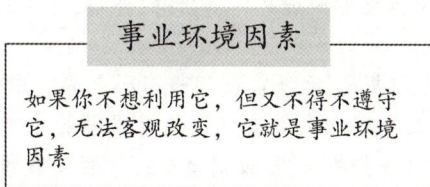

事业环境因素

如果你不想利用它,但又不得不遵守它,无法客观改变,它就是事业环境因素

图4-3　事业环境因素

(1)组织或公司的文化与组成结构。

(2)政府或行业标准。

(3)基础设施(如现有的软件与硬件基础设施)。

(4)现有的人力资源(如技能、专业与知识;设计、开发、法律、合同发包与采购)。

(5)人事管理(如雇用与解雇指导方针、员工业绩评价与培训记录)。

(6)公司工作核准制度。

(7)市场情况。

(8)项目干系人风险承受力。

（9）商业数据库（如标准的成本估算数据、行业风险研究信息与风险数据库）。

（10）项目管理信息系统。

组织过程资产

如果你想主动利用它，给项目带来积极影响，它就是资产

图 4-4　组织过程资产

组织过程资产反映了组织从以前项目中吸取的教训和学习到的知识，如完成的进度表、风险数据和实现价值数据。可以归纳为两类：

（1）组织进行工作的过程与程序。

（2）组织整体信息存储检索知识库。

一般来说，公司的过程、程序、流程、标准、文档、模板等，都是组织过程资产，在整个项目期间，项目团队成员可进行必要的变更和补充。

■ 专家判断

各行各业都有行家，专家判断是最通用、最常用的技术。专家可以来自企业内部也可以来自外面，可以是一个团体也可以是个人。

■ 引导技术

引导者通过适当的引导手段在一群人中牵线搭桥，达成最终一致意见的一种技术。头脑风暴、冲突处理、问题解决和会议管理等，都是引导者可以用来帮助团队和个人完成项目活动的关键技术。

Tips

"目的和目标有什么区别？"小蔡问。

"简单来说，都表示期望。目的比较概括和想当然，目标往往比较容易量化。目标往往用来衡量目的是否已经达到。比如我饿了，想吃饱饭是目的，像八戒一样能吃一车馒头就是目标。目标的制定要遵循 SMART 原则，目标的达成往往受到一些约束，这些约束也称为约束性目标。

算了，今晚加班，先和肖经理碰一下这个项目前期的情况，要一些他们前期的文档，比如招投标时候的《项目工作说明书》、甲方商业论证文件、签订的合同，先看看再说。"

"要这些内容干什么？"

"制定项目章程总需要有个依据吧，我不能闭门造车不是吗？拿着其他项目往这上面硬套当然不行。商业论证文件是甲方在早期立项做论证评估时候做的很重要的事情，其中最重要的工作就是确定一些事关项目全局的一些决策，所以很重要；《项目工作说明书》就是甲方招标时候的需求任务书，就是告诉投标方他想做什么东西；协议（合同）是双方基于我方中标的投标文件中的方案和承诺，拟定的甲乙双方权利义务的文件，我不看看这个怎么做章程？"

"懂得真多！"小蔡心想，下意识咽了口吐沫，使劲点着头。

项经理提交文件给肖经理，并与对方多次确认后，经甲方贾总批准后，项目章程正式发布。

"项目章程的批准，标志着项目的正式启动。"项经理语气坚定但面无表情。小蔡心想，"加班的苦日子又来了！"

4.3.4　制定项目章程来龙去脉

制定项目章程来龙去脉如图 4-5 所示。

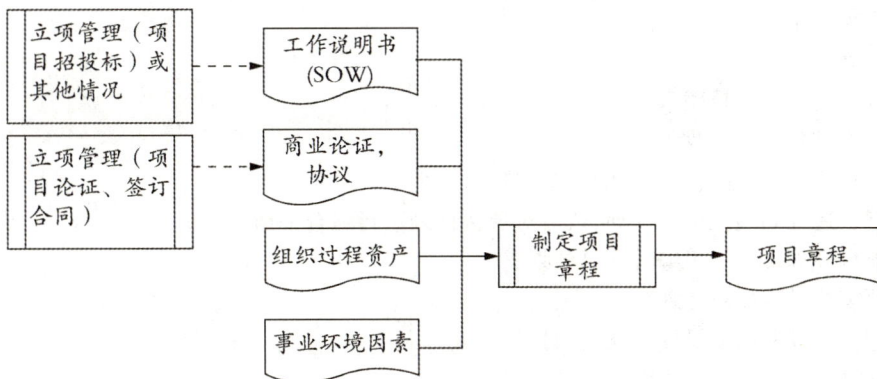

图 4-5　制定项目章程

4.4　制定项目管理计划

4.4.1　计划是行动的先导

常言说,谋定而后动。项目管理计划是在谋一个"大计划",这个大计划里合并和整合了很多子计划和基准(被批准的计划)。这个计划也被称为主计划或称为总体计划,它确定了执行、监控和结束项目的方式和方法,包括项目需要执行的过程、项目生命周期、里程碑和阶段划分等全局性内容。

大计划蕴含大智慧,这是一个相对复杂的过程,具有相当的技术含量,五大过程组中的"计划过程组"中的所有管理活动都与本计划相关。

规划过程组大致顺序如图 4-6 所示。

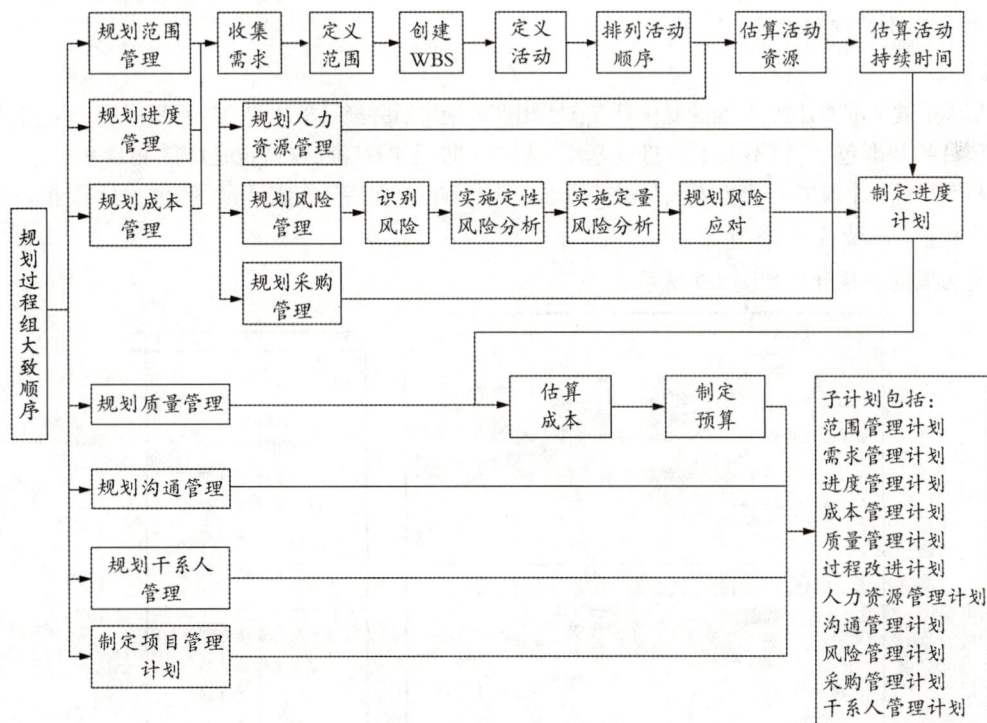

图 4-6　规划过程组大致顺序

项目计划编制工作流程

（1）明确目标。

（2）成立初步的项目团队。

（3）工作准备与信息收集。

（4）依据模板、标准编写初步的概要的项目计划。

（5）把上述计划纳入项目计划，然后对项目计划进行综合平衡、优化。

（6）项目经理负责组织编写项目计划。

（7）评审与批准项目计划。

（8）获得批准后的项目计划就是项目的基准计划。

编制项目计划所遵循的基本原则

目标的统一管理、方案的统一管理、过程的统一管理、技术工作与管理工作的统一协调、计划的统一管理、人员资源的统一管理、各干系人的参与逐步精确。

> **Tips**
>
> 所谓统一，有一致、平衡和协调的含义。统一目标就要求所有项目干系人对项目目标有共同的认识，对进度、成本和质量这三个目标的互相折中与平衡；统一方案权衡各种方案的利弊，找出可接受的方案；统一过程要求对项目全生命周期全过程进行管理；统一协调技术工作与管理工作而不能偏废其中一个；统一计划重视项目管理计划的整体性和指导性；统一人员资源要求将人员作为重要资源来考虑；鼓励各干系人全程积极参与相关工作并争取最大理解和支持；项目计划的制定有渐进明细特点，近期的计划制定得详细些，远期的计划制定得概要一些，随着时间的推移，项目计划在不断地细化。

基准！基准！什么是基准？

基准是被批准的计划，基准的变化只有在提出变更请求后并经过整体变更控制程序后，才能变更。

项目的基准包括（但不限于）：进度基准、成本基准、范围基准，这些也是绩效测量基准。

基准针对一个或多个工作成果，是受控标志。基准重点是保持工作成果的一致性，而且受控。

4.4.2 集大成的项目计划

集大成的项目计划如图4-7所示。

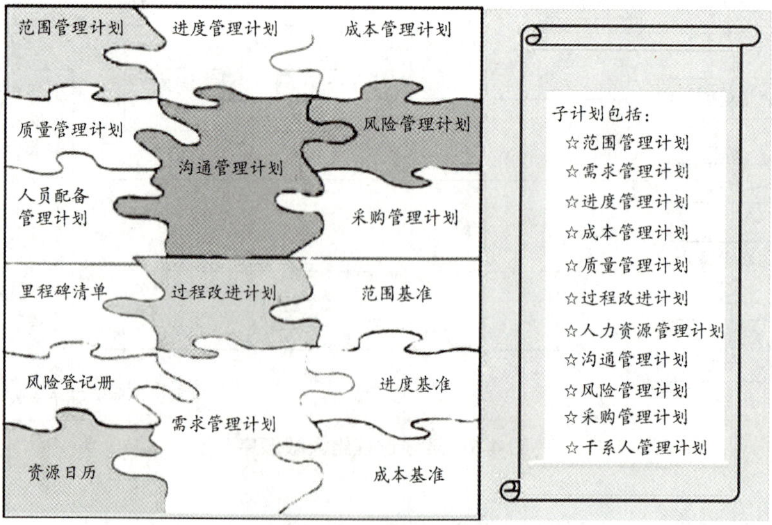

图4-7 集大成的项目计划

■ 项目管理计划一般包括如下内容

（1）子计划（大部分来自十大知识领域）：项目范围管理计划、需求管理计划、进度管理计划、成本管理计划、质量管理计划、沟通管理计划、风险管理计划、采购管理计划、过程改进计划、人力资源管理计划、干系人管理计划。

（2）其他重要组成：进度基准、成本基准、范围基准。

（3）方法与内容：项目需要执行的过程、项目生命周期、里程碑和阶段划分等全局性内容。

> *Tips*
>
> 罗马不是一天建成的，项目管理计划也不是一次就完成的。随着信息越来越详细，估算越来越准确，要持续改进和细化计划。比如进度基准、成本基准等基准在计划编制阶段完成之前是不能最终确定的。
>
> 会议室，项经理召集了公司相关人员，这个就是潜在的项目团队成员。
>
> "各位，我们准备启动一个新项目，关于智慧考勤的系统，项目背景情况先前大家已经了解了，今天这个会议主要讨论一下项目计划方面的事情，会后我们要做一个项目计划出来。"
>
> "根据以往项目经验和这个项目实际，我草拟了一个这个项目的计划。"项经理继续敲黑板。
>
> "第一，范围层面（范围管理计划），本项目是针对考勤的系统，业务场景不会很复杂，主要完成打卡考勤、基于考勤的员工考核、加班请假、根据考勤排班、经理审批、导出考勤报表供发工资等功能。由于对方机构庞大，组织复杂，其中打卡方式要求比较灵活，包括支持蓝牙、GPS、二维码、WiFi与 RFID、指纹、面部识别打卡，软硬件一体化，打卡数据实时上传下发和转移等多种方式。"
>
> "最终交付物与其他项目一样，各种文档：管理文档、开发文档、产品文档，这个项目我们有一年的免费售后服务期。"
>
> "会后整理的范围管理说明书非常重要，这个是我们项目的外围边界，文件的更改涉及合同，请大家慎重。"
>
> "第二，时间方面，我们本项目时间紧，任务重，周期为八个月。"
>
> "第三，成本方面，涉及我们技术团队还缺关键角色，我随后会整理出来。"
>
> "第三，质量方面，由于我们公司通过了 ISO 9000 和 CMMI3 级认证，考虑到这个项目实际，我们按照 CMMI3 标准过程来执行，在关键环节做好质量审查，严把质量关。具体操作参考我们公司的各种质量管理模板文件，它们都是我们重要的组织过程资产。"
>
> "第四，团队方面，基本以我们的老底子为主，大家也比较熟悉。由于这个项目在技术上有特殊要求，团队会来一位新同事牛博，过两天会和大家见面。其他人员安排如下：
>
> 乙方（承建方）：
>
> 薛总，项目指导委员会，乙方组长。
>
> 胡总，项目指导委员会。
>
> 肖经理，项目商务联络人员。
>
> 左总监，项目总监。
>
> 项经理，项目经理。
>
> 牛工程师，技术经理。
>
> 蔡工程师及其他四名工程师，技术人员。
>
> 裴工程师，配置管理员。
>
> 申经理，审计组长。
>
> 策工程师，测试经理。

Tips

甲方(建设方):

贾总,项目指导委员会,甲方组长。

小贾,甲方的项目经理,甲方窗口人员。

"第五,沟通方面,公司也有相关规定,总体的安排是周五进行工作总结、周一开例会,我们会建立单独的配置管理库和云端文件共享库,大家可查看相关文件……"

"第六,风险方面,我会协调各个组长先做一下风险识别。"

"第七,采购方面,由于项目的特殊性,我们需要采购一些硬件数据采集设备、一台测试服务器。操作系统、数据库什么的就用公司已经获得批量正版授权的就可以了。"

……

等项经理一口气说完,外面高挂的太阳已经落山了。

"老大安排的真系统,真有全局观!",小蔡想到了《中国机长》电影中的一句话:"怎么这么牛!"

4.4.3　本节金色重点

依据	工具和技术	成果
· 项目章程 · 其他规划过程的输出 · 组织过程资产 · 事业环境因素	· 专家判断 · 引导技术	· 项目管理计划

4.4.4　制定项目管理计划来龙去脉

制定项目管理计划来龙去脉如图4-8所示。

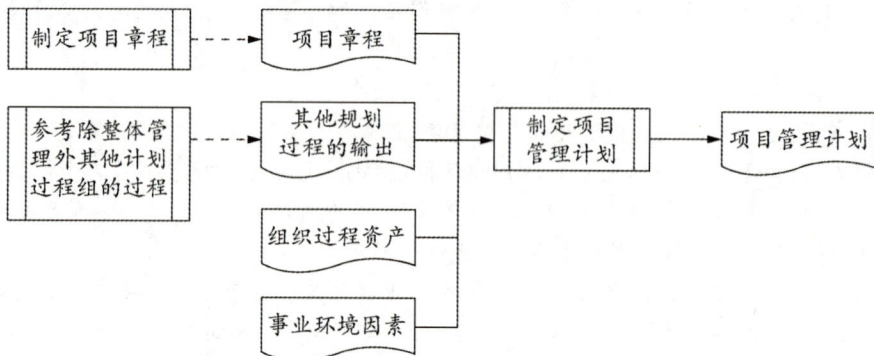

图 4-8　制定项目管理计划

4.5　指导与管理项目执行

4.5.1　指导与管理干活

Tips

"指导与管理项目执行,就是项目经理和项目管理团队指导大家干活。指导一般意味着能动嘴的绝不动手,不过我喜欢用数学的方法指导。"项经理接过小蔡递过来的咖啡,面对小蔡拿着打开的书本,手指着这几个字说道。

指导与管理项目执行过程要求项目经理和项目团队采取多种行动执行项目管理计划,完成项目范围说明书中明确的工作。

4.5.2　本节金色重点

依据	工具和技术	成果
·项目管理计划 ·批准的变更请求 ·事业环境因素 ·组织过程资产	·项目管理信息系统 ·会议 ·专家判断	·可交付成果 ·工作绩效数据 ·变更请求 ·项目管理计划更新 ·项目文件更新

■ 项目管理信息系统

当下的项目管理已经不是像原始社会是刀耕火种的时代,项目管理也有很多信息化的工具,帮助项目经理做好日常管理,项目管理信息系统就是这样的一个软件系统,这个软件系统包括我们日常所说的项目管理的功能,例如计划管理、人员管理、需求管理、质量管理、配置管理等功能。

■ 会议是一种技术?

会议即开会。开会是最常见和通用的工具和技术,这种技术入门很容易,但开好不是那么容易的(可以脑补"引导技术")。例如会前各种准备、会中引导和形成结论、会后存档和执行。借助信息技术,现在已经不需要面对面在同一个办公室开会了,通过远程方式已经可以很方便的完成。

■ 关于变更(依据和成果)

变更措施是为了解决在项目进行中实际状况(进度、成本、范围、质量等)与计划状况不一致而采取的措施。

指导与管理项目执行除了要管理日常常规工作,很多时候是在管理变化。不是说世间最不变的就是变化吗?计划再完美也常常跟不上变化的步伐。所以在指导与管理过程中就要处理和落实"批准的变更请求",并应对可能产生(输出)的新的"变更请求"。

对于已经批准的变更,实施措施包括以下内容,如图4-9所示。

纠正措施	预防措施	缺陷补救
为使项目工作的未来期望绩效与项目管理计划保持一致,而对项目执行工作下达的书面指令	通过实施某项活动,来降低项目风险消极后果的发生概率的书面指令	识别项目组成部分的某一缺陷之后所提出的正式文件,用于就如何修补该缺陷或彻底替换该部分提出建议

图4-9　已批准变更的实施措施

> *Tips*
>
> 对于变更,通常有两大类解决办法,第一类是修改计划,例如计划每天早上七点起床就能准时到公司。原计划每天七点起床,若实在起不来便将计划修改为七点半;还有一种是计划不变修改"落实",这里面的措施就包括预防措施、纠正措施、缺陷补救。其中预防措施是在变化发生前先知先觉把这种变更处理掉或降低概率(例如订个六点半的闹铃),纠正措施和缺陷补救都是变更发生后的处理措施,纠正措施多是针对进度和成本的偏差而采取的行动(例如改乘公交为打车上班),缺陷补救多针对交付成果的质量的偏差的措施(例如早餐凑合着一根油条应付了)。

■ 工作绩效数据

工作绩效数据是在执行项目工作的过程中,从每个正在执行的活动中收集到的原始观察结果和测量值。数据是指最底层的细节,将由其他过程从中提炼出项目信息。在工作执行过程中收集数据,再交由各控制过程做进一步分析。工作绩效数据包括但不限于以下项目:

（1）表明进度绩效的状态信息。

（2）已经完成与尚未完成的可交付成果。

（3）已经开始与已经完成的计划活动。

（4）质量标准满足的程度。

（5）批准与已经开销的费用。

（6）对完成已经开始的计划活动的估算。

（7）绩效过程中的计划活动实际完成百分比。

（8）吸取并已记录且转入经验教训知识库的教训。

（9）资源利用的细节。

4.5.3　绩效的不同角色

绩效，顾名思义指做事的成绩和效果。绩效从"数据"这个"儿童"状况，怎么经历人生的角色转换？从下图4-10可以看到：

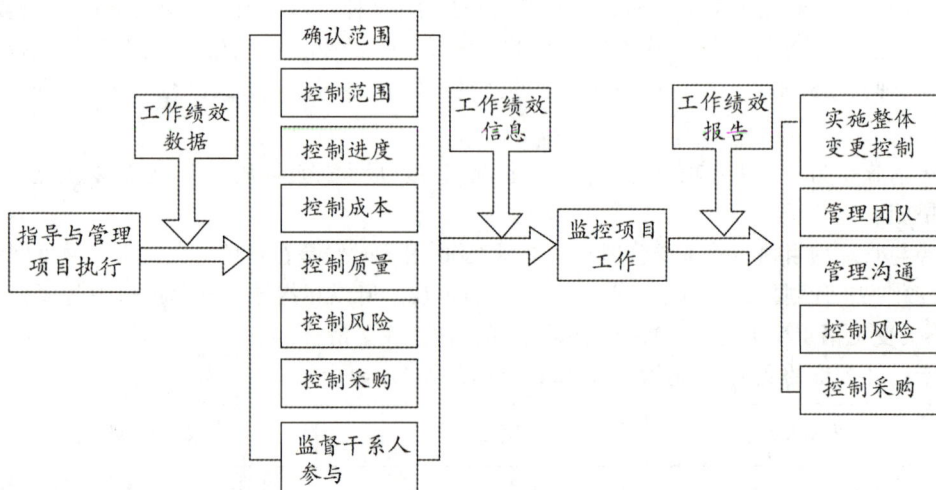

图 4-10　绩效图

项目管理活动的不同阶段，就像小学、初中、高中等学生阶段的考试成绩一样，会产生不同的"绩效"。指导与管理项目执行，就是指导大家干活，产出的是"绩效数据"；通过对各种日常工作产出的监督与控制，发现偏差，整体分析，得到"绩效信息"；"绩效信息"是整体管理中的"锦衣卫"；监控项目工作捕捉到，整理成"绩效报告"给"实施整体变更控制"这个"东厂老大"，由他来做整体决断。以上过程，从信息流动的角度、管理活动视角，解释了从底层数据到高层报告的传递过程。

4.5.4　成果的曲折坎坷

可交付成果：干出来的活。这个"活"从最初做出来的粗糙的毛坯件，到精工细作、满足客户要求的成品。需要一个坎坷的过程，如图4-11所示。

图 4-11　"成果"到"成品"的过程

可交付的成果:干出来的活。核实的成果:质检合格的活(和质量目标一致)。符合过程的成果:审计通过的成果(和企业过程目标一致)。验收的成果:客户认可的成果(和客户期望一致)。

■ 项目管理计划的更新

项目管理计划可能需要更新如下内容:范围、进度、成本、质量管理计划,过程改进计划,人力资源管理计划,风险、采购管理计划,干系人管理计划,项目范围、成本、进度基准。

没有计划不成方圆,实际却是计划往往赶不上变化。面对计划,项经理在指导别人干活的同时也是在不断应对变化、调整计划的过程。

■ 项目文件更新

需要更新的项目文件可能有:需求文件、项目日志、风险登记册、干系人登记册等。

有变化才需要更新,上述文件的内容也常常是变化的源头。

4.5.5　指导与管理项目执行来龙去脉

指导与管理项目执行来龙去脉如图 4-12 所示。

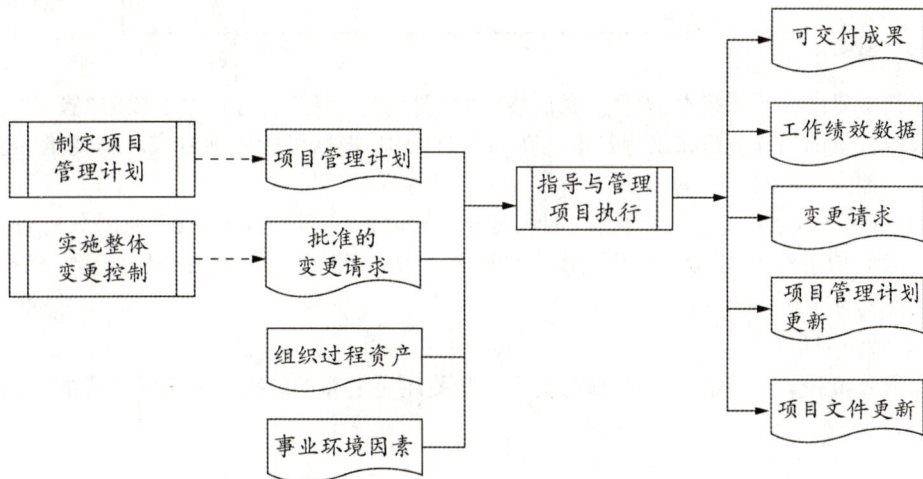

图 4-12　指导与管理项目执行

4.6　监控项目工作

监控包括监督和控制两个方面,监督是靠眼睛,控制是靠手段。所以,监控就是通过监督来收集、测量和发布绩效信息,通过纠正或预防措施控制输出(成果)。

■ 监督和控制职责

监督和控制项目工作过程是监督和控制启动、规划、执行和结束项目所需的各个过程。采取纠正或预防措施控制项目的实施效果。监控是贯穿项目始终的项目管理的一个方面。监控包括收集、测量和发布绩效信息,并评价测量结果和实施过程改进的趋势。持续的监控使项目管理团队能够洞察项目的状态是否正常,并识别任何可能要求给予特别注意的方面。

4.6.1　知过往,算未来

智能监控摄像头靠摄像机不断获取的成像和智能分析来监控和报警,信息化项目依靠各个层面的输出和对未来的预测来实施监控,例如干完活的绩效信息,变更执行情况,进度、成本预测等。

■ 进度预测

基于实际进展与进度基准的比较而计算出进度预测,即完工尚需时间估算,通常表示为进度偏差和进度绩效指数。

■ **成本预测**

基于实际进展与成本基准的比较而计算出的完工尚需估算,通常表示为成本偏差和成本绩效指数。

■ **确认的变更**

批准的变更是实施整体变更控制过程的结果。需要对它们的执行情况进行确认,以保证它们都得到正确的落实。确认的变更用数据说明变更已得到正确落实。

■ **工作绩效信息**

从各个局部控制过程组收集、整合、分析得到的绩效信息。

4.6.2 本节金色重点

依据	工具和技术	成果
·项目管理计划 ·进度预测 ·成本预测 ·确认的变更 ·工作绩效信息	·分析技术 ·项目管理信息系统 ·会议	·变更请求 ·工作绩效报告 ·项目管理计划更新 ·项目文件更新

■ **分析技术**

分析技术是一种预测技术,类似于我们传统的"算卦"。但是通过技术手段的"算卦",确实是个颇具技术含量的一种分析和预测技术。在项目管理中,根据可能的项目或环境变量的变化,以及它们与其他变量之间的关系,采用分析技术来预测潜在的后果。

例如,可用于项目的分析技术包括:回归分析、分组方法、因果分析、根本原因分析、预测方法(如时间序列、情景构建、模拟等)、失效模式与影响分析、故障树分析、储备分析、趋势分析、挣值管理、差异分析。

■ **工作绩效报告**

工作绩效报告是为制定决策、采取行动或引起关注而汇编工作绩效信息所形成的实物或电子项目文件。

4.6.3 监控项目工作来龙去脉

监控项目工作来龙去脉如图4-13所示。

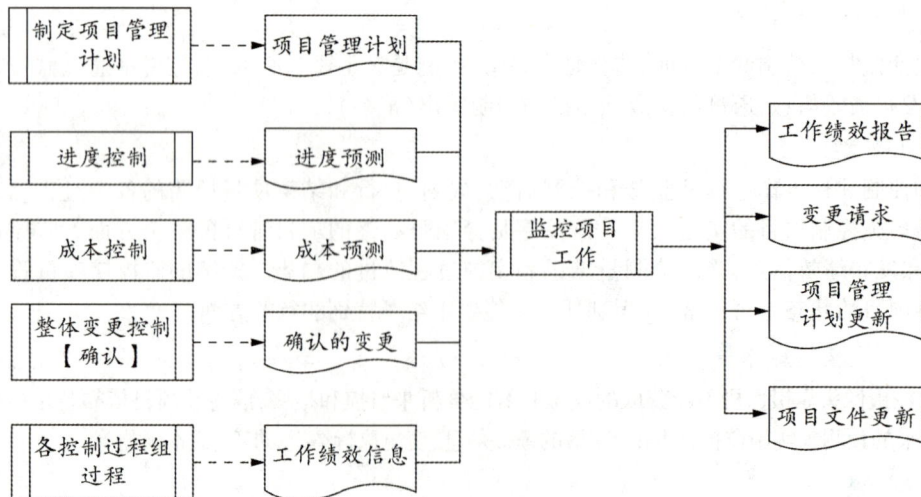

图4-13 监控项目工作

4.7 实施整体变更控制

4.7.1 有变更就有控制

整体变更控制过程贯穿于项目的始终。由于项目很少会准确地按照项目管理计划进行,因而变更控制必不可少。

项目变更是指在信息系统项目的实施过程中,由于项目环境或者其他原因而对项目产品的功能、性能、架构、技术指标、集成方法、项目的范围基准、进度基准和成本基准等方面做出改变。

常见的引发变更请求的原因如表4-2所示。

表4-2 常见的引发变更请求的原因

原因	举例
一个外部事件	市场环境变化,因为竞争对手举动引发的变更
产品范围定义的一个过失或者疏忽	软件需求分析时,对某个模块定义不清楚
项目范围定义的过失和疏忽	原来考虑的项目实施方法遇到了技术问题,不能如期执行
一个有增加的变更	市场研发出了新的材料,可以替代原来的材料,而且成本低
应对风险的紧急计划或回避计划	由于发生特定风险,需要调整项目计划

4.7.2 本节金色重点

依据	工具和技术	成果
·项目管理计划 ·工作绩效报告 ·变更请求 ·组织过程资产	·会议 ·变更控制工具	·批准的变更请求 ·变更日志 ·项目管理计划更新 ·项目文件更新

一般的整体变更流程(如图4-14)

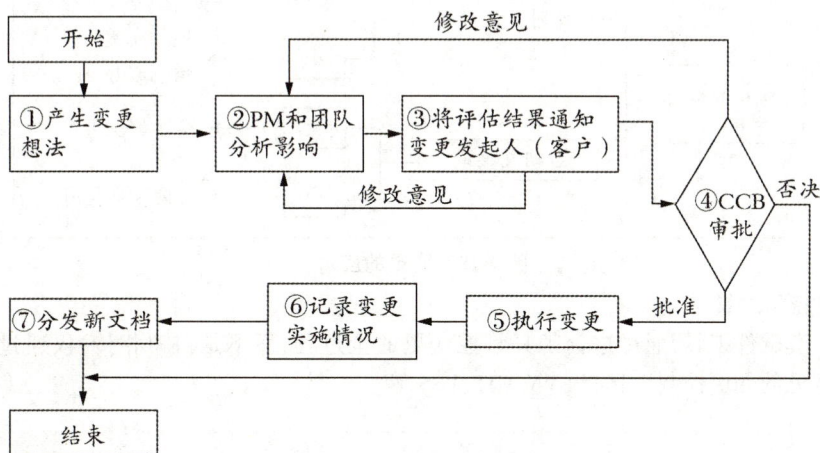

图4-14 一般的整体变更流程

◼ 相关角色注意

◼ 整体变更控制过程中的几个配置管理活动

(1)配置识别。是确定与核实产品配置、标识产品与文件、管理变更,以及保持信息公开的基础。

(2)配置状态记录。捕捉、存储和评价有效地管理产品和产品信息所需的配置信息。

(3)配置核实与审计。查明配置文件中确定的性能与功能要求已经达到。

◼ 变更日志

用来记录项目过程中出现的变更。应该与相关的干系人沟通这些变更及其对项目时间、成本和风险的影响。被否决的变更请求也应该记录在变更日志中。

◼ 变更的应对(如图 4-15)

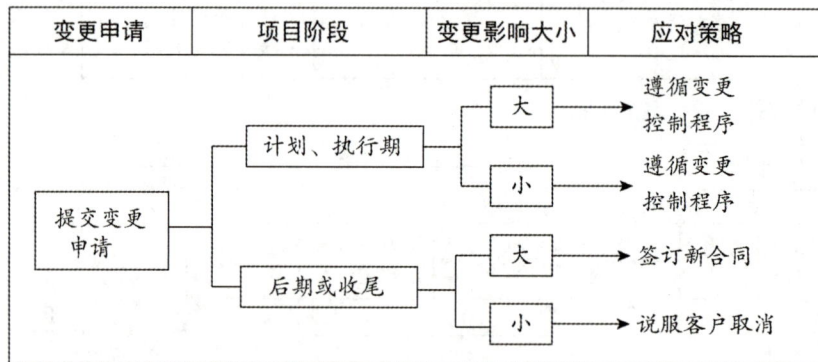

图 4-15 变更的应对

◼ 变更控制工具

指的是一套软件工具,通过这套工具管控变更的全过程,而不是口口相传,仅通过制度/流程管控变更。常见的变更控制工具有 SVN、GIT、VSS 等。

4.7.3 实施整体变更控制来龙去脉

实施整体变更控制来龙去脉如图 4-16 所示。

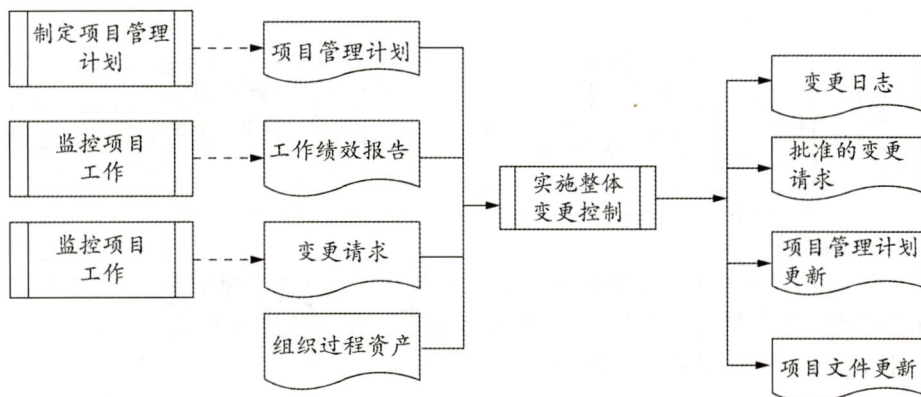

图 4-16　实施整体变更控制

4.8　结束项目或阶段

4.8.1　收尾不只是收工

结束项目或阶段是完结所有项目管理过程组的所有活动,以正式结束项目或阶段的过程。本过程的主要作用是总结经验教训,正式结束项目工作,为开展新工作而释放组织资源。

■ **收尾的流程**(如图 4-17)

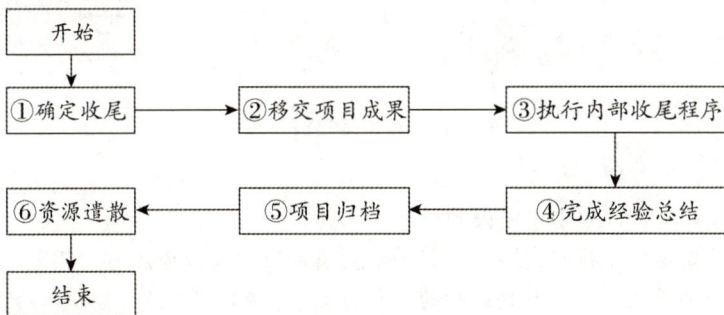

图 4-17　收尾的流程

■ **两种收尾**(如图 4-18)

图 4-18　两种收尾

项目收尾包括了合同收尾和行政收尾。合同收尾涉及客户验收产品,付款和采购审计。行政收尾重点是项目相关过程文档和产出物的归档,经验教训总结,组织过程资产更新,因此归档完成一般才作为项目收尾彻底完成。客户的正式签字验收作为合同收尾完成。项目的收尾可以在每个阶段结束后进行,对于分包合同也不用等到整个项目结束再进行收尾。

4.8.2 本节金色重点

依据	工具和技术	成果
·项目管理计划 ·验收的可交付成果 ·组织过程资产	·分析技术 ·会议 ·专家判断	·最终产品、服务或成果的移交 ·组织过程资产更新

■ 验收的可交付成果

验收的可交付成果可能包括批准的产品规范、交货收据和工作绩效文件。在分阶段实施的项目或被取消的项目中,可能会包括未全部完成的可交付成果或中间可交付成果。

相关依据、工具、技术、成果参考前述介绍。

4.8.3 结束项目或阶段来龙去脉

结束项目或阶段来龙去脉如图4-19所示。

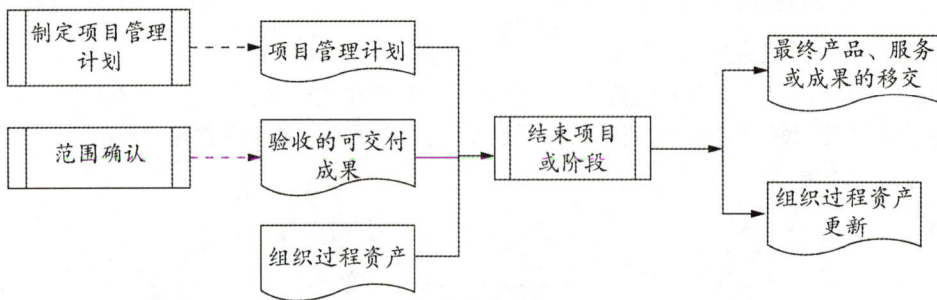

图4-19 结束项目或阶段

4.9 小蔡的自问自答

1. 下列关于项目管理计划说法错误的是(   )①。

A. 项目管理计划确定了执行、监视、控制和结束项目的方式与方法

B. 项目管理计划是项目的主计划或称为总体计划,它确定了执行、监控和结束项目的方式和方法,包括项目需要执行的过程、项目生命周期、里程碑和阶段划分等全局性内容

C. 项目管理计划是其他各子计划制订的依据和基础,它从整体上指导项目工作的有序进行。因此初步制订项目管理计划,一定要一步到位,尽可能的完善和详细

D. 项目管理计划记录了计划过程组的各个计划子过程的全部成果

【解析】项目是逐步完善的,切记不能理想化地一步到位。

2. 指导与管理项目执行过程要求项目经理和项目团队采取多种行动执行项目管理计划,完成项目范围说明书中明确的工作,下列不是其工作的是(   )②。

A. 取得、管理并使用资源,包括材料、工具、设备与设施和管理卖方

B. 收集项目数据并报告费用、进度、技术与质量绩效,并进行分析绩效信息、得到绩效报告,有助于预测的状态信息

C. 管理风险并实施风险应对活动,实施已列入计划的方法和标准,并将批准的变更纳入项目的范围、计划和环境

D. 创造、控制、核实并确认项目可交付成果,并对过程实施改进计划

【解析】分析绩效信息、得到绩效报告是监控过程组的工作。

①C　②B

3. (　　)①不是指导和管理项目执行的成果。

A. 可交付成果

B. 工作绩效信息

C. 变更请求

D. 项目管理计划和项目文件更新

【解析】指导和管理项目执行的成果有工作绩效数据,变更请求,可交付成果,项目管理计划和项目文件更新。

4. 通常在(　　)②任命项目经理比较合适。

A. 可研过程之前

B. 签订合同之前

C. 招投标之前

D. 开始制定项目管理计划之前

【解析】整体管理阶段的任务是:制定项目章程——制定项目管理计划——指导和管理项目执行——监督和控制项目工作——整体变更控制——项目收尾。任命项目经理的工作是在启动过程组制定项目章程的阶段进行。

5. 某系统集成项目的项目经理在制定项目章程时,必须要考虑涉及并影响项目的环境和组织因素,(　　)③不属于环境和组织因素的内容。

A. 公司文化和结构

B. 员工绩效评估记录

C. 变更控制流程

D. 项目管理信息系统

【解析】在制定项目章程时,必须考虑某些或所有涉及并影响项目成功地组织环境和组织的因素系统。这些因素和系统包括下列几项:①组织或公司的文化和结构;②政府或行业标准(如规章制度、产品标准、质量标准、工艺标准);③基础设施,如已存在的设施和固定资产;④现有的人力资源,如技能、专业知识(设计、开发、法律、合同发包和采购);⑤人力资源管理,如招聘和解聘的指导方针,员工绩效评估和培训记录等;⑥市场条件;⑦项目干系人对风险的容忍度;⑧商业数据库,如业界的风险研究信息和风险数据库、成本预算数据等;⑨项目管理信息系统,如一个自动工具集,一个与配置管理系统相结合的进度制定工具;⑩公司工作核准制度。

6. 在制定项目章程及以后的项目文件时,任何一种以及所有用于影响项目成功的资产都可以作为组织过程资产,下列不是其内容的是(　　)④。

A. 组织标准过程

B. 商业数据库

C. 项目档案

D. 项目收尾指导原则或要求

【解析】商业数据库是事业环境因素的内容。

---

①B　②D　③C　④B

4.10 本章重要概念

■ 重要概念连连看

项目章程	负责批准或否决变更请求的决策机构
工作说明书	根据可能的项目或环境变量的变化,以及它们与其他变量之间的关系,来预测潜在的后果
协议	通过头脑风暴、冲突处理、问题解决和会议管理等,可以用来帮助团队和个人完成项目活动的技术
项目管理计划	项目周围并对项目成功有影响的组织事业环境因素与制度
项目管理信息系统	组织进行工作的过程与程序;组织整体信息存储检索知识库
项目文件	项目管理过程需要更新的过程文件。可能有:需求文件、各种日志文件、各种登记册文件、各种预测文件、各种绩效报告文件等
组织过程资产	用于归纳、综合和传播项目管理程序输出的工具和技术
事业环境因素	是通过收集其他规划过程的结果,并汇成一份综合的、经批准的、现实可行的、正式的项目计划文件
引导技术	一般指建设方与承建方之间签订的合同
分析技术	是对应由项目提供的产品或服务的文字说明
变更控制委员会(CCB)	正式批准项目的文件,它的签发标志着项目的正式启动

■ 易混概念

①组织过程资产 *vs* 事业环境因素

②可交付成果 *vs* 核实的可交付成果 *vs* 验收的可交付成果

③绩效数据 *vs* 绩效信息 *vs* 绩效报告

第5章 项目范围管理

5.1 考情分布地图

项目范围管理是公认的项目管理的难点之一。信息系统项目的成果一般不是成熟的产品,需要根据不同的项目实际满足不同的需求内容和范围边界,信息系统的范围管理涉及对需求的管理和范围的"画圆"。

从历年的考试来看,本章在历年考试中的综合知识单选、案例分析、论文写作都会考查,所以不仅要掌握常考的基础知识,还要能够将对范围管理过程的理解同项目经验结合,写出一篇合格的论文。

说到基础知识的掌握,其中范围管理过程的输入输出与工具技术、WBS分解的原则、范围变更的原因等都是常考知识点,是必须掌握的。下表中分值合计为零的,或者没有提到的知识点并不代表不会考查,只是考查的几率较小。综合知识单选题近4次历年考试具体分值分布如下表。

年份 知识点	2022年5月 单选	2021年11月 单选	2021年5月 单选	2020年11月 单选	合计
规划范围管理	1	1	0	0	2
需求分类	0	0	0	0	0
收集需求的工具与技术	0	1	0	1	2
收集需求的输出	1	0	0	0	1
定义范围	0	0	0	0	0
创建工作分解结构(WBS)	0	0	0	0	0
确认范围	0	1	1	2	4
确认范围和质量控制	0	0	0	0	0
控制范围	0	0	0	0	0
本章考查分值	2	3	1	3	9

5.2 范围管理路线图

主要管理活动功能梳理如表5-1所示。

表5-1 范围管理活动功能梳理

管理活动	管理内容	过程组	主要输出
规划范围管理	制定范围/需求管理计划	计划	两个文档(Word)
收集需求	定义和记录干系人的需求	计划	两个文档(Word、Excel)
定义范围	制定项目和产品的详细描述(范围说明书)	计划	一个文档(Word)
创建WBS	将可交付成果分解成WBS	计划	一堆文档(Word、Excel)
确认范围	正式验收可交付成果(关键词:验收)	控制	验收过的可交付成果(产品或服务)
控制范围	监督项目和产品的范围状态,管理范围基准的变更	控制	工作绩效信息(工作控制信息)

5.3 规划范围管理

5.3.1 两种势力范围

信息系统服务作为一种特殊的服务，也包括服务范围，一般来讲，信息系统的范围包括两个层面的"范围"定义。

（1）项目范围。项目范围管理就是要做范围内的事，而且只做范围内的事，既不少做也不多做。项目范围管理需要做以下三个方面的工作：①明确项目边界；②对项目执行工作进行监控；③防止项目范围发生蔓延。

（2）产品范围。产品范围是指产品或者服务所应该包含的功能，项目范围是指为了能够交付产品，项目所必须做的工作。产品范围是项目范围的基础，产品范围的定义是产品要求的描述；而项目范围的定义是产生项目管理计划的基础。判断项目范围是否完成，要以范围基准来衡量。而产品范围是否完成，则根据产品是否满足了产品描述来判断。产品范围描述是项目范围说明书的重要组成部分，因此，产品范围变更后，首先受到影响的是项目的范围。

（3）简单来讲，产品范围告诉我们产品或者服务"是什么"，项目范围说明要达成产品或者服务该"怎么做"。项目的范围基准是经过批准的项目范围说明书、WBS 和 WBS 词典。产品范围一般没有基准一说，可以将招投标阶段的《工作说明书》作为产品范围内容来参考。

规划范围

规划范围管理是编制范围管理计划，书面描述将如何定义、确认和控制项目范围的过程，其主要作用是在整个项目中对如何管理范围提供指南和方向。

范围管理计划是制订项目管理计划过程和其他范围管理过程的主要输入，包含如下内容：

（1）如何制订项目范围说明书。

（2）如何根据范围说明书创建 WBS。

（3）如何维护和批准 WBS。

（4）如何确认和正式验收已完成的项目可交付成果。

（5）如何处理项目范围说明书的变更，该工作与实施整体变更控制过程直接相联。

项目范围管理计划可能在项目管理计划之中，也可能作为单独的一项。根据不同的项目，可以是详细的或者概括的，可以是正式的或者非正式的。

5.3.2　本节金色重点

依据	工具和技术	成果
·项目管理计划 ·项目章程 ·组织过程资产 ·事业环境因素	·会议 ·专家判断	·范围管理计划 ·需求管理计划

■ 输出

本部分的重点内容是成果。有两个重要的输出文件：范围管理计划和需求管理计划。两者都是计划文件。

> *Tips*
>
> 范围管理计划描述如何定义、制定、监督、控制和确认项目范围。
>
> 需求管理计划主要内容包括分析(开发)、记录和管理需求。

■ 需求管理和范围管理

(1)各有侧重(一个是"是什么"和一个是"做什么")。

需求管理包括需求开发和需求管理：①需求开发：需求获取/需求分析/需求准备；是通过调查与分析，获取用户需求并定义产品需求。②需求管理：通过管理需求变更、需求跟踪来确保各方对需求的一致理解，确保最终产品与需求相符合，保持需求到最终产品的双向可追溯。

范围管理：确保项目包含且只包含项目所必须完成的工作。包括为成功完成项目所需要的范围计划编制、范围定义、创建WBS、范围确认和范围控制等过程。

(2)互相影响。

通过需求开发来获取信息系统项目的需求，在此基础上确定项目的范围，进行项目范围管理。需求管理处理需求的变更，需求的变更会引起项目范围的变更。

> *Tips*
>
> 需求管理解决"是什么"的问题，即信息系统项目的需求。范围管理解决"做什么"的问题，即基于需求确保项目包含且只包含项目所必须完成的工作。例如，年过35岁，为交一个女朋友而约会是"需求"，为了约会而买花、吃饭、看电影则是这个需求的"范围"。

■ 需求管理计划

描述在整个项目生命周期内如何分析、记录和管理需求。主要包括以下内容：

(1)如何规划、跟踪和汇报各种需求活动。

(2)需求管理需要使用的资源。

(3)培训计划。

(4)项目干系人参与需求管理的策略。

(5)判断项目范围与需求不一致的准则和纠正规程。

(6)需求跟踪结构，即哪些需求属性将列入跟踪矩阵，并可在其他哪些项目文件中追踪到这些需求。

(7)配置管理活动。

5.3.3　规划范围管理来龙去脉

规划范围管理来龙去脉如图5-1所示。

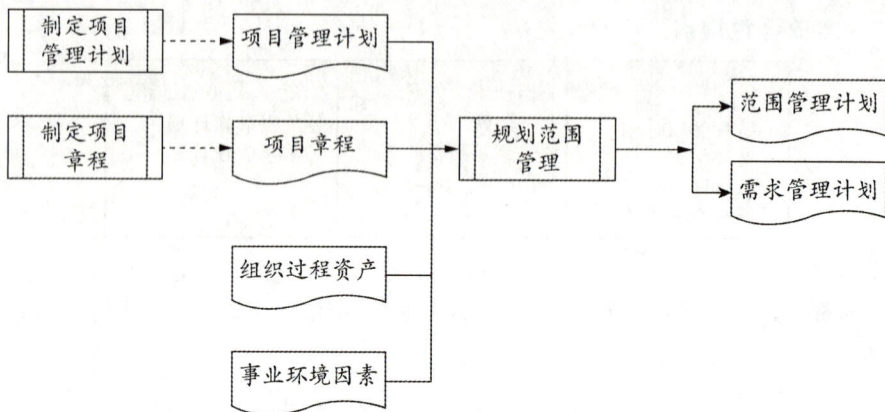

图 5-1 规划范围管理

5.4 收集需求

5.4.1 不同层面的需求

收集需求在于定义和管理客户期望。收集需求是为实现项目目标而确定、记录并管理干系人的需要和需求的过程,其作用是为定义和管理项目范围(包括产品范围)奠定基础。

需求的分类

(1)业务需求:整个组织的高层级需要。例如,解决业务问题或抓住业务机会,以及实施项目的原因。

(2)干系人需求:是指干系人或干系人群体的需要。

(3)解决方案需求:为满足业务需求和干系人需求,产品、服务或成果必须具备的特性、功能和特征。解决方案需求又进一步分为功能需求和非功能需求。功能需求是关于产品能开展的行为,例如,流程、数据以及与产品的互动等。非功能需求是对功能需求的补充,是产品正常运行所需的环境条件或质量,例如,可靠性、安全性、性能、服务水平等。

(4)过渡需求:从当前状态过渡到将来状态所需的临时能力,例如,数据转换和培训需求。

(5)项目需求:项目需要满足的行动、过程或其他条件。

(6)质量需求:用于确认项目可交付成果的成功完成或其他项目需求的实现的任何条件或标准。QFD 对质量需求进行了细分,分为基本需求、期望需求和意外需求。

> *Tips*
>
> 业务需求:客户高层高喊:“我们要提高管理水平,提高企业运作效率”。
>
> 干系人需求:①人事经理:上一个考勤系统;②保卫部:安检系统来一套;③运营部:OA 系统来一套。
>
> 解决方案需求:考勤系统必须能够识别指纹、人脸、戴口罩识别等多种识别方式。
>
> 项目需求:按照 CMMI3 标准管理项目。
>
> 质量需求:满足公司国际化运作要求,安全性、本地化能力要求很高。

5.4.2 本节金色重点

依据	工具和技术	成果
·范围管理计划 ·需求管理计划 ·干系人管理计划 ·项目章程 ·干系人登记册	·访谈 ·焦点小组 ·引导式研讨会 ·群体创新技术 ·群体决策技术 ·问卷调查 ·观察 ·原型法 ·标杆对照 ·系统交互图 ·文件分析	·需求文件 ·需求跟踪矩阵

■ 收集需求的工具与技术

收集需求的工具与技术主要有访谈、焦点小组、引导式研讨会、群体创新技术、群体决策技术、问卷调查、观察、原型法、标杆对照、系统交互图、文件分析等。

（1）访谈：通过与干系人直接交谈来获取信息的正式或非正式的方法，是最基本的一种收集需求的手段。

（2）焦点小组：将预先选定的干系人和主题专家集中在一起，了解他们对所提议产品、服务或成果的期望和态度。由一位受过训练的主持人引导大家进行互动式讨论。焦点小组往往比一对一的访谈更加热烈。焦点小组是一种群体访谈而非一对一访谈，可以有6~10个被访谈者参加。针对访谈者提出的问题，被访谈者之间开展互动式讨论，以求得到更有价值的意见。

（3）引导式研讨会：通过邀请主要的跨职能干系人一起参加会议。引导式研讨会对产品需求进行集中讨论与定义。研讨会是快速定义跨职能需求和协调干系人差异的重要技术。由于群体互动的特点，被有效引导的研讨会有助于建立信任、促进关系、改善沟通，从而有利于参加者达成一致意见。该技术的另一个好处是，能够比单项会议更快地发现和解决问题。

（4）群体创新技术：可以组织一些群体活动来识别项目和产品需求，群体创新技术包括头脑风暴法、名义小组技术、德尔菲技术、概念/思维导图、亲和图和多标准决策分析等。

①头脑风暴：是由一群人集思广益，在较短时间内提出大量创意的一种群体创新技术（各抒己见，集思广益）。

②名义小组技术：通过投票排列出最有用的创意，以便进行进一步的头脑风暴或优先排序。名义小组技术是头脑风暴法的深化应用，是更加结构化的头脑风暴法。

步骤：首先，将全体参与者分成多个"名义"上的小组，由每个小组开展讨论。小组讨论结束后，主持人依次向每位参与者询问，请每人提出一个创意。这种询问可以进行很多次循环，直至得到足够数量的创意。最后，请全体参与者对所有创意进行评审和排序。也可以由名义小组先提出一些较大的创意类别，再将这些创意类别提交给全体参与者作为头脑风暴的基础。与一般的头脑风暴法相比，名义小组技术可以使那些不善言辞的参与者也能充分发表自己的意见。

③德尔菲技术：经过多次综合各专家的观点，形成一个最终各专家都认可的方案。可以防止个人的观点被不正确的放大（专家之间背靠背被采访）。

④概念/思维导图：是将从头脑风暴中获得的创意，用一张简单的图联系起来，以反映这些创意之间的共性与差异，从而引导出新的创意。

⑤亲和图：又称为 KJ 法，是针对某一问题，充分收集各种经验、知识、想法和意见等语言、文字资料，通过图解方式进行汇总，并按其相互亲和性归纳整理这些资料，使问题明确起来，求得统一认识，以利于解决的一种方法。亲和图的核心是头脑风暴法，是根据结果去找原因。

⑥多标准决策分析：借助决策矩阵，用系统分析方法建立诸如风险水平、不确定性和价值收益等多种标准，从而对众多方案进行评估和排序的一种技术。

（5）群体决策技术：为达成某种期望结果而对多个未来行动方案进行评估。群体决策技术可用来开发产品需求，以及对产品需求进行归类和优先排序。

（6）问卷调查：通过设计书面问题，向为数众多的受访者快速收集信息。

（7）观察：直接观察个人在各自的环境中如何开展工作和实施流程。

（8）原型法：一种根据干系人初步需求，利用产品开发工具，快速地建立一个产品模型展示给干系人，在此基础上与干系人交流，最终实现干系人需求的产品快速开发的方法。

（9）标杆对照：将实际或计划的做法与其他类似组织的做法（例如，流程、操作过程等）进行比较，以便识别最佳实践，形成改进意见，并为绩效考核提供依据，标杆对照所采用的"类似组织"可以是内部组织，也可以是外部组织。

（10）系统交互图：对产品范围的可视化描述，显示系统（过程、设备、信息系统等）与参与者（用户、独立于本系统之外的其他系统）之间的交互方式。系统交互图显示了业务系统的输入、输入提供者、业务系统的输出和输出接收者。

（11）文件分析：通过分析现有文档，识别与需求相关的信息来挖掘需求。可供分析的文档很多，包括商业计划、营销文档、协议、招投标文件、建议邀请书、业务流程、逻辑数据模型、业务规则库、应用软件文档、用例文档、其他需求文档、问题日志、政策、程序和法规文件等。

> *Tips*
>
> 访谈 *vs* 焦点小组：前者是一对一访谈，后者是一对多（一个主持人，多个被访谈者）访谈。
>
> 引导式研讨会 *vs* 问卷调查：前者是集中在一起的跨部门的研讨会，后者是地理位置分散情况下的需求获取方式。
>
> 群体创新 *vs* 群体决策：前者侧重多人出主意，从无到有的过程；后者侧重从有到优的多个方案选择决策过程。
>
> 原型法 *vs* 标杆对照：前者做个模型，后者找个榜样（或找个参照物）。
>
> 观察 *vs* 系统交互图 *vs* 文件分析：观察就是通过"死盯"方式观察人和事的运行过程；系统交互图就是通过分析业务流程（例如常见的输入—处理—输出）来分析需求；文件分析就是通过分析现有文件分析需求。
>
> 总之，以上都是手段，通过这些手段最终目的都是为了获取用户的需求。实际上，对于信息系统项目而言，需要动用这么多手段，也从一个侧面说明了需求获取的重要性和高难度。

■ 收集需求的输出

收集需求过程的主要输出有需求文件和需求跟踪矩阵。需求文件描述各种单一的需求将如何满足与项目相关的业务需求。

需求文件的内容包括（但不限于）以下几个方面：①业务需求；②干系人需求；③解决方案需求；④项目需求；⑤过渡需求；⑥与需求有关的假设条件、依赖关系和制约因素。

需求管理包括在产品开发过程中维持需求一致性和精确性的所有活动，包括控制需求基线，保持项目计划与需求一致，控制单个需求和需求文档的版本情况，管理需求和联系链之间的联系，或管理单个需求和项目其他可交付物之间的依赖关系,跟踪基线中需求的状态。

可跟踪性是项目需求的一个重要特征,需求跟踪是将单个需求和其他元素之间的依赖关系和逻辑联系建立跟踪,这些元素包括各种类型的需求、业务规则、系统组件以及帮助文件等。可验证性是需求的最基本特性。

需求和产品(成果)之间的对应且具有双向可跟踪性。所谓双向跟踪,包括正向跟踪和反向跟踪,正向跟踪是指检查需求文件中的每个需求是否都能在后继工作产品(成果)中找到对应点;反向跟踪也称为逆向跟踪,是指检查设计文档、产品构件、测试文档等工作成果是否都能在需求文件中找到出处。具体来说,需求跟踪涉及五种类型,如图5-2所示。

图 5-2　需求跟踪涉及的五种类型

①用户原始需求与需求文件(正向、反向可追溯)。
②需求文件与交付产品(正向、反向可追溯)。
③需求文件之间的对应和跟踪(不同需求文件逻辑一致、没有错误或遗漏)。

表示需求和其他产品元素之间的联系链最普遍的方式是使用需求跟踪(能力)矩阵,需求跟踪矩阵是将产品需求从其来源连接到能满足需求的可交付成果的一种表格,如表5-2所示。

表 5-2　需求跟踪矩阵

需求信息					批准/否决	关系跟踪			
编号	需求	排序	分类	来源		与目标的关系	WBS中可交付成果清单	检验	确认

①并不是所有需求都需要项目组去满足
②需求是否被批准最终由发起人决定
③被批准的需求需要同可交付成果及项目目标之间建立逻辑联系

应在需求跟踪矩阵中记录每个需求的相关属性,这些属性有助于明确每个需求的关键信息。需求跟踪矩阵中记录的典型属性包括唯一标识、需求的文字描述、收录该需求的理由、所有者、来源、优先级别、版本、当前状态(例如,进行中、已取消、已推迟、新增加、已批准、已分配、已完成等)和状态日期。另外,为了确保干系人满意,可能需要增加一些补充属性,例如,稳定性、复杂性、验收标准等。

5.4.3　收集需求来龙去脉

收集需求来龙去脉如图5-3所示。

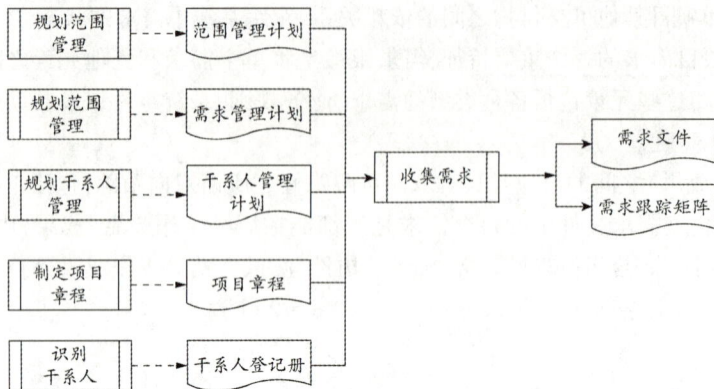

图 5-3 收集需求

5.5 定义范围

5.5.1 1979 年春天的故事

> **Tips**
>
> 曾经唱遍大江南北的《春天的故事》,"一九七九年,那是一个春天,有一位老人在中国的南海边画了一个圈"。邓小平爷爷指点深圳成为中国改革开放试验田的往事历历在目。定义范围的主要作用就是"画圈",确定收集来的哪些需求要包含在项目范围内,哪些要包含在项目范围外。

谁都期望打开香槟庆祝项目成功的那一刻,但是"理想很丰满,现实很骨感",项目目标的达成需要兼顾成本、质量、时间等方面的约束(什么人都可以用,做成怎样都可以,什么时候完成项目都可以是没有的),定义范围就是在有限约束限制下"忍痛割爱",剪出项目的"范围"来。

> **Tips**
>
> 清楚干什么活,将为成本、时间、资源的准确性估算打下扎实基础!

5.5.2 本节金色重点

依据	工具和技术	成果
·范围管理计划 ·项目章程 ·需求文件 ·组织过程资产	·专家判断 ·产品分析 ·备选方案生成 ·引导式研讨会	·项目范围说明书 ·项目文件更新

1. 定义范围是制定项目和产品详细描述的过程,其主要作用是明确所收集的哪些需求将包含在项目范围内,哪些将排除在项目范围外,从而明确产品、服务或成果的边界。由于在收集需求的过程中识别出的所有需求未必都包含在项目中,所以定义范围过程就要从需求文件中选取最终的项目需要,然后制定出关于项目及其产品、服务或成果的详细描述。

> **Tips**
>
> 如果将能和心仪女生约会当作"成果",那么买花、看电影、逛公园、养一条温顺可亲的非洲狮子当玩具可能都是她的"需求",但是显然最后一个"需求"会被你果断排除在"项目范围"之外。

2. 产品分析是一种有效的工具。通常,针对产品提问并回答,形成对将要开发的产品的用途、特征和其他方面的描述(针对交付成果为产品的项目,服务类的项目不适用)。

3. 备选方案生成是一种用来指定尽可能多的潜在可选方案的技术,用于识别执行项目工作的不同方法。

4. 作为定义范围过程的主要成果,项目范围说明书是对项目范围、主要可交付成果、假设条件和制约因素的描述。项目范围说明书记录了整个范围,包括项目范围和产品范围,详细描述项目的可交付成果,以及为提交这些可交付成果而必须开展的工作。项目范围是为了完成具有所规定特征和功能的产品、服务或结果,而必须完成的工作。产品范围描述了项目承诺交付的产品、服务或结果的特征。这种描述随着项目的开展,其产品特征会逐渐细化。产品特征的改进必须在适当的范围定义下进行,特别是对有合同约束的项目。项目范围一旦定义好后就应该保持稳定,即使产品的特征在不断地改进。

5. 项目范围说明书包括如下内容:

(1)产品范围描述。

(2)验收标准。定义可交付成果通过验收前必须满足的一系列条件,以及验收的过程。

(3)可交付成果。

(4)项目的除外责任。通常需要识别出什么是被排除在项目之外的。明确说明哪些内容不属于项目范围,有助于管理干系人的期望。

(5)制约因素。列出并说明与项目范围有关且限制项目团队选择的具体项目制约因素。

(6)假设条件。

> ***Tips***
>
> 小蔡赶紧从项目配置库中查到了《项目范围说明书》文件:
>
> 产品范围:通过本系统对企业员工的资料和考勤情况进行管理,通过每日的打卡把出勤信息输入到系统中,保存员工每日的出勤情况,以便统计出勤情况,同时方便管理员查阅,人事考核、工资结算节省人力,省去中间很多容易出错的步骤。让企业的考勤管理更具有透明性,且方便管理。此外系统还涉及用户管理、部门管理等问题,因此还要求系统具有系统管理的处理功能。
>
> 验收标准:验收过程包括初验和终验,验收结果包括验收合格、需要复议和验收不合格三种。具体参考公司《信息系统验收规定》文件。
>
> 可交付成果:①开发程序:可执行程序、源代码、配置脚本、测试程序或脚本;②开发文档:需求分析说明书、概要设计说明书、详细设计说明书、数据库设计说明书、测试计划、测试报告、程序维护手册、程序员开发手册、用户操作手册、项目总结报告;③管理文档:项目计划书、质量控制计划、配置管理计划、用户培训计划、质量总结报告、评审报告、会议记录、开发进度月报。
>
> 项目的除外责任:OA系统的常见审批功能(如因为需要请假而不能准时考勤,需要走请假审批流程)不在本项目范围内。
>
> 制约因素:请假审批可以从本系统发出审批请求,在OA系统中审批后,审批的结果会反馈到本考勤系统,以便于正确识别员工是正常状态还是缺勤。这种不同系统之间的衔接需要保证较高可用性。另外,OA系统的技术平台和接口状况会对本系统提出技术要求。
>
> 假设条件:本项目目标的达成不只乙方,涉及不同应用系统之间的集成问题,假设双方都能密切协作,在时间、进度和集成质量上完成项目要求。

6. 项目范围说明书的主要作用如下:

(1)确定范围。

(2)沟通基础。

(3)规划和控制依据。

(4)变更基础。

(5)规划基础。

Tips

"业内普遍认为,项目范围是项目重要的基础文件,项目范围定义不清是项目失败的主要原因之一,定义不清导致后来扯皮事情屡见不鲜,说起来都是泪!"项经理经常这样感叹。

5.5.3 定义范围来龙去脉

定义范围来龙去脉如图 5-4 所示。

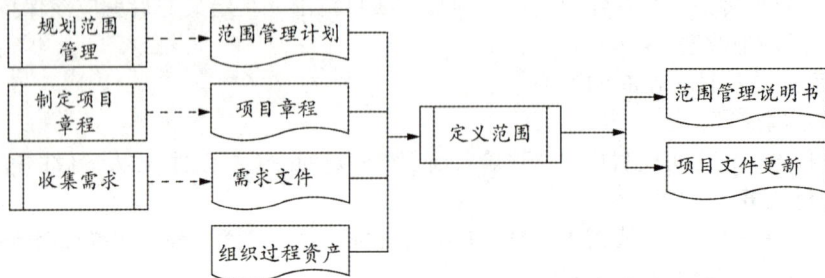

图 5-4 定义范围

5.6 创建 WBS

5.6.1 大事化小,小事做细

■ **创建 WBS(工作分解结构)**

创建 WBS 是将项目可交付成果和项目工作分解成较小的、更易于管理的组件的过程。它的表现形式是一张具有层次结构的图,图里的每个节点表示子项目或工作包。不断分解子项目或工作包,直到整个项目都分解为可管理的工作包,这些工作包的总和是项目的所有工作范围。

WBS 中的"工作"并不是指工作本身,而是指工作所导致的产品或可交付成果(工作的输出,俗称工作产品)。

■ **WBS 的意义**

当一个项目的 WBS 分解完成后,项目干系人对完成的 WBS 应该给予确认,并对此达成共识。WBS 的目的和用途主要体现在以下八个方面:

(1)明确和准确说明项目范围,项目团队成员能够清楚地理解任务的性质和需要努力的方向。

(2)清楚地定义项目的边界。

(3)为各独立单元分派人员,规定这些人员的职责,可以确定完成项目所需要的技术和人力资源。

(4)针对独立单元,进行时间、成本和资源需求量的估算,提高估算的准确性。

(5)为计划、预算、进度安排和费用控制奠定共同基础,确定项目进度和控制的基准。

(6)将项目工作和项目的财务账目联系起来。

(7)确定工作内容和工作顺序,将项目分解成具体的工作任务,就可以按照工作任务的逻辑顺序来实施项目。WBS 可以使用图形化的方式来查看工作内容,任何人都能够清楚地辨别项目的阶段、工作单元,并根据实际情况进行调节和控制。

(8)有助于防止需求蔓延。

■ **里程碑(Milestone)**

正式完成的某个可交付成果或者阶段。重要的检查点是里程碑、重要的里程碑是基线。

■ **工作包(Work Package)**

WBS 中最底层的可交付成果或项目工作。工作包的大小也需要考虑项目实际确定大小。参考8/80规则(80 小时原则):工作包的大小应该至少需要 8 小时来完成,而总完成时间也不应该大于 80 小时。

控制账户(Control Account)

控制账户是一种管理控制点(叫"控制点"更容易理解,为了管理方便而定的那个"点";可以是WBS中最底层的工作包或上面的要素)。在该控制点上,将范围、预算(资源计划)、实际成本和进度加以整合,并将它们与挣值进行比较,以测量绩效。

> *Tips*
>
> 一个控制账户中就包括若干个工作包,但一个工作包仅属于一个控制账户。项目管理团队在控制账户上考核项目的执行情况,即在控制账户的相应要素下,将项目执行情况与计划情况进行比较,以便评价执行情况好坏,并发现与纠正偏差。
>
> 为工作包建立"控制账户",并根据"账户编码"分配标志号,是创建工作分解结构的最后一个步骤。

规划包

规划包(Planning Package)是指在控制账户之下,工作内容已知但尚缺详细进度活动的WBS组成部分。是在控制账户之下、工作包之上的WBS要素,是暂时用来做计划的。随着情况的逐渐清晰,规划包最终将被分解成工作包以及相应的具体活动。

WBS词典

WBS的配套文件,用来详细描述WBS(编者的话:毕竟WBS只是一张图,所以需要有更详细的文字描述)。在制作WBS的过程中,要给WBS的每个部分赋予一个账户编码标志符,它们是成本、进度和资源使用信息汇总的层次结构。需要生成一些配套的文件,这些文件需要和WBS配套使用,称为WBS词典。WBS词典也称为WBS词汇表,它是描述WBS各组成部分的文件。

分解的步骤

(1)识别和分析可交付成果及相关工作。

(2)确定WBS的结构和编排方法。

(3)自上而下逐层细化分解。

(4)为WBS组件制定和分配标识编码。

(5)核实可交付成果分解的程度是恰当的。

分解的形式

分解的形式如图5-5所示。

(1)面向阶段。按照项目生命周期的阶段分解,产品和项目可交付成果放在第三层。

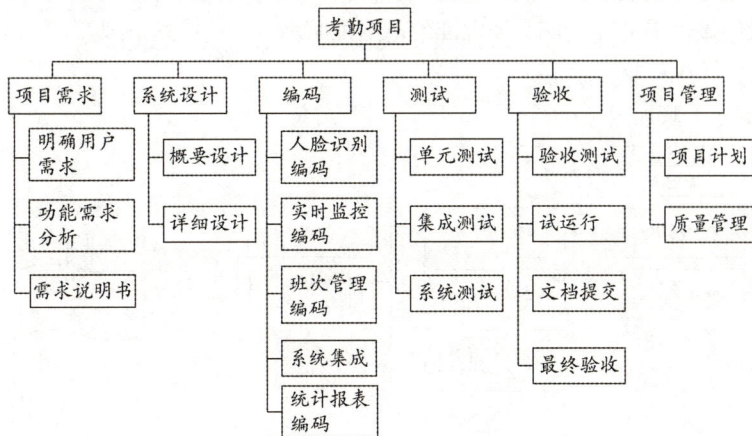

图5-5　分解的形式

（2）面向结果。按照主要可交付成果分解。

■ WBS 注意事项

逐层分解项目或者其主要交付成果的过程，实际上也是分派角色和职责的过程。

（1）WBS 必须是面向可交付成果的（为可交付成果服务）。

（2）WBS 必须符合项目的范围（上级包含下级全部内容）。

（3）WBS 的底层应该支持计划和控制（注意分解的粗细粒度）。

（4）WBS 中的元素必须有人负责，而且只由一个人负责（必须有一人负责）。

（5）WBS 的指导。作为指导而不是原则，WBS 应控制在 4~6 层。大项目可先分解成小项目（注意分解的层级）。

（6）WBS 应包括项目管理工作和分包出去的工作（管理也是工作）。

（7）WBS 的编制需要所有（主要）项目干系人的参与，需要项目团队成员的参与（全员参与）。

（8）WBS 并非是一成不变的（滚动分解，动态调整）。

5.6.2 本节金色重点

依据	工具和技术	成果
·范围管理计划 ·项目范围说明书 ·需求文件 ·事业环境因素 ·组织过程资产	·分解 ·专家判断	·范围基准 ·项目文件更新

■ 分解的原则

（1）功能或者技术原则。在创建 WBS 时，需要考虑将不同人员的工作分开。

（2）组织结构。对于职能型的项目组织而言，WBS 也要适应项目的组织结构形式。

（3）系统或者子系统。总的系统划分为几个主要的子系统，然后对每个子系统再进行分解。

■ WBS 不是某个项目团队成员的责任

应该由全体项目团队成员、用户和项目干系人共同完成和一致确认。

■ 较常用的 WBS 表示形式

主要有分级的树型结构（组织结构图式）和表格形式（列表式）。

树型结构图的 WBS 层次清晰、直观性和结构性强，但不容易修改，对大的、复杂的项目很难表示出项目的全貌，用于中小型项目。

表格形式的直观性比较差，但能够反映出项目所有的工作要素，用于大型项目。

范围基线又叫做范围基准，包括：经批准的范围说明书、WBS、WBS 词典。

5.6.3 创建 WBS 来龙去脉

创建 WBS 来龙去脉如图 5-6 所示。

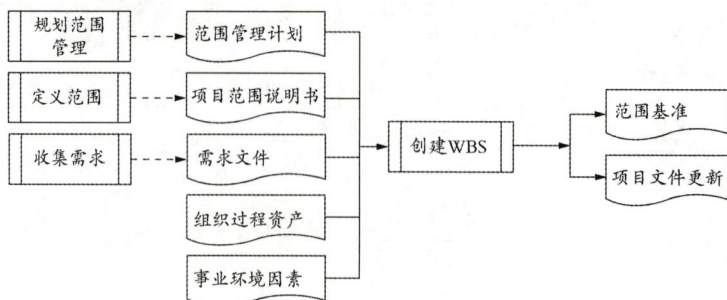

图 5-6 创建 WBS

5.7 确认范围

5.7.1 此验收非彼"确认"

确认范围是项目干系人(发起人、客户或顾客)正式验收项目已完成的可交付成果的过程(注意,不同于收集需求中的"需求确认")。

确认范围的主要工具与技术是检查和群体决策技术。检查也称为审查、评审、审计、走查、巡检、测试等。

确认范围应该贯穿项目的始终,并且应该以书面形式将完成情况记录下来。

通常情况下,在确认范围前,项目团队需要先进行质量控制工作。例如,在确认软件项目的范围之前,需要进行系统测试等工作,以确保确认工作的顺利完成。

项目干系人进行范围确认时,一般需要检查以下六个方面的问题:

(1)可交付成果是否是确定的、可确认的。

(2)每个可交付成果是否有明确的里程碑,里程碑是否有明确的、可辨别的事件。

(3)是否有明确的质量标准。

(4)审核和承诺是否有清晰的表达。

(5)项目范围是否覆盖了需要完成的产品或服务进行的所有活动,有没有遗漏或者错误。

(6)项目范围的风险是否太高,管理层是否能够降低可预见的风险发生时对项目的冲击。

确认范围与核实产品:核实产品是针对产品是否完成,在项目(或阶段)结束时由发起人或客户来验证,强调产品是否完整;确认范围是针对项目可交付成果,由客户或发起人在阶段末确认验收的过程。

■ 确认范围与质量控制的不同之处

(1)确认范围主要强调可交付成果获得客户或发起人的接受程度;质量控制强调可交付成果的正确性,并符合为其制定的具体质量要求(质量标准)。

(2)质量控制一般在确认范围前进行,也可同时进行;确认范围一般在阶段末尾进行,而质量控制并不一定在阶段末进行。

(3)质量控制属内部检查,由执行组织的相应质量部门实施;确认范围则是由外部干系人(客户或发起人)对项目可交付成果进行检查验收。

■ 确认范围与项目收尾的不同之处

(1)虽然确认范围与项目收尾工作都在阶段末进行,但确认范围强调的是核实与接受可交付成果,而项目收尾强调的是结束项目(或阶段)所要做的流程性工作。

(2)确认范围与项目收尾都有验收工作,确认范围强调验收项目可交付成果,项目收尾强调验收产品。

一般来说,可交付成果(如图5-7)包括半成品、最终的产品、相关的文件。

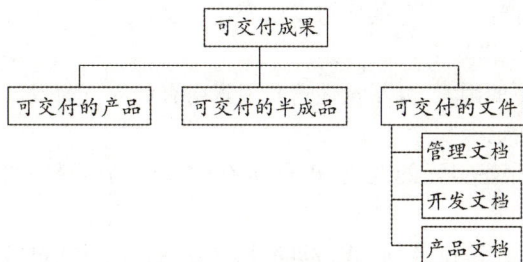

图 5-7 可交付成果

5.7.2　本节金色重点

依据	工具和技术	成果
·项目管理计划 ·需求文件 ·需求跟踪矩阵 ·核实的可交付成果 ·工作绩效数据	·检查 ·群体决策技术	·验收的可交付成果 ·变更请求 ·工作绩效信息 ·项目文件更新

变更请求：确认范围时可能会产生新的变更请求，如扩大、缩小、修改范围。

5.7.3　确认范围来龙去脉

确认范围来龙去脉如图5-8所示。

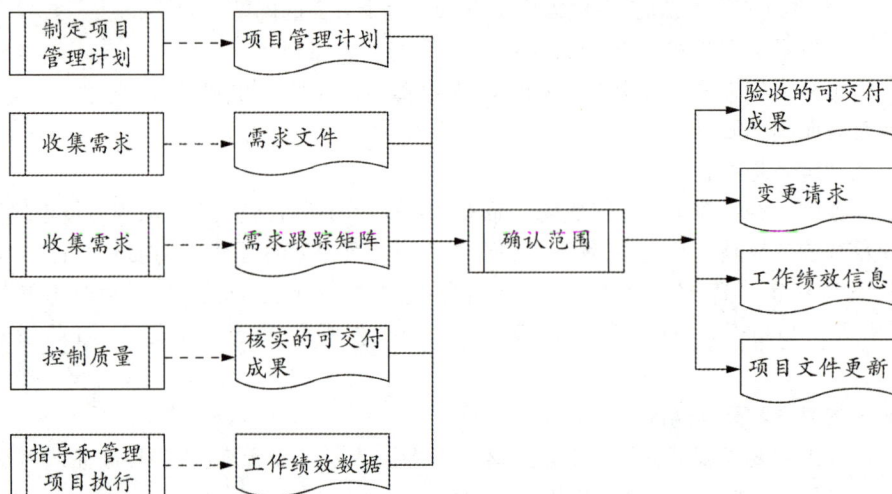

图5-8　确认范围

5.8　控制范围

5.8.1　控制范围蔓延或潜变

控制范围是监督项目和产品的范围状态、管理范围基准变更的过程，其主要作用是在整个项目期间保持对范围基准的维护。

范围变更的原因：

(1)政府政策的问题。

(2)项目范围的计划编制不周密详细，有一定的错误或遗漏。

(3)市场上出现了或是设计人员提出了新技术、新手段或新方案。

(4)项目执行组织本身发生变化。

(5)客户对项目、项目产品或服务的要求发生变化。

范围变更控制的主要工作如下：

(1)影响导致范围变更的因素，并尽量使这些因素向有利的方面发展。

(2)判断范围变更是否已经发生。

(3)范围变更发生时管理实际的变更，确保所有被请求的变更按照项目整体变更控制过程处理。

未经控制的变更被称为"范围蔓延"或"范围潜变"。应以书面形式规定所有变更控制过程。

蔓延:客户提出但未经控制的变更被称为"范围蔓延"(客户的需求是无止境的,要防止如滔滔江水连绵不绝)。

镀金:由内部提出的未经批准而添加的额外功能称为镀金(完美癖、技术狂的最爱,凡事不计代价、不计后果自己高兴就好)。

5.8.2 本节金色重点

依据	工具和技术	成果
·项目管理计划 ·需求文件 ·需求跟踪矩阵 ·工作绩效数据 ·组织过程资产	·偏差分析	·工作绩效信息 ·变更请求 ·项目管理计划更新 ·项目文件更新 ·组织过程资产更新

范围控制工作的步骤:①发现偏差;②找到原因;③找到对策和采取措施。

范围控制的依据:需求文件、需求跟踪矩阵来自"收集需求"的输出;工作绩效数据是所有控制过程组(整体管理除外)管理活动的通用输入。

范围控制的工具:偏差分析是一种类似于会议的通用而古老的技术。

范围控制的成果:工作绩效信息是所有控制过程组(整体管理除外)管理活动的通用输出。

变更请求:确认范围时可能会产生新的变更请求,如扩大、缩小、修改范围。

5.8.3 控制范围来龙去脉

控制范围来龙去脉如图 5-9 所示。

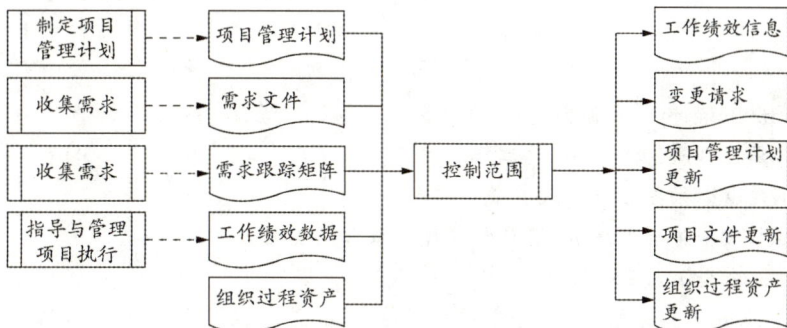

图 5-9 控制范围

5.9 小蔡的自问自答

1. 需求管理的主要目的不包括( )①。

A. 确保项目相关方对需求的一致理解

B. 减少需求变更的数量

C. 保持需求到最终产品的双向追溯

D. 确保最终产品与需求相符合

【解析】需求管理的主要目的是确保各方对需求的一致理解,管理和控制需求的变更,从需求到最终产品的双向跟踪。对待变更的态度是将变更置于合理、规范的管理之下,而不是一味的减少变更。

2. 某项目经理在公司负责管理一个产品开发项目。开始时,产品被定义为"最先进的个人运输工具",后来被描述为"不需要汽油的先进个人运输工具"。最后,与设计工程师进行了整夜的讨论后,被描述为"成本在15000美元以下,不需要汽油、不产生噪声的最先进的个人运输工具"。这

---

①B

表明产品的特征正在不断地改进,不断地调整,但是应注意将其与( )①协调一致。

    A. 范围定义   B. 项目干系人利益

    C. 范围变更控制系统   D. 客户的战略计划

【解析】题干所描述的内容就是定义范围的定义,对范围逐渐细化。项目范围是为了完成具有所规定特征和功能的产品、服务或结果,而必须完成的工作。产品范围描述了项目承诺交付的产品、服务或结果的特征。这种描述随着项目的开展,其产品特征会逐渐细化。产品特征的改进必须在适当的范围定义下进行,特别是对有合同约束的项目。项目范围一旦定义好后就应该保持稳定,即使产品的特征在不断地改进。

3. ( )②执行的步骤为:分成多个小组,每个小组开展讨论;小组讨论结束后,主持人依次询问每位参与者,请每人提出一个创意;这种询问可以进行很多轮,直至得到足够数量的创意;再由全体参与者对所有创意进行评审和排序。

    A. 焦点小组   B. 名义小组   C. 引导式研讨会   D. 头脑风暴

【解析】名义小组技术(Nominal Group Technique)通过投票来排列出最有用的创意,以便进行进一步的头脑风暴或优先排序。名义小组技术是头脑风暴法的深化应用,是更加结构化的头脑风暴法,其一般过程如下。

首先,将全体参与者分成多个"名义"上的小组,由每个小组开展讨论。

小组讨论结束后,主持人依次向每位参与者询问,请每人提出一个创意。这种询问可以进行很多次循环,直至得到足够数量的创意。

最后,请全体参与者对所有创意进行评审和排序。

也可以由名义小组先提出一些较大的创意类别,再将这些创意类别提交给全体参与者作为头脑风暴的基础。与一般的头脑风暴法相比,名义小组技术可以使那些不善言辞的参与者也能充分发表自己的意见。

4. 关于 WBS 的描述,不正确的是( )③。

    A. WBS 必须且只能包括100%的工作

    B. WBS 的元素必须指定一个或多个负责人

    C. WBS 应该由全体项目成员、用户和项目干系人一致确认

    D. 分包出去的工作也应纳入 WBS 中

【解析】在 WBS(工作分解结构)分解的过程中,应该注意以下八个方面:①WBS 必须是面向可交付成果的。②WBS 必须符合项目的范围。WBS 必须包括也仅包括为了完成项目的可交付成果的活动。③WBS 的底层应该支持计划和控制。④WBS 中的元素必须有人负责,而且只能由一个人来负责,尽管实际上可能需要多个人参与。⑤WBS 的指导。作为指导而不是原则,WBS 应控制在4~6层。大项目如果超过6层,可以将大项目分解成小项目,然后针对小项目进行 WBS。⑥WBS 应包括项目管理工作,也要包括分包出去的工作。⑦WBS 的编制需要所有(主要)项目干系人的参与,需要项目团队成员的参与。⑧WBS 并非是一成不变的,在完成了 WBS 之后的工作中,仍然有可能需要对 WBS 进行修改。

5. 项目范围基线包括( )④。

    A. 批准的项目范围说明书、WBS 及 WBS 词典

    B. 项目初步范围说明书、WBS 及 WBS 词典

    C. 批准的项目范围说明书、WBS 词典

---

①A   ②B   ③B   ④A

D. 项目详细范围说明书、WBS

【解析】范围基线又叫作范围基准,包括:经批准的范围说明书、WBS、WBS 词典。

6. 关于确认范围和质量控制的描述,不正确的是(　　)①。

A. 确认范围强调可交付成果的接受程度

B. 质量控制强调可交付成果的正确性

C. 确认范围和质量控制均由组织内部质量部门实施

D. 确认范围和质量控制都可以通过检查的方法来进行

【解析】确认范围与质量控制的不同之处在于:

(1)确认范围主要强调可交付成果获得客户或发起人的接受程度。

(2)质量控制强调可交付成果的正确性,并符合为其制定的具体质量要求(质量标准)。

(3)质量控制一般在确认范围前进行,也可同时进行;确认范围一般在阶段末尾进行,但质量控制并不一定在阶段末进行。

质量控制属内部检查,由执行组织的相应质量部门实施;确认范围则是由外部干系人(客户或发起人)对项目可交付成果进行检查验收。所以 C 选项错误。

从检查的详细程度来说,核实产品、确认范围和质量控制是递进的、越来越细的检查过程。

7. 关于范围控制的描述,正确的是(　　)②。

A. 控制进度是控制范围的一种有效的方式

B. 项目执行组织本身发生变化不会引起范围变更

C. 范围变更控制必须和其他控制过程综合在一起

D. 政府政策的变化不可以成为范围变更的理由

【解析】范围的变更往往与项目的质量、进度、投资等相关联,也就是说范围、质量、进度、成本是项目的四大约束,它们之间的关系是相辅相成的。

8. (　　)③属于控制范围的活动。

A. 与客户仔细讨论项目范围说明书,并请客户签字

B. 当客户提出新的需求时,说服用户放弃新的需求

C. 确认项目范围是否覆盖了需要完成的产品或服务进行的所有活动

D. 确认每项工作是否有明确的质量标准

【解析】A 选项是范围定义的内容。C、D 选项都是范围确认的工作内容。只有 B 选项属于控制范围的工作内容,例如,说服用户放弃新的需求,保证工作内容不追加、范围不蔓延。

很多人认为本题的正确答案应该选 C,但 C 选项属于范围确认。项目干系人进行范围确认时,一般需要检查以下六个方面的问题:

(1)可交付成果是否为确定的、可确认的。

(2)每个可交付成果是否有明确的里程碑,里程碑是否有明确的、可辨别的事件。

(3)是否有明确的质量标准。

(4)审核和承诺是否有清晰的表达。

(5)项目范围是否覆盖了需要完成的产品或服务进行的所有活动,有没有遗漏或者错误。

(6)项目范围的风险是否太高,管理层是否能够降低可预见的风险发生时对项目的冲击。

①C ②C ③B

5.10 本章重要概念

Tips

相关重要概念既要意会(通俗理解)还要言传(专业表达)。

▋ 重要概念连连看

收集需求	正式验收项目已完成的可交付成果的过程
需求管理	WBS的一些配套的文件,这些文件需要和WBS配套使用
质量需求	在控制账户之下,工作内容已知但尚缺详细进度活动的WBS组成部分
创建WBS	是一种管理控制点。在该控制点上,将范围、预算(资源计划)、实际成本和进度加以整合,并将它们与挣值进行比较,以测量绩效
WBS词典	位于WBS每条分支最底层的可交付成果或项目工作组成部分
工作包	标志着某个可交付成果或者阶段的正式完成
里程碑	项目的可交付成果和项目工作分解后的较小的、更易于管理的组件
控制账户	用于确认项目可交付成果的成功完成或其他项目需求的实现的任何条件或标准。QFD对质量需求进行了细分,分为基本需求、期望需求和意外需求
规划包	描述在整个项目生命周期内如何分析、记录和管理需求
范围基准	为实现项目目标而确定、记录并管理干系人的需要和需求的过程
确认范围	经过批准的项目范围说明书、WBS和WBS词典

▋ 易混概念

①项目范围 *vs* 产品范围

②需求管理计划 *vs* 范围管理计划

③访谈 *vs* 焦点小组

④引导式研讨会 *vs* 问卷调查

⑤群体创新 *vs* 群体决策

⑥原型法 *vs* 标杆对照

⑦观察 *vs* 系统交互图 *vs* 文件分析

⑧确认范围 *vs* 质量控制

⑨确认范围 *vs* 项目收尾

⑪德尔菲 *vs* 头脑风暴

第6章　项目进度管理

6.1　考情分布地图

从历年的考试来看,本章是考试的重点,其中的进度网络图计算是上午综合知识单选题和下午案例分析必考的知识点。这部分出题的特点为概念知识点,相对简单,难点常出在案例分析的计算题,这部分的分值也是我们必须拿到的。对于论文部分也是会考查的,所以对本章不仅要掌握基础知识和计算还要整体理解。本章涉及案例和论文部分的,分值就不再进行统计,我们只看综合知识单选题近4次历年具体分值分布如下表所示。

年份 知识点	2022 年 5 月 单选	2021 年 11 月 单选	2021 年 5 月 单选	2020 年 11 月 单选	合计
项目进度管理概述	0	0	0	0	0
规划进度管理	0	0	0	0	0
定义活动	0	0	0	0	0
排列活动顺序	0	0	0	0	0
估算活动资源	0	0	0	0	0
估算活动持续时间	0	0	0	0	0
制定进度计划	0	0	0	0	0
控制进度	0	0	0	0	0
工作量和工期估计	0	0	0	0	0
项目活动排列顺序的技术和工具	1	1	0	0	2
制订项目进度计划的技术和工具	4	2	3	3	12
本章考查分值	5	3	3	3	14

6.2　项目进度管理概述

项目进度管理就是为了保证一个项目能在给定的时间内完成。这就好像咱们的考试要在给定的时间内完成答卷是一个道理。

小强是一个非常有经验的项目经理,小强说:"进度管理比作一个母亲 A,那么进度管理的七个过程就是母亲 A 的七个孩子:

(1)老大叫规划进度管理:因为是老大,所以喜欢操心,为把控好项目工作的时间制定了一系列的政策、程序和文档。怎样才能让兄弟们齐心协力,而不是一盘散沙呢？老大冥思苦想制定了一个好的计划(进度管理计划),号召兄弟们以此为依据指导开展各自的工作。

(2)老二叫定义活动:老二有一颗慧眼,他负责找出我们要做哪些具体的活动才能完成接手的项目,并且以文字的形式记录下来形成三份文件(一份叫活动清单、一份叫活动属性、一份叫里程碑清单)。

(3)老三叫排列活动顺序:老三的逻辑思维很强,他根据老二的两份文件(活动清单、活动属性)找出老二识别出来的这些活动之间有没有什么先后交叠关系,然后排列起来,用箭线图绘制出一幅进度网络图。

(4)老四叫估算活动资源:老四会管家,他把要做的活动所需的材料、人员、设备或用品的种类和数量都给琢磨了一下,得到了一张估算表,我们叫它估算活动资源。

(5)老五叫估算活动持续时间:老五心想,我得同四哥分担一下,根据四哥资源估算,我来合计一下四哥估算的这些人和设备用多长时间能把活干完。老五也整理了两份文件:估算活动持续时间、估算依据(我这时间怎么算出来的,给你们看看)。

(6)老六叫制定进度计划:老六喜欢绘制模型图,说:'上面几个哥哥把你们的文件交给我吧,我来给它们创建一个进度模型,取名为进度计划,让项目经理很容易就看明白了,什么时间干什么活。这个进度计划经过审批就是进度基准,经理小强要维护好它,不能容许任何人随意改动进度基准。'

(7)老七叫控制进度:小七虽比较闷骚,但最善于观察,所以让他当个监工。他监督项目活动的状态、实时记录更新项目活动进展的状况、管理进度基准的变更(进度基准可能在项目活动开展期间根据实际情况需要调整)。"

6.3 规划进度管理

依据	工具和技术	成果
·项目管理计划 ·项目章程 ·组织过程资产 ·事业环境因素	·专家判断 ·分析技术 ·会议	·项目进度管理计划

6.3.1 追女神小成——进度计划

进度计划如表6-1所示。表6-1是一个进度管理计划的示例,大家以此为参考,记住进度管理计划的内容。

表6-1 进度管理计划示例

进度管理计划			
项目名称:追女神小成		日期:××年××月××日	
进度规划方法			
关键路径法、关键链法等(这两个是个好方法,稍后详细介绍,此为追女神必备之工具)			
进度工具			
进度软件、报告软件、挣值软件,利用什么样的软件			
准确度	计量单位	控制临界值	
什么时候做什么事情	单位用周来表示	正负5%,纠正 正负2%,预防 0%,无需纠偏,刚刚好 (520——满满的爱意)	
进度报告和格式			
本周完成了××的××%,整体进展良好,达成的关键工作有,女神小成开始搭理我了 ……			
下周预计进度正常			
过程描述			

进度管理计划
定义活动：用分解的方法，把每个工作分解成可以完成的具体的活动 活动排序：排列优先级 估算持续时间：三点估算、参数估算等（稍后详细介绍） 更新、监控：反复监控，有错就改

6.3.2　本节金色重点

■ 进度管理计划

（1）项目进度模型制定。需要规定用于制定项目进度模型的进度规划方法论和工具。

（2）准确度。需要规定活动持续时间估算的可接受区间，以及允许的应急储备数量。

（3）计量单位。需要规定每种资源的计量单位，例如，用于测量时间的周数、用于计量数量的米等。

（4）组织程序链接。工作分解结构为进度管理计划提供了框架，保证了与估算及资源计划的协调一致。

（5）项目进度模型维护。需要规定在项目执行期间，将如何在进度模型中更新项目状态，记录项目进展。

（6）控制临界值。可能需要规定偏差临界值，用于监督进度绩效。它是在需要采取某种措施前，允许出现的最大偏差。通常用偏离基准计划中的参数的某个百分数来表示。

（7）绩效测量规则。需要规定用于绩效测量的挣值管理（EVM）规则或其他测量规则。

（8）报告格式。需要规定各种进度报告的格式和编制频率。

（9）过程描述。对每个进度管理过程进行书面描述。

进度管理计划是项目管理计划的组成部分，为编制、监督和控制项目进度建立准则和明确的活动。根据项目需要，进度管理计划可以是正式或非正式的，非常详细或高度概括的，其中应包括合适的控制临界值，如表 6-1 所示。

6.3.3　规划进度管理来龙去脉

规划进度管理来龙去脉如图 6-1 所示。

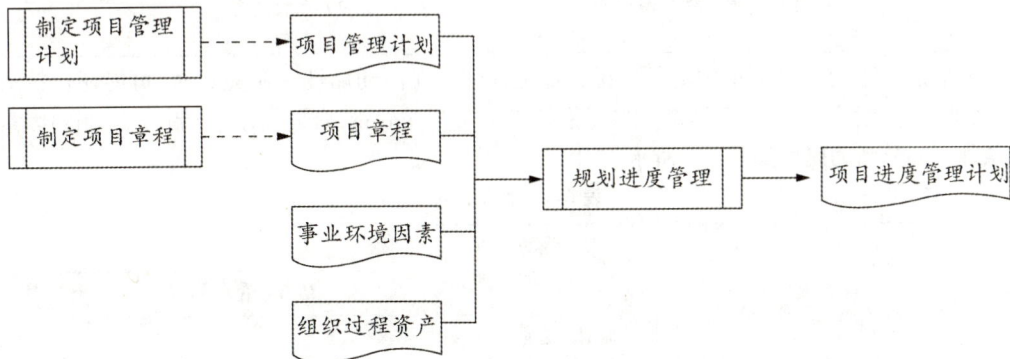

图 6-1　规划进度管理

6.4　定义活动

定义活动过程就是识别和记录为完成项目可交付成果而需采取的所有活动。其主要作用是将工作包分解为活动，作为对项目工作进行估算、进度规划、执行、监督和控制的基础。

定义活动,但是不知道怎么办,或者无法定出详细的怎么办?在项目被批准后,需要重复开展定义活动过程,这是个波动式的过程,要做到近详远略,是个渐进明细的过程,不是一次就能完成的。

依据	工具和技术	成果
·进度管理计划 ·范围基准 ·组织过程资产 ·事业环境因素	·分解 ·滚动式规划 ·专家判断	·活动清单 ·活动属性 ·里程碑清单

6.4.1 行动起来吧!

为了更快地追到女神,小强把 WBS 的工作包进一步细分为更小的组成部分,即"活动"。

所谓活动,就是为完成工作包所需进行的工作,是实施项目时安排工作的最基本的工作单元。一个活动只能属于一个工作包,而一个工作包可以包含一个或者多个活动。总而言之,所谓活动就是具体的行动,譬如邀请女神去看电影,这个工作包中的买电影票、买爆米花、买饮料、送鲜花等就是活动!

6.4.2 本节金色重点

定义活动管理成果

(1)活动清单:是一份包含项目所需的全部活动的综合清单。活动清单还包括每个活动的标识及工作范围详述,使项目团队成员知道需要完成什么工作(工作内容、目标、结果负责人和日期)。每个活动都应该有一个独特的名称。看电影这个工作包的活动清单如表6-2所示。

表 6-2　活动清单

活动清单						
活动 ID	活动清单	历时	描述	负责人	成果	备注
1.1	买电影票	5 分钟	看电影必备	小强	2 张电影票	
1.2	买爆米花	5 分钟	看电影必备	小强	1 份爆米花	只买一份
1.3	买饮料	5 分钟	根据女神口味选择	小强	2 杯饮料	
1.4	电影结束后 送鲜花	10 分钟	看电影结束后的惊喜	小强	99 朵玫瑰花	

(2)活动属性:对活动清单中的活动描述地更详细。在活动属性编制完成时,可能还包括活动编码、活动描述、紧前活动、紧后活动、逻辑关系、提前量与滞后量、资源需求、强制日期、制约因素和假设条件。部分活动属性如表6-3所示。

表 6-3　活动属性

活动属性			
编号:1		活动:看电影	
工作描述:选电影并买电影票			
紧前活动	时间提前量	紧后活动	时间滞后量
选择合适的电影	1 天	讨论所看的电影, 促进感情交流	无

续表

活动属性
强制日期或其他约束:3月8日
假设条件:假设电影院在8号临时有其他安排

(3)里程碑:项目中的重要时点或事件。

(4)里程碑清单:包含一个项目的所有里程碑,同时里程碑不仅是强制性的(如合同要求的),还是选择性的(如根据历史信息确定的)。里程碑清单为后期的项目控制提供了基础(当小强到达成功追到女神作为女朋友这个里程碑,这就为小强控制求婚时间提供了基础)。

里程碑是项目生命周期中的一个时间点,里程碑的持续时间为零,里程碑既不消耗资源也不花费成本,通常是指一个主要可交付成果的完成。

一个项目中应该有几个达到里程碑程度的关键事件。一个好的里程碑最突出的特征是:达到此里程碑的标准毫无歧义。

6.4.3　定义活动来龙去脉

定义活动来龙去脉如图6-2所示。

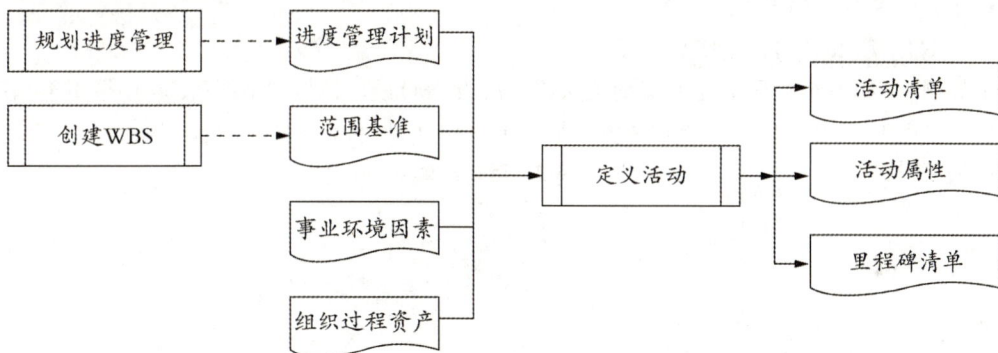

图6-2　定义活动

6.5　排列活动顺序

排列活动顺序是识别和记录项目活动之间的关系的过程,本过程的主要作用是定义活动之间的逻辑顺序。

依据	工具和技术	成果
·进度管理计划 ·活动清单 ·活动属性 ·里程碑清单 ·项目范围说明书 ·组织过程资产 ·事业环境因素	·前导图法 ·箭线图法 ·确定依赖关系 ·提前量与滞后量	·项目进度网络图 ·项目文件更新

6.5.1　叠叠乐欢乐多

小强成功追到女神,并且定下了结婚日期,小强利用自己的项目管理经验,制定了一张举办婚礼的进度网络图,如图6-3所示。

第二编

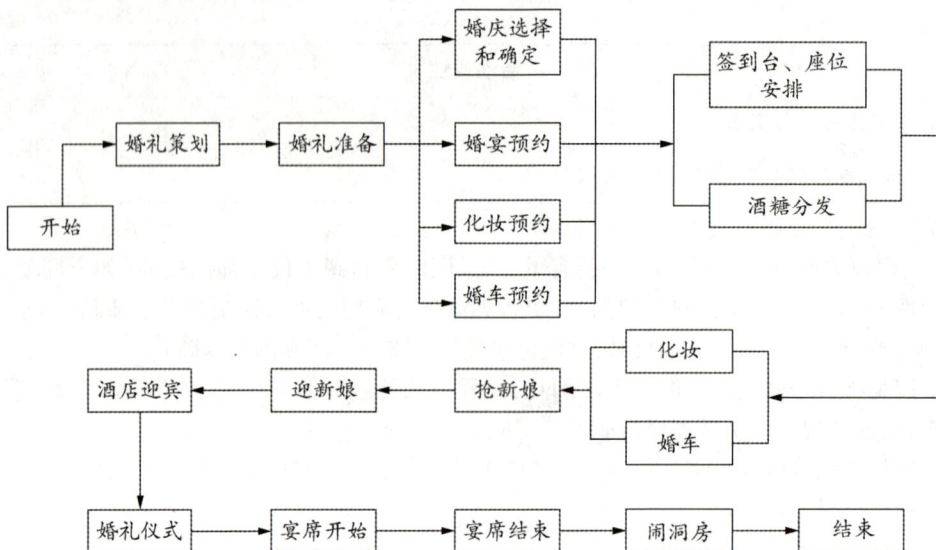

图 6-3　婚礼进度网络图

6.5.2　本节金色重点

1. 前导图法(单代号网络图)

前导图法(如图 6-4 所示)也称紧前关系绘图法(PDM)或单代号网络图(AON),是用于编制项目进度网络图的一种方法,用长方形或者圆形表示活动,用带箭头的线把活动连接起来,以显示节点之间的逻辑关系。

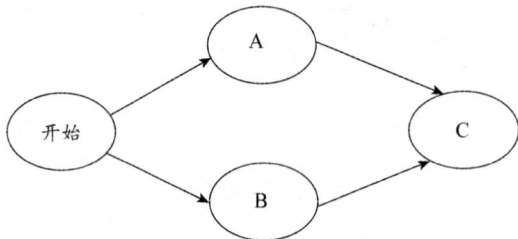

图 6-4　前导图法(单代号网络图)

前导图法包括活动之间存在的四种类型的依赖关系:

(1)结束—开始的关系(F—S 型),如图 6-5 所示。例如小强只有先预约好婚礼化妆,化妆师结婚当天才能去给新娘化妆。

图 6-5　结束—开始的关系(F—S 型)

(2)结束—结束的关系(F—F 型),如图 6-6 所示。例如只有小强和女神婚礼的闹洞房环节结束,整个婚礼才能正式结束。

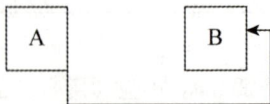

图 6-6　结束—结束的关系(F—F 型)

(3)开始—开始的关系(S—S 型),(如图 6-7 所示)。例如小强开始给女方父母下聘礼,女方才开始着手准备嫁妆。

第二编

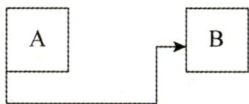

图 6-7　开始—开始的关系（S—S 型）

（4）开始—结束的关系（S—F 型），（如图 6-8 所示）。例如小强和新娘女神到达酒店迎宾的时候，之前负责迎宾的人员可以暂时结束迎宾工作。

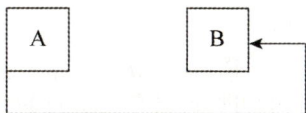

图 6-8　开始—结束的关系（S—F 型）

在前导图法中，每项活动有唯一的活动号，每项活动都注明了预计工期（活动的持续时间）。

通常，每个节点的活动会有如下几个时间（Earliest——最早、Start——开始、Time——时间、Latest——最迟、Finish——完成）：

①最早开始时间（ES）。某活动能够开始的最早时间。

②最早完成时间（EF）。某项活动能够完成的最早时间。EF＝ES＋工期。

③最迟开始时间（LS）。为了使项目按时完成，某项活动必须开始的最迟时间。

④最迟完成时间（LF）。为了使项目按时完成，某项活动必须完成的最迟时间。LF＝LS＋工期。

这几个时间通常作为每个节点的组成部分，如表 6-4 所示。

表 6-4　活动节点时间组成

最早开始时间 ES	工期	最早完成时间 EF
活动名称		
最迟开始时间 LS	总浮动时间 TF	最迟完成时间 LF

2. 箭线图法（双代号网络图）

与前导图法不同，箭线图法（ADM）是用箭线表示活动、逻辑关系的一种网络图绘制方法。这种网络图也被称作双代号网络图（节点和箭线都要有编号）或活动箭线图（AOA）。

在箭线图法中，箭头指向的事件叫做该活动的紧后事件（successor event），箭尾指向的事件叫做该活动的紧前事件（precede event），如图 6-9 所示。

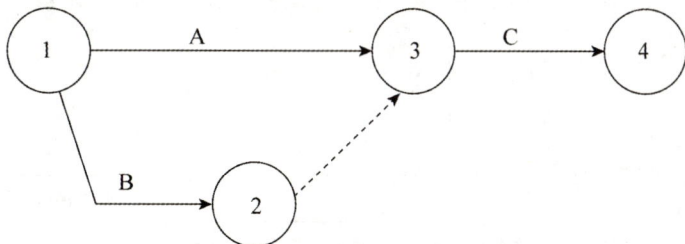

图 6-9　箭线图法（双代号网络图）

在箭线图法中，有如下三个基本原则：

（1）网络图中每一活动或每一事件都必须有唯一的一个代号，即网络图中不会有相同的代号。

（2）任两项活动的紧前事件和紧后事件代号至少有一个不相同，节点代号沿箭线方向越来越大。

（3）流入（流出）同一节点的活动，均有共同的紧后活动（或紧前活动）。

为了绘图的方便，在箭线图中又人为引入了一种额外的、特殊的活动，叫作虚活动，在网络图中由一个虚箭线表示。虚活动不消耗时间，也不消耗资源，只是为了弥补箭线图在表达活动依赖关系方面的不足。借助虚活动，我们可以更好地、更清楚地表达活动之间的关系，如图 6-10 所示。

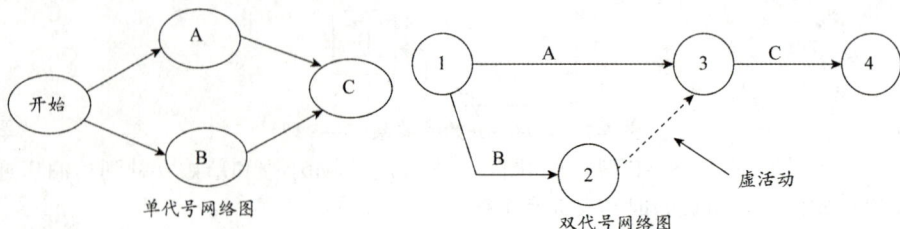

单代号网络图

双代号网络图

注:对比双代号网络图和单代号网络图。

图 6-10　虚活动

从图中可以得知,活动 A、B 可以同时进行;只有活动 A、B 都完成后,活动 C 才能开始。

3. 提前量与滞后量

提前量是相对于紧前活动,紧后活动可以提前的时间量。

滞后量是相对于紧前活动,紧后活动需要推迟的时间量。

4. 确定依赖关系

活动之间的依赖关系可以分为强制性外部依赖关系、强制性内部依赖关系、选择性外部依赖关系或选择性内部依赖关系。

(1)强制性依赖关系。强制性依赖关系是法律或合同要求的或工作的内在性质决定的依赖关系。强制性依赖关系往往与客观限制有关。(例如,只有小强求婚成功,才能开始筹划婚礼。)

(2)选择性依赖关系。有时又称首选逻辑关系、优先逻辑关系或软逻辑关系。(例如,先预约婚车,再预约婚礼化妆师,反之也可以。)

(3)外部依赖关系。外部依赖关系是项目活动与非项目活动之间的依赖关系。这些依赖关系往往不在项目团队的控制范围内。(例如,小强想要迎娶新娘,得依赖婚车把他送到新娘家。)

(4)内部依赖关系。项目活动之间的紧前关系,通常在项目团队的控制之中。只有机器组装完毕,团队才能对其测试,这是一个内部的强制性依赖关系。(例如,小强想要抢新娘,得靠自己通过新娘的考验。)

6.5.3　排列活动顺序来龙去脉

排列活动顺序来龙去脉如图 6-11 所示。

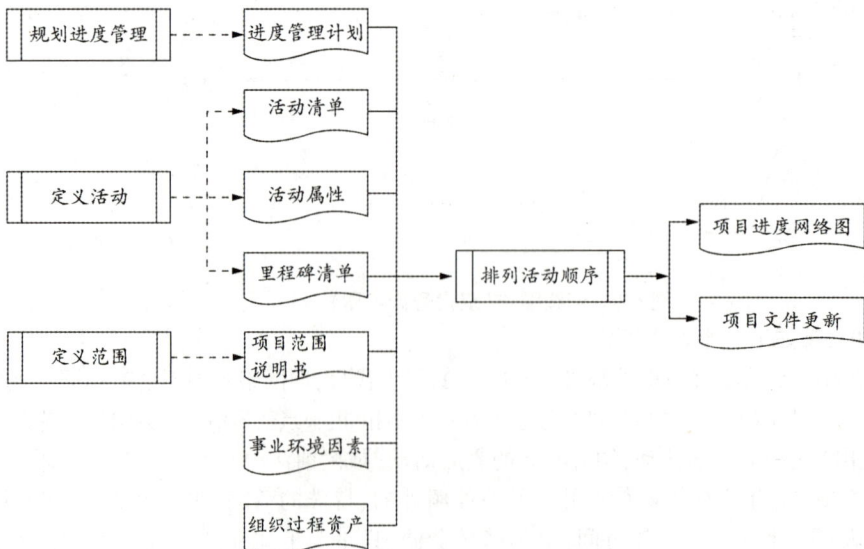

图 6-11　排列活动顺序

6.6　估算活动资源

依据	工具和技术	成果
·进度管理计划 ·活动清单 ·活动属性 ·资源日历 ·风险登记册 ·活动成本估算 ·组织过程资产 ·事业环境因素	·专家判断 ·备选方案分析 ·发布的估算数据 ·项目管理软件 ·自下而上估算	·活动资源需求 ·资源分解结构 ·项目文件更新

6.6.1　进度取决于你用什么样的资源

资源不同项目的进度也会不同,估算活动资源是为了制定合理、符合实际情况的进度计划。例如:经理小强的婚礼如果租用专业的豪华车队,开车的速度、业务熟练程度肯定比从亲朋友好友那里拼凑的婚车队速度更快、行驶更稳。

Tips

小强照着婚礼活动清单,估算婚礼所需要的资源。结婚前需要拍摄婚纱照内外景各 1 套、婚礼举行的酒店、宴席 20 桌、白酒 20 瓶、红酒 20 瓶、硬中华 4 条、水果零食若干、喜帖 200 份、喜糖 200 份、婚庆主持人 1 人、摄像人员 1 人、婚庆布置 3 人、化妆师和跟妆师共 2 人、婚车 9 辆、伴郎 6 人、伴娘 6 人⋯⋯

6.6.2　本节金色重点

(1)资源分解结构。资源分解结构(RBS)是资源依类别和类型的层级展现。资源类别包括人力、材料、设备和用品。资源类型包括技能水平、等级水平或适用于项目的其他类型,如图6-12所示。

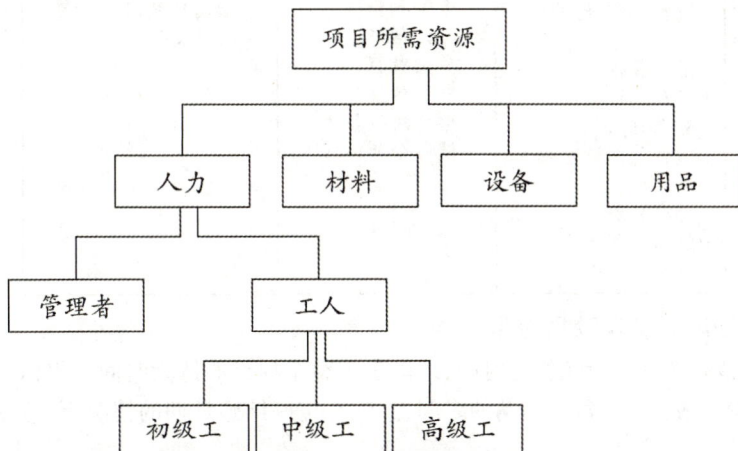

图 6-12　资源分解结构

(2)资源日历。什么时候需要什么资源,需要多少这样的资源。

6.6.3　估算活动资源来龙去脉

估算活动资源来龙去脉如图 6-13 所示。

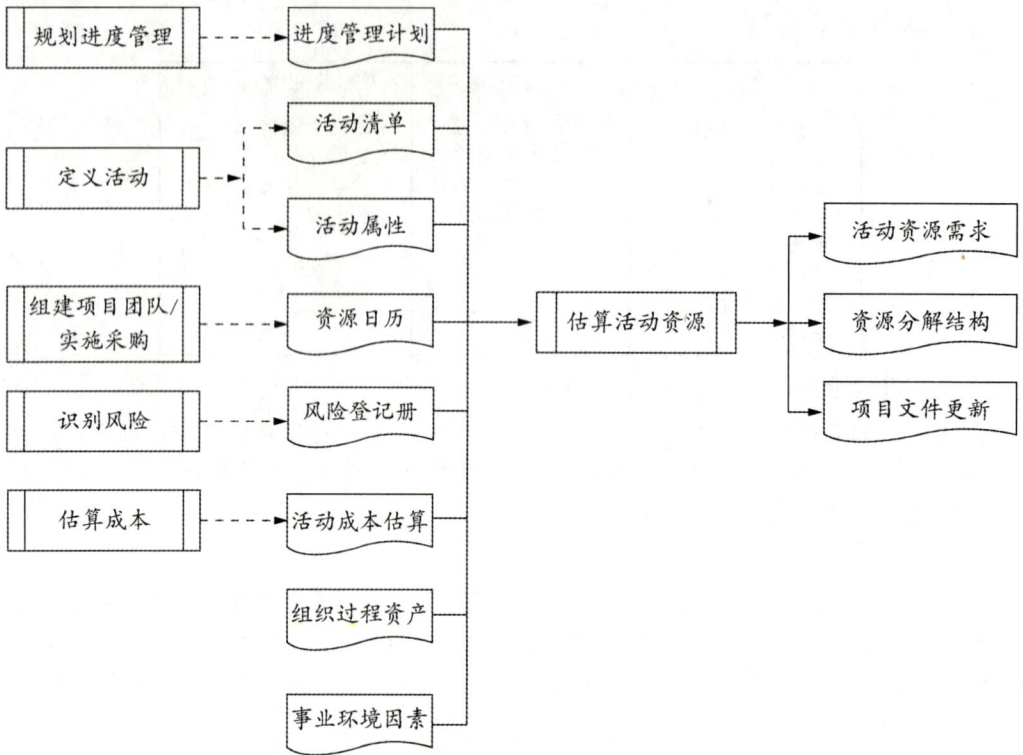

图 6-13 估算活动资源

6.7 估算活动持续时间

依据	工具和技术	成果
·进度管理计划 ·活动清单 ·活动属性 ·活动资源需求 ·资源日历 ·项目范围说明书 ·风险登记册 ·资源分解结构 ·组织过程资产 ·事业环境因素	·专家判断 ·类比估算 ·参数数据 ·三点估算 ·群体决策技术 ·储备分析	·活动持续时间估算 ·项目文件更新

6.7.1 活动时间决定项目进度

只有确定完成每个活动所花费的时间,才能确定整个项目的持续时间。就像小强和女神的婚礼进度模型图,倘若估算不出每个活动的时间,小强在定好结婚日期的情况下,也很难顺利举行自己的婚礼。

6.7.2 本节金色重点

估算活动持续时间的工具和技术:类比估算、参数估算、三点估算等(详见 6.10 节)。

6.7.3 估算活动持续时间来龙去脉

估算活动持续时间来龙去脉如图 6-14 所示。

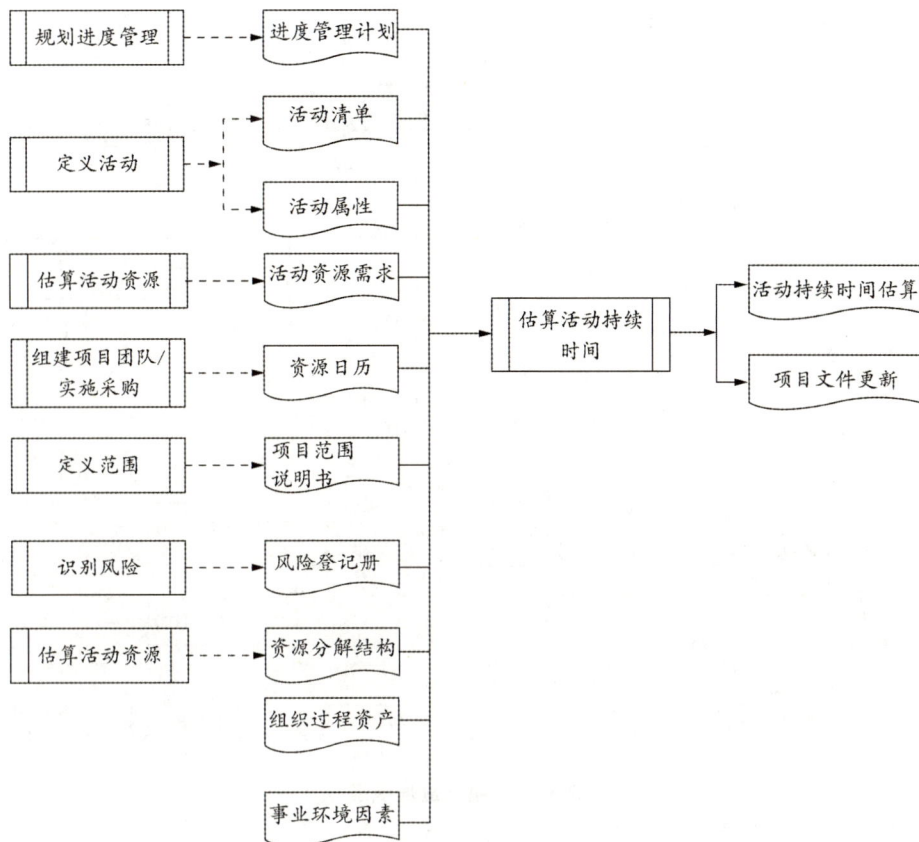

图 6-14　估算活动持续时间

6.8　制定进度计划

依据	工具和技术	成果
·进度管理计划 ·活动清单 ·活动属性 ·项目进度网络图 ·活动资源需求 ·资源日历 ·活动持续时间估算 ·项目范围说明书 ·风险登记册 ·项目人员分派 ·资源分解结构 ·组织过程资产 ·事业环境因素	·进度网络分析 ·关键路线法 ·关键链法 ·资源优化技术 ·建模技术 ·提前量和滞后量 ·进度压缩 ·进度计划工具	·进度基准 ·项目进度计划 ·进度数据 ·项目日历 ·项目管理计划更新 ·项目文件更新

6.8.1 小强的婚礼进度模型(如图 6-15)

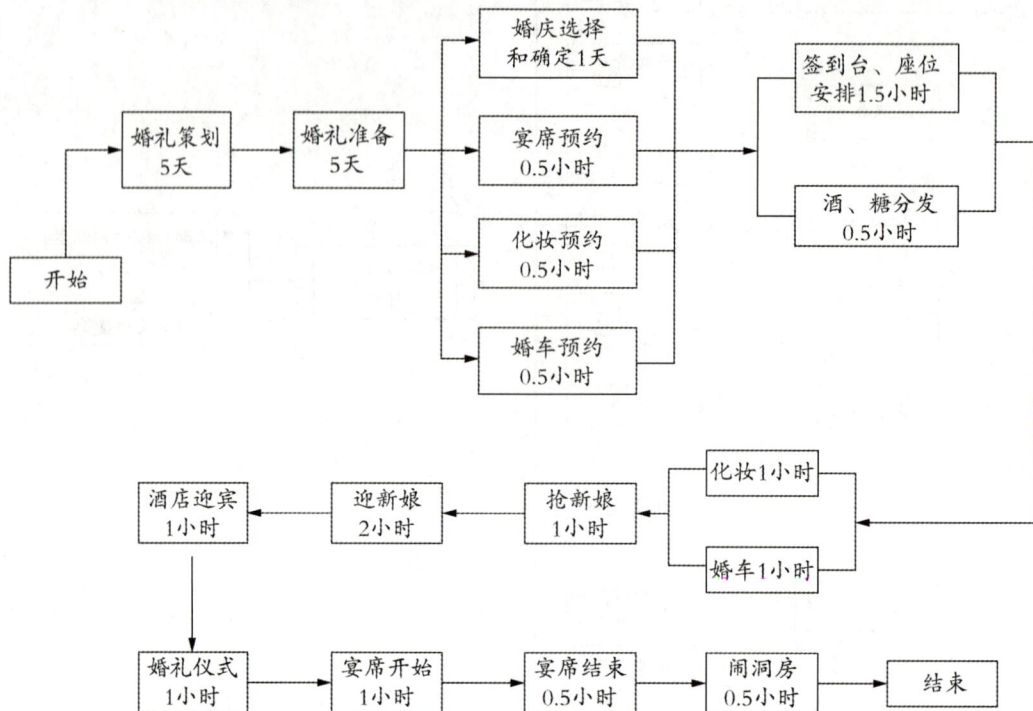

```
                                    婚庆选择
                                    和确定1天            签到台、座位
                                                        安排1.5小时
      婚礼策划      婚礼准备       宴席预约
      5天          5天           0.5小时
                                                        酒、糖分发
                                   化妆预约              0.5小时
      开始                         0.5小时

                                   婚车预约
                                   0.5小时


                                            化妆1小时
      酒店迎宾      迎新娘       抢新娘
      1小时        2小时        1小时
                                            婚车1小时


      婚礼仪式      宴席开始      宴席结束      闹洞房
      1小时        1小时        0.5小时       0.5小时      结束
```

图 6-15　婚礼进度模型

6.8.2 本节金色重点

(1)这个过程的重要成果——进度基准。

它是经过批准的项目进度计划,只有通过正式的变更控制程序才能进行变更,用作与实际结果进行比较的依据。它被相关干系人,譬如甲方、乙方领导、高层接受和批准,其中包含基准开始日期和基准结束日期。

在监控过程中,将用实际开始和结束日期与批准的基准日期进行比较,以确定是否存在偏差。进度基准是项目管理计划的组成部分。

(2)项目管理有三大基准。

①范围基准。

②进度基准。

③成本基准。

(3)相关技术和工具请参考 6.10 节内容。

6.8.3 制定进度计划来龙去脉

制定进度计划来龙去脉如图 6-16 所示。

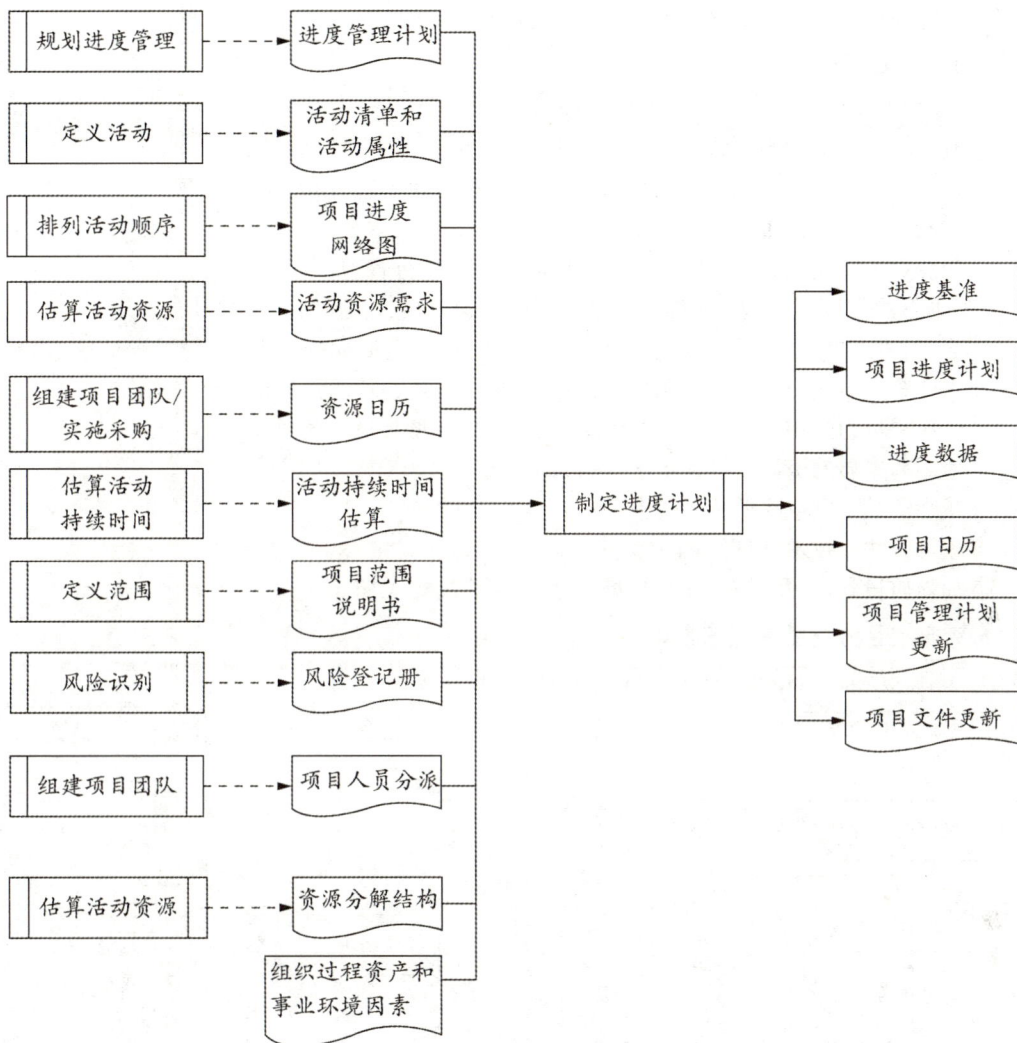

图6-16　制定进度计划

6.9　控制进度

依据	工具和技术	成果
·项目管理计划	·绩效审查	·工作绩效信息
·项目进度计划	·项目管理软件	·进度预测
·工作绩效数据	·资源优化技术	·变更请求
·项目日历	·建模技术	·项目管理计划更新
·进度数据	·提前量和滞后量	·项目文件更新
·组织过程资产	·进度压缩	·组织过程资产更新
	·进度计划编制工具	

6.9.1　反复动态监控

没有一成不变的计划,有变化就有监控,在进度过程中就要把实际进度绩效与进度模型进行比较,发现、记录并分析偏差,预测未来的进度绩效,并提出必要的变更请求。进度基准的任何变更都必须经过实施整体变更控制过程的审批。进度控制是实施整体变更控制过程的一个组成部分。(例如,在抢新娘时,小强由于害羞用了1个小时才抢到新娘,比进度计划多用了半个小时,那么我们就要在迎新娘返程的路上,让婚车司机加快速度。)

6.9.2 本节金色重点

(1)进度控制主要关注以下内容:

①判断项目进度的当前状态。

②对引起进度变更的因素施加影响,以保证这种变化朝着有利的方向发展。

③判断项目进度是否已经发生变更。

④当变更实际发生时严格按照变更控制流程对其进行管理。

(2)通常可用以下一些方法缩短活动的工期:(速记口诀:赶快使减改为加)

①赶工,投入更多的资源或增加工作时间,以缩短关键活动的工期。(赶工增加成本的风险,譬如小强让婚车司机加快速度赶到酒店,司机就提出超速违章的罚款得由小强来出)

②快速跟进,并行施工,以缩短关键路径的长度。(增加返工的风险)

③使用高素质的资源或经验更丰富的人员。

④减小活动范围或降低活动要求。

⑤改进方法或技术,以提高生产效率。

⑥加强质量管理,及时发现问题,减少返工,从而缩短工期。

6.9.3 控制进度来龙去脉

控制进度来龙去脉如图 6-17 所示。

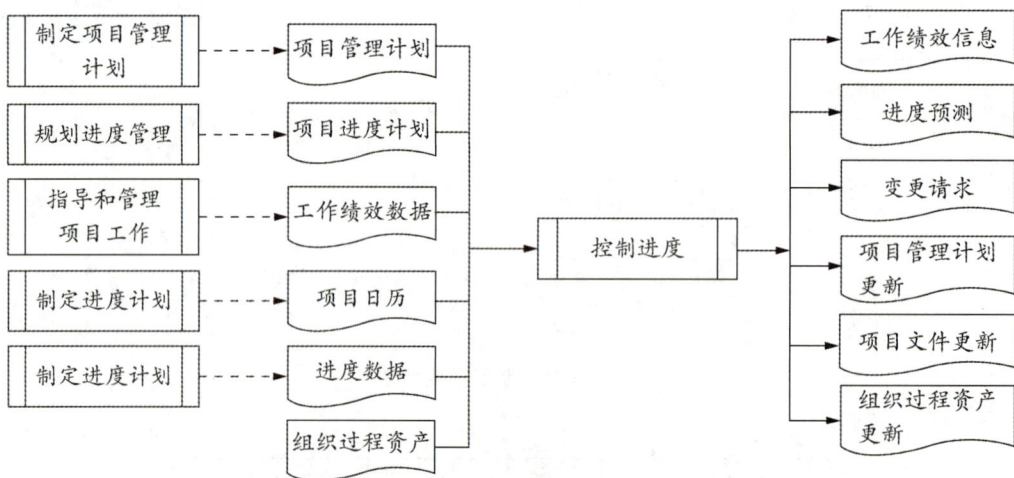

图 6-17 控制进度

6.10 项目进度管理的技术和工具

1. 工作量与工期估计

法宝一:类比估算

类比估算法适合评估一些与历史项目在应用领域、环境和复杂度等方面相似的项目,通过新项目与历史项目的比较得到规模估计。类比估算法估计结果的精确度取决于历史项目数据的完整性和准确度。

■ 法宝二：参数估算

参数估算是一种基于历史数据和项目参数，使用某种算法来计算成本或工期的估算技术。参数估算是指利用历史数据之间的统计关系和其他变量，来估算诸如成本、预算和持续时间等活动参数。

参数估算的准确性取决于参数模型的成熟度和基础数据的可靠性。参数估算可以针对整个项目或项目中的某个部分，并可与其他估算方法联合使用。

参数估算和类比估算的最大区别就是，参数估算是一种数学模型，需要参照具体参数来估算工时。

2. 项目活动排列顺序的技术和工具

前导图法、箭线图法、提前量与滞后量、确定依赖关系（请参考 6.5.2 节）。

3. 制定项目进度计划的技术和工具

■ 法宝一：计划评审技术

计划评审技术（PERT），又称为三点估算法，其理论基础是假设项目持续时间以及整个项目完成时间是随机的，且服从某种概率分布。在估算活动工期时考虑三种可能的情况：乐观时间（OT）、可能时间（MT）和悲观时间（PT）。PERT 可以估计整个项目在某个时间内完成的概率。工期呈 β 分布时，期望工期＝（OT+PT+4×MT）/6，标准差公式＝（PT-OT）/6。

计划评审技术——标准差。正态分布如图 6-18 所示。

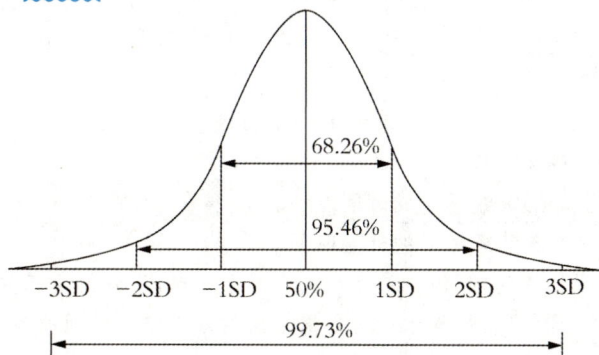

图 6-18　正态分布

Tips

例题:过去几年某项目完成了大量网卡驱动模块的开发,最快 6 天完成,最慢 36 天完成,平均 21 天完成。如今开发一个新网卡驱动模块,在 21 天到 26 天内完成的概率是(   )①。

A. 68.3%   B. 34.1%

C. 58.2%   D. 28.1%

【解析】先求期望工期=(OT+PT+4×MT)/6=(6+36+4×21)/6=21(天)。

标准差=(PT−OT)/6=(36−6)/6=5(天)。

21 到 26 天正好落在 50%(期望工期)到 1 个标准差之间,−1 标准差到+1 标准差之间是 68.26%,那么 21 到 26 天内完成的概率就是 68.26%/2=34.13%。

法宝二:关键路径法

关键路径(Critical Path)是项目中历时最长的那条路径,一个进度网络图中可能有多条关键路径,关键路径上的活动被称为关键活动,关键活动的工期之和就是项目的总工期,关键活动的工期会影响项目总工期,所以要压缩项目进度必须压缩关键活动的工期,在压缩关键活动工期的同时,要注意是否改变了关键路径。

总浮动时间(TF),又称作总时差,不延误总工期。正常情况下,关键活动的总浮动时间为零。

自由浮动时间(FF),又称作自由时差,不延误任何紧后活动。正常情况下,关键活动的自由浮动时间为零。

前面我们提到 ES、EF、LS、LF 以及 TF、FF 的概念,下面得出计算公式:

(1)EF=ES+工期。

(2)LF=LS+工期。

(3)TF=LS−ES=LF−EF。

(4)FF=Min(紧后活动的 ES−本活动的 EF)。

Tips

例题:求出图 6-19 的关键路径,总工期,活动 A、B、C、D、E 的总时差和自由时差。

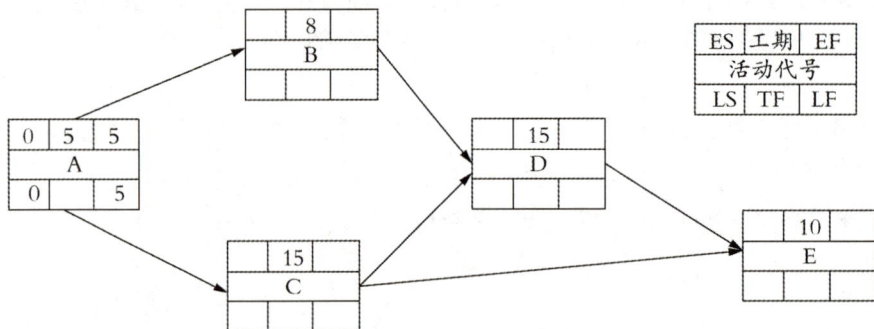

图 6-19　某活动图

1. 先计算上一排的 ES 和 EF

正推法:从左至右,取大,求最早完成时间。

(1)没有前置活动的,ES 等于项目的开始时间。

(2)任一活动的最早结束时间,等于该活动的最早开始时间+该活动工期。

(3)任一活动的最早开始时间,等于所有前置活动的最早结束时间的最大值。

---

①B

如上图的活动 B，活动 A 的 EF 是 0+5=5，那么活动 B 的 ES 也是 5，活动 B 的工期是 8，那么活动 B 的 EF=5+8=13，同理活动 C 的 ES 是 5，EF 是 5+15=20，由于活动 D 有 2 个紧前活动 B、C，所以活动 D 的最早开始时间等于所有前置活动的最早结束时间的最大值，也就是活动 B、C 的最早结束时间中最大的那个，取 20，同理活动 E 的 ES=35，活动 E 的 EF=45。

2. 再计算下一排的 LS 和 LF。

逆推法：从右至左，取小，求最迟开始时间

（1）没有后续活动的，LF 等于项目的结束时间或者规定时间（即工期），直接等于 EF。即 LF=EF；LS=ES。

（2）任一活动的最迟开始时间=该活动的最迟结束时间−该活动工期。

譬如活动 E 的 LS=35，LF=45，活动 D 的 LF=所有后续活动的最迟开始时间的最小值，由于活动 D 后续活动只有一个，所以活动 E 的 LS=35，活动 D 的 LS=35−15=20。同理求出活动 A、B、C 的对应时间。最终图如图 6-20 所示：

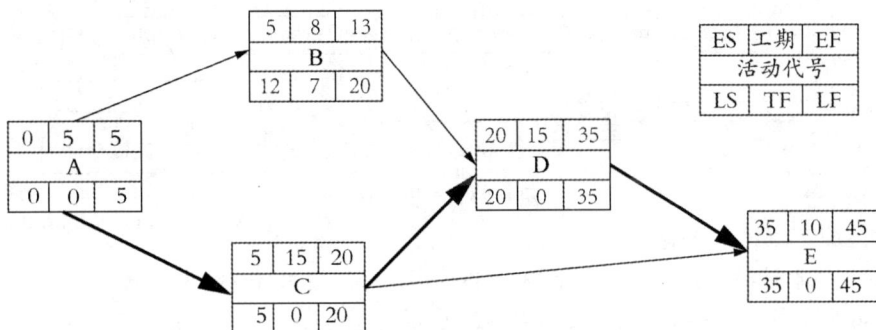

图 6-20 最终关键路径图

其中关键路径为 A→C→D→E，网络图中最长工期的那条路线，决定项目最短的完成时间。总工期为 45，活动 A、C、D、E 为关键活动，其中活动 A、C、D、E 的总时差和自由时差都为零。

3. 计算自由时差（如图 6-21）

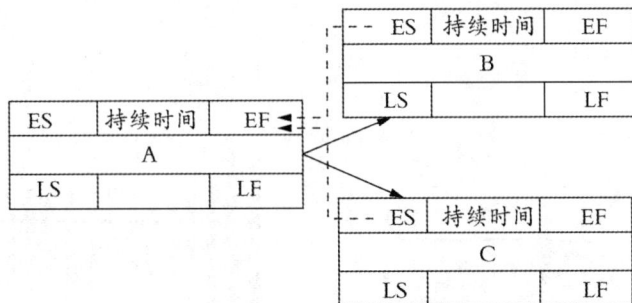

图 6-21 某活动图（用以计算自由时差）

譬如活动 B，只有一个紧后活动，那么直接就是后续活动的 ES−本活动的 EF=20−13=7。

譬如活动 A，有两个紧后活动，取紧后活动最小的 ES−活动 A 的 EF=0（活动 A 为关键活动）。

4. 计算总时差（如图 6-22）

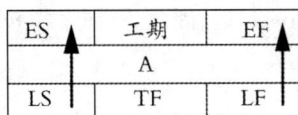

图 6-22 某活动图（用以计算总时差）

活动 A 的总时差=LS−ES 或者=LF−EF,也就是下减上(需要注意图例,有可能图例变了。但方法一样)。

譬如活动 B 的总时差=20−13=7 或者=12−5=7。

关键路径上工作的最早开始时间等于最晚开始时间,最早结束时间等于最晚结束时间。

关键活动(关键路径上的活动)的总时差都为零。

■ 法宝三:关键链法

关键链法(Critical Chain Method,CCM)是一种进度规划方法,砍掉每个活动的缓冲时间,统一放在路径末端,如图 6-23 所示,放置在关键链末端的缓冲称为项目缓冲,用来保证项目不因关键链的延误而延误。其他缓冲,即接驳缓冲,则放置在非关键链与关键链的接合点,用来保护关键链不受非关键链延误的影响。

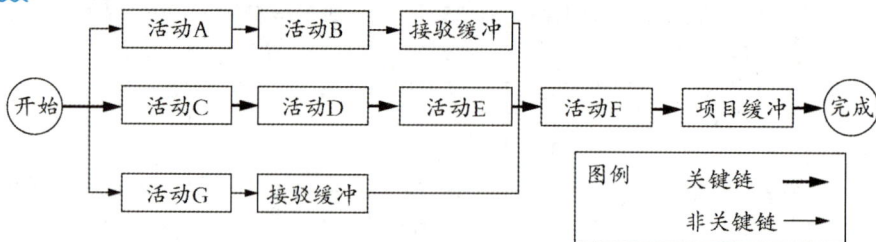

图 6-23　关键链法

■ 法宝四:资源优化技术

资源优化技术是根据资源供需情况,来调整进度模型的技术,包括(但不限于):

(1)资源平衡(Resource Leveling),如图 6-24 所示。

Tips

经理小强总结:一个稀缺资源在同一时段内被分配至两个或多个活动,就需要进行资源平衡;也可以是防止资源被过度分配而保持资源使用量进行资源平衡,资源平衡往往导致关键路径改变,通常是延长。

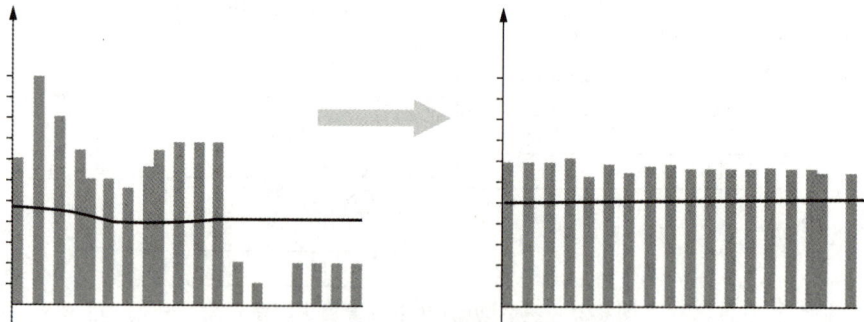

图 6-24　资源平衡

(2)资源平滑(Resource Smoothing),如图 6-25 所示。

跟资源平衡比较,资源平滑不会改变项目关键路径,完工日期也不会延迟。也就是说,每个活动只在其自由浮动时间和总浮动时间内延迟,因此,资源平滑技术可能无法实现所有资源的优化。类似于我们小时候玩的滑动拼图的玩具。

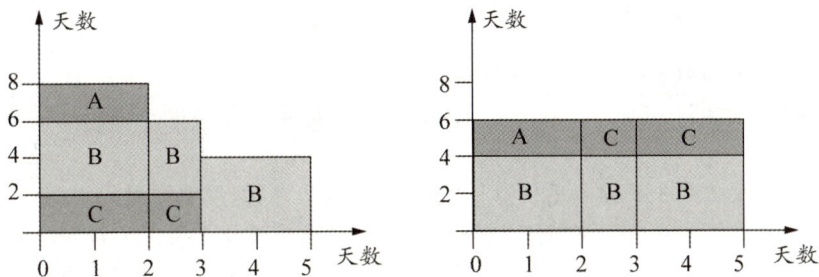

图 6-25　资源平滑

> **Tips**
>
> 经理小强总结：项目资源需求是不能超过预定的资源限制的一种技术。

法宝五：进度压缩

进度压缩技术是指在不缩减项目范围的前提下，缩短进度工期，以满足进度制约因素、强制日期或其他进度目标。进度压缩技术包括（但不限于）：

（1）赶工。通过增加资源，以最小的成本增加来压缩进度工期的一种技术。赶工的例子包括：批准加班、增加额外资源或支付加急费用，来加快关键路径上的活动。赶工只适用于那些通过增加资源就能缩短持续时间的，且位于关键路径上的活动。赶工并非总是切实可行，它可能导致风险或成本的增加。

（2）快速跟进。一种进度压缩技术，将正常情况下按顺序进行的活动或阶段改为至少是部分并行开展。例如，在大楼的建筑图纸尚未全部完成前就开始建地基。快速跟进可能造成返工和风险增加。它只适用于能够通过并行活动来缩短项目工期的情况。快速跟进举例如图 6-26 所示。

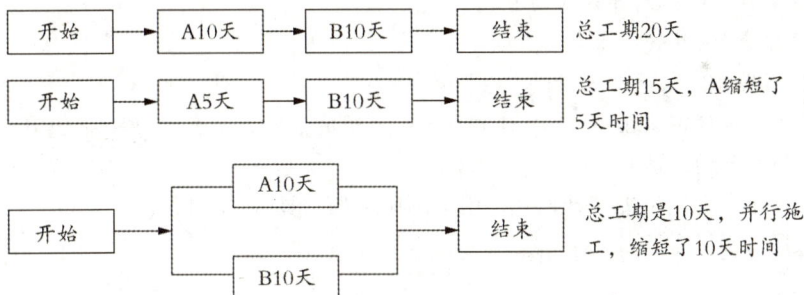

图 6-26　快速跟进

4. 赶工和快速跟进比较（如表 6-5）

表 6-5　赶工和快速跟进比较

项目	赶工	快速跟进
作用	在不改变项目范围的情况，都可以加快进度工期	
方法	通过增加资源减少活动的持续时间，不改变活动的逻辑关系	不增加资源投入，将后续活动提前执行改变活动的逻辑关系
成本	增加当前资源（成本）投入	不增加当前资源（成本）投入，但是未来风险可能导致成本增加
风险	导致风险增加，属于局部风险	导致风险增加，属于全局风险
活动	关键路径活动，强调单位费率最低的活动	关键路径活动

6.11　小蔡的自问自答

1. (　　)①不是规划项目进度管理的输入。

A. 项目范围说明书　　　　　　　　　　B.WBS 和 WBS 词典

C. 活动清单　　　　　　　　　　　　　D. 项目章程

【解析】规划进度管理主要输入包括项目管理计划、项目章程、事业环境因素和组织过程资产，活动清单属于定义活动的输出，而在制定进度管理计划的时候还没开始定义活动。A、B 选项都包括在项目管理计划里面。

2. 下图中(单位:天)关于活动 H 和活动 I 之间的关系描述,正确的是(　　)②。

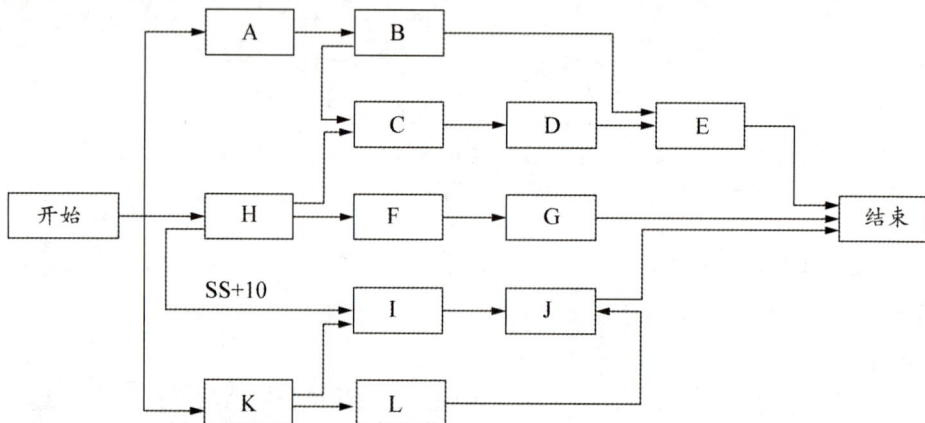

A. 活动 H 开始时,开始活动 I

B. 活动 H 完成 10 天后,开始活动 I

C. 活动 H 结束时,开始活动 I

D. 活动 H 开始 10 天后,开始活动 I

【解析】在项目进度网络图中,活动 H 和活动 I 之间的依赖关系表示为 SS+10(10 天滞后量,活动 H 开始 10 天后,开始活动 I)。

3. 项目经理小李在制定进度计划时采用下图所示的工具,该工具是(　　)③。

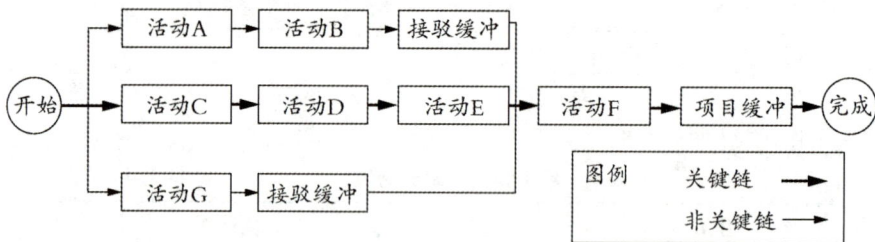

A. 关键链法　　　　　　　　　　　　　B. 关键路径法

C. 进度网络分析　　　　　　　　　　　D. 建模技术

【解析】根据图中设置的"接驳缓冲"及"项目缓冲"时间可知,此图符合关键链法工具。

4. 在制定进度计划时,可以采用多种工具与技术,如关键路径法、资源平衡技术、资源平滑技术等,在以下叙述中,不正确的是(　　)④。

A. 项目的关键路径可能有一条或多条

---

①C　②D　③A　④D

B. 随着项目的开展,关键路径法可能也随着不断变化

C. 资源平衡技术往往会导致关键路径延长

D. 资源平滑技术往往会改变项目关键路径,导致项目进度延迟

【解析】相对于资源平衡而言,资源平滑不会改变项目关键路径,也不会延迟完工日期。

5. 某项目的双代号网络图如下所示,该项目的工期为( )①。

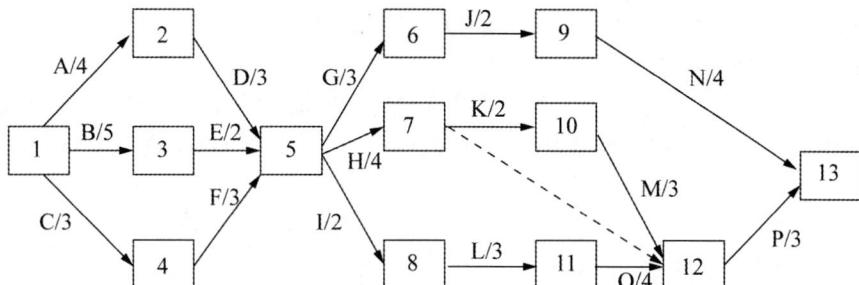

A. 17

B. 18

C. 19

D. 20

【解析】双代号网络图亦称"箭线图法"。关键路径即持续时间最长的线路,网络图中至少有一条关键路径。项目的工期就是找图中的关键路径,本题中关键路径有多条,例如:A→D→H→K→M→P、A→D→I→L→O→P、B→E→H→K→M→P、B→E→I→L→O→P,他们的工期都是19,因此本项目的工期为19。

6. 下图某工程单代号网络图中,活动 B 的总浮动时间为( )②天。

ES	工期	EF
活动名称		
LS	总浮动时间	LF

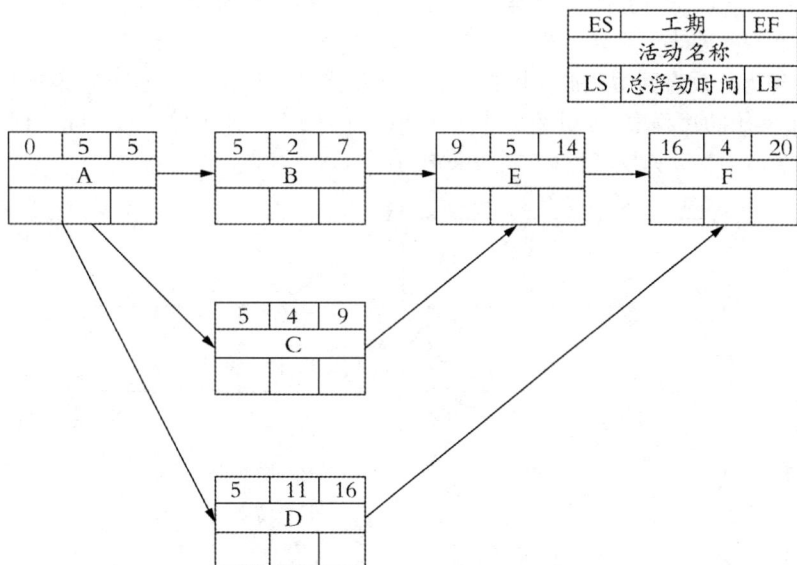

A. 1

B. 2

C. 3

D. 4

【解析】总浮动时间(TF),又称作总时差,不延误总工期。正常情况下,关键活动的总浮动时间为零。关键路径是项目中时间最长的活动顺序,决定着可能的项目最短工期。

本题中,关键路径是 A→D→F,总工期是 20 天。活动 B 的总浮动时间=20-活动 B 经过的路

----

①C　②D

径的工期(A→B→E→F)=20-(5+2+5+4)=4(天)。

7. 关于箭线图的描述,不正确的是( )①。

A. 流入同一节点的活动均有共同的紧前活动

B. 任两项活动的紧前事件和紧后事件代号至少有一个不同

C. 每一个活动和每一个事件都必须有唯一代号

D. 虚活动不消耗时间,也不消耗资源,主要用于表达活动之间的关系

【解析】在箭线图法中,有如下三个基本原则:

(1)网络图中每一活动和每一事件都必须有唯一的一个代号,即网络图中不会有相同的代号。

(2)任两项活动的紧前事件和紧后事件代号至少有一个不相同,节点代号沿箭线方向越来越大。

(3)流入(流出)同一节点的活动,均有共同的紧后活动(或紧前活动)。

8. 关于进度管理的描述,不正确的是( )②。

A. 项目开展过程中,关键路径可能会发生变化

B. 关键路径上的活动的总浮动时间和自由浮动时间都为零

C. 资源平滑技术通常会导致项目关键路径变长

D. 关键链法在关键路径法基础上,考虑了资源因素

【解析】资源平滑不会改变项目关键路径,完工日期也不会延迟。也就是说,每个活动只在其自由浮动时间和总浮动时间内延迟,因此,资源平滑技术可能无法实现所有资源的优化。类似于我们小时候玩的滑动拼图的玩具。

关键路径的长度就是项目的总工期,在项目实施过程中,关键路径不是一成不变的。关键路径上的活动称为关键活动。关键活动的总浮动时间和自由浮动时间都是零。

9. 项目经理为某政府网站改造项目制作了如下双代号网络图(单位:天),该项目的总工期为(1)天。在项目实施的过程中,活动②→⑦比计划提前了2天,活动⑧→⑩实际工期是3天,活动⑥→⑦的工期增加了3天,对项目总工期的影响为(2)( )③。

(1)A. 40   B. 37   C. 34   D. 32

(2)A. 没有影响   B. 增加了2天

   C. 增加了3天   D. 增加了4天

【解析】关键路径为:S→③→⑥→⑦→⑤→⑧→⑩→E,长度为37。

因为活动②→⑦为非关键路径,活动②→⑦比计划提前了2天对工期没有影响。活动⑧→⑩在关键路径上,活动⑧→⑩实际工期是3天,比计划提前1天,总工期缩短1天。活动⑥→⑦也在关键路径上,活动⑥→⑦的工期增加了3天,总工期增加3天。

综合来看,对项目总工期的影响是增加了2天。

10. 某项目由并行的3个活动甲、乙和丙组成,为活动甲分配3人5天可以完成,活动乙分配6

———

①A ②C ③(1)B;(2)B

人 7 天可以完成,活动丙分配 4 人 2 天可以完成,活动完成后人员可再调配。在此情况下,项目最短工期为(1)天,此时人员最少配置为(2)。( )①

(1)A. 6   B. 7   C. 8   D. 9

(2)A. 6   B. 9   C. 10   D. 13

【解析】甲、丙串行,然后一起与乙并行,工期是 7 天,乙、丙并行时人员是 10 人。

11. 某项目包含活动 A、B、C、D、E、F、G。各活动的历时估算和活动间的逻辑关系如下表所示:

活动名称	活动历时(天)	紧前活动
A	2	—
B	4	A
C	5	A
D	3	A
E	3	B
F	4	B、C、D
G	3	E、F

依据上表内容,活动 D 的总浮动时间是(1)天,该项目工期为(2)天。( )②

(1)A. 0   B. 1   C. 2   D. 3

(2)A. 12   B. 13   C. 14   D. 15

【解析】先绘图如下所示:

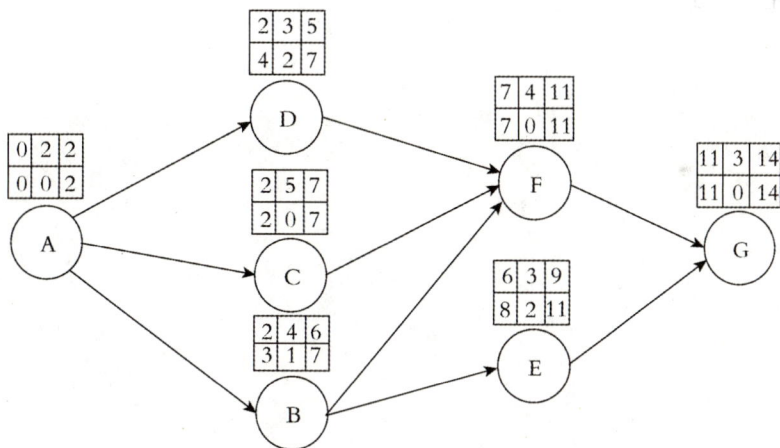

最早开始时间	工期	最早完成时间
	活动名称	
最迟开始时间	总浮动时间	最迟完成时间

结合上图活动 D 的总浮动时间计算方法有两种:7-5=2(天)或者 4-2=2(天)。

由上图可以看出关键路线为 A→C→F→G,可以轻易计算出项目工期为 14 天。

6.12 本章重要概念

■ 重要概念连连看

活动清单	项目中的重要时点或事件
资源分解结构	是经过批准的项目进度计划,只有通过正式的变更控制程序才能进行变更,用作与实际结果进行比较的依据。它被相关干系人,譬如甲、乙领导、高层接受和批准,其中包含基准开始日期和基准结束日期
里程碑	是资源依类别和类型的层级展现
类比估算法	是一份包含项目所需的全部活动的综合清单
进度基准	适合评估一些与历史项目在应用领域、环境和复杂度等方面相似的项目,通过新项目与历史项目的比较得到规模估计

■ 易混概念

①类比估算法 *vs* 参数估算法

②关键路径法 *vs* 关键链法

③赶工 *vs* 快速跟进

④资源平衡 *vs* 资源平滑

第7章　项目成本管理

7.1　考情分布地图

从历年的考试来看,这章节是考试的重点,其中挣值分析及预测技术计算是上午综合知识单选题和下午案例分析必考的知识点。这部分出题的特点为概念知识点,相对简单,难点常出在案例分析的计算题,这部分的分值也是我们必须拿到的。对于论文部分也是会考查的,所以对本章不仅要掌握基础知识和计算还要整体理解。本章案例和论文都会考查,就不再进行分值统计,我们只看综合知识单选题近4次历年具体分值分布如下表。

年份 知识点	2022 年 5 月 单选	2021 年 11 月 单选	2021 年 5 月 单选	2020 年 11 月 单选	合计
概述	0	0	0	0	0
成本失控的原因	0	0	0	0	0
产品的全生命周期成本	0	0	0	0	0
成本类型	0	0	0	0	0
规划成本	0	0	0	0	0
估算成本	0	0	0	0	0
制定预算	1	0	1	1	3
控制成本	0	0	0	0	0
成本分析技术	0	1	0	1	2
成本管理技术	1	2	1	1	5
本章考查分值	2	3	2	3	10

7.2　项目成本管理概述

7.2.1　概述

经理小强说:

"项目成本管理就是对钱的管理,任何一个老板都非常关心他的钱。君子爱财取之有道,所以老板给我们的钱不仅不能花超支,还不能偷工减料(不能压缩质量和范围来节省成本)。有钱好办事,没钱就好像鸟儿没了蓝天,鱼儿离了海洋,所以项目管理中项目的成本管理(钱的管理)占有重要地位!

项目成本管理就是要确保在批准的预算内完成项目。但是必须考虑项目决策对项目产品、服务或成果的使用成本、维护成本和支持成本的影响(有句话叫"牵一发动全身",这句话就是说作为领导,你做任何决定都要慎重考虑,特别是钱,方方面面都要顾及)。项目成本管理应当考虑项目干系人的信息需要,不同的项目干系人可能在不同的时间以不同的方式测算项目的成本(每个人对钱的需求也不一样,对钱该怎么花,想法也不一样,倾听大家的心声,不能独裁)。

项目成本管理的四个过程,我们可以理解为一个母亲的四个儿子,分别是:

(1)老大叫规划成本——凡事预则立,老大喜欢操心,他做出了成本管理计划,不仅仅帮助指导后面几个兄弟如何干活,更是在一个项目完整工期内为如何管理项目成本提供了指南和方向。(为规划、管理、花费和控制项目成本而制定政策、程序和文档的过程)

（2）老二叫估算成本——有了老大的指导，老二就开始盘算，我们将要做的项目，得跟老板要多少钱才够花呢？口说无凭啊！于是老二合计好成本估算，并且做了一份估算依据，去向老板要钱。（对完成项目活动所需资金进行近似估算的过程）

（3）老三叫制定预算——定基准。老二把钱要后交给了精打细算的老三。老三去范围管理阿姨那里，要来了范围基准，根据范围基准中 WBS 的工作包，找出每个工作包的活动，把钱分摊到所有单个活动中，建立一个初步的项目资金需求，再上报给甲、乙双方老板，经批准后就形成了成本基准。

（4）老四叫控制成本——找偏差。老四想，三哥说了钱怎么花就怎么花，我听三哥的！所以，我得盯紧点项目的状态，维护好成本基准！如果有变更，那也必须经过审批，审批后我及时更新项目成本。

总之，项目成本管理包含为对成本进行规划、估算、预算、融资、筹资、管理和控制的各个过程，从而确保项目在批准的预算内完工。"

7.2.2　成本失控的原因

在实际项目中，很难按照我们以上讲述的那样。因为，把每一分钱都花得恰到好处，并且控制在老板给的钱的范围内，是一门大学问。假如项目建设的实际花销远远超出老板批准的钱，项目就很容易出现失控——成本失控。

以下几种情况会导致成本的失控：
（1）对工程项目认识不足。
（2）组织制度不健全。
（3）方法问题。
（4）技术的制约。
（5）需求管理不当。

7.2.3　产品的全生命周期成本

产品或系统的获得阶段是指设计、生产、安装和测试等活动。

产品或系统的全生命周期成本指的是从获得阶段、运营与维护，一直到生命周期结束整个阶段内对产品或者系统的处置所产生的全部费用。

我们不能只关心完成项目活动需要的资源的成本，同时应该考虑到做出任何项目的决策，都可能影响到产品的使用成本和产品的维护成本。

7.2.4　成本类型

（1）可变成本：随着生产量、工作量或时间而变的成本叫做可变成本。可变成本又称变动成本。如水、电费，外聘专家培训费（每个专家多少钱，需要几个专家）。

（2）固定成本：不随生产量、工作量或时间的变化而变化的非重复成本叫做固定成本。如设备费用、办公场地费。

（3）直接成本：直接可以归属于项目工作的成本为直接成本。如项目团队差旅费、团队成员的工资、项目使用的物料及设备使用费等。

（4）间接成本：不与项目工作直接相关的成本叫做间接成本。如公司水、电费，物业费，保卫费用等需要整个公司所有部门分摊，而不是一个项目产生的费用。

（5）机会成本：假设 A 收益 100 万，B 收益 50 万；经理小强利用一定的时间或资源去投资 A，而放弃利用这些资源去投资 B，那么 B 的收益 50 万就是 A 的机会成本。如果是多个项目选择呢？假如为了选择 A，放弃 B、C、D 等，在 B、C、D 等收益中最大的就是 A 的机会成本。

（6）沉没成本：沉没成本是一种历史成本，已经发生了且不能挽回和改变的成本。例如：经理小强某天买了一箱苹果，晚上突然接到通知说第二天要出差，半个月后回到家，发现苹果已经全部烂掉了，经理小强因为这一箱烂苹果心痛了一整晚都没睡好觉，导致第二天工作状态不佳，差点出了差错。这一箱烂苹果就是沉没成本，无论怎么样都没办法让烂苹果复原新鲜状态，所以不值得耗费任何精力和时间。切记：只有摆脱沉没成本的困扰，才不会影响我们以后的工作和生活，否则恶性循环，损失的就不止这一箱烂苹果。

成本分类的几个基本概念小结如表7-1所示。

表7-1　成本术语

成本术语	含义	举例
可变成本	随生产量或工作量而变的成本	如人员工资、消耗的原材料等
固定成本	不随生产规模变化的非重复成本	如设备费用、场地租赁费用等
直接成本	能够直接归属于项目工作的成本	如项目组差旅费用、项目组人员工资和奖金、项目使用的物资等
间接成本	一般管理费用科目或几个项目共同分担的成本	如员工福利、保安费用、行政部门和财务部门的费用等
机会成本	如果选择另一个项目而放弃这一项目收益所引发的成本	任何选择都是有成本的
沉没成本	指已发生或承诺、无法回收的成本支出，如因失误造成不可收回的投资。沉没成本是一种历史成本，对现有决策而言是不可控成本，不会影响当前行为或未来决策。在投资决策时应排除沉没成本的干扰	—

7.3　规划成本

依据	工具和技术	成果
·项目管理计划 ·项目章程 ·组织过程资产 ·事业环境因素	·专家判断 ·分析技术 ·会议	·成本管理计划

7.3.1　凡事预则立

经理小强依据项目管理计划，特别是范围基准和进度基准，参照项目章程的内容，制定出了成本管理计划。

7.3.2　本节金色重点

成本管理计划是项目管理计划的组成部分，描述将怎样规划、安排和控制项目成本。成本管理计划中应包含成本管理的四个过程和每个过程的工具与技术。在成本管理计划中规定：

（1）计量单位。需要规定每种资源的计量单位，例如用于测量时间的人时数、人天数或周数，用于计量数量的米、升、吨、千米或立方米，或者用货币表示的总价。

（2）精确度。根据活动范围和项目规模，设定成本估算向上或向下取整的程度（例如，100.49元取整为100元，995.59元取整为1000元）。

（3）准确度。为活动成本估算规定一个可接受的区间（如±10%），其中可能包括一定数量的应急储备。

（4）组织程序链接。工作分解结构为成本管理计划提供了框架，以便据此规范地开展成本估算、预算和控制。在项目成本核算中使用的 WBS 组件，称为控制账户（CA）。每个控制账户都有唯一的编码或账号，直接与执行组织的会计制度相联系。

（5）控制临界值。可能需要规定偏差临界值，用于监督成本绩效。它是在需要采取某种措施前，允许出现的最大偏差。通常用偏离基准计划的百分数来表示。

（6）绩效测量规则。需要规定用于绩效测量的挣值管理（EVM）规则。

（7）报告格式。需要规定各种成本报告的格式和编制频率。

（8）过程描述。对其他每个成本管理过程进行书面描述。

（9）其他细节。关于成本管理活动的其他细节。

经理小强做了个成本管理计划表供大家参考，如表 7-2 所示。

表 7-2　成本管理计划示例

成本管理计划			
准确度	计量单位	控制临界值	精确度
一定的区间 10%，还有应急的储备	人民币，当然也有其他的计量单位，如米、吨、人天数等	用百分比来表示，最大的偏差，用于监督成本绩效	例如花了 5008.9 元，看看能不能取整 5008 元
绩效测量规则			
利用挣值方法来管理			
成本报告信息和格式			
记录项目状态和进度报告所需的成本信息			
过程管理			
成本估算	说明用于成本估算的估算方法，如类比估算、三点估算、参数估算		
制定预算	记录如何制定成本基准，包括应急储备和管理储备如何处理的信息		
更新、监督和控制	记录更新预算的过程，包括更新频率、权限和版本控制。维护基准的完整性，如果有必要，可以更新基准		

7.3.3　规划成本来龙去脉

规划成本来龙去脉如图 7-1 所示。

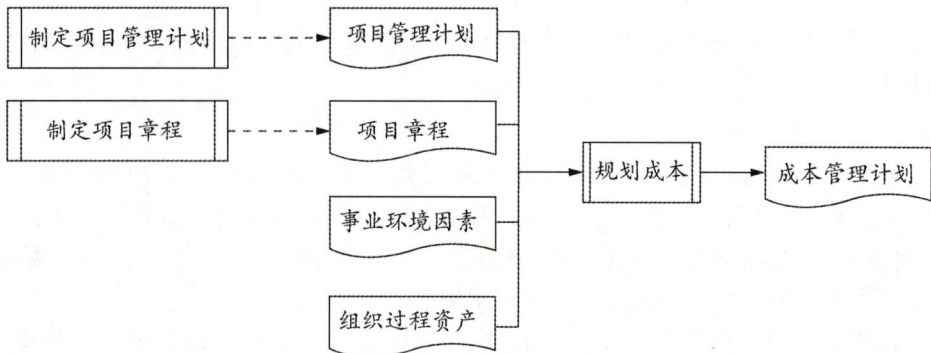

图 7-1　规划成本

7.4　估算成本

依据	工具和技术	成果
·成本管理计划 ·人力资源管理计划 ·范围基准 ·项目进度计划 ·风险登记册 ·组织过程资产 ·事业环境因素	·专家判断 ·类比估算 ·参数估算 ·自下而上估算 ·三点估算 ·储备分析 ·质量成本 ·项目管理软件 ·卖方投标分析 ·群体决策技术	·活动成本估算 ·估算依据 ·项目文件更新

7.4.1　"估"算——精打细算

经理小强根据成本管理计划、制定出的范围基准等来制定成本估算和估算的依据。成本估算是项目计划中的一个重要的、关键的、敏感的部分,是项目成本管理的核心工作。只有先估算出成本,在筹措资金、做项目决策的时候才有依据。估算的成本也是评标定标的依据,是承包商报价的基础。成本估算的准确度随着项目的进展而逐步提高。融资成本应纳入成本估算。项目进展发生变化但范围没有变化时,对成本估算会产生影响。成本估算时需要考虑应急储备,也要考虑管理储备。

7.4.2　本节金色重点

1. 成本估算的步骤

估算的准确度直接关系到项目成本管理的有效性。只有估算准确了,才能去跟老板要钱(没有哪个老板会喜欢有人经常去找他要钱)。那么怎么进行估算呢? 经理小强给大家总结三字言:识构成、估大小、调比例。

(1)识构成——识别并分析成本的构成科目。

(2)估大小——根据已识别的项目成本构成科目,估算每一科目的成本大小。

(3)调比例——分析成本估算结果,找出各种可以相互替代的成本,协调各种成本之间的比例关系。

2. 活动成本估算

成本估算内容应该包含一切项目活动所使用的全部资源,包括(但不限于):直接人工、材料、设备、服务、设施、信息技术,以及一些特殊的成本种类,如融资成本(包括利息)、通货膨胀补贴、汇率或成本应急储备。

3. 估算依据

成本估算所需的文件叫支持文件,支持性文件都应该清晰、完整地说明成本估算是如何得出的。

7.4.3　估算成本来龙去脉

估算成本来龙去脉如图 7-2 所示。

```
┌─────────────┐         ┌─────────────┐
│ 规划成本     │ ┄┄┄┄> │ 成本管理计划 │
│ 管理         │         └─────────────┘
└─────────────┘
┌─────────────┐         ┌─────────────┐
│ 规划人力资源 │ ┄┄┄┄> │ 人力资源管理 │
│ 管理         │         │ 计划         │
└─────────────┘         └─────────────┘
┌─────────────┐         ┌─────────────┐                              ┌─────────────┐
│ 创建WBS      │ ┄┄┄┄> │ 范围基准     │                          ┌> │ 活动成本估算 │
└─────────────┘         └─────────────┘         ┌────────┐        │  └─────────────┘
                                                 │ 估算成本 │ ─────┤  ┌─────────────┐
┌─────────────┐         ┌─────────────┐         └────────┘        ├> │ 估算依据     │
│ 制定进度计划 │ ┄┄┄┄> │ 项目进度计划 │                          │  └─────────────┘
└─────────────┘         └─────────────┘                          │  ┌─────────────┐
┌─────────────┐         ┌─────────────┐                          └> │ 项目文件更新 │
│ 风险识别     │ ┄┄┄┄> │ 风险登记册   │                             └─────────────┘
└─────────────┘         └─────────────┘
                        ┌─────────────┐
                        │ 组织过程资产 │
                        └─────────────┘
                        ┌─────────────┐
                        │ 事业环境因素 │
                        └─────────────┘
```

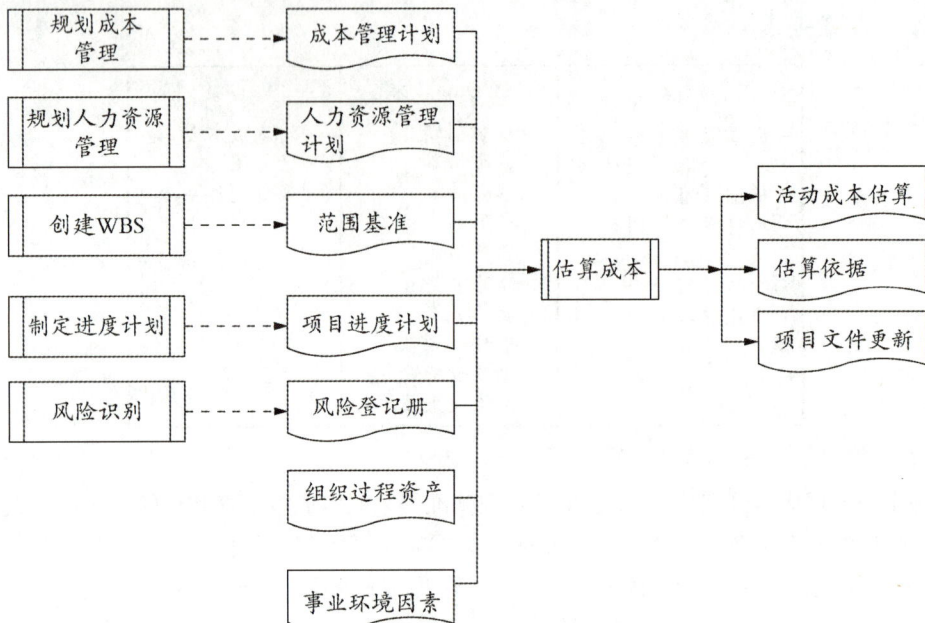

图 7-2 估算成本

7.5 制定预算

依据	工具和技术	成果
·成本管理计划 ·范围基准 ·活动成本估算 ·估算依据 ·项目进度计划 ·资源日历 ·风险登记册 ·协议 ·组织过程资产	·成本汇总 ·储备分析 ·专家判断 ·历史关系 ·资金限制平衡	·成本基准 ·项目资金需求 ·项目文件更新

7.5.1 定基准

制定预算是汇总所有单个活动或工作包的估算成本,建立一个经批准的成本基准的过程。经理小强根据进度计划把预算分配到项目的各个时间段,确定每个时间需要花费多少钱。需要根据范围基准,在范围的框架下去制定预算。例如,对于给婚庆公司的工作,需要用协议中的合同价纳入婚礼的预算中,也需要考虑出预留的钱,也就是给婚庆公司的钱。同时需要考虑风险,例如婚车故障了、化妆师东西漏带了等。最后根据成本管理计划和之前的估算成本、估算依据得到我们的成本基准。

7.5.2 本节金色重点

(1)制定预算的重要结果就是成本基准。

(2)成本基准是经过批准的、按时间段分配的项目预算,不包括任何管理储备,只有通过正式的变更控制程序才能变更,用作与实际结果进行比较的依据。

(3)工作包的成本:汇总各项目活动的成本估算及其应急储备。

控制账户的成本:汇总各工作包的成本估算及其应急储备。

成本基准:汇总各控制账户的成本。

项目预算:汇总成本基准和管理储备。

（4）成本基准中的成本预算与进度活动直接关联,因此就可按时间段分配成本基准,得到一条 S 曲线。

项目经理无权动用管理储备,当必须要动用管理储备时,则应该走变更控制流程并且得到批准之后,把适量的管理储备移入成本基准中。如图 7-3 所示。

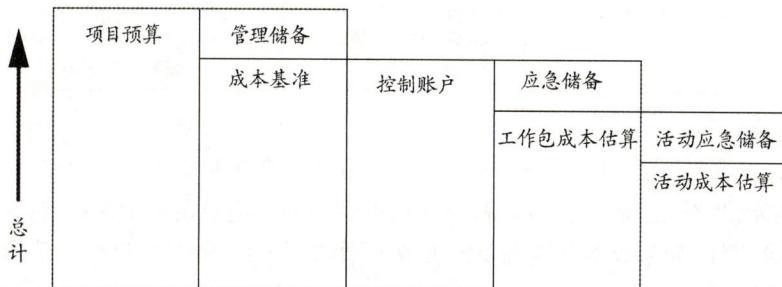

图 7-3　项目预算的构成

7.5.3　制定预算来龙去脉

制定预算来龙去脉如图 7-4 所示。

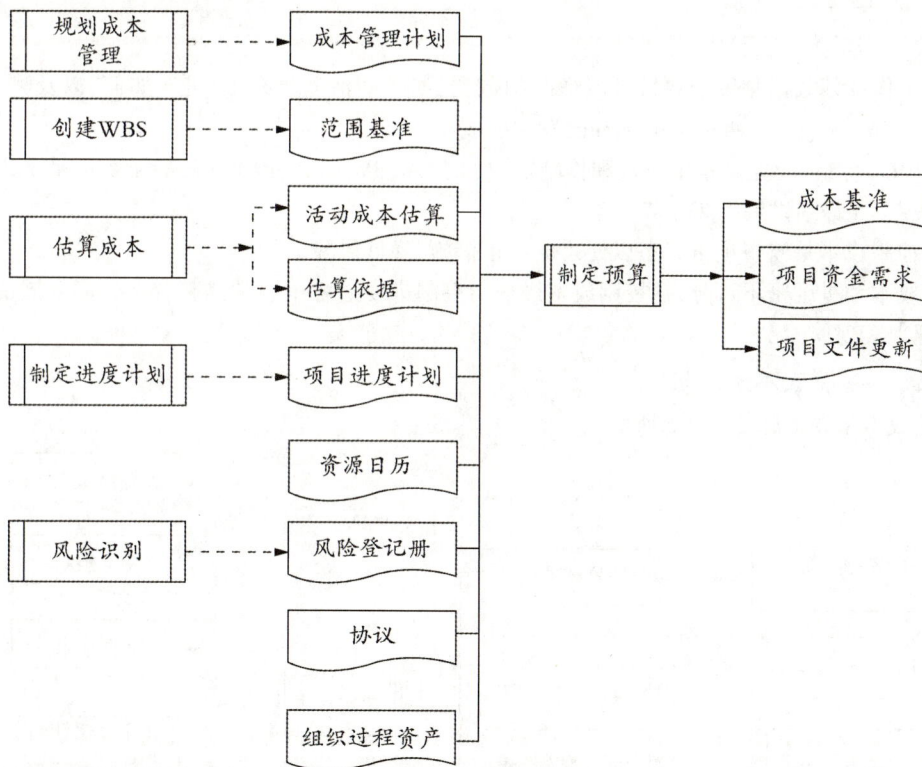

图 7-4　制定预算

7.6 控制成本

依据	工具和技术	成果
·项目管理计划 ·项目资金需求 ·工作绩效数据 ·组织过程资产	·挣值管理 ·预测 ·完工尚需绩效指数 ·绩效审查 ·项目管理软件 ·储备分析	·工作绩效信息 ·成本预测 ·变更请求 ·项目管理计划更新 ·项目文件更新 ·组织过程资产更新

7.6.1 找偏差

项目进展过程中监督项目状态,把一段时间的实际支出费用和成本基准中相应的时间段实际分配的费用(预算)相对比,看看是否有偏差,并把出现的偏差记录在工作绩效信息中,同时,预测未来成本绩效会怎样,如果成本预测偏差太大或者预测不理想,就要提出变更请求,更新项目的成本。

举个例子:截止到某日,按照计划是要完成价值 10000 元的工作量,经理小强完成的工作价值 8000 元,但是他实际花费了 11000 元,倘若按照这个状态继续下去,老板批的钱就不够用了,就得寻找原因,提出变更请求。

7.6.2 本节金色重点

(1)工作绩效数据是关于项目进展情况的数据,如哪些活动已开工、进展如何,以及哪些可交付成果已完成,还包括已批准的成本和已发生的成本。

(2)WBS 各组件(尤其是工作包和控制账户)的 CV、SV、CPI、SPI 的值,都需要记录下来,并传达给干系人。(详细讲解见 7.8 节)

(3)控制成本是监督项目状态以便采取纠正措施,降低风险。

(4)成本和进度密不可分,在控制成本过程与控制进度过程中通常是整合在一起开展的,借助挣值管理来实现。

7.6.3 控制成本来龙去脉

控制成本来龙去脉如图 7-5 所示。

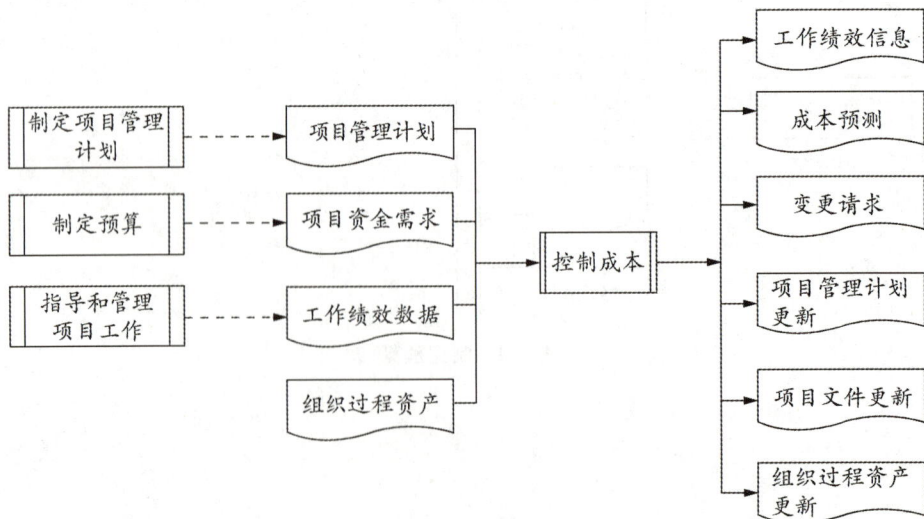

图 7-5 控制成本

7.7 成本分析技术

法宝一：技术分析

回收期（Payback Period）：是指投资项目的未来现金净流量与原始投资额相等时所经历的时间，即原始投资额通过未来现金流量回收所需要的时间。

【例题】某拟建项目财务净现金流量如表7-3所示，该项目的静态投资回收期是（   ）①年。

表7-3 某拟建项目财务净现金流量表

时间	1	2	3	4	5	6	7	8	9
现金流量（万元）	−1200	−1000	200	300	500	500	500	500	500

A. 5.4 B. 5.6 C. 7.4 D. 7.6

【解析】静态投资回收期＝（累积净现金开始出现正值的年份数−1）+出现正值年份上一年累积净现金的绝对值/出现正值年份的净现金＝（8−1）+200/500＝7.4（年）。

投资回报率（Return On Investment，ROI）：是指通过投资而应返回的价值，即企业从一项投资活动中得到的经济回报。简言之ROI＝（总的折现收益−总的折现成本）/折现成本。

【例题】表7-4列出A、B、C、D四个项目的投资额及销售收入，根据投资回报率评估，应该选择投资（   ）②。

表7-4 四个项目的投资额及销售收入

项目	投资额（万元）	销售收入（万元）
A	2000	2200
B	1500	1600
C	1000	1200
D	800	950

A. A项目 B. B项目 C. C项目 D. D项目

【解析】ROI＝（总的折现收益−总的折现成本）/折现成本。

A项目的投资收益率＝（2200−2000）/2000＝10%；

B项目的投资收益率＝（1600−1500）/1500＝6.7%；

C项目的投资收益率＝（1200−1000）/1000＝20%；

D项目的投资收益率＝（950−800）/800＝18.75%。

C项目的投资收益率最高，所以选择C项目。

净现值（Net Present Value，NPV）：是指一个项目预期实现的现金流入的现值与实施该项计划的现金支出的现值的差额。

【例题】某项目各期的现金流量如表7-5所示，设贴现率为10%，则项目的净现值约为（   ）③。

表7-5 某项目各期的现金流量表

期数	0	1	2
净现金流量	−630	330	440

A. 140 B. 70

---

①C ②C ③C

C. 34   D. 6

【解析】项目的净现值=每期贴现值之和。

第 0 期贴现值=-630。

第 1 期贴现值=330/(1+10%)=300。

第 2 期贴现值=440/(1+10%)^2=364。

即项目的净现值=-630+300+364=34。

现金净流量=现金流入-现金流出,收入 110,花 30,现金净流量就是 80。

净现值=每期的现金净流量的现值求和,这里就涉及到贴现的问题。

我们把钱放到银行可以收取利息,那么昨天的 110 就比今天的 110 价值要大一点,二者之间的差距就是利息。今天的 110 相当于昨天的多少呢?这里就需要利用贴现率来计算了,假设贴现率为 10%,则用 110/(1+10%)=100 得到:今天的 110 只相当于昨天的 100。而二者之差 110-100=10,则为贴现利息。

如果我们把每一期的现金净流量都进行贴现,并汇总相加,就可以得到净现值。

法宝二:类比估算

成本和进度的类比估算是指以过去类似项目的参数值(如范围、成本、预算和持续时间等)或规模指标(如尺寸、重量和复杂性等)为基础,来估算当前项目的同类参数或指标。在估算成本时,这项技术以过去类似项目的实际成本为依据,来估算当前项目的成本。这是一种粗略的估算方法,有时需要根据项目复杂性方面的已知差异进行调整。

在项目详细信息不足时,例如在项目的早期阶段,就经常使用这种技术来估算成本数值。该方法综合利用历史信息和专家判断。相对于其他估算技术,类比估算通常成本较低、耗时较少,但准确性也较低。可以针对整个项目或项目中的某个部分进行类比估算。类比估算可以与其他估算方法联合使用。如果以往项目是本质上而不只是表面上类似,并且从事估算的项目团队成员具备必要的专业知识,那么类比估算就最为可靠。

> **Tips**
>
> 团队成员小王有了心仪的女生,想要追求,他想跟项目团队的好哥们儿们取经。
>
> 经理小强说,我追求女神的时候花费了……
>
> 小李说,我和我爱人是两情相悦,还很自然互相吸引,走在一起,然后准备婚礼、办婚礼等花费了……
>
> 小张说,我追我女朋友用了不到 1 个月,因为我们是同学,有了互相了解的基础,大概花费了……

法宝三:参数估算

参数估算是指利用历史数据之间的统计关系和其他变量(如建筑施工中的平方英尺),来进行项目工作的成本估算。参数估算的准确性取决于参数模型的成熟度和基础数据的可靠性。参数估算可以针对整个项目或项目中的某个部分,并可与其他估算方法联合使用。

> **Tips**
>
> 经理小强和女神婚礼所用的场地面积是 1000 平方米,花费了 120000 元;
>
> 那么 200 平方米的场地面积,本次婚礼场地需要花费 24000 元。

法宝四:自下而上估算

自下而上估算是对工作组成部分进行估算的一种方法。首先对单个工作包或活动的成本进行最具体、细致的估算,然后把这些细节性成本向上汇总或"滚动"到更高层次,用于后续报告和跟踪。自下而上估算的准确性及其本身所需的成本,通常取决于单个活动或工作包的规模和复杂程度。

> **Tips**
>
> （1）举办婚礼,其中酒店宴席一桌 2000 元,28 桌;白酒 30 瓶,每瓶 200 元;红酒 30 瓶,每瓶 150 元;饮料 80 瓶,每瓶 6 元;香烟 6 条,每条 450 元;婚庆 8000 元。婚礼中在酒店的开销是 77680 元。
>
> （2）喜糖 300 份,每份 16 元,合计 4800 元。
>
> （3）拍婚纱照 9999 元。
>
> （4）度蜜月预算 39999 元。
>
> （5）婚车 9 辆,租金合计 8100 元。
>
> ……
>
> 所有的累加起来就是举行整个婚礼所花费的钱,是从单个具体的小任务累加起来的。

法宝五:三点估算

和进度的三点估算道理类似,三点估算可以用于进度的估算也可以用于成本的估算。

通过考虑估算中的不确定性与风险,使用三种估算值来界定活动成本的近似区间,可以提高活动成本估算的准确性:

（1）最可能成本（C_M）。对所需进行的工作和相关费用进行比较现实的估算,所得到的活动成本。

（2）最乐观成本（C_O）。基于活动的最好情况,所得到的活动成本。

（3）最悲观成本（C_P）。基于活动的最差情况,所得到的活动成本。

基于活动成本在三种估算值区间内的假定分布情况,使用公式来计算预期成本（C_E）。基于三角分布和贝塔分布的两个常用公式如下:

① 三角分布 $C_E = (C_O + C_M + C_P)/3$。

② 贝塔分布 $C_E = (C_O + 4C_M + C_P)/6$。

基于三点的假定分布计算出期望成本,并说明期望成本的不确定区间。

法宝六:应急储备、管理储备

为应对成本的不确定性,成本估算中可以包括应急储备（有时称为"应急费用"）。应急储备是包含在成本基准内的一部分预算,用来应对已经接受的已识别风险,以及已经制定应急或减轻措施的已识别风险。应急储备通常是预算的一部分,用来应对那些会影响项目的"已知-未知"风险。应急储备是成本基准的一部分,也是项目整体资金需求的一部分。也可以估算项目所需的管理储备。

管理储备是为了管理控制的目的而特别留出的项目预算,用来应对项目中不可预见的工作。管理储备用来应对会影响项目的"未知-未知"风险。管理储备不包括在成本基准中,但属于项目总预算和资金需求的一部分。当动用管理储备资助不可预见的工作时,就要把动用的管理储备增加到成本基准中,从而导致成本基准变更。

法宝七:群体决策技术

基于团队的方法（如头脑风暴、德尔菲技术或名义小组技术）可以调动团队成员的参与,以提高估算的准确度,并提高对估算结果的责任感。选择一组与技术工作密切相关的人员参与估算过程,可以获取额外的信息,得到更准确的估算。

7.8 成本管理技术

■ 法宝一：储备分析

通过预算储备分析，可以计算出项目的应急储备与管理储备。在控制成本过程中，可以采用储备分析来监督项目中应急储备和管理储备的使用情况，从而判断是否还需要这些储备，或者是否需要增加额外的储备。随着项目工作的进展，这些储备可能已按计划用于支付风险或其他应急情形的成本。如果风险事件没有如预计的那样发生，就可能要从项目预算中扣除未使用的应急储备，为其他项目或运营腾出资源。在项目中开展进一步风险分析，可能会发现需要为项目预算申请额外的储备。

> ***Tips***
>
> 应急储备 1 万元，管理储备 4 万元，目前应急储备用了 9000 元，这时候经理小强利用储备分析开始监督这次婚礼中的应急储备和管理储备的使用情况，看看应急还剩 1000 元，管理储备还有 4 万元，暂时不需要，也就不需要增加了。

■ 法宝二：挣值管理

挣值管理（EVM）是把范围、进度和资源绩效综合起来考虑，以评估项目绩效和进展的方法。它是一种常用的项目绩效测量方法，它把范围基准、成本基准和进度基准整合起来，形成绩效基准，以便项目管理团队评估和测量项目绩效和进展。作为一种项目管理技术，挣值管理要求建立整合基准，用于测量项目期间的绩效。EVM 的原理适用于所有行业的所有项目。它针对每个工作包和控制账户，计算并监测以下三个关键指标：

（1）计划价值。计划价值（PV）是为计划工作分配的经批准的预算。它是为完成某活动或工作分解结构组件而准备的一份经批准的预算，不包括管理储备。应该把该预算分配至项目生命周期的各个阶段。在某个给定的时间点，计划价值代表着应该已经完成的工作。PV 的总和有时被称为绩效测量基准（PMB），项目的总计划价值又被称为完工预算（BAC）。

（2）挣值。挣值（EV）是对已完成工作的测量值，用分配给该工作的预算来表示。它是已完成工作的经批准的预算。

（3）实际成本。实际成本（AC）是在给定时段内，执行某工作而实际发生的成本，是为完成与 EV 相对应的工作而发生的总成本。AC 没有上限，为实现 EV 所花费的任何成本都要计算进去。

监测实际绩效与基准之间的偏差：

（1）进度偏差：进度偏差（SV）是测量进度绩效的一种指标，表示为挣值与计划价值之差。它是指在某个给定的时点，项目提前或落后的进度，等于挣值（EV）减去计划价值（PV）。公式：$SV = EV - PV$。当 SV>0，进度超前；SV<0，进度滞后；SV=0，进度持平。

（2）成本偏差：成本偏差（CV）是在某个给定时点的预算亏空或盈余量，表示为挣值与实际成本之差。它是测量项目成本绩效的一种指标，等于挣值（EV）减去实际成本（AC）。公式：$CV = EV - AC$。还可以把 SV 和 CV 转化为效率指标，以便把项目的成本和进度绩效与任何其他项目作比较，或在同一项目组合内的各项目之间作比较。可以通过偏差来确定项目状态。当 CV>0，成本节约；CV<0，成本超支；CV=0，成本持平。

（3）进度绩效指数：进度绩效指数（SPI）是测量进度效率的一种指标，表示为挣值与计划价值之比。SPI 等于 EV 与 PV 的比值。公式：$SPI = EV / PV$。它反映了项目团队利用时间的效率。当 SPI<1 时，说明已完成的工作量未达到计划要求；当 SPI>1 时，则说明已完成的工作量超过计划；当 SPI=1 时，说明进度持平。由于 SPI 测量的是项目总工作量，所以还需要对关键路径上的绩效进行单独分析，以确认项目是否将比计划完成日期提前或推迟。

（4）成本绩效指数：成本绩效指数（CPI）是测量预算资源的成本效率的一种指标，表示为挣值与实际成本之比。CPI 等于 EV 与 AC 的比值。公式：$CPI=EV/AC$。它是最关键的 EVM 指标，用来测量已完成工作的成本效率。当 CPI<1 时，说明已完成工作的成本超支；当 CPI>1 时，则说明到目前为止成本有结余；当 CPI=1 时，说明成本持平。

通过下面的例子，就能理解 PV、EV、AC 以及 SV、CV、SPI、CPI。

假设我们现在要做一个项目，就是砌长度为 200 米的围墙，为了方便计算，我们假设总的预算是 100 元/米，共 200×100＝20000（元），我们计划项目工时为 10 天（每天砌墙 20 米）来完成这个项目。为了顺利完成这个项目，我们要对这个项目进行监控，我们在第 5 天工作结束时进行绩效评估，我们发现完成了 90 米的任务，花费了 12000 元。那么问题来了 PV、EV、AC 是多少呢？

首先我们在第 5 天工作结束时进行检查，我们计划是要完成 100 米的任务（因为每天计划是 20 米），那么 $PV=100\times100=10000$（元）；AC 是实际花费的钱 12000 元；EV 是实际完成的，这里实际完成的是 90 米，费用为 90×100＝9000（元）。这样我们就可以得出：$SV=EV-PV=9000-10000=-1000$（元），$SPI=EV/PV=9000/10000=0.9$，$CV=EV-AC=9000-12000=-3000$（元），$CPI=EV/AC=9000/12000=0.75$。

■ 法宝三：预测

随着项目进展，项目团队可根据项目绩效对完工估算（EAC）进行预测，预测的结果可能与完工预算（BAC）存在差异。

经理小强所进行的自下而上 EAC 估算，就是以已完成工作的实际成本为基础，并根据积累的经验来为剩余项目工作编制一个新估算。公式：EAC=AC+自下而上的 ETC。

可以很方便地把经理小强手工估算的 EAC 与计算得出的一系列 EAC 作比较，这些计算得出的 EAC 代表了不同的风险情景。在计算 EAC 值时，经常会使用累计 CPI 和累计 SPI 值。尽管可以用许多方法来计算基于 EVM 数据的 EAC 值，但下面只介绍最常用的三种方法：

（1）按正常计划完成 ETC 工作。公式：$EAC=AC+（BAC-EV）$。

（2）假设项目将按截至目前的 CPI 的情况继续进行。公式：$EAC=BAC/CPI$。

（3）假设 SPI 与 CPI 将同时影响 ETC 工作。在这种预测中，需要计算一个由成本绩效指数与进度绩效指数综合决定的效率指标。公式：$EAC=AC+[（BAC-EV）/（CPI\times SPI）]$。

■ 法宝四：绩效审查

绩效审查的对象包括：成本绩效随时间的变化、进度活动或工作包超出和低于预算的情况，以及完成工作所需的资金估算。如果采用了 EVM，则需要进行以下分析。

（1）偏差分析。在 EVM 中，偏差分析用以解释成本偏差（$CV=EV-AC$）、进度偏差（$SV=EV-PV$）和完工偏差（$VAC=BAC-EAC$）的原因、影响和纠正措施。成本和进度偏差是最需要分析的两种偏差。对于不使用挣值管理的项目，可开展类似的偏差分析，通过比较计划活动成本和实际活动成本，来识别成本基准与实际项目绩效之间的差异。可以实施进一步的分析，以判定偏离进度基准的原因和程度，并决定是否需要采取纠正或预防措施。可通过成本绩效测量来评价偏离原始成本基准的程度。项目成本控制的重要工作包括：判定偏离成本基准的原因和程度，并决定是否需要采取纠正或预防措施。随着项目工作的逐步完成，偏差的可接受范围（常用百分比表示）将逐步缩小。

（2）趋势分析。趋势分析旨在审查项目绩效随时间的变化情况，以判断绩效是正在改善还是正在恶化。图形分析技术有助于了解截至目前的绩效情况，并把发展趋势与未来的绩效目标进行比较，如 EAC 与 BAC、预测完工日期与计划完工日期的比较。

（3）挣值绩效。将实际的进度及成本绩效与绩效测量基准进行比较。如果不采用 EVM，则需要对比分析已完成工作的实际成本与成本基准，以考查成本绩效。

7.9 小蔡的自问自答

1. 关于成本估算的描述,正确的是(   )①。

A. 成本估算是在某个特定的时间点,根据已知信息所做出的成本预测

B. 成本估算的准确度随着项目的进展而逐步下降

C. 融资成本不应纳入成本估算

D. 项目进展发生变化但范围没有变化时,对成本估算不产生影响

【解析】成本估算的准确度随着项目的进展而逐步提高。融资成本应纳入成本估算。项目进展发生变化但范围没有变化时,对成本估算会产生影响。

2. 关于成本估算的描述,正确的是(   )②。

A. 成本估算的准确度随着项目的进展而逐步降低

B. 成本类比估算是利用历史数据之间的统计关系和其他变量进行估算

C. 成本估算时需考虑应急储备,不用考虑管理储备

D. 成本估算时需要考虑项目成员学习所耗费的时间成本

【解析】成本估算的准确度随着项目的进展而逐步提高。参数估算是利用历史数据之间的统计关系和其他变量进行估算。成本估算时需要考虑应急储备,也要考虑管理储备。

3. 成本预算的输入不包括(   )③。

A. 资源日历   B. 风险登记册

C. 协议   D. 成本基准

【解析】成本预算又称为制定预算,其输入主要有:①成本管理计划;②范围基准;③活动成本估算;④估算依据;⑤项目进度计划;⑥资源日历;⑦风险登记册;⑧协议;⑨组织过程资产。成本预算的输出主要有:①成本基准;②项目资金需求;③项目文件更新(风险登记册、活动成本估算、项目进度计划)。成本预算的工具与技术主要有:①成本汇总;②储备分析;③专家判断;④历史关系;⑤资金限制平衡。

4. 关于成本基准管理的描述,不正确的是(   )④。

A. 成本基准中不包括管理储备

B. 成本基准中包括预计的支出,但不包括预计的债务

C. 管理储备用来应对会影响项目的"未知-未知"风险

D. 成本基准是经过批准且按时间段分配的项目预算

【解析】成本基准是经过批准的、按时间段分配的项目预算,不包括任何管理储备,只有通过正式的变更控制程序才能变更,用作与实际结果进行比较的依据。成本基准是不同进度活动经批准的预算的总和。

项目预算和成本基准的各个组成部分。先汇总各项目活动的成本估算及其应急储备,得到相关工作包的成本。然后汇总各工作包的成本估算及其应急储备,得到控制账户的成本。再汇总各控制账户的成本,得到成本基准。由于成本基准中的成本估算与进度活动直接关联,因此就可按时间段分配成本基准,得到一条 S 曲线。最后,在成本基准之上增加管理储备,得到项目预算。当出现有必要动用管理储备的变更时,则应该在获得变更控制过程的批准之后,把适量的管理储备移入成本基准中。管理储备用来应对会影响项目的"未知—未知"风险。成本基准中既包括预计的支出,也包括预计的债务。

---

①A ②D ③D ④B

5. 关于成本基准的描述,不正确的是(   )①。

A. 大项目可能有多个成本基准

B. 成本基准的变更需要通过变更控制程序

C. 成本基准中既包括预计的支出,也包括预计的债务

D. 项目预算是成本基准与应急储备之和

【解析】成本基准是经过批准的、按时间段分配的项目预算,不包括任何管理储备,只有通过正式的变更控制程序才能变更,用作与实际结果进行比较的依据。成本基准是不同进度活动经批准的预算的总和。

汇总先后顺序:先汇总各项目活动的成本估算及其应急储备,得到相关工作包的成本;然后汇总各工作包的成本估算及其应急储备,得到控制账户的成本;接着汇总各控制账户的成本,得到成本基准。

此处单独重点说明,在成本基准之上增加管理储备,得到项目预算。当出现有必要动用管理储备的变更时,则应该在获得变更控制过程的批准之后,把适量的管理储备移入成本基准中。

6. (   )②不属于制定预算过程的输出。

A. 成本基准   B. 范围基准

C. 项目资金需求   D. 更新的活动成本估算

【解析】制定预算过程的输出有成本基准、项目资金需求、项目文件更新(风险登记册、活动成本估算、项目进度计划)。

7. 控制成本过程的输出,不包括(   )③。

A. 项目资金需求   B. 项目文件更新

C. 工作绩效信息   D. 成本预测

【解析】控制成本(也称成本控制)的输出主要有:①工作绩效信息;②成本预测;③变更请求;④项目管理计划更新(成本基准、成本管理计划);⑤项目文件更新(成本估算、估算依据)。A选项中的项目资金需求是控制成本的输入,制定成本预算的输出。

8. (   )④利用历史数据之间的统计关系和其他变量,来进行项目工作的成本估算。

A. 类比估算   B. 参数估算

C. 自下而上估算   D. 三点估算

【解析】类比估算:指的是利用类似的项目历史数据来估算当前的项目,最终得到一个数据值。也就是说必须要保证项目历史数据的来源应与目前项目是类似的项目。

参数估算:又称为参数模型,是一种基于历史参数和项目参数,使用某种算法来计算成本或持续时间的估算技术。通俗地说,参数估计是指利用历史数据之间的统计关系以及与其他参数变量来估算成本、预算、持续时间等活动的参数。参数估算的准确性取决于参数模型的成熟度与基础数据的可靠性。参数估算可以针对某个项目或者项目中的一部分进行估算,并可与其他估算方法联合使用。

自下而上估算:按照WBS(工作分解结构)先将项目自上而下进行分解,最下面的一层为工作包。先对每一个工作包进行估算,然后自下而上进行汇总,最终得到一个总的数值。

三点估算:指的是通过考虑估算中的不确定性和风险,可以提高活动持续时间估算的准确性。这个概念起源于计划评审技术(PERT)。PERT通过三种估算值来界定活动持续时间的近似区间:

①D ②B ③A ④B

①最可能时间;②最乐观时间;③最悲观时间。

9. 项目经理在做软件项目成本估算时,先考虑了最不利的情况,估算出项目成本为 120 人日,又考虑了最有利的情况下项目成本为 60 人日,最后考虑一般情况下的项目成本可能为 75 人日,该项目最终的成本预算应为( )①人日。

A. 100   B. 90

C. 80   D. 75

【解析】期望工期 =(最乐观时间 +4×最可能时间 +最悲观时间)/6 =(120+4×75+60)/6 = 80(人日)。

10. 项目经理在运行预算方案编制时,收集到的基础数据如下:工作包的成本估算为 40 万元;工作包的应急储备金为 4 万元;管理储备金为 2 万元。该项目的成本基准是( )②万元。

A. 40   B. 44

C. 42   D. 46

【解析】成本基准包括应急储备,不包括管理储备,即,该项目的成本基准为:40+4 = 44(万元)。

11. 下表给出了某项目到 2019 年 6 月 30 日为止的成本执行(绩效)数据。如果当前的成本偏差是典型的,则完工估算(EAC)为( )③元。

活动	完成百分比/%	计划值(PV)(元)	实际成本(AC)(元)
A	100	2200.00	2500.00
B	100	2500.00	2900.00
C	100	2500.00	2800.00
D	80	1500.00	1500.00
E	70	3000.00	2500.00
F	60	2500.00	2200.00
合计		14200.00	14400.00
项目总预算(BAC):40000.00			
报告日期:2019 年 6 月 30 日			

A. 48000   B. 44000

C. 42400   D. 41200

【解析】$PV = 14200$(元),$AC = 14400$(元),$EV = 2200×100\%+2500×100\%+2500×100\%+1500×80\%+3000×70\%+2500×60\% = 12000$(元),$EAC = ETC+AC = (BAC-EV)/CPI+AC = (40000-12000)/(12000/14400)+14400 = 48000$(元)。

12. 下表给出了某项目到 2018 年 12 月 30 日为止的部分成本执行(绩效)数据。如果当前的成本偏差是非典型的,则完工估算(EAC)为( )④元。

活动编号	活动	完成百分比(%)	计划值(PV)(元)	实际成本(AC)(元)
1	A	100	1000.00	1000.00
2	B	100	800.00	1000.00

①C   ②B   ③A   ④C

续表

活动编号	活动	完成百分比(%)	计划值(PV)(元)	实际成本(AC)(元)
3	C	100	2000.00	2200.00
4	D	100	5000.00	5100.00
5	E	80	3200.00	3000.00
6	F	60	4000.00	3800.00
合计			16000.00	16100.00
项目总预算(BAC):40000.00				
报告日期:2018年12月30日				

A. 45000

B. 40100

C. 42340

D. 47059

【解析】EV = 1000×100%+800×100%+2000×100%+5000×100%+3200×80%+4000×60% = 13760（元），PV = 16000（元），AC = 16100（元），题目中讲到是非典型，因此 ETC = BAC−EV = 40000−13760 = 26240（元），EAC = ETC+AC = 26240+16100 = 42340（元）。

13. 某信息系统集成项目计划6周完成，项目经理就前4周的项目进展情况进行分析，具体如下表所示，项目的成本执行指数 CPI 为(　　)①。

周	计划投入成本值(元)	实际投入成本值(元)	完成百分比
1	1000	1000	100%
2	3000	2500	100%
3	8000	10000	100%
4	13000	15000	90%
5	17000		
6	19000		

A. 0.83

B. 0.87

C. 0.88

D. 0.95

【解析】EV = 1000×100% + 3000×100% + 8000×100% + 13000×90% = 23700（元），AC = 1000 + 2500+10000+15000 = 28500（元），CPI = EV/AC = 23700/28 500 = 0.83。

14. 某项工程的活动明细如下表所示(时间:周;费用:万元)，项目总预算由原先的60万元增加到63万元，根据下表，在预算约束下该工程最快能完成时间为(1)周，所需项目总费用为(2)万元(　　)②。

活动	紧前	正常进度		赶工	
		所需时间	直接费用	所需时间	直接费用
A	—	3	10	2	15
B	A	8	15	6	17

①A　②(1)A;(2)A

活动	紧前	正常进度		赶工	
		所需时间	直接费用	所需时间	直接费用
C	A	4	12	3	13
D	C	5	8	3	11
项目间接费用每周需要 1 万元					

(1) A. 9   B. 8

    C. 14   D. 12

(2) A. 60   B. 64

    C. 56   D. 45

【解析】赶工情况下最短时间为 8 周,所需成本为直接费用与间接费用之和,即,56+8=64(万元)。虽然工期很短,但是费用超出了预算,因此不符合题意。

活动 A 压缩一周需要 5 万元,活动 B 压缩 1 周需要 1 万元,活动 C 压缩 1 周需要 1 万元,活动 D 压缩 1 周需要 1.5 万元。经过分析:活动 A 的压缩成本最高,尽量选择不压缩活动 A,这样可以使成本最低,而活动 B、C、D 都进行压缩,压缩活动 B、C、D 后则所需时间为 9 周,成本为:10+17+13+11+9=60(万元)。

15. 某系统集成项目包含了三个软件模块,在估算项目成本时,项目经理考虑到其中的模块 A 技术成熟,已在以前类似项目中多次使用并成功支付,所以项目经理忽略了活动 A 的开发成本,只给活动 A 预留了 5 万元,以防意外发生。然后估算了活动 B 的成本为 50 万元,活动 C 成本为 30 万元,应急模块储备为 10 万元,三者集成成本为 5 万元,并预留了项目的 10 万元管理储备。如果你是项目组成员,该项目的成本基准是(1)万元,项目预算是(2)万元。项目开始执行后,当项目的进度绩效指数 SPI 为 0.6 时,项目实际花费为 70 万元,超出预算 10 万元,如果不加以纠偏,请根据当前项目进展,估算该项目的完工估算值(EAC)为(3)万元。(　　　)①

(1) A. 90   B. 95

    C. 100   D. 110

(2) A. 90   B. 95

    C. 100   D. 110

(3) A. 64   B. 134

    C. 194.4   D. 124.4

【解析】项目的成本基准不包括任何的管理储备,而在项目的总体预算中需要加上管理储备,因此成本基准为 100 万元,总预算是 110 万元,项目实际花费 AC 为 70 万元,超出预算 10 万元,因此 PV 为 60 万元,SPI=EV/PV=0.6,则 EV 为 36 万元,CPI=EV/AC=36/70,项目未来不加以纠偏,属于典型偏差,则 EAC=ETC+AC=(BAC−EV)/CPI+AC=(100−36)/(36/70)+70=194.4(万元)。

---

① (1) C;(2) D;(3) C

7.10 本章重要概念

Tips

相关重要概念既要意会(通俗理解)还要言传(专业表达)。

■ 重要概念连连看

规划成本	对完成项目活动所需资金进行近似估算的过程
制定预算	为规划、管理、花费和控制项目成本而制定政策、程序和文档的过程。本过程的主要作用是，在整个项目中为如何管理项目成本提供指南和方向
估算成本	汇总所有单个活动或工作包的估算成本，建立一个经批准的成本基准的过程
控制成本	一种历史成本，已经发生了且不能挽回和改变的成本
间接成本	监督项目状态，以更新项目成本，管理成本基准变更的过程
沉没成本	不与项目工作直接相关的成本

■ 易混概念

①估算成本 *vs* 预算成本

②直接成本 *vs* 间接成本

③机会成本 *vs* 沉没成本

④应急储备 *vs* 管理储备

⑤类比估算 *vs* 参数估算

第二编

第8章 项目质量管理

8.1 考情分布地图

从历年的考试来看,本章是考试的重点,其中质量控制的工具与技术是常考的知识点。这部分出题的特点为多考概念,相对简单,案例也会考查输入输出和工具的默写和对管理的理解。论文也会进行出题。案例和论文分值不再进行统计,综合知识单选题近4次历年具体分值分布如下表。

年份 知识点	2022年5月 单选	2021年11月 单选	2021年5月 单选	2020年11月 单选	合计
质量与质量管理	0	0	0	0	0
质量管理标准体系	0	0	0	0	0
规划质量管理	0	2	2	0	4
实施质量保证	1	1	0	0	2
控制质量	0	1	1	0	2
规划阶段的技术	1	0	0	1	2
执行阶段的技术	0	0	0	3	3
本章考查分值	2	4	3	4	13

8.2 项目质量管理

8.2.1 概述

(1)质量是对一个产品(包括相关的服务)满足程度的度量,是产品或服务的生命。给质量总结一个通俗的定义:站在用户的视角,一件产品、一项服务或者一个成果,有没有满足给定的要求,并且满足的程度是多少。

(2)质量与等级的区别:质量与等级是两个不同的概念:①质量作为实现的性能或成果,是一系列内在特性满足要求的程度(ISO 9000);②等级作为设计意图,是对用途相同但技术特性不同的可交付成果的级别分类。例如:

①一个低等级(功能有限)、高质量(无明显缺陷,用户手册易读)的软件产品,该产品适合一般使用,可以被认可。

②一个高等级(功能繁多)、低质量(有许多缺陷,用户手册杂乱无章)的软件产品,该产品的功能会因质量低劣而无效或低效,不会被使用者接受。

(3)质量管理(Quality Management)要先确定质量方针、质量目标和质量管理的职责,然后结合所在公司的质量体系进行质量规划、质量保证和质量控制以及质量改进这四个过程来实现所有质量目标的全部管理活动。

(4)质量方针是总方针的一个组成部分,由最高管理者批准。

(5)质量管理是项目管理的重要组成部分,项目质量管理要求保证该项目能够兑现它的关于满足各种需求的承诺,包括产品需求,得到满足和确认,包含在质量体系中,与决定质量工作的策略、目标和责任的全部管理功能有关的各种过程及活动。

8.2.2 质量管理标准体系

(1)ISO 9000质量管理的八项质量管理原则已经成为改进组织业绩的框架,其目的在于帮助组织达到持续成功。八项基本原则如下：

①以顾客为中心：组织依存于其顾客。因此组织应理解顾客当前和未来的需求，满足顾客要求并争取超越顾客期望。

②领导作用：领导者确立本组织统一的宗旨和方向。他们应该创造并保持使员工能充分参与实现组织目标的内部环境。

③全员参与：各级人员是组织之本，只有他们的充分参与，才能使他们的才干为组织获益。

④过程方法：将相关的活动和资源作为过程进行管理，可以更高效地得到期望的结果。

⑤管理的系统方法：识别、理解和管理作为体系的相互关联的过程，有助于组织实现其目标的效率和有效性。

⑥持续改进：组织总体业绩的持续改进应是组织的一个永恒的目标。

⑦基于事实的决策方法：有效决策是建立在数据和信息分析基础上。

⑧与供方互利的关系：组织与其供方是相互依存的，互利的关系可增强双方创造价值的能力。

（2）全面质量管理（TQM）是一种全员、全过程、全企业的质量管理。

全面质量管理（TQM）的四个组成要素：结构、技术、人员和变革推动者。（只有这四个要素齐全，才会有全面质量管理这场变革。）

全面质量管理的四个核心的特征：

①全员参加的质量管理。

②全过程的质量管理。

③全面方法的质量管理。

④全面结果的质量管理。

（3）六西格码方法，六西格码（6σ）意为"六倍标准差"，在质量上表示为每百万不合格品率（Parts Per Million，PPM）少于3.4。

六西格玛管理法的核心是将所有的工作作为一种流程，采用量化的方法分析流程中影响质量的因素，找出最关键的因素加以改进从而达到更高的客户满意度，即采用DMAIC（确定、测量、分析、改进、控制）改进方法对组织的关键流程进行改进。

六西格玛的优越之处在于从项目实施过程中改进和保证质量，而不是从结果中检验控制质量。这样做不仅减少了检控质量的步骤，而且避免了由此带来的返工成本。更为重要的是，六西格玛管理培养了员工的质量意识，并把这种质量意识融入企业文化中。

8.2.3 项目质量管理过程

项目质量管理由三个过程组成，分别是：

（1）规划质量管理——找标准、出方案、明方向。规划质量管理是识别项目及其可交付成果的质量要求和标准，并准备好相应的对策确保符合质量要求的过程。本过程的主要作用是为整个项目中如何管理和确认质量提供了指南和方向。

（2）实施质量保证——在项目执行过程中努力预防和检查。实施质量保证是审计质量要求和质量控制测量结果，确保项目进行中采用了合理的质量标准和合理的操作性定义的过程。本过程的主要作用是促进质量过程改进。

（3）质量控制——监控质量好坏，持续不断改进，确保按要求完成。质量控制是监督并记录质量活动执行结果，以便评估绩效，并推荐必要的变更过程。

8.3 规划质量管理

依据	工具和技术	成果
·项目管理计划 ·干系人登记册 ·风险登记册 ·需求文件 ·组织过程资产 ·事业环境因素	·成本收益分析 ·质量成本 ·七种基本质量工具 ·标杆对照 ·实验设计 ·其它质量管理工具 ·抽样统计 ·会议	·质量管理计划 ·过程改进计划 ·质量测量指标 ·质量核对单 ·项目文件更新

8.3.1 找标准、出方案、明方向

首先，识别项目活动和项目产生的可交付成果需要达到的质量要求和(或)标准，并书面描述项目将如何证明符合质量要求和(或)标准的过程。根据项目管理计划中已有的内容譬如范围、进度、成本等综合考虑，期间还会涉及干系人登记册和风险登记册(不仅包括各种挑战、威胁，当然也有机会)，最终得到质量管理计划、过程改进计划、质量测量指标和质量核对单等。

8.3.2 本节金色重点

■ 质量管理计划

质量管理计划是项目管理计划的组成部分，描述如何实施组织的质量政策，以及项目管理团队准备如何达到项目的质量要求。

质量管理计划可以是正式，也可以是非正式的，可以是非常详细的，也可以是高度概括的。其风格与详细程度取决于项目的具体需要。应该在项目早期就对质量管理计划进行评审，以确保决策是基于准确信息的。这样做的好处是，更加关注项目的价值定位，降低因返工而造成的成本超支和进度延误。

■ 过程改进计划

过程改进计划是项目管理计划的子计划或组成部分。过程改进计划详细说明对项目管理过程和产品开发过程进行分析的各个步骤，以识别增值活动。

过程改进需要考虑的方面包括：

(1)过程边界。描述过程的目的、过程的开始和结束、过程的输入输出、过程责任人和干系人。

(2)过程配置。含有确定界面的过程图形，以便于分析。

(3)过程测量指标。与控制界限一起，用于分析过程的效率。

(4)绩效改进目标。用于指导过程改进活动。

■ 质量测量指标

质量测量指标专用于描述项目或产品属性，以及控制质量过程将如何对属性进行测量。通过测量得到实际数值。测量指标的可允许变动范围，称为公差。质量测量指标的例子:准时性、成本控制、缺陷频率、故障率、可用性、可靠性和测试覆盖度等。

■ 质量核对单

核对单是一种结构化工具，通常具体列出各项内容，用来核实所要求的一系列步骤是否已得到执行。基于项目需求和实践，核对单可简可繁。许多组织都有标准化的核对单，用来规范地执行经常性任务。在某些应用领域，核对单也可从专业协会或商业性服务机构获取。质量核对单应该涵盖在范围基准中定义的验收标准。

8.3.3　规划质量管理来龙去脉

规划质量管理来龙去脉如图 8-1 所示。

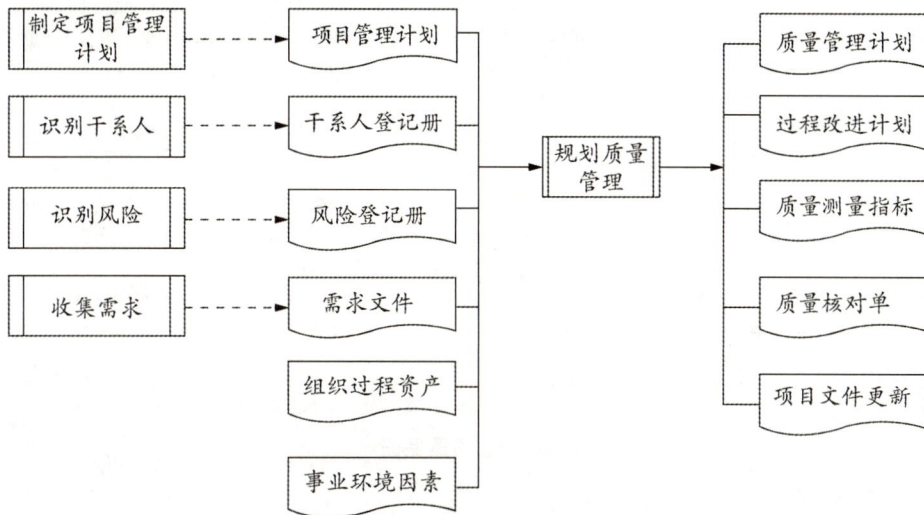

图 8-1　规划质量管理

8.4　实施质量保证

依据	工具和技术	成果
·质量管理计划 ·过程改进计划 ·质量测量指标 ·质量控制测量结果 ·项目文件	·质量管理与控制工具 ·质量审计 ·过程分析	·变更请求 ·项目管理计划更新 ·项目文件更新 ·组织过程资产更新

8.4.1　预防和检查

质量保证的目的在于建立信心——对未来输出或未完输出(也称正在进行的工作)将在完工时能满足特定的需求和期望的一种信心。质量保证通过用规划过程预防缺陷,或者在执行阶段对正在进行的工作检查出缺陷,来保证质量的确定性。实施质量保证是一个执行过程,使用规划质量管理和控制质量过程所产生的数据。

8.4.2　本节金色重点

在项目管理中,质量保证所开展的预防和检查,应该对项目有明显的影响。

质量保证部门或类似部门要经常对质量保证活动进行监督。无论部门名称是什么,该部门都可能要向项目团队、执行组织管理层、客户或发起人,以及其他未主动参与项目工作的干系人提供质量保证支持。

实施质量保证过程也为持续过程改进创造条件。持续过程改进是指不断地改进所有过程的质量。通过持续过程改进,可以减少浪费,消除非增值活动,使各过程在更高的效率与效果水平上运行。(非增值活动,就是做与不做这些活动,交付成果的价值都不受影响;多做了反而会浪费资源。)

质量保证的输出之一是变更请求,干系人可以提出变更请求,并提交给实施整体变更控制过程,以全面考虑改进建议。可以为采取纠正措施、预防措施或缺陷补救而提出变更请求。

8.4.3 实施质量保证(如图 8-2)来龙去脉

实施质量保证来龙去脉如图 8-2 所示。

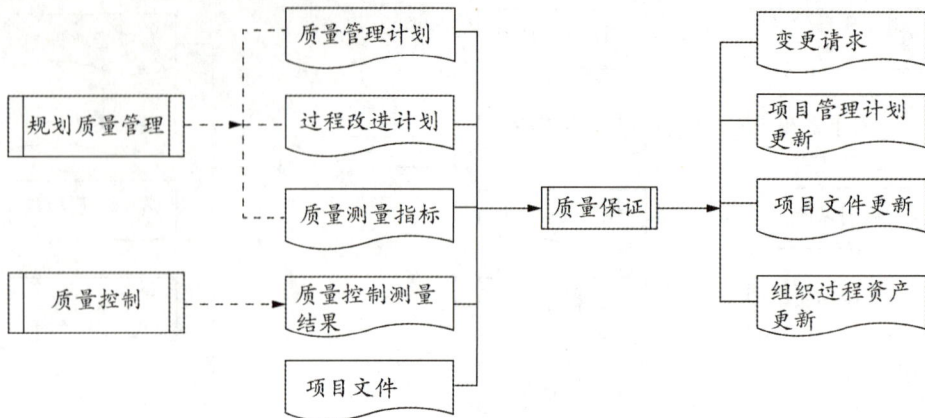

图 8-2 质量保证

8.5 质量控制

依据	工具和技术	成果
·项目管理计划 ·质量测量指标 ·质量核对单 ·工作绩效数据 ·批准的变更请求 ·可交付成果 ·项目文件 ·组织过程资产	·七种质量工具 ·统计抽样 ·检查 ·审查已批准的变更请求	·质量控制测量结果 ·确认的变更 ·核实的可交付成果 ·工作绩效信息 ·变更请求 ·项目管理计划更新 ·项目文件更新 ·组织过程资产更新

8.5.1 持续改进

质量控制是监督并记录质量活动执行结果,以便评估绩效,并推荐必要的变更过程。本过程的主要作用包括:

(1)识别过程低效或产品质量低劣的原因,建议并采取相应措施消除这些原因。

(2)确认项目的可交付成果及工作满足主要干系人的既定需求,足以进行最终验收。

8.5.2 本节金色重点

■ 质量保证和质量控制比较(如表 8-1)

表 8-1 质量保证和质量控制比较

质量保证	质量控制
执行过程组	监控过程组
事中做质量	事后控质量
由工作执行者边执行、边开展	由专门质量控制人员在事后开展
发现系统原因导致的过程偏差,并开展过程改进	发现特殊原因导致的过程偏差,并加以纠正
预防工作成果的质量缺陷	发现和补救工作成果的质量缺陷
从整体着眼的质量管理体系建设	从局部着眼的具体质量问题纠正
过程控制、机制建立	成果控制、关注纠偏

其次还需要注意：

(1)质量管理计划是质量控制和质量保证的共同依据。

(2)达到质量要求是质量控制和质量保证的共同目的。

(3)质量保证的输出是下一阶段质量控制的输入。

(4)一定时间内质量控制的结果也是质量保证的质量审计对象,质量保证的成果又可以指导下一阶段的质量工作,包括质量控制和质量改进。

(5)质量保证一般是每隔一定时间(如阶段末)进行的,主要通过系统的质量审计来保证项目的质量(或质量保证是按质量管理计划正确的去做)。

(6)质量控制是实时监控项目的具体结果,以判断他们是否符合项目的相关标准,制定有效方案,以消除产生质量问题的原因(或质量控制检查是否做的正确并进行纠正)。

8.5.3 质量控制来龙去脉

质量控制来龙去脉如图8-3所示。

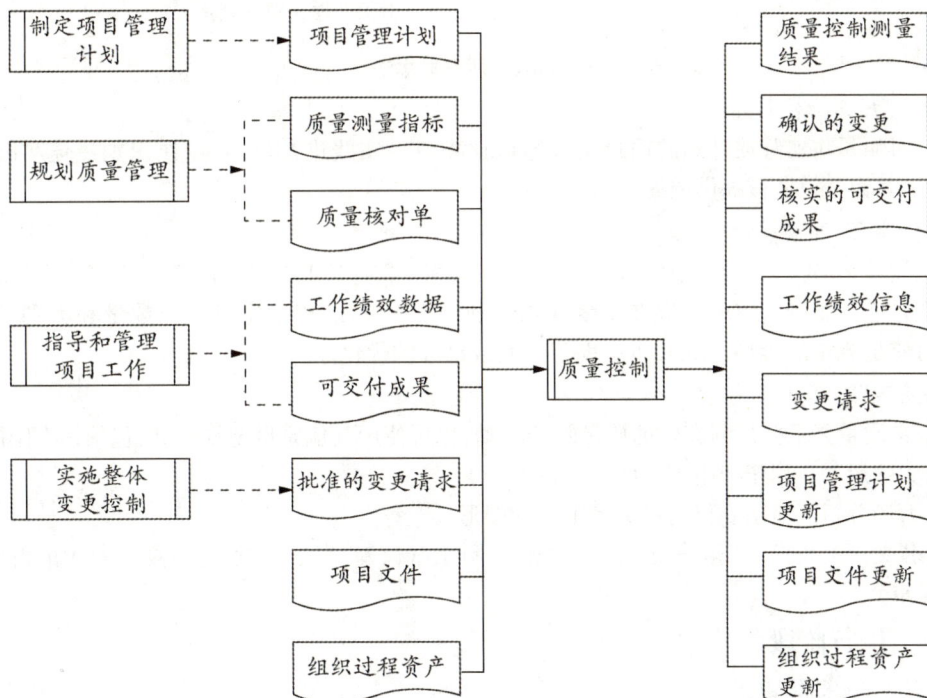

图8-3 质量控制

8.6 规划阶段的技术

法宝一:质量成本法

质量成本指在产品生命周期中发生的所有成本,包括为预防产品不符合要求而产生的成本、为了评价产品或服务是否符合要求产生的成本,以及因未达到要求返工、保修等而发生的所有成本。质量成本法如图8-4所示。

Tips

质量成本分为一致性成本和非一致性成本两大类,其中一致性成本分为预防成本和评价成本,譬如为了生产合格产品而做的培训属于一致性成本的预防成本;非一致性成本分为内部失败成本和外部失败成本,譬如由客户发现的问题需要保修,就属于非一致性成本中的外部失败成本。

一致性成本

预防成本
（生产合格产品）
·培训
·流程文档化
·设备
·选择正确的做事时间
评价成本
（评定质量）
·测试
·破坏性测试导致的损失
·检查

（**注**：在项目期间用于防止失败的费用。）

非一致性成本

内部失败成本
（项目内部发现的）
·返工
·废品
外部失败成本
（客户发现的）
·责任
·保修
·业务流失

（**注**：在项目期间和项目完成后用于处理失败的费用。）

图 8-4 质量成本法

法宝二：标杆对照

标杆对照是将实际或计划的项目实践与可比项目的实践进行对照，以便识别最佳实践，形成改进意见，并为绩效考核提供依据。

法宝三：实验设计

实验设计（DOE）是一种统计方法，用来识别哪些因素会对正在生产的产品或正在开发的流程的特定变量产生影响。DOE 可以在质量规划管理过程中使用，以确定测试的数量和类别，以及这些测试对质量成本的影响。DOE 也有助于产品或过程的优化。

法宝四：其他工具

为定义质量要求并规划有效的质量管理活动，也可使用其他质量规划工具，包括（但不限于）：

（1）头脑风暴。用于产生创意的一种技术。

（2）力场分析。显示变更的推力和阻力的图形。

（3）名义小组技术。先由规模较小的群体进行头脑风暴，提出创意，再由规模较大的群体对创意进行评审。

8.7 执行阶段的技术

法宝一：质量审计

质量审计，又称质量保证体系审核，是对具体质量管理活动的结构性的评审。质量审计的目标是：

（1）识别全部正在实施的良好及最佳实践。

（2）识别全部违规做法、差距及不足。

（3）分享所在组织或行业中类似项目的良好实践。

（4）积极、主动地提供协助，以改进过程的执行，从而帮助团队提高生产效率。

（5）强调每次审计都应对组织经验教训的积累做出贡献。

质量审计可事先安排，也可随机进行。在具体领域中有专长的内部审计师或第三方组织都可以实施质量审计，可由内部或外部审计师进行。

质量审计还可确认已批准的变更请求（包括更新、纠正措施、缺陷补救和预防措施）的实施情况。

法宝二：老七种工具

老七种工具包含因果图、流程图、核查表、帕累托图、直方图、控制图和散点图。记忆口诀：流因直点列制查（刘英只点劣质茶）。

（1）因果图。又称鱼骨图或石川馨图，以其创始人石川馨命名。问题陈述放在鱼骨的头部，作为起点，用来追溯问题来源，回推到可行动的根本原因。

（2）流程图。流程图可能有助于了解和估算一个过程的质量成本。通过工作流的逻辑分支及其相对频率，来估算质量成本。

（3）核查表。又称计数表，是用于收集数据的查对清单。它可以合理排列各种事项，以便有效地收集关于潜在质量问题的有用数据。在开展检查以识别缺陷时，用核查表收集属性数据就特别方便。用核查表收集的关于缺陷数量或后果的数据，又经常使用帕累托图来显示。

（4）帕累托图。一种特殊的垂直条形图，用于识别造成大多数问题的少数重要原因。

（5）直方图。一种特殊形式的条形图，用于描述集中趋势、分散程度和统计分布形状。与控制图不同，直方图不考虑时间对分布内变化的影响。

（6）控制图。一张实时展示项目进展信息的图表。控制图可以判断某一过程处于控制之中还是处于失控状态。

（7）散点图。可以显示两个变量之间是否有关系，一条斜线上的数据点距离越近，两个变量之间的相关性就越密切。

法宝三：新七种工具

新七种工具包含亲和图、过程决策程序图、关联图、树形图、优先矩阵、活动网络图和矩阵图。记忆口诀：矩树相亲策动优（锯树相亲策动优）。

> **Tips**
>
> 联想记忆法：新、老七种工具连起来就是有一个叫刘英的人在相亲时只敢点最便宜的劣质茶，为什么？家里穷呀！原来，她是锯了家里的树，卖了钱，来相亲的。可见这次相亲的策划活动有多优秀。

（1）亲和图。亲和图与心智图相似。针对某个问题，产生出可联成有组织的想法模式的各种创意。在项目管理中，使用亲和图确定范围分解的结构，有助于 WBS 的制定。

（2）过程决策程序图（PDPC）。用于理解一个目标与达成此目标的步骤之间的关系。PDPC 有助于制定应急计划，因为它能帮助团队预测那些可能破坏目标实现的中间环节。

（3）关联图。关系图的变种，有助于在包含相互交叉逻辑关系的中等复杂情形中创新性地解决问题。可以使用其他工具（诸如亲和图、树形图或鱼骨图）产生的数据来绘制关联图。

（4）树形图。又称系统图，可用于表现诸如 WBS、RBS（风险分解结构）和 OBS（组织分解结构）的层次分解结构。在项目管理中，树形图依据定义嵌套关系的一套系统规则，用层次分解形式直观地展示父子关系。树形图可以是横向（如风险分解结构）也可以是纵向（如团队层级图或 OBS）。因为树形图中的各嵌套分支都终止于单一的决策点，就可以像决策树一样为已系统图解的、数量有限的依赖关系确立预期值。

（5）优先矩阵。用来识别关键事项和合适的备选方案，并通过一系列决策，排列出备选方案的优先顺序。先对标准排序和加权，再应用于所有备选方案，计算出数学得分，对备选方案排序。

（6）活动网络图。过去称为箭头图，包括两种格式的网络图：AOA（活动箭线图）和最常用的 AON（活动节点图）。活动网络图连同项目进度计划编制方法一起使用，如计划评审技术（PERT）、关键路径法（CPM）和紧前关系绘图法（PDM）。

(7)矩阵图。一种质量管理和控制工具,使用矩阵结构对数据进行分析。在行列交叉的位置展示因素、原因和目标之间的关系强弱。

法宝四:统计抽样

统计抽样是指从目标总体中抽取一部分相关样本用于检查和测量,以满足质量管理计划中的规定。可以降低质量控制的成本。

法宝五:检查

检查也可称为审查、同行审查、审计或巡检等。检查也可用于确认缺陷补救。

8.8 小蔡的自问自答

1. ( )①不是现行 ISO 9000 系列标准提出的质量管理原则。

A. 以产品为中心

B. 领导作用

C. 基于事实的决策方法

D. 与供方互利的关系

【解析】ISO 9000 质量管理主要包括八项质量管理原则,分别是以顾客为中心、领导作用、全员参与、过程方法、管理的系统方法、持续改进、基于事实的决策方法、与供方互利的关系。

2. 规划质量管理的输入不包括( )②。

A. 质量测量指标

B. 项目管理计划

C. 需求文件

D. 风险登记册

【解析】规划质量管理的输入包括:①项目管理计划;②干系人登记册;③风险登记册;④需求文件;⑤事业环境因素;⑥组织过程资产。

质量测量指标是规划质量管理的输出。

3. 质量规划管理过程的事业环境因素不包括( )③。

A. 可能影响项目质量的工作条件或运行条件

B. 特定应用领域的相关规则、标准和指南

C. 可能影响质量期望的文化观念

D. 以往阶段或项目的经验教训

【解析】A、B、C 选项均属于事业环境因素,只有 D 选项属于组织过程资产。

4. 过程改进计划详细说明了对项目管理过程和产品开发过程进行分析的各个步骤,有助于识别增值活动。在项目管理知识领域,过程改进计划产生于( )④阶段。

A. 质量规划

B. 实施质量保证

C. 控制质量

D. 质量改进

【解析】过程改进计划是质量规划阶段的输出。

5. 以下关于质量保证的叙述中,不正确的是( )⑤。

A. 实施质量保证是确保采用合理的质量标准和操作性定义的过程

①A ②A ③D ④A ⑤B

B. 实施质量保证是通过执行产品检查并发现缺陷来实现的

C. 质量测量指标是质量保证的输入

D. 质量保证活动可由第三方团队进行监督,适当时提供服务支持

【解析】质量保证通过用规划过程预防缺陷,或者在执行阶段对正在进行的工作检查出缺陷,来保证质量的确定性。

6. 在某项目的质量例会中,质量经理发现监控模块 bug 修复时间较长,有测量指标超出临界线,质量经理决定再观察几天。本次质量控制的输出一定包括(　　)①。

①工作绩效信息;②变更请求;③经验教训文档;④质量控制测量结果;⑤更新的质量标准;⑥质量审计报告。

A. ②③ 　　　　　　　　　　　　　　B. ①⑥

C. ①④ 　　　　　　　　　　　　　　D. ②⑤

【解析】质量控制的输出:①质量控制测量结果;②确认的变更;③核实的可交付成果;④工作绩效信息;⑤变更请求;⑥项目管理计划更新;⑦项目文件更新;⑧组织过程资产更新。

7. 质量保证成本属于质量成本中的(　　)②成本。

A. 一致性

B. 内部失败

C. 非一致性

D. 外部失败

【解析】质量成本指的是产品生命周期中发生的所有成本,主要有以下两种:

一致性成本:预防成本、评价成本。在项目期间用于防止失败的费用。

非一致性成本:内部失败成本、外部失败成本。在项目期间和项目完成后用于处理失败的费用。

8. 质量管理工具中的(　　)③常用于找出导致项目问题产生的潜在原因。

A. 控制图

B. 鱼骨图

C. 散点图

D. 直方图

【解析】控制图用来确定一个过程是否稳定;鱼骨图又叫因果图或石川馨图,用来找出问题产生的根本原因;散点图用来判断两个变量之间的关系;直方图用来表示质量分布的情况。

①C　②A　③B

8.9　本章重要概念

Tips

相关重要概念既要意会(通俗理解)还要言传(专业表达)。

■ 重要概念连连看

质量审计	在开展检查以识别缺陷时,用核查表收集属性(表格形式展示居多)
流程图	是指从目标总体中抽取一部分相关样本用于检查和测量,以满足质量管理计划中的规定
核查表:又称计数表	根据原因之间的关系(亲和性)进行分组
帕累托图	寻找原因/根本原因/所有原因
直方图	是审计质量要求和质量控制测量结果,确保项目进行中采用了合理的质量标准和合理的操作性定义的过程
统计抽样	是识别项目及其可交付成果的质量要求和标准,并准备好相应的对策确保符合质量要求的过程
散点图	可能有助于了解和估算一个过程的质量成本。通过工作流的逻辑分支及其相对频率,来估算质量成本
质量控制	一张实时展示项目进展信息的图表,可以判断某一过程处于控制之中还是处于失控状态(项目过程是否稳定、是否在可控范围内、项目整体情况。7点同一侧,7点连续上升/下降,如超出控制线,则均为失控,需要调整;控制上限和下限设在±3西格玛的位置)
规划质量管理	以确定两个变量间是否存在可能的联系。数据点越接近对角线两个变量之间的关系就越密切
亲和图	又称质量保证体系审核,是对具体质量管理活动的结构性的评审
实施质量保证	是将实际或计划的项目实践与可比项目的实践进行对照,以便识别最佳实践,形成改进意见,并为绩效考核提供依据
因果图、石川图、鱼骨图	引起问题的最大最主要原因,80/20法则,是一种特殊形式的直方图
标杆对照	过程变量的分布的形状和宽度来确定过程中出现问题的原因,描述集中趋势、特定组内的频率、分散程度和统计分布形状(柱状形式)
控制图	是监督并记录质量活动执行结果,以便评估绩效,并推荐必要的变更过程

■ 易混概念

①质量保证 *vs* 质量控制

②一致性成本 *vs* 非一致性成本

③核实的可交付成果 *vs* 验收的可交付成果

第二编

第9章　项目人力资源管理

9.1　考情分布地图

从历年的考试来看,这章节是考试的重点,这部分出题的特点为概念知识点,相对简单,案例题经常考查项目人力资源管理工具中虚拟团队、冲突管理、团队发展阶段等几个知识点的概念默写,论文也会进行出题。案例和论文分值就不再进行统计,综合知识单选题平均每年分值在3分左右,近4次历年具体分值分布如下表所示。

知识点＼年份	2022年5月 单选	2021年11月 单选	2021年5月 单选	2020年11月 单选	合计
领导和管理	0	0	0	1	1
规划项目人力资源管理	0	0	0	0	0
组建项目团队	0	0	0	0	0
建设项目团队	1	1	1	0	3
管理项目团队	1	1	1	0	3
项目人力资源管理工具	1	1	1	2	5
项目人力资源管理文件	1	0	0	0	1
本章考查分值	4	3	3	3	13

9.2　项目人力资源管理概念

9.2.1　概述

项目人力资源管理的目的是根据项目需要规划并组建项目团队,对团队进行有效的指导和管理,以保证他们可以完成项目任务,实现项目目标。

9.2.2　领导和管理

领导者(Leader)的工作主要涉及三方面:

(1)确定方向(Establishing direction),为团队设定目标,描绘愿景,制定战略。(定战略方向)

(2)统一思想(Aligning pelple),协调人员,团结尽可能多的力量来实现愿景。(实现愿景)

(3)激励和鼓舞(Motirating and inspiring),在向目标进军的过程中不可避免要遇到艰难险阻,领导者要激励和鼓舞大家克服困难、奋勇前进。(心灵鸡汤)

项目经理具有领导者和管理者的双重身份。对项目经理而言,管理能力和领导能力二者均不可或缺。对于大型复杂项目,领导能力尤为重要。

9.2.3　冲突和竞争

冲突是指两个或两个以上的社会单元在目标上互不相容或互相排斥,从而产生心理或行为上的矛盾。冲突的产生不仅会使个体体验到一种过分紧张的情绪,而且还会影响正常的群体活动与组织秩序,对管理产生重大的影响。(我们可以理解为:人和人之间难免会有冲突,冲突是不可避免的,冲突来自很多方面,然而冲突并不一定都是有害的。)

冲突的双方是具有同一个目标的,他们不需要发生势不两立的争夺。(在一个目标的情况下合作共赢。)

9.2.4 项目人力资源管理过程

项目人力资源管理包括组织、管理与领导项目团队所需的四个过程,具体为:

(1)规划人力资源管理——识别和记录一个项目涉及的角色、职责、所需技能、报告关系,并编制人员配备管理计划。(谋计划)

(2)组建项目团队——确认组织当前人力资源的可用情况,并为开展项目活动而组建一个项目团队。(获取人力资源)

(3)建设项目团队——为了提高团队成员的工作能力,促进团队成员互动,改善团队整体氛围,大家团结一心,以提高项目绩效。(团队建设成长)

(4)管理项目团队——跟踪团队成员工作表现,提供反馈,解决问题并管理团队变更,以优化项目绩效。(用绩效考核)

9.3 规划人力资源管理

依据	工具和技术	成果
·项目管理计划 ·活动资源需求 ·组织过程资产 ·事业环境因素	·组织图和职位描述 ·人际交往 ·组织理论 ·专家判断 ·会议	·人力资源管理计划

9.3.1 谋计划

通过制定人力资源管理计划,建立项目角色与职责、项目组织图,以及人员配备管理计划(包含人员招募和遣散时间表)。

需要考虑稀缺资源的可用性或对稀缺资源的竞争,通过人力资源规划,保证人力资源规划的有效性,明确和识别具备所需技能的人力资源,保证项目成功。人力资源管理计划描述将如何安排项目的角色与职责、报告关系和人员配备管理。

同一个组织中,其他项目可能也在争夺具有相同能力或技能的人力资源。这些因素可能对项目成本、进度、风险、质量及其他领域有显著影响。

除了人员配备管理计划,人力资源管理计划还包括:培训需求、团队建设策略、认可与奖励计划、合规性考虑、安全问题及人员配备管理计划对组织的影响等。

9.3.2 规划人力资源管理来龙去脉

规划人力资源管理来龙去脉如图9-1所示。

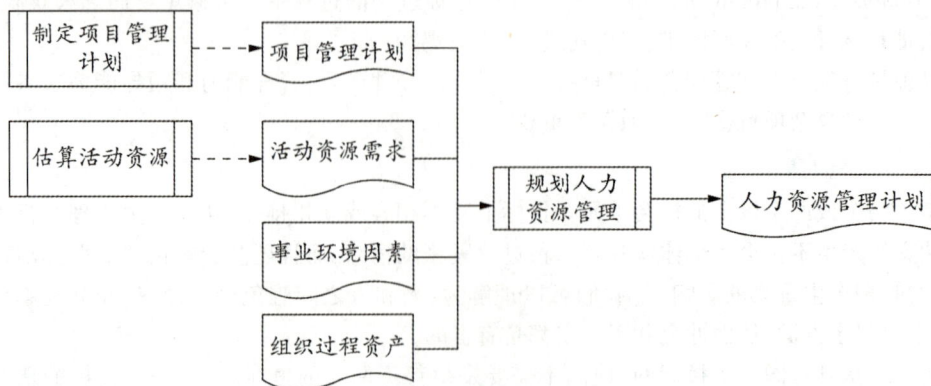

图9-1 规划人力资源管理

9.4 组建项目团队

依据	工具和技术	成果
·人力资源管理计划 ·组织过程资产 ·事业环境因素	·预分派 ·谈判 ·招募 ·虚拟团队 ·多标准决策分析	·项目人员分派 ·资源日历 ·项目管理计划更新

9.4.1 获取人力资源

组建项目团队过程的主要收益是：依据实际项目的需求，采用恰当的工具与技术，成功组建一个优秀的项目团队，更好地完成项目。

9.4.2 本节金色重点

1. 预分派

如果项目团队成员是事先选定的，他们就是被预分派的。可在下列情况下发生：在竞标过程中承诺分派特定人员进行项目工作；项目成功取决于特定人员的专有技能，或者项目章程中指定了某些人员的工作分派。

> **Tips**
>
> 小蔡、牛工、策工你们三个，项目开始我就和薛总说了要你们参加这次项目，于是薛总把你们分配给我。

2. 谈判

在许多项目中，通过谈判完成人员分派。

> **Tips**
>
> 胡总，刚刚入职，听说是高层为了某个项目，与其谈判，给予高薪拉进了我们这个项目组。

3. 招募

如果执行组织不能提供完成项目所需的人员，就需要从外部获得所需的服务，这可能包括雇佣独立咨询师，或把相关工作分包给其他组织。

> **Tips**
>
> 因为这次任务很重要，我们公司也需培养新人，去学校招募了刚刚毕业过来的谭工。

4. 虚拟团队

具有共同目标、在完成角色任务的过程中很少或没有时间面对面工作的一群人。

> **Tips**
>
> 左总监和肖经理任务繁多，但是项目很多地方需要他们的帮助，但是他们来不了，我们只能通过电话、微信和视频进行工作上的沟通和处理。

5. 多标准决策分析

在组建项目团队过程中，经常需要使用团队成员选择标准。通过多标准决策分析，制定选择标准，并据此对候选团队成员进行定级或打分。根据各种因素对团队的不同重要性，赋予选择标准不同的权重。

> **Tips**
>
> 因为这次任务很重要，涉及我们公司和这家国企的长期战略合作，薛总制定了人员选择的标准，把符合条件的人员进行比较打分，众多人员中裴工得分最高，加上她工作认真负责，我们这个项目的配置管理员就她最合适。

6. 项目人员分派

项目人员分派就是把团队成员分派到合适的项目岗位上。与之相关的文件是项目团队名录和通讯录。

7. 资源日历

资源日历记录每个项目团队成员在项目上的工作时间段。必须很好地了解每个人的可用性和时间限制(包括时区、工作时间、休假时间、当地节假日和在其他项目的工作时间),才能编制出可靠的进度计划。

9.4.3 组建项目团队来龙去脉

组建项目团队来龙去脉如图 9-2 所示。

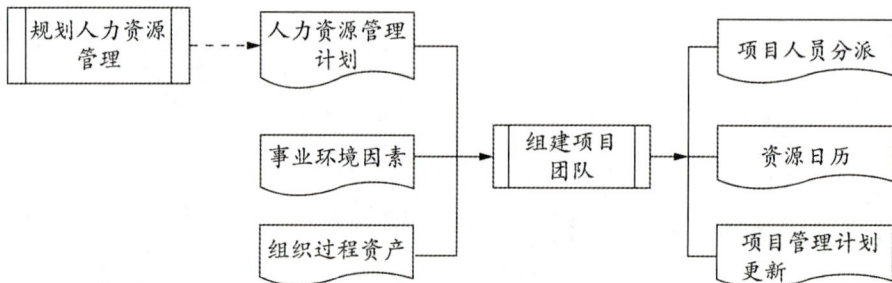

图 9-2 组建项目团队

9.5 建设项目团队

依据	工具和技术	成果
·人力资源管理计划 ·项目人员分派 ·资源日历	·人际关系技能 ·培训 ·团队建设活动 ·基本规则 ·集中办公 ·认可与奖励 ·人事测评工具	·团队绩效评价 ·事业环境因素更新

9.5.1 建设团结协作的团队

建设项目团队是提高工作能力,促进团队成员互动,改善团队整体氛围,以提高项目绩效的过程。本过程的主要收益是:改进团队协作,增强人际技能,激励团队成员,降低人员离职率,提升整体项目绩效。

9.5.2 本节金色重点

(1)人事测评工具。人事测评工具能让项目经理和项目团队洞察成员的优势和劣势。

(2)基本规则。用基本规则对项目团队成员的可接受行为做出明确规定。尽早制定并遵守明确的规则,有助于减少误解,提高生产力。对诸如行为规范、沟通方式、协同工作、会议礼仪等的基本规则进行讨论,有利于团队成员相互了解对方的价值观。规则一旦建立,全体项目团队成员都必须遵守。

（3）团队建设的工具。（见9.7节）

9.5.3　建设项目团队来龙去脉

建设项目团队来龙去脉如图9-3所示。

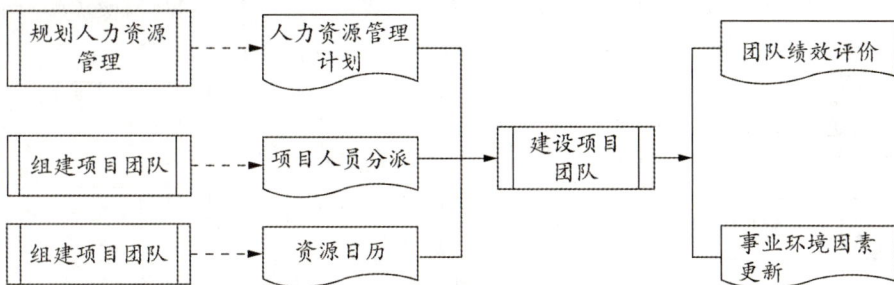

图9-3　建设项目团队

9.6　管理项目团队

依据	工具和技术	成果
·人力资源管理计划 ·项目人员分派 ·团队绩效评价 ·问题日志 ·工作绩效报告 ·组织过程资产	·观察和交流 ·项目绩效评估 ·冲突管理 ·人际关系技能	·变更请求 ·项目管理计划更新 ·项目文件更新 ·事业环境因素更新 ·组织过程资产更新

9.6.1　用绩效考核

管理项目团队是跟踪团队成员工作表现,提供反馈,解决问题并管理团队变更,以优化项目绩效的过程。

本过程的主要收益是:影响团队行为,管理冲突,解决问题,并评估团队成员的绩效。

创建高效团队,需要综合运用各种技能,特别是沟通、冲突管理、谈判和领导技能。项目经理应该向团队成员分配富有挑战性的任务,并对优秀绩效进行表彰。

9.6.2　本节金色重点

1. 团队绩效评价

项目管理团队应该持续地对项目团队绩效进行正式或非正式评价。不断地评价项目团队绩效,有助于采取措施解决问题,调整沟通方式,解决冲突和改进团队互动。

2. 问题日志

在管理项目团队的过程中,总会出现各种问题。可用问题日志记录由谁负责在目标日期内解决特定问题,并监督解决情况。

3. 工作绩效报告

工作绩效报告能够提供当前项目状态与预期项目状态的比较。从进度控制、成本控制、质量控制和范围确认中得到的结果,有助于项目团队管理。绩效报告和相关预测报告中的信息,有助于确定未来的人力资源需求,开展认可与奖励,以及更新人员配备管理计划。

> *Tips*
>
> 例如在项目执行过程中,某个监控点的 CV、EV、PV 值就是工作绩效数据;通过数据的分析得到了 CPI、SPI,判断出项目进度和成本的状态,工作绩效信息;汇总一份报告(工作绩效报告),分析出原因,并且包含整改计划。

9.6.3 管理项目团队来龙去脉

管理项目团队来龙去脉如图9-4所示。

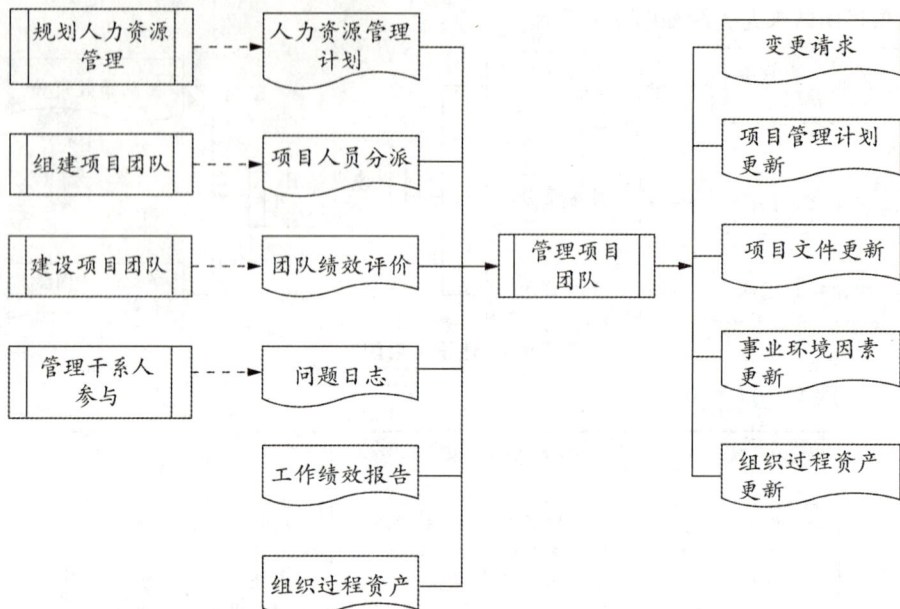

图9-4 管理项目团队

9.7 项目人力资源管理工具

9.7.1 虚拟团队

虚拟团队可定义为具有共同目标、在项目期间很少或没有时间面对面工作的一群人。

现代沟通技术(如电子邮件、电话会议、社交媒体、网络会议和视频会议等)使虚拟团队成为可行。

虚拟团队也有一些缺点,例如,可能产生误解,有孤立感,团队成员之间难以分享知识和经验,采用通信技术的成本。在虚拟团队的环境中,沟通规划变得尤为重要。

虚拟团队的使用也能带来很多好处,例如:使用更多熟练资源,降低成本,减少出差,减少搬迁费用,拉近团队成员与供应商、客户或其他重要干系人的距离。

> **Tips**
>
> 疫情期间在家里办公,处理单位的事情,可以理解成是大家虽然没有在一起办公,分散在各地,但是大家都通过网络会议、电话会议等一起处理工作上的事情。

总之,虚拟团队的使用为项目的开展提供了新可能,也是项目经理在组建项目团队成员时的新渠道,特别是多项目争用的紧俏资源、特殊技能。

9.7.2 集中办公

集中办公是指把部分或全部项目团队成员安排在同一个物理地点工作,以增强团队工作能力。集中办公既可以是临时的(如仅在项目特别重要的时期),也可以贯穿整个项目。

"作战室"或"指挥部"是集中办公的一种策略。

9.7.3 团队发展阶段

优秀团队的建设不是一蹴而就的,一般要依次经历以下五个阶段:

(1)形成阶段(Forming)。一个个的个体转变为团队成员,逐渐相互认识并了解项目情况以及他们在项目中的角色与职责,开始形成共同目标。团队成员倾向于相互独立,不怎么开诚布公。在本阶段,团队往往对未来有美好的期待。(加人处于形成阶段)

(2)震荡阶段(Storming)。团队成员开始执行分配的项目任务,一般会遇到超出预想的困难,希望被现实打破。个体之间开始争执,互相指责,并且开始怀疑项目经理的能力。(减人震荡)

(3)规范阶段(Norming)。经过一定时间的磨合,团队成员开始协同工作,并调整各自的工作习惯和行为来支持团队,团队成员开始相互信任,项目经理能够得到团队的认可。

(4)发挥阶段(Performing)。随着相互之间的默契配合和对项目经理的信任加强,团队就像一个组织有序的单位那样工作。团队成员之间相互依靠,平稳高效地解决问题。这时团队成员的集体荣誉感会非常强,常将团队换成第一称谓,如"我们组""我们部门"等,并会努力捍卫团队声誉。

(5)解散阶段(Adjourning)。所有工作完成后,项目结束,团队解散。

上述这些阶段通常按顺序进行,然而,团队停滞在某个阶段或退回到较早阶段的情况也并非罕见。如果团队成员曾经共事过,项目团队建设也可跳过某些阶段。某个阶段持续时间的长短取决于团队活力、团队规模和项目管理团队的领导力。项目经理应该对团队活力有较好的理解,以便有效地带领团队经历所有阶段。

9.7.4　人际关系技能

人际关系技能(Interpersonal Skills)有时被称为"软技能"(Soft Skills),是因富有情商,并熟练掌握沟通技巧、冲突解决方法、谈判技巧、影响技能、团队建设技能和团队引导技能,而具备的行为能力。

项目管理团队能用情商来了解、评估及控制项目团队成员的情绪,预测团队成员的行为,确认团队成员的关注点,跟踪团队成员遇到的困难,与团队成员有效互动。恰当地使用人际关系技能,可充分发挥项目团队的集体力量。

项目经理最常用的人际关系技能包括:

(1)领导力(Leadership)。

(2)激励(Motivation)。

(3)沟通(Communication)。

(4)影响力(Influencing)。

(5)谈判(Negotiation)。

(6)建立信任(Trust building)。

(7)冲突管理(Conflict management)。

(8)有效决策(Effective decision making)。

(9)教练技术(Coaching)。

(10)团队建设(Team building)。

9.7.5　权力

权力(Power)是影响行为、改变事情的过程和方向、克服阻力、使人们进行原本并不愿意进行的事情的潜在能力。权力主要包括以下五种:

(1)职位权力。来源于管理者在组织中的职位和职权。

Tips

> 这个项目薛总任命我为项目经理,所以我可以用职位权力给项目团队成员安排合理的工作和任务。

(2)惩罚权力。使用降职、扣薪、惩罚、批评、威胁等负面手段的能力。

Tips

上个礼拜新来的谭工,心思总是放在怎么能偷懒可以玩多点,做事拖拖拉拉,上班总是迟到,无缘无故的提前走,没有一点责任感,我用惩罚的权力,在周末会上当着大家的面扣除了他本月的出勤奖,警告他不要再这样下去。

(3)奖励权力。给予下属奖励的能力。奖励包括加薪、升职、福利、休假、礼物、口头表扬、认可度、特殊的任务以及其他的奖励员工满意行为的手段。

Tips

前天小蔡你加班加点地很好地完成了客户的任务,交付的成果客户是相当满意的,我给你奖励了 1000 元的客户满意奖。

(4)专家权力。来源于个人的专业技能。

Tips

平时工作大家碰到疑难杂症,实在解决不了的,告诉我,我能立马解决,这是因为我的技术水平比你们高。比如我们的薛总具备公司业务各方面的专业知识,有过人的特殊领域专长,影响着公司的每个人。

(5)参照权力。由于成为别人学习参照榜样所拥有的力量。

Tips

我们的薛总,就是我一辈子学习的榜样。

职位权力、惩罚权力、奖励权力来自组织的授权,专家权力和参照权力来自管理者自身。项目经理更注重运用奖励权力、专家权力和参照权力,尽量避免使用惩罚权力。

9.7.6 冲突管理

1. 撤退/回避(双输)

从实际或潜在冲突中退出,将问题推迟到准备充分的时候,或者将问题推给其他人员解决。双方在解决问题上都不积极,也不想合作。撤退是一种暂时性的冲突解决方法。

Tips

上次胡总和策工为了一个项目的测试吵得厉害,差点都打了起来,小蔡及时拉策工到一边去,避免这次冲突进一步的发展。事后我还夸奖这个处理就很好。

2. 缓和/包容(部分解决问题,双赢)

强调一致、淡化分歧(甚至否认冲突的存在),为维持和谐关系而单方面退让一步。这是一种慷慨而宽厚的做法,为了和谐和大局,而迁就对方,或者暂时放下争议点,谋求在其他非争议点与对方协作。缓和也是一种暂时性的冲突解决方法。

Tips

有一次因为项目经理给裴工少算了几天加班费,裴工和经理争吵起来,后来项目经理把加班费补上了,裴工也原谅了经理这次错误。

3. 妥协/调解(双输)

为了暂时或部分解决冲突,寻找能让各方都在一定程度上满意的方案。双方在态度上都愿意果断解决冲突,也愿意合作。双方都得到了自己想要的东西,但只是一部分,而不是全部。双方都做了让步,都有得有失。妥协是双方面的包容,包容是单方面的妥协。

> **Tips**
>
> 因为工程进度落后了,为了赶进度,牛工和策工发生了一次争吵,因为他们都有急需的工作要做,但是人员就这么多,没办法,最后他们相互理解,都是为了更好地完成项目,大家都急需人员,最后把人员平均分配。

4. 强迫/命令(一输一赢)

以牺牲其他一方为代价,推行某一方的观点;只提供赢输方案。通常是利用权力来强行解决紧急问题。一方赢,一方输。

> **Tips**
>
> 新来的谭工总是偷懒,做事拖拖拉拉,上班总是迟到,无缘无故地提前走,没有一点责任感,我私下找他谈了几次,最后我就说你要是再这样下去,直接给我走人,他才改变过来。

5. 合作/解决问题(双赢)

综合考虑不同的观点和意见,采用合作的态度和开放式对话引导各方达成共识和承诺。这是冲突双方最理想的结果,前提是双方要相互尊重、愿意合作、愿意倾听对方。

> **Tips**
>
> 我为什么能被薛总这样重视呢?因为我在进行项目的时候会考虑大家的特点和工作习惯,然后合理的安排,能听得进去大家不同的意见,吸取好的,及时改变,因此我们团队碰到问题都是合作一起解决,毕竟团队的力量大于个人。

9.7.7　激励理论

所谓激励(Motivation),就是激发鼓励的意思,就是利用某种外部诱因调动人的积极性和创造性,使人有一股内在的动力,向所期望的目标前进的心理过程。

现代项目管理在激励方面的理论基础主要是:马斯洛需求层次理论、赫茨伯格的双因素理论、X理论和Y理论、期望理论。

9.7.8　马斯洛需求层次理论

(1)生理需求:对衣食住行等需求都是生理需求。常见的激励措施:员工宿舍、工作餐、工作服、班车、工资、补贴、奖金等。

> **Tips**
>
> 新进来的谭工,中专毕业,他现在急需一份工作,靠其获得工资、奖金等,解决自己的衣食住行。

(2)安全需求:包括对人身安全、生活稳定、不致失业以及免遭痛苦、威胁或疾病等的需求。常见的激励措施:养老保险、医疗保障、长期劳动合同、意外保险、失业保险等。

> **Tips**
>
> 小蔡是IT职场小白,痴迷技术,勤学好问,立志成为名副其实的IT人,工作稳定了,但是你总觉得不安全,正好公司需要高级工程师,所以你在努力学习信息系统项目管理师,拿下证书,获得一份公司的长期劳动合同。

(3)社会交往的需求:包括对友谊、爱情以及隶属关系的需求。常见的激励措施:定期员工活动、聚会、比赛、俱乐部等。

> **Tips**
>
> 装工程师,美女一个,精明能干,做事特别认真,但是到现在还没有男朋友,所以公司组织的各种活动,我都让她积极参加。

（4）受尊重的需求：自尊心和荣誉感。荣誉来自别人，自尊来自自己。常见的激励措施：荣誉性的奖励，形象、地位的提升，颁发奖章，作为导师培训别人等。

> *Tips*
>
> 牛工程师，技术厉害，所以我把你安排在他手下，让他发挥自己的能力，今年年终总结大会上，薛总亲自给他颁发了奖章。

（5）自我实现的需求：实现自己的潜力，发挥个人能力到最大程度，使自己越来越成为自己所期望的人物。常见的激励措施：给他更多的空间让他负责，让他成为智囊团、参与决策、参与公司的管理会议等。

> *Tips*
>
> 比如我有能力，有技术，大家也尊重我，我一直都梦想成为薛总一样的大神。薛总见我这样的努力，遇到重大项目决策都让我参与，让我成为公司的智囊团成员之一。

9.7.9　赫茨伯格双因素理论

激励因素—保健因素理论又称双因素理论。该理论认为有两种完全不同的因素影响着人们的工作行为：

第一类是保健因素（Hygiene Factor），这些因素是与工作环境或条件有关的，能防止人们产生不满意感的一类因素，包括工作环境、工资薪水、公司政策、个人生活、管理监督、人际关系等。当保健因素不健全时，人们就会对工作产生不满意感。但即使保健因素很好时，也仅仅可以消除工作中的不满意，却无法增加人们对工作的满意感，所以这些因素是无法起到激励作用的。

第二类是激励因素（Motivator），这些因素是与员工的工作本身或工作内容有关的、能促使人们产生工作满意感的一类因素，是高层次的需要，包括成就、承认、工作本身、责任、发展机会等。当激励因素缺乏时，人们就会缺乏进取心，对工作无所谓，但一旦具备了激励因素，员工则会感觉到强大的激励力量而产生对工作的满意感，所以只有这类因素才能真正激励员工。

9.7.10　X 理论和 Y 理论

X 理论和 Y 理论与人性的假设截然相反。

1.X 理论

X 理论对人性有如下假设：

（1）人天性好逸恶劳，只要有可能就会逃避工作。

（2）人生来就以自我为中心，漠视组织的要求。

（3）人缺乏进取心，逃避责任，甘愿听从指挥，安于现状，没有创造性。

（4）人们通常容易受骗，易受人煽动。

（5）人们天生反对改革。

（6）人的工作动机就是为了获得经济报酬。

X 理论注重满足员工的生理需求和安全需求，激励尽在生理和安全层次起作用，同时很注重惩罚，认为惩罚是有效的管理工具。

用 X 理论可以加强管理，但项目团队成员通常比较被动地工作。

崇尚 X 理论的领导者认为，在领导工作中必须对员工采取强制、惩罚和解雇等手段，强迫员工努力工作，对员工应当严格监督、控制和管理。在领导行为上应当实行高度控制和集中管理。

2.Y 理论

Y 理论对人性的假设与 X 理论完全相反，其主要观点如下：

（1）人天生并不是好逸恶劳，他们热爱工作，从工作中得到满足感和成就感。

（2）外来的控制和处罚对人们实现组织的目标不是一个有效的办法，下属能够自我确定目标、自我指挥和自我控制。

（3）在适当的条件下，人们愿意主动承担责任。

（4）大多数人具有一定的想象力和创造力。

（5）在现代社会中，人们的智慧和潜能只是部分地得到了发挥，如果给予机会，人们喜欢工作，并渴望发挥其才能。

Y理论认为激励在需求的各个层次上都起作用，常用的激励办法是：将员工个人目标与组织目标融合，扩大员工的工作范围，尽可能把员工的工作安排得富有意义并具有挑战性，使其工作之后感到自豪，满足其自尊和自我实现的需要，使员工达到自我激励的程度。

崇尚Y理论的管理者对员工采取以人为中心的、宽容的及放权的领导方式，使下属目标和组织目标很好地结合起来，为员工的智慧和能力的发挥创造有利的条件。

用Y理论可以激发员工的主动性，但对于员工把握工作而言可能又放任过度。

9.7.11　期望理论

期望理论是一种通过考查人们的努力行为与其所获得的最终奖酬之间的因果关系，来说明激励过程，并以选择合适的行为达到最终的奖酬目标的理论。

期望理论认为，一个目标对人的激励程度受两个因素影响。

（1）目标效价，指实现该目标对个人有多大价值的主观判断。如果实现该目标对个人来说很有价值，个人的积极性就高；反之，积极性则低。

（2）期望值，指个人对实现该目标可能性大小的主观估计。只有个人认为实现该目标的可能性很大，才会去努力争取实现，从而在较高程度上发挥目标的激励作用；如果个人认为实现该目标的可能性很小，甚至完全没有可能，目标激励作用则小，以至完全没有。

期望理论认为，激励水平等于目标效价和期望值的乘积，即：激发力量＝目标效价×期望值。

当人们有需要，又有达到这个需要的可能，其积极性才高。

9.8　项目人力资源管理文件

9.8.1　人力资源管理计划

人力资源管理计划为项目经理如何定义、配备、管理及最终遣散项目人力资源，提供了指南。人力资源管理计划以及其后续的更新修改也是制定项目管理计划过程的输入。

人力资源管理计划包括（但不限于）以下内容：

（1）角色与职责。定义项目所需的岗位、技能和能力。

（2）项目组织图。说明项目所需的人员数量。

（3）人员配备管理计划。说明需要每个团队成员的时间段，以及有助于项目团队参与的其他重要信息。

9.8.2　角色和职责

（1）角色。在项目中，某人承担的职务或分配给某人的职务，如土木工程师、商业分析师和测试协调员。还应该明确和记录各角色的职权、职责和边界。

（2）职权。使用项目资源、做出决策、签字批准、验收可交付成果并影响他人开展项目工作的权力。

（3）职责。为完成项目活动，项目团队成员必须履行的职责和工作。

（4）能力。为完成项目活动，项目团队成员需具备的技能和才干。一旦发现成员的能力与职责不匹配，就应主动采取措施，如安排培训、招募新成员、调整进度计划或工作范围。

关于角色和职责的描述形式,层级型可用于规定高层级角色,而文本型更适合用于记录详细职责。角色和职责图如图 9-5 所示。

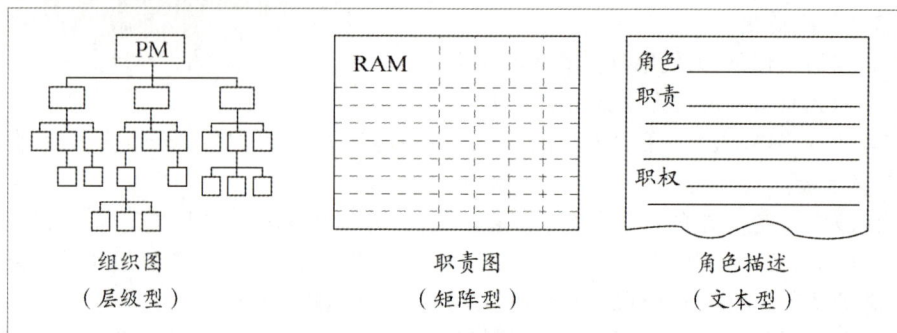

图 9-5　角色和职责

（1）层级型。可以采用传统的组织结构图,自上而下地显示各种职位及其相互关系。

工作分解结构（WBS）用来显示如何把项目可交付成果分解为工作包,有助于明确高层级的职责。

组织分解结构（Organization Breakdown Structure，OBS）与工作分解结构形式上相似,但是它不是根据项目的可交付成果进行分解,而是按照组织现有的部门、单元或团队排列,并在每个部门下列出其所负责的项目活动或工作包。运营部门（如信息技术部或采购部）只需要找到其所在的OBS 位置,就能看到自己的全部项目职责。

资源分解结构（Resource Breakdown Structure，RBS）是按资源类别和类型,对应资源的层级结构列表,有利于规划和控制项目工作。每向下一个层次都代表对资源的更详细描述,直到可以与工作分解结构（WBS）相结合,用来规划和监控项目工作。例如,资源分解结构可以反映一艘轮船建造项目中各个不同区域用到的所有焊工和焊接设备,即使这些焊接工和焊接设备在 OBS 和 WBS中分布杂乱。资源分解结构对追踪项目成本很有用,并可与组织的会计系统对接。它可以包含人力资源以外的其他各类资源（如材料和设备）。

（2）矩阵型。责任分配矩阵（Responsibility Assignment Matrix，RAM）是用来显示分配给每个工作包的项目资源的表格。它显示工作包或活动与项目团队成员之间的关系。在大型项目中,可以制定多个层次的 RAM。例如,高层次 RAM 可定义项目团队中的各小组分别负责 WBS 中的哪部分工作,而低层次 RAM 则可在各小组内为具体活动分配角色、职责和职权。矩阵图能反映与每个人相关的所有活动,以及与每项活动相关的所有人员。它也可确保任何一项任务都只有一个人负责,从而避免职责不清。

RAM 的一个例子是 RACI 矩阵（Responsible、Accountable、Consult、Inform,代表资源与工作之间的四种关系）。分配给每项工作的资源可以是个人或小组,如表 9-1 所示。

表 9-1　使用 RACI 格式的责任分配矩阵

RACI 矩阵	人员				
活动	张三	李四	王五	赵六	钱七
需求定义	A	R	I	I	I
系统设计	I	A	R	C	C
系统开发	I	A	R	C	C
测试	A	I	I	R	I

（注:R＝执行、A＝负责、C＝咨询、I＝知情。）

（3）文本型。如果需要详细描述团队成员的职责，就可以采用文本型。文本型文件通常以概述的形式，提供诸如职责、职权、能力和资格等方面的信息。这种文件有多种名称，如职位描述、角色、职责、职权表。该文件可作为未来项目的模板，特别是在根据当前项目的经验教训对其内容进行更新之后。

9.8.3　项目组织图

项目组织图是人力资源管理计划的组成部分，它以图形方式展示项目团队成员及其报告关系。基于项目的需要，项目组织图可以是正式或非正式的，非常详细或高度概括的。例如，一个跨越3省的30万人的抗震救灾团队的项目组织图，要比仅有20人的内部项目的组织图详尽得多。

9.8.4　人员配备管理计划

人员配备管理计划是人力资源管理计划的组成部分，说明将在何时、以何种方式获得项目团队成员，以及他们需要在项目中工作多久。人员配备管理计划的内容因应用领域和项目规模而异，但都应包括：

（1）人员招募。

（2）资源日历。表明每种具体资源的可用工作日和工作班次的日历。

（3）人员遣散计划。事先确定遣散团队成员的方法与时间，对项目和团队成员都有好处。

（4）培训需要。培训计划中也可说明应该如何帮助团队成员获得相关证书，以提高他们的工作能力，从而使项目从中受益。

（5）认可与奖励。因实现成本目标而获奖的团队成员，就应该对费用开支有适当的决定权。在奖励计划中规定发放奖励的时间，可以确保奖励能适时兑现而不被遗忘。认可与奖励在建设项目团队过程中具体实施。

（6）合规性。人员配备管理计划中可包含一些策略，以遵循适用的政府法规、工会合同和其他现行的人力资源政策。

（7）安全。应该在人员配备管理计划和风险登记册中规定一些政策和程序，使团队成员远离安全隐患。

9.8.5　团队绩效评价

项目管理团队应该对项目团队的有效性进行正式或非正式评价。以任务和结果为导向是高效团队的重要特征，其团队绩效评价基于：技术达成情况（达成既定的项目目标，包括质量水平）、进度绩效（按时完成）和成本绩效（在财务约束条件内完成）。

9.9　小蔡的自问自答

1. 领导者的工作主要涉及（　　）①。

A. 确定方向、统一思想、实现目标

B. 召集人员、分配任务、激励和鼓舞

C. 召集人员、分配任务、实现目标

D. 确定方向、统一思想、激励和鼓舞

【解析】领导者（Leader）的工作主要涉及三方面：

（1）确定方向（Establishing direction），为团队设定目标，描绘愿景，制定战略。

（2）统一思想（Aligning people），协调人员，团结尽可能多的力量来实现愿景。

①D

（3）激励和鼓舞（Motivating and inspiring），在向目标进军的过程中不可避免要遇到艰难险阻，领导者要激励和鼓舞大家克服困难奋勇前进。

2. (　　)①不属于项目人力资源管理的范畴。

A. 人员获取和能力匹配

B. 建立项目组织计划

C. 企业人员入职培训

D. 有效利用冲突和竞争

【解析】人力资源管理主要工作包括规划人力资源管理、组建项目团队、建设项目团队、管理项目团队。其中 A、C、D 选项都属于人力资源管理阶段所包含的工作。

3. (　　)②不属于项目团队建设的工具和技术。

A. 事先分派   B. 培训

C. 集中办公   D. 认可和奖励

【解析】事先分派是组建项目团队的工具和技术。

4. (　　)③能让项目经理和项目团队洞察成员的优势和劣势。

A. 人际关系技能   B. 项目绩效评估

C. 人事评测工具   D. 冲突管理

【解析】人事评测工具能让项目经理和项目团队洞察成员的优势和劣势。这些工具可帮助项目经理评估团队成员的偏好和愿望，团队成员如何处理和整理信息，团队成员如何制定决策，以及团队成员喜欢如何与人打交道。

5. 管理项目团队的输入包括(　　)④。

①项目成员清单；②项目人力资源管理计划；③问题日志；④组织过程资产；⑤变更请求；⑥组织绩效评价。

A. ①②③④   B. ①③④⑤

C. ①②④⑤   D. ②④⑤⑥

【解析】管理项目团队的输入主要包括以下内容：

(1)项目人力资源管理计划。

(2)项目人员分派。

(3)团队绩效评估。

(4)问题日志。

(5)工作绩效报告。

(6)组织过程资产。

其中项目成员清单是编制项目人力资源管理计划、项目人员分派等工作的基础，通俗地说，如果没有人员清单，就不能开展人员分派、人员资源管理等工作。

6. 一般来说，团队发展会经历五个阶段。"团队成员之间相互依靠，平稳高效地解决问题，团队成员的集体荣誉感非常强"是(　　)⑤的主要特征。

A. 形成阶段

B. 震荡阶段

C. 规范阶段

---

①B　②A　③C　④A　⑤D

D. 发挥阶段

【解析】发挥阶段(Performing),随着相互之间的默契配合和对项目经理的信任加强,团队就像一个组织有序的单位那样工作。团队成员之间相互依靠,平稳高效地解决问题。这时团队成员的集体荣誉感会非常强,常将团队换成第一称谓,如"我们组""我们部门"等,并会努力捍卫团队声誉。

7. 关于团队建设和管理的描述,不正确的是(　　)①。

A. 在团队发展的五个阶段中,震荡阶段之后是规范阶段

B. 团队发展不一定按五个阶段顺序进行,可能会跳过某个阶段

C. 项目经理注重运用奖励权力和惩罚权力,尽量避免使用专家权力

D. 成功的冲突管理可以提高生产力,改进工作关系

【解析】项目经理更注重运用奖励权力、专家权力和参照权力,尽量避免使用惩罚权力。

8. (　　)②是通过考查人们的努力行为与其所获得的最终奖酬之间的因果关系来说明激励过程,并以选择合适的行为达到最终的奖酬目标的理论。

A. 马斯洛需求层次理论

B. 赫茨伯格双因素理论

C. X 理论和 Y 理论

D. 期望理论

【解析】期望理论通过考查人们的努力行为与其所获得的最终奖酬之间的因果关系来说明激励过程,并以选择合适的行为达到最终的奖酬目标的理论。

9. (　　)③不能用于评价项目管理团队的绩效。

A. 达成既定项目目标

B. 进度绩效

C. 成本绩效

D. 团队规模

【解析】对项目管理团队绩效的评价基于:技术达成情况(达成既定的项目目标,包括质量水平)、进度绩效(按时完成)和成本绩效(在财务约束条件内完成)。

①C　②D　③D

9.10 本章重要概念

■ 重要概念连连看

人力资源管理计划	是人力资源管理计划的组成部分,说明将在何时、以何种方式获得项目团队成员,以及他们需要在项目中工作多久
虚拟团队	为项目经理如何定义、配备、管理及最终遣散项目人力资源,提供了指南
人员配备管理计划	是一种通过考查人们的努力行为与其所获得的最终奖酬之间的因果关系,来说明激励过程,并以选择合适的行为达到最终的奖酬目标的理论
保健因素	能促使人们产生工作满意感的一类因素,是高层次的需要,包括成就、承认、工作本身、责任、发展机会等。当激励因素缺乏时,人们就会缺乏进取心,对工作无所谓,但一旦具备了激励因素,员工则会感觉到强大的激励力量而产生对工作的满意感,所以只有这类因素才能真正激励员工
期望理论	具有共同目标、在项目期间很少或没有时间面对面工作的一群人
激励因素	能防止人们产生不满意感的一类因素,包括工作环境、工资薪水、公司政策、个人生活、管理监督、人际关系等

■ 易混概念

①马斯洛需求层次理论 *vs* 赫茨伯格双因素理论
②X 理论 *vs* Y 理论
③团队建设 *vs* 团队管理

第10章 项目沟通管理和干系人管理

10.1 考情分布地图

从历年的考试来看,本章节是考试的重点,对于沟通管理及干系人管理的工具与技术概念的考查最多,输入输出考查几率较低。沟通管理和干系人管理是两个管理领域,案例和论文一般是放在一起考查,单独考查的几率较低。案例和论文分值就不再进行统计,综合知识单选题平均每年分值在3分左右,近4次历年具体分值分布如下表。

年份 知识点	2022年5月 单选	2021年11月 单选	2021年5月 单选	2020年11月 单选	合计
沟通模型	0	0	0	0	0
沟通渠道	0	0	0	0	0
沟通技巧	0	0	0	0	0
规划沟通管理输入输出	0	0	0	0	0
沟通管理输入输出	0	0	0	0	0
控制沟通输入输出	0	0	0	0	0
项目沟通管理的技术和工具	1	1	1	2	5
识别干系人输入输出	0	0	0	0	0
规划干系人管理输入输出	0	0	0	0	0
管理干系人输入输出	0	0	0	0	0
控制干系人参与输入输出	0	0	0	0	0
项目干系人管理的技术和工具	1	1	1	1	4
本章考查分值	2	2	2	3	9

10.2 项目沟通管理基础

10.2.1 概述

项目沟通管理是在项目期间,要确保及时且正确地产生、收集、分发、储存和最终处理项目的信息的过程。沟通需要人员、观点、信息这三项要素,那么项目沟通管理的过程就揭示了这些要素之间联络的过程。

沟通的主旨是互动双方要建立起彼此相互了解的关系,能够相互回应,并且双方都期待通过沟通相互接纳最终达成共识。

众多专家都认为,任何项目——特别是IT项目,失败的主要原因是沟通的失败。

10.2.2 沟通模型

沟通的基本模型显示了信息如何在双方(发送方和接收方)之间被发送和被接收。该模型的关键要素包括:

(1)编码:把思想或想法转化为他人能理解的语言。

(2)信息和反馈信息:编码过程所得到的结果。

(3)媒介:用来传递信息的方法。

(4)噪声:干扰信息传输和理解的一切因素(如距离、新技术、缺乏背景信息等)。

(5)解码:把信息还原成有意义的思想或想法。

基本沟通模型有五种基本状态:已发送、已收到、已理解、已认可、已转化为积极的行动。

(1)已发送。当你传信息给他人。这并不表示对方已经读取或听到了,电子邮件和电话也只是帮助我们快速传递信息却不能保证对方准备读取它。这仅仅是信息已发送的状态。

(2)已收到。当对方信息已收到。这并不表示对方有任何意图去读取、理解或解决信息的问题。

(3)已理解。正确地消化和理解信息中的内容是简单接收信息中关键的一环,通常正确理解需要一定的上下文背景知识,需要对其中某些内容提出问题,或向发送者进行确认或澄清等步骤。

(4)已认可。已理解了传达的信息并不代表对方已同意这个观点。或许对方明白了你的意思,但完全不同意或者认为这是个糟糕的主意。所以在两个既聪明又有主见的人之间达成一致是一项复杂而又消耗时间的事情,尤其是两个人的观点都不能非常明白清晰的向对方阐述的时候。尽管如此复杂,达成一致仍然是做出项目决策和有效沟通的关键一环。

(5)已转化为积极的行动。虽然正确的理解和达成一致的认可是很困难的,但更加困难的是让对方去付出实际的、积极的行动,并且行动的方向应正确无误。这是整个过程中最难的一环,通常需要反复的沟通、配合一定的监督或帮助才能较好的完成。

10.2.3 沟通渠道

沟通渠道是信息传播者传递信息的途径,它是信息源选择和确立的媒介物(传送信息的媒介物)。

沟通渠道分为个人的和非个人的两大类型。

(1)个人沟通渠道。通过个人沟通渠道,两个或更多的人直接互相交流,他们可以面对面、通过电话、甚至通过邮件交流。个人传播渠道中有一种现象称为口头传播影响,在许多产品领域都行之有效。

(2)非个人沟通渠道。它包括主要媒体、氛围和活动。主要媒体包括报刊媒体、广播媒体、展示媒体。氛围是特别设计的环境,建立并加强买主购买某一产品的倾向。活动是安排好的事件,向目标受众传达信息。

在组织中的沟通渠道主要分为正式沟通渠道、非正式沟通渠道。信息源必须确定何种渠道是正式的,何种渠道是非正式的。一般,正式渠道由组织建立,它传递那些与工作相关的活动信息,并遵循着组织中的权力网络;另一种信息形式在组织中是通过非正式渠道来传递的。

(1)正式沟通渠道。正式沟通的优点是:沟通效果好,比较严肃,约束力强,易于保密,可以使信息沟通保持权威性。重要信息的传达一般都采取这种方式。其缺点是:由于依靠组织系统层层的传递,所以较刻板,沟通速度慢。

(2)非正式沟通渠道。团体成员私下交换看法、朋友聚会、传播谣言和小道消息等都属于非正式沟通。非正式沟通是正式沟通的有机补充。非正式沟通的优点是:沟通形式不拘,直接明了,速度很快,容易及时了解到正式沟通难以提供的"内幕新闻"。非正式沟通能够发挥作用的基础,是团体中良好的人际关系。其缺点表现在:非正式沟通难以控制,传递的信息不确切,易于失真、曲解,而且可能导致小集团、小圈子,影响人心稳定和团体的凝聚力。

10.2.4 项目沟通管理过程

项目沟通管理的各个过程,包括:

(1)规划沟通管理。根据干系人的信息需要和要求,结合组织的可用资产情况,制定合适的项目沟通方式和计划的过程。(规划在先)

（2）管理沟通。根据沟通管理计划,生成、收集、分发、储存、检索及最终处置项目信息的过程。（有效沟通）

（3）控制沟通。在整个项目生命周期中对沟通进行监督和控制的过程,以确保满足项目干系人对信息的需求。（改进沟通）

10.3 规划沟通管理

依据	工具和技术	成果
·项目管理计划 ·干系人登记册 ·组织过程资产 ·事业环境因素	·沟通需求分析 ·沟通方法	·项目文件更新 ·沟通管理计划

10.3.1 规划在先

沟通是人与人之间传递信息、传播思想、传达情感的过程。人们可以分享彼此的情感和知识,消除误会,增进了解,达成共同认识或共同协议。

而规划沟通是确定项目干系人的信息需求,并定义沟通方法的过程。识别干系人的信息需求,并满足其信息需求。做好规划沟通可以让项目经理与相关方进行有效率和有效果的沟通,在正确的时间用正确的格式提供所需的信息,并产生正确的影响。

10.3.2 本节金色重点

沟通管理计划是规划沟通的输出。沟通管理计划是项目管理计划的组成部分,描述将如何对项目沟通进行规划,结构化和监控。

沟通管理计划中还包括关于项目状态会议、项目团队会议、网络会议和电子邮件等的指南和模板。如果项目要使用项目网站和项目管理软件,也要把它们写进沟通管理计划。

沟通管理计划包括的信息

（1）通用术语表。

（2）干系人的沟通需求。

（3）需要沟通的信息,包括语言、格式、内容、详细程度。

（4）发布信息的原因。

（5）发布信息及告知悉或做出回应（如适用）的时限和频率。

（6）负责沟通相关信息的人员。

（7）负责授权保密信息发布的人员。

（8）将要接收信息的个人或小组。

（9）传递信息的技术或方法。

（10）为沟通活动分配的资源,包括时间和预算。

（11）问题升级程序,用于规定下层员工无法解决问题时的上报时限和上报路径。

（12）随项目进展,对沟通管理计划进行更新与优化的方法。

（13）项目信息流向图、工作流程（兼有授权顺序）、报告清单、会议计划等。

（14）沟通制约因素,通常来自特定的法律法规、技术要求和组织政策等。

> *Tips*
> 需要收集什么信息、在什么时候收集、以什么方式收集、以什么方式向谁发送什么信息、主要项目相关方的联系方式、对于关键术语的定义、如何更新沟通管理计划。

10.3.3 规划沟通管理来龙去脉

规划沟通管理来龙去脉如图10-1所示。

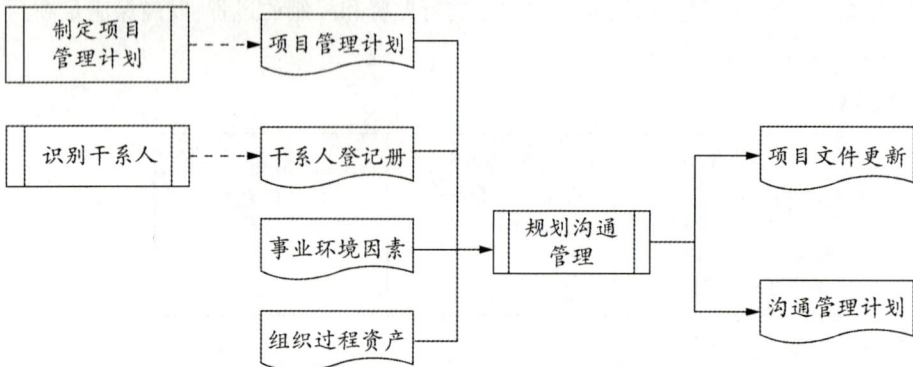

图 10-1 规划沟通管理

10.4 管理沟通

依据	工具和技术	成果
·沟通管理计划 ·工作绩效报告 ·组织过程资产 ·事业环境因素	·沟通渠道选择 ·沟通方法 ·信息管理系统 ·报告绩效	·项目沟通 ·项目管理计划更新 ·项目文件更新 ·组织过程资产更新

10.4.1 有效沟通

管理沟通是根据沟通管理计划,生成、收集、分发、储存、检索及最终处置项目信息的过程。本过程的主要作用是促进项目干系人之间实现有效率且有效果的沟通。

管理沟通并不只是发布相关信息,还要设法确保信息被正确地生成、接收和理解,并为干系人创造机会获取更多信息,以便干系人展开澄清和讨论。有效的沟通管理需要借助相关技术考虑相关事宜。

10.4.2 管理沟通来龙去脉

管理沟通来龙去脉如图10-2所示。

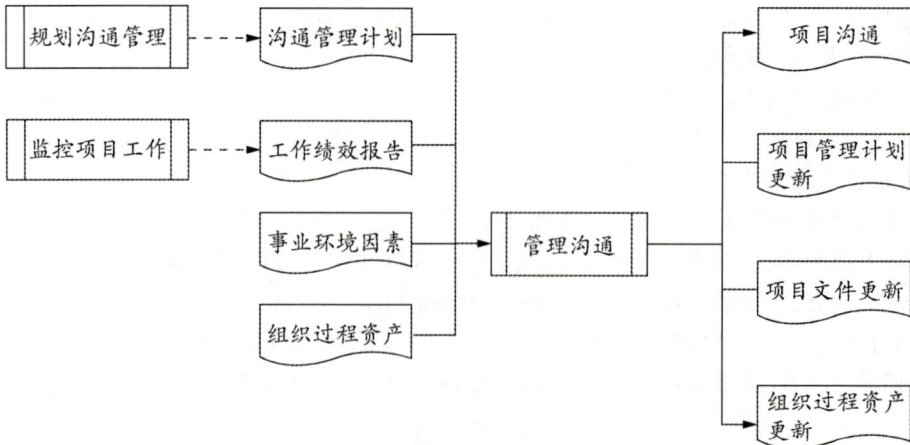

图 10-2 管理沟通

10.5 控制沟通

依据	工具和技术	成果
·项目管理计划 ·项目沟通 ·问题日志 ·工作绩效数据 ·组织过程资产	·信息管理系统 ·专家判断	·工作绩效信息 ·变更请求 ·项目管理计划更新 ·项目文件更新 ·组织过程资产更新

10.5.1 改进沟通

控制沟通是在整个项目生命周期中对沟通进行监督和控制的过程,来保障项目干系人对信息的需求。本过程的主要作用是随时确保所有沟通参与者之间的信息流动的最优化。

10.5.2 本节金色重点

问题日志用于记录和监督问题的解决。可以用问题日志来促进沟通,确保对问题的共同理解。书面日志记录了由谁来负责在目标完成前解决某特定问题,这有助于对该问题的监督。应该解决那些妨碍团队实现目标的障碍。

问题日志中的信息对控制沟通过程十分重要,因为它记录了已经发生的问题,并为后续沟通提供了平台。

10.5.3 控制沟通来龙去脉

控制沟通来龙去脉如图10-3所示。

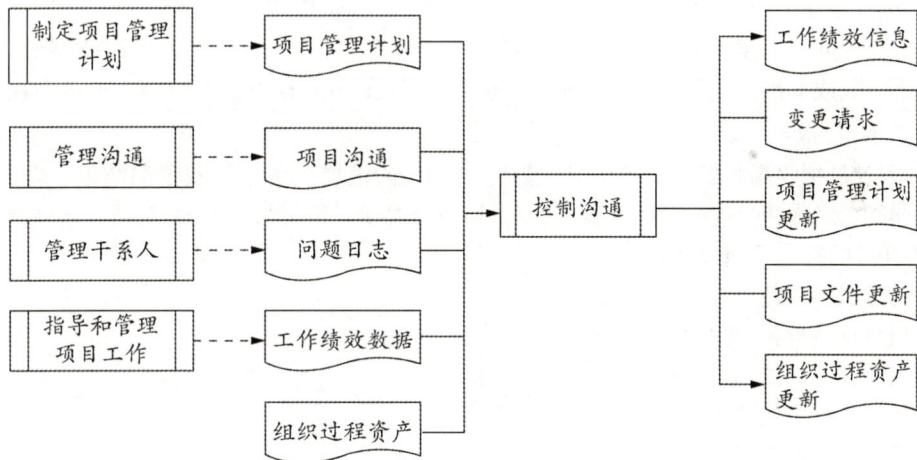

图10-3 控制沟通

10.6 项目沟通管理的技术和工具

■ 法宝一:会议

需要与项目团队展开讨论和对话,以便确定最合适的方法,用于更新和沟通项目信息,以及回应各干系人对项目信息的请求。这些讨论和对话通常以会议的形式进行。会议可在不同的地点举行,可以是面对面的会议或在线会议。

■ 法宝二:沟通需求分析

通过沟通需求分析,确定项目干系的信息需求,包括所需信息的类型和格式,以及信息对干系人的价值。项目资源只能用来沟通有利于项目成功的信息,或者那些因缺乏沟通会造成失败的信息。

项目经理还应该使用潜在沟通渠道或路径的数量,来反映项目沟通的复杂程度。潜在沟通渠道的总量为$n×(n-1)/2$,其中,n代表干系人的数量。因此,在规划项目沟通中,需要做的一件重要工作就是确定和限制谁应该与谁沟通,以及谁将接收何种信息。

法宝三:沟通技术

可以采用各种技术在项目干系人之间传递信息。可能影响沟通技术选择的因素包括:

(1)信息需求的紧迫性。

(2)技术的可用性。

(3)易用性。

(4)项目环境。

(5)信息的敏感性和保密性。

法宝四:沟通方法

可以使用多种沟通方法在项目干系人之间共享信息,这些方法可以大致分为:

(1)交互式沟通。在两方或多方之间进行多向信息交换。这是确保全体参与者对特定话题达成共识的最有效的方法,包括会议、电话、即时通信、视频会议等。

(2)推式沟通。把信息发送给需要接收这些信息的特定接收方。这种方法可以确保信息的发送,但不能确保信息送达受众或被目标受众理解。推式沟通包括信件、备忘录、报告、电子邮件、传真、语音邮件、日志、新闻稿等。

(3)拉式沟通。用于信息量很大或受众很多的情况。要求接收者自主自行地访问信息内容。这种方法包括企业内网、电子在线课程、经验教训数据库、知识库等。

项目干系人可能需要对沟通方法的选择展开讨论并取得一致意见。应该基于下列因素来选择沟通方法:沟通需求、成本和时间限制、相关工具和资源的可用性,以及对相关工具和资源的熟悉程度。

法宝五:报告绩效

报告绩效是指收集和发布绩效信息,包括状况报告、进展测量结果及预测结果。应该定期收集基准数据与实际数据,进行对比分析,以便了解和沟通项目进展与绩效,并对项目结果做出预测。

较为详尽的报告可能包括:

(1)对过去绩效的分析。

(2)项目预测分析,包括时间与成本。

(3)风险和问题的当前状态。

(4)本报告期完成的工作。

(5)下个报告期需要完成的工作。

(6)本报告期被批准的变更的汇总。

(7)需要审查和讨论的其他相关信息。

10.7 项目干系人管理基础

谁是项目干系人?凡是参与项目、会受到项目影响的人,都叫做项目干系人!

项目干系人管理就是识别出项目干系人的需求、希望和期望,然后通过沟通上的管理来满足其需要,并解决其问题的过程。

通过有效的项目干系人管理,项目经理将会赢得更多人的支持,从而能够确保项目取得成功。具体来说,项目干系人管理能够带来以下好处。

(1)将会赢得更多的资源,通过项目干系人管理,能够得到更多有影响力的干系人的支持,自然会得到更多的资源。

第二编

（2）快速频繁地沟通将能确保对项目干系人需要、希望和期望的完全理解,从某种意义上来说需求管理是项目干系人管理的一部分。

（3）能够预测项目干系人对项目的影响,尽早进行沟通和制定相应的行动计划,以免受到项目干系人的干扰。

10.8　识别干系人

依据	工具和技术	成果
·项目章程 ·采购文件 ·组织过程资产 ·事业环境因素	·会议 ·专家判断 ·干系人分析	·干系人登记册

10.8.1　尽早识别

项目干系人包括项目当事人和其利益会受该项目影响(受益或受损)的个人和组织,也可以把他们称作项目的利害关系者。

除了上述的项目当事人外,项目干系人还可能包括政府的有关部门、社区公众、项目用户、新闻媒体、市场中潜在的竞争对手和合作伙伴等,甚至项目班子成员的家属也应视为项目干系人。在项目或者阶段的早期就识别干系人,并分析他们的利益层次、个人期望、重要性和影响力对项目的成功非常重要。

10.8.2　本节金色重点

干系人登记册用于记录已经识别的干系人的相关详细信息,包括:基本信息、评估信息、干系人分类。应定期查看并更新干系人登记册,因为整个项目生命周期中干系人可能发生变化,也可能识别出新的干系人。

10.8.3　识别干系人来龙去脉

识别干系人来龙去脉如图 10-4 所示。

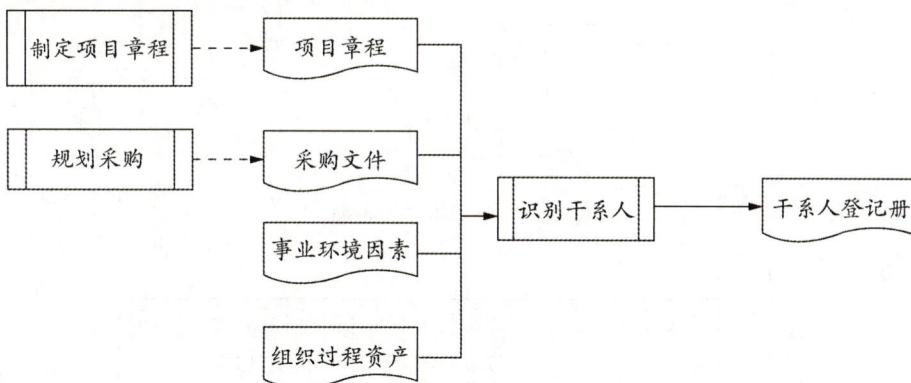

图 10-4　识别干系人

10.9　规划干系人管理

依据	工具和技术	成果
·项目管理计划 ·干系人登记手册 ·组织过程资产 ·事业环境因素	·会议 ·专家判断 ·分析技术	·干系人管理计划 ·项目文件更新

10.9.1 定策略

规划干系人管理:分析干系人的需求、利益以及对项目成功的潜在影响,制定合适的管理策略,有效调动干系人参与整个项目生命周期。

这个过程提供清晰且可操作的计划指导与项目干系人的互动,让他们支持项目利益。规划干系人管理不是一次性的工作,应由项目经理定期开展。

10.9.2 本节金色重点

■ 干系人管理计划

为有效调动干系人参与而制定的管理策略,通常包括:

(1)关键干系人的所需参与程度和当前参与程度。

(2)干系人变更的范围和影响。

(3)干系人之间相互关系和潜在关系。

(4)项目现阶段的干系人沟通需求。

(5)需要分发给干系人的信息。

(6)分发相关信息的理由,以及可能产生的影响。

(7)向干系人发送信息的频率和时限。

(8)随着项目的进展,更新和优化干系人管理计划的方法。

10.9.3 规划干系人管理来龙去脉

规划干系人管理来龙去脉如图 10-5 所示。

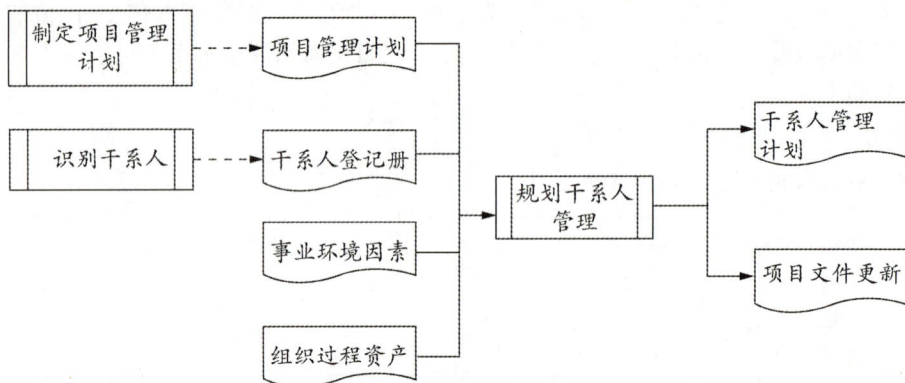

图 10-5 规划干系人管理

10.10 管理干系人

依据	工具和技术	成果
·干系人管理计划 ·沟通管理计划 ·变更日志 ·组织过程资产	·沟通方法 ·人际关系技能 ·管理技能	·问题日志 ·变更请求 ·项目管理计划更新 ·项目文件更新 ·组织过程资产更新

10.10.1 管理参与

在整个项目生命周期中,与干系人进行沟通和协作,以满足他们的需求与期望,解决实际出现的问题,并且促进干系人合理参与项目活动的过程。此过程的作用是帮助项目经理提升来自干系人的支持,并把干系人的抵制降到最低,从而显著提高项目成功的机会。

管理干系人参与包括以下活动：

（1）调动干系人适时参与项目，以获得或确认他们对项目成功的持续承诺。

（2）通过协商和沟通管理干系人的期望，确保项目目标实现。

（3）干系人的问题中尚未成为他们关注点的要提前处理，并预测干系人未来可能提出的问题。需要尽早识别和讨论这些关注点，以便评估相关的项目风险。

（4）澄清和解决已经识别出的问题。干系人对项目的影响能力通常在项目启动阶段最大，而后随着项目进展逐渐降低。

10.10.2　管理干系人来龙去脉

管理干系人来龙去脉如图10-6所示。

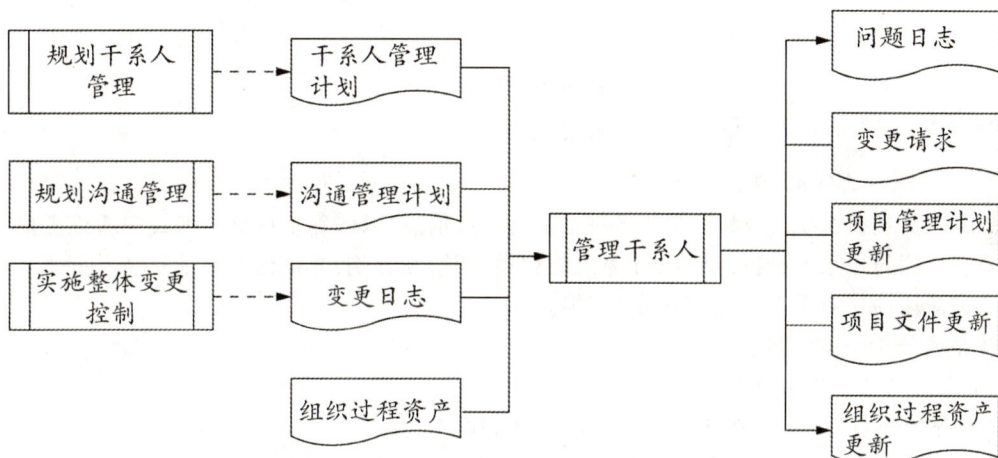

图10-6　管理干系人

10.11　控制干系人参与

依据	工具和技术	成果
·项目管理计划 ·问题日志 ·工作绩效数据 ·项目文件	·信息管理系统 ·专家判断 ·会议	·工作绩效信息 ·变更请求 ·项目管理计划更新 ·项目文件更新 ·组织过程资产更新

10.11.1　做改进

全面监督项目干系人之间的关系，调整策略和计划，以调动干系人参与的过程。本过程的作用是随着项目进展和环境变化，干系人的角色和期望会改变，所以要监督控制干系人管理，维持并提升干系人参与活动的效率和效果。

10.11.2　控制干系人参与来龙去脉

控制干系人参与来龙去脉如图10-7所示。

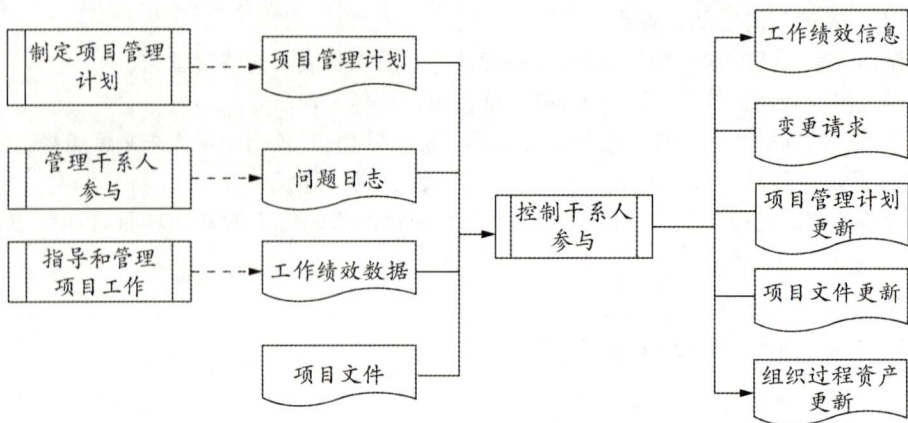

图 10-7 控制干系人

10.12 项目干系人管理的技术和工具

法宝一：干系人分析

干系人分析是系统的收集和分析各种定量与定性信息,以便确定在整个项目中应该考虑哪些人的利益。通过干系人分析,识别出干系人的利益、期望和影响,并把他们与项目联系起来。在项目的不同阶段应该对干系人施加不同的影响。

干系人分析的步骤如下:

(1)识别干系人及其相关信息。

(2)分析干系人可能的影响并把他们分类和排序。

(3)评估干系人对不同情况可能做出的反应,以便制定相应策略对他们施加正面影响。

干系人分类模型如下:

(1)权力/利益方格。根据干系人的职权大小和对项目结果的关注(利益)程度进行分类。

(2)权力/影响方格。干系人的职权大小以及主动参与(影响)项目的程度进行分类。

(3)影响/作用方格。干系人主动参与(影响)项目的程度及改变项目计划或者执行的能力进行分类。

(4)凸显模型。根据干系人的权力(施加自己意愿的能力)、紧迫程度和合法性对干系人进行分类。

法宝二：分析技术

比较所有干系人当前参与程度与计划参与程度(为项目成功所需要的)。在整个项目生命周期中,干系人的参与对项目的成功至关重要。

干系人的参与程度可按照如下标准分类:

(1)不知晓。

(2)抵制。

(3)中立。

(4)支持。

(5)领导。

可在干系人参与评估矩阵中记录干系人的当前参与程度。

法宝三：沟通方法

在管理干系人参与时,应该使用在沟通管理计划中确定的针对每个干系人的沟通方法。

10.13　小蔡的自问自答

1. 项目经理通过微信群告知项目组成员每天早上 9 点在会议室召开 5 分钟站立会议,讨论项目进度和当日工作,并要求每个组员对上述内容进行确认回复,10 分钟后他收到了所有回复信息。其中,微信群属于沟通模型中的(　　)①关键要素。

A. 编码　　　　　　　　　　　　　　B. 解码
C. 噪声　　　　　　　　　　　　　　D. 媒介

【解析】媒介:即信息的传递方式。除了最常用的通过语言进行直接交流外,随着各种通信工具的产生和发展,人们还可以通过电话、传真、电子邮件、互联网聊天工具等形式传递信息。在实际沟通过程中,人们除了要选择适合的通信工具外,还要考虑恰当的时间和环境。例如,重要的合同除了口头协议外,还必须选择书面方式等。

2. 某公司决定将一个废弃的体育场馆改成数字化影院,项目经理制定了沟通计划,对沟通的方式、人员、保密要求、信息传递等方面做了规定。项目在施工阶段发现未进行无障碍设计,不符合国家建设影院设计规范及条文说明的要求,项目被迫暂停。项目经理此时应在沟通计划中增加的要求是(　　)②。

A. 干系人的沟通需求
B. 沟通制约因素
C. 为沟通活动分配的资源
D. 问题升级程序

【解析】沟通制约因素,通常来自特定的法律法规、技术要求和组织政策等。题干"不符合国家建设影院设计规范及条文说明",符合沟通制约因素的说明。

沟通管理计划是项目管理计划的组成部分,描述将如何对项目沟通进行规划、结构化和监控。该计划包括如下信息:

(1)通用术语表。
(2)干系人的沟通需求。
(3)需要沟通的信息,包括语言、格式、内容、详细程度。
(4)发布信息的原因。
(5)发布信息及告知收悉或做出回应(如适用)的时限和频率。
(6)负责沟通相关信息的人员。
(7)负责授权保密信息发布的人员。
(8)将要接收信息的个人或小组。
(9)传递信息的技术或方法。
(10)为沟通活动分配的资源,包括时间和预算。
(11)问题升级程序,用于规定下层员工无法解决问题时的上报时限和上报路径。
(12)随项目进展,对沟通管理计划进行更新与优化的方法。
(13)项目信息流向图、工作流程(兼有授权顺序)、报告清单、会议计划等。
(14)沟通制约因素,通常来自特定的法律法规、技术要求和组织政策等。

3. 某项目沟通协调会共有 9 人参加会议,此次会议沟通渠道有(　　)③条。
A. 42　　　　　　　　　　　　　　　B. 28

①D　②B　③D

C. 45　　　　　　　　　　　　　　　　　D. 36

【解析】计算公式:$n×(n-1)/2=9×(9-1)/2=36$(条)。

4. 备忘录、报告、日志、新闻稿等沟通方式属于(　　)①。

A. 推式沟通

B. 交互式沟通

C. 拉式沟通

D. 非正式沟通

【解析】使用沟通方法可以促进项目干系人之间共享信息,这些方法可以大致分为:

(1)拉式沟通:用于信息量很大或受众很多的情况。要求接收者自主自行地访问信息内容。包括企业内网、电子在线课程、经验教训数据库、知识库等。

(2)交互式沟通:在两方或多方之间进行多项信息交换。这是确保全体参与者对特定话题达成共识的最有效的方法,包括会议、电话、即时通信、视频会议等。

(3)推式沟通:把信息发送给需要接收这些信息的特定接收方。这种方法可以确保信息的发送,但不能确保信息送达受众或被目标受众理解,包括信件、备忘录、报告、电子邮件、传真、语音邮件、日志、新闻稿等。

5. 从参与者的观点来看,沟通方式的参与程度最高的是(　　)②。

A. 叙述　　　　　　　　　　　　　　　B. 推销

C. 征询　　　　　　　　　　　　　　　D. 讨论

【解析】沟通方式可以分为:参与/讨论、征询、说明/推销、叙述,主要按照"参与程度""控制程度"对上述四种沟通方式进行划分,详见下图。结合下图得出:按照"参与程度",四种沟通方式由强到弱依次为参与/讨论、征询、说明/推销、叙述。

强	参与程度		弱
参与/讨论	征询	说明/推销	叙述
弱	控制程度		强

6. 在沟通管理中,(　　)③是最有效的沟通并解决干系人之间问题的方法。

A. 面对面会议

B. 问题日志

C. 问题清单

D. 绩效管理

【解析】面对面会议是最有效的沟通和解决干系人之间问题的方法。如果面对面的会议不能保证或不现实(如国际性的项目),电话会议、电子邮件或其他电子工具可有助于交流信息和对话。

7. 关于项目干系人的描述,正确的是(　　)④。

A. 项目干系人是从项目中获利的个人、群体或组织

B. 自认为受项目决策、活动或结果影响的个人、群体或组织也是干系人

C. 干系人分析是在项目计划阶段实施的工作,在项目其他阶段不涉及

D. 干系人之间的关系不是干系人分析的工作内容

———

①A　②D　③A　④B

【解析】项目干系人包括项目当事人和其利益受该项目影响(受益或受损)的个人和组织,也可以把他们称作项目的利害关系者。除了上述的项目当事人外,项目干系人还可能包括政府的有关部门、社区公众、项目用户、新闻媒体、市场中潜在的竞争对手和合作伙伴等,甚至项目班子成员的家属也应视为项目干系人。在项目或者阶段的早期就识别干系人,并分析他们的利益层次、个人期望、重要性和影响力对项目的成功非常重要。

8. 在权力/利益方格中,针对"权力小、对项目结果关注度高"的干系人,应该采取的策略是( )①。
   A. 重点管理
   B. 花最少的精力监督
   C. 令其满意
   D. 随时告知

【解析】由下图可知,针对权力小,对项目结果关注度高的干系人,应采取随时告知的权力。

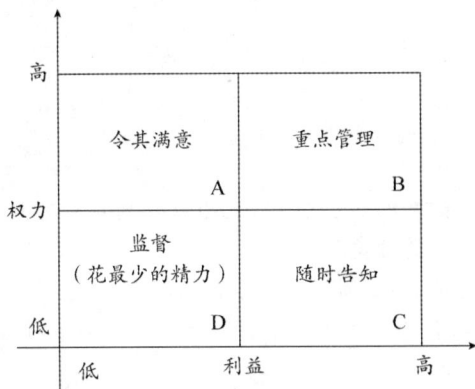

9. 在了解和管理干系人期望时,可以采用多种分类方法对干系人进行分类管理。其中( )②方法是根据干系人主动参与项目的程度以及改变项目计划或执行的能力进行分组。
   A. 权力/利益方格
   B. 权力/影响方格
   C. 影响/作用方格
   D. 凸显模型

【解析】在干系人很多的情况下,就必须对关键干系人进行分类和排序,以便有效分配精力,来了解和管理关键干系人的期望。可用的分类方法有多种,包括但不限于以下几种:

(1)权力/利益方格,根据干系人的职权(权力)大小以及对项目结果的关注程度(利益)进行分组。

(2)权力/影响方格,根据干系人的职权(权力)大小以及主动参与(影响)项目的程度进行分组。

(3)影响/作用方格,根据干系人主动参与(影响)项目的程度以及改变项目计划或执行的能力(作用)进行分组。

(4)凸显模型,根据干系人的权力(施加自己意愿的能力)、识别干系人紧急程度(需要立即关注)和合法性(有权参与),对干系人进行分类。

①D ②C

10. 在进行项目干系人分析时,经常用到权力/利益分析法,(   )①属于第二区域的项目干系人。

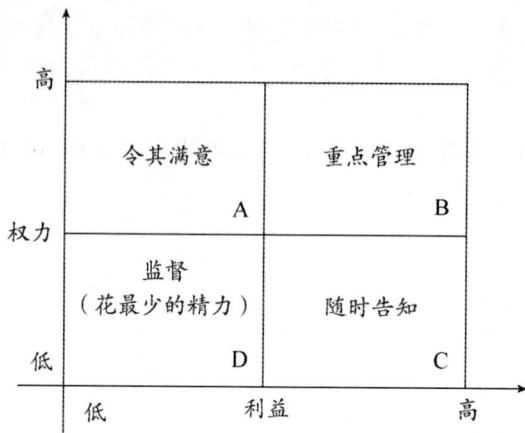

A. 项目客户

B. 项目团队成员

C. 项目经理

D. 供应商

【解析】权力/利益矩阵是根据干系人权力的大小以及利益对其分类,这个矩阵指明了项目需要建立的与各干系人之间的关系的种类。

首先关注处于 B 区的干系人,他们对项目有很高的权力,也很关注项目的结果,项目经理应该"重点管理,及时报告",应采取有力的行动让 B 区的干系人满意。项目客户和项目经理的主管领导,就是这样的项目干系人。

尽管 C 区干系人权力低,但关注项目的结果,因此项目经理要"随时告知"项目状况,以维持 C 区的干系人的满意程度。如果低估了 C 区干系人的利益,可能产生危险的后果,可能会引起 C 区干系人的反对。大多数情况下,要全面考虑到 C 区干系人对项目可能的、长期的以及特定事件的反应。处于 C 区干系人,项目经理应该"随时告知他们项目的状态,保持及时的沟通"。

最后,还需要正确地对待 D 区干系人的需要,D 区干系人的特点是"权力低、对项目结果的关注度低",因此项目经理主要是通过"花最少的精力来监督他们"即可。但有些 D 区干系人可以影响更有权力的干系人,他们对项目发挥的是间接作用,因此对他们的态度也应该"要好一些",以争取他们的支持、降低他们的敌意。

①A

10.14　本章重要概念

■ 重要概念连连看

规划沟通管理	根据沟通管理计划，生成、收集、分发、储存、检索及最终处置项目信息的过程
	在整个项目生命周期中对沟通进行监督和控制的过程，以确保满足项目干系人对信息的需求
管理干系人	
	全面监督项目干系人之间的关系，调整策略和计划，以调动干系人参与的过程
管理沟通	
	在整个项目生命周期中，与干系人进行沟通和协作，以满足他们的需求与期望，解决实际出现的问题，并促进干系人合理参与项目活动的过程
控制干系人参与	
	根据干系人的信息需要和要求，结合组织的可用资产情况，制定合适的项目沟通方式和计划的过程
控制沟通	
	基于干系人的需求、利益及对项目成功的潜在影响的分析，制定合适的管理策略，以有效调动干系人参与整个项目生命周期的过程。此过程为项目干系人的互动提供清晰且可操作的计划，以支持项目利益
规划干系人管理	
识别干系人	识别能影响项目决策、活动或结果的个人、群体或组织，以及被项目决策、活动或者结果影响的个人、群体或者组织，并分析和记录他们的相关信息的过程

■ 易混概念

①权力/利益方格 *vs* 权力/影响方格

②交互式沟通 *vs* 推式沟通 *vs* 拉式沟通

③管理沟通 *vs* 控制沟通

④管理干系人 *vs* 控制干系人参与

第二编

第 11 章　项目风险管理

11.1　考情分布地图

从历年的考试来看,本章在历年考试中综合知识单选、案例分析、论文写作中都会考查,所以不仅要掌握常考的基础知识应对单选和案例,还要能够将对风险管理过程的理解同项目经验结合,写出一篇合格的论文。我们从下表可以看出"识别风险"每年必考,所以尤为重要。本章每年单选考查分值在 3 分左右,综合知识单选题近 4 次历年具体分值分布如下表。

年份 / 知识点	2022 年 5 月 单选	2021 年 11 月 单选	2021 年 5 月 单选	2020 年 11 月 单选	合计
项目风险定义	0	1	0	0	1
风险的分类	0	0	1	1	2
风险成本及其负担	1	0	0	0	1
规划风险管理	0	0	0	0	0
识别风险	1	1	1	1	4
实施定性风险分析	0	0	0	1	1
实施定量风险分析	0	1	1	0	2
规划风险应对	0	0	0	0	0
控制风险	1	0	0	0	1
本章考查分值	3	3	3	3	12

11.2　项目风险管理概述

11.2.1　无风不起浪

1. 风险管理的第一认识:风险管理应开展哪些工作?

要做到"零风险"是绝对不可能的,对于风险管理,应认真做好以下工作:

(1)风险管理规划:决定如何进行规划和实施项目风险管理活动。

(2)识别风险:判断哪些风险会影响项目,并以书面形式记录其特点。

(3)定性风险分析:对风险概率和影响进行评估和汇总,进而对风险进行排序,以便随后进一步分析或行动。

(4)定量风险分析:就识别的风险对项目总体目标的影响进行定量分析,即对这些风险事件的影响进行分析,并就风险分配一个数值。

(5)规划风险应对:针对项目目标制定提高机会、降低威胁的方案和行动。

(6)控制风险:在整个项目生命周期中,跟踪已识别的风险、监测残余风险、识别新风险和实施风险应对计划,并对其有效性进行评估。

Tips

小蔡在工作技能上还是比较专业的,但是对于项目管理而言,尤其是对风险管理的认知上存在一定的缺陷,也就是我们经常提到的"重技术,轻管理"。

项目经理不止一次提醒小蔡,通过合理运用科学的项目风险管理手段,可以很好地规避风险、控制风险。风险的发生会对项目造成不同程度的影响,最严重的后果可能就是项目阶段性的工作需要返工甚至导致整个项目的失败。

我们思考一下,倘若风险管理中缺少风险识别工作会带来什么后果呢?

例如:

项目的实施过程中就存在一个很大的潜在风险——因用户需求不清,而导致返工的风险。即用户需求不清晰,"你不明白用户到底想要什么"。在此基础上去执行项目的实施,你将面临的多半是返工。用户的需求是希望你提供一台洗衣机,而你却生产了一台冰箱给他,虽然你这个冰箱质量、性能都很好,但你的项目成果与用户的需求相悖。

因此,风险管理包含的六个过程缺一不可。

2. 风险管理的第二认识:什么是风险?

项目风险是一种不确定的事件或条件,一旦发生,会对项目目标产生某种<u>正面(机会)</u>或<u>负面(威胁)</u>的影响。

风险是一把双刃剑,有好的一面,也有不好的一面。你可以理解为好的一面是有利的、积极的风险;不好的一面则是不利的、负面的风险。

当负面因素风险出现时要加以引导,使其向有利的方向发展,或者<u>使负面降到最低</u>;而对于积极因素的风险应加强利用,使其收益最大化。

3. 风险管理的第三认识:风险管理目的是什么?

项目风险管理为"实现项目目标"提供支撑。

Tips

风险管理的主要目的就是对项目中各类因素(好的风险、坏的风险)进行有效管理、引导、监控等,从而使风险负面因素降到最低,好的风险使其收益最大化,最终为项目的顺利实施提供有力的支撑。

通俗地说,风险管理最大的问题不是如何做,而是项目成员缺少风险意识,有了风险意识,才能去识别出来项目中可能存在的风险,进而去管理风险。项目任务实施过程中,不能盲目乐观,都要思考下它最坏的结果是什么,如果最坏的结果不能接受,就说明要有个 B 计划(甚至包含 C 计划、D 计划),并考虑风险管理。

11.2.2　本节金色重点

■ 已知风险与未知风险

风险管理是<u>贯穿项目始终</u>的,它不是一次性的工作。因为项目实施过程中会不断出现新的风险,而有的风险是可以控制的,有的则是无法控制的。

已知风险是那些已经经过识别和分析的风险。对于已知风险,进行相应计划是可能的。虽然项目经理可以依据以往类似项目的经验,采取一般的应急措施处理未知风险,但<u>未知风险是无法管理</u>的。

■ **风险的分类**（如表 11-1）

表 11-1　风险的分类

类型划分		概念	举例或说明
按风险后果	纯粹风险	不能带来机会、根本无法获得利益可能的风险；它只有两种可能的后果：造成损失和不造成损失	①纯粹风险和投机风险在一定条件下可以相互转化 ②项目管理人员必须避免投机风险转化为纯粹风险
	投机风险	既可能带来机会、获得利益，又隐含威胁、造成损失的风险；有三种可能的后果：造成损失、不造成损失和获得利益	
按风险来源	自然风险	由于自然力的作用，造成财产毁损或人员伤亡的风险属于自然风险	洪水、地震、海啸等
	人为风险	由于人的活动而带来的风险	因技术人员操作不当，引起的工程事故
按风险是否可管理	可管理风险	可以预测并可采取相应措施加以控制的风险	发现进度滞后风险，抓紧赶工、赶进度
	不可管理风险	与可管理风险相反	恐龙时代彗星撞地球
按风险影响范围	局部风险	局部风险影响的范围小	非关键路线上活动的延误
	总体风险	总体风险影响的范围大	处在关键路线上的活动一旦延误，就要推迟整个项目的完成日期
按风险后果的承担者	项目业主风险、政府风险、承包商风险、投资方风险、设计单位风险、监理单位风险、供应商风险、担保方风险和保险公司风险等		某风险的主要关系人
按风险的可预测性	已知风险	经常发生的，而且其后果亦可预见的风险，发生概率高，但一般后果轻微	项目目标不明确，过分乐观的进度计划，设计或施工变更，材料价格波动等
	可预测风险	根据经验，可以预见其发生，但不可预见其后果的风险，后果有时可能相当严重	业主不能及时审查批准，分包商不能及时交工，施工机械出现故障等
	不可预测风险	有可能发生，但其发生可能性即使最有经验的人亦不能预见的风险；一般是外部因素作用的结果	地震、百年不遇的暴雨、通货膨胀、政策变化等

■ **风险成本**

风险成本是风险事件造成的损失或减少的收益，或者为防止发生风险事件采取预防措施而支付的费用。

■ **风险成本分类**

风险成本包括有形成本、无形成本以及预防与控制风险的成本。

1. 风险损失的有形成本

(1)直接损失：直接损失指财产损毁和人员伤亡的价值。

(2)间接损失：间接损失指直接损失以外的其他损失、责任损失以及因此而造成的收益的减少。

> **Tips**
>
> 事件举例：
>
> 直接损失：当压缩空气机房在施工过程中发生失火事件时，此时的直接损失包括空压机的重置成本、受伤人员的医疗费、休养费、工资等。
>
> 间接损失：对机房采取的灭火扑救，以及因火灾导致停工等发生的成本。

2. 风险损失的无形成本

(1)风险损失减少了机会。由于对风险事件没有把握，不能确知风险事件的后果，项目活动的主体不得不事先做出准备。这种准备往往占用大量资金或其他资源，使其不能投入再生产，不能增值，减少了机会。

(2)风险阻碍了生产率的提高。人们不愿意把资金投向风险很大的新技术产业，阻碍了新技术的应用和推广，阻碍了社会生产率的提高。

(3)风险造成资源分配不当。由于担心在风险大的行业或部门蒙受损失，因此人们都愿意把资源投入到风险较小的行业或部门。结果是应该得到发展的行业或部门缺乏应有的资源，而已经发展过度的行业或部门，却占用过多的资源，造成了浪费。

> **Tips**
>
> 小蔡刚进公司的时候，由于经验欠缺、工作技能不够专业，因此导致其负责开发的软件在功能上、性能上与用户 A 的需求相差甚远，为了挽回损失，确保项目目标最终的实现，项目经理紧急安排公司资深软件开发人员接手小蔡的工作。
>
> 而恰恰在此时，用户 B 也需要开发一套软件系统，但由于公司内部软件开发精英人员都紧急调集去对小蔡的工作进行补救，目前无人能承担用户 B 的委托，因此，前期小蔡的行为而导致的软件开发工作返工的风险，减少了公司新的项目合作机会。

3. 预防与控制风险的成本

为了预防和控制风险损失，必然要采取各种措施。如向保险公司投保、向有关方面咨询、设备的维护和保养费用等。

一般来讲，只有当风险事件的不利后果超过为项目风险管理而付出的代价时，才有必要进行风险管理。

11.3 规划风险管理

依据	工具和技术	成果
·项目管理计划 ·项目章程 ·干系人登记册 ·事业环境因素 ·组织过程资产	·分析技术 ·专家判断 ·会议	·风险管理计划

11.3.1 行成于思毁于随

项目风险管理工作的开展离不开一个有效的规划。规划风险管理指决定如何进行项目风险管理活动的过程。

■ **风险管理计划的主要内容**

(1)方法论。确定实施风险管理使用方法、工具及数据来源。

(2)角色与职责。确定风险管理计划中每项活动的领导、成员组成,为这些角色分配人员并澄清其职责。

(3)预算。分配资源并估算风险管理所需成本,将之纳入项目成本基准。制定应急储备和管理储备的使用方案。

(4)时间安排。确定在项目整个生命期中实施风险管理过程的次数和频率,并确定应纳入项目进度计划的风险管理活动。

(5)风险类别。根据风险的性质对其进行分类。风险类别提供了一种结构化方法以便使风险识别的过程系统化、全面化,保证组织能够在一个统一的框架下进行风险识别,其目的是:①提高风险识别的质量和有效性;②组织可以使用事先准备的常用风险类别。

(6)风险概率和影响的定义。为确保定性风险分析过程的质量和可信度,要求界定不同层次的风险概率和影响。

11.3.2 本节金色重点

■ **规划风险管理的依据**

(1)项目管理计划。项目管理计划是一个主计划,其提供了会受风险影响的范围、进度和成本的基准或当前状态。

(2)项目章程。项目章程可提供各种输入,如高层级风险、项目描述和需求。

(3)干系人登记册。干系人登记册包含了项目干系人的详细信息及角色概述。

(4)事业环境因素。组织及参与项目的人员的风险态度和风险承受度将影响项目管理计划。

(5)组织过程资产。组织可能设有既定的风险管理方法,如风险分类、概念和术语的通用定义、标准模板、角色和职责、决策授权水平和经验教训等。

> *Tips*
> 项目管理计划是一个主体计划,也就是我们常说的总计划,里面包含了多个子计划,例如质量管理计划、进度管理计划、风险管理计划、成本管理计划等等。

■ **规划风险管理的工具与技术**

(1)分析技术。主要用来理解和定义项目的总体风险管理环境。

(2)专家判断。征求那些具备特定培训经历或专业知识的小组或个人的意见。

> *Tips*
> 例如:高层管理者、项目干系人、曾在相同领域项目上工作的项目经理、特定业务或项目领域的主题专家、行业团体和顾问、专业技术协会。

(3)会议。项目团队举行会议制定风险管理计划。参会者包括项目经理、项目团队成员和利害关系者等。

■ **风险管理规划的成果**

成果就是风险管理计划,它描述如何安排与实施项目风险管理,它是项目管理计划的子计划。

11.3.3 规划风险管理来龙去脉

规划风险管理来龙去脉如图11-1所示。

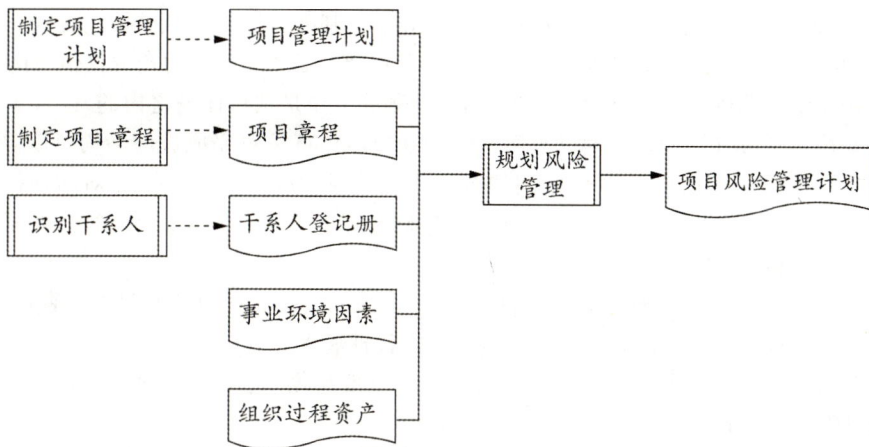

图 11-1 规划风险管理

11.4 识别风险

依据	工具和技术	成果
·风险、成本、进度、质量、人力资源管理计划 ·范围基准 ·活动成本估算和活动持续时间估算 ·干系人登记册 ·项目文件 ·采购文件 ·事业环境因素 ·组织过程资产	·文档审查 ·信息收集技术 ·核对表分析 ·假设分析 ·图解技术 ·SWOT分析 ·专家判断	·风险登记册

11.4.1 "是佛还是魔"

识别风险指确定哪些风险会影响项目并将其特性记载成文。

参加识别风险的人员通常可包括:项目经理、项目团队成员、风险管理团队(如有)、项目团队之外的相关领域专家、顾客、最终用户、其他项目经理、利害关系者和风险管理专家。虽然上述人员是识别风险过程的关键参与者,但应鼓励所有项目人员参与风险的识别。

> **Tips**
>
> 什么是风险识别? 就是去发现、寻找、认识那些对项目造成影响的因素。
>
> 风险识别的作用是什么? 发据风险、认知风险、制定风险应对措施。
>
> 此处需要重点说明的是:识别风险是一项反复的过程。随着项目生命期的绩效,新风险可能会出现。

11.4.2 本节金色重点

风险识别的依据

(1)风险管理计划。向风险识别过程提供一些关键要素,例如:角色和职责的分配,预算和进度计划中纳入的风险管理活动因素,以及风险类别。

(2)成本管理计划。有助于在整个项目内识别风险。

(3)进度管理计划。有助于了解可能受风险(已知的和未知的)影响的项目时间的(进度)目标及预期。

（4）质量管理计划。该计划中规定的质量测量和度量基准，可用于识别风险。

（5）人力资源管理计划。为如何定义、配备、管理和最终遣散项目人力资源提供指南。

（6）范围基准。明确规定了项目的建设内容，即哪些工作是项目任务之内的。

（7）活动成本估算和活动持续时间估算。①活动成本估算是对完成进度活动可能需要的成本的量化评估，最好用一个区间来表示，区间的宽度代表着风险的相对程度。②对活动持续时间估算进行审查，有利于识别与活动或整个项目的应急储备时间有关的风险。类似地，估算区间的宽度代表着风险的相对程度。

（8）干系人登记册。可以利用干系人的信息确保关键干系人，特别是发起人和客户，能以访谈或其他方式参与识别风险过程，为识别风险过程提供各种输入。

（9）项目文件。包括（但不限于）项目章程、项目进度计划、进度网络图、问题日志、质量核对单、对识别风险有用的其他信息。

（10）采购文件。如果项目需要采购外部资源，采购文件就成为识别风险过程的重要输入。采购文件的复杂程度和详细程度应与计划采购的价值及采购中的风险相匹配。

（11）事业环境因素。在识别风险过程中，能够影响识别风险过程的事业环境因素包括（但不限于）：公开发布的信息，包括商业数据库、学术研究资料、公开发布的核对单、标杆对照资料、行业研究资料、风险态度。

（12）组织过程资产。能够影响识别风险过程的组织过程资产包括（但不限于）：项目文档，包括实际数据、组织和项目的过程控制资料、风险描述的格式或模板、经验教训。

风险识别的工具与技术

1. 文档审查

对项目文档（包括计划、假设、先前的项目文档和其他信息）进行系统和结构性的审查。

2. 信息收集技术

（1）头脑风暴。头脑风暴的目的是取得一份综合的风险清单。通常由项目团队主持，也可邀请不同学科专家来实施此项技术。在一位主持人的推动下，参会人员就项目的风险集思广益。

（2）德尔菲技术。德尔菲技术是专家就某一专题达成一致意见的一种方法。项目风险管理专家以匿名方式参与此项活动。

（3）访谈。通过访问有经验的项目参与者、利害关系者或某项问题的专家，可以识别风险。访谈是收集风险识别数据的主要方法之一。

（4）根本原因识别。指对项目风险的根本原因进行调查。通过识别根本原因来完善风险定义并按照成因对风险进行分类。通过考虑风险的根本原因，制定有效的风险应对措施。

3. 核对表分析

风险识别所用的核对表可根据历史资料，以往类似项目所积累的知识，以及其他信息来源着手制订。风险分解结构的最底层可用作风险核对表。

4. 假设分析

指的是检验假设有效性（即假设是否成立）的一种技术。它可以辨认不精确、不一致、不完整的假设对项目所造成的风险。

5. 图解技术

（1）因果图。又被称作石川图或鱼骨图，用于识别风险的成因。

（2）系统或过程流程图。显示系统各要素之间如何相互联系，以及因果传导机制。

（3）影响图。显示因果影响，按时间顺序排列的事件，以及变量与结果之间的其他关系的图解表示法。

6. SWOT 分析

SWOT 技术从项目的每个优势（Strength）、劣势（Weakness）、机会（Opportunity）和威胁（Threat）出发，对项目进行考察，把产生于内部的风险都包括在内，从而更全面地考虑风险。

7. 专家判断

拥有类似项目或业务领域经验的专家，可以直接识别风险。

风险识别的成果

（1）已识别风险清单。对已识别风险进行描述、记录，包括其根本原因、不确定的项目假设等。

（2）潜在应对措施清单。在风险识别过程中，可识别出风险的潜在应对措施。如此确定的风险应对措施可作为风险应对规划过程的依据。

（3）风险根本原因。指可导致已识别风险的根本状态或事件。

（4）风险类别更新。在识别风险的过程中，可能识别出新的风险类别，进而将新风险类别纳入风险类别清单中。

> *Tips*
>
> 　　风险识别之后一定要将识别出的风险进行详细记录，好记性比不上烂笔头。同时还要认真分析此类风险发生的"导火线"是什么。
>
> 　　项目的实施过程中，可能会出现新的风险，因此需要结合实际情况对相关项目文件进行更新。

11.4.3　识别风险来龙去脉

识别风险来龙去脉如图 11-2 所示。

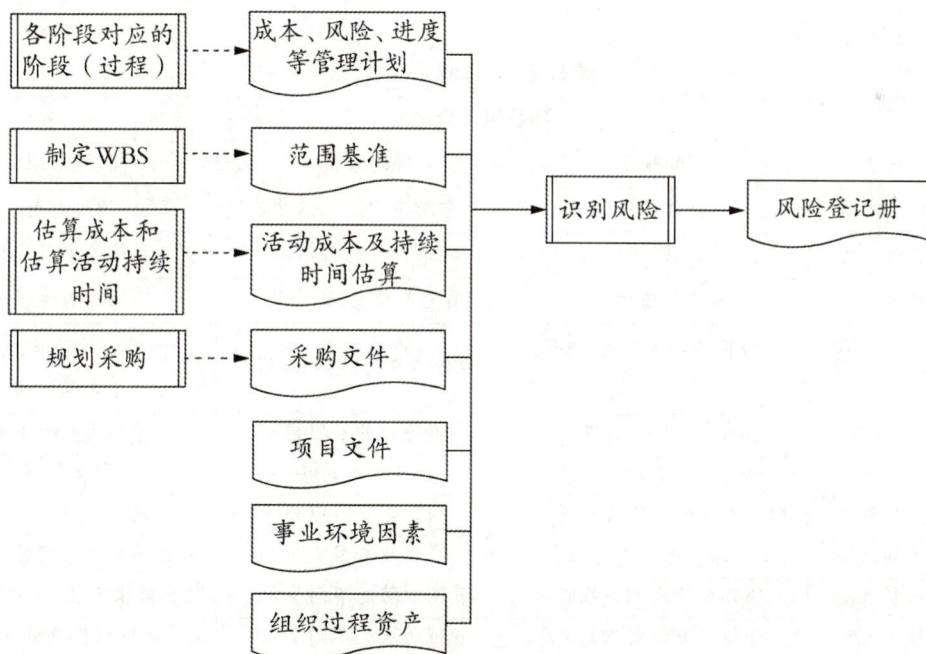

图 11-2　识别风险

11.5 实施定性风险分析

依据	工具和技术	成果
·风险管理计划 ·范围基准 ·风险登记册 ·事业环境因素 ·组织过程资产	·风险概率与影响评估 ·概率和影响矩阵 ·风险数据质量评估 ·风险分类 ·风险紧迫性评估 ·专家判断	·项目文件更新（风险登记册、假设条件日志）

11.5.1 抽丝剥茧

定性风险分析的认知:指的是为风险应对规划过程确立优先级的一种经济、有效和快捷的方法,其主要目的是采取进一步行动,对已识别风险进行优先排序。

> **Tips**
> 通俗地说就是把最严重、最紧迫的风险作为第一优先级。

11.5.2 本节金色重点

实施定性风险分析依据

(1)风险管理计划。

(2)范围基准。

(3)风险登记册。就定性风险分析而言,来自风险登记册的一项关键依据是已识别风险的清单。风险登记册中包含了评估风险和划分风险优先级所需的信息。如表11-2所示。

(4)事业环境因素。

(5)组织过程资产。

表11-2　风险登记册示例

项目风险登记册				
序号	分类	风险来源	风险事件	风险后果
1	合作方风险	合作协议	苹果中断与中国电信的合作	项目取消
2	合作风险	供货	苹果供货能力不足	销量达不到预期目标
3	质量风险	产品质量	质量不稳定、返修高	市场占有率下降
4	合作方风险	售后服务网点不足,维修能力不足	维修不及时,不能维修	产品销量下降,产品信誉度下降
5	合作方风险	分销商营销能力不足	市场销量不理想	市场占有率下降
6	政策风险	手机进口得不到国家许可	产品无法销售	项目取消
7	资金风险	预算不足或不能及时到位	项目资金链中断	项目无法进行或缩小范围
8	策划风险	媒体选择不当	广告覆盖率不高	达不到预期宣传效果
9	人员风险	项目人员无相关经验	营销效果达不到要求	宣传效果不佳、销售不理想
10	技术风险	营销方案制定不充分	营销效果达不到要求	手机销售数量下降
11	需求风险	经济衰退	目标人群购买力下降,预期销售数量无法达到	手机销售数量下降

实施定性风险分析的工具与技术

(1)风险概率与影响评估。

风险概率评估体系指调查每项具体风险发生的可能性。风险影响评估旨在调查风险对项目目标(如时间、成本、范围或质量)的潜在影响,既包括消极影响或威胁,也包括积极影响或机会。

(2)概率和影响矩阵。

基于风险等级,对风险进行优先排序,便于进一步的定量分析和风险应对。根据评定的风险概率和影响级别,对风险进行等级评定。通常采用参照表的形式或概率和影响矩阵(参见表11-3)的形式,评估每项风险的重要性及其紧迫程度。针对风险等级的高低,来优先开展针对性工作。

表 11-3　概率和影响矩阵

项目事件		频率				
风险事件分类		A	B	C	D	E
严重程度	灾难	高	高	高	高	高
	重大	中	高	高	高	高
	较大	中	中	高	高	高
	一般	低	低	中	中	中
	较小	低	低	低	中	中

(3)风险数据质量评估。

定性风险分析要具有可信度,就要要求使用准确和无偏颇的数据,包括风险的理解程度,风险数据的精确性、质量、可靠性和完整性。

(4)风险分类。

(5)风险紧迫性评估。

需要近期采取应对措施的风险可被视为急需解决的风险。实施风险应对措施所需的时间、风险征兆、警告和风险等级等都可作为确定风险优先级或紧迫性的指标。

(6)专家判断。

实施定性风险分析的成果

(1)项目文件更新。

(2)风险登记册。

(3)假设条件日志。随着定性风险评估产生出新信息,假设条件可能发生变化。需要根据这些新信息来调整假设条件日志。假设条件可包含在项目范围说明书中,也可记录在独立的假设条件日志中。

> *Tips*
>
> 什么是项目文件?
>
> 通俗地说,在项目实施过程中所产生的与项目有关的各类文档,均统称为项目文件。
>
> 而在项目招投标等前期阶段所产生的文档,一般称之为商业文件。

11.5.3　实施定性风险分析来龙去脉

实施定性风险分析来龙去脉如图 11-3 所示。

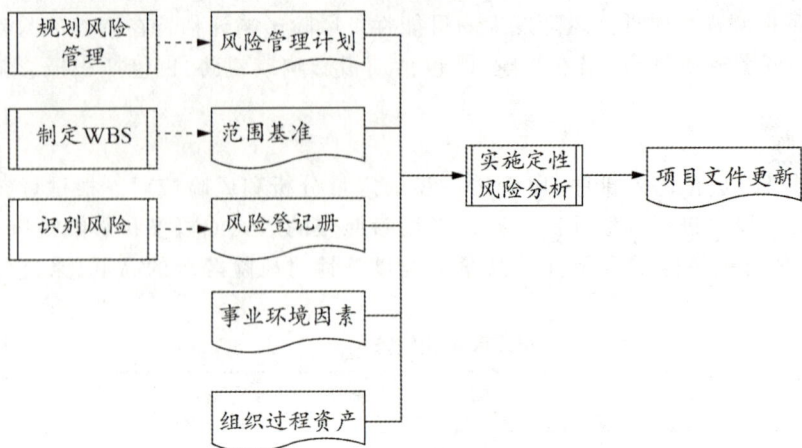

图 11-3　定性风险分析

11.6　实施定量风险分析

依据	工具和技术	成果
·风险管理计划 ·项目成本管理计划 ·项目进度管理计划 ·风险登记册 ·事业环境因素 ·组织过程资产	·数据收集和展示技术 ·定量风险分析和模型技术 ·专家判断	·项目文件更新（风险登记册）

11.6.1　轻重缓急

定量风险分析是指对定性风险分析过程中作为对项目需求存在潜在重大影响而排序在先的风险进行分析。它的作用是对这些风险事件的影响进行分析，并就风险分配一个数值。

> *Tips*
>
> 如果说定性风险分析是对风险按照其紧迫性等进行"优先级排序"，定量风险分析就指的是对项目需求存在潜在重大影响而排序在先的风险进行分析；定量风险分析过程是对这些风险事件的影响进行分析，并就风险分配一个数值。

11.6.2　本节金色重点

■ 实施定量风险分析的依据

（1）风险管理计划。

（2）项目成本管理计划。

（3）项目进度管理计划。

（4）风险登记册。

（5）事业环境因素。

（6）组织过程资产。

■ 实施定量风险分析的工具技术

（1）数据收集和表示技术。（例如：访谈、概率分布等）

（2）定量风险分析和模型技术。

①敏感性分析。有助于确定哪些风险对项目具有最大的潜在影响。

②预期货币价值分析（EMV）。用以计算在将来某种情况发生或不发生情况下的平均结果。

机会的预期货币价值一般表示为正数,而风险的预期货币价值一般表示为负数。每个可能结果的数值与其发生概率相乘之后加总,即得出预期货币价值。这种分析最通常的用途是用于决策树分析。

③决策树分析。是对所考虑的决策以及采用这种或者那种现有方案可能产生的后果进行描述的一种图解方法。

④模型和模拟。项目模拟用一个模型,将详细规定的各项不确定性换算为它们对整个项目层次上的目标所产生的潜在影响。项目模拟一般采用蒙特卡洛技术。

(3)专家判断。

■ 实施定量风险分析的成果

项目文件要随着定量风险分析产生的信息而更新。(此阶段主要是更新风险登记册)

11.6.3 实施定量风险分析来龙去脉

实施定量风险分析来龙去脉如图11-4所示。

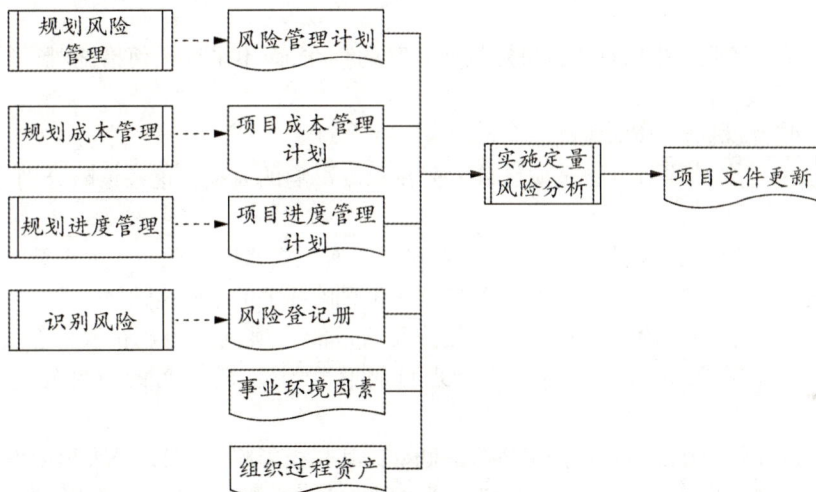

图11-4 定量风险分析

11.7 规划风险

依据	工具和技术	成果
·风险管理计划 ·风险登记册	·消极风险或威胁的应对策略 ·积极风险或机会的应对策略 ·应急应对策略 ·专家判断	·项目文件更新 ·项目管理计划更新

11.7.1 临危不乱积极应对

规划风险应对指为项目目标增加实现机会,减少失败威胁而制定方案,决定应采取对策的过程。

风险包括对项目成功造成影响的威胁和机会。因此需要从几个备选方案中选择一项最佳的风险应对措施。

Tips

风险应对,通俗地说就是"兵来将挡,水来土掩"。

针对不同的风险,我们采取的处理方法也是不同的。不能出现"兵来将挡,水来也将挡"。

11.7.2 本节金色重点

规划风险应对的依据

（1）风险管理计划。

（2）风险登记册。

规划风险应对的工具和技术

（1）消极风险或威胁的应对策略。

①回避。回避风险指改变项目计划，以排除风险或条件，或者保护项目目标，使其不受影响，或对受到威胁的一些目标放松要求。例如，延长进度或减少范围等。

②转移。转移风险指设法将风险的后果连同对应的责任转移到第三方身上。转移风险实际只是把风险管理责任推给另一方，而并非将其排除。

③减轻。减轻风险指设法把不利的风险事件发生的概率或后果降低到一个可接受的临界值。提前采取行动减少风险发生的概率或者减少其对项目所造成的影响，比在风险发生后进行补救要有效得多。

④接受。接受风险是指项目团队决定接受风险的存在，而不采取任何措施（除非风险真的发生）的风险应对策略。

（2）积极风险或机会的应对策略。

通常，使用以下策略应对可能对项目目标存在积极影响的风险。这些策略分别是开拓、分享和提高。

①开拓。如果组织希望确保机会得以实现，可就具有积极影响的风险采取该策略。该项策略的目标在于通过确保机会肯定实现而消除与特定积极风险相关的不确定性。

②分享。分享积极风险指将风险的责任分配给最能为项目之利益获取机会的第三方，包括建立风险分享合作关系，或专门为机会管理目的形成团队、特殊目的项目公司或合作合资企业。

③提高。该策略旨在通过提高积极风险的概率或其积极影响，识别并最大程度发挥这些积极风险的驱动因素，致力于改变机会的"大小"。通过促进或增强机会的成因，积极强化其触发条件，提高机会发生的概率，也可着重针对影响驱动因素以提高项目机会。

（3）应急应对策略。事先为严重风险制定的应急处置方案。

（4）专家判断。

> **Tips**
>
> 无论是积极的风险，还是消极的风险，都应认真对待。只是看待的观点、采取的措施有所差别，除此之外还有一种"应急应对策略"。它主要是对紧急、突发事件的发生，所采取的一种处理方案、措施。
>
> 弹回计划可以理解为备用的应急计划，是事先为特别严重的风险而制定的第二套应急处置方案（B计划），以便在首选（A计划）不起作用时立即启用。权变措施是对已经发生的风险而紧急采取的、事先未计划过的应急措施（这种随机应变的措施，可以暂且称之为C计划）。
>
> 应急计划可以在风险即将发生时就启用（如果已经具备了应急计划的启用条件），而弹回计划通常不会在风险实际发生之前启用（哪怕风险预警信号已经很强）。权变措施是应急和弹回计划都无效时，或者没有应急和弹回计划时，而采取的措施。由于权变措施是在原计划之外的，所以采取权变措施也属于进行项目变更，必须经过一定的变更管理流程。

■ 规划风险应对的成果

（1）项目管理计划更新。

（2）项目文件更新。

11.7.3　规划风险应对来龙去脉

规划风险应对来龙去脉如图 11-5 所示。

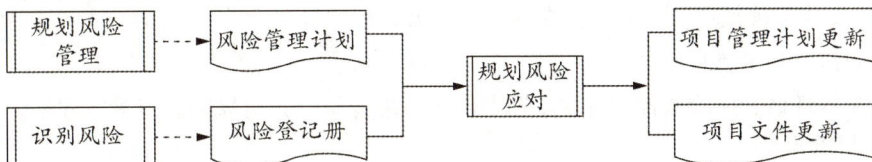

图 11-5　规划风险应对

11.8　控制风险

依据	工具和技术	成果
· 项目管理计划 · 风险登记册 · 工作绩效数据 · 工作绩效报告	· 风险再评估 · 风险审计 · 偏差和趋势分析 · 技术绩效测量 · 储备分析 · 会议	· 工作绩效信息 · 变更请求 · 项目管理计划更新 · 项目文件更新 · 组织过程资产更新

11.8.1　掌控细节

控制风险指的是识别、分析和规划新生风险,追踪已识别风险和"观察清单"中的风险,重新分析现有风险等。控制风险以及其他风险管理过程是项目生命期内不间断实施的过程。

风险数量不是一成不变的,即需要不断对项目工作进行监督以寻找新风险和变化的风险。风险控制工作不是一次性的。

> *Tips*
>
> 例如,某软件开发项目在开发过程中要考虑开发人员的技术水平,如果技术水平不够专业,有可能导致软件开发工作不能继续进行,甚至开发出来的软件功能等方面不满足用户的要求。因此针对"开发人员技术水平"风险的控制手段是:在开发组成员的选择上,选择专业的、技术水平较高的人员来负责。
>
> 控制风险的主要目的是对项目风险加以引导、监控、跟踪等开展的一系列措施,最终的目的是降低风险对项目的负面影响,使项目的收益最大化。

11.8.2　本节金色重点

■ 控制风险的依据

（1）项目管理计划。

（2）风险登记册。

（3）工作绩效数据。工作绩效数据包括项目可交付成果的状态、进度进展情况和已经发生的成本等,它们是风险监控过程的重要依据。

（4）工作绩效报告。工作绩效报告是从绩效测量值中提取信息并进行分析的结果,提供关于项目工作绩效的信息,包括偏差分析结果、挣值数据和预测数据等。这些数据有助于控制与绩效有关的风险。

> **Tips**
>
> 　　请设想你是一名记者,当你到达事件现场时,你所获取第一手"新闻消息"的最原始的数据, 就好比"工作绩效数据",但此时的"新闻消息"你还不能正式发布。另外,你在进行新闻采集时, 不可能只是单独的采集某一条信息,你要多方收集新闻消息,最后将多条新闻消息进行初步汇 总,此时就形成了"工作绩效信息"。随后,再将各类筛选、确认的新闻消息进行汇总,生成新闻 稿,就好比"工作绩效报告",然后才能在媒体平台上进行发布。

■ 控制风险的工具与技术

（1）风险再评估。风险监控过程中不断对新风险进行识别并对风险进行重新评估。应安排定 期进行项目风险再评估。

（2）风险审计。风险审计是检查并记录风险应对措施在处理已识别风险及其根源方面的有效 性,以及风险管理过程的有效性。

（3）偏差和趋势分析。很多控制过程都会借助偏差分析来比较计划结果与实际结果。为了控 制风险,应该利用绩效信息对项目执行的趋势进行审查。

（4）技术绩效测量。技术绩效测量是把项目执行期间所取得的技术成果与关于取得技术成果 的计划进行比较。

（5）储备分析。在项目实施过程中可能会发生一些对预算或进度应急储备造成积极或消极影 响的风险。储备分析指在项目的任何时点将剩余的储备与剩余风险量进行比较,以确定剩余的储 备是否仍旧充足。

（6）会议。

> **Tips**
>
> 　　储备分析是什么? 储备分析包含了应急储备与管理储备。
>
> 　　应急储备:项目经理可以直接动用;当需要使用"应急储备"时,项目经理不需要征得上级 同意。
>
> 　　管理储备:项目经理不能直接使用;当需要使用"管理储备"时,项目经理需要事先征得高层 管理人员的同意后,才有权使用。

■ 控制风险的成果

（1）工作绩效信息。作为控制风险的输出,工作绩效信息提供了沟通和支持项目决策的机制。

（2）变更请求。实施应急计划或权变措施可能会导致变更请求。变更请求要提交给实施整体 变更控制过程审批。变更请求也可包括推荐的纠正措施和推荐的预防措施。

（3）项目管理计划更新。

（4）项目文件更新。

> **Tips**
>
> 　　变更请求的第一步永远是提出变更申请。项目实施的任何一方均有资格提出变更申请。变 更是否通过、是否可行,应在进行充分的识别分析后才能给出结论。即通过或者不通过。
>
> 　　变更应严格按照变更控制流程的要求来具体实施。
>
> 　　①推荐的纠正措施。为了使项目工作绩效重新符合项目管理计划而开展的活动,包括应急 计划和权变措施。
>
> 　　②推荐的预防措施。为确保未来的项目工作绩效符合项目管理计划而开展的活动。

11.8.3　控制风险来龙去脉

控制风险来龙去脉如图 11-6 所示。

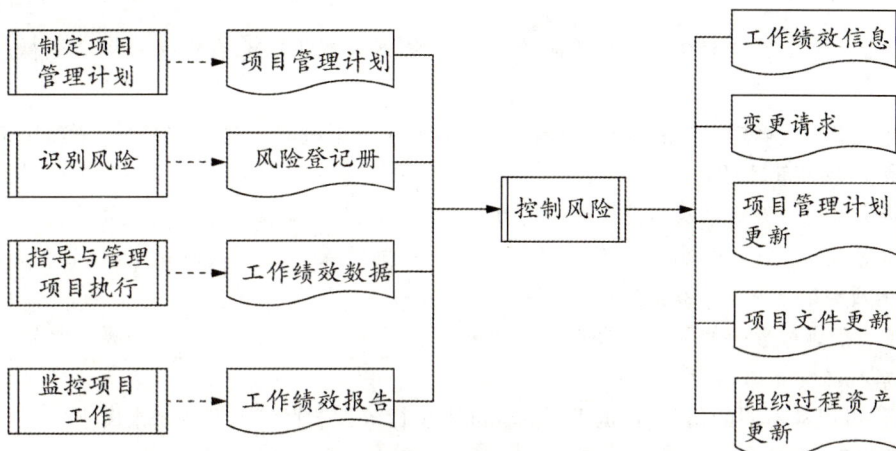

图 11-6　控制风险

11.9　小蔡的自问自答

1. (　　)①不属于风险识别的依据。

A. 成本管理计划

B. 范围基准

C. 采购文件

D. 风险类别

【解析】风险识别的依据即风险识别的输入，包括：①风险管理计划；②成本管理计划；③进度管理计划；④质量管理计划；⑤人力资源管理计划；⑥范围基准；⑦活动成本估算和活动持续时间估算；⑧干系人登记册；⑨项目文件；⑩采购文件；⑪事业环境因素；⑫组织过程资产。

而风险类别是风险管理计划的内容，不属于风险识别的依据。可以理解为风险分类的一种架构，典型应用是风险分解结构 RBS，列出了一个项目中可能发生的风险分类。

2. (　　)②的作用是：为风险应对规划过程确立优先级的一种经济、有效和快捷的方法，其主要目的是采取进一步行动，对已识别风险进行优先排序。

A. 定性风险分析　　　　　　　　　　　　B. 识别风险

C. 定量风险分析　　　　　　　　　　　　D. 风险监控

【解析】定性风险分析是指为风险应对规划过程确立优先级的一种经济、有效和快捷的方法，其主要目的是采取进一步行动，对已识别风险进行优先排序。

3. (　　)③不属于风险管理计划编制的成果。

A. 风险类别

B. 风险概率

C. 风险影响力的定义

D. 风险记录

【解析】风险管理计划的主要内容包括：

----

①D　②A　③D

（1）方法论。确定实施风险管理使用方法、工具及数据来源。

（2）角色与职责。确定风险管理计划中每项活动的领导、成员组成，为这些角色分配人员并澄清其职责。

（3）预算。分配资源并估算风险管理所需成本，将之纳入项目成本基准.制定应急储备和管理储备的使用方案。

（4）时间安排。确定在项目整个生命期中实施风险管理过程的次数和频率，并确定应纳入项目进度计划的风险管理活动。

（5）风险类别。根据风险的性质对其进行分类。风险类别提供了一种结构化方法以便使风险识别的过程系统化、全面化，保证组织能够在一个统一的框架下进行风险识别，其目的是：①提高风险识别的质量和有效性；②组织可以使用事先准备的常用风险类别。

（6）风险概率和影响的定义。为确保定性风险分析过程的质量和可信度，要求界定不同层次的风险概率和影响。

4. 风险可以从不同的角度、根据不同的标准来进行分类。百年不遇的暴雨属于(　　　)①。

A. 不可预测风险

B. 可预测风险

C. 已知风险

D. 技术风险

【解析】风险按照可预测性可以分为：

（1）已知风险：可以明确风险的发生，并且其后果亦可预见。已知风险一般后果轻微、不严重，例如，项目目标不明确、过分乐观的进度计划、设计或施工变更、材料价格波动等。

（2）可预测风险：可以预见风险的发生，但不能预见其后果的风险。这类风险的后果可能相当严重，例如，业主不能及时审查批准、分包商不能及时交工、施工机械出现故障、不可预见的地质条件等。

（3）不可预测风险：风险发生的可能性不可预见，一般是外部因素作用的结果，如，地震、百年不遇的暴雨、通货膨胀、政策变化等。

5. 在风险识别时，可以用到多种工具和技术。其中，(　　　)②指的是从项目的优势、劣势、机会和威胁出发，对项目进行考察，从而更全面地考虑风险。

A. 头脑风暴法

B. 因果图

C. SWOT 分析法

D. 专家判断法

【解析】SWOT 分析法指的是从项目的优势、劣势、机会和威胁出发，对项目进行考察，从而更全面地考虑风险。SWOT 中，"S"是优势、"W"是劣势、"O"是机会、"T"是威胁。

6. (　　　)③提供了一种结构化方法以便使风险识别的过程系统化、全面化，保证组织能够在一个统一的框架下进行风险识别，目的是提高风险识别的质量和有效性。

A. 风险影响力评估

B. 风险类别

C. 风险概率分析

①A　②C　③B

D. 风险管理的角色界定

【解析】风险类别提供了一种结构化方法以便使风险识别的过程系统化、全面化,保证组织能够在一个统一的框架下进行风险识别。

其目的是:①提高风险识别的质量和有效性。②组织可以使用事先准备的常用风险类别。

7. 按优先级或相对等级排列项目风险,属于(　　　)①的输出。

A. 定性风险分析

B. 定量风险分析

C. 风险管理计划

D. 风险监视表

【解析】定性风险分析是评估已识别风险的影响和可能性的过程,这一过程用来确定风险对项目目标可能的影响,对风险进行排序。所以,按优先级或相对等级排列项目风险是定性风险分析的输出。定量风险分析是对通过定性风险分析排出优先顺序的风险,再进行量化的分析。风险管理计划是定性分析分析的输入。D选项中的风险监视表,没有这个术语,如果把它理解为风险登记册,则是风险识别的输出。

8. A公司刚刚中标一个大型系统集成项目,其中一台设备计划从国外采购,近期汇率波动明显,A公司准备与客户协商使用国产设备进行替代,这是采用了(　　　)②风险应对策略。

A. 回避　　　　　　　　　　　　B. 转移

C. 减轻　　　　　　　　　　　　D. 接受

【解析】既然从国外采购有风险,那么不再从国外进行采购,是风险回避的应对策略。

结合四个选项,如果是买保险,则是转移;如果是等汇率有可能降低时再采购,则是减轻;如果直接采购,则是被动接受;如果增加应急储备(钱等),则是主动接受;如果是不采购国外的了,则是回避。

9. (　　　)③不属于风险识别阶段的成果。

A. 低优先级风险的监视表

B. 已识别风险清单

C. 风险根本原因

D. 潜在应对措施清单

【解析】风险识别阶段的输出包括:

(1)已识别风险清单。

(2)潜在应对措施清单。

(3)风险根本原因。

(4)风险类别更新。

低优先级风险的监视表(在风险定性分析过程中不重要的风险将被放在监视列中以备继续监视)是定性风险分析阶段的输出产物。

---

①A　②A　③A

11.10 本章重要概念

Tips

相关重要概念既要意会(通俗理解)还要言传(专业表达)。

■ 重要概念连连看

风险管理规划	根据风险性质不同,对其进行分类,便于风险的管理
风险识别	包含定性风险分析及定量风险分析
风险分析	根据风险的性质,为其指定相应的应对措施
风险应对	指确定哪些风险会影响项目
风险控制	指决定如何进行项目风险管理活动的过程
风险分类	需要不断对项目工作进行监督以寻找新风险和变化的风险,该工作应贯穿项目始终

■ 易混概念

①实施定性风险分析 vs 实施定量风险分析

②积极风险应对策略 vs 消极风险应对策略

③根本原因识别 vs 假设分析

④头脑风暴 vs 德尔菲技术

⑤推荐的纠正措施 vs 推荐的预防措施

⑥风险再评估 vs 风险审计

⑦应急储备 vs 管理储备

第 12 章 项目采购管理

12.1 考情分布地图

从历年的考试来看,本章采购管理在历年考试中不作为考查重点,但案例分析中和合同管理结合考查的几率很大,而对于论文的考查几率不大,本章案例和论文不需要特别关注,注重综合知识单选题的学习,综合知识单选题近 4 次历年具体分值分布如下表。

年份 知识点	2022 年 5 月 单选	2021 年 11 月 单选	2021 年 5 月 单选	2020 年 11 月 单选	合计
战略合作管理	1	0	0	0	1
规划采购	0	0	0	0	0
实施采购	1	0	0	0	1
控制采购	0	1	1	0	2
结束采购	0	0	0	0	0
招投标	0	0	0	0	0
本章考查分值	2	1	1	0	4

12.2 概述

"项目采购管理"是"项目管理"中的重要环节,项目采购管理工作应该与项目管理中其他工作共同开展。

它们之间相互联系(即各类工作的展开有着统一目标:项目总体目标),又各自独立。例如:采购管理主要针对采购工作进行统一管理,其主要目的是顺利完成设备采购,为实现项目总目标奠定基础;成本管理则是针对成本的,在实现项目总目标的前提下,确保成本不超支等。

项目采购管理包括四个过程:

(1)规划采购:记录采购决策、明确采购方法、识别潜在卖方的过程。

(2)实施采购:获取卖方应答、选择卖方并授予合同的过程。

(3)控制采购:管理采购关系、监督合同执行情况,并根据需要实施变更和采取纠正措施的过程。

(4)结束采购:完结单次采购的过程。

> *Tips*
>
> 项目采购管理包括从项目团队外部采购或获得所需产品、服务或成果的各个过程,该阶段还包含战略合作管理、招投标等阶段工作。

12.3 战略合作(如图 12-1)管理

随着经济全球化进程的加速和需求多样化趋势的加强,企业间的竞争日趋激烈,市场不确定性急剧增加,使企业处于日益复杂多变的经营环境之中。企业仅靠自身已无力应对激烈的竞争,而应借助供应链的力量,整合各成员企业的优势资源,形成整体竞争力。因此,必须摈弃"以企业为中心"的传统管理模式,代之以现代战略合作的管理模式。

图 12-1 战略合作

Tips

供应商战略合作伙伴关系重点是发展长期的、信赖的合作关系,双方有着共同的目标等。切勿"各怀鬼胎"。

12.3.1 战略合作基本概念

供应商战略合作伙伴关系的概念

供应商战略伙伴关系是企业与供应商之间达成的最高层次的合作关系,它是指在相互信任的基础上,供需双方为了实现共同的目标而采取的共担风险、共享利益的长期合作关系。具体来讲,包含以下含义:

(1)发展长期的、信赖的合作关系。

(2)这种关系有明确或口头的合约确定,双方共同确认并且在各个层次都有相应的沟通。

(3)双方有着共同的目标,并且为着共同的目标有挑战性的改进计划。

(4)双方相互信任、共担风险、共享信息。

(5)共同开发,创造。

(6)以严格的尺度来衡量合作表现,不断提高。

Tips

简单地说就是相互合作,实现共赢。

中俄、中美、中加等先后建立了各种形式的战略合作伙伴关系,谋求在更多方面的合作和发展。

深圳市政府和香港特别行政区政府两地建立战略伙伴关系,共建世界级大都会。其重点在于加强城市规划、口岸及基础设施、深港创新圈、金融贸易等领域的合作和衔接,并在此基础上积极推动珠三角和泛珠三角区域合作。

建立供应商战略合作伙伴的意义

(1)可以缩短供应商的供应周期,提高供应灵活性。

(2)可以降低企业采购设备的库存水平,降低管理费用,加快资金周转。

(3)提高采购设备的质量。

(4)可以加强与供应商沟通,改善订单的处理过程,提高设备需求的准确度。

(5)可以共享供应商的技术与革新成果,加快产品开发速度,缩短产品开发周期。

(6)可以与供应商共享管理经验,推动企业整体管理水平的提高。

供应商战略合作伙伴关系的构建

供应商战略合作伙伴关系构建的流程,主要包括:

(1)合作伙伴的主因素分析。合作伙伴的评价、选择对于企业来说是多目标的,包含许多可见和不可见的多层次因素。

(2)选择合作伙伴的标准。选择合作伙伴的标准应该建立在总成本最小化、敏捷性强、风险最小化的原则之上。

(3)合理的评价与选择。对合作商的综合评价主要针对其基本资质、资信情况、市场及技术能力等方面进行综合考察和评价。

战略合作协议审批、签署

(1)《战略合作协议》通常由企业的市场部门起草,合作协议中必须明确双方责任、权利、义务,及项目收益分配比例及方式。

(2)项目合作协议最终由公司主管领导审批通过签署。

(3)所有合作协议是合同签订之前的活动。

(4)签订合同之后,合作方需根据合作协议签署相应外包合同、佣金支付协议、采购合同,进一步明确合作方责任、权利、义务以及操作规范及流程;佣金支付协议在企业评审后,由主管领导审批。

> *Tips*
>
> 古时,为了与某国巩固战略关系,最常用的一种方式就是联姻,我们经常在影视作品中看到这一现象,即公主远嫁他国的太子。
>
> 在当今社会讲究的是婚姻自由,巩固合作关系的方式也逐步多样化。例如合作协议、合同签订、利益共赢等。但值得注意的是,在选择合作伙伴这一方面,我相信大多人是不会主动去选择"猪队友"的。

供应商战略合作伙伴关系的管理

(1)建立信任监督机制。如何共享信息和避免逆向选择是供应链合作伙伴关系管理的重点。

(2)合作伙伴的激励机制。要保持长期的双赢关系,对供应商的激励是非常重要的。没有有效的激励机制,就不可能维持良好的供应关系。

合作伙伴关系评价

从采购方来看,可以根据以下几条原则来判断合作关系是否奏效:

(1)具有正式的沟通程序。

(2)致力于供应商的成功。

(3)共同获利。

(4)关系稳定、不依赖个别人。

(5)始终仔细审视供应商绩效。

（6）双方对对方具有合理的预期/期望。

（7）员工有责任遵循职业道德。

（8）共享有益信息。

（9）指导供应商改进。

（10）基于采购的总成本进行非敌意切磋，共同决策。

12.3.2　本节金色重点

（1）建立信任监督机制主要包括：

①考察供应商过去的业绩和商誉。

②供应商通过第三方认证。

③建立长期战略合作关系。

④企业经营理念的转变。

⑤政府积极参与并创造良好经济环境。

（2）避免合作伙伴关系失败的要点：高层管理的承诺；严格的供应商选择过程；持续努力地改进；目标一致；合作伙伴关系支持体系和文件；不断关注双赢机会；广泛沟通和分享信息；建立信任；资源让步；关于联盟与合作关系目标和期望利益的内部教育；人员发生变动时，保持联盟与合作关系的能力。

> **Tips**
>
> 为了避免供应商合作关系破裂需要一套健全的信任监督机制，但更多的是需要供应商自身相互信任、建立合作双赢的经营理念。
>
> 有一句俗话"借钱不还，再借很难"，因此供应商高层之间的相互承诺、信誉度等也至关重要。

12.4　规划采购

规划采购主要的目的是为"项目采购管理"所涉及的活动提供一个指导。例如，与哪个供应商签订采购（供货）合同；为什么要选择这家供应商；采购过程中涉及的管理工作的依据是什么；采购过程中如何有效控制等等。

依据	工具和技术	成果
·项目管理计划 ·需求文档 ·风险登记册 ·活动资源要求 ·项目进度 ·活动成本估算 ·干系人登记册 ·事业环境因素 ·组织过程资产	·自制/外购分析 ·市场调研 ·合同类型 ·会议 ·专家判断	·采购计划 ·采购工作说明书 ·采购文件 ·供方选择标准 ·自制/外购决策 ·变更申请 ·可能的项目文件更新

12.4.1　规划采购工作内容

■ **规划采购：输入**

为了保证采购计划的可执行性和有效性，需要下面的依据作为输入：

（1）项目管理计划：描述了项目的需要、合理性、需求和当前边界。

（2）需求文档：即项目干系人的需求文档。

（3）风险登记册：列出了风险清单。

（4）活动资源要求：主要对人员、设备或地点的具体需求的信息。

（5）项目进度：包含要求的时间期限或者交付日期的信息。

（6）活动成本估算：对需采购的项目工作进行活动成本估算。

（7）干系人登记册：记录描述项目参与者及其在项目中的利益的详细信息。

■ **规划采购：输出**

（1）采购计划：描述从形成采购文件到合同收尾的采购过程。

（2）采购工作说明书：对所购买的产品、成果或服务来说，采购工作说明书定义了与合同相关的那部分项目范围。

（3）采购文件：用来得到潜在卖方的报价建议书。

（4）供方选择标准：用于从潜在的卖方中选中符合要求的、合格的卖方。

（5）"自制/外购"决策：决定项目的哪些产品、服务或成果需要外购，哪些自制更为合适。

（6）变更申请：编制采购计划时，关于购买产品、服务或资源的决策，通常会导致变更请求。

■ **规划采购管理工作应重点关注的内容**

（1）供应商的管理。

（2）产品采购目录管理。

（3）采购需求管理。

（4）采购计划管理。

（5）规划采购有准确的依据。

（6）规划采购应运用合理的工具与技术。

（7）确保规划采购管理输出的准确性等。

1. 供应商的管理

（1）供应商调查。

①供应商初步调查。所谓供应商初步调查，是对供应商基本情况的调查。

②供应商深入调查。只有在以下情况下才需要：

a. 准备发展成紧密关系的供应商。

b. 寻找关键采购产品的供应商。

（2）供应商选择指标。

①供应商选择指标确定原则：在选择供应商时，企业考虑的主要因素有价格、质量、服务、位置、供应商的存货政策和柔性。

②供应商选择指标体系设置的三大主要因素有：供应商的产品价格、质量和服务。

（3）供应商评估方法。

①供应商走访。

②招标法。

③协商法。

（4）采购供方的合格评价。

①新增供方审核评价。

②对采购已有合格供方的控制。

③对合格供方的管理。

（5）供应商质量管理。

供应商质量的定义：在特定的绩效范围内，符合或超过现有和未来客户（买方或最终客户）期望或需求的能力。

> **Tips**
>
> 简单地说,供应商调查指的就是"是不是门当户对",自己的宝贝女儿到了出嫁的年纪,父母当然希望未来的女婿各个方面都很优秀。供应商在选择合作伙伴时也是如此,都是希望未来的合作伙伴能"拉一把"自己,而不是"拖自己下水"。因此在挑选合作伙伴时,需要深入了解对方各个方面的信息。
>
> 当采购管理工作中涉及外包管理时,应注意:与普通的采购管理过程相比,外包管理更注重的环节是,针对过程采用合适的方法进行监督与监控。

2. 产品采购目录管理

企业根据合格供应商所能提供的产品建立和维护企业的《产品采购目录》,指导企业的产品采购更好地完成对合格供应商采购产品的询价比价工作。

3. 采购需求管理

(1)识别需求。

①识别需求是采购过程的起点。信息系统建设的采购需求通常在招标阶段得到初步确定。

②采购需求通常包括标的物的配置、性能、数量、服务等,其中配置、性能等技术性内容最为关键。

③典型的清购单样本。

(2)需求的类型。

通常有独立需求与从属需求:

①独立需求:是某一项的需求与其他项目无关。指那些不确定的、随机性的、企业自身不能控制的需求。

②相关需求:也叫非独立需求,指某一项的需求是来自其他项目的需求量的派生。

(3)需求分析方法。

统计分析预测方法:对以往的采购申请单汇总统计、对各个销售日报表进行统计。

(4)需求确定和变更控制。

采购需求经确定后,就成为采购计划、采购实施的基线,确定后的采购需求在履行中发生变更,需走变更控制审批流程,及时通知各执行部门。

> **Tips**
>
> 什么是需求? 需求的作用是什么?
>
> 比如小蔡和项目经理去饭店吃饭时,发生以下场景:
>
> (1)需求获取——服务员会问"两位想吃点什么?"项目经理说"来两碗拉面。"(用户提出需求)
>
> (2)识别需求——服务员说:"十分抱歉,这里是西餐厅,只有牛排"。(用户需求不合理)
>
> 项目经理随即说:"那就来两份菲力牛排吧!"服务员说:"好的。"(用户需求合理)
>
> (3)需求的作用:厨师看到小蔡和项目经理的就餐订单之后,抓紧时间准备食材。倘若厨师一直看不到这个订单,他就无法了解客人想吃什么,更无法准备食材。(根据需求确定工作内容、范围)
>
> 因此需求为开展工作提供范围。

4. 采购计划管理

采购计划是指企业管理人员在了解市场供求情况,认识企业信息系统项目活动过程中对计划期内物料采购管理活动所做的预见性的安排和部署。

12.4.2　本节金色重点

■ 供应商选择指标

（1）供应商选择指标确定原则。在选择供应商时，企业考虑的主要因素有价格、质量、服务、位置、供应商的存货政策和柔性。

（2）供应商选择指标体系设置的三大主要因素有：供应商的产品价格、质量和服务。

> *Tips*
>
> 　　供应商选择指标，就好比网上购物货比三家，从多个商户中选择一个最合适的，例如，网上购物时我们考虑的有产品价格、质量服务等。

■ 采购计划的作用

（1）可以有效地规避风险，减少损失。

（2）为企业组织采购提供了依据。

（3）有利于资源的合理配置，以取得最佳的经济效益。

■ 采购计划需要达到的目的

（1）预计采购物料所需的时间和数量，防止供应中断，影响项目实施。

（2）避免物料储存过多，积压资金以及占用存储空间。

（3）配合企业项目生产计划与资金调度。

（4）使采购部门事先准备，选择有利时机购入物料。

（5）确定物料耗用标准，以便管制物料采购数量与成本。

■ 采购计划的审批

（1）合同项目采购，下单部门根据销售合同，按照项目实施计划，向采购部门提交采购申请《项目采购计划（任务）单》，经主管领导审批同意后提交采购实施。

（2）提前采购、推荐采购、推荐本地采购，基于风险考虑，其审批按企业授权要求执行。

（3）采购负责人根据《项目采购计划（任务）单》审核下单是否符合销售合同要求，安排采购岗位人员询价。

■ 竞争性报价与谈判

（1）竞争性报价适用下列特征：

①采购量足够大，值得进行竞争性报价。

②供应商很清楚细节和要求，有能力准确估计生产所需的成本。

③竞争性的市场环境，即有足够多的合格竞争者。

④买方只向技术合格的供应商发出竞标，而愿意合作的供应商则进行报价。

⑤买方没有优先考虑的供应商。

（2）谈判下列情况适合：

①当前述任何竞争性报价的标准都不存在时。

②当采购要求诸多绩效因素（如价格、质量、交货、风险分摊以及产品支持等方面）必须达成一致时。

③当买方要求供应商的早期参与时。

④当供应商需要很长时间来开发和生产采购方采购的物品时（这通常会使预测供应商的采购成本变得更难）。

■ 验货和收货

（1）货物检验的步骤如下：

①确定检验时间和地点。

②确定检验部门及人员。

③货物检验。

④不合格货物处理。

⑤对采购货物检验完毕后,检验人员要填写采购物品验收报告。

(2)接收货物的步骤如下:

①协商送货事宜。

②货物接收入库。

③货物接收过程中的问题。

设备采购付款操作过程

(1)查询采购调和入库信息。

(2)准备付款申请单据。

(3)付款审批。

(4)向供应商付款。

(5)供应商收款。

12.4.3 规划采购来龙去脉

规划采购来龙去脉如图 12-2 所示。

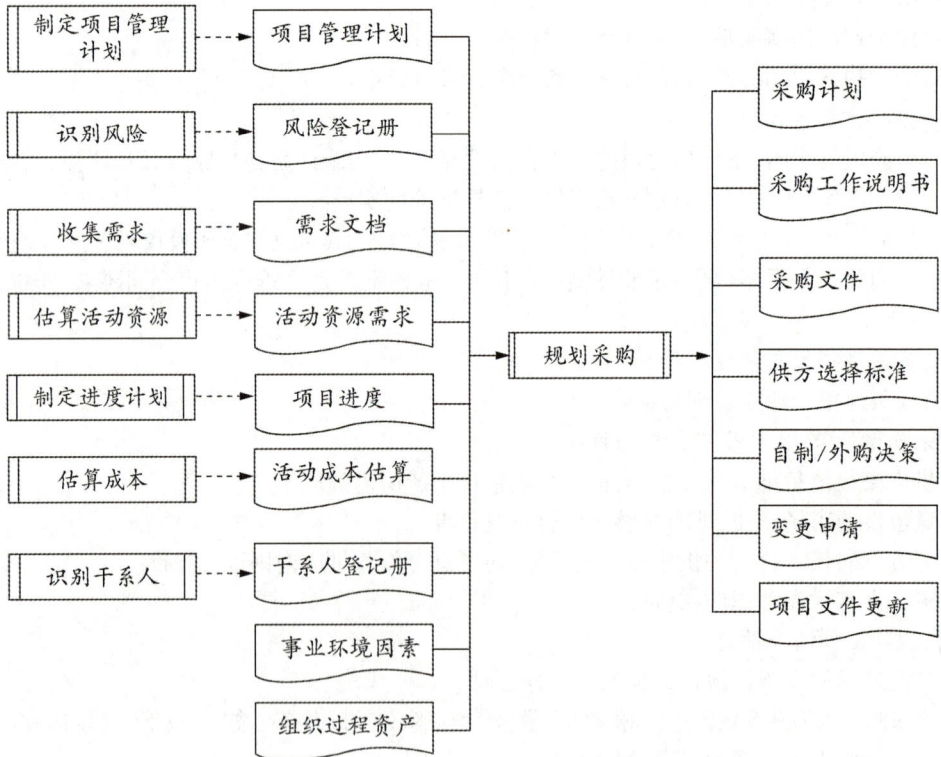

图 12-2 规划采购

12.5 实施采购

　　"清空购物车一时爽,一直清空购物车一直爽"。通俗地说,实施采购就是"买买买!!!"。但是在实际项目管理中,"采购管理"所涉及的工作远比网上购物要复杂得多。

Tips

实施采购阶段应重点关注设备采购的质量、价格、进度等工作。当然在此阶段还包含询价比价、采购谈判、合同签订等工作。

依据	工具和技术	成果
·采购计划 ·采购文件 ·卖方建议书 ·项目文件 ·采购工作说明书 ·组织过程资产	·投标人会议 ·建议书评价技术 ·独立估算 ·专家判断 ·刊登广告 ·分析技术 ·采购谈判	·选中的卖方 ·合同 ·资源日历 ·变更请求 ·项目管理计划更新

12.5.1 实施采购工作内容

实施采购:输入

(1)采购计划:记录了买什么(外购)、不买什么(自制)、什么时间买等信息,为整个采购过程做了安排提供了指南。

(2)采购文件:来自潜在卖方,是他们的报价建议书。

(3)卖方建议书:每一个卖方或者供方,在买方询价过程中都会提供其建议书。

(4)项目文件:常用的项目文件包括风险登记册,以及准备的合同协议等。

(5)采购工作说明书:规定了明确的工作目标、项目需求和所需结果。

(6)组织过程资产:采购工作所累积的宝贵经验、供应商信息等均可作为组织的过程资产予以保留。

实施采购:工具与技术

(1)投标人会议:邀请项目干系人召开专题会议。

(2)建议书评价技术:针对采购管理某阶段工作进行综合讨论。

(3)独立估算:项目或项目某阶段工作进行独立估算。

(4)专家判断:邀请专家对某事件提出专家意见。

(5)刊登广告:发布信息。

(6)分析技术:例如对供应商信息、拟定采购设备市场价格等进行综合调查分析等。

(7)采购谈判:对项目采购工作进行谈判。

实施采购:输出

(1)选中的卖方:依据供方选择标准,对各个卖方的建议书或投标书进行评价,选出最合适的一个或多个卖方。

(2)合同:因应用领域不同,合同也可称为协议(包含文档协议、口头协议)、分包合同或订购单。

(3)资源日历:在资源日历中记录了已约定的资源的数量和可用性。

(4)变更请求:在实施采购的过程中,可能发现原来的项目计划有遗漏,也或者市场条件发生了变化。

(5)项目管理计划更新:在实施采购的过程中,如果有变更,那可能要调整项目管理计划。

实施采购重点关注内容

(1)询价比价管理。

（2）采购谈判。在谈判过程中,一般分为五个阶段,分别介绍如下：①双方互做介绍,商议谈判议程和程序规则。②探讨谈判所涉及的范围,即双方希望在谈判中解决的事宜。③要谈判成功,双方需要达成一致意见的共同目标。④在可能的情况下,双方需要确定并解决阻碍谈判达成共同目标的分歧。⑤达成协议,谈判结束。

（3）采购合同签订。一个完整的采购合同通常是由开头、正文、结尾、附件四部分组成。采购合同必备条款包括以下各项内容：①商品名称。②质量条款。③数量和计量单位。④商品的价格。⑤交货的期限、地点和方式。⑥产品的包装标准和包装物的供应与回收。⑦商品的验收方法。⑧违约责任。⑨结算方式。

12.5.2 本节金色重点

询价比价管理

（1）列入采购询价比价的条件：

①采用询价比价形式的采购产品主要包括：市场化程度高的产品、非专利专有技术的产品、充分竞争性产品、可替代性强的产品、供应商不唯一的产品等。

②单个供应商供货合同超过一定金额以上的采购。

（2）不列入采购询价比价的采购：

①指定采购。

②原厂、代理有相关协议的采购。

③单个供应商供货合同在一定金额以下的采购。

12.5.3 实施采购来龙去脉

实施采购来龙去脉如图 12-3 所示。

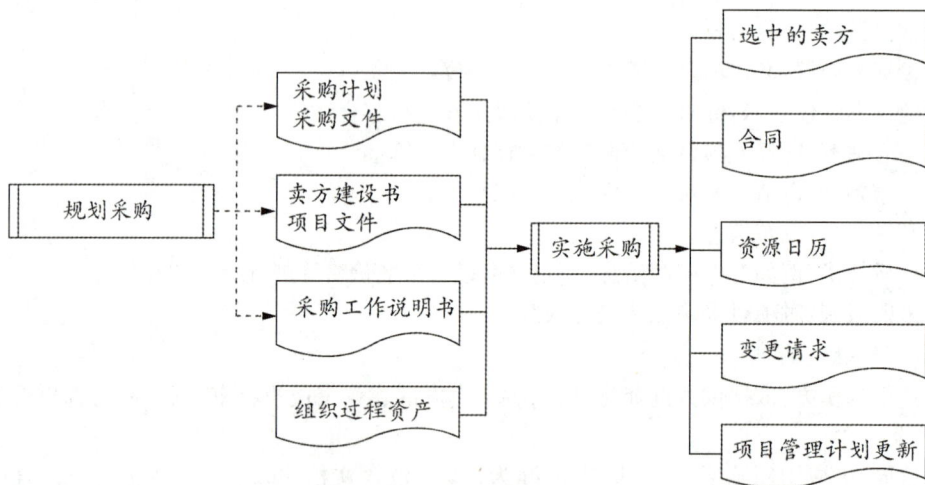

图 12-3 实施采购

12.6 控制采购

控制采购是管理采购关系、监督采购工作的执行情况,同时还要根据项目的实际情况,以及根据需要实施变更和采取纠正措施的过程。此处需要重点关注的是,对于紧急采购的备件,必须按照采购管理计划去采购,不能先采购再审核评价。

买卖双方的任何一方都需要确保对方能正常履约,这样他们的合法权利就能得到维护,这就需要对合同的执行进行管理。

> **Tips**
>
> 控制采购过程中涉及多项工作,此处我们以供应商无理要求支付采购费用为例。
>
> 起初本公司与供应商签订供货合同,其中关于设备采购费用的支付如下:
>
> 第一批设备到货验收合格后,支付总费用的30%;
>
> 第二批设备到货验收合格后,支付总费用的30%;
>
> 第三批设备到货验收合格后,支付总费用的25%;
>
> 设备无故障试运行结束后,支付总费用的15%。
>
> 供应商第一次设备到货验收工作结束后,随即申请支付第一笔费用,此外供应商以资金流转难为由要求提前预支第二笔30%的费用。
>
> 此阶段应做好控制方面的工作,因此应拒绝供应商第二笔工程款支付的请求。

依据	工具和技术	成果
· 项目管理计划 · 采购文件 · 合同 · 批准的变更请求 · 工作绩效报告 · 工作绩效数据	· 合同变更控制系统 · 检查与审计 · 采购绩效审查 · 报告绩效 · 支付系统 · 索赔管理 · 记录管理系统	· 工作绩效信息 · 变更请求 · 项目管理计划更新 · 项目文件更新 · 组织过程资产更新

12.6.1　控制采购工作内容

控制采购:输出

(1)工作绩效信息:工作绩效信息中包括合同履约信息,便于买方预测特定可交付成果的完成情况,追踪特定可交付成果的接收情况。

(2)变更请求:在控制采购过程中,可能产生对项目管理计划及其子计划和其他组成部分的变更请求,如成本基准、进度基准和采购管理计划。

(3)项目管理计划更新:在对采购进行控制时,可能需要调整项目管理计划。

(4)项目文件更新:在管理项目采购时,会产生大量采购文档。

(5)组织过程资产更新:在进行采购监控时,可能需要更新的组织过程资产。

12.6.2　本节金色重点

采购不合格控制

采购设备不符合采购计划及采购合同所规定的要求、规格、标准,均为不合格品。

> **Tips**
>
> 经进货验证确定为不合格的产品,采购应及时处理。主要包括以下措施:
>
> (1)退货。
>
> (2)调换。
>
> (3)降级改作他用,但降级处理需主管领导批准,并在相关部门备案。
>
> 进货验证的不合格产品,由验货人进行"不合格"标识。

采购档案管理

基本要求:

(1)归档的采购资料文件要完整、安全和保密。

(2)防止采购资料文件调换、涂改、遗失和损坏。

（3）涉及供应商商业机密的,没有得到采购主管领导许可,不得对外提供。

（4）采购部门应对采购信息进行管理、控制和利用。

（5）采购部资料保管员按规定保存采购信息资料。

> *Tips*
>
> 在采购合同签订后5个工作日内将采购合同原件及相应附件进行归档。
>
> 采购档案保管期限包括永久、长期(30年)和短期(10年)三种。

■ 采购货物管理

存放环境要求:

（1）应保证适宜电子产品存放的温度、湿度、照明电源。

（2）独立、可靠、正确的接地。

（3）具备防尘、防潮、防盗、防腐、防火、防水、防鼠、防油及通风的功能。

> *Tips*
>
> 货物入库条件:
>
> （1）采购产品验证完毕后,检验合格的产品,《进货检验记录单》作为办理入库的条件之一。
>
> （2）库房核对采购设备对应项目准确无误,作为办理入库条件之二。
>
> （3）供应商提供的运货单或者到货证明,作为办理入库条件之三。

12.6.3 控制采购来龙去脉

控制采购来龙去脉如图12-4所示。

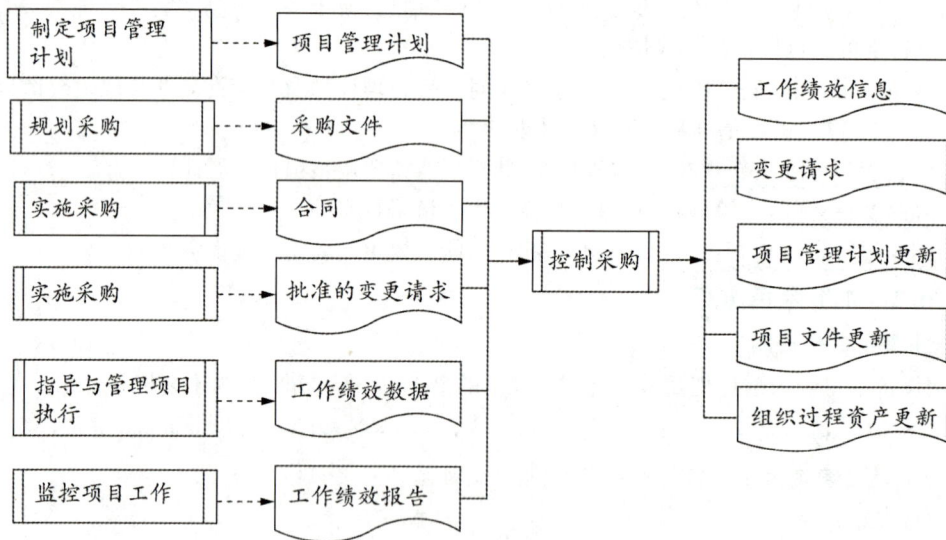

图 12-4 控制采购

12.7 结束采购

结束采购是完结本次项目采购的过程,每一次项目采购完成以后,都需要进行结束采购过程。它是项目收尾或者阶段收尾过程的一部分,它把合同和相关文件归档以备将来参考,因为项目收尾或者阶段收尾过程已核实本阶段或本项目所有工作和项目可交付物是否是可接受的。

结束采购主要是对"采购工作"进行收尾。

例如,在此阶段项目经理对之前几次设备采购、设备到货、设备验收、工程款支付、设备存放等等工作均有详细的文档记录,经审查资料文档较为全面详细,同时项目经理还安排人员对设备的合格证明等材料进行统一收集保存。

本次采购过程,供应商严格按照合同供货,设备的数量、规格型号、性能参数等均符合合同清单。最后公司与供应商达成一致,本次设备的采购及验收工作顺利完成。

设备的到货日期符合拟定计划要求,采购的成本也严格控制在预算之内,同时在对设备进行最终的试运行时,设备运行一切正常。

依据	工具和技术	成果
·项目管理计划 ·采购文件 ·合同 ·合同收尾程序	·采购审计 ·采购谈判 ·记录管理系统	·合同收尾 ·组织过程资产更新

12.7.1　结束采购主要内容

结束采购:输出

合同收尾:买方通过其负责的合同管理人员,正式以书面形式通知卖方合同已经完成。通常在合同的条款与条件中明确规定对合同正式收尾的要求并将其包含在采购计划里。

12.7.2　本节金色重点

采购管理信息系统

通过采购申请、采购订货、进料检验、仓库收料、采购退货、购货发票处理、供应商管理、价格及供货信息管理、订单管理以及质量检验管理等功能综合运用的管理系统,对采购物流和资金流的全部过程进行有效的双向控制和跟踪,实现完善的企业物资供应信息管理。

审计

为了查明有关经济活动和经济现象的认定与所制定标准之间的一致程度,从而客观的收集和评估证据,并将结果传递给有利害关系的使用者的系统过程。

12.7.3　结束采购来龙去脉

结束采购来龙去脉如图 12-5 所示。

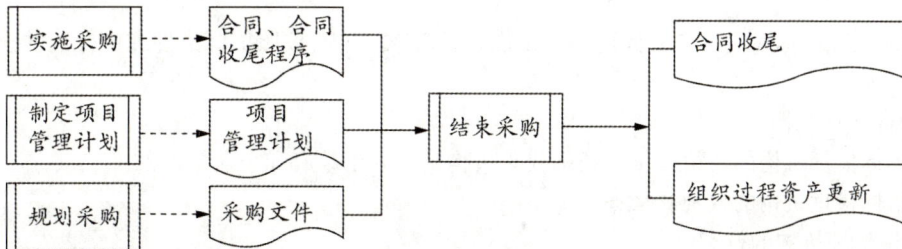

图 12-5　结束采购

12.8　招投标

本节的内容依据《中华人民共和国招标投标法》相关条款的规定、参考行业内的常规做法编制而成。招投标是实施采购的一种常见形式。

1. 招标人及其权利和义务

招标人是依照《中华人民共和国招标投标法》规定提出招标项目、进行招标的法人或者其他组织。

(1)招标人的权利。

①招标人有权自行选择招标代理机构,委托其办理招标事宜。招标人具有编制招标文件和组织评标能力的,可以自行办理招标事宜。

②自主选定招标代理机构并核验其资质条件。

③招标人可以根据招标项目本身的要求,在招标公告或者投标邀请书中,要求潜在投标人提供有关资质证明文件和业绩情况,并对潜在投标人进行资格预审;国家对投标人资格条件有规定的,按照其规定。

④招标人对已发出的招标文件进行必要的澄清或者修改的,应当在招标文件要求提交投标文件截止时间至少15日前,以书面形式通知所有招标文件收受人。该澄清或者修改的内容为招标文件的组成部分。

⑤在招标文件要求提交投标文件的截止时间后送达的投标文件,招标人应当拒收。

⑥开标由招标人主持。

⑦招标人根据评标委员会提交的书面评估报告和推荐的中标候选人确定中标人。招标人也可以授权评标委员会直接确定中标人。

(2)招标人的义务。

①招标人委托招标代理机构时,应当向其提供招标所需要的有关资料并支付委托费。

②招标人不得以不合理条件限制或者排斥潜在投标人,不得对潜在投标人实行歧视待遇。

③招标文件不得要求或者标明特定的生产供应者,以及含有倾向或者排斥潜在投标人的其他内容。

④招标人不得向他人透露已获取招标文件的潜在投标人的名称、数量,以及可能影响公平竞争的有关招标投标的其他情况。招标人设有标底的,标底必须保密。

⑤招标人应当确定投标人编制投标文件所需要的合理时间。但是,依法必须进行招标的项目,自招标文件开始发出之日起至提交投标文件截止之日止,最短不得少于20日。

⑥招标人在招标文件要求提交投标文件的截止时间前收到的所有投标文件,开标时都应当众予以拆封、宣读。

⑦招标人应当采取必要的措施,保证评标在严格保密的情况下进行。

⑧中标人确定后,招标人应当向中标人发出中标通知书,并同时将中标结果通知所有未中标的投标人。

⑨招标人和中标人应当自中标通知书发出之日起30日内,按照招标文件和中标人的投标文件订立书面合同。

2. 招标代理机构

(1)招标代理机构的法律地位。招标代理机构是独立于政府和企业之外的。

(2)招标代理机构的权利和义务。

①招标代理机构的权利:

a. 组织和参与招标活动。

b. 依据招标文件规定,审查投标人的资质。

c. 按规定标准收取招标代理费。

②招标代理机构的义务:

a. 维护招标人和投标人的合法利益。

b. 组织编制、解释招标文件。

c. 接受国家招标投标管理机构和有关行业组织的指导、监督。

3. 招标方式

招标分为公开招标和邀请招标。

(1)公开招标：是指招标人以招标公告的方式邀请不特定的法人或者其他组织投标。

(2)邀请招标：是指招标人以投标邀请书的方式邀请特定的法人或者其他组织投标。

4. 招投标程序

依据《中华人民共和国招标投标法》，招投标程序如下：

(1)招标人采用公开招标方式的，应当发布招标公告；招标人采用邀请招标方式的，应当向三个以上具备承担招标项目的能力、资信良好的特定的法人或者其他组织发出投标邀请书。

(2)招标人根据招标项目的具体情况，可以组织潜在投标人踏勘项目现场。

(3)投标人投标。

(4)开标。

(5)评标。

(6)确定中标人。

(7)订立合同。

5. 投标

(1)投标人应当按照招标文件的要求编制投标文件。投标文件应当对招标文件提出的实质性要求和条件做出实质性响应。

(2)投标人应当在招标文件要求提交投标文件的截止时间前，将投标文件送达投标地点。

(3)投标人在招标文件要求提交投标文件的截止时间前，可以补充、修改或者撤回已提交的投标文件，并书面通知招标人。

(4)投标人根据招标文件载明的项目实际情况，拟在中标后将中标项目的部分非主体、非关键性工作进行分包的，应当在投标文件中载明。

两个以上法人或者其他组织可以组成一个联合体，以一个投标人的身份共同投标。

6. 开标、评标和中标

(1)开标。开标应当在招标文件确定的提交投标文件截止时间的同一时间公开进行；开标地点应当为招标文件中预先确定的地点。开标由招标人主持，邀请所有投标人参加。

(2)评标。评标由招标人依法组建的评标委员会负责。依法必须进行招标的项目，其评标委员会由招标人的代表和有关技术、经济等方面的专家组成，评标委员会组成方式与专家资质将依据《中华人民共和国招标投标法》有关条款来确定。

评标委员会可以要求投标人对投标文件中含义不明确的内容做必要的澄清或者说明，但是澄清或者说明不得超出投标文件的范围或者改变投标文件的实质性内容。评标委员会应当按照招标文件确定的评标标准和方法，对投标文件进行评审和比较；评标委员会完成评标后，应当向招标人提出书面评标报告，并推荐合格的中标候选人。招标人根据评标委员会提出的书面评标报告和推荐的中标候选人确定中标人。招标人也可以授权评标委员会直接确定中标人。

中标人的投标应当符合下列条件之一：

①能够最大限度地满足招标文件中规定的各项综合评价标准。

②能够满足招标文件的实质性要求，并且经评审的投标价格最低。但是，投标价格低于成本的除外。

(3)中标。中标人确定后，招标人应当向中标人发出中标通知书，并同时将中标结果通知所有未中标的投标人。

招标人和中标人应当自中标通知书发出之日起 30 日内,按照招标文件和中标人的投标文件订立书面合同。招标人和中标人不得再行订立背离合同实质性内容的其他协议。中标人应当按照合同约定履行义务,完成中标项目。

7. 供方选择

前面的询价计划编制过程为供方选择过程提供了评估标准。除了使用采购成本或价格外,这个过程中也会使用综合评价标准。

8. 相关法律责任

所谓法律责任,就是某人或某个单位等法律主体因自己的不当言行、或过失、或关联关系而承担的相应的行政责任、民事责任或刑事责任。

投标人以他人名义投标或者以其他方式弄虚作假,骗取中标的,中标无效,给招标人造成损失的,依法承担赔偿责任;构成犯罪的,依法追究刑事责任。

12.9 小蔡的自问自答

1. 采购是从外部获得产品和服务的完整的购买过程。以下关于采购的叙述中,可能不恰当的是( )①。

A. 卖方可能会设立一个项目来管理所有的工作

B. 企业采购可以分为日常采购行为和项目采购行为

C. 如果采购涉及集成众多的产品和服务,企业倾向于寻找总集成商

D. 在信息系统集成行业,普遍将项目所需产品或服务资源采购称为"外包"

【解析】对于企业而言,一般存在不同的采购种类,一种是依据公司的战略计划的采购行为,一种是依据公司所投资(或承包)的项目特点、环境的采购行为。

还有一种特例:企业的日常采购行为不作为考查的重点。

2. 在采购规划过程中,需要考虑组织过程资产等一系列因素,( )②不属于规划采购时需要考虑的。

A. 项目管理计划

B. 风险登记册

C. 采购工作说明书

D. 干系人登记册

【解析】规划采购过程的输入有:项目管理计划、需求文档、风险登记册、活动资源要求、项目进度、活动成本估算、干系人登记册、事业环境因素、组织过程资产。

采购工作说明书是规划采购过程的成果。

3. 以下关于采购计划的叙述中,不正确的是( )③。

A. 编制采购计划的第一步是考虑哪些产品或服务由项目团队自己提供划算,还是通过采购更为划算

B. 每一次采购都要经历从编制采购计划到完成采购的全过程

C. 项目进度计划决定和影响着项目采购计划,项目采购计划做出的决策不会影响项目进度计划

D. 编制采购计划时,需要考虑的内容有成本估算、进度、质量管理计划、现金流预测等

【解析】在编制采购计划过程中,项目进度计划对采购计划有很大的影响。制定采购计划过程

①B ②C ③C

中做出的决策也能影响项目进度计划。

4. 以下内容中,(　　)①是采购计划编制的工具与技术。

①专家判断;②项目范围说明书;③自制/外购分析;④项目章程;⑤合同类型。

A. ①②③　　　　　　B. ①③⑤　　　　　　C. ①②③④　　　　　　D. ②③④⑤

【解析】采购计划编制的工具和技术包括:自制/外购分析、专家判断、合同类型。

5. 与普通的采购管理过程相比,外包管理更注重的环节是(　　)②。

A. 自制/外购分析　　　　　　　　　　B. 计划编制

C. 过程监控　　　　　　　　　　　　D. 成果验收

【解析】如何以合适的方法监督供方是项目外包管理的一个重点。

6. 随着公司业务的扩大,项目经理发现公司现行的备件方式经常在时间和质量上达不到要求,因此项目经理向公司提出了以下合理化建议,其中,(　　)③不属于项目采购管理过程控制的范畴。

A. 对关键备件的供应商进行深入调查,对供应商进行分级管理

B. 对于紧急采购的备件,可以先采购,后进行供方审核评价

C. 定期盘点库存,将报废的或不再需要的备件及时进行处理

D. 对于出现货到即损的情况供应商应重点关注,及时重新评定

【解析】对于紧急采购的备件,必须按照采购管理计划去采购,不能先采购,再审核评价。

12.10　本章重要概念

Tips

相关重要概念既要意会(通俗理解)还要言传(专业表达)。

■ 重要概念连连看

规划采购	获取卖方应答、选择卖方并授予合同的过程
实施采购	管理采购关系、监督合同执行情况，并根据需要实施变更和采取纠正措施的过程
控制采购	完结单次采购的过程
结束采购	记录采购决策、明确采购方法、识别潜在卖方的过程
战略合作管理	由企业的市场部门起草，合作协议中必须明确双方责任、权利、义务及项目收益分配比例及方式
战略合作协议	摈弃"以企业为中心"的传统管理模式，代之以现代战略合作的管理模式

■ 易混概念

①采购计划 *vs* 采购工作说明书
②项目工作说明书 *vs* 采购工作说明书
③独立需求 *vs* 相关需求
④公开招标 *vs* 邀请招标

模块三 项目管理基础

第 13 章 信息系统项目管理基础

13.1 考情分布地图

项目管理大师哈罗德·科兹纳博士曾经描述项目管理:A Systems Approach To Planning, Scheduling and Controlling(计划、进度和控制的系统方法)。可见,项目管理是一种系统的方法论,是成功做事的方法,具有很强的通性,适应于几乎所有行业。现代项目管理理论也被认为是本世纪初发展最成熟、应用最广泛的理论,近年来也发展成为一个集理念、方法、技术、工具为一体的管理理论。

微观来讲,事事皆项目,每件事都要有项目管理思维,项目管理已经从 B 端(企业)延伸到 C 端(个人)。我们每人周边发生的衣食住行,小到穿衣打扮,大到职业规划、人生规划,都是一个个"项目",都离不开对这些"项目"的管理。

现代管理学之父彼得·德鲁克认为:管理首先要管理好管理的主体。作为个人来说自己就是管理的主体,所以一个优秀的项目经理首先要做好的是自我管理,如管理好自己的目标、时间、压力、知识、婚姻、工作等大大小小的项目,从这个意义来说,项目管理服务于 B 端企业的同时,对项目管理的学习也是一个自我管理、自我提升的重要途径。

认识一个学科或领域都是从最基本的概念开始。本章是本领域知识体系的基础,包括信息、系统、项目、项目管理、组织结构等基础概念,是本领域的入门,需要深刻掌握。

从历年的考试来看,本章节非考试的重点,对于组织结构和单个项目的管理过程可以重点掌握,信息系统项目的生命周期近几年不作为重点进行考查了,但是也不要忽略它的重要性。案例和论文可能会涉及本章的相关知识点,比如写论文需要写运用什么组织结构等等,具体分值就不再进行统计,我们只看综合知识单选题近 4 次历年具体分值分布如下表。

年份 知识点	2022 年 5 月 单选	2021 年 11 月 单选	2021 年 5 月 单选	2020 年 11 月 单选	合计
项目的特点	1	0	0	0	1
信息系统项目的特点	0	0	0	0	0
项目管理知识体系构成	0	0	1	0	1
IPMP/PMP	0	0	0	0	0
PRINCE2	0	0	0	0	0
组织结构	0	1	0	1	2
信息系统项目的生命周期	0	1	1	0	2
信息系统项目典型生命周期模型	0	0	0	0	0
单个项目的管理过程	1	0	1	0	2
本章考查分值	2	2	3	1	8

13.2 项目管理基础

项目及项目特点

项目是为提供一项独特产品、服务或成果所做的临时性努力。

> **Tips**
>
> 例如：一次旅游出行，一次求婚，一次软考备考，建造万里长城和金字塔，都符合项目的基本定义。从这个意义来说，一切皆项目。

项目的具体特点如下：临时性（一次性），独特的产品、服务或成果，逐步完善，资源约束，目的性。

(1)临时性：每一个项目都有确定的开始和结束时间。

> **Tips**
>
> 当项目的目的已经达到，或者已经清楚地看到该目的不会或不可能达到时，或者该项目的必要性已不复存在并已终止时，该项目即达到了它的终点。
>
> 临时性一般不适用于项目所产生的产品、服务或成果。
>
> 项目的"临时性"并不是指项目周期长短。例如若有人指出项目"临时性"指的是项目周期很短，这个说法就是错误的。

(2)独特的产品、服务或成果：项目创造独特的可交付成果，如产品、服务或成果。

> **Tips**
>
> 项目可以创造生产出来可以量化的产品或制品，既可以是本身就是最终可交付物，也可以是其他可交付物的组成部分。独特性是项目可交付成果的一种重要特征。

(3)逐步完善：分布、连续的积累。例如，在项目的早期，项目范围的说明是粗略的，随着项目团队对目标和可交付成果的理解更完整和深入时，项目的范围也就更具体和详细。

(4)资源约束：每一个项目都需要具备各种资源来作为实施的保证。而资源是有限的，所以资源成本是项目成功的约束条件。

(5)目的性：项目工作的目的在于得到特定的结果，即项目是面向目标的。

项目工作的三个主要目标（项目成功的三约束）：时间、成本和质量。项目经理的责任就是在时间、成本、质量和项目范围之间进行权衡以保证项目的成功。

> **Tips**
>
> 项目目标的特点：多目标、优先级、层次性。项目目标有不同的优先级，项目目标有层次性。进度质量成本范围作为项目管理的目标，体现了多目标性。
>
> 多目标性：对项目而言，项目目标往往不是单一的，而是一个多目标系统，希望通过一个项目的实施满足多方面的要求。
>
> 项目的目标通常分为三个方面：时间、成本、技术性能（质量标准）。三者之间需要平衡。
>
> 项目目标分类包括了约束性目标（管理性目标：时间、成本、质量）和成果性目标（项目目标：满足客户要求的产品、系统或者成果）。

日常运作与项目

(1)日常运作是持续不断和重复进行的；而项目是临时性的、独特的。

(2)项目和日常运作的目标有本质的不同。项目的目标是实现其目标，然后结束项目；而持续进行的日常运作的目标一般是为了维持经营。

(3)项目的实现机制与日常运作大相径庭，因为当宣布的目标实现时，项目即结束。

项目和日常运作的区别如表13-1所示。

表 13-1　项目和日常运作的区别

不同点	项目	日常运作
目的	独特的	常规的、普通的
责任人	项目经理	部门经理
持续时间	有限的	相对无限的
持续性	一次性	重复性
组织结构	项目组织	职能部门
考核指标	以目标为导向	效率和有效性
资源需求	多变性	稳定性

项目管理

项目管理就是把各种知识、技能、手段和技术应用于项目活动之中,以达到项目的要求。项目管理是通过应用和综合诸如启动、计划、实施、监控和收尾等项目管理过程来进行的。管理一个项目包括:识别要求;确定清楚而又能够实现的目标;权衡质量、范围、时间和成本方面互不相让的要求;使技术规格说明书、计划和方法适合于各种各样项目干系人的不同需求与期望等内容。

项目团队应当将项目置于其所处的文化、社会、国际、政治和自然的环境及其同这些环境之间的关系中加以考虑:包括文化与社会环境;国际与政治环境;自然环境。

Tips

　　项目管理:综合应用知识、过程、技能、工具以及技术来对项目活动进行管理以便满足项目需求。

　　项目集管理:综合应用知识、过程、技能、工具以及技术来对其所包含的项目进行管理,以便满足项目集的需求,并能获取采用单一项目管理方式所达不到的收益和控制。

　　项目组合管理:是对一组或者多组项目组合进行管理,以达到组织的战略目标。

　　项目组合管理五大知识领域:战略管理、治理管理、绩效管理、沟通管理、风险管理。

典型的信息系统项目的特点

(1)目标不太明确。

(2)需求变化频繁。

(3)智力密集型。

(4)设计队伍庞大。

(5)设计人员高度专业化。

(6)系统集成项目中需研制开发大量的软硬件系统。

(7)涉及的承包商多。

(8)各级承包商分布在各地,相互联系复杂。

(9)项目生命期通常较短。

(10)通常要采用大量的新技术。

(11)使用与维护的要求非常复杂。

13.3　项目管理知识体系

(1)有效的管理要求项目管理组至少能理解和使用以下五方面的专门知识领域:项目管理知识体系;应用领域的知识、标准和规定;项目环境知识;通用的管理知识和技能;软技能或人际关系技能,如图 13-1 所示。

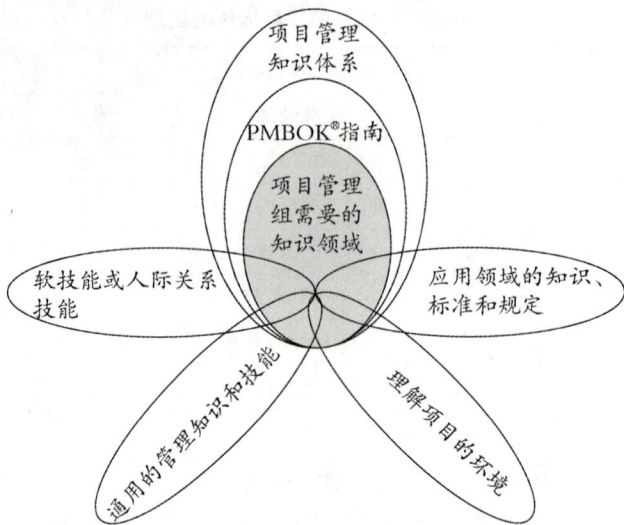

图 13-1　项目管理组需要的知识领域

①项目管理知识体系。

②应用领域的知识、标准和规定【对所在的领域懂行,公认的标准和实践】。

③项目环境知识【社会、政治、自然环境】。

④通用的管理知识和技能【健康和安全实践、合同、法律、采购、战略计划】。

⑤软技能或人际关系技能【特别能"办事"的能力,有效沟通、领导能力、谈判和冲突管理】。

⑥经验、知识、工具与技术。

> *Tips*
>
> 应用领域的知识、标准和规定。
>
> 标准与规则的区别:
>
> 标准:是"一致同意"建立并由公认的机构批准的文件。
>
> 规则:是政府强制的要求,它制定了产品、过程或服务的特征,包括适用的管理条款,并强制遵守。
>
> 软技能包括人际关系管理。软技能包含以下内容:
>
> 有效的沟通:信息交流。
>
> 影响一个组织:"让事情办成"的能力。
>
> 领导能力:形成一个前景和战略并组织人员达到它。
>
> 激励:激励人员达到高水平的生产率并克服变革的阻力。
>
> 谈判和冲突管理:与其他人谈判或达成协议。
>
> 问题解决:问题定义和做出决策的结合。

(2)国际标准化组织(ISO)是这样区分标准和规则的(ISO,1994):标准是"一致同意建立并由公认的机构批准的文件,该团体提供通用的和可重复使用的规则、指南、活动或其结果的特征";规则是政府强制的要求;标准和规则之间有很大的一块灰色区;标准通常以描述一项为多数人选用的最佳方案的准则形式开始,然后随着其得到广泛的采用,变成了实际的规则;可以在不同的组织层次上规定要强制遵守,例如由政府机构、执行组织的管理层、项目管理团队建立的特定政策和规程。

(3)项目管理团队应该在项目的社会、政治和自然环境背景下来考虑该项目。

> **Tips**
> 干系人定义:积极参与项目,或是其利益会受到项目执行的影响或是其利益受该项目影响的个人或组织,又叫项目利害关系者。
> 干系人包括:项目经理、用户、项目执行组织、项目发起人、职能经理、PMO、影响者等。

13.4　IPMP/PMP

(1)国际项目管理协会(International Project Management Association,IPMA)创建于 1965 年,是一个非盈利性的专业性国际学术组织,最初成员多为欧洲国家,现已扩展到世界各大洲。

(2)国际项目管理资质标准(IPMA Competence Baseline,ICB)是 IPMA 建立的知识体系,IPMA 将其知识体系划分为 28 个核心要素和 14 个附加要素,如表 13-2 所示。

表 13-2　ICB 的知识与经验

核心要素(28 个)	项目和项目管理	项目管理的实施
	按项目进行管理	系统方法与综合
	项目背景	项目阶段与生命期
	项目开发与评估	项目目标与策略
	项目成功与失败的标准	项目启动
	项目收尾	项目结构
	范围与内容	时间进度
	资源	项目费用与融资
	技术状态与变化	项目风险
	效果度量	项目控制
	信息、文档与报告	项目组织
	团队工作	领导
	沟通	冲突与危机
	采购与合同	项目质量管理
附加要素(14 个)	项目信息管理	标准和规则
	问题解决	谈判、会议
	长期组织	业务流程
	人力资源开发	组织的学习
	变化管理	行销、产品管理
	系统管理	安全、健康与环境
	法律方面	财务与会计

(3)国际项目管理专业资质认证(International Project Management Professional,IPMP)是 IPMA 在全球推行的四级项目管理专业资质认证体系的总称。

(4)依据国际项目管理专业资质标准,针对项目管理人员专业水平的不同将项目管理专业人员资质认证划分为四个等级,即 A 级、B 级、C 级、D 级,每个等级授予不同级别的证书。

(5)项目管理的知识体系(Project Management Body of Knowledge,PMBOK),是早在 20 世纪 70 年代末提出的。

（6）PMBOK 指南每四年更新一次，2012 年为第 5 版，它把项目管理划分为 10 个知识领域，即范围管理、时间管理、成本管理、质量管理、人力资源管理、沟通管理、干系人管理、采购管理、风险管理和整体管理。

（7）目前，PMP 认证只有一个级别，对参加 PMP 认证学员资格的要求与 IPMA 的 C 级相当。证书有效期为三年。

> **Tips**
> 从考试角度，以上内容出题的可能性较小，可做一般性了解。

13.5　PRINCE2

（1）PRINCE2 认证在国际上被称为项目管理王者认证。

（2）PRINCE2 是一种基于流程的结构化项目管理方法。

（3）PRINCE2 的原则、主题和流程与《PMBOK®指南》一致，但 PRINCE2 不包含《PMBOK®指南》中所有知识点和细节。

（4）PRINCE2 旨在以一种适于广泛项目环境的方式组织安排和着重介绍项目管理知识。

（5）PRINCE2 假设了解和采用该方法的用户具有一定的经验，能够自行填补其省略的细节。

（6）PRINCE2 四要素包括：原则、流程、主题和项目环境。

（7）PRINCE2 方法的七个"原则"：持续业务验证、吸取经验教训、明确定义的角色和职责、按阶段管理、例外管理、关注产品、根据项目环境剪裁。

（8）PRINCE2 主题包括：商业论证、组织、质量、计划、风险、变更、进展。

（9）项目管理委员会的活动涵盖在项目指导流程中，该流程从项目之前就开始，一直到最终阶段。

（10）PRINCE2 包括以下流程：项目准备流程、项目指导流程、项目启动流程、阶段控制流程、阶段边界管理、产品交付管理流程、项目收尾流程。

> **Tips**
> 从考试角度，以上内容出题的可能性较小，可做一般性了解。

13.6　组织结构对项目的影响

1. 项目组成

以项目为基础的组织是指他们的业务主要由项目组成，分为两大类：

（1）其主要收入是源自依照合同为他人履行项目的组织。

（2）采用项目制进行管理的组织。

2. 组织结构

与项目有关的主要企业组织结构类型的关键特征，如表 13-3 所示。

表 13-3　组织结构对项目的影响

组织类型 项目特点	职能型组织	矩阵型组织			项目型组织
		弱矩阵型	平衡矩阵型	强矩阵型	
项目经理的权力	很小或没有	有限	小~中等	中等~大	大~全权
组织中全职参与项目工作的职员比例	没有	0~25%	15%~60%	50%~95%	85%~100%

续表

组织类型 项目特点	职能型组织	矩阵型组织			项目型组织
		弱矩阵型	平衡矩阵型	强矩阵型	
项目经理的职位	部分时间	部分时间	全时	全时	全时
项目经理的一般头衔	项目协调员/项目主管	项目协调员/项目主管	项目经理/项目主任	项目经理/计划经理	项目经理/计划经理
项目管理行政人员	部分时间	部分时间	部分时间	全时	全时

3. 职能型组织(图 13-2)

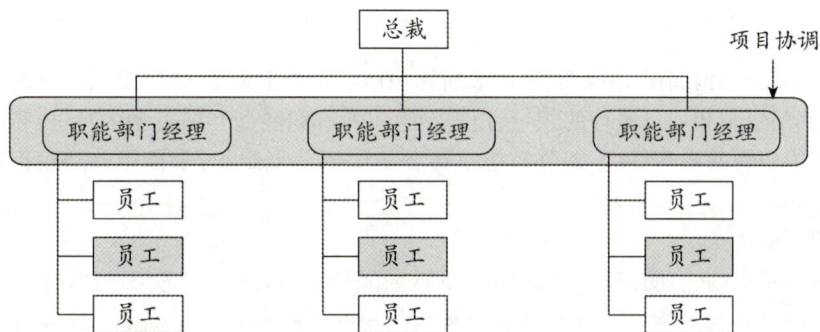

(**注**:灰框代表了参与项目活动的员工。)

图 13-2 职能型组织

职能型组织优点:

(1)便于知识、技能和经验交流。

(2)清晰的职业生涯晋升路线。

(3)沟通、交流简单、责任和权限清晰。

(4)有利于重复性工作为主的过程管理。

职能型组织缺点:

(1)职能利益优先于项目,具有狭隘性。

(2)组织横向之间联系薄弱,部门间沟通、协调难度大。

(3)项目经理极少或缺少权利、权威。

(4)项目管理发展方向不明,缺少项目基准。

4. 项目型组织(图 13-3)

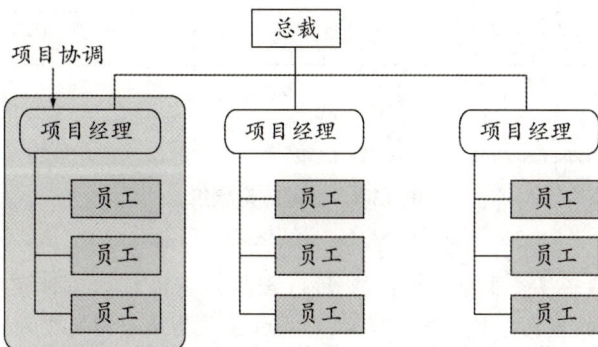

(**注**:灰框代表了参与项目活动的员工。)

图 13-3 项目型组织

项目型组织优点：

(1)责权分明,利于统一指挥。

(2)目标明确单一。

(3)沟通简洁、方便。

(4)决策快。

项目型组织缺点：

(1)管理成本过高。

(2)项目环境比较封闭,不利于沟通、技术知识共享。

(3)员工缺乏事业上的连续性和保障。

5.矩阵型组织

矩阵型组织,其结构如图13-4至图13-6所示,在矩阵型组织内,项目团队的成员来自相关部门,同时接受部门经理和项目经理的领导,矩阵型组织兼有职能型和项目型的特征,依据项目经理对资源包括人力资源的影响程度,矩阵型组织可分为弱矩阵型组织、平衡矩阵型组织和强矩阵型组织。

矩阵型组织的优点：

①项目经理负责制、有明确的项目目标。②改善了项目经理对整体资源的控制。③及时响应。④获得职能组织更多的支持。⑤最大限度地利用公司的稀缺资源。⑥降低了跨职能部门间的协调合作难度。⑦使质量、成本、时间等制约因素得到更好的平衡。⑧团队成员有归属感、士气高、问题少。⑨出现的冲突较少,且易处理解决。

矩阵型组织也存在着如下缺点：

①管理成本增加。②多头领导。③难以监测和控制。④资源分配与项目优先的问题产生冲突:权利难以保持平衡等。

(1)弱矩阵型组织(图13-4)

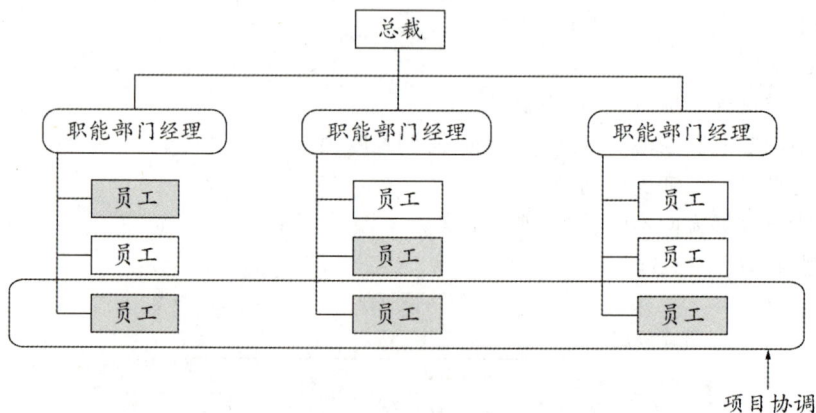

(注:灰框代表了参与项目活动的员工。)

图13-4　弱矩阵型组织

Tips

弱矩阵型组织保持着很多职能型组织的特征,弱矩阵型组织内项目经理对资源的影响力弱于部门经理,项目经理的角色与其说是管理者,更不如说是协调人和发布人。

（2）平衡矩阵型组织（图 13-5）

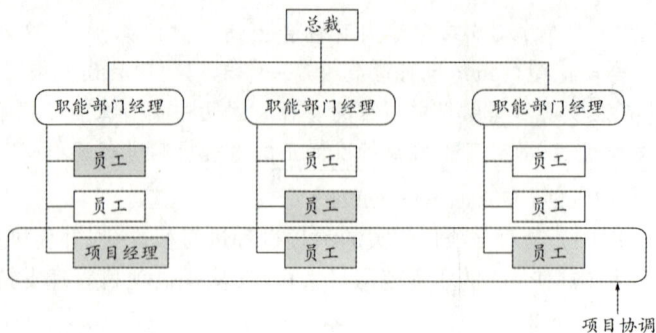

（**注**：灰框代表了参与项目活动的员工。）

图 13-5 平衡矩阵型组织

（3）强矩阵型组织（图 13-6）

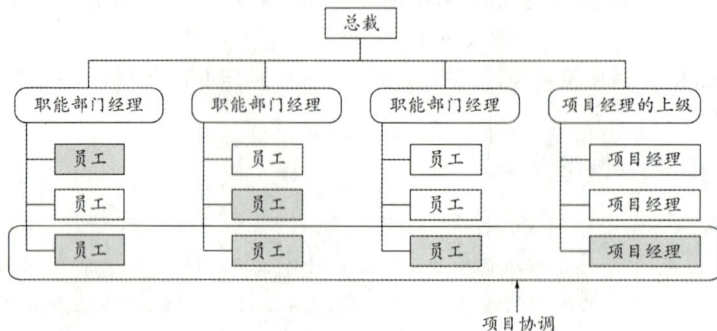

（**注**：灰框代表了参与项目活动的员工。）

图 13-6 强矩阵型组织

6. 复合型组织（图 13-7）

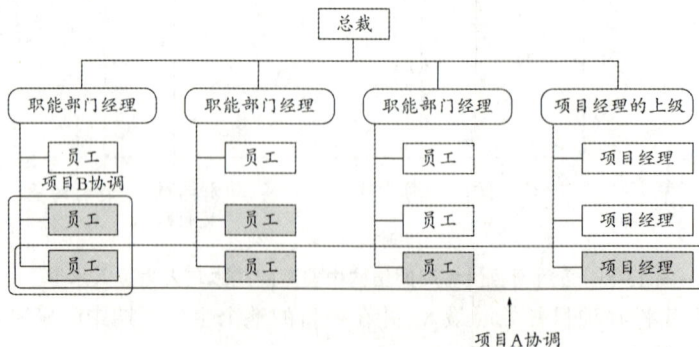

（**注**：灰框代表了参与项目活动的员工。）

图 13-7 复合型组织

> **Tips**
>
> 一个组织内在运作项目时,或多或少地同时包含上述三种组织形式,这就构成了复合型组织。例如,即使一个完全职能型的组织也可能会组建一个专门的项目团队来操作重要的项目,这样的项目团队可能具有很多项目型组织中项目的特征。团队中拥有来自不同职能部门的专职人员,可以制定自己的运作过程,并且可以脱离标准的正式报告机制进行运作。

7. 项目管理办公室(Project Management Office)

项目管理办公室(PMO)是对与项目相关的治理过程进行标准化,并促进资源、方法论、工具和技术共享的一个组织结构。PMO的职责范围可大可小,从提供项目管理支持服务,到直接管理一个或多个项目。

PMO有几种不同类型,它们对项目的控制和影响程度各不相同,可以划分为支持型、控制型、指令型三种。

支持型PMO担当顾问的角色,向项目提供模板、最佳实践、培训,以及来自其他项目的信息和经验教训,这种类型的PMO其实就是一个项目资源库,对项目的控制程度很低。

控制型PMO不仅给项目提供支持,而且通过各种手段要求项目服从,这种类型的PMO对项目的控制程度属于中等。服从可能包括:采用项目管理框架或方法论;使用特定的模板、格式和工具;服从治理。

指令型PMO直接管理和控制项目,项目经理由PMO指定并向其报告,这种类型的PMO对项目的控制程度很高。

13.7 信息系统项目的生命周期

> **Tips**
>
> 为了工程化的需要,把信息系统过程划分为一些具有典型特点的阶段,每个阶段有不同的目标、工作方法,阶段中的任务也由不同类型的人员来负责。这个过程称为信息系统的生命周期。

1. 通用的生命周期结构具有的特征。

(1)成本与人力投入在开始时较低,在工作执行期间达到最高,并在项目快要结束时迅速回落,如图13-8所示。

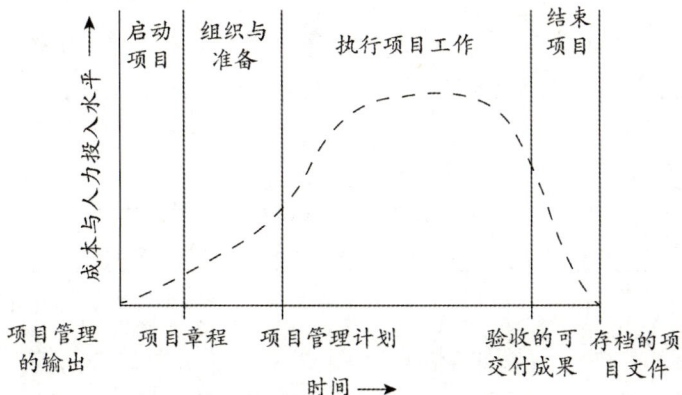

图13-8 通用项目生命周期结构中典型的成本与人力投入水平

(2)风险与不确定性在项目开始时最大,并在项目的整个生命周期中随着决策的制定与可交付成果的验收而逐步降低,如图13-9所示。

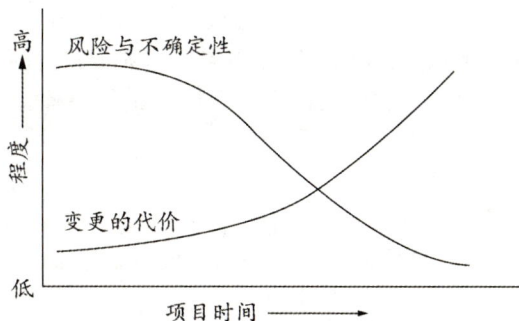

图 13-9　随项目时间而变化的变量影响

2. 阶段与阶段的关系基本类型

阶段与阶段的关系有两种基本类型：顺序关系、交叠关系。

在交叠关系中，一个阶段在前一个阶段完成前就开始，可作为进度压缩的一种技术，被称为"快速跟进"。

阶段交叠可能需要增加额外的资源来并行开展工作，可能增加风险，也可能因尚未获得前一阶段的准确信息就开始后续工作而造成返工。

13.8　信息系统项目典型生命周期模型

Tips

有的人一生平平淡淡如小溪浅唱，有的人一生跌宕起伏激流勇进，不同信息系统项目的一生会经历哪些坎坷曲折？有怎样的人生轨迹？

1. 瀑布模型

瀑布模型是一个经典的软件生命周期模式，一般将软件开发分为：可行性分析(计划)、需求分析、软件设计(概要设计、详细设计)、编码(含单元测试)、测试、运行维护六个阶段，如图 13-10 所示。

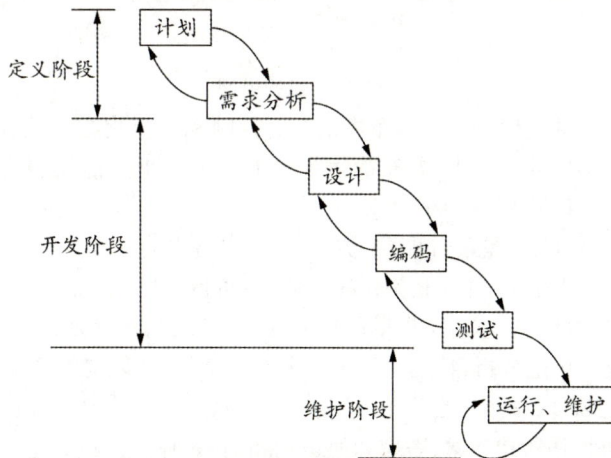

图 13-10　瀑布模型

瀑布模型的特点：

(1)从上一项开发活动接受该项活动的工作对象作为输入。

(2)利用这一输入，实施该项活动应完成的工作内容。

(3)给出该项活动的工作成果，作为输出传给下一项开发活动。

(4)对该项活动的实施工作成果进行评审。

缺点：因开发模型是线性，增加了风险；早期的错误后期才能发现。

适用于：需求明确、变更少的项目；强调文档，要求各阶段都要进行验证。

以下情况优先选择瀑布模型：A—需求明确变更少；B—充分了解拟交付产品；C—有丰富的行业实践基础；D—一次性交付产品，有利于干系人。

2. 螺旋模型

螺旋模型是一个演化软件过程模型，将原型实现的迭代特征与线性顺序（瀑布）模型中控制的和系统化的方面结合起来。使得软件的增量版本的快速开发成为可能，如图 13-11 所示。

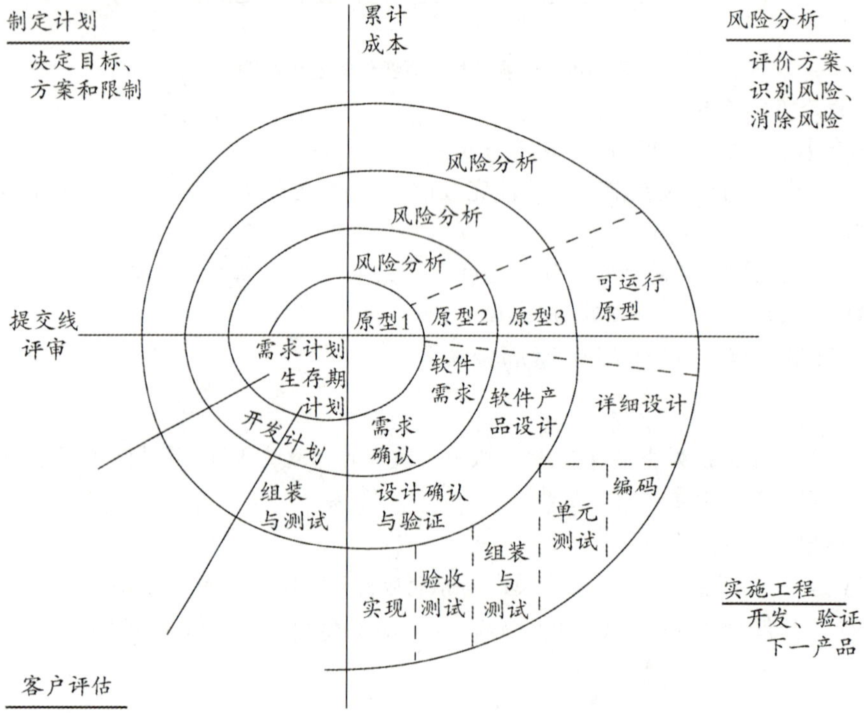

图 13-11　螺旋模型

螺旋模型将原型模型的迭代特征和瀑布模型中的控制和系统化方法结合起来，其软件开发是一系列的增量发布。在早期的迭代中，发布的增量可能是一个纸上的模型或原型；在以后的迭代中，被开发系统的更加完善的版本逐步产生。

螺旋模型有两个显著特点，一是采用循环的方式逐步加深系统定义和实现的深度，降低风险；二是确定一系列里程碑，确保项目开发过程中的相关利益者都支持可行的和令人满意的系统解决方案。

螺旋模型的四个象限分别标志每个周期所划分的四阶段：制定计划、风险分析、实施工程和客户评估。螺旋模型强调了风险分析，特别适用于庞大而复杂的、高风险的系统。

（1）制定计划：确定软件目标，选定实施方案，弄清项目开发的限制条件；

（2）风险分析：分析评估所选方案，考虑如何识别和消除风险；

（3）实施工程：实施软件开发和验证；

（4）客户评估：评价开发工作，提出修正建议，制定下一步计划。

螺旋模型由风险驱动，强调可选方案和约束条件从而支持软件的重用，有助于将软件质量作为特殊目标融入产品开发之中。同时在每个阶段之前及经常发生的循环之前，都必须首先进行风险评估。

3. 迭代模型

迭代模型的生命周期有四个阶段：初始、细化、构造、移交，可进一步描述为周期（Cycle）、阶段

（Phase）、迭代（Iteration）。核心工作流从技术角度描述迭代模型的静态组成部分，包括：业务建模、需求获取、分析与设计、实现、测试、部署，如图13-12所示。

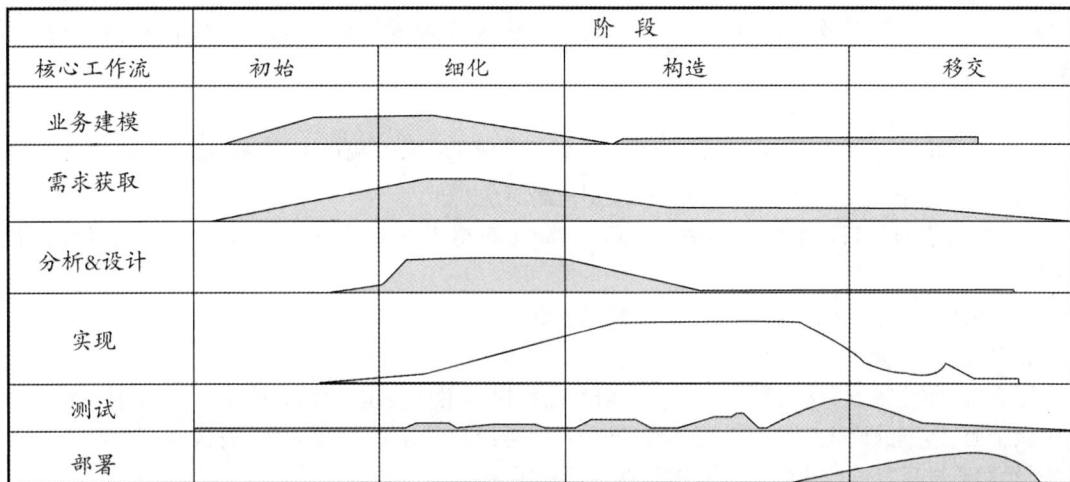

图 13-12　迭代模型

在迭代模型中，每个阶段都执行一次传统的、完整的串行过程串，执行一次过程串就是一次迭代。每一次迭代涉及的过程都包括不同比例的所有活动。

RUP是以用例驱动、架构为中心、迭代、增量的过程方法，是迭代模型的一种。RUP中的软件生命周期在时间上被分解为四个顺序的阶段，分别是：初始阶段（Inception）、细化阶段（Elaboration）、构建阶段（Construction）和交付阶段（Transition）。这四个阶段的顺序执行就形成了一个周期。

4.V模型

V模型是一个对称的结构，非常明确的表明了测试过程中存在的不同的级别，并且非常清晰的描述了这些测试阶段和开发阶段的对应关系，如图13-13所示。

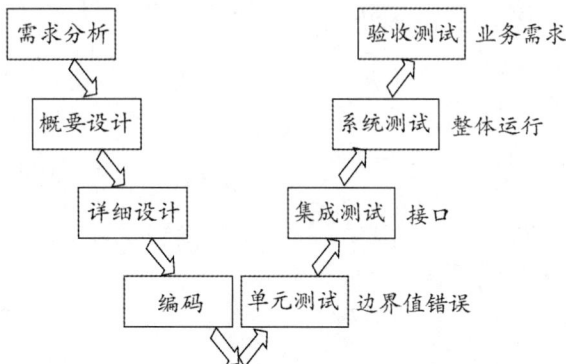

图 13-13　V 模型

（1）单元测试。一般由开发人员来执行，首先设定最小的测试单元，然后通过设计相应的测试用例来验证各个单元功能的正确性。

（2）集成测试。主要关注点是系统能够成功编译，实现了主要的业务功能，系统各个模块之间数据能够正常通信等。

（3）系统测试。验证整个系统是否满足需求规格说明。

（4）验收测试。从用户的角度检查系统是否满足合同中定义的需求或者用户需求。

Tips

注明:每个开发阶段与测试阶段的对应关系是常考的考点,可以采用如下速记方式:延续膝盖吉祥扁担。延续:验收测试、需求分析。膝盖:系统测试、概要设计。吉祥:集成测试、详细设计。扁担:编码、单元测试。

V 模型的特点:

(1)主要思想是开发和测试同等重要,左侧代表开发活动,右侧代表测试活动。

(2)针对每个开发阶段都有一个测试级别与之对应。

(3)测试依旧是开发生命周期中的阶段,与瀑布模型不同的是,有多个测试级别与开发阶段对应。

(4)适用于需求明确和需求变更不频繁的情形。

5. 原型法

原型法(原型模型)认为很难一下子全面准确地提出用户需求的情况下,首先不要求一定要对系统做全面、详细的调查、分析,而是本着开发人员对用户需求的初步理解,先快速开发一个原型系统,然后通过反复修改来实现用户的最终的系统需求。

原型应当具备的特点:

(1)实际可行。

(2)具有最终系统的基本特征。

(3)构造方便、快速,造价低。

6. 敏捷开发

敏捷开发以用户的需求进化为核心,采用迭代、循序渐进的方法进行软件开发。换言之,就是把一个大项目分为多个相互联系、但也可独立运行的小项目,并分别完成,在此过程中软件一直处于可使用状态。

敏捷开发的原则:

(1)快速迭代。

(2)让测试人员和开发者参与需求讨论。

(3)编写可测试的需求文档。

(4)多沟通、尽量减少文档。

(5)做好产品原型。

(6)及早考虑测试。

Tips

瀑布:适用于需求稳定,很少需要变更的项目。

螺旋:适用于大型复杂项目。强调风险分析。四个象限分别是制定计划、风险分析、实施工程、客户评估。

V 模型:瀑布模型的变种。清晰描述了测试阶段与开发阶段的对应关系。

RUP:统一软件开发过程。是一个面向对象且基于网络的程序开发的方法论。迭代模型是 RUP 推荐的周期模型。RUP 分为四个阶段,每个阶段结束时都有重要的里程碑,其中生命周期架构是在精化阶段结束时的里程碑。RUP 软件统一过程是一种过程方法,它就是迭代模型的一种,RUP 中的软件生命周期在时间上被分解为四个顺序的阶段。

敏捷:快速迭代,快速尝试,快速改进,充分交流,简化流程。它强调增量交付。

13.9　单个项目的管理过程

项目管理各过程组成的五个过程组可以对应到 PDCA 循环,即戴明环:"计划(Plan)—执行(Do)—检查(Check)—行动(Act)"循环。

该循环各环节以结果相连,该循环一部分的结果变成了另一部分的依据。过程组的综合性比"计划—执行—检查—行动"循环更加复杂。

规划过程组与 PDCA 循环中的"计划"对应;执行过程组与 PDCA 循环中的"执行"对应;而监控过程组与 PDCA 循环中的"检查"和"行动"对应。

此外,因为一个项目的管理是一种有限的努力,所以启动过程组是这些循环的开始,而收尾过程组是其结束。

项目管理的综合性要求监督与控制过程组与其他过程组的所有方面相配合。

Tips

> PDCA 循环首先来自全面质量管理,是美国质量管理专家休哈特博士首先提出的,由戴明采纳、宣传,获得普及所以又称戴明环。全面质量管理的思想基础和方法依据就是 PDCA 循环。PDCA 循环的含义是将质量管理分为四个阶段,即计划(Plan)、执行(Do)、检查(Check)、处理(Act)。在质量管理活动中,要求把各项工作按照作出计划、实施、检查实施效果,然后将成功的纳入标准,不成功的留待下一循环去解决。这一工作方法是质量管理的基本方法,也是企业管理各项工作的一般规律,同样可对应于信息系统项目的管理。

项目管理过程组包括五组:启动过程组、计划过程组、执行过程组、监督与控制过程组、收尾过程组。

(1)启动过程组定义并批准项目或项目阶段,包括"制定项目章程"和"识别项目干系人"两个过程。

(2)计划过程组定义和细化目标,并为实现项目而要达到的目标和完成项目要解决的问题范围而规划必要的行动路线。

(3)执行过程组整合人员和其他资源,在项目的生命期或某个阶段执行项目管理计划。

(4)监督与控制过程组要求定期测量和监控项目绩效情况,识别与项目管理计划的偏差,以便在必要时采取纠正措施,确保项目或阶段目标达成。

(5)收尾过程组正式验收产品、服务或工作成果,有序的结束项目或项目阶段。

项目管理五大过程组十大知识领域的对照见表 13-4(简称:十五至尊)。

表 13-4　项目管理五大过程组十大知识领域对照表

知识领域	启动	计划	执行	监控	收尾
项目整体管理	制定项目章程	编制项目管理计划	指导和管理项目执行	监督和控制项目工作、整体变更控制	项目收尾
项目范围管理		编制范围管理计划、收集需求、范围定义、建立 WBS		范围核实范围控制	
项目时间管理		编制进度管理计划、活动定义、活动排序、资源估算、历时估算、制定进度计划		进度控制	
项目成本管理		编制成本管理计划、成本估算、成本预算		成本控制	
项目质量管理		制定质量管理计划	质量保证	质量控制	

续表

知识领域	启动	计划	执行	监控	收尾
人力资源管理		制定人力资源计划	组建项目团队 建设项目团队 管理项目团队		
项目沟通管理		编制沟通管理规划	管理沟通	控制沟通	
项目风险管理		制定风险管理计划、风险识别、风险定性分析、风险定量分析、风险应对计划		风险监控	
项目采购管理		编制采购管理计划	实施采购	控制采购	结束采购
项目干系人管理	识别干系人	编制干系人管理计划	管理干系人参与	控制干系人参与	

13.10　小蔡的自问自答

1. 常见的软件开发模型有瀑布模型、原型模型、螺旋模型、V模型等。（　　）①特别适用于庞大而复杂的、高风险的系统。

A. 瀑布模型　　　　　　　　　　B. 原型模型

C. 螺旋模型　　　　　　　　　　D. V模型

【解析】常见的软件开发模型有瀑布模型、原型模型、螺旋模型、V模型等。

瀑布模型适用于需求明确或很少变更的项目,也可用在已有类似项目开发经验的项目上。

原型模型是为了弥补瀑布模型的不足而产生的。基于对用户需求的初步理解,先快速开发一个原型系统,然后通过反复修改来实现用户的最终系统需求。

螺旋模型将原型模型的迭代特征和瀑布模型中的控制和系统化方法结合起来,特别适用于庞大而复杂的、高风险的系统。

V模型主要思想是开发和测试同等重要,适应于需求明确和需求变更不频繁的情形。

2. 螺旋模型是一种演进式的软件过程模型,结合了原型开发方法的系统性和瀑布模型可控性特点。它有两个显著特点,一是采用(1)的方式逐步加深系统定义和实现的深度,降低风险;二是确定一系列(2),确保项目开发过程中的相关利益者都支持可行的和令人满意的系统解决方案(　　)②。

(1) A. 逐步交付　　　　　　　　　B. 顺序

　　C. 循环　　　　　　　　　　D. 增量

(2) A. 实现方案　　　　　　　　　B. 设计方案

　　C. 关键点　　　　　　　　　　D. 里程碑

【解析】螺旋模型将瀑布模型和快速原型模型结合起来,强调了其他模型所忽视的风险分析,特别适合于大型复杂的系统,它的特点之一是循环反复。在螺旋模型演进式的过程中,确定一系列的里程碑,以确保项目朝着正确的方向前进,同时降低风险。

3. 在大型项目或多项目实施的过程中,负责实施的项目经理对这些项目大都采用(1)的方式。

①C　②(1)C;(2)D

投资大、建设周期长、专业复杂的大型项目最好采用(2)的组织形式或近似的组织形式(　　)①。

(1)A. 直接管理　　　　　　　　　　　B. 间接管理

　　C. 水平管理　　　　　　　　　　　D. 垂直管理

(2)A. 项目型　　　　　　　　　　　　B. 职能型

　　C. 弱矩阵型　　　　　　　　　　　D. 直线型

【解析】由于大型项目大多数可以分解为多个相互关联的、较小的项目来进行管理,较小的项目由其项目经理直接管理,而大型项目经理通过领导和管理多个较小项目的项目经理,实现对多个较小项目的"间接管理"。工作周期长、专业复杂或比较特殊的项目,投资或工程量较大的信息系统项目适宜采用强矩阵型或项目型的组织形式。

4. 螺旋模型的开发过程具有周期性重复的螺旋线状,每个开发周期由四个象限组成,分别表示开发周期的四个阶段。螺旋模型之所以特别适用于庞大而复杂的、高风险的系统开发,是因为它强调其中的(　　)②阶段。

A. 制定计划　　　　　　　　　　　　B. 风险分析

C. 实施工程　　　　　　　　　　　　D. 客户评估

【解析】螺旋模型是将瀑布模型和快速原型模型结合起来,从而强调其他模型所忽视的风险分析,特别适合于大型复杂的系统。螺旋模型沿着螺旋线进行若干次迭代,四个象限代表了制定计划、风险分析、实施工程、客户评估四个活动。螺旋模型由风险驱动,强调可选方案和约束条件从而支持软件的重用,有助于将软件质量作为特殊目标融入产品开发之中。

5. 某公司下设硬件研发部、软件研发部、结构设计部、生产车间等部门,当执行项目遇到硬件问题时,参与项目人员先向自己部门的领导反馈,由部门领导再和硬件部门经理沟通,该组织结构类型的缺点是(　　)③。

A. 组织横向之间的联系薄弱,部门间协调难度大

B. 管理成本高,多头领导,难以检测和控制

C. 项目环境比较封闭,不利于沟通、技术知识等共享

D. 员工缺乏事业上的连续性和保障

【解析】依据题意进行分析,题目中描述的情况符合职能型组织结构特点,"组织横向之间的联系薄弱,部门间协调难度大"是职能型组织结构的特点之一。

B、C、D选项描述的都是项目型组织结构的缺点。

6. 项目经理张工管理着公司的多个项目,在平时工作中,需要不时地与上层领导或其他职能部门进行沟通。通过学习项目管理知识,张工建议公司成立一个(　　)④进行集中管理。

A. 组织级质量管理部门

B. 变更控制委员会

C. 大项目事业部

D. 项目管理办公室

【解析】项目管理办公室是项目之间的沟通协调中心,也是对项目经理进行指导的平台。

7. 项目生命周期是指项目从启动到收尾所经历的一系列阶段,项目进入收尾阶段的(　　)⑤较高。

A. 风险

---

①(1)B;(2)A　②B　③A　④D　⑤C

B. 人力投入

C. 变更代价

D. 不确定性

【解析】例如我们刚执行了一个变更,第二天我们就发现这个变更不可行(或者变更实施后无法对项目起到问题解决的作用),因此我们可以及时对变更进行调整,不至于"错误变更的执行"所带来的"错误的后果",在收尾阶段才被发现。最终导致变更的代价过大,例如返工、可交付产品不符合用户需求等。

8. 项目管理的五大过程组中的(　　　)①过程组,与戴明环中的检查和行动环节对应。

A. 启动　　　　　　　　　　　　　　　B. 执行

C. 规划　　　　　　　　　　　　　　　D. 监控

【解析】项目管理各过程组成的五个过程组可以对应到 PDCA 循环,即戴明环:"计划(Plan)—执行(Do)—检查(Check)—行动(Act)"循环。

该循环各环节以结果相连,该循环一部分的结果变成了另一部分的依据。过程组的综合性比"计划—执行—检查—行动"循环更加复杂。

规划过程组与"计划—执行—检查—行动"循环中的"计划"对应。

执行过程组与"计划—执行—检查—行动"循环中的"执行"对应。

监控过程组与"计划—执行—检查—行动"循环中的"检查"和"行动"对应。

此外,因为一个项目的管理是一种有限的努力,所以启动过程组是这些循环的开始,而收尾过程组是其结束。

项目管理的综合性要求监督与控制过程组与其他过程组的所有方面相配合。

---

①D

13.11　本章重要概念

■ 重要概念连连看

项目	五大过程组十大知识领域的简称
项目管理	项目从启动到收尾所经历的一系列阶段
项目管理知识体系	PDCA循环，即"计划（Plan）—执行（Do）—检查（Check）—行动（Act）"循环
生命周期	对于项目管理领域来说独特的知识以及与其他管理领域交叉的内容
戴明环	项目工作的特定的结果，一般包括时间、成本和质量
十五至尊	把各种知识、技能、手段和技术应用于项目活动之中，以达到项目的要求的过程
项目目标	为提供一项独特产品、服务或成果所做的临时性努力

■ 易混概念

①日常运作 *vs* 项目

②标准 *vs* 规定

第二编

第 14 章　项目立项管理

14.1　考情分布地图

本章包含内容不多,知识点内容相对也比较简单,案例和论文几乎不会考查,真题主要集中在上午综合知识单选题,每年平均 2 分左右,近 4 次历年考试综合知识单选题考查分值分布如下。

年份 知识点	2022 年 5 月 单选	2021 年 11 月 单选	2021 年 5 月 单选	2020 年 11 月 单选	合计
立项管理内容	1	1	0	0	2
可行性研究的内容	2	1	0	1	4
初步可行性研究	0	0	0	0	0
详细可行性研究	0	0	1	0	1
效益的预测与评估	0	0	0	0	0
项目评估与论证	0	0	1	1	2
本章考查分值	3	2	2	2	9

14.2　立项管理内容

> **Tips**
>
> 最近几年风靡全国的"双创"(大众创新、万众创业)运动,最直接的体现就是在中关村咖啡馆的一张圆桌边,桌上放着一台笔记本、几杯咖啡、一堆稿件,一群年轻人表情亢奋、手舞足蹈地解释着什么,对面坐着一位表情严肃的中年人……没错,这是几位创业青年在向投资人推荐他们的项目,希望他们的项目得到投资人的认可,拿到项目早期的投资。这个过程是立项的关键环节。

立项是项目从无到有的过程。通过立项,建设方的想法终于不再是空想,终于得到了金主或投资人的认可,这是项目建设单位的第一步也是最关键的一步。

项目立项一般包括:提交项目建议书、项目可行性研究、项目论证、项目评估、项目招标与投标、签订合同这几个阶段。

> **Tips**
>
> 项目立项既包括建设方(甲方)还包括承建方(乙方),与承建方签订合同是立项阶段结束的重要标志。

对于项目发起方(建设单位)来说,立项流程一般包括以下内容,如图 14-1 所示。

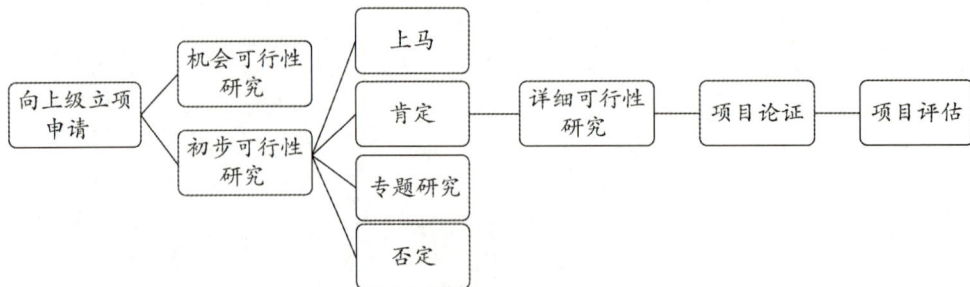

图 14-1　立项流程(对于项目发起方)

(**注**:项目论证可在可行性研究的每个阶段进行。)

对于项目承建方来说,立项流程包括以下内容,如图14-2所示。

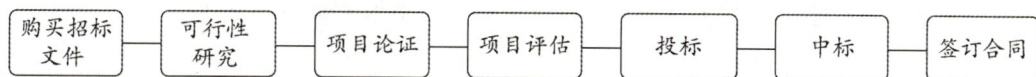

购买招标文件 → 可行性研究 → 项目论证 → 项目评估 → 投标 → 中标 → 签订合同

图 14-2　立项流程(对项目承建方)

14.2.1　项目建议书:前景光明我们能行

> *Tips*
>
> 牛工为技术大牛,鉴于当下火热的人工智能垂直应用和公司业务发展的需要,他很想做一款基于深度学习算法的人脸实名认证系统,首先遇到的问题就是向公司董事会寻求支持这一项目,当然最大的需求就是资金支持,牛工拉上项经理运作这个事情已经不是一天两天了,正在准备《项目建议书》。

1. 项目建议书

项目建议书(又称立项申请)是项目建设单位向上级主管部门提交项目申请时所必须的文件,是该项目建设单位或项目法人,根据国民经济的发展、国家和地方中长期规划、产业政策、生产力布局、国内外市场、所在地的内外部条件、本单位的发展战略等,提出的某一具体项目的建议文件,是对拟建项目提出的框架性的总体设想。

> *Tips*
>
> 上级主管部门:根据项目是国家项目还是企业自己的项目,上级(注意不是平级)主管部门可以是国家或地方财政部/科技厅/发改委等部门,也可以是自己所在公司/集团的董事会/战略发展部。总之,金主是谁,就向谁申请。有些私营企业单位根据自身发展需要自行决定建设的项目,也参照这一模式首先编制项目建议书。

2. 项目建议书包括的内容如下:

(1)项目的必要性。

(2)项目的市场预测。

(3)产品方案或服务的市场预测。

(4)项目建设的必要性(项目建设必需的条件)。

> *Tips*
>
> 小蔡想研发一款女朋友机器人。"这个项目对中国数量庞大的单身青年很有必要;做好后也很有市场;我们的技术方案很先进、机器人的智能服务很有个性;我们手头上有能力和资源做这个事情……现在我只缺钱,咱们要不搞起来?"小蔡眨着眼睛对项经理说道。
>
> "你确定? 写个一万字的项目建议书来! 具体要钱得找薛总!"项经理习惯了小蔡的突发奇想,假装一本正经地回答道。

14.2.2　可行性研究:自己说了不算

项目可行性研究报告是通过对项目的主要内容和配套条件,从技术、经济、工程等方面进行调查研究和分析比较,并对项目建成以后可能取得的财务、经济效益及社会影响进行预测从而提出该项目是否值得投资和如何进行建设的咨询意见,为项目决策提供依据的一种综合性的分析方法。

可行性研究(可研)特点

具有预见性、公正性、可靠性、科学性。

> **Tips**
>
> 未来事情的预见性、不为私利不为套上级的钱、技术或服务可靠、方案科学有效。

可行性研究包括的内容

（1）投资必要性（大环境很好：市场预测、产业发展、国家政策）。

（2）技术的可行性（有人、有技术、能搞定）。

（3）财务可行性（能赚钱）。

（4）组织可行性（能交付：时间、组织、交付都没问题）。

（5）经济可行性（有价值：有经济价值、社会价值）。

（6）社会可行性（社会性：是个懂"社会"的人做的项目）。

（7）风险因素及对策（风险可控）。

> **Tips**
>
> "当前环境大好，技术能搞定，项目能赚钱，实施交付没问题，赚钱和服务社会全有了，符合社会期待不给社会找事，不给国家添负担，风险可控……"，这种项目是不常有的，这种项目谁不愿意做！

项目可行性研究报告的变更

项目可行性研究报告的编制内容与项目建议书批复内容有重大变更的，应重新报批项目建议书。项目初步设计方案和投资概算报告的编制内容与项目可行性研究报告批复内容有重大变更或变更投资超出已批复总投资额 10% 的，应重新报批可行性研究报告。项目初步设计方案和投资概算报告的编制内容与项目可行性研究报告批复内容有少量调整，且其调整内容未超出已批复总投资额 10% 的，需在提交项目初步设计方案和投资概算报告时以独立章节对调整部分进行定量补充说明。

14.2.3　项目招投标：按部就班

> **Tips**
>
> 本部分详细内容可参考第 26 章。

项目招投标

1. 招标

招标有公开招标、邀请招标和议标等。

（1）公开招标：是指招标人以招标公告的方式邀请不特定的法人或者其他组织投标。

（2）邀请招标：是指招标人以投标邀请书的方式邀请特定的法人或者其他组织投标。

2. 投标

投标是指投标人应招标人的邀请，按照招标的要求和条件，在规定的时间内向招标人提交标书，争取中标的行为。

为防止投标人在投标后撤标或在中标后拒不签订合同，招标人通常都要求投标人提供一定比例或金额的投标保证金（投标保证金≤2%，履约保证金≤10%）。

《招标投标法》第二十八条规定，投标人应当在招标文件要求提交投标文件的截止时间前，将投标文件送达投标地点。招标人收到投标文件后，应当签收保存，不得开启。投标人少于三个的，招标人应当依照本法重新招标。在招标文件要求提交投标文件的截止时间后送达的投标文件，招标人应当拒收。

3. 评标

评标由评标委员会负责。评标委员会由具有高级职称或同等专业水平的技术、经济等相关领域专家、招标人和招标机构代表等 5 人以上单数组成,其中技术、经济等方面专家人数不得少于成员总数的 2/3。评标委员会成员名单在评标结果公示前必须保密。

4. 选定承建方

中标人的投标应当符合下列条件之一:

(1)能最大限度地满足招标文件中规定的各项综合评价标准。

(2)能满足招标文件的实质性要求,并且经评审的投标价格最低;但是投标价格低于成本的除外。

招标人和中标人应当自中标通知书发出之日 30 日内,按照招标文件和中标人的投标文件订立书面合同。招标人和中标人不得再订立背离合同实质性内容的其他协议。

依法必须进行招标的项目,招标人应当自确定中标人之日起 15 日内,向有关行政监督部门提交招标情况的书面报告(政府采购法规定,政府采购规定自签订后 7 日内)。

14.3 可行性研究:具体怎样才能行

14.3.1 可行性研究的内容

可行性研究主要包括:技术可行性分析、经济可行性分析、运行环境可行性分析以及法律可行性分析、社会可行性分析等方面的内容。

(1)技术可行性分析:开发风险情况、人力资源具备情况、技术能力的可能性、物资(产品)的可用性。

(2)经济可行性分析:支出分析、收益分析(直接收益、间接收益以及其他方面的收益)、收益投资比、投资回收期分析、敏感性分析、社会效益分析。

> *Tips*
>
> 敏感性分析:关键指标有些许变化时对收益的敏感性。当诸如设备和软件配置、处理速度要求、系统的工作负荷类型和负荷量等关键性因素变化时,对支出和收益产生影响的估计。

(3)运行环境可行性分析:用户单位(企业)的管理体制、管理方法、规章制度、工作习惯、人员素质(甚至包括人员的心理承受能力、接受新知识和技能的积极性等)、数据资源积累、硬件(包含系统软件)平台等。

(4)其他方面的可行性分析:诸如法律可行性、社会可行性等。

14.3.2 可行性研究的步骤

一般地,可行性研究分为初步可行性研究、详细可行性研究、可行性研究报告三个基本阶段。

14.3.3 初步可行性研究

1. 初步可行性研究

初步可行性研究是对项目进行的初步评估。经过初步可行性研究,可以形成初步可行性研究报告,该报告虽然比详细可行性研究报告粗略,但是对项目已经有了全面的描述、分析和论证,所以初步可行性研究报告可以作为正式的文献供决策参考;也可以依据项目的初步可行性研究报告形成项目建议书,通过审查项目建议书决定项目的取舍,即通常所称的"立项"决策。本阶段输出初步可行性研究报告。

进行初步可行性评估,可以从以下方面进行衡量,以便决定是否开始详细可行性研究。

(1)分析项目的前途,从而决定是否应该继续深入调查研究。

（2）初步估计和确定项目中的关键技术及核心问题，以确定是否需要解决。

（3）初步估计必须进行辅助研究，以解决项目的核心问题，并判断是否具备必要的技术、实验、人力条件作为支持。

通过项目的初步可行性研究就应当能够回答下面的一些问题：

（1）项目进行投资建设的必要性。

（2）项目建设的周期。

（3）项目需要的人力、财力资源。

（4）项目的功能和目标是否可以实现。

（5）项目的经济效益、社会效益是否可以保证。

（6）项目从经济上、技术上是否是合理的。

2. 辅助（功能）研究

辅助（功能）研究包括项目的一个或几个方面，但不是所有方面，并且只能作为初步项目可行性研究、项目可行性研究和大规模投资建议的前提或辅助。辅助研究的内容视研究的性质和打算研究的项目各有不同，但由于其关系到项目的关键方面，因此其结论应为随后的项目阶段指明方向。辅助研究的费用必须和项目可行性研究的费用联系起来考虑，因为这种研究的一个目的就是要在项目可行性研究阶段节省费用。

> **Tips**
>
> 辅助研究主要研究的是辅助，因为前期辅助可以节省后期详细研究的费用。

14.3.4　详细可行性研究

投资前时期的四个阶段：机会研究、初步可行性研究、详细可行性研究、评估与决策。在实际工作中，前三个阶段中依项目的规模和繁简程度可把前两个阶段省略或合二为一，但详细可行性研究是不可缺少的。升级改造项目只做初步和详细研究，小项目一般只进行详细可行性研究。

详细可行性研究的方法：经济评价法、市场预测法、投资估算法（包括：指数估算法、因子估算法、单位能力投资估算法）、增量净效益法（有无比较法）。

> **Tips**
>
> 有无比较法：有这个项目和无这个项目对企业来说效益的差值。将有项目时的成本（效益）与无项目时的成本（效益）进行比较，求得两者差额，即为增量成本（效益），这种方法称为有无比较法。

详细可行性研究的内容

（1）概述：提出项目开发的背景、必要性和经济意义等。

（2）需求确定：调查客户需求、技术趋势分析、确定项目规模、目标、产品、方案、发展方向等。

（3）现有资源、设施情况分析。

（4）设计（初步）技术方案。

（5）项目实施进度计划建议。

（6）投资估算和资金筹措计划。

（7）项目组织、人力资源、技术培训计划。

（8）经济和社会效益分析（效果评价）。

（9）合作/协作方式。

详细可行性研究的一般程序框架，如图14-3所示。

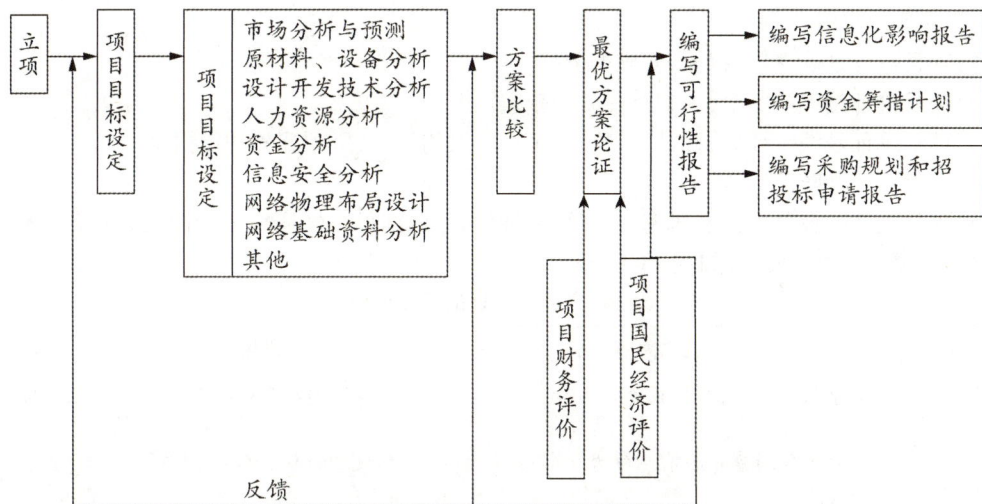

图 14-3 详细可行性研究的程序框架

效益的预测与评估

在进行项目的可行性分析时,经常为"收益分析"发愁。项目的效益表现形式各自不同,包括直接效益和间接效益、经济效益和社会效益、近期效益和远期效益、显性效益和隐性效益、微观效益和宏观效益。

效益量化及计算的六种方法:函数求解法、相关关系法、模糊数学法、专家意见法(德尔菲法)、成本降低法、利润增加法。

开发总成本

一般划分为四大类:研发成本、行政管理费、销售与分销费用、财务费用和折旧。前三类成本的总和称为经营成本。

14.4 项目论证与评估

14.4.1 项目论证:优中选优

"先论证,后决策"是现代项目管理的基本原则。项目论证应该围绕着市场需求、开发技术、财务经济三个方面展开调查和分析,市场是前提、技术是手段、财务经济是核心。

项目论证是一个连续的过程,它包括问题的提出、制定目标、拟定方案、分析评价、最后从多种可行的方案中选出一种比较理想的最佳方案,供投资者决策。具体讲,一般有以下七个主要步骤:

(1)明确项目范围和业主目标。

(2)收集并分析相关资料。

(3)拟定多种可行的能够相互替代的实施方案。达到目标通常会有多种可行的方法,因而就形成了多种可行的能够相互代替的技术方案。项目论证主要核心点是从多种可供实施的方案中选优,因此拟定相应的实施方案就是项目论证的一步关键工作。

(4)多方案分析、比较。

(5)选择最优方案进一步详细全面地论证。

(6)编制项目论证报告、环境影响报告书和采购方式审批报告。

(7)编制资金筹措计划和项目实施进度计划。

以上步骤只是进行项目论证的一般程序,而不是唯一的程序。在实际工作中,根据所研究问题的性质、条件、方法的不同,也可采用其他适宜的程序。

项目论证的作用：

(1)项目论证是确定项目是否实施的依据。

(2)项目论证是筹措资金、向银行贷款的依据。

(3)项目论证是编制计划、设计、采购、施工以及机构设备、资源配置的依据。

(4)项目论证是防范风险、提高项目效率的重要保证。

(5)项目论证一般分为机会研究、初步可行性研究、详细可行性研究三个阶段。对各个阶段的工作内容、费用、准确性要求，如表 14-1 所示。

表 14-1 项目论证的阶段划分

阶段	工作内容	费用	误差控制
机会研究	寻求投资机会，鉴别投资方向	占总投资的 0.2%～1%	±30%
初步可行性研究	初步判断项目是否有生命力，能否盈利	占总投资的 0.25%～1.5%	±20%
详细可行性研究	详细技术经济论证，在多方案比较的基础上选择出最优方案	中小项目占总投资的 1%～3% 大项目占总投资的 0.2%～1%	±10%

14.4.2 项目评估：一锤定音

项目评估指在项目可行性研究的基础上，由第三方(国家、银行或有关机构)进行的评估过程。其目的是审查项目可行性研究的可靠性、真实性和客观性，为银行的贷款决策或行政主管部门的审批决策提供科学依据。

项目评估报告大纲应包括如下几个方面内容。

(1)项目概况。

①项目基本情况。

②综合评估结论。提出是否批准或可否贷款的结论性意见。

(2)详细评估意见。

(3)总结和建议。

①存在或遗留的重大问题。

②潜在的风险。

③建议。

项目评估的最终成果是项目评估报告，项目评估的依据包括如下项目。

(1)项目建议书及其批准文件。

(2)项目可行性研究报告。

(3)报送单位的申请报告及主管部门的初审意见。

(4)有关资源、配件、燃料、水、电、交通、通信、资金(包括外汇)等方面的协议文件。

(5)必需的其他文件和资料。

项目评估的工作程序：成立评估小组，进行分工，制定评估工作计划；开展调查研究，收集数据资料，并对可行性研究报告和相关资料进行审查和分析；分析与评估；编写评估报告；讨论、修改报告；开专家论证会；评估报告定稿。

14.4.3 论证与评估

项目论证与项目评估对比的内容如表 14-2 所示。

表 14-2　项目论证与项目评估对比

项目	论证	评估
阶段	项目论证可以贯穿于可行性研究的整个阶段(此时项目论证可以认为是项目可行性研究的一部分),也可以在可行性研究完成之后才开始执行	在可行性研究完成之后才开始进行
对象	可以是未完成或未选定的方案	一般需要正式的"提交"
侧重	听取各方专家意见	强调得出权威的结论
谁来做	分为内部论证和外部论证。后者的执行主体为项目投资者或其委托的第三方权威机构	评估是项目立项之前必不可少的环节,一般由外部评估机构进行
内容	项目论证是一个连续的过程,它包括问题的提出、制定目标、拟定方案、分析评价,最后从多种可行的方案中选出一种比较理想的最佳方案,供投资者决策	审查项目可行性研究的可靠性、真实性和客观性,为行政主管部门的审批决策和投资部门的投资决策提供科学依据

14.5　小蔡的自问自答

1. 项目论证一般分为机会研究、初步可行性研究和详细可行性研究三个阶段。以下叙述中,正确的是(　　)①。

A. 机会研究的内容为项目是否有生命力,能否盈利

B. 详细可行性研究是要寻求投资机会,鉴别投资方向

C. 初步可行性研究阶段在多方案比较的基础上选择出最优方案

D. 项目论证是确定项目是否实施的前提

【解析】机会研究的内容为寻求投资机会,鉴别投资方向;初步可行性研究阶段要研究项目是否有生命力,能否盈利;详细可行性研究是要在多方案比较的基础上选择出最优方案;项目论证是确定项目是否实施的依据。

2. 项目建议书中不包含(　　)②。

A. 产品方案或服务的市场预测

B. 项目建设必需的条件

C. 项目的市场预测

D. 风险因素及对策

【解析】项目建议书的主要内容有项目必要性、项目建设必要性(也称项目建设必需的条件)、项目的市场预测、产品方案或服务的市场预测。

3. 项目经理小李依据当前技术发展趋势和所掌握的技术能否支撑该项目的开发,进行可行性研究。小李进行的可行性研究属于(　　)③。

A. 经济可行性分析

B. 技术可行性分析

C. 运行环境可行性分析

D. 其他方面的可行性分析

【解析】从"依据当前技术发展趋势和所掌握的技术能否支撑该项目的开发"这句话判断为技

---

①D　②D　③B

术可行性研究。

4. 小张接到一项任务,要对一个新项目投资及经济效益进行分析,包括支出分析、收益分析、敏感性分析等。小张正在进行(　　)①。

A. 技术可行性分析

B. 经济可行性分析

C. 运行环境可行性分析

D. 法律可行性分析

【解析】经济可行性分析主要是对整个项目的投资及所产生的经济效益进行分析,具体包括支出分析、收益分析、投资回报分析以及敏感性分析等。

5. 信息系统可行性研究包括很多方面的内容,(　　)②中经常会用到敏感性分析。

A. 技术可行性分析

B. 经济可行性分析

C. 运行环境可行性分析

D. 社会可行性分析

【解析】经济可行性分析主要是对整个项目的投资及所产生的经济效益进行分析,具体包括支出分析、收益分析、投资回报分析及敏感性分析等。

6. 辅助(功能)研究是项目可行性研究中的一项重要内容。以下叙述中,正确的是(　　)③。

A. 辅助(功能)研究只包括项目的某一方面,而不是项目的所有方面

B. 辅助(功能)研究只能针对项目的初步可行性研究内容进行辅助的说明

C. 辅助(功能)研究只涉及项目的非关键部分的研究

D. 辅助(功能)研究的费用与项目可行性研究的费用无关

【解析】辅助(功能)研究包括项目的一个或几个方面,但不是所有方面,并且只能作为初步项目可行性研究、项目可行性研究和大规模投资建议的前提或辅助。辅助研究的内容视研究的性质和打算研究的项目各有不同。但由于其关系到项目的关键方面,因此其结论应为随后的项目阶段指明方向。辅助研究的费用必须和项目可行性研究的费用联系起来考虑,因为这种研究的一个目的就是要在项目可行性研究阶段节省费用。

7. 项目可行性研究阶段的经营成本不包括(　　)④。

A. 财务费用

B. 研发成本

C. 行政管理费

D. 销售与分销费用

【解析】开发总成本一般划分为四大类:研发成本、行政管理费、销售与分销费用、财务费用和折旧。其中,前三类成本的总和称为经营成本。

8. 关于项目评估及论证的描述,不正确的是(　　)⑤。

A. "先论证,后决策"是现代项目管理的基本原则

B. 项目论证应该围绕市场需求、开发技术、财务经济三个方面开展

C. 项目论证一般包括机会研究、经济可行性研究和详细可行性研究

D. 项目评估的目的是审查项目可行性研究的可靠性、真实性和客观性

①B　②B　③A　④A　⑤C

【解析】项目论证一般分为机会研究、初步可行性研究和详细可行性研究三个阶段。

9. 关于项目论证的描述,不正确的是(　　)①。

A."先论证,后决策"是现代项目管理的基本原则

B. 项目论证是一个非连续的过程

C. 项目论证报告对结构和内容有特定的要求

D. 项目论证的结果是确定项目是否实施的依据

【解析】项目论证是一个连续的过程,它包括问题的提出、制定目标、拟订方案、分析评价、最后从多种可行的方案中选出一种比较理想的最佳方案,供投资者决策。

10. 关于项目评估和项目论证的描述,不正确的是(　　)②。

A. 项目论证应该围绕市场需求、开发技术、财务经济三个方面展开调查和分析

B. 项目论证一般可分为机会研究、初步可行性研究和详细可行性研究三个阶段

C. 项目评估由项目建设单位实施,目的是审查项目可行性研究的可靠性、真实性和客观性,为银行的贷款决策或行政主管部门的审批决策提供依据

D. 项目评估的依据包括项目建议书及其批准文件、项目可行性研究报告、报送单位的申请报告及主管部门的初审意见等一系列文件

【解析】项目评估指在项目可行性研究的基础上,由第三方(国家、银行或有关机构)进行的评估过程。其目的是审查项目可行性研究的可靠性、真实性和客观性,为银行的贷款决策或行政主管部门的审批决策提供科学依据。

11. 某系统开发项目邀请第三方进行项目评估,(　　)③不是项目评估的依据。

A. 项目建议书及其批准文件

B. 项目可行性研究报告

C. 报送单位的申请报告及主管部门的初审意见

D. 项目变更管理策略

【解析】项目评估依据包括:

①项目建议书及其批准文件。

②项目可行性研究报告。

③报送单位的申请报告及主管部门的初审意见。

④有关资源、配件、燃料、水、电、交通、通信、资金(包括外汇)等方面的协议文件。

⑤必须的其他文件和资料。

①B　②C　③D

14.6 本章重要概念

重要概念连连看

项目建议书	用于确定哪些风险对项目具有最大的潜在影响。它把所有其他不确定因素保持在基准值的条件下,考查项目的每项要素的不确定性对目标产生多大程度的影响
招标	一般指研发成本、行政管理费、销售与分销费用的总称
投标	一般划分为四大类:研发成本、行政管理费、销售与分销费用、财务费用和折旧
论证	从技术、经济、社会和人员等方面的条件和情况进行调查研究,对可能的技术方案进行论证,以最终确定整个项目是否可行
评估	指在项目可行性研究的基础上,由第三方(国家、银行或有关机构)根据国家颁布的政策、法规、方法、参数和条例等,从各方面进行评价、分析和论证,进而判断其是否可行的一个评估过程
可行性研究	指对拟实施项目技术上的先进性、适用性,经济上的合理性、盈利性,实施上的可能性、风险性进行全面科学的综合分析,为项目决策提供客观依据的一种技术经济研究活动
开发总成本	指投标人应招标人的邀请,按照招标的要求和条件,在规定的时间内向招标人提交标书,争取中标的行为
经营成本	在一定范围内公开货物、工程或服务采购的条件和要求,邀请众多投标人参加投标;并按照规定程序从中选择交易对象的一种市场交易行为
敏感性分析	又称立项申请,是项目建设单位向上级主管部门提交项目申请时所必需的文件

易混概念

①论证 *vs* 评估

②开发总成本 *vs* 经营成本

第 15 章　项目合同管理

15.1　考情分布地图

项目合同管理在历年考试中不作为考查重点,不会单独对合同管理进行案例的考查,而是和采购管理结合考查的几率比较高。其次对于论文几乎是没有考查过,本章案例和论文不需要特别关注,注重综合知识单选题的学习,考查过的小的知识点要掌握,其中合同类型(几种分类方法中合同的定义)、索赔管理的流程等比较重要。综合知识单选题近 4 次历年具体分值分布如下表。

知识点＼年份	2022 年 5 月 单选	2021 年 11 月 单选	2021 年 5 月 单选	2020 年 11 月 单选	合计
合同的类型	1	0	1	1	3
合同的内容	0	0	0	0	0
合同的签订管理	0	0	0	0	0
合同的履行管理	0	0	0	0	0
合同的变更管理	0	0	0	0	0
合同的档案管理	0	0	0	0	0
合同违约索赔管理	0	1	0	0	1
本章考查分值	1	1	1	1	4

15.2　合同基础内容

■ **合同管理**(如图 15-1)

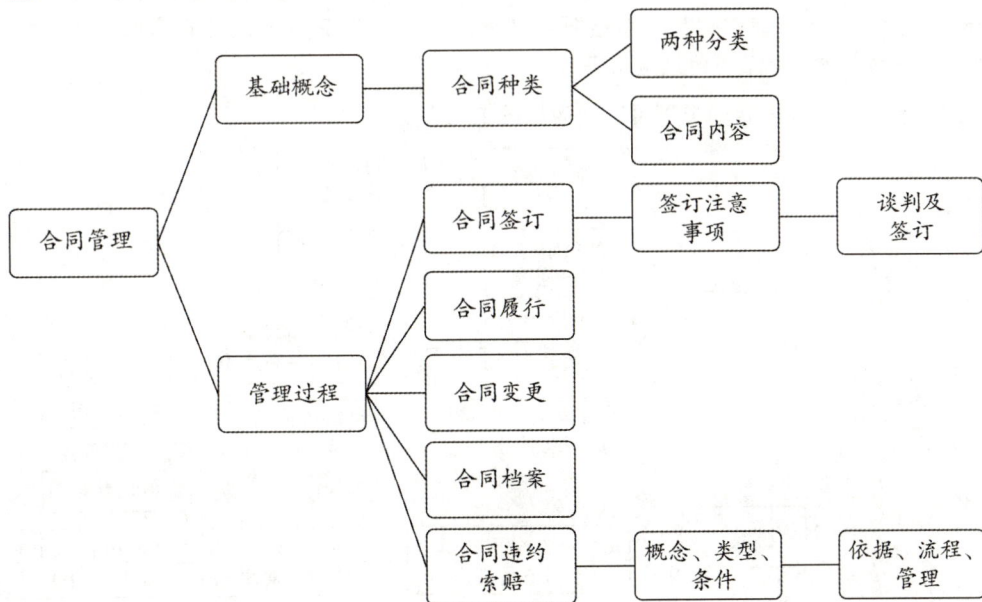

图 15-1　合同管理

■ **合同形式**

合同的形式可以是书面形式、口头形式和其他形式。书面形式是指合同书、信件和数据电文

（包括电报、电传、传真、电子数据交换和电子邮件）等可以有形地表现所载内容的形式。

■ 无效合同

通常需具备下列情形之一：

（1）一方以欺诈、胁迫的手段订立合同。

（2）恶意串通，损害国家、集体或者第三方利益。

（3）以合法形式掩盖非法目的。

（4）损害社会公共利益。

（5）违反法律、行政法规的强制性规定。

■ 合同的八要素

当事人的名称和地址；标的；数量；质量；价款和报酬；履行期限、地点和方式；违约责任和解决争议的办法。另外，对于 IT 项目合同，还需要注意验收时间、标准、知识产权、售后服务等。

> *Tips*
>
> 广义合同，指以确定各种权利与义务为内容的协议，即只要是当事人之间达成的确定权利义务的协议均为合同，不管它涉及哪个法律部门和何种法律关系；包括民法上的合同、行政法上的行政合同、劳动法上的劳动合同、国际法上的国家合同。
>
> 狭义合同，专指民法上的合同，是当事人之间确立、变更、终止民事权利义务关系意思表示一致的法律行为；合同不包括婚姻、收养、监护等有关身份关系的协议。

15.3　花式合同

> *Tips*
>
> 合同类型决定买方与卖方的风险分担，一般情况下，人们比较喜欢固定总价合同，大多数组织都鼓励甚至经常要求使用固定总价合同。通常所选择的合同类型以及具体的合同条款和条件，决定着合同双方各自承担的风险水平。

信息系统项目涉及的合同类型可归纳为如图 15-2 所示：

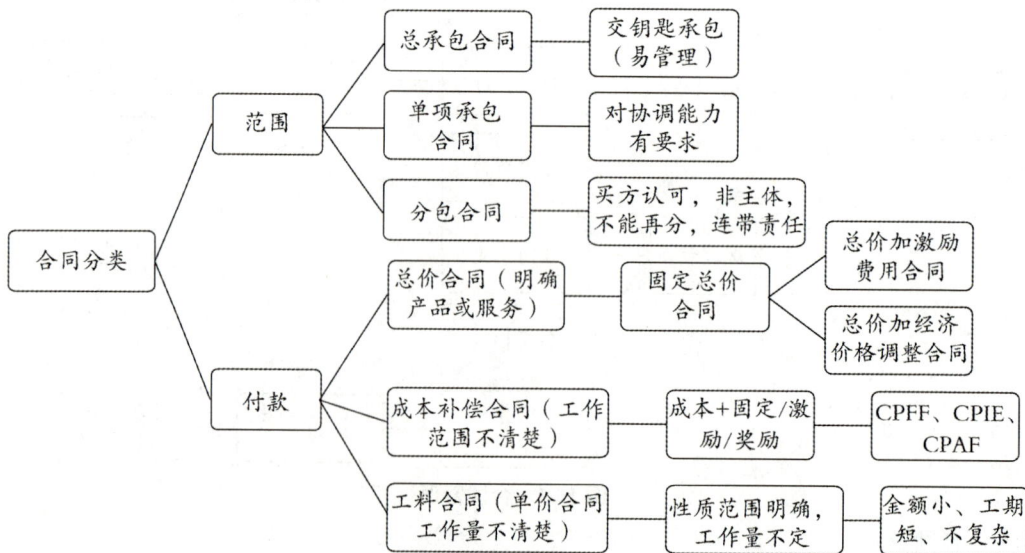

图 15-2　合同分类

15.3.1　承包范围不同

🔹 总承包合同

总承包合同也称"交钥匙承包"，发包人把信息系统工程建设从开始立项、论证、施工到竣工的全部任务，一并发包给一个具备相应资质的承包人。

这种承包方式有利于充分发挥那些在工程建设方面具有较强的技术力量、丰富的经验和组织管理能力的大承包商的专业优势，保证工程的质量和进度，提高投资效益。采用总承包的方式进行承包，发包人和承包人要签订总承包合同。这种总承包合同既可以用一个总合同的形式，也可以用若干个合同的形式来签订。

> **Tips**
>
> 本方式一般适用于经验丰富、技术实力雄厚且组织管理协调能力强的卖方。采用这种方式，买方只需与一个卖方沟通，容易管理与协调。
>
> 对卖方要求这么高，说不定甲乙双方关系还得很好。

🔹 单项承包合同

发包人将信息系统工程建设的不同工作任务，分别发包给不同的承包人。单项工程承包方式有利于吸引较多的承包人参与投标竞争，使发包人有更大的选择余地；也有利于发包人对建设工程的各个环节、各个阶段实施直接的监督管理。这种发包方式较适用于那些对工程建设有较强管理能力的发包人。

> **Tips**
>
> 有利于吸引更多的卖方参与投标竞争，各承包一块；有利于卖方专注于自身经验丰富且技术实力雄厚的部分的建设；但这种方式管理复杂，对于买方的组织管理协调能力提出了较高的要求。

🔹 分包合同

总承建单位将其承包的某一部分或某几部分项目，再发包给子承建单位。它是指工程总承包人、勘察承包人、设计承包人、施工承包人承包建设工程以后，将其承包的某一部分或某几部分工程，再发包给其他承包人，与其签订承包合同称为分包合同。

> **Tips**
>
> 签订分包合同应当同时具备两个条件：第一，承包人只能将自己承包的部分工程分包给具有相应资质条件的分包人；第二，分包工程必须经过发包人同意。另外，只能将非关键、非主体部分进行分包，而且不可以进行二次分包；分包方必须具备相应的资质条件；分包方与承建方承担连带责任。

15.3.2　付款方式不同

> **Tips**
>
> 总价合同：买方需要精准定义产品或服务。付款类型上划分为：固定总价、总价加激励费用、总价加经济价格调整、订购单（单边合同，是总价合同的一种）。

🔹 固定总价合同

固定总价合同是指在合同中确定一个完成项目的总价，承包人据此完成项目全部合同内容的合同。这种合同类型能够使建设单位在评标时易于确定报价最低的承包商，易于进行支付计算。适用于工程量不太大且能精确计算、工期较短、技术不太复杂、风险不大的项目，同时要求发包人必须准备详细全面的设计图纸和各项说明,使承包人能准确计算工程量。

> **Tips**
>
> 注意:买方必须准确定义要采购的产品或服务。
>
> 小蔡所在的项目组采购的是品牌电脑,范围清楚、规格清楚,并且是标准产品,这是我们最常见的固定总价合同。

成本补偿合同

成本补偿合同向卖方支付为完成工作而发生的全部合法实际成本(可报销成本),外加一笔费用作为卖方的利润。成本补偿合同也可为卖方超过或低于预定目标而规定的财务奖励条款,其又可以分为:成本加固定费用合同、成本加激励费用合同、成本加奖励费用合同。

在这种合同下,买方的成本风险最大。这种合同适用于买方仅知道要一个什么产品但不知道具体工作范围的情况,也就是工作范围很不清楚的项目。当然,成本补偿合同也适用于买方特别信得过的卖方,想要与卖方全面合作的情况。

> **Tips**
>
> 激励和奖励费用的区别:
>
> 成本加激励费用:为卖方报销履行合同工作所发生的一切可列支成本,并在卖方达到合同规定的绩效目标时,向卖方支付预先确定的激励费用。如果最终成本低于或高于原始估算成本,则买方和卖方需要根据事先商定的成本分摊比例来分享节约部分或分担超支部分。
>
> 成本加奖励费用:为卖方报销履行合同工作所发生的一切合法成本,但只有在满足合同中规定的某些笼统、主观的绩效标准情况下,才能向卖方支付大部分费用。完全由买方根据自己对卖方绩效的主观判断来决定奖励费用,并且卖方通常无权申诉。

工料合同

工料合同是指按项目工作所花费的实际工时数和材料数,按事先确定的单位工时费用标准和单位材料费用标准进行付款。这类合同适用于工作性质清楚,工作范围比较明确,但具体的工作量无法确定的项目。工料合同在金额小、工期短、不复杂的项目上可以有效使用,但在金额大、工期长的复杂项目上不适用。

> **Tips**
>
> 工时和材料合同是一种综合了固定价格合同和成本补偿合同两者优点的合同。类似于成本补偿合同没有确定项目的总价。这样,当项目成本上升时,它能和成本补偿合同一样增加合同总价。同样,工时和材料合同也类似于固定价格合同。例如,工时或材料的单价是由买卖双方事先确定的,双方可以商定各级别物料或工程师的费用,或者在合同中包含一个最高不超过成本限额的条款。
>
> 客户对小蔡所在的项目组界面呈现友好、易用、有较高的要求,鉴于项经理公司缺乏高水平美工人员,要请人做美工设计,根据采购计划定义需要找外包公司来协助完成这项工作,由于对工作总量评估不准,但是总体上一个美工每天大概需要的费用,项经理是大概知道市场行情的。此种情况下,可以考虑采用工料合同。

如何选择合同类型

(1)如果工作范围很明确,且项目的设计已具备详细的细节,则使用总价合同。

(2)如果工作性质清楚,但范围不是很清楚,而且工作不复杂,又需要快速签订合同,则使用工料合同。

（3）如果工作范围尚不清楚，则使用成本补偿合同。

（4）如果双方分担风险，则使用工料合同；如果买方承担成本风险，则使用成本补偿合同；如果卖方承担成本风险，则使用总价合同。

（5）如果是购买标准产品，且数量不大，则使用单边合同。

15.4　合同的签订

在合同签订之前，应当做好以下几项工作。

（1）首先，应当做好市场调查。主要了解产品的技术发展状况，市场供需情况和市场价格等。

（2）其次，应当进行潜在合作伙伴或者竞争对手的资信调查，准确把握对方的真实意图，正确评判竞争的激烈程度。

（3）最后，了解相关环境，做出正确的风险分析判断。

> *Tips*
> 总之，商业采购，前期调查、潜在合作伙伴或竞争对手之间的调查、风险分析判断都是相当重要的前置工作。

15.5　合同履行管理

> *Tips*
> 签订了合同之后，就像夫妻之间走完了结婚的全部过程，双方开始居家过日子，和谐友爱，忠于对方，履行各自的责任和义务。

合同履行管理包括对合同的履行情况进行跟踪管理，包括合同争议、合同违约和合同索赔等事宜。

如果约定了仲裁且约定了仲裁裁决的终局性，就不能向法院诉讼。在解决合同争议的方法中，其优先顺序为谈判（协商）、调解、仲裁、诉讼。

《中华人民共和国民法典》第五百一十一条，当事人就有关合同内容约定不明确，依据第五百一十条规定仍不能确定的，适用下列规定：

（1）质量要求不明确的，按照强制性国家标准履行；没有强制性国家标准的，按照推荐性国家标准履行；没有推荐性国家标准的，按照行业标准履行；没有国家标准、行业标准的，按照通常标准或者符合合同目的的特定标准履行。

（2）价款或者报酬不明确的，按照订立合同时履行地的市场价格履行；依法应当执行政府定价或者政府指导价的，依照规定履行。

（3）履行地点不明确，给付货币的，在接受货币一方所在地履行；交付不动产的，在不动产所在地履行；其他标的，在履行义务一方所在地履行。

（4）履行期限不明确的，债务人可以随时履行，债权人也可以随时请求履行，但是应当给对方必要的准备时间。

（5）履行方式不明确的，按照有利于实现合同目的的方式履行。

（6）履行费用的负担不明确的，由履行义务一方负担；因债权人原因增加的履行费用，由债权人负担。

> **Tips**
>
> 针对以上条目可看出,法律不外乎人情!

15.6 合同变更管理

(1)合同变更要具备以下条件才可以:双方当事人协商,并且不因此损害国家和社会利益;由于不可抗拒力导致合同义务不能执行;由于另一方在合同约定的期限内没履行合同,并在被允许推迟履行期限内仍未履行的。

(2)当事人一方要求修改合同时,应当首先向另一方用书面的形式提出。另一方当事人在接到有关变更项目合同的申请后,应及时做出书面答复。

(3)合同档案管理包括正本和副本管理、合同文件格式等内容。

(4)"公平合理"是合同变更的处理原则,变更合同价款按下列方法进行:

①首先确定合同变更量清单,然后确定变更价款。

②合同中已有适用于项目变更的价格,按合同已有的价格变更合同价款。

③合同中只有类似于项目变更的价格,可以参照类似价格变更合同价款。

④合同中没有适用或类似项目变更的价格,由承包人提出适当的变更价格,经监理工程师和业主确认后执行。

合同变更控制系统规定合同修改的过程包括:

①文书工作。

②跟踪系统。

③争议解决程序。

15.7 合同档案管理

合同档案管理(文本管理)是整个合同管理的基础。项目管理团队使用合同档案管理系统对合同文件和记录进行管理。它作为管理信息系统的组成部分,是被统一整合为一体的一套具体的过程、相关的控制职能和自动化工具。

15.8 合同违约/索赔管理

> **Tips**
>
> 索赔不一定是"吐唾沫、喷口水、甩脖子",也可以是通过文明的方式去做。

索赔是在工程承包合同履行中,当事人一方由于另一方未履行合同所规定的义务而遭受损失时,向另一方提出赔偿要求的行为。而建设单位对于属于承建单位应承担责任造成的且实际发生了的损失,向承建单位要求赔偿,称为反索赔。索赔的性质属于经济补偿行为,而不是惩罚。索赔在一般情况下都可以通过协商方式友好解决。

■ 四种违约责任的承担方式

(1)继续履行。

(2)采取补救措施(如质量不符合约定的,可以要求修理、更换、重作、退货、减少价款或报酬等)。

(3)赔偿损失。

(4)支付约定违约金或定金。

■ 索赔分类

(1)按索赔的目的分类可分为工期索赔和费用索赔。

（2）按索赔的依据分类可分为合同规定的索赔和非合同规定的索赔。

（3）按索赔的业务性质分类可分为工程索赔和商务索赔。

（4）按索赔的处理方式分类可分为单项索赔和总索赔。

合同索赔构成条件

合同索赔的重要前提条件是合同双方存在对方的违约行为和事实且发生了应由对方承担的责任与风险导致的损失。对提出的合同索赔凡属于客观原因造成的延期，属于业主也无法预见到的情况，如特殊反常天气，达到合同中特殊反常天气的约定条件，承包商可能得到延长工期，但得不到费用补偿。对于属于业主方面的原因造成拖延工期的，不仅应给承包商延长工期，还应给予费用补偿。

合同索赔依据

索赔必须以合同为依据。根据我国有关规定，索赔应依据下面内容：

（1）国家有关的法律如《民法典》、行政法规和地方法规。

（2）国家、部门和地方有关信息系统工程的标准、规范和文件。

（3）本项目的实施合同文件，包括招标文件、合同文本及附件。

（4）有关的凭证，包括来往文件、签证及更改通知，会议纪要，进度表，产品采购等。

（5）其他相关文件，包括市场行情记录、各种会计核算资料等。

索赔原则

索赔是合同管理的重要环节，应按以下原则进行索赔：

（1）索赔必须以合同为依据。

（2）必须注意资料的积累。

（3）及时、合理地处理索赔（时效性）。

（4）加强索赔的前瞻性（先小人后君子）。

项目发生索赔事件后，一般先由监理工程师调解，若调解不成，由政府建设主管机构进行调解，若仍调解不成，由经济合同仲裁委员会进行调解或仲裁。在整个索赔过程中，遵循的原则是索赔的有理性、索赔依据的有效性、索赔计算的正确性。

索赔流程

（1）提出索赔要求。

（2）提交索赔资料。

（3）索赔答复。

（4）索赔认可。

（5）提交索赔报告。

或者：

（4）索赔分歧。

（5）提请仲裁（或者提起诉讼）。

索赔具体流程

（1）提出索赔要求。当出现索赔事项时，索赔方以书面的索赔通知书形式，在索赔事项发生后的28天以内，向监理工程师正式提出索赔意向通知。

（2）报送索赔资料。在索赔通知书发出后的28天内，向监理工程师提出延长工期和（或）补偿经济损失的索赔报告及有关资料。

（3）监理工程师答复。监理工程师在收到送交的索赔报告有关资料后，于28天内给予答复，或要求索赔方进一步补充索赔理由和证据。

（4）监理工程师逾期答复后果。监理工程师在收到承包人送交的索赔报告的有关资料后 28 天未予答复或未对承包人作进一步要求，视为该项索赔已经认可。

（5）持续索赔。当索赔事件持续进行时，索赔方应当阶段性向监理工程师发出索赔意向，在索赔事件终了后 28 天内，向监理工程师送交索赔的有关资料和最终索赔报告，监理工程师应在 28 天内给予答复或要求索赔方进一步补充索赔理由和证据。逾期未答复，视为该项索赔成立。

（6）仲裁与诉讼。监理工程师对索赔的答复，索赔方或发包人不能接受，即进入仲裁或诉讼程序。

> **Tips**
>
> 索赔过程：监理调解、政府建设主管机构调解、仲裁委员会。以上顺序不是绝对，可以直接仲裁或诉讼。
>
> 提出索赔要求：索赔方 28 天内，向监理提出索赔要求；监理 28 天内回复或让补充证据；没回复的认为索赔被认可。
>
> 仲裁与诉讼：监理对索赔的答复不满意，即可进入仲裁或诉讼。

15.9　小蔡的自问自答

1. 在项目中经常会利用外包的手段，以提高项目的盈利能力，对于工作规模或产品规定不是特别清楚的项目。外包时一般应采用（　　）①。

A. 成本补偿合同

B. 采购单形式的合同

C. 工时材料合同

D. 固定总价合同

【解析】时间和材料合同是包含成本补偿合同和固定总价合同的混合类型。当不能迅速确定准确的工作量时，时间和材料合同适用于动态增加人员、专家或其他外部支持人员等情况。

2. 格式条款是当事人为了重复使用而预先拟定，并在订立合同时未与对方协商的条款，对于格式条款的描述，不正确的是（　　）②。

A. 提供格式条款一方免除其责任，加重对方责任、排除对方主要权利的，该条款无效

B. 格式条款和非格式条款不一致，应当采用格式条款

C. 对格式条款有两种以上解释的，应当做出不利于提供格式条款一方的解释

D. 采用格式条款订立合同的，提供格式条款的一方应当遵循公平原则确定当事人之间的权利和义务

【解析】对格式条款的理解发生争议的，应当按通常理解予以解释。对格式条款有两种以上解释的，应当做出不利于提供格式条款一方的解释。格式条款和非格式条款不一致的，应当采用非格式条款。

3. 某公司按总价合同方式约定订购 3000 米高规格的铜缆，由于建设单位原因，工期暂停了半个月，待恢复施工后，承建单位以近期铜价上涨为理由，要求建设单位赔偿购买电缆增加的费用，并要求适当延长工期，以下说法中，正确的是（　　）③。

A. 建设单位应该赔偿承建单位采购电缆增加的费用

---

①C　②B　③D

B. 监理单位应该保护承建单位的合法利益，因此应该支持承建的索赔要求

C. 索赔是合同双方利益的体现，可以使造价更趋于合理

D. 铜价上涨是承建单位应承担的项目风险，不应该要求赔偿费用

【解析】总价合同又称固定价格合同，固定价格合同是指在合同中确定一个完成项目的总价，承建单位据此完成项目全部内容的合同。这种合同类型能够使建设单位在评标时易于确定报价最低的承建单位，易于进行支付计算。但这类合同仅适用于项目工作量不大且能精确计算、工期较短、技术不太复杂、风险不大的项目。因而采用这种合同类型要求建设单位必须准备详细而全面的设计方案(一般要求实施详图)和各项说明，使承建单位能准确计算项目工作量。对于总价合同，承建单位为风险承担者，建设单位不承担风险，即不承担赔偿费用。

4. 某通信设备采购项目，签订合同后进入了合同履行阶段，下列做法不合理的是(　　)①。

A. 合同履行过程中发现处于支付的通信设备的质量及验收要求约定不明确，双方进行商议后以补充协议进行了规定

B. 由于采购方不具备接收通信设备的条件，要求供货方延迟货物的交付，到了实际交付时，由于该通信设备的价格上涨，供货方要求变更合同价格

C. 通信设备在运输至采购方的过程中，遇到了连续的暴雨天气无法按时交付，采购方认为合同中没有对应的免责条款，对供货方进行经济索赔

D. 合同双方在履行过程中产生了纠纷，双方无法协调一致，因此向仲裁机构提出了仲裁申请

【解析】"连续的暴雨天气"，并且是在运输途中，意思是"事先无法通过天气预报或每年的气候惯例预先做出妥善安排"，这属于不可抗力；合同中尽管无免责条款，但也要考虑市场惯例。

5. 项目发生索赔事件后，一般先由(　　)②依据合同进行调解。

A. 政府行政主管部门

B. 监理工程师

C. 仲裁委员会

D. 项目经理

【解析】项目发生索赔事件后，一般先由监理工程师调解，若调解不成，由政府建设主管机构进行调解，若仍调解不成，由经济合同仲裁委员会进行调解或仲裁。

6. 在CPIF合同下，A公司是卖方，B公司是买方，合同的实际成本大于目标成本时，A公司得到的付款总数是(　　)③。

A. 目标成本+目标费用-B公司应担负的成本超支

B. 目标成本+目标费用+A公司应担负的成本超支

C. 目标成本+目标费用-A公司应担负的成本超支

D. 目标成本+目标费用+B公司应担负的成本超支

【解析】成本加激励费用合同(Cost Plus Incentive Fee，CPIF)指的是为卖方报销履行合同工作所发生的一切合法成本(即成本实报实销)，并在卖方达到合同规定的绩效目标时，向卖方支付预先确定的激励费用。在CPIF合同下：

如果卖方的实际成本低于目标成本，节余部分由双方按一定比例分成(例如，按照80/20的比例分担，即买方80%，卖方20%)；

如果卖方的实际成本高于目标成本，超过目标成本的部分由双方按比例分担(例如，基于卖方

的实际成本,按照 20/80 的比例分担,即买方 20%,卖方 80%)。

如果实际成本大于目标成本,卖方可以得到的付款总数为"目标成本+目标费用+买方应负担的成本超支";

如果实际成本小于目标成本,则卖方可以得到的付款总数为"目标成本+目标费用−买方应享受的成本节约"。

7. 下列关于索赔的说法中,不正确的是(   )①。

A. 按照索赔的目的进行划分,索赔可以分为工期索赔和费用索赔

B. 项目发生索赔事件后,应先由监理工程师调解,若调解不成,则须由政府建设主管机构进行调解或仲裁后,方可向所在地人民法院起诉

C. 索赔必须以合同为依据

D. 索赔的重要前提条件是合同一方或双方存在违约行为和事实,并且由此造成了损失,责任应由对方承担

【解析】B 选项中"由政府建设主管机构进行调解或仲裁"不是必须要的。

8. 买方已经与卖方谈成成本加激励费用合同。合同目标成本为 30 万美元。目标费用为 4 万美元,风险分担比率为 80/20,最高费用为 6 万美元,最低费用 1 万美元。如果卖方实际成本为 38 万美元,那么买方付给卖方的利润是(   )②万美元。

A. 10.4

B. 5.6

C. 3

D. 2.4

【解析】实际应付合同总额:$30+4+(38-30)×0.8=40.4$(万美元),卖方实际利润:$40.4-38=2.4$(万美元)。

---

①B   ②D

15.10　本章重要概念

■ 重要概念连连看

| 合同 | | 指按项目工作所花费的实际工时数和材料数,按事先确定的单位工时费用标准和单位材料费用标准进行付款 |

| 总承包合同 | | 当非大量采购标准化产品时,通常可以由买方直接填写卖方提供的订购单,卖方照此供货。又称订购单 |

| 单项承包合同 | | 在工程承包合同履行中,当事人一方由于另一方未履行合同所规定的义务而遭受损失时,向另一方提出赔偿要求的行为 |

| 分包合同 | | 广义指当事人之间达成的确定权利义务的协议 |

| 总价合同 | | 向卖方支付为完成工作而发生的全部合法实际成本(可报销成本),外加一笔费用作为卖方的利润的合同 |

| 成本补偿合同 | | 既定产品或服务的采购设定一个总价的合同 |

| 工料合同 | | 经合同约定和买方认可,卖方将其承包项目的某一部分或某几部分项目(非项目的主体结构)再发包给具有相应资质条件的分包方,与分包方订立的合同 |

| 单边合同 | | 一个卖方只承包项目中的某一项或某几项内容,买方分别与不同的卖方订立项目单项承包合同 |

| 索赔 | | 买方将项目的全过程作为一个整体发包给同一个卖方的合同 |

■ 易混概念

成本加激励费用合同 *vs* 成本加奖励费用合同

第16章　信息文档管理与配置管理

16.1　考情分布地图

本章包含两部分内容,信息文档管理(内容不多)和配置管理(内容比较多)。真题的考查在综合知识单选题和案例分析题中都会有涉及,但是主要集中在综合知识单选题中考查,案例分析题中会和其他管理结合进行考查。每年平均2分左右,近4次历年考试综合知识单选题考查分值分布如下。

年份 知识点	2022年5月 单选	2021年11月 单选	2021年5月 单选	2020年11月 单选	合计
信息系统项目文档管理的内容	0	0	0	0	0
配置管理的概念	0	1	1	2	4
日常配置管理活动	1	0	0	0	1
文档管理、配置管理工具	0	0	0	0	0
本章考查分值	1	1	1	2	5

16.2　信息系统项目文档及其管理

> **Tips**
> 信息系统项目文档管理是项目管理过程的基本管理思想。我们IT项目中的软件开发项目,代码和文档都是非常重要的组成部分。从考点角度,学习任务不重,记住一些通用的文档管理规则就好。

■ 信息系统项目相关信息(文档)种类

软件文档一般分为三类:开发文档、产品文档、管理文档。

(1)开发文档描述开发过程本身,基本的开发文档包括:

①需求规格说明。

②功能规格说明。

③设计规格说明,包括程序和数据规格说明。

④可行性研究报告和项目任务书。

⑤开发计划。

⑥软件集成和测试计划。

⑦质量保证计划。

⑧安全和测试信息。

(2)产品文档描述开发过程的产物,基本的产品文档包括:

①培训手册。

②软件支持手册。

③参考手册和用户指南。

④产品手册和信息广告。

(3)管理文档记录项目管理的信息,例如:

①开发过程的每个阶段的进度和进度变更的记录。

②软件变更情况的记录。

③开发团队的职责定义。

④项目计划、项目阶段报告。

⑤配置管理计划。

■ 文档的质量等级

(1)最低限度文档(1级文档),适合开发工作量低于一个人/月的开发者自用程序。该文档应包含程序清单、开发记录、测试数据和程序简介。

(2)内部文档(2级文档),可用于没有与其他用户共享资源的专用程序。除1级文档提供的信息外,2级文档还包括程序清单内足够的注释,以帮助用户安装和使用程序。

(3)工作文档(3级文档),适合于由同一单位内若干人联合开发的程序,或可被其他单位使用的程序。

(4)正式文档(4级文档),适合那些要正式发行供普遍使用的软件产品。关键性程序或具有重复管理应用性质(如工资计算)的程序需要4级文档。4级文档遵守《计算机软件文档编制规范》(GB/T 8567—2006)的有关规定。

■ 信息系统项目文档管理的规则和方法

管理信息系统文档的规范化管理主要体现在文档书写规范、图表编号规则、文档目录编写标准和文档管理制度等几个方面。

(1)文档书写规范。

管理信息系统的文档资料涉及文本、图形和表格等多种类型,无论是哪种类型的文档都应该遵循统一的书写规范,包括符号的使用、图标的含义、程序中注释行的使用、注明文档书写人及书写日期等。例如,在程序的开始要用统一的格式包含程序名称、程序功能、调用和被调用的程序、程序设计人等。

(2)图表编号规则。

在管理信息系统的开发过程中用到很多的图表,对这些图表进行有规则的编号,可以方便图表的查找。图表的编号一般采用分类结构,如图16-1所示。

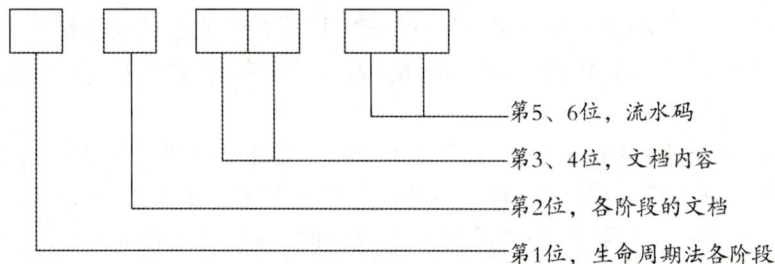

　　第5、6位,流水码
　　第3、4位,文档内容
　　第2位,各阶段的文档
　　第1位,生命周期法各阶段

图16-1　图表编号规则

(3)文档目录编写标准。

为了存档及未来使用的方便,应该编写文档目录。管理信息系统的文档目录中应包含文档编号、文档名称、格式或载体、份数、每份页数或件数、存储地点、存档时间、保管人等。文档编号一般为分类结构,可以采用同图表编号类似的编号规则。文档名称要完整规范。格式或载体指的是原始单据或报表、磁盘文件、磁盘文件打印件、大型图表、重要文件原件、光盘存档等。

（4）文档管理制度。

为了更好地进行信息系统文档的管理，应该建立相应的文档管理制度。文档的管理制度需根据组织实体的具体情况而定，主要包括建立文档的相关规范、文档借阅记录的登记制度、文档使用权限控制规则等。建立文档的相关规范是指文档书写规范、图表编号规则和文档目录编写标准等。文档的借阅应该进行详细地记录，并且需要考虑借阅人是否有使用权限。在文档中存在商业秘密或技术秘密的情况下，还应注意保密。特别要注意的是，项目干系人签字确认后的文档要与相关联的电子文档一一对应，这些电子文档还应设置为只读。

16.3 配置管理

配置项

配置管理包括六个主要活动：制订配置管理计划、配置标识、配置控制、配置状态报告、配置审计、发布管理和交付。

典型配置项包括项目计划书、需求文档、设计文档、源代码、可执行代码、测试用例、运行软件所需的各种数据，它们经评审和检查通过后进入配置管理。

在信息系统的开发流程中需加以控制的配置项可以分为基线配置项和非基线配置项两类，例如，基线配置项可能包括所有的设计文档和源程序等；非基线配置项可能包括项目的各类计划和报告等。所有配置项的操作权限应由 CMO（配置管理员）严格管理，基本原则是：基线配置项向开发人员开放读取的权限；非基线配置项向 PM（项目经理）、CCB（配置控制委员会）及相关人员开放。

配置项状态

配置项的状态可分为"草稿""正式"和"修改"三种。配置项刚建立时，其状态为"草稿"。配置项通过评审后，其状态变为"正式"。此后若更改配置项，则其状态变为"修改"。当配置项修改完毕并重新通过评审时，其状态又变为"正式"。配置项状态变化如图 16-2 所示。

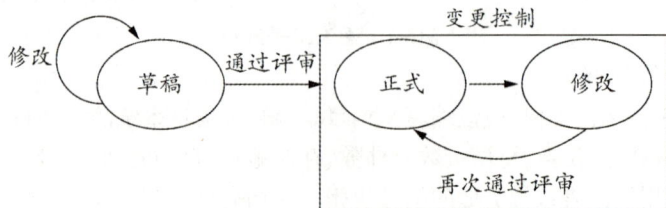

图 16-2 配置项状态变化

配置项版本号

配置项的版本号规则与配置项的状态相关。

(1)处于"草稿"状态的配置项的版本号格式为 0. YZ,YZ 的数字范围为 01~99。随着草稿的修正,YZ 的取值应递增。YZ 的初值和增幅由用户自己把握。

(2)处于"正式"状态的配置项的版本号格式为 X. Y,X 为主版本号,取值范围为 1~9。Y 为次版本号,取值范围为 0~9。配置项第一次成为"正式"文件时,版本号为 1.0。

如果配置项升级幅度比较小,可以将变动部分制作成配置项的附件,附件版本依次为 1.0, 1.1,…。当附件的变动积累到一定程度时,配置项的 Y 值可适量增加,Y 值增加一定程度时,X 值将适量增加。当配置项升级幅度比较大时,才允许直接增大 X 值。

(3)处于"修改"状态的配置项的版本号格式为 X. YZ。配置项正在修改时,一般只增大 Z 值,X. Y 值保持不变。当配置项修改完毕,状态成为"正式"时,将 Z 值设置为 0,增加 X. Y 值。

配置项版本管理

配置项的版本管理作用于多个配置管理活动之中,如配置标识、配置控制和配置审计、发布和交付等。在项目开发过程中,绝大部分的配置项都要经过多次的修改才能最终确定下来。对配置项的任何修改都将产生新的版本。由于我们不能保证新版本一定比旧版本"好",所以不能抛弃旧版本。版本管理的目的是按照一定的规则保存配置项的所有版本,避免发生版本丢失或混淆等现象,并且可以快速准确地查找到配置项的任何版本。

配置基线

配置基线(常简称为基线)由一组配置项组成,这些配置项构成一个相对稳定的逻辑实体。基线中的配置项被"冻结"了,不能再被任何人随意修改。对基线的变更必须遵循正式的变更控制程序。一组拥有唯一标识号的需求、设计、源代码文卷以及相应的可执行代码、构造文卷和用户文档构成一条基线。产品的一个测试版本(可能包括需求分析说明书、概要设计说明书、详细设计说明书、已编译的可执行代码、测试大纲、测试用例、使用手册等)是基线的一个例子。

基线通常对应于开发过程中的里程碑,一个产品可以有多个基线,也可以只有一个基线。交付给外部顾客的基线一般称为发行基线,内部开发使用的基线一般称为构造基线。对于每一个基线,要定义下列内容:建立基线的事件、受控的配置项、建立和变更基线的程序、批准变更基线所需的权限。在项目实施过程中,每个基线都要纳入配置控制,对这些基线的更新只能采用正式的变更控制程序。

建立基线还可以有如下好处:

(1)基线为开发工作提供了一个定点和快照。

(2)新项目可以在基线提供的定点上建立。新项目作为一个单独分支,将与随后对原始项目(在主要分支上)所进行的变更进行隔离。

(3)当认为更新不稳定或不可信时,基线为团队提供一种取消变更的方法。

(4)可以利用基线重新建立基于某个特定发布版本的配置,以重现已报告的错误。

配置库

配置库可以分为开发库、受控库、产品库三种类型。

(1)开发库,也称为动态库、程序员库或工作库,用于保存开发人员当前正在开发的配置实体。动态库是开发人员的个人工作区,由开发人员自行控制。库中的信息可能有较为频繁的修改,只要开发库的使用者认为有必要,无需对其进行配置控制(即发现错误,无须走变更程序,可随意修改),因为这通常不会影响到项目的其他部分。

（2）受控库，也称为主库，包含当前的基线加上对基线的变更。受控库中的配置项被置于完全的配置管理之下（即若要修改，须走变更程序）。在信息系统开发的某个阶段工作结束时，将当前的工作产品存入受控库。

（3）产品库，也称为静态库、发行库、软件仓库，包含已发布使用的各种基线的存档，被置于完全的配置管理之下。在开发的信息系统产品完成系统测试之后，作为最终产品存入产品库内，等待交付用户或现场安装。

配置库的建库模式有两种：按配置项类型建库和按任务建库。

（1）按配置项的类型分类建库，适用于通用软件的开发组织。在这样的组织内，往往产品的继承性较强，工具比较统一，对并行开发有一定的需求。使用这样的库结构有利于对配置项的统一管理和控制，同时也能提高编译和发布的效率。

（2）按开发任务建立相应的配置库，适用于专业软件的开发组织。在这样的组织内，使用的开发工具种类繁多，开发模式以线性发展为主，所以就没有必要把配置项严格地分类存储，人为增加目录的复杂性。

配置库权限设置

配置管理员负责为每个项目成员分配对配置库的操作权限，如表 16-1 所示。

表 16-1 配置库的操作权限

权限	内容
Read	可以读取文件内容，但不能对文件进行变更
Check	可使用［Check in］等命令，对文件内容进行变更
Add	可使用［文件追加］，［文件重命名］，［删除］等命令
Destroy	有权进行文件的不可逆毁坏，清除，rollback 等命令

针对受控项目相关人员的操作权限库，通常设定如表 16-2 所示。

表 16-2 受控库的权限设置

人员 权限		项目经理	项目成员	QA	测试人员	配置人员
文档	Read	○	○	○	○	○
	Check	○	○	○	○	○
	Add	○	○	○	○	○
	Destroy	×	×	×	×	○
代码	Read	○	○	○	○	○
	Check	○	○	×	×	○
	Add	○	○	×	×	○
	Destroy	×	×	×	×	○

说明：○表示该人员具有相应权限，×表示该人员没有相应权限。

针对产品库项目相关人员的操作权限，通常设定如表 16-3 所示。

表 16-3　产品库的权限设置

人员\\权限	产品库				
	项目经理	项目成员	QA	测试人员	配置人员
Read	○	○	○	○	○
Check	○	○	○	○	○
Add	×	×	×	×	○
Destroy	×	×	×	×	○

说明：○表示该人员具有相应权限，×表示该人员没有相应权限。

配置控制委员会

配置控制委员会（Configuration Control Board，CCB），负责对配置变更做出评估、审批以及监督已批准变更的实施。

CCB 建立在项目级，其成员可以包括项目经理、用户代表、产品经理、开发工程师、测试工程师、质量控制人员、配置管理员等。CCB 不必是常设机构，完全可以根据工作的需要组成，例如，按变更内容和变更请求的不同，组成不同的 CCB。小的项目 CCB 可以只有一个人，甚至只是兼职人员。

通常，CCB 不只是控制配置变更，而是负有更多的配置管理任务，例如：配置管理计划审批、基线设立审批、产品发布审批等。

配置管理员

配置管理员（Configuration Management Officer，CMO），负责在整个项目生命周期中进行配置管理活动，具体有：

（1）编写配置管理计划。

（2）建立和维护配置管理系统。

（3）建立和维护配置库。

（4）配置项识别。

（5）建立和管理基线

（6）版本管理和配置控制。

（7）配置状态报告。

（8）配置审计。

（9）发布管理和交付。

（10）对项目成员进行配置管理培训。

配置管理的目标和方针

软件配置管理是在贯穿整个软件生命周期中建立和维护项目产品的完整性。软件配置的整体性在整个项目生命周期中得到控制。软件质量保证人员应该定期审核各类软件基准以及软件配置管理工作。使软件基准的状态和内容能够及时通知给相关组别和个人。

制定配置管理计划

配置管理计划是对如何开展项目配置管理工作的规划，是配置管理过程的基础，应该形成文件并在整个项目生命周期内处于受控状态。配置控制委员会负责审批该计划。

配置管理计划的主要内容：

（1）配置管理活动，覆盖的主要活动包括配置标识、配置控制、配置状态报告、配置审计、发布管理与交付。

（2）实施这些活动的规范和流程。

（3）实施这些活动的进度安排。

（4）负责实施这些活动的人员或组织，以及他们和其他组织的关系。

配置标识

配置标识也称配置识别，包括为系统选择配置项并在技术文档中记录配置项的功能和物理特征。

配置标识是配置管理员的职能，基本步骤如下：

（1）识别需要受控的配置项。

（2）为每个配置项指定唯一性的标识号。

（3）定义每个配置项的重要特征。

（4）确定每个配置项的所有者及其责任。

（5）确定配置项进入配置管理的时间和条件。

（6）建立和控制基线。

（7）维护文档和组件的修订与产品版本之间的关系。

配置控制

配置控制即配置项和基线的变更控制，包括下述任务：标识和记录变更申请，分析和评价变更，批准或否决申请，实现、验证和发布已修改的配置项。

（1）变更申请。项目中，任一干系人（如甲方、乙方、监理单位等）均有权提出变更申请。

（2）变更评估。CCB 负责组织对变更申请进行评估并确定以下内容：

①变更对项目的影响。

②变更的内容是否必要。

③变更的范围是否考虑周全。

④变更的实施方案是否可行。

⑤变更工作量估计是否合理。

CCB 决定是否接受变更，并将决定通知相关人员。容易迷惑的是项目经理虽然是项目的主要负责人，但他无权对变更做最终决策。

（3）通告评估结果。

（4）变更实施。

（5）变更验证与确认。

（6）变更的发布。

（7）基于配置库的变更控制。

基于配置库的变更控制以某软件产品升级为例，简述其流程，如图 16-3 所示。

将待升级的基线（假设版本号为 V2.1）从产品库中取出，放入受控库。程序员将欲修改的代码段从受控库中检出（Check out），放入自己的开发库中进行修改。代码被 Check out 后即被"锁定"，以保证同一段代码只能同时被一个程序员修改，如果甲正对其修改，乙就无法 Check out。程序员将开发库中修改好的代码段检入（Check in）受控库。Check in 后，代码的"锁定"被解除，其他程序员就可以 Check out 该段代码了。

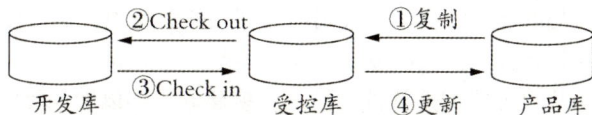

图16-3 基于配置库的变更控制

软件产品的升级修改工作全部完成后,将受控库中的新基线存入产品库中。软件产品的版本号更新为 V2.2,旧的 V2.1 版本并不删除,继续在产品库中保存。(知识点温习:任何版本都应保存。)

配置状态报告

配置状态报告应该包括以下内容:

(1)每个受控配置项的标识和状态。一旦配置项被置于配置控制下,就应该记录和保存它的每个后继进展的版本和状态。

(2)每个变更申请的状态和已批准的修改的实施状态。

(3)每个基线的当前和过去版本的状态以及各版本的比较。

(4)其他配置管理过程活动的记录。

配置审计

配置审计也称配置审核或配置评价,包括功能配置审计和物理配置审计,分别用以验证当前配置项的一致性和完整性。

1. 功能配置审计

功能配置审计是审计配置项的一致性(配置项的实际功效是否与其需求一致),具体验证以下几个方面:

(1)配置项的开发已圆满完成。

(2)配置项已达到配置标识中规定的性能和功能特征。

(3)配置项的操作和支持文档已完成并且是符合要求的。

2. 物理配置审计

物理配置审计是审计配置项的完整性(配置项的物理存在是否与预期一致),具体验证如下几个方面:

(1)要交付的配置项是否存在。

(2)配置项中是否包含了所有必需的项目。

配置审计的实施是为了确保项目配置管理的有效性,体现了配置管理的最根本要求——不允许出现任何混乱现象,例如:

(1)防止向用户提交不适合的产品,如交付了用户手册的不正确版本。

(2)发现不完善的实现,如开发出不符合初始规格说明或未按变更请求实施变更。

(3)找出各配置项间不匹配或不相容的现象。

(4)确认配置项已在所要求的质量控制审核之后纳入基线并入库保存。

(5)确认记录和文档保持着可追溯性。

发布管理和交付

发布管理和交付活动的主要任务是有效控制软件产品和文档的发行和交付,在软件产品的生存期内妥善保存代码和文档的母拷贝。

(1)存储。确保存储的配置项的完整性,包括以下三点:

①选择存储介质使再生差错或损坏降至最低限度。

②根据媒体的存储期,以一定频次运行或刷新已存档的配置项。

③将副本存储在不同的受控场所,以减少丢失的风险。

(2)复制。复制是用拷贝方式制造软件的阶段。应建立规程以确保复制的一致性和完整性。

(3)打包。

(4)交付。

(5)重建。应能重建软件环境,以确保发布的配置项在所保留的先前版本要求的未来一段时间里是可重新配置的。

16.4 小蔡的自问自答

1. (   )①不属于管理文档。

A. 变更控制记录

B. 开发计划

C. 项目总结报告

D. 需求文件评审记录

【解析】软件文档的三种类别:开发文档、产品文档、管理文档。开发计划属于开发文档。

2. 在审查项目需求规格说明书时,发现该文档图表编号混乱,解决上述问题需建立(   )②。
①文档管理制度;②文档书写规范;③图表标号规则;④文档加密。

A. ①②④

B. ②③④

C. ①②③

D. ①③④

【解析】信息系统文档的规范化管理主要体现在文档书写规范、图表编号规则、文档目录编写标准和文档管理制度等几个方面。

3. 运维过程中发现待修改问题,程序员首先需将待修改代码从(   )中取出放入(   ),其次检出代码段放入(   )③,修改完成被检入受控库后,才能被其他程序员检出。

A. 产品库、开发库、受控库

B. 受控库、开发库、产品库

C. 受控库、产品库、开发库

D. 产品库、受控库、开发库

【解析】根据下图可知 D 选项正确。

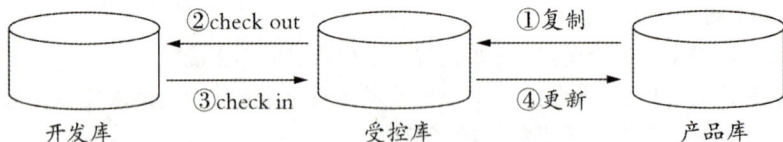

开发库   ②check out ←   受控库   ①复制 ←   产品库
         ③check in →   ④更新 →

4. 关于配置控制委员会(CCB)的说法,正确的是(   )④。

A. CCB 负责分配配置库的操作权限

B. CCB 负责制订配置管理计划

C. CCB 必须是常设机构

D. CCB 可以是兼职人员

---

①B　②C　③D　④D

【解析】配置控制委员会(CCB),负责对配置变更做出评估、审批以及监督已批准变更的实施。CCB建立在项目级,其成员包括项目经理、用户代表、产品经理、开发工程师、测试工程师、质量控制人员、配置管理员等。小的项目CCB可以只有一人,甚至是兼职人员。

5. 以下关于软件版本控制的叙述中,正确的是(　　)①。

A. 软件开发人员对源文件的修改在配置库中进行

B. 受控库用于管理当前基线和控制对基线的变更

C. 版本管理与发布由CCB执行

D. 软件版本升级后,新基线存入产品库且版本号更新,旧版本可删除

【解析】A选项,开发人员对源程序的修改在开发库中进行;B选项,受控库包含当前的基线加上对基线的变更;C选项,版本管理与发布由配置管理员(CMO)执行;D选项,软件版本升级后,新基线存入产品库且版本号更新,旧版本不可以删除。

6. 某公司接了一个小型软件研发的项目,测试过程中,程序员发现某处算法需要进行更改,则(　　)②。

A. 项目经理可决定是否进行变更

B. 研发人员可直接进行更改

C. 项目不大,变更只需口头提出即可

D. 变更处理要力求简化,操作无须规范

【解析】结合题目"程序员发现某处算法需要进行更改",程序员属于开发组,该软件仍处于开发库。研发人员可以自行修改。

7. 在项目配置与基线的变更控制中,配置管理员的主要工作是(　　)③。

A. 确定变更影响的关联配置项和有关基线

B. 将变更申请的决议通知受此变更影响的每个干系人

C. 组织修改配置项,并在相应的文档或程序代码中记录变更信息

D. 将变更后的配置项纳入基线,并将变更内容和结果通知相关人员

【解析】配置管理员负责将变更后的配置项纳入基线,将变更内容和结果通知相关人员,并做好记录,D选项正确。配置管理员负责项目配置管理活动,具体内容包括:编写配置管理计划;建立、维护配置管理系统;建立维护配置库;识别配置项;建立和管理基线;版本管理、配置控制;配置状态报告;配置审计;发布管理与交付;对项目成员进行配置管理培训。

8. 关于软件配置管理的描述,不正确的是(　　)④。

A. 配置控制委员会成员必须是专职人员

B. 配置库包括动态库(开发库)、受控库(主库)、静态库(产品库)

C. 常用的配置管理工具有SVN、GIT等

D. 配置项的状态分为草稿、正式和修改三种

【解析】配置控制委员会(CCB),负责对配置变更做出评估、审批以及监督已批准变更的实施。CCB建立在项目级,其成员包括项目经理、用户代表、产品经理、开发工程师、测试工程师、质量控制人员、配置管理员等。小的项目CCB可以只有一人,甚至是兼职人员。

---

①B　②B　③D　④A

16.5 本章重要概念

■ 重要概念连连看

开发文档	是审计配置项的完整性（配置项的物理存在是否与预期一致）
产品文档	记录项目管理的信息
管理文档	设计文档和源程序等
配置管理活动	"草稿"状态的配置项的版本号格式为0.YZ；"正式"状态的配置项的版本号格式为X.Y；"修改"状态的配置项的版本号格式为X.YZ
基线配置项	开发库、受控库、产品库
配置项的版本号规则	制订配置管理计划、配置标识、配置控制、配置状态报告、配置审计、发布管理和交付
配置库	负责在整个项目生命周期中进行配置管理活动
配置控制委员会（CCB）	描述开发过程本身
配置管理员（CMO）	负责对配置变更做出评估、审批以及监督已批准变更的实施
功能配置审计	是审计配置项的一致性（配置项的实际功效是否与其需求一致）
物理配置审计	描述开发过程的产物

■ 易混概念

①基线配置项 *vs* 非基线配置项

②配置控制委员会（CCB）*vs* 变更控制委员会（CCB）

③功能配置审计 *vs* 物理配置审计

第 17 章 知识管理

17.1 考情分布地图

对于项目组织来说,知识就是它所拥有的设计开发成果、各种专利、非专利技术、设计开发能力、项目成员所掌握的技能等资源。本章在历年考试中考查较少,在 2019 年 11 月考试之前都是考查著作权法,其他未考查过,从 2019 年 11 月考试中开始涉及知识管理内容的考查。所以我们在后期学习过程中不要忽略本章内容的学习。近 4 次考试综合知识单选题历年分值分布如下。

年份 知识点	2022 年 5 月 单选	2021 年 11 月 单选	2021 年 5 月 单选	2020 年 11 月 单选	合计
知识与知识管理的概念	1	0	0	1	2
知识管理常用的方法和工具	0	1	1	0	2
著作权法	0	0	0	1	1
计算机软件保护条例	0	0	0	0	0
商标法	0	0	0	0	0
专利法	0	0	0	0	0
不正当竞争法	0	0	0	0	0
本章考查分值	1	1	1	2	5

17.2 知识与知识管理的概念

17.2.1 知识与知识管理

小蔡通过学习,获得了很大的进步,他跟着项目团队不仅学到了技术知识、业务知识、项目管理知识,同时他个人的工作经验、团队协作能力也都有了提升,他很想把这些所得传授分享给其他人。

"我学到了很多知识,其中包括了丰富的考勤系统项目知识,我该怎么分享出去呢?"一次团建活动时,小蔡向项经理提出了这个话题。

"这就涉及项目组织的知识管理问题。这个事情以我为主导,项目全体成员参与,把我们所拥有的和所能接触到的知识资源,进行识别、获取、评价,从而充分有效地发挥知识的作用,提高咱们项目团队创造价值的能力。咱们就通过这次的考勤项目把知识管理给做起来。"项经理坚信越努力学习越幸运,从而有助于拉进自己离薛总的距离。

知识分为两类:第一类是可以通过文字、数字表达,而且以资料、科学法则、特定规格及手册等形式展现者皆属显性知识;第二类是相当个人化且富弹性的东西,因人而异,很难用公式或文字来加以说明,因而也就难以流传或与别人分享,例如,个人主观的洞察力、直觉与预感等皆属隐性知识。

> *Tips*
>
> 小蔡通过项目学习到的业务知识、开发技术知识、项目管理理论等都属于显性知识,而他的个人习惯、信念、特技是可意会,难言传的,属于隐性知识。

显性知识与隐性知识的区别（如表 17-1）

表 17-1　显性知识与隐性知识的区别

显性知识	隐性知识
规范、系统	尚未或难以规范、零星
背后有科学和实证基础	背后的科学原理不甚明确
稳定、明确	非正式、难捉摸
经过编码、格式化、结构化	尚未编码、格式化、结构化
用公式、软件编制程序、规律、法则、原则和说明书等方式表述	用诀窍、习惯、信念、个人特技等形式呈现
运用者对所用显性知识有明确认识	运用者对所用隐性知识可能不甚了解
易于储存、理解、沟通、分享、传递	不易保存、传递、掌握

Tips

"总体来说，能言传的叫显性知识，只可意会的叫隐性知识。"项经理敲黑板。

我国著名学者乌家培教授认为："信息管理是知识管理的基础，知识管理是信息管理的延伸与发展。"简而言之，知识管理就是对有价值的信息进行管理，包括知识的识别、获取、分解、储存、传递、共享、价值评判和保护，以及知识的资本化和产品化。

知识管理主要涉及以下四个方面：

(1)自上而下的监测、推动与知识有关的活动。

(2)创造和维护知识基础设施。

(3)更新组织和转化知识资产。

(4)使用知识以提高其价值。

17.2.2　本节金色重点

显性知识和隐性知识

凡是能以文字与数字来表达，而且以资料、科学法则、特定规格及手册等形式展现者皆属显性知识。这种知识随时都可在个人之间相互传送。

隐性知识是相当个人化而富弹性的东西，因人而异，很难用公式或文字来加以说明，因而也就难以流传或与别人分享。个人主观的洞察力、直觉与预感等皆属隐性知识。

知识管理的目标

(1)知识发布，以使一个组织内的所有成员都能应用知识。

(2)确保知识在需要时是可得的。

(3)推进新知识的有效开发。

(4)支持从外部获取知识。

(5)确保知识、新知识在组织内的扩散。

(6)确保组织内部的人知道所需的知识在何处。

知识管理的四个基本特点

(1)知识管理的目的是通过知识的更有效利用来提高个人或组织创造价值的能力。

(2)对于项目管理而言，知识管理的出发点是将知识视为组织最重要的战略资源。

显性知识与隐性知识的区别（如表 17-1）

表 17-1 显性知识与隐性知识的区别

显性知识	隐性知识
规范、系统	尚未或难以规范、零星
背后有科学和实证基础	背后的科学原理不甚明确
稳定、明确	非正式、难捉摸
经过编码、格式化、结构化	尚未编码、格式化、结构化
用公式、软件编制程序、规律、法则、原则和说明书等方式表述	用诀窍、习惯、信念、个人特技等形式呈现
运用者对所用显性知识有明确认识	运用者对所用隐性知识可能不甚了解
易于储存、理解、沟通、分享、传递	不易保存、传递、掌握

> **Tips**
>
> "总体来说，能言传的叫显性知识，只可意会的叫隐性知识。"项经理敲黑板。

我国著名学者乌家培教授认为："信息管理是知识管理的基础，知识管理是信息管理的延伸与发展。"简而言之，知识管理就是对有价值的信息进行管理，包括知识的识别、获取、分解、储存、传递、共享、价值评判和保护，以及知识的资本化和产品化。

知识管理主要涉及以下四个方面：

(1) 自上而下的监测、推动与知识有关的活动。

(2) 创造和维护知识基础设施。

(3) 更新组织和转化知识资产。

(4) 使用知识以提高其价值。

17.2.2 本节金色重点

显性知识和隐性知识

凡是能以文字与数字来表达，而且以资料、科学法则、特定规格及手册等形式展现者皆属显性知识。这种知识随时都可在个人之间相互传送。

隐性知识是相当个人化而富弹性的东西，因人而异，很难用公式或文字来加以说明，因而也就难以流传或与别人分享。个人主观的洞察力、直觉与预感等皆属隐性知识。

知识管理的目标

(1) 知识发布，以使一个组织内的所有成员都能应用知识。

(2) 确保知识在需要时是可得的。

(3) 推进新知识的有效开发。

(4) 支持从外部获取知识。

(5) 确保知识、新知识在组织内的扩散。

(6) 确保组织内部的人知道所需的知识在何处。

知识管理的四个基本特点

(1) 知识管理的目的是通过知识的更有效利用来提高个人或组织创造价值的能力。

(2) 对于项目管理而言，知识管理的出发点是将知识视为组织最重要的战略资源。

第17章　知识管理

17.1　考情分布地图

对于项目组织来说，知识就是它所拥有的设计开发成果、各种专利、非专利技术、设计开发能力、项目成员所掌握的技能等资源。本章在历年考试中考查较少，在2019年11月考试之前都是考查著作权法，其他未考查过，从2019年11月考试中开始涉及知识管理内容的考查。所以我们在后期学习过程中不要忽略本章内容的学习。近4次考试综合知识单选题历年分值分布如下。

年份 知识点	2022年5月 单选	2021年11月 单选	2021年5月 单选	2020年11月 单选	合计
知识与知识管理的概念	1	0	0	1	2
知识管理常用的方法和工具	0	1	1	0	2
著作权法	0	0	0	1	1
计算机软件保护条例	0	0	0	0	0
商标法	0	0	0	0	0
专利法	0	0	0	0	0
不正当竞争法	0	0	0	0	0
本章考查分值	1	1	1	2	5

17.2　知识与知识管理的概念

17.2.1　知识与知识管理

小蔡通过学习，获得了很大的进步，他跟着项目团队不仅学到了技术知识、业务知识、项目管理知识，同时他个人的工作经验、团队协作能力也都有了提升，他很想把这些所得传授分享给其他人。

"我学到了很多知识，其中包括了丰富的考勤系统项目知识，我该怎么分享出去呢？"一次团建活动时，小蔡向项经理提出了这个话题。

"这就涉及项目组织的知识管理问题。这个事情以我为主导，项目全体成员参与，把我们所拥有的和所能接触到的知识资源，进行识别、获取、评价，从而充分有效地发挥知识的作用，提高咱们项目团队创造价值的能力。咱们就通过这次的考勤项目把知识管理给做起来。"项经理坚信越努力学习越幸运，从而有助于拉进自己离薛总的距离。

知识分为两类：第一类是可以通过文字、数字表达，而且以资料、科学法则、特定规格及手册等形式展现者皆属显性知识；第二类是相当个人化且富弹性的东西，因人而异，很难用公式或文字来加以说明，因而也就难以流传或与别人分享，例如，个人主观的洞察力、直觉与预感等皆属隐性知识。

> **Tips**
> 小蔡通过项目学习到的业务知识、开发技术知识、项目管理理论等都属于显性知识，而他的个人习惯、信念、特技是可意会，难言传的，属于隐性知识。

17.3.5 本节金色重点

知识管理常用的方法和工具

在知识管理过程中需要把握积累、共享和交流三个原则。

知识管理工具是实现知识的生成、编码和转移(传送)技术的集合。

知识管理工具分为知识生成工具、知识编码工具和知识转移工具三大类。

(1)知识生成工具:包括产生新的想法、发现新的商业模式、发明新的生产流程,以及对原有知识的重新合成。

(2)知识编码工具:通过标准的形式表现知识,使知识能够方便地被共享和交流。

(3)知识转移工具:知识的价值在于流动和使用。知识转移工具可以根据各种障碍的特点,在一定程度上帮助人们消除障碍,使知识得到更有效的流动。最终使知识能在企业内传播和分享。

显性知识管理

项目组织在制度平台的建设上有四点是必须做到的。

(1)创造更多的团队成员之间的交流机会:组织物理环境的改造、组织结构的扁平化、设立网络虚拟社区。

(2)建立显性知识索引。

(3)组织高层的参与和支持。

(4)与绩效评估体系的结合。

隐性知识管理

隐性知识的共享途径:

(1)创建学习型组织,充分发挥知识团队的作用。

(2)构建项目组织内部的信任机制。

(3)项目组织隐性知识的编码化。

(4)设立知识主管,加强隐性知识学习与共享。

(5)项目组织内部建立限制知识垄断的机制。

(6)通过利益驱动,促进隐性知识共享。

(7)创建以人为本的组织文化。

学习型组织

学习型组织的要素应包括以下五项要素:建立共同愿景;团队学习;改变心智模式;自我超越;系统思考。

学习型组织有八个基本特征,重点特征是扁平式结构,而不是金字塔。

学习型组织的意义主要体现在以下四个方面:

(1)解决了传统组织的缺陷。

(2)提供了一种操作性比较强的技术手段。

(3)解决了组织生命活力问题。

(4)提升了组织的核心竞争力。

(速记词:解决缺陷,提高技术手段,提高生命活力,提升竞争力)

知识管理为企业实现显性知识和隐性知识共享提供新的途径,知识管理包括建立知识库;促进员工的知识交流;建立尊重知识的内部环境;把知识作为资产来管理。

现代企业信息系统的一个明显特点是,企业从依靠信息进行管理向知识管理转化。

（3）知识管理共同为项目的发展服务，创造整体大于局部之和的效果。

（4）知识管理代表了理解和探索知识在管理和工作中的作用的新发展。

17.3　知识管理常用的方法和工具

17.3.1　认识知识管理

知识管理是将可得到的各种信息转化为知识，以便于知识的产生、获取和重新利用，并将知识与人联系起来的过程。可以结合图 17-1 理解。

图 17-1　知识管理

> *Tips*
>
> 　经过考勤项目的实施，团队成员获益良多，项目过程编写的各种文档、设计思想、问题解决方法、会议纪要等组织过程资产，对公司其他项目组有很大的参考价值。在项目总结会上，胡总认为智能考勤实现了人脸识别的应用落地，是开启了企业人力资源管理、行政管理业务流程升级的钥匙，项目的成功经验要推广到公司各个事业部，由项经理组织将项目中的知识点录入到公司的知识库平台，并且开展培训会议，同时开通知识库的问答模块，便于同事间的沟通交流。一瞬间，项经理成为了组织的明星，"自带 BGM 的人！"。说的就是现在的项经理吧，小蔡心里想。

17.3.2　显性知识的管理

要做好信息系统集成项目中的知识管理，主要是要构建项目知识管理的制度平台。确保显性知识适当传播的两个重要因素是交流的便利和组织文化的开发。

17.3.3　隐性知识的管理

隐性知识是指难以表达、隐含于过程和行动中的非结构化知识，具体表现为个人的技能、经验或诀窍、心智模式、解决问题的方式和组织惯例。

对隐性知识的管理，其实质就是要让隐性知识进行流动和转化，最终使得隐性知识显性化。

17.3.4　学习型组织

学习型组织是一个能熟练地创造、获取和传递知识的组织，同时也要善于修正自身的行为，以适应新的知识和见解。

在学习型组织中，每个人都要参与识别和解决问题，使组织能够进行不断地尝试，改善和提高它的能力。学习型组织的基本价值在于解决问题，与之相对的传统组织设计的着眼点是效率。

17.4　知识产权保护

根据我国民法通则的规定,知识产权是指公民、法人、非法人单位对自己的创造性智力成果和其他科技成果依法享有的民事权。项目的相关各方干系人都需要依法保护自己的知识产权,同时避免侵犯别人的知识产权,这就需要对知识产权进行有效管理。

■ 著作权

根据《著作权法》及实施条例的规定,著作权人对作品享有以下五种权利:

(1)发表权:决定作品是否公之于众的权利。

(2)署名权:表明作者身份,在作品上署名的权利。

(3)修改权:修改或授权他人修改作品的权利。

(4)保护作品完整权:保护作品不受歪曲、篡改的权利。

(5)使用权、使用许可权和获得报酬权、转让权。

著作权法规定,著作权的保护有一定期限,规定如下:

自然人的作品,其发表权、《著作权法》第十条第一款第(五)项至第(十七)项规定的权利的保护期为作者终生及其死亡后50年,截止于作者死亡后第50年的12月31日;如果是合作作品,截止于最后死亡的作者死亡后第50年的12月31日。

法人或者非法人组织的作品、著作权(署名权除外)由法人或者非法人组织享有的职务作品,其发表权的保护期为50年,截止于作品创作完成后第50年的12月31日;《著作权法》第十条第一款第五项至第十七项规定的权利的保护期为50年,截止于作品首次发表后第50年的12月31日,但作品自创作完成后50年内未发表的,本法不再保护。

《著作权法》第五条规定,不受著作权法保护的有:

(1)法律、法规,国家机关的决议、决定、命令和其他具有立法、行政、司法性质的文件,及其官方正式译文。

(2)单纯事实消息。

(3)历法、通用数表、通用表格和公式。

■ 《计算机软件保护条例》

《计算机软件保护条例》保护对象的客体是计算机软件,计算机软件是指计算机程序及其相关文档,对软件著作权的保护只是针对程序和文档,并不包括开发软件所用的思想、处理过程、操作方法或数学概念等。

如果接受他人委托而进行开发的软件,其著作权的归属应由委托人与受托人签订书面合同约定;如果没有签订合同,或合同中未规定的,则其著作权由受托人享有。

■ 《商标法》

注册商标的有效期限为10年,自核准注册之日起计算。

■ 《专利法》

《专利法》的客体是发明创造,这里的发明创造是指发明、实用新型和外观设计。《专利法》规定的发明专利权的期限为20年,实用新型专利权的期限为10年,外观设计专利权的期限为15年,均自申请之日起计算。

17.5 小蔡的自问自答

1. 知识的价值在于流动和使用,能够实现知识在企业内传播和分享的是( )①。

A. 知识转移工具

B. 知识编码工具

C. 知识评价工具

D. 知识生成工具

【解析】知识管理工具分为知识生成工具、知识编码工具和知识转移工具三大类。

(1)知识生成工具。知识的生成包括产生新的想法、发现新的商业模式、发明新的生产流程,以及对原有知识的重新合成。知识生成工具包括知识获取、知识合成和知识创新三大功能。

(2)知识编码工具。知识编码是通过标准的形式表现知识,使知识能够方便地被共享和交流。

(3)知识转移工具。知识转移工具最终就是要使知识能在企业内传播和分享。知识的价值在于流动和使用。

2. 甲、乙两人分别独立开发出相同主题的某件商品,但甲完成在先,乙完成在后。依据专利法规定( )②。

A. 甲享有专利申请权,乙不享有

B. 甲不享有专利申请权,乙享有

C. 甲、乙都享有专利申请权

D. 甲、乙都不享有专利申请权

【解析】根据《专利法》第九条,两个以上的申请人分别就同样的发明创造申请专利的,专利权授予最先申请的人。因此,甲、乙两人都具有申请权,但是专利权授予两人当中最先申请者。

3. 不受著作权法保护的是( )③。

①文字作品;②口述作品;③音乐、戏剧、曲艺;④摄影作品;⑤计算机软件;⑥时事新闻;⑦通用表格和公式。

A. ②⑥⑦   B. ②⑤⑥

C. ⑥⑦   D. ③⑤

【解析】根据《著作权法》第五条,本法不适用于:

(1)法律、法规,国家机关的决议、决定、命令和其他具有立法、行政、司法性质的文件,及其官方正式译文。

(2)时事新闻。

(3)历法、通用数表、通用表格和公式。

4. 根据著作权法规定,当著作权属于公民时,著作权人署名权的保护期为( )④。

A. 永久   B. 100 年

C. 50 年   D. 20 年

【解析】根据《著作权法》第二十条,作者的署名权、修改权、保护作品完整权的保护期不受限制。

---

①A   ②C   ③C   ④A

17.6　本章重要概念

重要概念连连看

知识管理三大类工具	凡是能以文字与数字来表达，而且以资料、科学法则、特定规格及手册等形式展现的知识，这种知识随时都可在个人之间相互传送
显性知识	难以表达、隐含于过程和行动中的非结构化知识
隐性知识	署名权、修改权、保护作品完整权的保护期没有任何限制，永远受法律保护；发表权、使用权和获得报酬权的保护期为作者终生及其死亡后的50年（第50年的12月31日）
著作权五种权利的保护期限	知识生成工具、知识编码工具和知识转移工具

易混概念

显性知识 *vs* 隐性知识

第二编

第 18 章　项目变更管理

18.1　考情分布地图

本章内容相对简单,但是非常重要。真题在上午综合知识单选题会有基本概念知识点的考查,平均 2 分左右,其次案例也经常结合其他管理领域的内容出题,每年平均 4 分左右,本章内容也是论文重要的写作素材,近 4 次历年考试综合知识单选题考查分值分布如下。

知识点 \ 年份	2022 年 5 月 单选	2021 年 11 月 单选	2021 年 5 月 单选	2020 年 11 月 单选	合计
项目变更管理原则	0	0	0	0	0
组织机构	0	0	1	0	1
工作程序	1	1	0	1	3
变更控制	0	0	0	0	0
本章考查分值	1	1	1	1	4

18.2　项目变更管理基本概念

> **Tips**
>
> 变更管理是考试通关的一把金钥匙。虽然章节不多,但内容涉及项目管理的每个知识域,在项目整体管理知识域中就已经名正言顺地"安营扎寨"了,叫"实施整体变更控制"子过程。其他所有项目管理知识域只要有任何风吹草动的纠偏动作,都必须纳入变更管理流程进行统一管理。

项目变更管理是指在信息系统工程建设项目的实施过程中,由于项目环境或者其他的原因而对项目的功能、性能、架构、技术指标、集成方法、项目进度等方面做出的改变。

■ 变更产生原因

(1)产品范围(成果)定义的过失或者疏忽。

(2)项目范围(工作)定义的过失或者疏忽。

(3)增值变更。

(4)应对风险的紧急计划或回避计划。

(5)项目执行过程与基准要求不一致带来的被动调整。

(6)外部事件。

■ 项目变更分类

(1)根据变更性质可分为:重大变更、重要变更和一般变更。通过不同审批权限控制。

(2)根据变更的迫切性可分为:紧急变更、非紧急变更。通过不同变更处理流程进行。

(3)根据变更内容可分为:因信息系统集成行业可细分为多个子行业,每种子行业的业务形态各异,成熟度亦有差距,因此内容分类方法尚无法统一。通常对不同内容的变更区别情况提出不同的控制方法。

> **Tips**
>
> 在学习过程中,先弄清楚基本概念,再变通,因为项目管理知识考试会涉及理解题,这就需要我们通晓项目管理知识,并认真审题。
>
> 一般情况下,如果项目过程中有任何变更,都是要纳入整体变更控制流程进行管理的。

提交变更申请的内容如图18-1所示。

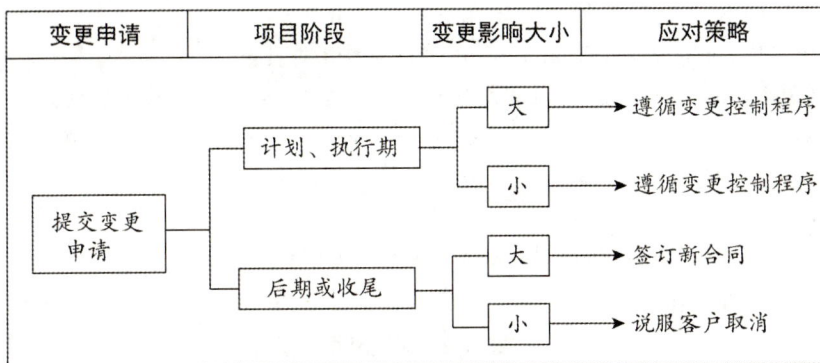

图 18-1　提交变更申请

18.3　项目变更管理原则

变更管理的原则是项目基准化、变更管理过程规范化,包括以下内容。

(1)基准管理:基准是变更的依据。每次变更通过评审后,都应重新确定基准。

(2)变更控制流程化:建立或选用符合项目需要的变更管理流程,所有变更都必须遵循这个控制流程进行控制。

(3)明确组织分工:至少应该明确变更相关工作的评估、评审、执行的职能。

(4)评估变更的可能影响。

(5)妥善保存变更产生的相关文档,确保其完整、及时、准确、清晰,适当时可以引进配置管理工具,配置管理工具不是必须的。国内使用较多的配置工具有:Rational ClearCase、Visual SourceSafe 和 Concurrent Versions System。

> *Tips*
>
> 变更管理的基本原则是首先建立项目基准、变更流程和变更控制委员(也叫变更管理委员会,也叫CCB)。简单一句话,就是建章立制。(备注:关于CCB下文会有补充说明)

国内外的变更管理工具很多,变更管理(配置管理)工具可以根据项目需要适当引入,但工具本身不是必须的。

18.4　变更管理组织机构与工作程序及内容

变更管理组织机构

(1)项目控制委员会(CCB)或配置控制委员会(CCB),或相关职能的类似组织是项目的所有者权益代表,负责裁定接受哪些变更。

CCB是决策机构,不是作业机构;通常CCB的工作是通过评审手段来决定项目基准是否能变更,但不提出变更方案。

CCB的组成成员:由项目所涉及的多方人员共同组成,通常包括用户和实施方的决策人员,也包括项目经理。

(2)项目经理是受业主委托对项目经营过程的负责者,其正式权力由项目章程取得,而资源调度的权力通常在基准中明确。基准中不包括的储备资源需经授权人批准后方可使用。

项目经理在变更中的作用:响应变更提出者的需求,评估变更对项目的影响及应对方案,将需求由技术要求转化为资源需求,供授权人决策;并依据评审结果实施即调整基准。确保项目基准,反映项目实施情况。

Tips

配置管理有 CCB,变更管理也有 CCB,到底 CCB 是什么?

CCB 的全称是 Configuration Control Board,即配置控制委员会。

CCB 是 CMMI 中提出的概念,某些组织中也许不叫这个名字而是叫决策委员会之类的。网络上有一种说法认为 CCB 是变更控制委员会(Change Control Board),这两者说法不同,但是概念和作用是一致的。只不过放在不同的工作里,具体负责不同的事务而已。

CMMI-V1.2 中对两者的描述原文如下:

"Configuration control boards are also known as change control boards."

■ 变更流程(如表 18-1)

表 18-1　变更流程

变更流程	各流程相关内容
提出与接受变更申请	变更提出应当及时以正式方式进行,并留下书面记录;项目的干系人都可以提出变更申请;项目经理或者项目配置管理员负责该相关信息的收集,以及对变更申请的初审
变更初审	变更初审的目的:对变更提出方施加影响,确认变更的必要性,确保变更是有价值的;格式校验,完整性校验,确保评估所需信息准备充分;在干系人间就提出供评估的变更信息达成共识;变更初审的常见方式是变更申请文档的审核流转
变更方案论证	变更方案的主要作用:首先是对变更请求是否可能实现进行论证,如果可能实现,则将变更请求由技术要求转化为资源需求,以供 CCB 决策
项目管理委员会审查	审查过程是项目所有者根据变更申请及评估方案,决定是否变更项目基准。评审过程常包括客户、相关领域的专业人士等。审查通常是文档会签形式,重大的变更审查可以包括正式会议形式 审查过程应注意分工,项目投资人虽有最终的决策权,但通常技术上并不专业。所以应当在评审过程中将专业评审、经济评审分开,对涉及项目目标和交付成果的变更,客户的意见应放在核心位置
发出变更通知并组织实施	评审通过,意味着基准的调整,同时确保变更方案中的资源需求及时到位;基准的调整,包括项目目标的确认,最终成果、工作内容和资源、进度计划的调整 变更的通知,不只是包括项目实施基准的调整,更要明确项目的交付日期、成果对相关干系人的影响。如变更造成交付日期的调整,应在变更确认时发布,而非在交付前发布
变更实施的监控	要监控的内容除了调整过的基准中涉及变更的内容外,还应当对项目的整体基准是否反映项目实施情况负责。通过监控行动,确保项目的整体实施工作是受控的 变更实施的过程监控,通常由项目经理负责基准的监控。管理委员会监控变更明确的主要成果、进度里程碑等,可以通过监理单位完成
变更效果的评估	变更效果评估主要从以下几个方面进行:首要的评估依据,是项目的基准;还需结合变更的初衷来看,变更所要达到的目的是否已达成;评估变更方案中的技术论证、经济论证内容与实施过程的差距并促发解决
判断发生变更后的项目是否已纳入正常轨道	基准调整后,需要确认的是资源配置是否及时到位,涉及人员的调整,更需多加关注。之后对项目的整体监控应按新的基准进行。涉及变更的项目范围及进度,在变更后的紧邻监控中,应更多的关注,当确认新的基准已经生效则按正常的项目实施流程进行

第二编

18.5 版本发布和回退计划

版本发布应急回退方案的回退步骤如下:

(1)通知相关用户系统开始回退。

(2)通知各关联系统进行版本回退。

(3)回退存储过程等数据对象。

(4)配置数据回退。

(5)应用程序、接口程序、工作流等版本回退。

(6)回退完成通知各周边关联系统。

(7)回退后进行相关测试,保证回退系统能够正常运行,如进行 SHAKEDOWN 测试。

(8)通知用户回退完成。

18.6 小蔡的自问自答

1. 依据变更的重要性分类,变更一般分为(   )①、重要变更和一般变更。

A. 紧急变更　　　　B. 重大变更　　　　C. 标准变更　　　　D. 特殊变更

【解析】依据变更的重要性分类,变更一般分为重大变更、重要变更和一般变更。

2. 关于变更管理的描述,不正确的是(   )②。

A. 每次变更通过评审后,都应重新确定基准　　　B. 必须采用变更管理工具

C. 明确变更工作中评估、评审、执行的职责　　　D. 评估变更的可能影响

【解析】变更管理(配置管理)工具可以适当引入使用,但并不是必须要使用的。因此 B 选项错误。

3. 关于变更管理工作程序,正确的步骤是(   )③。

①变更实施监控与效果评估;②发出变更通知并组织实施;③提出与接受变更申请;④对变更的初审和方案论证;⑤CCB 审查。

A. ③①②④⑤　　　　　　　　　　　　B. ④③⑤②①

C. ③④⑤②①　　　　　　　　　　　　D. ④⑤③②①

【解析】变更控制流程如下:①提出与接受变更申请;②对变更的初审;③变更方案论证;④项目管理委员会审查;⑤发出变更通知并组织实施;⑥变更实施的监控;⑦变更效果的评估;⑧判断发生变更后的项目是否已纳入正常轨道。

根据变更流程,第一步是提交变更申请,因此可以排除 B、D 选项。根据第二步是对变更的初审,因此可以知道 C 选项正确。

4. 项目执行期间,客户提出增加一项功能,但它并没有包括在项目预算之内,不过,对于一个几百万美元的项目而言,该项目工作涉及的开发工作量较小,作为项目经理应该(   )④。

A. 拒绝用户请求,原因是该项工作不在项目预算之内

B. 同意并免费完成这项工作,帮助维护客户关系

C. 同意增加新功能,但是需要客户负担相应的费用

D. 评估新功能对项目的影响,提交变更申请

【解析】对涉及项目目标和交付成果的变更,客户的意见应放在核心位置,因此项目经理应评估新功能对项目的影响,提交变更申请。

---

①B　②B　③C　④D

18.7 本章重要概念

■ 重要概念连连看

变更控制委员会（CCB）	是项目的所有者权益代表，负责裁定接受哪些变更，是决策机构，不是作业机构
变更流程	提出与接受变更申请、变更初审、变更方案论证、项目管理委员会审查、发出变更通知并组织实施、变更实施的监控、变更效果的评估、判断发生变更后的项目是否已纳入正常轨道

■ 易混概念

配置控制委员会（CCB）*vs* 变更控制委员会（CCB）

模块四 高级项目管理

第 19 章 战略管理

19.1 考情分布地图

智能考勤项目经过十大知识领域,五大过程组的实施,圆满完成了预期的目标。通过合理运用科学的项目管理知识,对 A 公司在人脸识别、大数据分析等高新信息技术应用领域的业务拓展做出突出贡献,验证了公司向高新技术产业发展方向的正确性。我们可以看出项目与企业的发展规划存在一定的联系,比如项经理,对于项目来说他是总指挥,他的目标是完美的完成项目,那么薛总就是整个公司的总指挥,他的目标是通过一系列的项目,完成企业战略规划,实现企业的发展壮大,项目与战略是相辅相成的。

从历年的考试来看,本章不作为考查重点,试题中只是偶尔涉及,案例分析和论文写作一般不会考查,综合知识单选题每年平均分值在 1 分左右,综合知识单选题近 4 次历年具体分值分布如下表。

年份 知识点	2022 年 5 月 单选	2021 年 11 月 单选	2021 年 5 月 单选	2020 年 11 月 单选	合计
战略与战略管理	0	0	0	0	0
组织战略的主要内容	0	0	0	0	0
战略实施过程分解	0	0	0	0	0
组织战略类型	0	1	1	1	3
组织战略目标	1	0	0	0	1
本章考查分值	1	1	1	1	4

19.2 战略

争一时之长短,用战术就可以达到! 如果是"争一世之雌雄",就需要从全局出发去规划,这就是战略!

项经理作为最早一批追随薛总的元老,对薛总的崇拜并不是没有依据的,"那个时候,A 公司还是一个不足 20 人的小公司,在薛总英明的领导下制定了一系列的发展规划、组织战略,一步一步从'小渔船',成长为现在新技术行业的'航空母舰',这是一般人无法具备的超能力,也是我一直追求的境界。"项经理在追随薛总的路上越来越努力,始终坚信薛总的理念"越努力,越幸运"。

组织战略规划是指依据组织外部环境和自身条件及其变化来制定和实施战略,并根据对实施过程与结果的评价和反馈来调整,重新制定新战略的一个循环过程。这与我们质量管理中学习的质量管理大师戴明的"PDCA 循环"是类似的,其中,P——计划;D——实施;C——检查;A——处理,进一步推广。

薛总作为 A 公司的总指挥,是如何运用战略这把"武器"把公司发展壮大到这个程度的呢? 下面我们来了解下战略管理。

19.3 组织战略管理

19.3.1 战略管理

■ 战略规划

一个完整的战略规划必须是可执行的。因此组织战略重点包括两方面基本内容,即组织的未来发展方向,以及与组织未来发展方向相匹配的组织资源配置策略。就如王健林说的"赚他一个亿"是目标,配备资源实现目标,就是战略规划。

■ 组织战略的作用

有利于在组织内部形成统一认识,凝聚力量,说服组织内外部干系人支持组织预定目标的达成,营造出一个由组织愿景、使命和目标等共同形成的组织基本的文化氛围和相匹配的制度安排和流程设计,以支持组织战略目标的实现。

"一加十,十加百,百加千千万,你加我,我加你,大家心相连,同舟嘛共济海让路,号子嘛一喊浪靠边……"《众人划桨开大船》这首歌就是对组织战略作用的形象地描述。

19.3.2 本节金色重点

■ 组织战略的主要内容(如表 19-1)

表 19-1 组织战略的主要内容

内容	解释
战略目标	战略目标是组织战略行动所要达到的预期结果,是制定和实施战略的依据和出发点
战略方针	战略方针是在特定阶段指导组织全局的方针,是指导组织行动的纲领和制定组织战略计划的基本依据
实施能力	组织战略实施能力是组织战略实施的物质基础
战略措施	战略措施是为准备和进行战略管理而实行的具有全局意义的实施战略的重要保障,是组织决策机构根据战略实施的需要,以及其他所采取的各种全局性的切实可行的方法和步骤

■ 战略实施过程分解

战略实施是一个自上而下的动态管理过程。自上而下指战略目标达成后,从高层向中下层传达,逐层分解和落实。动态是战略实施过程中,反复"分析→决策→执行→反馈→再分析→再决策→再执行",不断循环最终达成目标。

战略实施是战略管理过程中的行动阶段,比战略制定更重要。战略实施分为如下四个阶段(如图 19-1):战略启动阶段、战略计划实施阶段、组织战略运作阶段、组织战略的控制与评估。参照项目管理的五大过程组进行记忆:启动、规划、执行、监控、收尾。

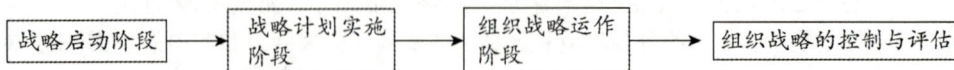

图 19-1 战略实施阶段

■ 组织的事业战略类型

理解表 19-2 中每种类型的区别。

表 19-2　组织的事业战略类型

类型	解释
防御者战略	组织面临的事业问题是如何保持稳定的市场份额,组织的努力方向是提高组织的运行效率,扩大或者继续保持目前的市场占有情况
探索者战略	该战略主要致力于组织发现和发掘新产品、新技术和新市场可能为组织提供的发展机会,组织的核心技能是市场能力和研发能力,它可以拥有较多的技术类型和较长的产品线,同时也可能面临较大的风险
分析者战略	规避风险的同时,又能够创新产品与服务
反应者战略	该战略主要是指对外部环境缺乏控制,不敏感的组织类型,它既缺乏适应外部竞争的能力,又缺乏有效的内部控制机能

战略组织类型(如表 19-3)

表 19-3　战略组织类型

类型	解释
指挥型	高层制定最佳战略,按照战略实施。此类型注重战略的制定
变革型	组织以实施战略展开,新组织机构、新人事系统、新信息系统
合作型	组织最高层与其他高层分担相关的战略责任,发挥集体的智慧
文化型	所有成员按照在共同的文化基础上参与战略实施活动
增长型	高层从如何激励一般管理人员参与来制定战略

组织战略层次(如表 19-4)

表 19-4　组织战略层次

层次	解释
目标层	主要说明组织的战略目标,以及确定目标的依据、对战略目标的分解等内容
方针层	主要说明组织在目标达成过程中,组织应该坚持的主要原则和方针等,是对组织战略行动的具体指导
行为层	在具体的执行层面,为落实组织的战略目标和方针所采取的行动。具体包括各种主要工程、对策措施、相关程序、流程

项目组合、项目集和单项目与组织战略的关系

(1)从项目管理的角度来看,项目组合、项目集和单项目就是在组织的各个层面对组织的战略进行细化和落实,保证组织战略目标的实现。

(2)从组织的角度来看项目管理,由于组织治理出现在组织不同的决策层级,用以支持在组织战略规划过程中定义的具体目标、任务和战略,因此,项目组合管理、项目集管理和单项目管理均是组织整理战略计划和战略实施过程中一个必不可少的环节。

(3)项目组合管理是组织战略计划和项目集、单项目管理及组织运营之间相联系的桥梁。

(4)集成不是要素之间的简单叠加,而是要素之间的有机组合。管理集成思想最基本的特点是整体优化性和动态发展性。管理集成运用系统化的思想,以系统整体优化为目标,使系统各要素集合成一个有机整体,并以系统为对象综合性地解决管理系统问题。

(5)项目组合管理通过与战略规划的不断调适,项目组合管理就可以建立实现组织战略和目标及绩效目标的项目组合体系,对批准的项目、项目集及运营的管理,要求执行包括这些活动的项目组合,实现组织战略和目标。

SWOT 战略分析

SWOT:S(优势)、W(劣势)、O(机遇)、T(威胁)。

SW 是内部的;OT 是外部的。

同时 SWOT 也是风险识别的工具。

19.4 小蔡的自问自答

1. 关于项目和企业战略的描述,不正确的是(   )①。

A. 项目管理通常需要将企业战略作为考虑因素

B. 项目型企业通过一系列项目的成功实施来实现企业战略目标

C. 战略管理包含战略制定、战略实施和战略评价三个过程

D. 企业战略是针对企业当前经营状况所制定的策略

【解析】项目管理主要目的就是为了实现项目目标,而项目目标必须要与企业(组织)战略目标一致。战略目标是组织战略行动所要达到的预期结果,是制定和实施战略的依据和出发点。因此 A、B 选项说法正确。

战略管理包含战略制定、战略实施和战略评价三个过程,企业(组织)战略主要由四个因素组成,分别是:战略目标、战略方针、战略实施能力、战略措施。因此 C 选项说法正确。

企业(组织)战略主要是对制定一个长期可持续发展的策略,不能只着眼于当前经营状况。因此 D 选项说法错误。

2. (   )②战略组织模式的特点是组织高层从如何动员全体成员都参与战略实施活动的角度来考虑战略的制定和执行。

A. 变革型

B. 合作型

C. 文化型

D. 增长型

【解析】文化型战略组织模式:这种组织战略模式的特点是组织高层从如何动员全体成员都参与战略实施活动的角度来考虑战略的制定和执行;变革型战略组织模式:这种战略模式的特点是组织是如何实施组织战略这一主题展开的;合作型战略组织模式:这种组织战略模式是要求组织的最高层要与其他高层管理人员分担相关的战略责任,以发挥集体的智慧;增长型战略组织模式:该模式的特点是组织高层从如何激励一般管理人员制定实施战略的积极性及主动性来着眼战略的制定和实施。

3. 战略管理包含三个层次,(   )③不属于战略管理的层次。

A. 目标层   B. 规划层

C. 方针层   D. 行为层

【解析】战略管理包含三个层次:

(1)目标层。主要说明组织的战略目标,以及确定目标的依据、对战略目标的分解等内容。

(2)方针层。组织在达成目标的过程中坚持的原则,是对战略行动的具体指导。

(3)行为层。为落实方针目标需采取的行动。

①D　②C　③B

19.5　本章重要概念

重要概念连连看

| 组织战略的主要内容 | 包括指挥型、变革型、合作型、文化型、增长型 |

| 战略组织类型 | 目标层、方针层、行为层 |

| 组织战略层次 | 战略目标、战略方针、实施能力、战略措施 |

易混概念

项目组合 *vs* 项目集 *vs* 单项目 *vs* 组织战略

第二编

第 20 章　组织级项目管理

20.1　考情分布地图

本章内容在近几年考试过程中并没有具体考查过,但是我们还是需要简单地学习下。

20.2　组织级项目管理

20.2.1　组织级项目管理的含义

在 A 公司中,薛总站在最高点统领全局,进行战略管理,胡总承上启下,通过项目组合实现薛总的战略目标,左总监、项经理通过完成项目组合确定的项目、项目集,间接促进战略目标的实现,这个过程需要一套管理流程,合理地把项目管理、项目集管理、项目组合管理、战略管理整合起来,在组织战略的指导下,具体落实组织的战略行动,从业务管理、组织架构、人员配置等多个方面对组织进行项目化的管理,这就是我们本章要学习的组织级项目管理。

用图 20-1 简单地描述一下各个角色对应的组织级项目管理的关系。

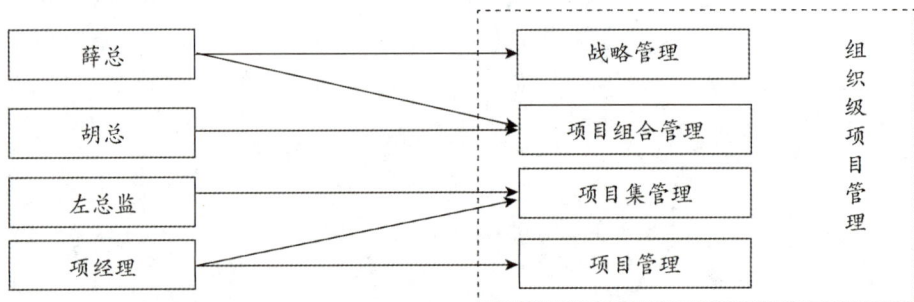

图 20-1　组织级项目管理与角色

20.2.2　组织级项目管理(如图 20-2)概述

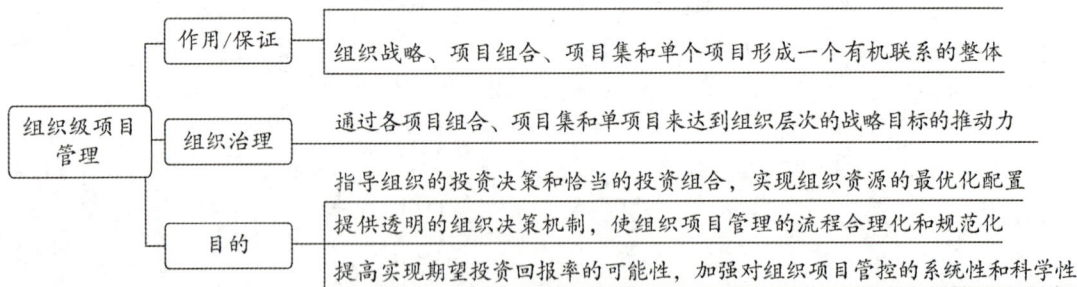

图 20-2　组织级项目管理

组织级项目管理的作用/保证:不仅保证作为局部的项目、项目集和项目组合成功执行,而且还能够形成一个整体,共同支持组织战略目标的实现。

组织战略、项目组合、项目集和单个项目形成一个有机联系的整体。

组织治理:通过各项目组合、项目集和单项目来达到组织层次的战略目标的推动力。

组织级项目管理的目的

(1)指导组织的投资决策和恰当的投资组合,实现组织资源的最优化配置。

(2)提供透明的组织决策机制,使组织项目管理的流程合理化和规范化。

（3）提高实现期望投资回报率的可能性,加强对组织项目管控的系统性和科学性。

仅仅凭项目经理的努力,是无法保证项目成功的。项目的成功,离不开企业内部的支持,比如资源和资金的分配、历史上项目实施的经验教训、风险的识别与应对、企业的内部管理机制与流程等。而对于企业和机构的高层经理来说,当组织结构较大,项目数比较多,并且导致高级管理人员不能经常的深入了解项目发展的情况时,项目就可能失控。因此,高级管理人员必须建立一套管理的组织结构和流程,来确保项目控制,保证达到战略目标。我们将这种管理结构和流程称作:组织级项目管理。

20.2.3 本节金色重点

组织级项目管理

在组织的战略指导下,具体落实组织的战略行动,从业务管理、组织架构、人员配置等多个方面对组织进行项目化的管理。

组织级项目管理是组织在其内部搭建起项目组织管理、项目集管理和单项目管理的各个领域,以及在这些领域之间支持实现最佳实践而提供的一个组织全局项目管理的框架体系。该框架体系能够保证组织战略、项目组合、项目集和单个项目形成一个有机联系的整体,保证项目、项目集和项目组合成功执行,共同支持组织战略目标的实现。

组织级项目管理框架内容

组织级项目管理框架由三部分内容组成:

第一部分是最佳实践,是组织若干相关能力的组合,主要分为两类:

第一类是组织级项目管理 SMCI(标准化、度量、控制和持续改进)最佳实践,使组织级项目管理的流程都能够围绕着这样的循环,不断进行改进。

第二类是组织运行潜能方面的最佳实践,主要包括组织结构、文化、技术、人力资源等方面的最佳时间,是支持组织级项目管理流程实施的底层要素。

第二部分是组织能力。能力是在一个组织内,为了执行项目管理过程并交付项目管理服务和产品,组织应必须具备的一种特定的胜任资格。

第三部分是成果。组织级项目管理的成果是通过组织能力的发挥和应用而取得的,这样的成功可能是有形的,也可能是无形的。成果是通过组织级项目管理体系中设置的关键绩效指标(KPI)来度量。

OPM3 模型

PMI(美国项目管理协会)的 OPM3 模型是一个三维的模型。

第一维是成熟度的四个阶梯,依次是标准化的、可测量的、可控制的、持续改进的。(速记词:标测控改)

第二维是项目管理的十大知识领域和五大过程组。

第三维是组织项目级项目管理的三个版图层次,包括单个项目管理、项目集管理和项目组合管理。

20.3 小蔡的自问自答

1. 组织级项目管理是一种包括项目管理,大型项目管理、项目组合管理的系统的管理体系,其最终目标是帮助企业实现(　　)①。

A. 战略目标

----

①A

B. 资源有效利用

C. 质量目标

D. 业务目标

【解析】组织级项目管理是一种包括项目管理、大型项目管理、项目组合管理的系统的管理体系,它可以帮助企业实现其战略目标。

2. PMI 的 OPM3 模型中成熟度梯级分别是(　　)①。

A. 标准化的、可控制的、可量化的、持续改进的

B. 标准化的、可测量的、可控制的、持续改进的

C. 标准化的、可量化的、可控制的、持续改进的

D. 可测量的、标准化的、可控制的、持续改进的

【解析】OPM3 模型是一个三维的模型,第一维是成熟度的四个阶梯,依次是标准化的、可测量的、可控制的、持续改进的。

---

①B

20.4 本章重要概念

■ 重要概念连连看

| 组织级项目
管理框架内容 | 第一部分是最佳实践，第二部分是组织能力，第三部分是成果 |

| OPM3模型第一
维内容 | 成熟度的四个阶梯，依次是标准化的、可测量的、可控制的、持续改进的 |

■ 易混概念

组织级项目管理 *vs* 组织战略

第 21 章　流程管理

21.1　考情分布地图

从历年的考试来看,本章内容不作为考查重点,论文暂时不用考虑出题的可能。案例可以关注一下,近些年也开始涉及十大管理之外的管理内容进行出题。本章节内容偏重于概念知识,考点以知识点字面意思为主,在学习时对本部分内容进行熟读,从题目给出的选项中能选出正确答案即可,其重要考点有:业务流程管理六要素、业务流程实施、业务流程评估、业务流程重构。综合知识单选题每年平均分值在 1 分左右,综合知识单选题近 4 次历年具体分值分布如下表。

年份 知识点	2022 年 5 月 单选	2021 年 11 月 单选	2021 年 5 月 单选	2020 年 11 月 单选	合计
流程管理基础	0	0	0	0	0
业务流程分析	0	0	0	0	0
业务流程设计	0	0	0	1	1
业务流程实施	0	0	0	0	0
业务流程评估	0	0	0	0	0
流程重构与改进	0	1	0	0	1
敏捷项目管理	0	1	1	0	2
本章考查分值	0	2	1	1	4

21.2　流程管理

流程就是做事情的顺序,是一个或一系列连续有规律的行动,这些行动以确定的方式发生或执行,导致特定结果的实现。比如我们的软考考试流程(如图 21-1),按照考试规定,我们要先报名,录入个人信息并提交审核,通过以后缴费,等待打印准考证,然后按照规定的日期参加考试,怀着忐忑的心情查询成绩,最后考试通过,获得软考证书。整个行为过程有人参与、有各项活动、有活动的互相关系、有产出结果(证书),这就是一个简单的流程。

图 21-1　软考考试流程

21.2.1　流程管理基础

(1)业务流程管理(BPM)是一种以规范化的构造端到端的卓越业务流程为中心,以持续的提高组织业务绩效为目的的系统化方法。

(2)流程的六要素(如表 21-1)分别是输入、活动、活动之间的相互作用、输出、客户、价值,如图 21-2 所示。

表 21-1　流程的六要素

六要素	解释
输入	是运作流程所必须的资源,不仅包括传统的人、财、物,还包括信息、关系、计划等
活动	是流程运作的环节
活动之间的相互作用	是环节之间的关系,将流程从头到尾串联起来
输出	是流程运作的结果,它应该承载流程的价值
客户	是流程服务的对象,对外来讲是单位服务的个人或组织,对内来讲是流程的下一个环节
价值	是流程运作为客户带来的好处,很多情况下不是用货币来衡量的,它可以表现为提高了效率、降低了成本等

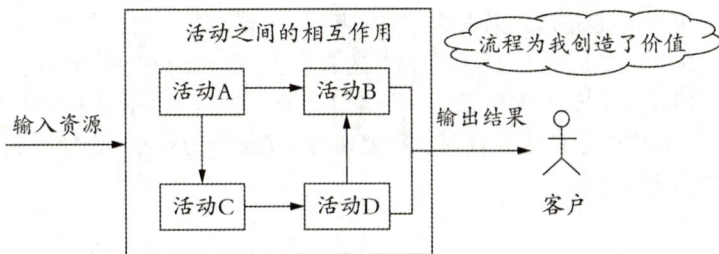

图 21-2　流程的六要素

（3）流程的四个特点：

①流程是由一系列相互关联和相互作用的活动组成的,这些活动是可定义、可测量和已结构化的。

②流程的目的是为流程的客户创造价值。

③流程通常有一个或多个输入资源,其中的资源是指人员、资金、设施、设备、料件、能源、技术、方法和信息（文件和记录）等。

④流程能够依据规定将它的输入资源适当地转化为输出。

（4）流程管理的过程。

业务流程管理的步骤包括流程设计、流程执行、流程评估和流程改进,这也是一个 PDCA 闭环的管理过程,其逻辑关系为：

①明确业务流程所欲获取的成果。

②开发和计划系统的方法,实现以上成果。

③系统地部署方法,确保全面实施。

④根据对业务的检查和分析以及持续的学习活动,评估和审查所执行的方法。并进一步提出计划和实施改进措施。

业务流程的管理在流程规划之前就要进行管理。

（5）企业流程管理分为生产流程层、运作层、计划层和战略层四个层次。

21.2.2　本节金色重点

流程分析、设计、实施与评估

（1）业务流程分析。

目的：了解各个业务流程的过程。明确各个部门之间的业务关系和每个业务处理的意义；为业务流程的合理化改造提供建议；为系统的数据流程变化提供依据。

步骤：通过调查掌握基本情况、描述现有业务流程、确认现有业务流程、对业务流程进行分析、发现问题并提出解决方案、提出优化后的业务流程。

业务流程分析的主要方法有价值链分析法、客户关系分析法、供应链分析法、基于ERP的分析法、业务流程重构等。

业务流程分析的传统工具是业务流程图（TFD）、业务活动图示（BAM）、UML的活动图和建模工具。

（2）业务流程设计。

主要内容：包括管理稳定、规范运作、规避风险、增值服务、支持业务目标实现。

流程设计七种工具：程序流程图、IPO图、N-S图、问题分析图、过程设计语言、判定表、判定树。

①问题分析图：是一种描述详细设计的工具。它包含五种基本控制结构，并允许递归使用，执行顺序是从最左主干线的上端的结点开始，自上而下依次执行。

②判定表：判定表采用表格形式来表达逻辑判断问题，表格分成四个部分，左上部分为条件说明，左下部分为行动说明，右上部分为各种条件的组合说明，右下部分为各条件组合下相应的行动。

③判定树：是用来表示逻辑判断问题的一种常用的图形工具，它用树来表达不同条件下的不同处理流程，比语言、表格的方式更为直观。判定树的左侧（称为树根）为加工名，中间是各种条件，所有的行动都列于最右侧。

（3）业务流程实施。

业务流程的分析、设计直到实施，是一个不断创新的过程，其背后的决定因素是人。其实施步骤如下：

①对现有的业务流程进行全面的功能和效率分析。

②设计流程改进方案，并进行评估。

③制订与业务流程改造相配套的组织结构、人力资源配置和业务规范等方面的规划，形成系统的业务流程实施方案。

④组织实施与持续改善。

（4）业务流程评估。

业务流程评估的内容：业务流程方案评估、业务流程实施条件评估和业务流程实施效果评估。

业务流程分析评价方法：增值性分析、流程设计的正确性检验、业务流程方案的评价。

增值性分析：利用模型的对象属性尤其是活动的价值系数分析流程的运营合理性和潜在问题。该分析方法可用于对现有业务流程建模和业务流程实施后的效果进行分析。增值性分析是从流程角度衡量流程的"瓶颈"活动，通过评价活动的三个参数：r（价值系数）、f（贡献）、c（成本），衡量活动的运行效果。

流程的重构与改进

（1）业务流程是指为了完成某一目标或任务而进行的一系列跨越时空的逻辑相关活动的有序集合。一般来说，业务流程可分为管理流程、操作流程和支持流程三大类。

（2）业务流程重构（BPR）是针对企业业务流程的基本问题进行反思，并对它进行彻底的重新设计，使业绩取得显著性的提高。

（3）BPR是对企业的业务流程进行根本性的再思考和彻底性的再设计，从而获得可以用诸如成本、质量、服务和速度等方面的业绩来衡量的显著性的成就。

①BPR强调的四个核心内容：根本性、彻底性、显著性、流程。

②BPR 遵循的原则：以流程为中心的原则、团队管理原则、以客户为导向原则。

③BPR 实施的步骤：项目的启动、拟定计划、建立项目团队、分析重构流程、重新设计流程、设计评估、实施新的设计。

（4）基于 BPR 的信息系统规划。

BPR 能使企业的业绩得到显著提高，在于充分发挥了信息技术的潜能，即利用信息技术改变业务的过程，简化业务流程。

BPR 与信息系统规划的关系：一方面，信息系统规划要以 BPR 为前提，且系统规划过程中，以业务流程为主线；另一方面，基于 BPR 的信息系统规划能够适应企业当前或未来发展需要，使信息系统建设更具有效性与灵活性。

基于 BPR 的系统规划步骤如表 21-2 所示。

表 21-2　基于 BPR 的系统规划步骤

流程	解释
战略规划	主要是明确企业的战略目标，认清企业的发展方向，制订信息系统战略规划，使得信息系统目标与企业目标保持一致
流程规划	主要任务是选择核心业务流程，并进行流程分析，识别出关键业务流程，以及需要改进的业务流程，画出改进后的业务流程图
数据规划	在业务流程规划的基础上识别由流程所产生、控制和使用的数据，并对数据进行相应的分类
功能规划	建立数据类与过程的 CU 矩阵，对它们的关系进行综合，并通过 CU 矩阵识别子系统，进一步进行系统总体逻辑结构规划，即功能规划，识别功能模块
实施规划	本阶段包括两个活动，分别是确定系统开发顺序和制订项目开发计划

敏捷项目管理

在敏捷项目管理方法中，业界用得比较多的是 Scrum 方法。Scrum 是一种迭代式增量软件开发过程，通常用于敏捷软件开发。敏捷项目管理的流程包括构想、推测、探索、适应、结束。

（1）构想：确定产品构想、项目范围、项目团队以及团队共同工作的方式。

构想阶段为客户和项目团队创造构想，该构想包括提供什么、谁提供和如何提供。如果没有构想，其他的项目启动活动都是无用之功。

（2）推测：制订基于功能的发布计划、里程碑和迭代计划，确保交付构想的产品。

推测阶段实际上是构想阶段的延伸并与它相互影响，它包括：收集初始的、广泛的产品要求；将工作量定义为一个产品功能清单；制订一个交付计划；在估计项目成本这个计划中加入风险降低策略，并生成其他必要的行政管理和财务信息。

（3）探索：在短期内提供经测试的功能，不断致力于减少项目风险和不确定性。

探索阶段提供产品功能。从项目管理的角度看，在此阶段，有三个关键的活动区域：第一是通过管理工作量和使用适当的技术方法和风险降低策略，交付计划的功能；第二是建立协作的、自我组织的项目团队；第三是管理团队与客户、产品经理和其他利益相关方的相互交流。

（4）适应：审核提交的结果、当前情况及团队的绩效，必要时做出调整。

在适应阶段，需要从客户、技术、人员和流程绩效及项目状况等方面对结果进行评估。对比实际结果和计划的结果，要根据项目得到的最新信息，思考实际的与修订后的项目前景。修改后的结果将返回、纳入重新计划工作中，开始新的迭代。

(5)结束:终止项目、交流主要的学习成果并庆祝。

结束阶段以及每次迭代末尾的"小型"结束的主要目标是学习并将学到的东西纳入下一次迭代工作中,或者传递给下一个项目团队。

21.3　小蔡的自问自答

1. 流程管理是企业管理的一个重要内容,一般来说流程管理不包括(　　)①。

A. 管理流程
B. 操作流程
C. 支持流程
D. 改进流程

【解析】一般来说,业务流程包括管理流程、操作流程、支持流程三类。流程管理就是管理好这些业务流程,管理的层次包括规范流程、优化流程和再造流程三个方面。

2. (　　)②是一种支持结构化程序设计的流程设计工具。它的执行顺序是从最左主干线的上端节点开始,自上而下依次执行。

A. 因果分析图
B. 亲和图
C. 问题分析图
D. 判定表

【解析】PAD 图(Problem Analysis Diagram)也称为问题分析图。PAD 图是一种算法描述工具,也是详细设计(软件设计)中常用的图形工具,它用二维树形结构的图表示程序的控制流,以 PAD 图为基础,遵循机械的走树(Tree Walk)规则就能方便地编写出程序,用这种图转换为程序代码比较容易。

PAD 图主要特征如下:

(1)结构清晰,结构化程度高。

(2)易于阅读。

(3)最左端的纵线是程序主干线,对应程序的第一层结构;每增一层 PAD 图向右扩展一条纵线,程序的纵线数等于程序层次数。

(4)程序执行:从 PAD 图最左主干线上端节点开始,自上而下、自左向右依次执行,程序终止于最左主干线。

3. (　　)③不属于评估业务流程实施效果的关键指标。

A. 产品和服务质量
B. 员工满意度
C. 成本和工作效率
D. 销售增长率

【解析】企业业务流程实施的成果必然体现在经营管理的绩效上,衡量业务流程实施效果的关键指标主要有:产品和服务质量、顾客满意度、销售增长率、成本、员工工作效率等。同时,业务流程实施取得显著效果的一个标志是带来企业文化,特别是员工价值观的变化。

4. (　　)④是为了从流程角度衡量流程的"瓶颈"活动,通过评价相关活动的三个参数:r(价值系数)、f(贡献)、c(成本),衡量活动的运行效果。所谓"瓶颈"活动,是指那些制约业务流程运行的关键活动。

A. 供应链分析
B. 增值性分析
C. 挣值分析

①D　②C　③B　④B

D. 净现值分析

【解析】增值性分析指的是利用模型的对象属性,尤其是活动的价值系数分析流程的运营合理性和潜在问题。它是为了从流程角度衡量流程的"瓶颈"活动,通过评价相关活动的三个参数:r(价值系数)、f(贡献)、c(成本),衡量活动的运行效果。所谓"瓶颈"活动,是指那些制约业务流程运行的关键活动。

5. 流程重构(BPR)注重结果的同时,更注重流程的实现,所以 BPR 需要遵循一定的原则,(　　)①不属于 BPR 遵循的原则。

A. 以流程为中心的原则

B. 团队管理原则

C. 以客户为导向的原则

D. 风险最小化原则

【解析】BPR 遵循的原则:

(1)以流程为中心。BPR 促使业务流程中每个环节上的活动尽可能实现最大增值,从而使业务流程整体最优。

(2)团队管理原则。BPR 要求组织消除或弱化"中间层",采用"扁平化"结构,降低了管理成本,提高了员工工作的积极性。

(3)以客户为导向。BPR 使企业的关键业务流程与市场接通,与客户接通。

6. 某项目采用敏捷管理方式,项目经理给领导汇报了项目的执行速度和团队绩效情况,请领导对提交的项目文档进行审核,以确定下一阶段在哪些方面做出改进。当前项目处于敏捷项目管理中的(　　)②阶段。

A. 探索　　　　　　　　　　B. 推测

C. 适应　　　　　　　　　　D. 结束

【解析】敏捷项目管理模式的结构为:构想—推测—探索—适应—结束。

适应:审核提交的结果、当前情况及团队的绩效,必要时做出调整。

结合本题"项目经理给领导汇报了项目的执行速度和团队绩效情况,请领导对提交的项目文档进行审核,以确定下一阶段在哪些方面做出改进"。符合上述"适应"的概念,因此本题C选项正确。

①D　②C

21.4 本章重要概念

■ 重要概念连连看

业务流程管理	价值链分析法、客户关系分析法、供应链分析法、基于ERP的分析法、业务流程重构
业务流程分析的主要方法	对企业的业务流程进行根本性的再思考和彻底性的再设计,从而获得可以用诸如成本、质量、服务和速度等方面的业绩来衡量的显著性的成就
流程的重构	一种以规范化的构造端到端的卓越业务流程为中心,以持续的提高组织业务绩效为目的的系统化方法

■ 易混概念

流程管理 *vs* 流程重构

第22章 项目集管理

22.1 考情分布地图

从历年的考试来看,本章不作为考查重点,论文暂时不用考虑出题的可能。案例分析在2018年11月份第1次进行出题,考查了项目集管理的概念。综合知识单选题每年平均分值在1分左右。综合知识单选题近4次历年具体分值分布如下表。

知识点 \ 年份	2022年5月 单选	2021年11月 单选	2021年5月 单选	2020年11月 单选	合计
项目集管理概述	0	0	0	0	0
项目集管理过程	0	0	0	0	0
项目集治理	0	0	0	1	1
项目集生命周期管理	1	1	1	0	3
项目集管理过程域	0	0	0	0	0
本章考查分值	1	1	1	1	4

22.2 项目集管理

22.2.1 项目集(如图22-1)

项目管理协会(PMI)将项目集定义为"经过协调管理以获取单独管理所无法取得的收益的一组相关联的项目、子项目集和项目集活动。"

如果项目集各干系人有不同的目标,并且这些目标不具有协调收益的交付特征,只是资金、技能、干系人等方面存在关联,则这些最好通过项目组合,而不是使用项目集方法来对这些组件进行管理。

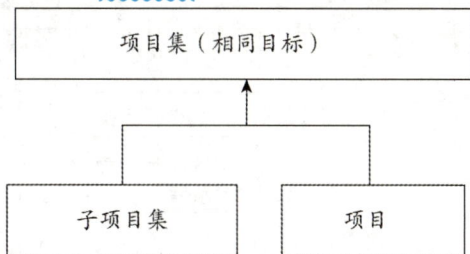

图22-1 项目集

所以大项目不应该用项目集管理方法来进行管理,而是应该用项目管理方法对其进行管理。

> **Tips**
>
> 智能考勤系统项目的成功,让项经理收获满满的荣誉,薛总非常认可,领导们决定以智能考勤为主,增设人力资源管理项目、手机当当App项目组成项目集,实现企业的人员管理、考勤管理、移动办公等需求形成完整的产品线,任命项经理为项目集经理。项经理在项目管理上已经炉火纯青了,但仍有一颗追赶薛总的心,项目集管理技能已经成为项经理必须掌握的下一个目标。

22.2.2 各种角色和职责

同项目管理一样,项目集管理也涉及很多角色和职责的界定,每种角色与职责定义的内容如表22-1所示。

表 22-1　角色与职责定义

角色	职责定义
项目经理	理解项目集经理的角色及项目经理与项目集经理之间的关系和接口
项目集经理	使他们理解自己的角色
项目集管理团队成员	理解其作为个体领导者的角色，以及整体上与项目集经理和项目集的关系
项目组合经理	理解项目集经理的角色，以及项目集经理与项目组合经理之间的关系和接口
干系人	理解项目集经理的角色，以及他们如何争取不同的干系人群体(如用户、管理层、客户、供应商、卖方等)的支持
发起人和收益人	理解高管发起人作为项目集治理委员会/董事会的一部分的角色，记录项目集交付的预期收益，对照项目集的预期目标和收益制定有用的度量方法和衡量标准，以便将来用以对项目集进度进行评估

22.2.3　项目集生命周期

项目集生命周期依据项目的生命周期方法根据时间顺序划分为启动、计划、执行、控制和收尾这五个阶段，还可以根据项目集收益的实现情况划分为项目集定义阶段、项目集收益交付阶段和项目集收尾阶段三个过程，如图 22-2 所示。

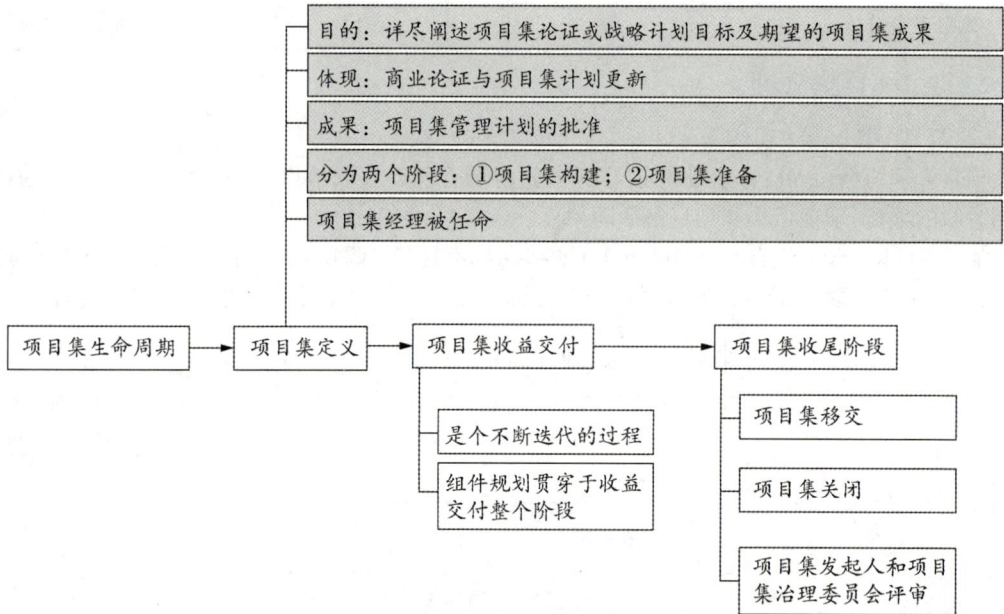

图 22-2　项目集生命周期

22.2.4　本节金色重点

■ 项目集管理概念

项目集管理就是在项目集中应用知识、技能、工具和技术来满足项目集的要求，获得分别管理各项目集组件无法实现的收益和控制。它包括对多个组件进行组合调整，以便于以优化或整合的成本、进度和工作来实现项目集目标。

■ 项目集管理过程

(1)评估项目集与组织战略一致性：项目集经理需要具有战略愿景和组织规划能力，确保其与组织战略目标保持一致，并实现组织的预期收益，确保项目集被批准。

(2)项目集愿景和计划:该阶段的项目集计划还只是粗略的,主要是为了配合项目集的商业论证和对干系人的影响而对项目集愿景和使命的描述。如果项目集规划明确了,就正式解释项目集的概念、愿景、使命及项目集的预期收益,并定义项目集的目标和目的。

(3)项目集路线图:按照时间顺序以图形化的方式展现项目集预期发展方向,并在每个时间顺序事件建立系列的文档化标准,同时建立了项目集活动与预期收益之间的关系,以及项目集里程碑之间的关键依赖,传递业务战略与规划的优先级之间的连接。

项目集治理

项目集治理涵盖了由发起组织对项目集战略进行定义、授权、监督和支持的体系和方法,是项目集发起组织确保项目集被有效和持续管理而执行的实践和流程。

(1)项目集治理的具体内容:

①项目集指导委员会的建立。

②项目集指导委员会的职责界定。

③项目集治理和项目集管理之间的关系。

④与项目集治理相关的个人角色。

⑤项目集作为治理主体——项目集组件治理。

⑥其他支持项目集管理的治理活动。

(2)项目集指导委员会。

职责(如图22-3):一是保证项目集与组织愿景和目标的一致性,二是项目集批准与启动,三是项目集筹资(重要职责)。

```
              ┌───────────────────────┐
              │    项目集指导委员会职责    │
              └───────────────────────┘
          ┌───────────┼────────────────────┐
┌──────────────┐ ┌──────────┐ ┌────────────────────────────┐
│ 项目集批准与启动 │ │ 项目集筹资 │ │ 保证项目集与组织愿景和目标的一致性 │
└──────────────┘ └──────────┘ └────────────────────────────┘
```

图22-3　项目集指导委员会职责

项目集定义阶段

(1)构建项目集,主要完成以下工作:

①获得项目集资金。

②进行范围、资源和成本的初始研究和估算。

③进行项目集初始风险评估。

④开发项目集章程及项目集路线图。

(2)项目集准备,关键活动一般包括:

①建立项目集治理结构。

②组建初始的项目集组织。

③制订项目集管理计划。

项目集管理过程域

项目集管理过程域(如图22-4)与项目管理非常不同,项目管理只从项目生命周期和知识域两个维度对项目管理过程进行分类,而在项目集管理中,增加了绩效域,强调在项目集管理之上,对项目集层面的战略、构建和治理方面的关注。

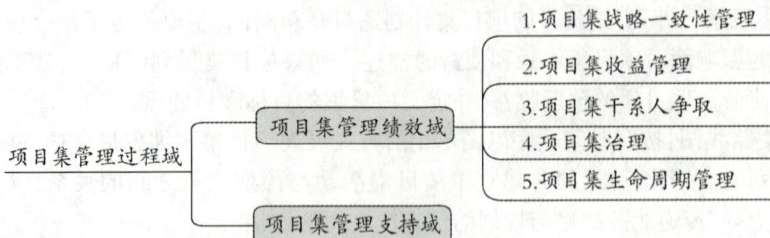

图 22-4　项目集管理过程域

22.3　小蔡的自问自答

1.（　　）①不属于项目集准备阶段的关键活动。

A. 建立项目集治理结构

B. 开发项目集章程

C. 建立初始的项目集组织

D. 制订项目集管理计划

【解析】项目集定义阶段有以下两项任务。

（1）构建项目集项目，关键活动如下：

①获得项目集资金。

②进行范围、资源和成本的初始研究和估算。

③进行项目集初始风险评估。

④开发项目集章程及项目集路线图。

（2）项目集准备，关键活动如下：

①建立项目集治理结构。

②组建初始的项目集组织。

③制订项目集管理计划。

根据分析，本题 B 选项属于构建项目集过程，而不是项目集准备过程。

2.（　　）②是负责批准和监督项目集的人员。

A. 项目集治理委员会　　　　　　　　　　　B. 项目经理

C. 项目集发起人　　　　　　　　　　　　　D. 项目集经理

【解析】项目集指导委员会也称为项目集治理委员会、项目集董事会、监督委员会，其职责主要是：

（1）保证项目集与组织愿景和目标的一致性。

（2）项目集批准和启动。

3.（　　）③是项目集的决策机构，负责为项目集的管理方式提供支持。

A. 项目集指导委员会　　　　　　　　　　　B. 项目治理委员会

C. 项目集变更控制委员会　　　　　　　　　D. 项目管理办公室

【解析】项目集指导委员会也称为项目集治理委员会、项目集董事会，该机构通过在授权范围内负责对项目集的建议做出签署或批准的评审与决策的活动来实现。该机构是项目集的决策机构，负责为项目集的管理方式提供支持。

①B　②A　③A

22.4　本章重要概念

重要概念连连看

项目集	一是保证项目集与组织愿景和目标的一致性，二是项目集批准与启动，三是项目集筹资
项目集生命周期	经过协调管理以获取单独管理所无法取得的收益的一组相关联的项目、子项目集和项目集活动
项目集指导委员会的职责	分为项目集定义阶段、项目集收益交付阶段和项目集收尾阶段三个过程

易混概念

项目集 *vs* 项目

第二编

第 23 章　项目组合管理

23.1　考情分布地图

从历年的考试来看,本章不作为考查重点,经常和项目集结合进行考查,论文暂时不用考虑出题的可能。案例分析在 2018 年 11 月份第 1 次进行出题,考查了项目组合管理的概念、项目组合治理管理五个子过程组等两个知识点共 5 分。综合知识单选题每年平均分值在 1 分左右。在学习本章时不仅要掌握知识点内容,课后题的解析也要掌握。综合知识单选题近 4 次历年具体分值分布如下表。

年份 知识点	2022 年 5 月 单选	2021 年 11 月 单选	2021 年 5 月 单选	2020 年 11 月 单选	合计
项目组合管理概述	0	0	0	0	0
项目组合管理	0	0	0	1	1
项目组合管理过程实施	0	1	0	0	1
项目组合治理	0	0	0	0	0
项目组合管理过程组	0	0	1	0	1
本章考查分值	0	1	1	1	3

23.2　项目组合管理

23.2.1　项目组合

> **Tips**
>
> 经过项目集的学习,项经理掌握了"1+1>2"的项目集管理能力,职位上也小小的提升了一阶,项经理更加佩服薛总的英明领导,也通过每个项目的成功促进了公司战略目标的实现。而站在薛总的位置,有很多项目、项目集可以实施,那他是通过什么方法把企业有限的资源,投入到最有价值的项目中,又是如何管理组织战略与项目、项目集的关系的呢?本章我们通过项目组合管理,揭开薛总成功的技巧之一。

项目组合与资源分配示意图如图 23-1 所示。

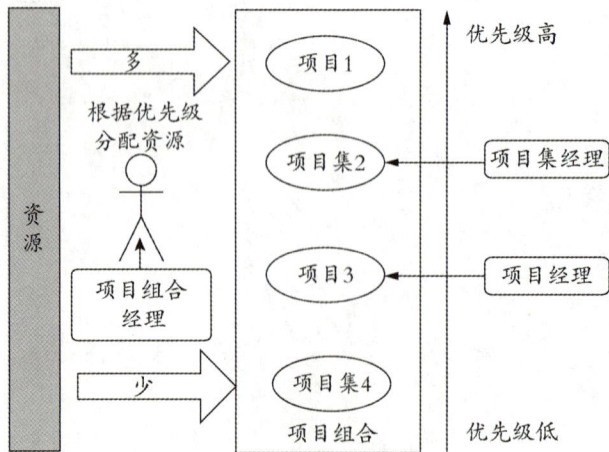

图 23-1　项目组合与资源分配

项目组合管理(如图23-2)是将项目、项目集,以及其他方面的工作内容组合起来进行有效管理,以保证满足组织的战略性的业务目标,达成组织的战略目标。这些组件是可量化的,也就是说可以被度量、排序以及分优先级。其要对项目组合中的模块进行识别、评价、选择以及设定优先级,使得内部有限的资源实现最佳分配。

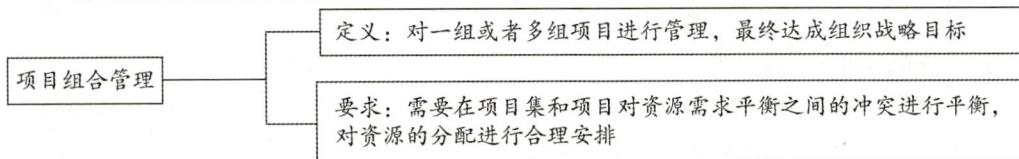

```
                    ┌─────────────────────────────────────────────────┐
                    │ 定义：对一组或者多组项目进行管理，最终达成组织战略目标 │
                    └─────────────────────────────────────────────────┘
项目组合管理 ────┤
                    ┌─────────────────────────────────────────────────┐
                    │ 要求：需要在项目集和项目对资源需求平衡之间的冲突进行平衡，│
                    │ 对资源的分配进行合理安排                           │
                    └─────────────────────────────────────────────────┘
```

图 23-2　项目组合管理

Tips

在 A 公司内部有很多的项目、项目集(由有共同目标的项目组成),比如智能考勤项目、客户关系管理项目、电子商务项目、人脸识别研发项目、智能手机聊天软件项目等,项目组合管理就是对这些项目进行优先级排序,根据优先级的高低分配公司的人力、物力、财力等资源,从而促进公司战略目标的实现。A 公司注重研发,尤其是在人脸识别技术上投入研发费用很高,我们从这点能看出来 A 公司通过研发人脸识别技术实现了智能考勤项目的成功,又通过项目实现对这块市场的占领,进而实现公司的发展目标,项目组合管理在组织战略与项目、项目集之间起着桥梁的作用。

23.2.2　组织级项目管理、项目组合、项目集和项目之间的关系(如表23-1)

表 23-1　组织级项目管理、项目组合、项目集和项目之间的关系

名称	特性及关联
组织级项目管理	是一种战略执行框架,在组织级项目管理中,要求项目组合、项目集与项目、与组织的战略方向保持一致;项目组合、项目集与项目为实现战略目标所做出的贡献不同
项目组合	通过选择正确的项目和项目集、设定工作优先级并提供必需的资源的方式来促成组织的战略实现
项目集管理	对所包含的项目子集和项目依赖关系进行有效管理,从而实现项目集的特定的利益
项目管理	通过制定和实施集合来完成特定的工作范围,支持项目集和项目组合目标的实现,最终实现组织战略目标

项目组合中所包含的模块具备如下的共同特征:

(1)能够代表组织的投资或计划投资活动。

(2)与组织的战略目标一致。

(3)组织可对其进行组合管理。

(4)具备可以被度量、分级以及设定优先级等量化管理特征。

(5)共享和竞争组织资源。

23.2.3　项目组合管理与组织战略

组织战略和组织目标定义了组织如何通过日常业务运作的方式,或者通过项目集和项目的方式来达成组织的战略要求。

日常业务运作、项目集或者项目可能位于组织的项目组合中,项目组合在组织战略和项目集、项目以及日常业务运作之间起到了桥梁连接的作用。通过这样的方式,组织中所有的活动最终都可以与组织的战略保持一致。

23.2.4 本节金色重点

项目组合管理过程实施主要内容

（1）评估项目组合管理过程的当前状态。

（2）定义项目组合管理的愿景和计划。

（3）实施项目组合管理过程。

（4）改进项目组合管理过程。

实施项目组合管理过程关键步骤

（1）为项目组合管理过程的实施定义角色和职责。

（2）沟通项目组合管理实施计划。

（3）定义和部署详细的项目组合管理过程，并为参与人员和干系人提供培训。

改进项目组合管理过程

项目组合管理过程改进计划定义了从项目组合管理及指导、衡量和优先安排改进活动出发，有望实现的目标。

项目组合治理过程

项目组合治理管理主要包括如下五个子过程：

（1）制定项目组合管理计划。

包括定义项目组合的组件、建立项目组合管理和组织结构图以及制定项目组合管理计划。

（2）定义项目组合。

创建合格的项目组合组件，并对组件进行持续评估、选择和设定优先级。

（3）优化项目组合。

是对项目组合中的组件进行评审、分析和更改，通过不断优化平衡项目组合中的组件来达到组织的战略目标。

（4）批准项目组合。

包括为准备项目组合组件的建议书分配资源、批准项目组合组件的资源申请、沟通项目组合中的决策结果。

（5）执行项目组合监督。

监督项目组合，以确保其与组织的战略目标保持一致。

项目组合管理过程

项目组合管理是通过项目评价选择、多项目组合优化，确保项目符合企业的战略目标，从而实现企业收益最大化。建立和管理项目组合组件的信息和内部联系过程，详述项目组合管理各个过程组，包括如下主要部分：

（1）项目组合管理过程组。

（2）定义过程组。

（3）调整过程组。

（4）授权与控制过程组。

（5）项目组合管理过程的相互作用。

德沃项目绩效指数（DIPP）

史蒂芬德沃（Stephen A. Devaux）在其著作的《全面项目控制》一书中提出一种项目绩效度量指标，通过分析项目组合中的各个项目的价值来支持项目资源分配决策，其计算公式为：$DIPP = EMV/$

ETC。其中,EMV:期望货币值,如果考虑支付风险因素,则期望货币值是各个支付值与支付概率的乘积之和;ETC:完工尚需成本,指从当前时间点开始计算,估计到项目结束时仍然要花费的成本。过去花费的成本被当作沉没成本而不予考虑。如果项目的 DIPP 值小于1,则意味着该项目的实际成本要比预算成本高。那么就应该对这样的项目进行调整或者终止。DIPP 值越高的项目,意味着资源的利用率越高,越值得优先考虑资源的支持。

23.3　小蔡的自问自答

1. 关于项目组合管理的描述,不正确的是(　　　)①。

A. 项目组合管理绩效必须结合战略目标进行测量

B. 项目组合管理使组织在高速发展和快速变化的环境中维持市场竞争力

C. 项目组合管理统筹财务、人力、设备等资源

D. 项目集是组织战略计划和项目组合之间联系的桥梁

【解析】项目组合包含项目集、子项目集等,其目的在于通过组合管理方式来实现组织的战略目标。

项目关注的重点则在于如何生成特定的交付物从而实现组织某些具体的战略目标,项目可以包含在项目集之内,也可以单独存在。

项目集是子项目集、项目以及日常运作业务的集合,组织通过项目集管理来支持项目组合管理。项目集通常关注于如何获得一系列的收益,而这些收益正是由组织的战略目标所决定的。

项目组合中包含的项目既可以位于项目集之内,也可以位于项目集之外。项目组合中的项目集和项目可能没有必然的联系,但它们不是组织实现战略时需要关注的管理对象。

项目组合管理首先识别项目集和项目之间的依赖关系,然后根据组织所设定的优先级为项目集和项目分配资源(例如人力、设备、资金等)。

项目组合在组织战略和项目集、项目以及日常业务运作之间起到了桥梁连接的作用。

2. 项目组合的管理/协调对象是(　　　)②。

A. 项目团队

B. 项目经理

C. 项目干系人

D. 组合管理人员

【解析】项目、项目集、项目组合的属性对比如下表所示。

属性	项目	项目集	项目组合
范围	根据特定的交付物而限定范围	需满足组织目标而范围较宽	组织战略目标而定业务范围
变更	项目经理尽量让变更最小化	项目集经理要预测并拥抱变化	需在更广的环境中持续监督变化
成功的衡量	约定时间、预算以及项目交付物满足程度衡量项目的成功	根据投资回报(ROI),能力的提升以及利益的交付衡量	根据组合部件的整体绩效衡量

---

① D　　② D

续表

属性	项目	项目集	项目组合
领导风格	满足成功标准的面向任务指令性领导	集中管理项目集团队冲突和关系问题	集中为组合决策增加价值
管理对象	项目团队	项目经理	协调组合管理人员
关键技能	激励团队成员使用知识和技能	提供愿景的能力和组织领导的才能	对业务的洞见和对资源的综合协同能力
计划	为交付物提供详细的项目计划	为详细的项目计划提供高层指导	针对整体组合建立必要的流程和通信
监控	监控产生项目交付物的任务和工作	在治理框架下,监控项目工作	监控整体组合绩效和价值指标

3. 在组织级项目管理中,要求项目组合、项目集、项目三者都要与(1)保持一致。其中,(2)通过设定优先级并提供必要的资源的方式进行项目选择,保持组织内所有项目都经过风险和收益分析。(　　)①

(1) A. 组织管理　　　　　　　　　　　　B. 组织战略
　　C. 组织文化　　　　　　　　　　　　D. 组织投资
(2) A. 项目组合　　　　　　　　　　　　B. 项目集
　　C. 项目　　　　　　　　　　　　　　D. 大项目

【解析】在组织级项目管理中,要求项目组合、项目集、项目三者都要与组织战略保持一致。项目组合通过设定优先级并提供必要的资源的方式进行项目选择,保持组织内所有项目都经过风险和收益分析。

4. 项目组合管理中,"实施项目组合管理过程"的步骤包括(　　)②。

①为项目组合管理过程的实施定义角色和职责;②沟通项目组合管理实施计划;③定义和部署详细的项目组合管理过程;④为参与人员和干系人提供培训;⑤执行项目组合管理监督,以确保其与组织战略目标一致。

A. ①②③④　　　　　　　　　　　　　B. ①③④⑤
C. ①②④⑤　　　　　　　　　　　　　D. ②③④⑤

【解析】项目组合管理过程的关键步骤包括:

(1)为项目组合管理过程的实施定义角色和职责。

(2)沟通项目组合管理实施计划。

(3)定义和部署详细的项目组合管理过程,并为参与人员和干系人提供培训。

5. 项目组合管理实施的主要过程不包括(　　)③。

A. 评估项目组合管理战略计划
B. 定义项目组合管理的愿景和计划
C. 实施项目组合管理过程
D. 改进项目组合管理过程

【解析】项目组合管理的实施过程主要包括如下内容:

----

①(1)B;(2)A　②A　③A

（1）评估项目组合管理过程的当前状态。

（2）定义项目组合管理的愿景和计划。

（3）实施项目组合管理过程。

（4）改进项目组合管理过程。

6. 任何组织的能力都是有限的,任何组织的资源也都是有限的。公司在选择项目优先级时经常用到 DIPP 分析法。以下关于 DIPP 的理解中,不正确的是(　　)①。

A. DIPP 值越高的项目资源利用率越高

B. DIPP 值衡量了企业的资源利用效率

C. DIPP 值越低的项目资源利用率越高

D. DIPP 值是项目的期望货币值和完工尚需成本之比

【解析】DIPP 是用来描述项目资源利用率,其计算公式为:DIPP = EMV/ETC。其中,EMV 为项目期望货币值(Expected Money Value),是指考虑支付风险因素后,各个支付值与支付概率的乘积之和;ETC 为完工尚需成本估算(Estimate To Complete),指为了完成项目,对剩余所需进行的工作所消耗资源的成本估算。

DIPP 实际上是指从当前的时间点对未来进行预测,项目未来产生的收益与花费的成本之比。DIPP 值越高的项目,意味着资源的利用率越高,越值得优先考虑资源的支持。如果项目的 DIPP 值小于 1,表示项目的实际成本要比预算成本高,该项目应调整或终止。

①C

23.4 本章重要概念

■ 重要概念连连看

项目组合管理	将项目、项目集,以及其他方面的工作内容组合起来进行有效管理,以保证满足组织的战略性的业务目标,达成组织的战略目标
项目组合管理过程	该过程包括五个子过程:①制定项目组合管理计划;②定义项目组合;③优化项目组合;④批准项目组合;⑤执行项目组合监督
项目组合治理过程	通过项目评价选择、多项目组合优化,确保项目符合企业的战略目标,从而实现企业收益最大化

■ 易混概念

组织级项目管理 *vs* 项目组合 *vs* 项目集 *vs* 项目

第二编

第24章　项目管理成熟度模型

24.1　考情分布地图

项目管理成熟度表达的是一个组织(通常是一个企业)具有的按照预定目标和条件成功地、可靠地实施项目的能力。通俗易懂地说,项目管理成熟度应该指的是项目管理过程的成熟度。

本章在历年考试中的上午选择题出现概率较大,下午案例分析题及论文写作中的出现率均比较低。近4次综合知识单选题历年真题具体分值分布如下表。

年份 知识点	2022年5月 单选	2021年11月 单选	2021年5月 单选	2020年11月 单选	合计
项目管理成熟度模型概述	0	0	0	0	0
OPM3	0	0	0	0	0
CMMI过程域	0	1	0	0	1
CMMI表示法与级别	1	0	0	0	1
CMMI评估方法与过程改进	0	0	0	0	0
本章考查分值	1	1	0	0	2

24.2　项目管理成熟度模型概述

基本概念

借助项目管理成熟度模型,企业可找出其项目管理中存在的缺陷并识别出项目管理的薄弱环节,同时通过解决对项目管理水平改进至关重要的几个问题,来形成对项目管理的改进策略,从而稳步改善企业的项目管理水平,使企业的项目管理能力持续提高。

项目管理成熟度模型包含以下三个基本组成部分:

(1)组织项目管理能力和相应的结果。

(2)提高能力的顺序。

(3)评估能力的方法。

Tips

项经理(项目经理)有多年的项目管理经验,在公司内部也是叱咤风云的人物,之所以拥有这样的影响力,靠得是他日常的努力。作为项目经理,项经理对项目开展管理工作时善于总结,能及时发现对项目管理不利的因素(组织、人员、环境、资源、技术等方面)。

项经理通过分析、调整,逐一将问题解决,其主要目的就是保证项目管理的顺利实施。

"世上万事皆项目!",我们可以把做一道菜称为一个项目,个人网购也是一个项目,甚至参加一次软考考试也是一个项目。

我们举一个例子。

小蔡"参加一次软考考试项目"结合"项目管理成熟度模型",我们应该如何理解它的"自我学习管理"呢?

首先,我们要先分析哪些因素不利于我们日常的学习(即识别缺陷、薄弱环节);

(1)近期,项目经理给小蔡安排工作任务较多,小蔡没有时间学习;

(2)父母来探望,小蔡要抽时间陪家人,没有时间学习;

（3）小蔡对项目管理认知较少，学习基础差等等。

其次，对找出影响学习的不利因素（即影响学习的<u>主要问题</u>）进行梳理分析，并制定学习方案（即形成<u>改进措施</u>）。

比如，小蔡向项目经理提出增加人手，配合小蔡进行具体工作，提升工作效率，缩短工作历时工期，这样小蔡就不用加班，可以节约更多的时间用来学习。

小蔡让女友抽时间陪他的父母，自己抽出时间用来学习等。

上述的计划安排（即改进措施）的主要目的就是为了<u>提升自我学习的管理（即提升项目管理水平）</u>，最终保证有更多的时间去学习，并顺利通过考试。

通过对"参加一次软考考试"项目的"自我学习管理"中可能存在影响学习的不利因素进行分析，制定改进措施，以确保学习效率提升，最终确保参加软考考试这个项目可以顺利进行。

CMM（软件能力成熟度模型）

CMM 是对组织软件过程能力的描述。CMM 是一种对软件组织在定义、实施、度量、控制和改善其软件过程的实践中各个发展阶段的描述<u>形成的标准</u>。

CMM 实施步骤

（1）建立评估或评价组。

（2）填写提问单。

（3）进行响应分析。

（4）现场访谈及文档评审。

（5）提问调查发现清单。

（6）制作关键过程域（KPA）剖面图。

CMMI（软件能力成熟度模型集成）

CMMI 是在全世界推广实施的一种软件能力成熟度评估标准，主要用于指导<u>软件开发过程的改进和进行软件开发能力的评估</u>。目的是帮助软件企业对软件工程过程进行管理和改进，增强开发与改进能力，从而能按时地、不超预算地开发出高质量的软件。

> *Tips*
>
> <u>CMMI 与 CMM 之间的关系</u>：CMMI（软件能力成熟度模型集成）是在 CMM（软件能力成熟度模型）的基础上发展而来的。

CMMI 与 CMM 的主要区别

（1）覆盖了许多领域，到目前为止包括四个领域：①软件工程（SW-CMM）。②系统工程（SE-CMM）。③集成的产品和过程开发（IPPD-CMM）。④采购（SS-CMM）。

（2）CMMI 有两种表示方法：①阶段式表现方法（把 CMMI 中的若干个过程区域分成五个成熟度级别）。②连续式表现方法（将 CMMI 中过程区域分为四大类：过程管理、项目管理、工程以及支持）。

> *Tips*
>
> CMM 就好比一个武功秘籍，主要讲述了制敌的十六路掌法，后来，江湖上出现了一名年轻的练武奇才，这个后生对其（CMM）进行改良，将制敌十六路掌法延伸到三十二路，然后编著了武功秘籍 CMMI。
>
> 这里我们要说明一点，CMMI 是在 CMM 的基础上发展出来的，但是掌法招式的特点没有发生改变，只是手段更丰富。

24.3　OPM3

OPM(组织级项目管理)

组织级项目管理(Organizational Project Management,OPM),是指立足于企业管理角度,从实现企业运营价值最大化的目标出发,考虑如何筹建企业级的项目管理体系,实现企业资源优化整合、提高项目成功率,并在项目立项和执行过程中及时把握市场和客户需求的变化,从而帮助公司快速调整经营目标和经营策略,最终实现企业的战略目标。

组织级项目管理(OPM)是一个战略执行框架,利用项目组合、项目集和项目管理及组织运行潜能实践,自始至终地、可预测地交付组织战略,以引导实现更好的绩效、更好的结果和可持续的竞争优势。OPM是人员、知识和过程的集成,它基于目标市场价值战略,以贯穿所有层次域的工具做支撑。

> **Tips**
>
> 　　每天工作结束,当我们行走在大街小巷的时候,总是在某一个街口看到那个熟悉的杂货店,店里的老板会热情的向你打招呼。
>
> 　　我们思考一下,老板经营着自己的杂货店结合"OPM"应该如何理解呢?
>
> 　　首先,小老板经营杂货店的主要目的就是为了盈利,赚钱供孩子上学。而购买商品的行人则是小老板的主要顾客。
>
> 　　杂货店小老板为了吸引更多的顾客,不可能只售卖一种商品,因此杂货店老板需要制定一个战略框架,售卖更多的商品,吸引更多不同的购买者。
>
> 　　当我们进入杂货店,会发现有很多商品,香烟、饮料、杂志、酒水等,其中饮料就十几个品种。
>
> 　　现在我们结合各类商品,讲解一下什么是项目组合、项目集、项目。
>
> 　　项目:单一的一本杂志,或者单一的一瓶饮料。卖出去一本杂志、一瓶饮料就可以产生利益,杂货店老板就有收入,但是收入空间太小。
>
> 　　项目集:各类不同的杂志(儿童漫画、青年杂志、妇女生活)归为一类,适应不同的人群。我们将各类杂志纳入一个杂志项目集;各类不同的饮料(汽水、酸奶、果汁、咖啡)归为一个饮料项目集。
>
> 　　这个时候你会发现,杂货店售卖的商品多种多样,适应的人群也更多了,有人喜欢果汁、有人喜欢咖啡;这样一来杂货店的收入空间就大大提高了。
>
> 　　需要特别注意的是,杂志项目集里面只有杂志类,就好比你进入超市,放置饮料的货架上是不会放置杂志的,因此项目集里面包含的项目之间是相互关联的。即杂志类归为一类、饮料归为一类。
>
> 　　项目组合:将项目与项目集归纳在一起。例如,老板从来不卖别人家的茶叶,只售卖独家炒的茶叶,仅此一家,因此单独列为一个项目;其他项目集有饮料项目集、杂志项目集等等。也就是说杂货店老板运用项目、项目集、项目组合等手段,最终目的是为了确保杂货店的长期运营,实现收入利益的最大化、持久化。(即OPM的根本目的是最终实现企业的战略目标)

OPM3(组织级项目管理成熟度模型)

OPM3是一种评估组织通过管理单个项目和项目组合来实施自己战略目标的能力的方法,也是帮助组织提高市场竞争力的方法。

> **Tips**
>
> 　　比如说小蔡喜欢去楼下的那家饭店吃午饭,咖啡也只喝马路对面的那家,为什么?因为那家饭店的饭菜多式多样,而且味美价廉(小饭店提升竞争力成功);咖啡店制作的咖啡口感浓郁、纯正,且购买咖啡会赠送小礼物(咖啡馆提升竞争力成功)。

OPM3 的目标:"帮助组织通过开发其能力,成功地、可靠地、按计划地选择并交付项目而实现其战略。"OPM3 为使用者提供了丰富的知识和自我评估的标准,用以确定组织当前的状态,并制定相应的改进计划。

OPM3 运作周期包括:准备评估,实施评估,制订改进计划,实施改进,重复此过程。

OPM3 模型

OPM3 模型是一个三维的模型,第一维是成熟度的四个梯级,第二维是项目管理的十大知识领域和五大过程组,第三维是组织项目管理的三个版图层次。

> *Tips*
>
> 十大知识领域:项目整体管理、项目范围管理、项目进度管理、项目成本管理、项目质量管理、项目人力资源管理、项目沟通管理、项目风险管理、项目采购管理、干系人管理。
>
> 五大过程组:启动、计划、执行、控制、收尾。
>
> 三个版图层次:单个项目管理、项目组合管理和项目投资组合管理。
>
> 成熟度的四个梯级:标准化的(Standardizing)、可测量的(Measuring)、可控制的(Controlling)、持续改进的(Continuously Improving)。

24.4 CMMI

24.4.1 关于过程改进

图 24-1 展示了组织改进业务典型关注的三个重要方面:人员、规程与方法以及工具与设备。将这些结合到一起的是组织中所使用的过程。

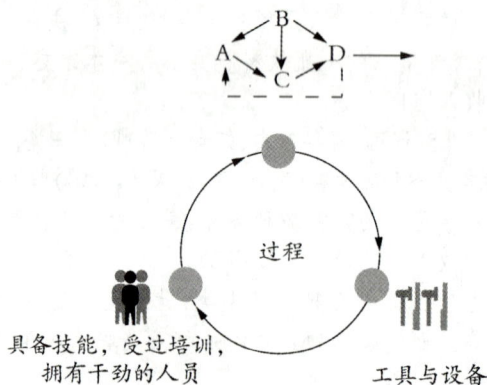

图 24-1 组织改进业务的关注点

> *Tips*
>
> 过程改进就是对阶段性进行不断的优化、改进;通俗地说就是"一回生,二回熟"在过程中不断地总结、提升。

24.4.2 CMMI 主要内容

CMMI 表示法与级别

级别:能力等级与成熟度级别。这些等级或级别对应着两种过程改进方法,称作"表示法"。这两种表示法被称为"连续式"与"阶段式"。使用连续式表示法使你能够达成"能力等级";使用阶段式表示法使你能够达成"成熟度级别"。为达到某一特定的级别,不管是能力等级或成熟度级别,组织都必须满足预定进行改进的过程域或过程域集合中的所有目标。

Tips

连续式与阶段式就好比一对恩爱的夫妻,一个家庭不能只单独依赖一方。连续式关注"能力等级";阶段式关注"成熟度级别"。简记为"连续能力阶段成熟"。

能力等级:为支持对连续式表示法的使用,所有的 CMMI 模型在其设计与内容方面都体现了能力等级。

四个能力等级定名为 0 级至 3 级。

(1)不完整级。

(2)已执行级。

(3)已管理级。

(4)已定义级。

成熟度级别

为支持对阶段式表示法的使用,所有的 CMMI 模型在其设计与内容方面都体现了成熟度级别。成熟度级别由可改进组织整体绩效的、预先定义好的过程域集合中相关的特定实践与通用实践组成。

五个成熟度级别定名为 1 级至 5 级。

(1)初始级。

(2)已管理级。

(3)已定义级。

(4)已量化管理级。

(5)优化级。

24.4.3　本节金色重点

能力等级级别

(1)能力等级 0 级:不完整级。

不完整的过程是没有得到执行或部分得到执行的过程。过程域的一个或多个特定目标没有得到满足,并且该等级下通用目标也不具备,这是因为没有理由对一个部分执行的过程进行制度化。

(2)能力等级 1 级:已执行级。

能力等级 1 级的过程被描述为已执行的过程。已执行的过程是完成所需工作而产生工作产品的过程;过程域的特定目标得到满足。

(3)能力等级 2 级:已管理级。

能力等级 2 级的过程被描述为已管理的过程。已管理的过程是一种已执行的过程,这种过程按照方针得到计划和执行;雇佣有技能的人,具备充分的资源以产生受控的输出;使相关干系人参与其中;得到监督、控制与评审;并且对其过程描述的遵守程度得到评价。

(4)能力等级 3 级:已定义级。

能力等级 3 级的过程被描述为已定义的过程。已定义的过程是一种已管理的过程,这种过程按照组织的裁剪指南,从组织的标准过程集中裁剪得到;它具有受维护的过程描述;并且将过程相关经验贡献给组织级过程资产。

成熟度级别(如表 24-1)

表 24-1　成熟度级别

等级	概念	内容
成熟度等级组织的特征和关键过程区域		
初始级	该级别过程是随意且混乱的,组织不能提供稳定的环境支撑这些过程。组织的成功依赖于内部人员的能力,且组织有过渡承诺的倾向	
已管理级	该等级的过程是按照方针和计划执行的过程,雇佣有技能的人,有充分资源,有干系人参与,有监督和控制等	需求管理 软件项目计划 软件项目跟踪和监督 软件合同管理 软件质量保证 软件配置管理
已定义级	处于这个级别时,项目的过程得到清晰的说明与理解,并以标准、规程、工具与方法的形式进行描述	组织过程焦点 组织过程定义 培训大纲 集成软件管理 软件产品管理 组织协调 同行评审
已量化管理级	组织与项目建立了质量与过程性能的量化目标并将其用作管理项目的准则	定量过程管理 软件质量管理
优化级	关注于通过增量式的与创新式的过程与技术改进,不断地改进过程性能	缺陷预防 技术改革管理 过程更改管理

Tips

　　初始级:盘古开天辟地,混沌初开,此时世界没有任何的秩序。

　　已管理级:女娲造人、世间出万物。人类不断进化、掌握技能,人类慢慢成为"主宰"。

　　已定义级:有充分的资源可以保证人类的发展,同时掌握了初步的生存技能(如钻木取火等)。人类社会建立文明(不同部落、族群),而且制定不同的规定、制度等。

　　已量化管理级:各部落、族群要想壮大就要拟定目标,要考虑如何扩张、提升部落势力等,并采取各类方法(例如将石头制作的武器抛弃,采用铁质的武器;抛弃山洞,住进房子等)。

　　优化级:不断地完善、优化,人类文明进入更高的层次。例如 2G 到 5G,信息技术不断提升改善。类似的例子还有很多,例如马车到汽车、火车,弓箭到洲际导弹等。

24.5　小蔡的自问自答

1.CMMI 的连续式和阶段式分别表示(　　　)①。

A. 组织的过程能力和项目的成熟度　　　　B. 组织的过程能力和组织的成熟度

C. 项目的过程能力和项目的成熟度　　　　D. 项目的过程能力和组织的成熟度

---

①B

【解析】CMMI 具有连续式表示法与阶段式表示法两种结构。阶段式表示法相对于模型整体，使用成熟度级别来描述组织过程总体状态的特征；连续式表示法则相对于单个过程域，使用能力等级来描述组织过程状态的特征。

2. OPM3 运作周期包括准备评估、实施评估、(　　)①、实施改进、重复此过程。

A. 制订改进计划　　　　　　　　　　　　　　B. 实施变更

C. 实施审计　　　　　　　　　　　　　　　　D. 制订管理计划

【解析】OPM3 运作周期包括：准备评估、实施评估、制订改进计划、实施改进以及不断重复此过程。本知识点中还有一个经常犯错的地方，应是"重复此过程"而非"一次性过程"。

3. 成熟度级别一共包含(　　)②个。

A. 3　　　　　　　　B. 4　　　　　　　　C. 5　　　　　　　　D. 6

【解析】成熟度级别分为 5 个级别。

4. 能力等级 0 级指的是(　　)③。

A. 不完整级　　　　　　　　　　　　　　　　B. 已执行级

C. 已管理级　　　　　　　　　　　　　　　　D. 已定义级

【解析】四个能力等级定名为 0 级至 3 级，它们分别是：①能力等级 0 级：不完整级。②能力等级 1 级：已执行级。③能力等级 2 级：已管理级。④能力等级 3 级：已定义级。

5. 组织往往不能提供一个稳定的环境来支持过程。这些组织的成功依赖于组织内人员的能力，而不是使用经过实践证明的过程指的是(　　)④。

A. 成熟度级别 1 级　　　　　　　　　　　　　B. 成熟度级别 2 级

C. 能力级别 1 级　　　　　　　　　　　　　　D. 能力级别 2 级

【解析】处于成熟度级别 1 级时，过程通常是随意且混乱的。组织往往不能提供一个稳定的环境来支持过程。这些组织的成功依赖于组织内人员的能力，而不是使用经过实践证明的过程。尽管有这些混乱的情况，成熟度级别 1 级的组织也常常能产出能用的产品与服务，但它们经常超出在计划中记录的预算与成本。

6. 请将成熟度级别包含的 5 个级别一一列举出来。

【答案】五个成熟度级别定名为 1 级至 5 级，每一级是一个层次，作为继续进行的过程改进的基础。成熟度级别 1 级：初始级。成熟度级别 2 级：已管理级。成熟度级别 3 级：已定义级。成熟度级别 4 级：已量化管理级。成熟度级别 5 级：持续优化级。

7. 成熟度的四个梯级主要包括哪些？

【答案】成熟度的四个梯级：①标准化的。②可测量的。③可控制的。④持续改进的。

8. OPM3 模型是一个三维的模型，第一维是成熟度的四个梯级，第二维是(　　)⑤，第三维是组织项目管理的三个版图层次。

A. 项目管理的十大知识领域和五大过程组　　　B. 阶段式表示法及连续式表示法

C. 组织项目管理与组织项目管理成熟度模型　　D. 项目管理的十大知识领域

【解析】OPM3 模型是一个三维的模型，第一维是成熟度的四个梯级，第二维是项目管理的十大知识领域和五大过程组，第三维是组织项目管理的三个版图层次。

9. 组织项目管理的三个版图层次有哪些？

【答案】组织项目管理的三个版图层次有单个项目管理、项目组合管理和项目投资组合管理。

①A　②C　③A　④A　⑤A

24.6 本章重要概念

■ **重要概念连连看**

CMM I	软件能力成熟度模型
CMM	是一种评估组织通过管理单个项目和项目组合来实施自己战略目标的能力的方法
OPM（组织级项目管理）	能力成熟度模型集成
OPM3（组织级项目管理成熟度模型）	是指立足于企业管理角度，从实现企业运营价值最大化的目标出发，最终目的是实现企业的战略目标
阶段式表示法	关注的是"能力等级"
连续式表示法	关注的是"成熟度级别"

■ **易混概念**

①CMM *vs* CMMI

②能力等级 *vs* 成熟度级别

③阶段式表示法 *vs* 连续式表示法

④OPM(组织级项目管理)*vs* OPM3(组织级项目管理成熟度模型)

第 25 章 量化的项目管理

25.1 考情分布地图

本章节主要针对量化的项目管理进行重点梳理,在实际考试中,上午选择题、下午案例分析题以及论文写作均出现概率较低。近几次考试中开始涉及第 25 章的内容,平均每次考查分值在 1 分左右,考查内容主要集中在项目度量方法以及量化的项目管理工具的相关知识点中,基本为原文概念的考查,虽考查分值较少,但其重点内容也要掌握。本章不作为重点学习,多看几遍即可。近4 次考试综合知识单选题历年分值分布如下表。

年份 知识点	2022 年 5 月 单选	2021 年 11 月 单选	2021 年 5 月 单选	2020 年 11 月 单选	合计
量化的项目管理概述	0	0	0	0	0
量化的项目管理过程	1	1	0	0	2
量化的项目管理过程指标	0	0	0	0	0
项目度量方法	1	0	0	1	2
量化的项目管理工具	0	0	1	0	1
本章考查分值	2	1	1	1	5

25.2 量化的项目管理过程

项目管理之所以要量化,其目的在于:无论出现任何意外情况,都务必保障所有结果准确无误的达成。因此,我们从开始到结果,都必须以量化的数据进行监督和检验。

量化的项目管理的作用在于:通过量化项目管理,根据项目初期设定指标,可以将项目过程状态清晰化,将信息系统或产品内部隐藏的质量缺陷、过程存在的风险展现出来。

> **Tips**
>
> IT 项目管理目前所面临的突出问题在于"说不清"。
>
> 例如:
>
> 说不清项目的范围到底有多大;
>
> 说不清项目的工期应该设置多长;
>
> 说不清项目的成本应该是多少。
>
> IT 项目"说不清"的主要原因在于缺乏"说清楚"的具体方法。
>
> 如何才能"说清楚"?
>
> "说清楚"的基本要求是信息量化,但量化信息的前提是细化,因为只有足够细化的信息才能检验量化信息的真伪。
>
> 量化信息还必须以简单、直观的图形化方式呈现给 IT 项目的客户和管理层,这样他们才能一目了然地"看清楚"IT 项目。

基本概念

项目管理知识体系中,涉及需要量化管理的领域非常多,从事前管理和事后管理的角度来分,可以分为估算和度量两大类。

估算是以实际统计调查资料为基础,根据事物的联系及其发展规律,间接地估算和预计有关事物的数量关系和变化前景。

度量则是依据特定的标准，衡量当前的事物与标准之间的差异。

量化项目管理的实践

"量化项目管理"实践有助于形成对于过程或者子过程所期望性能的量化理解。通过为项目评价备选过程或子过程，并选择那些最可能达成质量与性能目标的过程或子过程。

与供方建立有效的关系对于成功地实施量化项目管理也至关重要。建立有效的关系包括为供方建立质量与过程性能目标，确定用于深入了解供方的进展及绩效的度量项与分析技术，并监督达成那些目标的进展。

> **Tips**
>
> 量化管理的一个基本要素是对预测有信心（即能够准确地预测项目在多大程度上满足其质量与过程性能目标的能力）。基于对可预测过程性能的需要，选择将使用统计与其他量化技术管理的子过程。另一个量化管理的基本要素是理解在过程性能中遇到的偏差本质和程度，并且察觉项目的实际绩效何时可能不足以达成项目的质量与过程性能目标。

量化项目管理目的

量化项目管理（QPM）的目的在于量化地管理项目，以达成项目已建立的质量与过程性能目标。这个过程域包括两个具体目标：

（1）准备量化管理项目。

（2）量化地管理项目。

> **Tips**
>
> CMMI 中的"量化项目管理"过程域涉及以下活动：
>
> （1）建立并维护项目的质量与过程性能目标。
>
> （2）组成项目已定义的过程以帮助达成项目的质量与过程性能目标。
>
> （3）选择对理解性能起关键作用并有助于达成项目质量与过程性能目标的子过程与属性。
>
> （4）选择将用于量化管理的度量项与分析技术。
>
> （5）使用统计与其他量化技术来监督所选子过程的性能。
>
> （6）使用统计与其他量化技术管理项目，以确定项目的质量与过程性能目标是否正在得到满足。
>
> （7）对所选定的问题执行根本原因分析，以解决在达成项目质量与过程性能目标上的不足。

准备量化管理

准备量化管理主要工作是进行量化管理的准备工作。准备活动包括建立项目的量化目标，组成有助于达成那些目标的项目已定义过程，选择对理解性能及达成目标起关键作用的子过程与属性，并选择支持量化管理的度量项与分析技术。

1. 建立项目的目标

主要工作是建立并维护项目的质量与过程性能目标。

随着项目进展，当对项目的实际绩效获得了解、并且更加可预测时，就可以更新项目目标，以反映相关干系人变化的需要与优先级。

2. 组成已定义的过程

主要工作是使用统计与其他量化技术，组成使项目能够达成其质量与过程性能目标的已定义过程。

它包括识别一个或多个过程或子过程的备选过程，执行性能的量化分析以及选择最能帮助项目达成其质量与过程性能目标的备选方案。

3. 选择子过程与属性

主要工作是选择对评价性能起关键作用,并有助于达成项目质量与过程性能目标的子过程与属性。

一些子过程之所以关键,是因为它们的性能显著地影响或有助于项目目标的达成。

4. 选择度量项与分析技术

主要工作是选择将用于量化管理的度量项与分析技术。

▮ 量化的管理项目

主要工作是使项目得到量化管理。量化管理项目涉及使用统计与其他量化技术执行以下活动:

(1)使用统计与其他的量化技术监督所选子过程。

(2)确定项目的质量与过程性能目标是否正在得到满足。

(3)对所选问题执行根本原因分析以解决不足。

1. 监督所选定子过程的性能

主要工作是使用统计与其他量化技术来监督所选定子过程的性能。这个步骤的意图是使用统计与其他量化技术以分析子过程性能中的偏差,并确定对于达成各子过程的质量与过程性能目标所必要的措施。

2. 管理项目绩效

主要工作是使用统计与其他量化技术管理项目,以确定项目的质量与过程性能目标是否会得到满足。

3. 执行根本原因分析

主要工作是对所选定的问题执行根本原因分析,以解决在达成项目质量与过程性能目标上的不足。

25.3　量化的项目管理过程指标

定义了量化项目管理的目标之后,下一步是选择合适的度量指标,以便确定如何支持具体的目标。

> *Tips*
>
> 作为 IT 企业,在开始选择度量时,可以从少数的度量值入手,这样才能更便捷、准确和一致地收集到数据。下面给出一个适合起步阶段的度量方案。
>
> (1)生产率。生产率是指消耗资源、开发软件过程中的效率。例如 LOC/小时。
>
> (2)质量。质量既是软件过程的度量指标,又是已交付软件产品的度量指标。例如缺陷率、缺陷排除率等。
>
> (3)规模成本。规模成本是决定项目能否继续进行的一个至关重要的参数,成本超出会导致项目失败。例如人月工作量、实际成本、计划成本等。
>
> (4)时间。时间用来编制项目进度,也用来确定在预定日期内完成项目所需要的资源,时间还能影响软件的质量。例如工期等。

选择了度量指标之后,就可以定义以下内容:

(1)支持这些度量指标所需要的数据。

(2)明确度量的各项具体活动。

(3)确定度量时间、确定度量负责人、确定度量报告形式等,必要时可以赋予各种度量相应的优先级。

①数据定义。度量指标的每项定义都要进行验证,并以可以理解的方式进行定义,例如如果

选择了每小时功能点的生产率作为度量指标,就需要定义功能点和功能点的工作时间量。

②数据收集。尽最大可能把度量收集活动集成到项目的软件开发过程中,作为软件项目活动的一部分,而不是额外的工作。数据应该在支持选择的度量指标的那些点上进行收集。例如,如果项目的目标是提高项目生产率,而且度量指标是功能点/小时,那就需要计算执行的功能点数,同时收集其工作时间量。

③收集度量的责任。为了确保数据的收集,需要指定收集和报告每项数据的负责人,例如,一些人负责记录数据,一些人负责收集数据,还有一些人负责报告数据等。

④度量收集的工具。在收集度量数据的时候,应该利用现有的数据收集形式或者体系,避免重复和混乱,尽可能利用自动化的工具帮助度量数据的收集和分析,可以通过采用纸面模板、电子数据表、预定义报告、软件工具等方式实现。

项目度量作用

(1)项目度量可以帮助预测项目及其过程的质量以及发展趋势。

(2)可以使用企业的度量数据库估计类似项目的成本、进度、资源以及缺陷密度等。

> **Tips**
>
> 大部分项目信息可以按照通用的域来分组,即信息分类(或者度量组)。信息分类(度量组)几乎对所有项目都是基本的,它是项目经理每日需要管理的主要关注点。这些信息分类包括:产品规模、产品质量、过程质量、资源与成本、项目进展状态、客户满意度、技术有效性。

25.4 项目度量方法

项目度量是实现量化管理的关键,没有度量,项目管理永远是主观的管理。但是,项目度量常被项目管理过程所忽略,其实它很重要。度量的作用不是立竿见影的,它的作用是潜在的,是逐步体现出来的。所以,应该在项目计划中建立度量计划。

> **Tips**
>
> 度量第一认识。我们的生活中同样充满了度量。度量物体的长、宽、高以判断物体是否合乎相关标准,度量体温以便判断是否有发烧症状,度量读书的速度以便计划将来读书的时间等。总之,度量在我们的日常生活中是无处不在的,而且起着比较重要的作用。
>
> 度量第二认识。度量就像一把尺子,衡量合乎标准、规则、计划的情况。在激烈的软件行业竞争中,客户都希望以更低的费用、更快的速度,获得更多的高质量的产品功能,并可以迅速实现新的功能,以满足不断变化的市场需求。软件度量已经成为企业能否跟上快速变换的信息技术发展的关键要素。

度量分类

从宏观上,可以将度量分为过程度量、项目度量、技术度量。

过程度量:量化了用于软件开发的环境或者过程的特征,过程度量具有战略性目的,有助于进行连续的过程改进。

项目度量:量化了被开发软件项目的特征,项目度量具有战术性目的,辅助估算、质量控制、生产率评估、项目控制等。

技术度量:是评估技术工作产品的质量,在项目中进行决策,比如:项目的复杂性,偶合性等。

对于项目管理者,感兴趣的是过程度量和项目度量。

度量方法学

可以用于决策支持,目的是为一个软件开发项目选择、组织、交流和评价所需的度量。其中

GQM(Goal:目标;Question:问题;Metric:度量)和 PSM(Practical Software Measurement,实用软件度量)是两种重要的度量方法或者技术。

GQM 技术

由于度量工作不易开展,实施度量之初,选择一组数量少而且平衡的度量,有助于企业达到目标。GQM 可以用于选择适当度量来满足需求。

> **Tips**
>
> 某 IT 企业确定的目标如下:
> (1)一年内降低 50%维护成本。
> (2)将进度估计的准确性提高到 10%以内。
> (3)将下一个项目的系统测试时间减少 15%。
> 对于第一个目标,一年内降低 50%维护成本,应该确定如下问题:
> (1)每个月的维护费用是多少?
> (2)支持每个应用软件的维护成本是多少?
> (3)用于调整(调整以适应变更的环境)、完善(增加、提高)和修正(纠正缺陷)的费用各是多少?
> 对于最后一个问题,可以提出如下的度量:
> (1)每类维护活动的时间。
> (2)每类维护活动时间内的总维护成本。
> 类似地,对于其他的目标,我们也可以逐步提出问题,然后再确定相应的度量指标。

PSM 技术

PSM 是多年来、多个组织在实现如何最佳地完成软件项目度量过程中积累起来的。PSM 是基于成功量度工作中关键实践的一个全面度量过程,该过程反映每个项目的技术和管理特点,是基于风险和问题驱动的。

> **Tips**
>
> PSM 包括三个基本的度量活动:裁剪、应用和实施。
> (1)裁剪是选择一组有效、平衡的度量,GQM 方法可以帮助实现这一目标。
> (2)应用是收集、加工、分析定义的度量数据。
> (3)实施是根据具体的企业和项目,建立一个有效的度量实践过程。

25.5 量化的项目管理工具

量化项目管理涉及项目范围、进度、成本、质量、采购等方面的量化估计、度量与预测。在项目管理体系中的 WBS、网络图、PERT、挣值分析工具、质量管理工具在量化的项目管理中都可以采用。

量化项目管理要以数据为基础。数据分析方面要用到数据采集、预处理、数据分析、数据挖掘与数据预测、数据可视化方面的工具。这些工具包括大量的数理统计与随机过程分析工具。

统计过程控制

统计过程控制(简称 SPC),是应用统计技术对过程中的各个阶段进行评估和监控,建立并保持过程处于可接受的且稳定的水平,从而保证产品与服务符合规定的要求的一种质量管理技术。它是过程控制的一部分,从内容上说主要是有两个方面:一是利用控制图分析过程的稳定性,对过程存在的异常因素进行预警;二是计算过程能力指数分析稳定的过程能力满足技术要求的程度,对过程质量进行评价。

> **Tips**
>
> (1)控制图:用来对过程状态进行监控,并可度量、诊断和改进过程状态。
>
> (2)直方图:是以一组无间隔的直条图表现频数分布特征的统计图,能够直观地显示出数据的分布情况。
>
> (3)排列图:又叫帕累托图,它是将各个项目产生的影响从最主要到最次要的顺序进行排列的一种工具。可用其区分影响产品质量的主要、次要、一般问题,找出影响产品质量的主要因素,识别进行质量改进的机会。
>
> (4)散布图:以点的分布反映变量之间相关情况,是用来发现和显示两组数据之间相关关系的类型和程度,或确认其预期关系的一种示图工具。
>
> (5)工序能力指数(CPK):分析工序能力满足质量标准、工艺规范的程度。
>
> (6)频数分析:形成观测量中变量不同水平的分布情况表。
>
> (7)描述统计量分析:如平均值、最大值、最小值、范围、方差等,了解过程的一些总体特征。
>
> (8)相关分析:研究变量之间关系的密切程度,并且假设变量都是随机变动的,不分主次,处于同等地位。
>
> (9)回归分析:分析变量之间的相互关系。

■ 可视化工具

可视化工具(Visual Studio)可用来创建对话框或其他界面,以一种适合于变量或对象数据类型的方式来显示变量或对象。

数据可视化无处不在,而且比以前任何时候都重要。无论是为项目数据创建一个可视化进程,还是用可视化概念来细分项目客户,数据可视化都显得尤为重要。以前的工具基本不能处理大数据。可视化软件工具平台,能够进行复杂的数据分析并生产报告,并配有多种方式实现数据可视化。

> **Tips**
>
> 这里列举一些工具(了解即可,考试中出现概率极低):
>
> (1)SAS Visual Analytics。SAS 可视化分析工具为了更加全面的分析能够探索各种尺寸的数据集可视化。拥有直观的平台和自动化预测工具,SAS 视觉分析允许甚至可以让无技术基础的用户来探索数据和潜在机会之间更加深层次的关系。
>
> (2)The R Project。R Project 是在 UNIX、Windows 和 Mac OS 上运作的统计计算软件。设计的目的是用于统计计算和统计制图,它考虑了不同应用的 S 语言,也包含了一些本身的 S 代码,在 R 里没有改变,虽然也有一些显著的不同。
>
> (3)Tableau Public。Tableau 是一个简单的、使用友好的用来迅速创建交互式可视化数据,并将它们嵌入网站的工具。设计的目的是能由开发者或无开发经验的人使用,例如博主、记者、研究员、律师、教授和学生。
>
> (4)iCharts。iCharts 是基于网络端的应用程序,能够在网页上生成引人注目的数据可视化工具。这种云本地应用程序工具是"为企业云应用内置的唯一数据可视化平台"。将图表和图形集成到网站/应用程序或通过社交媒体或 iCharts 图表频道分发完成可视化。
>
> (5)ECharts。Echarts 缩写来自 Enterprise Charts,商业级数据图表,一个纯 Javascript 的图表库,可以流畅运行在 PC 和移动设备上,兼容当前绝大部分浏览器(IE 6/7/8/9/10/11、Chrome、Firefox、Safari 等),底层依赖轻量级的 Canvas 类库 ZRender,提供直观、生动、可交互、可高度个性化定制的数据可视化图表。创新的拖曳重计算、数据视图、值域漫游等特性大大增强了用户体验,赋予了用户对数据进行挖掘、整合的能力。

25.6 小蔡的自问自答

1. 量化管理项目涉及使用统计与其他量化技术执行以下活动,但不包括( )①。

A. 使用统计与其他的量化技术监督所选子过程

B. 确定项目的质量与过程性能目标是否正在得到满足

C. 对所选问题执行根本原因分析以解决不足

D. 确定项目是否制订了量化的计划

【解析】量化管理项目涉及使用统计与其他量化技术执行以下活动:

(1)使用统计与其他的量化技术监督所选子过程。

(2)确定项目的质量与过程性能目标是否正在得到满足。

(3)对所选问题执行根本原因分析以解决不足。

2. 项目管理知识体系中,涉及需要量化管理的领域非常多,从事前管理和事后管理的角度来分,可以分为估算和( )②两大类。

A. 度量　　　　　　　　　　　　　　　B. 评审

C. 精准核算　　　　　　　　　　　　　D. 对比

【解析】项目管理知识体系中,涉及需要量化管理的领域非常多,从事前管理和事后管理的角度来分,可以分为估算和度量两大类。

3. ( )③是以实际统计调查资料为基础,根据事物的联系及其发展规律,间接地估算和预计有关事物的数量关系和变化前景。

A. 精准核算　　　　　　　　　　　　　B. 估算

C. 度量　　　　　　　　　　　　　　　D. 审计

【解析】估算是以实际统计调查资料为基础,根据事物的联系等进行。

4. 度量分为( )④、项目度量、技术度量。

A. 计划度量　　　　　　　　　　　　　B. 风险度量

C. 时间度量　　　　　　　　　　　　　D. 过程度量

【解析】度量分为过程度量、项目度量、技术度量。

5. ( )⑤是评估技术工作产品的质量,在项目中进行决策,例如:项目的复杂性,偶合性等。

A. 过程度量　　　　　　　　　　　　　B. 项目度量

C. 技术度量　　　　　　　　　　　　　D. 风险度量

【解析】技术度量是评估技术工作产品的质量。

6. 对于项目管理者,感兴趣的是( )⑥。

A. 项目度量和技术度量

B. 项目度量和过程度量

C. 技术度量和过程度量

C. 项目度量和工期度量

【解析】项目管理者应重点关注项目度量和过程度量。

①D　②A　③B　④D　⑤C　⑥B

25.7 本章重要概念

■ 重要概念连连看

量化项目管理	有助于形成对于过程或者子过程所期望性能的量化理解
量化项目管理的实践	根据项目初期设定指标,可以将项目过程中状态清晰化
量化管理基本要素	可以帮助预测项目及其过程的质量以及发展趋势
项目度量	一是对预测有信心;二是理解在过程性能中遇到的偏差本质和程度
项目度量分类	有助于企业达到目标。可以用于选择适当度量来满足需求
GQM技术	基于成功量度工作中关键实践的一个全面度量过程;包括三个基本的度量活动:裁剪、应用和实施
PSM技术	包括过程度量、项目度量、技术度量

■ 易混概念

①估算 *vs* 度量

②过程度量 *vs* 项目度量 *vs* 技术度量

模块五　法律法规及单选计算

第 26 章　知识产权与标准规范

26.1　考情分布地图

法律实施中的一个重要目的是要做到"有法可依"。大家普遍能感受到的法律和规范是：①繁琐和复杂。各行各业到处都是江湖，复杂是因为它要能够应对所有应用的场景。②很多术语。这个也能理解，每个行业都有每个行业的行话，行话一定程度代表了所在行业的专业性和严谨性，否则律师怎么能成为一种职业呢？今天我们一起看看与软考高级相关的法律和规范。

本章内容汇聚了法律法规及标准规范等相关知识，只会考查综合知识单选题。每年平均分值在 1~2 分左右。近几次考查分值较稳定，平均分值在 1~2 分左右，较之前相比，考查分值有所减少。本章节内容中补充了一些常考的法律条文，需掌握重点内容。《采购法》《民法典》《著作权法》也会在第 12 章采购管理、第 13 章合同管理、第 15 章知识管理中涉及考题，所以法律部分的分值会分成多部分，在学习这部分的时候，只学习本章内容即可，因为本章内容汇总比较全面，近 4 次考试综合知识单选题历年分值分布如下表。

知识点 \ 年份	2022 年 5 月 单选	2021 年 11 月 单选	2021 年 5 月 单选	2020 年 11 月 单选	合计
《民法典》	0	0	0	0	0
《招标投标法》	0	0	0	1	1
《著作权法》	0	0	0	0	0
《采购法》	0	0	1	0	1
《软件工程术语》	0	0	1	0	1
《信息技术软件生存周期过程》	0	1	0	0	1
《信息技术软件产品评价质量特性及其使用指南》	0	0	0	0	0
本章考查分值	0	1	2	1	4

26.2　《民法典》

26.2.1　合同基础

要约又称发盘，是我希望和他人订立合同的意思表示，该意思表示应当符合两个条件：

(1)内容具体确定。

(2)表明经受要约人承诺，要约人即受该意思表示约束。

所谓要约邀请，是希望他人向自己发出要约的意思表示。所以投标文件是要约。

要约邀请是希望他人向自己发出要约的意思表示。寄送的价目表、拍卖公告、招标公告、招股说明书、商业广告等为要约邀请。商业广告的内容符合要约规定的，视为要约。

从法律性质上看，要约是旨在订立合同的具有法律意义的意思表示行为，要约对要约人具有约束力，违反要约，要约人要承担法律责任(参考投标过程，投标中标后，投标文件中的条款即对投标方具有约束力)。而要约邀请是一种事实行为，是当事人订立合同的预备行为，行为人违反要约邀请，并不承担法律责任。

> **Tips**
>
> 男女双方订婚是要约,男方向女方发了约会微信是要约邀请,双方海誓山盟之后进入婚姻,就是在履行"承诺"。一般来说,订婚不可违约,约会可以撤销。
>
> 要约是我要和别人约定的意思(注意:我希望和别人约定),所以投标文件是要约。要约邀请是希望别人向我发出要约的意思(注意:希望别人向我发出邀请)。
>
> 要约邀请的撤销或违约是不需要承担法律责任的。比如撤回或修改寄送的价目表不需要承担法律责任。
>
> 注意以下说法:投标文件是要约;招标文件是要约邀请;中标通知书是承诺。

26.2.2 初心如旗,铁律如山

以下内容为《民法典》法律条文的摘录,其都是历年考试中容易考查的内容,重点掌握标记下划线的内容,多熟读几遍内容。

第四百六十四条 合同是民事主体之间设立、变更、终止民事法律关系的协议。

婚姻、收养、监护等有关身份关系的协议,适用有关该身份关系的法律规定;没有规定的,可以根据其性质参照适用本编规定。

第四百六十五条 依法成立的合同,受法律保护。

依法成立的合同,仅对当事人具有法律约束力,但是法律另有规定的除外。

第四百六十九条 当事人订立合同,可以采用书面形式、口头形式或者其他形式。

书面形式是合同书、信件、电报、电传、传真等可以有形地表现所载内容的形式。

以电子数据交换、电子邮件等方式能够有形地表现所载内容,并可以随时调取查用的数据电文,视为书面形式。

第四百七十条 合同的内容由当事人约定,一般包括下列条款:

(一)当事人的姓名或者名称和住所;

(二)标的;

(三)数量;

(四)质量;

(五)价款或者报酬;

(六)履行期限、地点和方式;

(七)违约责任;

(八)解决争议的方法。

当事人可以参照各类合同的示范文本订立合同。

> **Tips**
>
> 速记:名称标的、数质清晰、价格履行、违约争议。

第四百七十二条 要约是希望与他人订立合同的意思表示,该意思表示应当符合下列条件:

(一)内容具体确定;

(二)表明经受要约人承诺,要约人即受该意思表示约束。

第四百七十三条 要约邀请是希望他人向自己发出要约的表示。拍卖公告、招标公告、招股说明书、债券募集办法、基金招募说明书、商业广告和宣传、寄送的价目表等为要约邀请。

商业广告和宣传的内容符合要约条件的,构成要约。

第四百七十四条 要约生效的时间以对话方式作出的意思表示,相对人知道其内容时生效。

以非对话方式作出的意思表示,到达相对人时生效。以非对话方式作出的采用数据电文形式

的意思表示,相对人指定特定系统接收数据电文的,该数据电文进入该特定系统时生效;未指定特定系统的,相对人知道或者应当知道该数据电文进入其系统时生效。当事人对采用数据电文形式的意思表示的生效时间另有约定的,按照其约定。

第四百七十五条　要约可以撤回。

第四百七十六条　要约可以撤销,但是有下列情形之一的除外:

(一)要约人以确定承诺期限或者其他形式明示要约不可撤销;

(二)受要约人有理由认为要约是不可撤销的,并已经为履行合同做了合理准备工作。

第四百七十九条　承诺是受要约人同意要约的意思表示。

第四百八十二条　要约以信件或者电报作出的,承诺期限自信件载明的日期或者电报交发之日开始计算。信件未载明日期的,自投寄该信件的邮戳日期开始计算。要约以电话、传真、电子邮件等快速通讯方式作出的,承诺期限自要约到达受要约人时开始计算。

第四百八十三条　承诺生效时合同成立,但是法律另有规定或者当事人另有约定的除外。

第四百八十四条　以通知方式作出的承诺,生效的时间以对话方式作出的意思表示,相对人知道其内容时生效。以非对话方式作出的意思表示,到达相对人时生效。以非对话方式作出的采用数据电文形式的意思表示,相对人指定特定系统接收数据电文的,该数据电文进入该特定系统时生效;未指定特定系统的,相对人知道或者应当知道该数据电文进入其系统时生效。当事人对采用数据电文形式的意思表示的生效时间另有约定的,按照其约定。

承诺不需要通知的,根据交易习惯或者要约的要求作出承诺的行为时生效。

第四百八十五条　承诺可以撤回。行为人可以撤回意思表示。撤回意思表示的通知应当在意思表示到达相对人前或者与意思表示同时到达相对人。

第四百八十六条　受要约人超过承诺期限发出承诺,或者在承诺期限内发出承诺,按照通常情形不能及时到达要约人的,为新要约;但是,要约人及时通知受要约人该承诺有效的除外。

第四百九十条　当事人采用合同书形式订立合同的,自当事人均签名、盖章或者按指印时合同成立。在签名、盖章或者按指印之前,当事人一方已经履行主要义务,对方接受时,该合同成立。

第四百九十一条　当事人采用信件、数据电文等形式订立合同要求签订确认书的,签订确认书时合同成立。

第四百九十二条　承诺生效的地点为合同成立的地点。

采用数据电文形式订立合同的,收件人的主营业地为合同成立的地点;没有主营业地的,其住所地为合同成立的地点。当事人另有约定的,按照其约定。

第四百九十三条　当事人采用合同书形式订立合同的,最后签名、盖章或者按指印的地点为合同成立的地点,但是当事人另有约定的除外。

第四百九十八条　对格式条款的理解发生争议的,应当按照通常理解予以解释。对格式条款有两种以上解释的,应当作出不利于提供格式条款一方的解释。格式条款和非格式条款不一致的,应当采用非格式条款。

第五百一十条　合同生效后,当事人就质量、价款或者报酬、履行地点等内容没有约定或者约定不明确的,可以协议补充;不能达成补充协议的,按照合同相关条款或者交易习惯确定。

第五百一十一条　当事人就有关合同内容约定不明确,依据前条规定仍不能确定的,适用下列规定:

(一)质量要求不明确的,按照强制性国家标准履行;没有强制性国家标准的,按照推荐性国家标准履行;没有推荐性国家标准的,按照行业标准履行;没有国家标准、行业标准的,按照通常标准或者符合合同目的的特定标准履行。

（二）价款或者报酬不明确的，按照订立合同时履行地的市场价格履行；依法应当执行政府定价或者政府指导价的，依照规定履行。

（三）履行地点不明确，给付货币的，在接受货币一方所在地履行；交付不动产的，在不动产所在地履行；其他标的，在履行义务一方所在地履行。

> **Tips**
>
> 脑补电视情节，绑架案，收钱（接受货币）的是社会大哥，需要乖乖把钱送到指定地点才能赎人。

（四）履行期限不明确的，债务人可以随时履行，债权人也可以随时请求履行，但是应当给对方必要的准备时间。

（五）履行方式不明确的，按照有利于实现合同目的的方式履行。

（六）履行费用的负担不明确的，由履行义务一方负担；因债权人原因增加的履行费用，由债权人负担。

第五百一十三条　执行政府定价或者政府指导价的，在合同约定的交付期限内政府价格调整时，按照交付时的价格计价。逾期交付标的物的，遇价格上涨时，按照原价格执行；价格下降时，按照新价格执行。逾期提取标的物或者逾期付款的，遇价格上涨时，按照新价格执行；价格下降时，按照原价格执行。

> **Tips**
>
> 卖方延误，照顾买方；买方延误，照顾卖方。

第五百二十七条　应当先履行债务的当事人，有确切证据证明对方有下列情形之一的，可以中止履行：

（一）经营状况严重恶化；

（二）转移财产、抽逃资金，以逃避债务；

（三）丧失商业信誉；

（四）有丧失或者可能丧失履行债务能力的其他情形。

当事人没有确切证据中止履行的，应当承担违约责任。

第五百四十四条　当事人对合同变更的内容约定不明确的，推定为未变更。

第七百九十八条　隐蔽工程在隐蔽以前，承包人应当通知发包人检查。发包人没有及时检查的，承包人可以顺延工程日期，并有权请求赔偿停工、窝工等损失。

26.3 《招标投标法》

26.3.1 本节金色重点

招标人对已发出的招标文件进行必要的澄清或者修改的，应当在招标文件要求提交投标文件截止时间至少十五日前，以书面形式通知所有招标文件收受人。

依法必须进行招标的项目，自招标文件开始发出之日起至投标人提交投标文件截止之日止，最短不得少于二十日，采用电子招标投标在线提交投标文件的，最短不得少于十日。

投标人少于三个的，招标人应当依照本法重新招标。

开标应当在招标文件确定的提交投标文件截止时间的同一时间公开进行。

评标委员会由招标人的代表和有关技术、经济等方面的专家组成，成员人数为五人以上单数，其中技术、经济等方面的专家不得少于成员总数的三分之二。

招标人和中标人应当自中标通知书发出之日起三十日内，按照招标文件和中标人的投标文件订立书面合同。

依法必须进行招标的项目,招标人应当自订立书面合同之日起十五日内,向有关行政监督部门提交招标投标和合同订立情况的书面报告及合同副本。

26.3.2 初心如旗,铁律如山

以下内容为《招标投标法》法律条文的摘录,其都是历年考试中考查过的内容,重点掌握标记横线的内容,多熟读几遍内容。

第二条　在中华人民共和国境内进行招标投标活动,适用本法。

第三条　在中华人民共和国境内进行下列工程建设项目包括项目的勘察、设计、施工、监理以及与工程建设有关的重要设备、材料等的采购,必须进行招标:

(一)大型基础设施、公用事业等关系社会公共利益、公众安全的项目;

(二)全部或者部分使用国有资金投资或者国家融资的项目;

(三)使用国际组织或者外国政府贷款、援助资金的项目。

(四)法律或者国务院对必须进行招标的其他项目的范围有规定的,依照其规定。

第五条　招标投标活动应当遵循公开、公平、公正和诚实信用的原则。

第六条　依法必须进行招标的项目,其招标投标活动不受地区或者部门的限制。任何单位和个人不得违法限制或者排斥本地区、本系统以外的法人或者其他组织参加投标,不得以任何方式非法干涉招标投标活动。

第十条　招标分为公开招标和邀请招标。

公开招标,是指招标人以招标公告的方式邀请不特定的法人或者其他组织投标。

邀请招标,是指招标人以投标邀请书的方式邀请特定的法人或者其他组织投标。

第十二条　招标人有权自行选择招标代理机构,委托其办理招标事宜。任何单位和个人不得以任何方式为招标人指定招标代理机构。

招标人具有编制招标文件和组织评标能力的,可以自行办理招标事宜。任何单位和个人不得强制其委托招标代理机构办理招标事宜。

依法必须进行招标的项目,招标人自行办理招标事宜的,应当向有关行政监督部门备案。

第十三条　招标代理机构是依法设立、从事招标代理业务并提供相关服务的社会中介组织。

招标代理机构应当具备下列条件:

(一)有从事招标代理业务的营业场所和相应资金;

(二)有能够编制招标文件和组织评标的相应专业力量;

第十六条　招标人采用公开招标方式的,应当发布招标公告。依法必须进行招标的项目的招标公告,应当通过国家指定的报刊、信息网络或者其他媒介发布。

招标公告应当载明招标人的名称和地址、招标项目的性质、数量、实施地点和时间以及获取招标文件的办法等事项。

第十七条　招标人采用邀请招标方式的,应当向三个以上具备承担招标项目的能力、资信良好的特定法人或者其他组织发出投标邀请书。

第十八条　招标人可以根据招标项目本身的要求,在招标公告或者投标邀请书中,要求潜在投标人提供有关资质证明文件和业绩情况,并对潜在投标人进行资格审查;国家对投标人的资格条件有规定的,依照其规定。

招标人不得以不合理的条件限制或者排斥潜在投标人,不得对潜在投标人实行歧视待遇。

第二十条　招标文件不得要求或者标明特定的生产供应者以及含有倾向或者排斥潜在投标人的其他内容。

第二十一条　招标人根据招标项目的具体情况,可以组织潜在投标人踏勘项目现场。

第二十二条　招标人不得向他人透露已获取招标文件的潜在投标人的名称、数量以及可能影响公平竞争的有关招标投标的其他情况。

招标人设有标底的,标底必须保密。

第二十三条　招标人对已发出的招标文件进行必要的澄清或者修改的,应当在招标文件要求提交投标文件截止时间至少十五日前,以书面形式通知所有招标文件收受人。该澄清或者修改的内容为招标文件的组成部分。

第二十四条　招标人应当确定投标人编制投标文件所需要的合理时间;但是,依法必须进行招标的项目,自招标文件开始发出之日起至投标人提交投标文件截止之日止,最短不得少于二十日。

第二十八条　投标人应当在招标文件要求提交投标文件的截止时间前,将投标文件送达投标地点。招标人收到投标文件后,应当签收保存,不得开启。投标人少于三个的,招标人应当依照本法重新招标。

在招标文件要求提交投标文件的截止时间后送达的投标文件,招标人应当拒收。

第二十九条　投标人在招标文件要求提交投标文件的截止时间前,可以补充、修改或者撤回已提交的投标文件,并书面通知招标人。补充、修改的内容为投标文件的组成部分。

第三十条　投标人根据招标文件载明的项目实际情况,拟在中标后将中标项目的部分非主体、非关键性工作进行分包的,则应当在投标文件中载明。

第三十一条　两个以上法人或者其他组织可以组成一个联合体,以一个投标人的身份共同投标。

联合体各方均应当具备承担招标项目的相应能力;国家有关规定或者招标文件对投标人资格条件有规定的,联合体各方均应当具备规定的相应资格条件。由同一专业的单位组成的联合体,按照资质等级较低的单位确定资质等级。

联合体各方应当签订共同投标协议,明确约定各方拟承担的工作和责任,并将共同投标协议连同投标文件一并提交招标人。联合体中标的,联合体各方应当共同与招标人签订合同,就中标项目向招标人承担连带责任。

招标人不得强制投标人组成联合体共同投标,不得限制投标人之间的竞争。

第三十二条　投标人不得相互串通投标报价,不得排挤其他投标人的公平竞争,损害招标人或者其他投标人的合法权益。

投标人不得与招标人串通投标,损害国家利益、社会公共利益或者他人的合法权益。

禁止投标人以向招标人或者评标委员会成员行贿的手段谋取中标。

第三十三条　投标人不得以低于成本的报价竞标,也不得以他人名义投标或者以其他方式弄虚作假,骗取中标。

第三十四条　开标应当在招标文件确定的提交投标文件截止时间的同一时间公开进行;开标地点应当为招标文件中预先确定的地点。

第三十五条　开标由招标人主持,邀请所有投标人参加。

第三十六条　开标时,由投标人或者其推选的代表检查投标文件的密封情况,也可以由招标人委托的公证机构检查并公证;经确认无误后,由工作人员当众拆封,宣读投标人名称、投标价格和投标文件的其他主要内容。

招标人在招标文件要求提交投标文件的截止时间前收到的所有投标文件,开标时都应当当众予以拆封、宣读。开标过程应当记录,并存档备查。

第三十七条　评标由招标人依法组建的评标委员会负责。

依法必须进行招标的项目,其评标委员会由招标人的代表和有关技术、经济等方面的专家组成,成员人数为五人以上单数,其中技术、经济等方面的专家不得少于成员总数的三分之二。评标委员会成员的名单在中标结果确定前应当保密。

第三十九条　评标委员会可以要求投标人对投标文件中含义不明确的内容作必要的澄清或者说明,但是澄清或者说明不得超出投标文件的范围或者改变投标文件的实质性内容。

第四十条　评标委员会应当按照招标文件确定的评标标准和方法,对投标文件进行评审和比较;设有标底的,应当参考标底。评标委员会完成评标后,应当向招标人提出书面评标报告,并推荐合格的中标候选人。

招标人根据评标委员会提出的书面评标报告和推荐的中标候选人确定中标人。招标人也可以授权评标委员会直接确定中标人。

国务院对特定招标项目的评标有特别规定的,从其规定。

第四十一条　中标人的投标应当符合下列条件之一:

(一)能够最大限度地满足招标文件中规定的各项综合评价标准;

(二)能够满足招标文件的实质性要求,并且经评审的投标价格最低;但是投标价格低于成本的除外。

第四十二条　评标委员会经评审,认为所有投标都不符合招标文件要求的,可以否决所有投标。

依法必须进行招标的项目的所有投标被否决的,招标人应当依照本法重新招标。

第四十三条　在确定中标人前,招标人不得与投标人就投标价格、投标方案等实质性内容进行谈判。

第四十五条　中标人确定后,招标人应当向中标人发出中标通知书,并同时将中标结果通知所有未中标的投标人。

中标通知书对招标人和中标人具有法律效力。中标通知书发出后,招标人改变中标结果的,或者中标人放弃中标项目的,应当依法承担法律责任。

第四十六条　招标人和中标人应当自中标通知书发出之日起三十日内,按照招标文件和中标人的投标文件订立书面合同。招标人和中标人不得再行订立背离合同实质性内容的其他协议。

招标文件要求中标人提交履约保证金的,中标人应当提交。

第四十七条　依法必须进行招标的项目,招标人应当自确定中标人之日起十五日内,向有关行政监督部门提交招标投标情况的书面报告。

第四十八条　中标人应当按照合同约定履行义务,完成中标项目。中标人不得向他人转让中标项目,也不得将中标项目肢解后分别向他人转让。

中标人按照合同约定或者经招标人同意,可以将中标项目的部分非主体、非关键性工作分包给他人完成。接受分包的人应当具备相应的资格条件,并不得再次分包。

中标人应当就分包项目向招标人负责,接受分包的人就分包项目承担连带责任。

第六十六条　涉及国家安全、国家秘密、抢险救灾或者属于利用扶贫资金实行以工代赈、需要使用农民工等特殊情况,不适宜进行招标的项目,按照国家有关规定可以不进行招标。

26.4　《著作权法》

26.4.1　本节金色重点

狭义的知识产权就是传统意义上的知识产权,包括著作权(含邻接权)、专利权、商标权三个主要组成部分。著作权也称版权,是指基于文学、艺术和科学作品依法产生的权利。

邻接权是与著作权相关的权利,指作品传播者在作品的传播过程中依法享有的权利,如艺术表演者、录音录像制品制作者、广播电视节目制作者依法享有的权利。

著作与邻接权的保护期为 50 年，即截止到作品首次发表后第 50 年的 12 月 31 日。

知识产权具有专有性、地域性和时间性。知识产权的地域性是指，按照一国法律获得承认和保护的知识产权，只能在该国发生法律效力，而不具有域外效力。知识产权一旦超过规定的法律期限，相关知识产品即成为整个社会的共同财富，为全人类共同使用。

为完成单位工作任务所创作的作品，称为职务作品。在两年内，未经单位同意，作者不能许可其他个人或单位使用该作品。

> **Tips**
>
> 著作权人对作品享有发表权、署名权、修改权、保护作品完整权和使用权等五种权利(助记：发誓修完书)。

26.4.2　初心如旗，铁律如山

以下内容为《著作权法》法律条文的摘录，都是历年考试中考查过的内容，重点掌握标记横线的内容，多熟读几遍内容。

第一章　总则

第三条　本法所称的作品，是指文学、艺术和科学领域内具有独创性并能以一定形式表现的智力成果，包括：

（一）文字作品；

（二）口述作品；

（三）音乐、戏剧、曲艺、舞蹈、杂技艺术作品；

（四）美术、建筑作品；

（五）摄影作品；

（六）视听作品

（七）工程设计图、产品设计图、地图、示意图等图形作品和模型作品；

（八）计算机软件；

（九）符合作品特征的其他智力成果。

第五条　本法不适用于：

（一）法律、法规，国家机关的决议、决定、命令和其他具有立法、行政、司法性质的文件，及其官方正式译文；

（二）单纯事实消息；

（三）历法、通用数表、通用表格和公式。

第二章　著作权

第十条　著作权包括人身权和财产权。

第十一条　著作权属于作者，本法另有规定的除外。

创作作品的公民是作者。

由法人或者非法人组织主持，代表法人或者非法人组织意志创作，并由法人或者非法人组织承担责任的作品，法人或者非法人组织视为作者。

第十八条　自然人为完成法人或者非法人组织工作任务所创作的作品是职务作品，除本条第二款的规定以外，著作权由作者享有，但法人或者非法人组织有权在其业务范围内优先使用。作品完成两年内，未经单位同意，作者不得许可第三人以与单位使用的相同方式使用该作品。

有下列情形之一的职务作品，作者享有署名权，著作权的其他权利由法人或者非法人组织享

有,法人或者非法人组织可以给予作者奖励:

(一)主要是利用法人或者非法人组织的物质技术条件创作,并由法人或者非法人组织承担责任的工程设计图、产品设计图、地图、示意图、计算机软件等职务作品;

(二)报社、期刊社、通讯社、广播电台、电视台的工作人员创作的职务作品;

(三)法律、行政法规规定或者合同约定著作权由法人或者非法人组织享有的职务作品。

第十九条　受委托创作的作品,著作权的归属由委托人和受托人通过合同约定。合同未作明确约定或者没有订立合同的,著作权属于受托人。

第二十三条　自然人的作品,其著作权的保护期为作者终生及其死亡后50年,截止于作者死亡后第50年的12月31日;如果是合作作品,截止于最后死亡的作者死亡后第50年的12月31日。

26.5 《政府采购法》

以下内容为《政府采购法》法律条文的摘录(第一章的部分内容),都是历年考试中考查过的内容,重点掌握标记横线的内容,多熟读几遍内容。

第一章 总则

第二条　在中华人民共和国境内进行的政府采购适用本法。本法所称政府采购,是指各级国家机关、事业单位和团体组织,使用财政性资金采购依法制定的集中采购目录以内的或者采购限额标准以上的货物、工程和服务的行为。政府集中采购目录和采购限额标准依照本法规定的权限制定。

本法所称采购,是指以合同方式有偿取得货物、工程和服务的行为,包括购买、租赁、委托、雇佣等。本法所称货物,是指各种形态和种类的物品,包括原材料、燃料、设备、产品等。本法所称工程,是指建设工程,包括建筑物和构筑物的新建、改建、扩建、装修、拆除、修缮等。本法所称服务,是指除货物和工程以外的其他政府采购对象。

第四条　政府采购工程进行招标投标的,适用《招标投标法》。

第五条　任何单位和个人不得采用任何方式,阻挠和限制供应商自由进入本地区和本行业的政府采购市场。

第六条　政府采购应当严格按照批准的预算执行。

第七条　政府采购实行集中采购和分散采购相结合。集中采购的范围由省级以上人民政府公布的集中采购目录确定。属于中央预算的政府采购项目,其集中采购目录由国务院确定并公布;属于地方预算的政府采购项目,其集中采购目录由省、自治区、直辖市人民政府或者其授权的机构确定并公布。纳入集中采购目录的政府采购项目,应当实行集中采购。

第十条　政府采购应当采购本国货物、工程和服务。但有下列情形之一的除外:

(一)需要采购的货物、工程或者服务在中国境内无法获取或者无法以合理的商业条件获取的;

(二)为在中国境外使用而进行采购的;

(三)其他法律、行政法规另有规定的。

第十九条　采购人可以委托经国务院有关部门或者省级人民政府有关部门认定资格的采购代理机构,在委托的范围内办理政府采购事宜。

采购人有权自行选择采购代理机构,任何单位和个人不得以任何方式为采购人指定采购代理机构。

第二十三条　采购人可以要求参加政府采购的供应商提供有关资质证明文件和业绩情况,并根据本法规定的供应商条件和采购项目对供应商的特定要求,对供应商的资格进行审查。

第二十四条　两个以上的自然人、法人或者其他组织可以组成一个联合体,以一个供应商的身份共同参加政府采购。参加联合体的供应商应当向采购人提交联合协议,载明联合体各方承担的工作和义务。联合体各方应当共同与采购人签订采购合同,就采购合同约定的事项对采购人承担连带责任。

第二十六条　政府采购采用以下方式:

(一)公开招标;

(二)邀请招标;

(三)竞争性谈判;

(四)单一来源采购;

(五)询价;

(六)国务院政府采购监督管理部门认定的其他采购方式。

公开招标应作为政府采购的主要采购方式。

第二十九条　符合下列情形之一的货物或者服务,可以依照本法采用邀请招标方式采购:

(一)具有特殊性,只能从有限范围的供应商处采购的;

(二)采用公开招标方式的费用占政府采购项目总价值的比例过大的。

第三十条　符合下列情形之一的货物或者服务,可以依照本法采用竞争性谈判方式采购:

(一)招标后没有供应商投标或者没有合格标的或者重新招标未能成立的;

(二)技术复杂或者性质特殊,不能确定详细规格或者具体要求的;

(三)采用招标所需时间不能满足用户紧急需要的;

(四)不能事先计算出价格总额的。

第三十一条　符合下列情形之一的货物或者服务,可以依照本法采用单一来源方式采购:

(一)只能从唯一供应商处采购的;

(二)发生了不可预见的紧急情况不能从其他供应商处采购的;

(三)必须保证原有采购项目一致性或者服务配套的要求,需要继续从原供应商处添购,且添购资金总额不超过原合同采购金额百分之十的。

第三十二条　采购的货物规格、标准统一、现货货源充足且价格变化幅度小的政府采购项目,可以依照本法采用询价方式采购。

第三十六条　在招标采购中,出现下列情形之一的,应予废标:

(一)符合专业条件的供应商或者对招标文件作实质响应的供应商不足三家的;

(二)出现影响采购公正的违法、违规行为的;

(三)投标人的报价均超过了采购预算,采购人不能支付的;

(四)因重大变故,采购任务取消的。

废标后,采购人应当将废标理由通知所有投标人。

第三十七条　废标后,除采购任务取消情形外,应当重新组织招标;需要采取其他方式采购的,应当在采购活动开始前获得设区的市、自治州以上人民政府采购监督管理部门或者政府有关部门批准。

第三十八条　采用竞争性谈判方式采购的,应当遵循下列程序:

(一)成立谈判小组。谈判小组由采购人的代表和有关专家共三人以上的单数组成,其中专家的人数不得少于成员总数的三分之二。

(二)制定谈判文件。谈判文件应当明确谈判程序、谈判内容、合同草案的条款以及评定成交的标准等事项。

(三)确定邀请参加谈判的供应商名单。谈判小组从符合相应资格条件的供应商名单中确定不少于三家的供应商参加谈判,并向其提供谈判文件。

（四）谈判。谈判小组所有成员集中与单一供应商分别进行谈判。在谈判中，谈判的任何一方不得透露与谈判有关的其他供应商的技术资料、价格和其他信息。谈判文件有实质性变动的，谈判小组应当以书面形式通知所有参加谈判的供应商。

（五）确定成交供应商。谈判结束后，谈判小组应当要求所有参加谈判的供应商在规定时间内进行最后报价，采购人从谈判小组提出的成交候选人中根据符合采购需求、质量和服务相等且报价最低的原则确定成交供应商，并将结果通知所有参加谈判的未成交的供应商。

第三十九条 采取单一来源方式采购的，采购人与供应商应当遵循本法规定的原则，在保证采购项目质量和双方商定合理价格的基础上进行采购。

第四十条 采取询价方式采购的，应当遵循下列程序：

（一）成立询价小组。询价小组由采购人的代表和有关专家共三人以上的单数组成，其中专家的人数不得少于成员总数的三分之二。询价小组应当对采购项目的价格构成和评定成交的标准等事项作出规定。

（二）确定被询价的供应商名单。询价小组根据采购需求，从符合相应资格条件的供应商名单中确定不少于三家的供应商，并向其发出询价通知书让其报价。

（三）询价。询价小组要求被询价的供应商一次报出不得更改的价格。

（四）确定成交供应商。采购人根据符合采购需求、质量和服务相等且报价最低的原则确定成交供应商，并将结果通知所有被询价的未成交的供应商。

第四十四条 政府采购合同应当采用书面形式。

第四十六条 采购人与中标、成交供应商应当在中标、成交通知书发出之日起三十日内，按照采购文件确定的事项签订政府采购合同。

第四十七条 政府采购项目的采购合同自签订之日起七个工作日内，采购人应当将合同副本报同级政府采购监督管理部门和有关部门备案。

第四十九条 政府采购合同履行中，采购人需追加与合同标的相同的货物、工程或者服务的，在不改变合同其他条款的前提下，可以与供应商协商签订补充合同，但所有补充合同的采购金额不得超过原合同采购金额的百分之十。

26.6 软件工程国家标准

1.《软件工程术语》（GB/T 11457—2006）（如表 26-1 所示）

表 26-1 《软件工程术语》

序号	术语	解释
1	验收准则	软件产品要符合某一测试阶段必须满足的准则，或软件产品满足交货要求的准则
2	验收测试	确定一系统是否符合其验收准则，使客户能确定是否接收此系统的正式测试
3	需方	从供方获得或得到一个系统、产品或服务的一个机构。需方可以是买主、拥有者、用户、采购人员等
4	活动	一个过程的组成元素。对基线的改变要经过有关当局的正式批准
5	审计	为评估是否符合软件需求、规格说明、基线、标准、过程、指令、代码和标准或其他的合同及特殊要求是否恰当和被遵守，以及其实现是否有效而进行的活动
6	代码审计	由某人、某小组或借助某种工具对源代码进行的独立的审查，以验证其是否符合软件设计文件和程序设计标准。还可能对正确性和有效性进行估计

序号	术语	解释
7	配置审计	证明所要求的全部配置均已产生出来,当前的配置与规定的需求相符。技术文件说明书完全而准确地描述了各个配置项目,并且曾经提出的所有更动请求均已得到解决的过程
8	认证	一个系统、部件或计算机程序符合其规定的需求,对操作使用是可接受的一种书面保证。例如,一个计算机系统是安全的允许在定义的环境中操作的书面的认可;为使系统获准投入运行性使用,对系统遵循规定的需求是可接受的所做的正式演示;验证系统或部件遵循规定的需求,且其操作使用是可接受的过程
9	走查	一种静态分析技术或评审过程,在此过程中,设计者或程序员引导开发组的成员通读已书写的设计或编码,其他成员负责提出问题并对有关技术、风格、可能的错误、是否违背开发标准等方面进行评论
10	鉴定	一个正式的过程,通过这个过程确定系统或部件是否符合它的规格说明,是否可在目标环境中适合于操作使用
11	基线	已经过正式审核与同意,可用作下一步开发的基础,并且只有通过正式的修改管理步骤方能加以修改的规格说明或产品;在配置项生存周期的某一特定时间内,正式指定或固定下来的配置标识文件和一组这样的文件。基线加上根据这些基线批准统一的改动构成了当前配置标识。对于配置管理,有以下三种基线:功能基线(最初通过的功能配置)、分配基线(最初通过的分配的配置)、产品基线(最初通过的或有条件地通过的产品配置)
12	配置控制委员会	对提出的工程上的更动负责进行估价、审批,对核准进行的更动确保其实现的权力机构
13	配置管理	标识和确定系统中配置项的过程,在系统整个生存周期内控制这些项的投放和更动,记录并报告配置的状态和更动要求,验证配置项的完整性和正确性;对下列工作进行技术和行政指导与监督的一套规范;对配置项的物理功能和物理特性进行标识和文件编制工作;控制这些特性的更动情况;记录并报告对这些更动进行的处理和实现的状态
14	配置状态报告	记录和报告为有效地管理某一配置所需的信息。包括列出经批准的配置标识表、列出对配置提出更动的状态表和经批准的更动的实现状态
15	设计评审	在正式会议上,将系统的初步的或详细的设计提交给用户、客户或有关人士供其评审或批准;对现有的或提出的设计所做的正式评估和审查,其目的是找出可能会影响产品、过程或服务工作的适用性和环境方面的设计缺陷并采取补救措施,以及(或者)找出在性能、安全性和经济方面的可能的改进
16	桌面检查	对程序执行情况进行人工模拟,用逐步检查源代码中有无逻辑或语法错误的办法来检测故障
17	评价	决定某产品、项目、活动或服务是否符合它的规定的准则的过程
18	故障、缺陷	功能部件不能执行所要求的功能

第二编

续表

序号	术语	解释
19	功能配置审计	验证一个配置项的实际工作性能是否符合它的需求规格说明的一项审查,以便为软件的设计和编码建立一个基线
20	功能测试	忽略系统或部件的内部机制只集中于响应所选择的输入和执行条件产生的输出的一种测试。有助于评价系统或部分与规定的功能需求遵循性的测试

2.《信息技术 软件生存周期过程》(GB/T 8566—2007)(如表26-2所示)

表26-2 《信息技术 软件生存周期过程》

过程名		主要活动和任务描述
主要过程	获取过程	定义、分析需求或委托供方进行需求分析而后认可;招标准备;合同准备以及验收
	供应过程	评审需求;准备投标;签定合同;制订并实施项目计划;开展评审及评价;交付产品
	开发过程	过程实施;系统需求分析;系统结构设计;软件需求分析;软件结构设计;软件详细设计;软件编码和测试;软件集成;软件合格测试;系统集成;系统合格测试;软件安装及软件验收支持
	运作过程	过程实施(制订并实施运行计划);运行测试;系统运行;对用户提供帮助和咨询
	维护过程	问题和变更分析;实施变更;维护评审及维护验收;软件移植及软件退役
支持过程	文档编制过程	设计文档编制标准;确认文档输入数据的来源和适宜性;文档的评审及编辑;文档发布前的批准;文档的生产与提交、储存和控制;文档的维护
	配置管理过程	配置标志;配置控制;记录配置状态;评价配置;发行管理与交付
	质量保证过程	软件产品的质量保证;软件过程的质量保证,以及按ISO 9001标准实施的质量体系保证
	验证过程	合同、过程、需求、设计、编码、集成和文档等的验证
	确认过程	为分析测试结果实施特定的测试;确认软件产品的用途;测试软件产品的适用性
	联合评审过程	实施项目管理评审(项目计划、进度、标准、指南等的评价);技术评审(评审软件产品的完整性、标准符合性等)
	审核过程	审核项目是否符合需求、计划、合同、以及规格说明和标准
	问题解决过程	分析和解决开发、运行、维护或其他过程中出现的问题,提出相应对策,使问题得到解决
	易用性过程	过程实施,以人为本的设计(HCD)、策略、推广和保障方面的人为因素

第二编

续表

过程名		主要活动和任务描述
组织过程	管理过程	制订计划;监控计划的实施;评价计划实施;涉及有关过程的产品管理、项目管理和任务管理
	基础设施过程	为其他过程所需的硬件、软件、工具、技术、标准,以及开发、运行或维护所用的各种基础设施的建立和维护服务
	改进过程	对整个软件生存周期过程进行评估、度量、控制和改进
	人力资源过程	过程实施、定义培训需求、补充合格的员工、评价员工绩效、建立项目团队需求、知识管理
	资产管理过程	过程实施、资产存储和检索定义、资产的管理和控制
	重用大纲管理过程	启动、领域标识、重用评估、策划、执行和控制、评审和评价
	领域工程过程	过程实施、领域分析、领域设计、资产供应、资产维护

3.《信息技术 软件产品评价 质量特性及其使用指南》(GB/T 16260—2006)

(1)GB/T 16260.1—2006 中提出了软件生存周期中的质量模型,如图 26-1 所示。

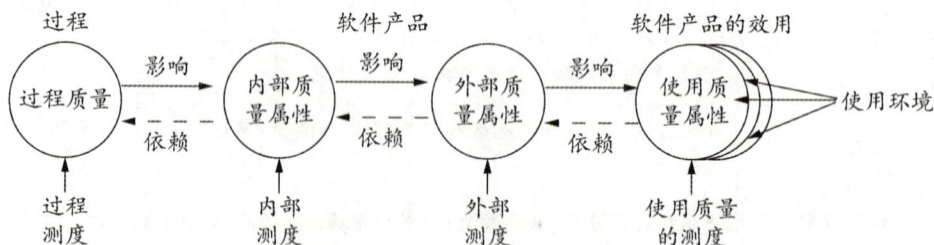

图 26-1 软件生存周期中的质量模型

软件产品质量可以通过测量内部属性(如测试中间产品),也可以测量外部属性(测量代码执行时的行为),或者通过测量使用质量的属性来评价。目标是使产品在指定的使用环境下具有所需的效用。

> **Tips**
>
> 注意关联影响顺序:过程质量→产品质量(内部和外部)→使用质量。依赖顺序相反。

(2)GB/T 16260.1—2006 定义了 6 个质量特性和 21 个质量子特性,如表 26-3 所示。

表 26-3 6 个质量特性和 21 个质量子特性

功能性	可靠性	可用性	效率	可维护性	可移植性
适宜性 准确性 互用性 依从性 安全性	容错性 可恢复性 成熟性	易学性 可理解性 可操作性	时间特性 资源特性	可测试性 可修改性 稳定性 可分析性	适应性 易安装性 一致性 可替换性

> **Tips**
>
> 速记:功能可用小卫衣。功能(功能性)可(可靠性)用(可用性)小(效率)卫(可维护性)衣(可移植性)。

26.7 其他法——《专利法》

《专利法》的客体是发明创造,这里的发明创造是指发明、实用新型和外观设计。

授予专利权的发明和实用新型应当具备新颖性、创造性和实用性三个条件。一般来说,一份专利申请文件只能就一项发明创造提出专利申请。一项发明只授予一项专利。同样的发明申请专利,则按照申请时间的先后决定授予给谁。两个以上的申请人在同一日分别就同样的发明创造申请专利的,应当在收到国务院专利行政部门的通知后自行协商确定申请人(注意:各方都具有申请权)。

我国现行专利法规定的发明专利权保护期限为二十年,实用新型和外观设计专利权的期限为十年,均从申请日开始计算。

专利侵权人应该承担的法律责任有停止侵权、公开道歉、赔偿损失(停止、道歉、赔偿)。

26.8 小蔡的自问自答

1. 某软件开发企业,在平面媒体上刊登了其开发的财务软件销售商业广告,概要介绍了产品的功能。按照《民法典》规定,该商业广告属于( )①。

A. 要约 B. 承诺

C. 要约邀请 D. 承诺邀请

【解析】商业广告一般为要约邀请,在其内容符合要约规定的情况下,视为要约。商业广告原则上属于要约邀请是因为一般情况下它不含有可能订立的合同的全部必要条款,收到广告者也就无法进行承诺;另外,收到广告者人数众多,若都能据此承诺,并要求收到广告者受同样的履行约束,则有可能出现广告发出者难以履行情况的发生。

2. 依据《信息技术软件工程术语》(GB/T 11457—2006),( )②是一种静态分析技术或评审过程,在此过程中,设计者或程序员引导开发组的成员通读已书写的设计或者代码,其他成员负责提出问题,并对有关技术、风格、可能的错误、是否违背开发标准等方面进行评论。

A. 走查 B. 审计

C. 认证 D. 鉴定

【解析】依据《信息技术软件工程术语》,走查是一种静态分析技术或评审过程,在此过程中,设计者或程序员引导开发组的成员通读已书写的设计或者代码,其他成员负责提出问题,并对有关技术、风格、可能的错误、是否违背开发标准等方面进行评论。

3. 过程质量是指过程满足明确和隐含需要的能力的特性之综合。根据 GB/T 16260-2006 中的观点,在软件工程项目中,评估和改进一个过程是提高(1)的一种手段,并据此成为提高(2)的一种方法。( )③

(1)A. 产品质量 B. 使用质量

   C. 内部质量 D. 外部质量

(2)A. 内部质量 B. 使用质量

   C. 产品质量 D. 外部质量

【解析】根据 GB/T 16260—2006 的有关内容,过程质量(即在 GB/T 8566—2001 中定义的任一生存周期过程的质量)有助于提高产品质量,而产品质量又有助于提高使用质量。因此,评估和改进一个过程是提高产品质量的一种手段,而评价和改进产品质量则是提高使用质量的方法之一。同样,评价使用质量可以为改进产品提供反馈,而评价产品则可以为改进过程提供反馈。

---

①C ②A ③(1)A;(2)B

4. 以下叙述中,不符合《软件文档管理指南》(GB/T 16680)规定的是(　　)①。

A. 质量保证计划属于管理文档

B. 详细设计评审需要评审程序单元测试计划

C. 文档的质量可以按文档和的形式和列出的要求划分为四级

D. 软件产品的所有文档都应该按规定进行签署,必要时进行会签

【解析】根据《软件文档管理指南》(GB/T 16680),软件文档分为:开发文档(描述开发过程本身)、产品文档(描述开发过程的产物)、管理文档(记录项目管理的信息)。基本的开发文档是:可行性研究和项目任务书、需求规格说明、功能规格说明(包括程序和数据规格说明)、开发计划、质量保证计划。基本的产品文档是:培训手册、参考手册和用户指南、软件支持手册、产品手册和信息广告。管理文档是:开发过程的每个阶段的进度和进度变更的记录、软件变更情况的记录、相对于开发的判定记录、职责定义。

文档的质量可以按文档和的形式和列出的要求划分为四级。

(1)最低限度文档(1级文档):1级文档适合开发工作量低于一个人月的开发者自用程序。该文档应包含程序清单、开发记录、测试数据和程序简介。

(2)内部文档(2级文档):2级文档可用在精心研究后被认为似乎没有与其他用户共享资源的专用程序。除1级文档提供的信息外,2级文档还包括程序清单内足够的注释以帮助用户安装和使用程序。

(3)工作文档(3级文档):3级文档适合于由同一单位内若干人联合开发的程序,或可被其他单位使用的程序。

(4)正式文档(4级文档):4级文档适合那些要正式发行供普遍使用的软件产品。关键性程序或具有重复管理应用性质(如工资计算)的程序需要4级文档。4级文档应遵守GB/T 8567—2006的有关规定。质量方面需要考虑的问题既要包含文档的结构,也要包含文档的内容。

软件产品的所有文档都应该按规定进行签署。必要时进行会签,签署不允许代签。

5. 根据《民法典》,以下叙述中,正确的是(　　)②。

A. 当事人采用合同书形式订立合同的,自合同付款时间起合同生效

B. 只有书面形式的合同才受法律的保护

C. 当事人采用信件、数据电文等形式订立合同的,可以在合同成立之前要求签订确认书,签订确认书时合同成立

D. 当事人采用合同书形式订立合同的,甲方的主营业地为合同成立的地点

【解析】A选项错误,当事人采用合同书形式订立合同的,自双方当事人签字或者盖章时合同成立。B选项错误,当事人订立合同,有书面形式、口头形式和其他形式。因此,除了书面合同,其他形式的合同同样具有法律效力。C选项正确,当事人采用信件、数据电文等形式订立合同的,可以在合同成立之前要求签订确认书,签订确认书时合同成立。D选项错误,当事人采用合同书形式订立合同的,双方当事人签字或者盖章的地点为合同成立的地点。

①A　②C

26.9　本章重要概念

Tips

相关重要概念既要意会(通俗理解)还要言传(专业表达)。

■ 重要概念连连看

| 要约 | 希望他人向自己发出要约的意思表示 |

| 要约邀请 | 受要约人同意要约的意思表示 |

| 承诺 | 希望和他人订立合同的意思表示，该意思表示应当内容具体确定，表明经受要约人承诺，要约人愿意受该意思表示约束 |

■ 易混概念

①要约 *vs* 要约邀请

第 27 章　管理科学基础知识

27.1　考情分布地图

本章的知识全是传统意义上的计算题,有些题真有点脑筋急转弯的意思,感觉穿越回到中学奥数课上啦! 这部分只在上午综合知识单选题的 65~70 题出现,每年平均分值在 3 分左右,我们来看一下近 4 次考试的历年分值分布。

年份 知识点	2022 年 5 月 单选	2021 年 11 月 单选	2021 年 5 月 单选	2020 年 11 月 单选	合计
数学建模基础知识	0	0	0	0	0
最小生成树	1	0	0	0	1
最短路径	1	0	0	0	1
网络与最大流量	0	0	0	0	0
决策的分类与模型	0	0	0	0	0
不确定型决策	0	0	0	0	0
灵敏度分析	0	0	0	1	1
线性规划	2	2	0	2	6
动态规划	0	1	3	1	5
本章考查分值	4	3	3	4	14

27.2　数学建模基础知识

> **Tips**
>
> 原苏联塔斯社社长讲了一个笑话:苏联的五位领袖乘车去旅行,走了很远,列车停了,因为前面的铁轨没有了。五位领袖都下了车,各自都采用了自己的办法:
>
> 列宁说:"全体下车,义务劳动,修复铁路。"
>
> 斯大林说:"要把可疑分子抓起来,认真追查。"
>
> 赫鲁晓夫说:"找些人来把铁路修好不就行了嘛。"
>
> 勃列日涅夫说:"商量商量想想办法再说吧。"
>
> 戈尔巴乔夫说:"何不把火车零件拆掉,到有铁轨的地方再装上。"
>
> 看来,不确定型决策是指不同的决策者有不同的决策方法。

管理就是决策,是美国著名管理学家希尔伯特·西蒙(Herbert Simon)的一句管理学醒世名言。从某种程度上说,管理首先就是要决定做什么、怎么做、什么时候做、谁来做等这些一系列的"决定性"问题,然后才是安排具体人或资源来落实、监督、控制等"实操性"的问题。前者相当于人身体上的"大脑",后者相当于人身体上的"胳膊、腿和眼睛"。显然,从科学管理和管理科学的角度,我们很多时候需要"大脑决定行为",而不是"屁股决定脑袋"。

随着我们遇到的问题越来越复杂、问题规模越来越大,传统靠经验和直觉判断来做决定的方式已经力不从心,需要更科学的"决策"技术来支持我们做各种复杂的决定,再加上当下云计算和大数据等技术的成熟,用更加智慧的方式解决大系统、复杂系统的决策问题成为可能。

在此,我们引出决策的一般定义。为了解决问题或实现目标,从若干备选的方案中进行抉择的分析、判断过程。本章内容介绍一些常见的决策技术及其应用。

按决策问题所面临的条件分类(如图27-1),可以分为确定型决策、风险型决策、不确定型决策。

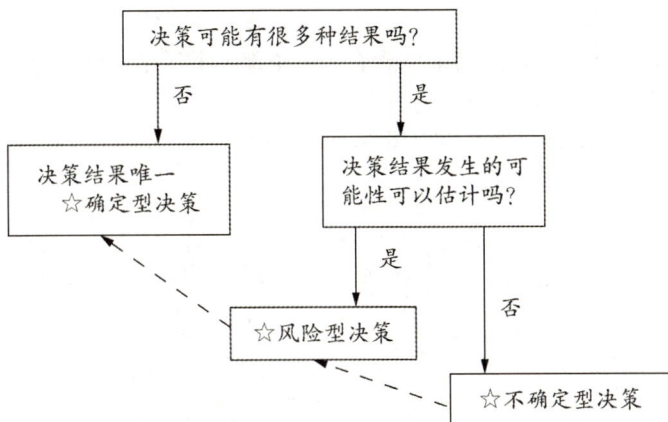

图27-1　决策分类

其他分类方法请参考本章:"决策分类与模型"的内容。

决策方法。主观决策方法:头脑风暴法、名义小组技术、德尔菲法。有关活动方向的决策方法:SWOT、经营单位组合分析法、政策指导矩阵。

定量决策方法:确定型决策、风险型决策、不确定型决策,如图27-2。

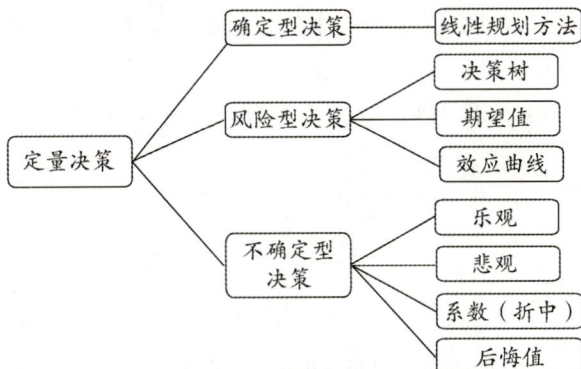

图27-2　定量决策方法

不确定型决策:由于无法预先估计或预测各种可能状态发生的概率,只能根据决策者的经验和态度进行的决策。常见方法:乐观法(大中取大法、乐观系数法)、悲观法(小中取大法)、后悔值法(最大后悔值最小决策法)。

线性规划用于解决两类问题:

(1)资源一定的条件下,力求完成更多的任务,取得好的经济效益。

(2)任务一定的条件下,力求资源节省。

27.3　图论

图这个概念我们并不陌生,进度管理中"排列活动顺序"活动的输出进度网络图就是图的一种。图常用来解决很多工程设计和管理决策的最优化问题,例如,完成工程任务的时间最少、费用最省等。

与图相关的几个概念

(1)连通图:是一种无向图,任意两个顶点都有路径相通。

（2）强连通图：是一种有向图，任意两个顶点都有路径相通，则称该有向图为强连通图。

（3）连通网：在连通图中，若图的边对应着一个数值，称为权值（权重），常代表着连接两个顶点的代价，这种连通图叫做连通网。

（4）生成树：是指一个连通图的子图，它含有图中全部 n 个顶点，但只有足以构成一棵树的 $n-1$ 条边（三个顶点两条边线就可以全部连通）。

（5）最小生成树：在连通网的所有生成树中，所有边的代价（权值）和最小的生成树，如图 27-3 所示。

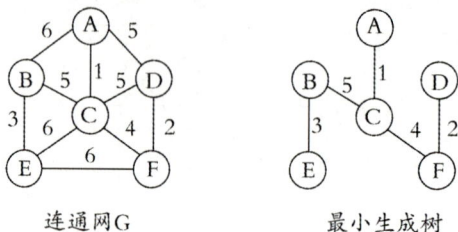

图 27-3　最小生成树

27.3.1　最小生成树

Tips

求最小生成树就是求包含图中所有顶点，权值最小的那棵树。求解应用问题的时候请注意。

计算最小生成树有两种常见算法：克鲁斯卡尔（Kruskal）算法、普里姆（Prim）算法。

■ **克鲁斯卡尔（Kruskal）算法**

这种方法从最小边开始、从独立树开始，算法相对容易理解，如图 27-4：

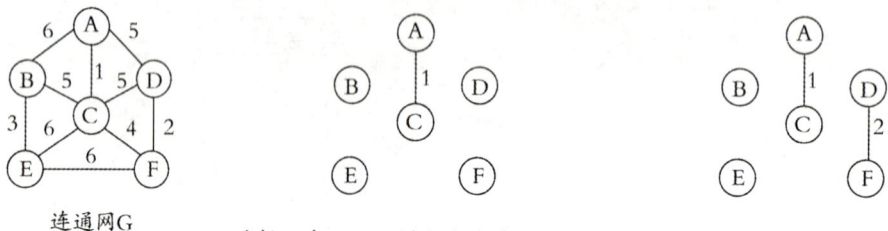

图 27-4　克鲁斯卡尔（Kruskal）算法

■ **普里姆（Prim）算法**

这种算法从最小边开始，将树临近最小的点不断加入，如图 27-5：

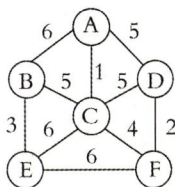

连通网G

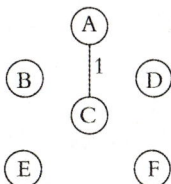

1.在所有边中选择代价最小的边(A,C)。

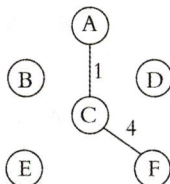

2.以已有顶点为基础,选择代价最小的边加入(C,F)。

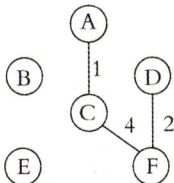

3.同上,继续选择代价最小的边加入(F,D)。

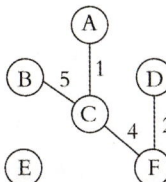

4.同上,继续选择代价最小的边加入(C,B)。

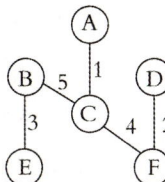

5.同上,全部顶点加入结束。

图 27-5　普里姆(Prim)算法

27.3.2　最短路径

Tips

求最短路径一般是求权值之和最小的路径。求解应用问题的时候请注意。

1. 单源最短路径

单源最短路径主要使用迪杰斯特拉(Dijkstra)算法:其基本思路是逐渐递增找最短路径,直至最后。

【举例】图为例,求 A 到 G 的最短路径。

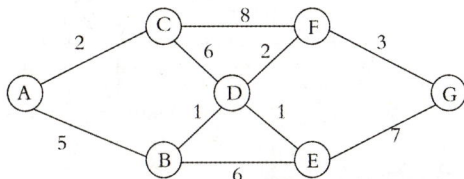

求解思路:A 到 G 中间需要经过多个路径,每个路径的权值不同,我们需要找到权值最小的路径之和。我们可以从起始节点开始,每走一个节点都检查从起始点到当前点的最短距离,并"回头"查看是否为到当前节点的最短距离。通过这种方式不断往前寻找,直至找到最终节点。

【解答】第一步:设置初始值,A 点到所有点初始值为无穷大。

步骤	基准点	A→B	A→C	A→D	A→E	A→F	A→G
1	起点	∞	∞	∞	∞	∞	∞

第二步:寻找 A 点到邻接点的距离(B 和 C)。

步骤	基准点	A→B	A→C	A→D	A→E	A→F	A→G
1	起点	∞	∞	∞	∞	∞	∞
2	A 点	5	2				

第三步:分别从 B 和 C 开始寻找自己的邻接点,先从 B 开始,得到 A 到 D 和 E 的最短距离。

步骤	基准点	A→B	A→C	A→D	A→E	A→F	A→G
1	起点	∞	∞	∞	∞	∞	∞
2	A 点	5	2				
3	B 点			6	11		

第四步:类似第三步的方法。

步骤	基准点	A→B	A→C	A→D	A→E	A→F	A→G
1	起点	∞	∞	∞	∞	∞	∞
2	A 点	5	2				
3	B 点			6	11		
4	C 点			8		10	

第五步:由于到 D 点有两个值,这个时候我们需要"回头"刷新一下,取最小值,得到到 D 点的最小距离,到 E 和 F 的距离原样挪下来。

步骤	基准点	A→B	A→C	A→D	A→E	A→F	A→G
1	起点	∞	∞	∞	∞	∞	∞
2	A 点	5	2				
3	B 点			6	11		
4	C 点			8		10	
5	刷新	5	2	6	11	10	

第六步:寻找 D 的邻接点 E、F,参考上面方法得到 A 到 E 和 F 的最短距离(注意:此时已经确认 A 到 D 的最小距离为 6)。

步骤	基准点	A→B	A→C	A→D	A→E	A→F	A→G
1	起点	∞	∞	∞	∞	∞	∞
2	A 点	5	2				
3	B 点			6	11		
4	C 点			8		10	
5	刷新	5	2	6	11	10	
6	D 点				7	8	

第七步:刷新 A 到 E 和 F 的最小距离,方法参考第五步。

步骤	基准点	A→B	A→C	A→D	A→E	A→F	A→G
1	起点	∞	∞	∞	∞	∞	∞
2	A 点	5	2				
3	B 点			6	11		
4	C 点			8		10	
5	刷新	5	2	6	11	10	
6	D 点				7	8	
7	刷新	5	2	6	7	8	

第八、九步：以 E、F 为基准点，计算 A 到 G 的最小距离。

步骤	基准点	A→B	A→C	A→D	A→E	A→F	A→G
1	起点	∞	∞	∞	∞	∞	∞
2	A 点	5	2				
3	B 点			6	11		
4	C 点			8		10	
5	刷新	5	2	6	11	10	
6	D 点				7	8	
7	刷新	5	2	6	7	8	
8	E 点						14
9	F 点						11

第十步：继续执行刷新，从而得到最小距离为 11。

步骤	基准点	A→B	A→C	A→D	A→E	A→F	A→G
1	起点	∞	∞	∞	∞	∞	∞
2	A 点	5	2				
3	B 点			6	11		
4	C 点			8		10	
5	刷新	5	2	6	11	10	
6	D 点				7	8	
7	刷新	5	2	6	7	8	
8	E 点						14
9	F 点						11
10	刷新						11

2. 每一对顶点之间的最短路径

对图中求所有顶点之间最短路径问题。在实际应用中，这一问题可用每个顶点作为源点调用一次单源最短路径问题的迪杰斯特拉算法予以解决。但在理论算法上，更常用的是弗洛伊德（Folyd）提出的求每一对顶点之间的最短路径的算法。

27.3.3　网络与最大流量

最大流量问题是一个特殊的线性规划问题，主要解决动态环境下的图中的有最大权值约束、顶点有向约束限制的流量之和的最大值问题。在实际应用中，很多时候需要寻求最大流量问题。例如，公路系统中最大车流量，控制系统中最大信息流，网络系统中最大数据流，金融系统中最大现金流等。

这种应用的特点：

（1）每条边（弧）上的流量不能超过该边的最大通过能力（即边的容量）。

（2）中间节点只起到过渡作用，自己不包含流量。

（3）起始点的净流出量和终点的净流入量必须相等，也是这个方案的总运输量。

【举例】如下的有向带权重的图，假如边上的数字代表一个城市中的道路的车流量，求顶点 1

到顶点 6 的最大流量(注意 4-2 和 4-3 之间是单向车道)。

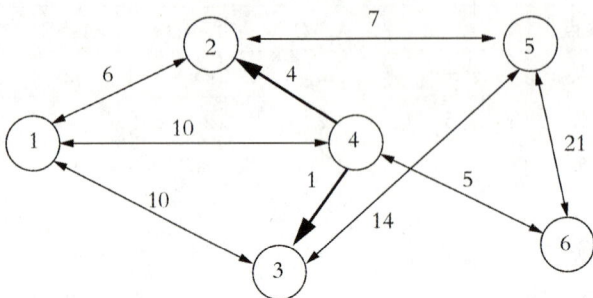

解决思路:多次寻找顶点 1 到顶点 6 之间的所有通路,每次都计算出来本次路径的最大流量,剪断本通路,并减掉已经通过的本路径最大流量,如此循环往复,最终各路径最大流量之和即为顶点 1 到顶点 6 的最大流量。

【解答】第一步:寻找一条路径 1→2→5→6,由于 1→2 之间的流量最少,所以本条路径的最大流量为 6,切断 1→2 之间的通路(认为全部占满本条通路的流量),同时减掉 2→5、5→6 减掉本条通路的流量值,得到剩余的流量值(7-6=1,21-6=15),得到如下表和图。

步骤	参考路径	路径最大流量	断开	最大流量
1	1→2→5→6	6	1,2	6

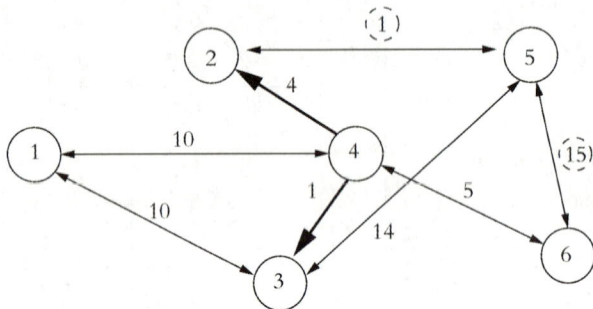

第二步:寻找一条路径 1→3→5→6,参考步骤 1 的做法,得到如下表和图。

步骤	参考路径	路径最大流量	断开	最大流量
1	1→2→5→6	6	1,2	6
2	1→3→5→6	10	1,3	16

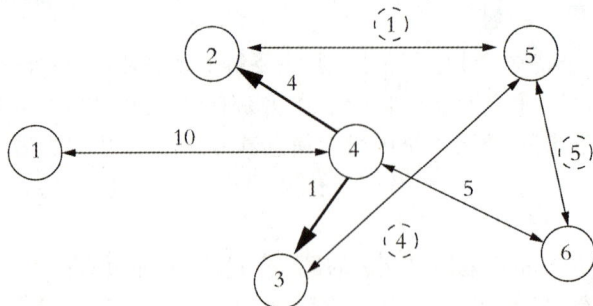

依次按照上面步骤,执行到第五步后:

步骤	参考路径	路径最大流量	断开	最大流量
1	1→2→5→6	6	1,2	6
2	1→3→5→6	10	1,3	16
3	1→4→6	5	4,6	21
4	1→4→3→5→6	1	3,4	22
5	1→4→2→5→6	1	2,5	23

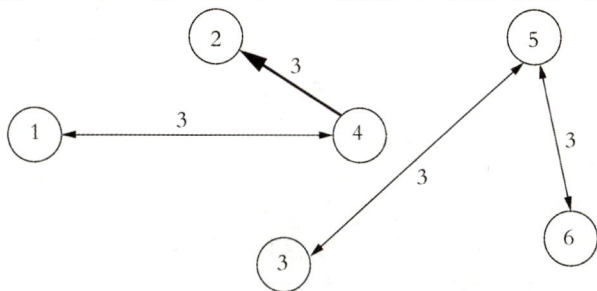

至此，顶点 1 到 6 之间没有通路，最终各个路径的最大流量之和为 6+10+5+1+1＝23。

27.4　决策论

27.4.1　决策的分类与模型

决策分类

（1）按性质的重要性分类，可将决策分为战略决策（涉及某组织发展和生存有关的全局性、长远问题的决策，参考战略管理章节的内容）、策略决策（为完成战略决策所规定的目的而进行的决策，一般是事业部的决策）和执行决策（根据策略决策的要求对执行方案的选择，职能层决策，干活决策）。

战略性决策事关组织兴衰成败，通常是带有全局性、长远性的政策方针、经营方向等，决策权由最高层领导行使。战术决策是为了实现战略目标而做出的带有局部性的具体政策，决策权主要由中层领导行使。

（2）按问题的重复程度和有无先例可循分类，可分为程序决策（有章可循的决策，可重复的）和非程序决策（无章可循的决策，一次性的，拍脑门的决策）。程序化决策解决重复的例行的问题，非程序化决策解决复杂的、新的问题。前者按照标准的程序来解决（如入职流程），后者采用创造性的解决方式（如是否引入新的产品扩大营业范围）。

（3）按定量和定性分类，可分为定量决策和定性决策。

（4）按决策环境分类，可分为确定型决策（决策环境是完全确定的，做出的选择的结果也是确定的）、风险决策（决策的环境不是完全确定的，其发生的概率是已知的）和不确定型决策（将来发生结果的概率不确定，凭主观倾向进行决策）。

（5）按决策过程的连续性分类，可分为单项决策（整个决策过程只作一次决策就得到结果）和序列决策（整个决策过程由一系列决策组成）。

> *Tips*
> 从考试角度，最常考的计算题目是按照决策环境分类，本章的题目大部分属于不确定型决策，风险型决策最常见的是决策树结构，预期货币价值分析就是一种风险型决策。

风险决策的常见结构如图 27-6。

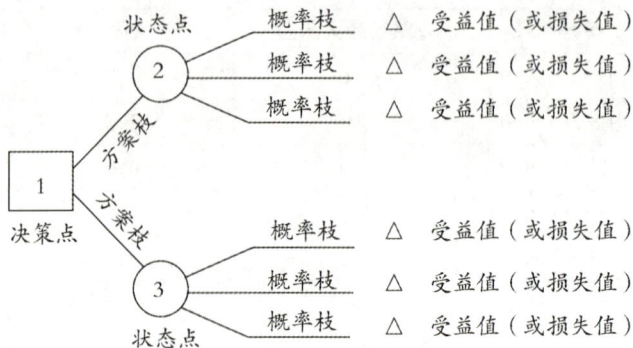

图 27-6　风险决策结构

风险型决策一般包含以下条件：

(1)存在着决策者希望达到的目标。

(2)存在着两个或两个以上的方案可供选择。

(3)存在着两个或两个以上不以决策者主观意志为转移的自然状态。

(4)可以计算不同方案在不同自然状态下的损益值。

(5)在可能出现的不同自然状态中，决策者不能肯定未来将出现哪种状态，但能确定每种状态出现的概率。

决策模型

决策问题的解决有两种方法：面向结果的方法和面向过程的方法。任何决策问题都由以下要素构成决策模型。

(1)决策者。可以是个人、委员会或某个组织，一般指领导者或领导集体。

(2)可供选择的方案(替代方案)、行动或策略。

(3)衡量选择方案的准则。包括目的、目标、属性、正确性的标准，在决策时有单一准则和多准则。

(4)事件：不为决策者所控制的客观存在的将发生的自然情况。

(5)每一事件的发生将会产生的某种结果。例如，获得收益或损失。

(6)决策者的价值观。例如，决策者对货币额或不同风险程度的主观价值观念。

27.4.2　不确定型决策

【举例】某企业准备生产一种全新的产品，预测人员对该产品的市场需求，只能大致估计为销路好、销路较好、销路一般和销路差四种情况，对每种情况发生的概率也无法预知。生产该产品有四种方案：①改建原生产线；②新建一条生产线；③利用原生产线生产部件，不能生产的由外协解决；④与有关企业联合生产。四种方案在各种状态下的收益值如下表所示。

	销路好	销路较好	销路一般	销路差
方案 1	600	550	400	200
方案 2	800	600	−100	−300
方案 3	300	200	50	−100
方案 4	450	260	100	70

悲观主义准则(小中取大法)

悲观主义准则也称为最大最小准则(maxmin 准则)，其决策的原则是"小中取大"。小中取大法是一种保守方法，是从每一种方案中找出最小的收益值，然后比较这些最小值，选择一个收益值

最大的方案作为决策方案。其思想是不追求市场状态好时的收益最大,而追求市场状态差时亏损最少。结合上例,决策过程说明如下:

$K_1 = \min\{600,550,400,200\} = 200$; $K_2 = \min\{800,600,-100,-300\} = -300$;

$K_3 = \min\{300,200,50,-100\} = -100$; $K_4 = \min\{450,260,100,70\} = 70$;

$K^* = \max\{E_1,E_2,E_3,E_4\} = 200$。

乐观主义准则(大中取大法)

乐观主义准则也称为最大最大准则(maxmax 准则),其决策的原则是"大中取大"。持这种准则思想的决策者对事物总抱有乐观和冒险的态度,决不放弃任何获得最好结果的机会,争取以"好中之好"的态度来选择决策方案。决策过程说明如下:

$K_1 = \max\{600,550,400,200\} = 600$; $K_2 = \max\{800,600,-100,-300\} = 800$;

$K_3 = \max\{300,200,50,-100\} = 300$; $K_4 = \max\{450,260,100,70\} = 450$;

$K^* = \max\{E_1,E_2,E_3,E_4\} = 800$。

折中主义准则(乐观系数法)

折中主义准则也称为赫尔威斯(Harwicz)准则,这种决策方法的特点是对事物既不乐观冒险,也不悲观保守,而是从中折中平衡一下,用一个系数 α(称为折中系数)来表示,并规定 $0 \leq \alpha \leq 1$,用以下公式计算结果:

收益估计值$=\alpha \times$最大收益$+(1-\alpha) \times$最小收益。即用每个决策方案在各个自然状态下的最大效益值乘以"α",再加上最小效益值乘以"$1-\alpha$"。然后再比较各个方案的收益估计值,从中选择最大者。显然,折中主义准则的结果取决于 α 的选择。α 接近于 1,则偏向于乐观;α 接近于 0,则偏向于悲观。

仍以上例为例:当 $\alpha = 0.6$ 时,方案 1 的收益估计值为:$0.6 \times 600 + (1-0.6) \times 200 = 440$。

同样,其它三方案的实际估计收益值分别为:$360,140,298$。其最大值 440 所对应的方案 1,即为最后的决策方案。

等可能准则

等可能准则也称为拉普拉斯(Laplace)准则。当决策者无法事先确定每个自然状态出现的概率时,就可以把每个状态出现的概率定为 $1/n$(n 是自然状态数),然后按照最大期望值准则决策。也就是说,把一个不确定型决策转换为风险决策(参考风险决策)。

决策步骤:

(1)假设未来有 n 种状态发生的概率都相等,即为 $1/n$。

(2)求出每一种方案的效益期望值。

(3)选择具有最大效益期望值的方案为决策方案。

如有两个以上方案的期望值相等,则再比较其方差,取其方差较小的方案。

后悔值准则(最小后悔值)

后悔值(遗憾值)准则也称为萨维奇(Savage)准则、最小机会损失准则。基本思想是若未来实现实际状态出现后,决策者为没有采用此状态下的最优方案而感到后悔的程度最小。后悔程度用后悔值来表示,它是指在某种自然状态下的最大收益值,与该状态下所有方案的收益值之差,也叫做遗憾值。

决策步骤:

(1)找出每种状态下各方案的最大收益值。

(2)计算各方案在每种状态下的后悔值(如下表所示)。

（3）找出每个方案的最大后悔值。

（4）从各方案最大后悔值中找出最小后悔值,并以其所对应的方案作为决策方案。

以上例为例:

（1）纵向计算:计算每种状态下各方案的最大收益值,例如"销量好"状态,不同的方案的最大收益值是 800,800 减去本列各个方案的收益值并填入原来位置,如方案 1:800−600＝200。同理得到其他方案的收益值。

（2）纵向计算:其他状态也采用类似的计算方法收益值。

（3）横向计算:找出每个方案的最大后悔值,列于表的最后面一列中。例如方案 1,第一行中所有值中的最大值为 200,将 200 写入最后一列中。

（4）从各列最大后悔值中找出最小值,最后一列中的最小值为 200。

（5）以最小最大后悔值所对应的方案为最后的决策方案,即方案 1（ ＊ 号所在的单元格所在的方案）。

	销路好	销路较好	销路一般	销路差	最大后悔值
方案 1	200	50	0	0	200 ＊
方案 2	0	0	500	500	500
方案 3	500	400	350	300	500
方案 4	350	340	300	130	350

27.5 线性规划

线性规划是运筹学的一个重要分支。线性规划问题在理论上比较成熟,在实用中的应用日益广泛与深入。从解决技术问题的最优化设计到工业、农业、商业、交通运输业、军事、经济计划和管理决策等领域都可以发挥作用。它已是现代科学管理的重要手段之一。

线性规划问题的共同特征:

（1）每一个线性规划问题都用一组决策变量表示某一方案（ $x_1,x_2,\cdots,x_n$ ）,这组决策变量的值就代表一个具体方案。一般这些变量取值是非负且连续的。②存在可以量化的约束条件（s.t.）,这些约束条件可以用一组线性等式或线性不等式来表示。③要有一个达到目标的要求（max 或 min）,它可用决策变量的线性函数（称为目标函数）来表示。按问题的不同,要求目标函数实现最大化或最小化。

线性规划数学模型的表达形式:

$$\max(\text{或 min})Z = c_1 x_1 + c_2 x_2 + \cdots + c_n x_n$$

$$\text{s.t.}\begin{cases} a_{11}x_1+a_{12}x_2+\ldots+a_{1n}x_n \leqslant (=,\geqslant)b_1 \\ a_{21}x_1+a_{22}x_2+\ldots+a_{2n}x_n \leqslant (=,\geqslant)b_2 \\ \ldots \\ a_{m1}x_1+a_{m2}x_2+\ldots+a_{mn}x_n \leqslant (=,\geqslant)b_m \\ x_1,x_2,\cdots,x_n \geqslant 0 \end{cases}$$

在考试中,需要应用运筹学、系统模型、数量经济模型、系统工程理论对项目管理系统中的人力、物力、财力等资源进行统筹安排,选择最优方案。

试题主要来源于现实生活中的问题,主要是改善或优化现有工作模型的效率和利润。需要掌握相关的基本概念、模型的使用和相对简单的计算。

【举例】求利润 $z = 2x + 3y$ 的最大值。

【解答】

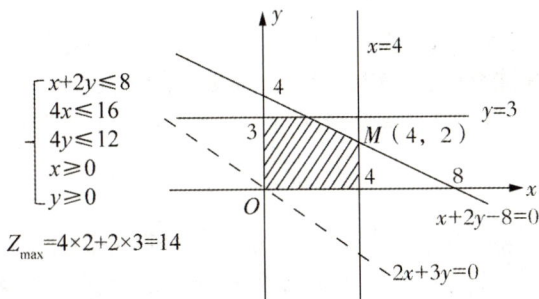

$$Z_{\max}=4\times2+2\times3=14$$

【例题1】某企业需要采用甲、乙、丙三种原材料生产Ⅰ、Ⅱ两种产品。生产两种产品所需原材料数量、单位产品可获得利润以及企业现有原材料数如下表所示,则公司可以获得的最大利润是(1)万元。取得最大利润时,原材料(2)尚有剩余。

		产品(吨)		现有原材料(吨)
		Ⅰ	Ⅱ	
所需资源	甲	1	1	4
	乙	4	3	12
	丙	1	3	6
单位利润(万元/吨)		9	12	

(1)A. 21　　　　　　　　　　　　B. 34
　　C. 39　　　　　　　　　　　　D. 48
(2)A. 甲　　　　　　　　　　　　B. 乙
　　C. 丙　　　　　　　　　　　　D. 乙和丙

【分析】设生产的产品Ⅰ为x吨,产品Ⅱ为y吨,则:

$$\begin{cases} x+y\leq4 \\ 4x+3y\leq12 \\ x+3y\leq6 \end{cases}$$

解方程可得,$x=2$,$y=4/3$。因此,最大利润是:$9\times2+12\times4/3=34$(万元)。

原料"甲"还剩余:$4-2-4/3=0.67$(吨);

因此(1)正确选项是 B;(2)正确选项是 A。

27.6　动态规划

投资回收期就是使累计的经济效益等于最初的投资费用所需的时间。投资回收期就是指通过资金回流量来回收投资的年限。

■ 静态投资回收期

静态投资回收期是在不考虑资金时间价值的条件下,以项目的净收益回收其全部投资所需要的时间。投资回收期可以自项目建设开始年算起,也可以自项目投产年开始算起,但应予注明。

■ 动态投资回收期

在采用投资回收期指标进行项目评价时,为克服静态投资回收期未考虑资金时间价值的缺点,就要采用动态投资回收期。动态回收期计算公式:$F_n = P \times (1+i)^n$。

> **Tips**
>
> 优点：
>
> 投资回收期指标容易理解，计算也比较简便；项目投资回收期在一定程度上显示了资本的周转速度。显然，资本周转速度愈快，回收期愈短，风险愈小，盈利愈多。这对于那些技术上更新迅速的项目或资金相当短缺的项目或未来的情况很难预测而投资者又特别关心资金补偿的项目进行分析是特别有用的。
>
> 缺点：
>
> 投资回收期没有全面地考虑投资方案整个计算期内的现金流量，即：忽略在以后发生投资回收期的所有好处，对总收入不做考虑。只考虑回收之前的效果，不能反映投资回收之后的情况，即无法准确衡量方案在整个计算期内的经济效果。
>
> 由于这些局限，投资回收期作为方案选择和项目判断的评价准则是不可靠的，它只能作为辅助评价指标，在做项目评估时往往需要运用一些更为专业的资金预算法结合应用。

【例题1】某软件公司项目的利润分析如下表所示。设贴现率为10%，则第二年结束时的利润总额净现值为(   )元。

利润分析	第零年	第一年	第二年	第三年
利润值		110000	121000	133000

【分析】第一年的利润现值是110000/1.1＝100000(元)；

第二年的利润现值是121000/1.21＝100000(元)；

则第二年结束时的利润总额净现值为200000元。

【例题2】某拟建项目财务净现金流量如下表所示，该项目的静态投资回收期是(   )年。

时间	1	2	3	4	5	6	7	8	9
净现金流量(万元)	−1200	−1000	200	300	500	500	500	500	700

【分析】静态投资回收期没有考虑资金的时间价值，公式如下：

静态投资回收期＝(累计净现金流量出现正值的年数−1)＋上一年累计净现金流量的绝对值/出现正值年份净现金流量＝(8−1)＋200/500＝7.4(年)。

【例题3】某项目计划投资1000万元，经过估算，投资后每年的净收益为200万元，则该项目的静态投资回收期为5年，如果考虑到资金的时间价值，假设贴现率为10%，那么该项目的动态投资回收期(   )年。

时间	0	1	2	3	4	5	6	7	8
收益	−1000	200	200	200	200	200	200	200	200

【分析】根据上表可得到净现值和累计净现值。

时间	0	1	2	3	4	5	6	7	8
收益	−1000	200	200	200	200	200	200	200	200
净现值	−1000	181.8	165.3	150.3	136.6	124.2	112.9	102.6	93.3
累计净现值	−1000	−818.2	−652.9	−502.6	−366	−241.8	−128.9	−26.3	67

动态投资回收期＝(累计净现值流量开始出现正值年份数−1)＋(出现正值年份的上年累计净现值流量的绝对值/当年净现值流量)＝(8−1)＋26.3/93.3＝7.28(年)。

【例题4】某软件企业2006年初计划投资2000万人民币开发某产品，预计从2007年开始盈利，各年产品销售额如下表所示。根据表中的数据，该产品的静态投资回收期是(1)年，动态投资回收

期是(2)年。(提示:设贴现率为0.1)

年度	2006	2007	2008	2009	2010
投资	2000	—	—	—	—
收益	—	990	1210	1198	1277
净现值		900	1000	900.1	

【分析】根据数量经济学知识,静态投资回收期不考虑贴现,而动态投资回收期需要考虑贴现,要计算各年的净现值。

(1)题中,由于990+1210-2000=200>0,说明两年就已经回收完毕,投资回收期应该在1~2年之间。因此,静态投资回收期为:(2-1)+(2000-990)/1210=1.8(年)。

(2)题中,由于990/1.1+1210/1.21+1198/1.331-2000=800>0,说明3年就已经回收完毕,投资回收期应该在2~3年之间。因此,动态投资回收期为:(3-1)+(2000-1900)/900=2.1(年)。

27.7　其他计算

27.7.1　盈亏平衡点

【例题1】假设某IT服务企业,其固定成本为50万元,每项服务的可变成本为2000元/次,提供每项服务的价格为2500元/次,那么该企业的盈亏平衡点为(　　)次。

【分析】盈亏平衡点=固定成本/(销售价格-可变成本)=500000/(2500-2000)=1000(次)。

27.7.2　成本与价格

【例题1】张先生向商店订购某一商品,每件定价100元,共订购60件,张先生对商店经理说:"如果你肯减价,每减价1元,我就多订购3件。",商店经理算了一下,如果减价4%,由于张先生多订购,仍可获得原来一样多的总利润。请问这件商品的成本是(　　)元。

A. 76　　　　　　　　B. 80　　　　　　　　C. 75　　　　　　　　D. 85

【分析】降价4%的价钱为:100×(100%-4%)=96(元);

一共订购件数为:60+3×(4%/1%)=72(件);

因此成本计算如下:(72×96-60×100)/(72-60)=76(元)。

【例题2】为响应环保号召,某电池生产厂家承诺用3块旧电池可以换1块新电池,小李有21块旧电池,请问他一共可以换取(　　)块新电池。

【分析】21块旧电池换取7块新电池,这7块新电池中的6块电池,用完之后变成旧电池又换取了2块新电池,加上之前的1块新电池,此时的新电池数量为3,这3块电池用完之后变成旧电池,又换取1块新电池。

换取步骤如下所示:

21块电池	用过之后	电池换取	用过之后	电池换取	用过之后	电池换取
	21块旧电池	21/3=7块新电池	7块旧电池	6/3=2块新电池 还剩1旧电池	2块新电池变成旧电池 加上之前剩的1块 旧电池 3块旧电池	3/3=1块新电池
因此一共可以换取电池的数量为7+2+1=10(块)						

27.7.3　概率与统计

【例题1】袋子里有50个乒乓球,其中20个黄球,30个白球。现在两个人依次不放回地从袋子中取出一个球,第二个人取出黄球的概率是(　　)。

【分析】解法一:

设事件A={第一个人取出的为黄球},事件B={第一个人取出的是白球},事件C={第二个人取出的为黄球},显然有:

$$P(A) = \frac{20}{50} = \frac{2}{5}; P(B) = \frac{30}{50} = \frac{3}{5}; P(C|A) = \frac{19}{49}; P(C|B) = \frac{20}{49};$$

根据全概率公式有:

$$P(C) = P(C|A) \times P(A) + P(C|B) \times P(B) = \frac{19}{49} \times \frac{2}{5} + \frac{20}{49} \times \frac{3}{5} = \frac{2}{5}。$$

解法二:

两种情况:①第一个人取出的为黄球,第二个人取出的为黄球;概率$= \frac{20}{50} \times \frac{19}{49}$;

②第一个人取出的是白球,第二个人取出的为黄球。概率$= \frac{30}{50} \times \frac{20}{49}$;

第二个人取出黄球的概率是$\frac{2}{5} \times \frac{19}{49} + \frac{3}{5} \times \frac{20}{49} = \frac{2}{5}$。

【例题2】假设某项目风险列表中,风险分为一、二、三级各占10%、30%、60%,项目经理小李随机抽查一个风险等级情况,结果不是一级风险,则本次抽查到三级风险的概率是(　　)。

【分析】已知结果不是一级风险,那么在剩下的二种风险中,三级风险占2/3。

【例题3】同时抛掷3枚均匀的硬币,恰好有两枚正面向上的概率为(　　)。

【分析】每枚硬币都有正反两面,三枚硬币共有8种情况,两枚正面向上的情况有:正正反、正反正、反正正3种。所以概率为3/8。

27.7.4　无套路作答

用肉眼即可得到答案的题目。

【例题1】从任一节点走到相连的下一节点算一步,在下图中,从A节点到B节点至少需(　　)步。

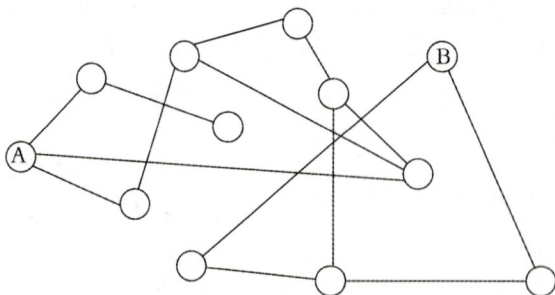

【分析】穷举法。从A到B挨个数,找最小。本题答案为5步。

27.8　小蔡的自问自答

1. 下图为某地区的通信线路图,图中节点为 8 个城市,节点间标识的数字为城市间拟铺设通信线路的长度,为了保持 8 个城市通讯连接,则至少铺设(　　)①千米的线路。

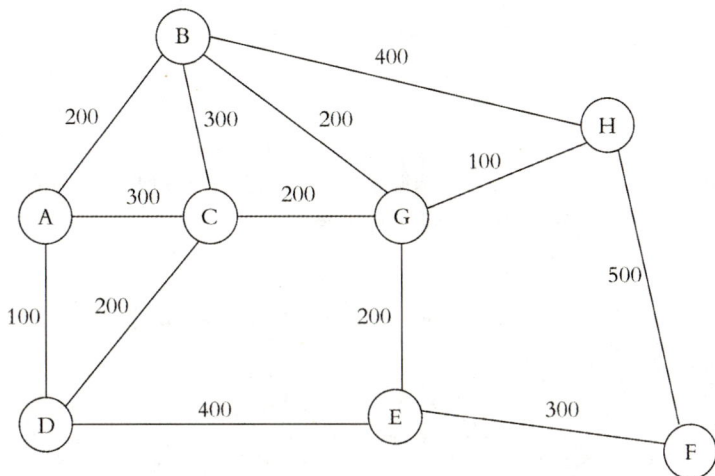

A. 1000
B. 1100
C. 1200
D. 1300

【解析】本题属于最小生成树问题。采用克鲁斯卡尔(Kruskal)算法或普里姆(Prim)算法求解,两者最终结果相同,结果如下图所示,具体求解过程参考例题讲解。

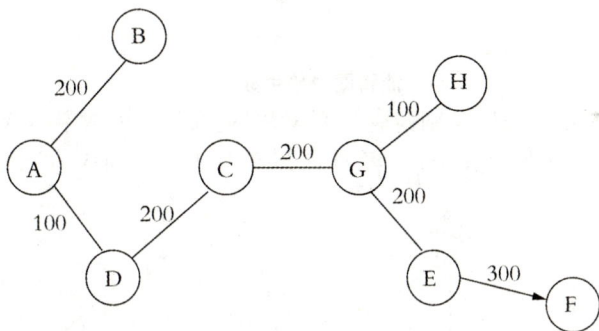

最终计算结果,200+100+200+200+100+200+300＝1300(千米)。

2. 有 8 口海上油井,相互间距离如下表所示(单位:海里)。其中 1 号井离海岸最近,为 5.0 海里。现要从海岸经 1 号井铺设油管将各井连接起来,则铺设输油管道的最短长度为(　　)②海里。

	1	2	3	4	5	6	7	8
1	0	1.3	2.1	0.9	0.7	1.8	2.0	1.5
2		0	0.9	1.8	1.2	2.6	2.3	1.1
3			0	2.6	1.7	2.5	1.9	1.0
4				0	0.7	1.6	1.5	0.9
5					0	0.9	1.1	0.8

①D　②D

续表

	1	2	3	4	5	6	7	8
6						0	0.6	1.0
7							0	0.5
8								0

A. 9.1   B. 9.2

C. 10.1   D. 10.2

【解析】本题考查的知识点是管理科学基础最小生成树。油管图最小生成树如下图,最短长度为:5.0+0.7+0.7+0.8+0.5+0.6+1.0+0.9=10.2(海里)。

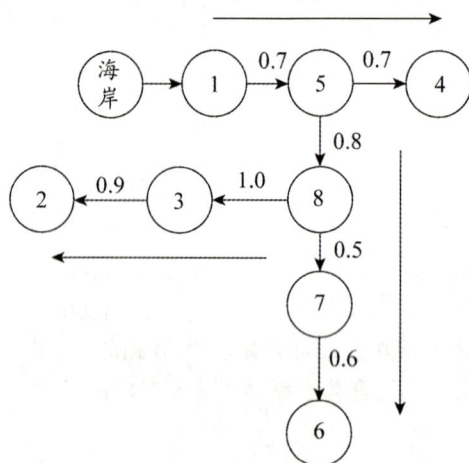

油管图最小生成树

3. 下图标出了某产品从产地 Vs 到销地 Vt 的运输网,箭线上的数字表示这条输线的最大通过能力(流量)(单位:万吨/小时)。产品经过该运输网从 Vs 到 Vt 的最大运输能力可以达到( )①万吨/小时。

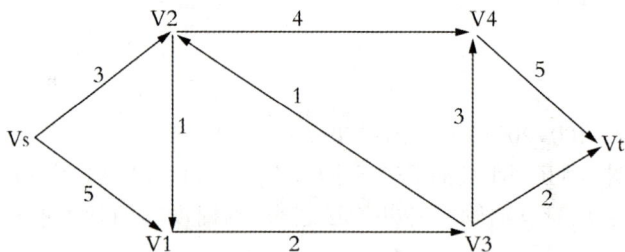

A. 5   B. 6

C. 7   D. 8

【解析】从 Vs 到 Vt,每条路径的最大流量等于该路径中各段流量的最小值,如 Vs→V2→V4→Vt,最小值为3,因此该条路径最大流量为3。同理,Vs→V1→V3→Vt 最小值为2。两条路径相加最大流量为5,其他路径没有剩余流量可供使用,因此总的最大流量为5。

4. 某机构拟进行办公自动化系统的建设,有四种方式可以选择:①企业自行从头开发;②复用已有的构件;③外购现成的软件产品;④承包给专业公司开发。针对这几种方式,项目经理提供了

---

①A

如下表所示的决策树。其中在复用的情况下,如果变化大则存在两种可能,简单构造的概率为0.2,成本约31万元;复杂构造的概率为0.8,成本约49万元。据此表,管理者选择建设方式的最佳决策是( )①。

项目名称	办公自动化系统							
选择方案	自行开发		复用		外购		承包	
决策节点	难度小	难度大	变化少	变化大	变化少	变化大	没变化	有变化
概率分布	0.3	0.7	0.4	0.6	0.7	0.3	0.6	0.4
预期成本	38万元	45万元	27.5万元	见说明	21万元	30万元	35万元	50万元

A. 企业自行从头开发
B. 复用已有的构件
C. 外购现成的软件产品
D. 承包给专业公司开发

【解析】决策树的原理是通过概率计算,选择出哪种方案更为合理。结合本题选择成本最少的方案为最佳方案,观察表格中的四种方案,只有外购的成本最少,因此C选项正确。

5. 某电池厂生产甲、乙两种型号产品(单位:万个),这两种产品都需要设备和A、B两种原材料,利润与资源限制条件如下表所示,为了获得最大的利润,该电池厂每天生产的甲产品的数量应为(1)万个,此时该企业每天的利润为(2)万元。( )②

	甲	乙	资源限制条件
设备(台式)	2	3	20
原材料A(千克)	3	1	15
原材料B(千克)	0	2	12
利润(万元)	2	4	

(1)A. 1　　　　B. 2　　　　C. 3　　　　D. 4
(2)A. 20　　　　B. 22　　　　C. 24　　　　D. 26

【解析】假设甲生产 x 件,乙生产 y 件,则有:

$$\begin{cases} 2x+3y\leq20 \\ 3x+y\leq15 \\ 2y\leq12 \end{cases}$$

求 $\max(2x+4y)$,则 $y=6,x=1,\max(2x+4y)=26$(万元)。

6. 某化工企业接到一份10吨新材料研发的订单100万元,该材料由甲、乙、丙3种原料构成,其中所含金属A不少于4400克,金属B不少于4800克,金属A和金属B在原材料中的含量及单价如下表所示。经过不断测算和实验,为了获得满足客户要求的这种新材料,该企业最多可获得的利润为( )③万元。

	甲	乙	丙
金属A(克/吨)	400	600	400
金属B(克/吨)	800	200	400
单价(万元/吨)	7	6	5

A. 58　　　　B. 64　　　　C. 42　　　　D. 56

①C　②(1)A;(2)D　③C

【解析】设需要甲、乙、丙材料为 x, y, z 吨, 得方程如下:

$$\begin{cases} 400x+600y+400z \geqslant 4400 & ① \\ 800x+200y+400z \geqslant 4800 & ② \end{cases}$$

$x+y+z=10$。

求 $\min(7x+6y+5z)$ (最小成本才有最大利润);

将变换成 $z=10-x-y$, 代入①②得:

$$\begin{cases} 400x+600y+400(10-x-y) \geqslant 4400 \\ 800x+200y+400(10-x-y) \geqslant 4800 \end{cases}$$

解得: $x=3, y=2$; 再代入得 $z=5$;

$\min(7x+6y+5z)=7\times3+6\times2+5\times5=58$ (万元);

该订单 100 万元, 成本是 58 万元, 所以利润是 $100-58=42$ (万元)。

7. 某软件企业 2004 年初计划投资 1000 万人民币开发一套中间件产品, 预计从 2005 年开始, 年实现产品销售收入 1500 万元, 年市场销售成本 1000 万元。该产品的系统分析员张工根据财务总监提供的贴现率, 制作了如下的产品销售现金流量表。根据表中的数据, 该产品的动态投资回收期是(1)年, 投资回报率是(2)。(　　)①。

年份	2004	2005	2006	2007	2008
投资	1000	—	—	—	—
成本	—	1000	1000	1000	1000
收入	—	1500	1500	1500	1500
净现金流量	−1000	500	500	500	500
净现值	−925.93	428.67	396.92	367.51	340.29

(1) A. 1　　　　　　　　　　　　　B. 2

　　 C. 2.27　　　　　　　　　　　 D. 2.73

(2) A. 42%　　　　　　　　　　　　B. 44%

　　 C. 50%　　　　　　　　　　　 D. 100%

【解析】动态投资回收期是把投资项目各年的净现金流量按基准收益率折成现值之后, 再来推算投资回收期, 这就是它与静态投资回收期的根本区别。动态投资回收期就是净现金流量折算成现值后累加等于零时的时间点, 通常用年表示。

动态投资回收期=(累计净现金流量现值出现正值的年数−1)+上一年累计净现金流量现值的绝对值/出现正值年份净现金流量的现值。

在第三年累计折现值开始大于 0, 动态投资回收期 $=(3-1)+(428.67+396.92-925.93)/367.51=2.27$ (年)。

投资回报率反映企业投资的获利能力, 等于动态回收期的倒数, $1/2.27=0.44$。

①(1) C;(2) B

27.9 本章重要概念

重要概念连连看

线性规划	是客观世界中的实际事物的一种数学简化
图的最小生成树	带权图的最短路径问题，即求两个顶点间长度最短的路径
不确定型决策	是一种数学的思考方法，是运用数学的语言和方法，通过抽象和简化，建立能近似刻画并解决实际问题的模型的一种强有力的数学手段
决策	在连通的带权图的所有生成树中，权值和最小的那棵生成树（包含图中所有顶点的树）
图的网络与最大流量	主要解决动态环境下的图中的有最大权值约束、顶点有向约束限制下的流量之和的最大值问题
图的最短路径	为了达到一定目标，采用一定的科学方法和手段，从两个以上的方案中选择一个满意方案的分析判断过程
数学模型	是指决策者对环境情况一无所知，决策者根据自己的主观倾向进行决策
数学建模	在有限的资源条件下，如何有效地使用这些资源达到预定目标的数学方法

易混概念

①最小生成树 *vs* 最短路径 *vs* 最大流量

②悲观主义准则 *vs* 乐观主义准则 *vs* 后悔值准则

③线性规划 *vs* 动态规划

④静态投资回收期 *vs* 动态投资回收期

第三编

案例专项

案例分析

1　考情分布地图

随着考试的临近,小蔡非常努力地学习信息系统项目管理师的相关知识点,但让他最犯愁的是下午考的案例分析,明明知道有问题,却无处下手。因此他用了很长时间去学习,看视频。看视频时,讲的都能听明白,但是关掉视频、合起书,自己动手去做题的时候却无从下手。这属于"一看就会,一做就傻"的那种,答得内容自我感觉挺好的,可是一对答案,却发现与之相差十万八千里。小蔡慢慢地陷入了死循环,特别烦躁……

"什么是案例分析?它考的是什么呢?能不能讲俗一点?因为我就是笨蛋一个!"一次周末聚会的时候,小蔡不失时机地向项经理提出了这个问题。

"案例分析就像警察断案一样,利用犯罪嫌疑人留下的蛛丝马迹,结合之前不同的案件,根据科学依据、历史经验和个人经验,推理出案件原委,找到犯罪嫌疑人突破口。找证据的时候不放过任何一条线索,真正地、完全地把证据应用落实,将案件办成。案例分析分为两个部分,一个是理解题,一个是计算题。案例分析理解题就是找出出题老师留下的错误,并改正过来。我们要怎么找出这些错误呢,这就要熟悉相关的知识领域,比如十大知识领域的47个过程组,它们的内容和作用是什么,采用什么工具和技术。这样我们根据案例分析理解题的问题,找出案例中的关键语句,针对问题,一一对应相关知识点的内容,用自己的语言表达出来。对于案例分析计算题我们就要熟悉相关概念并理解,比如 EV、PV、AC、SPI、CPI、ETC 和 EAC,根据计算题给的信息,分析出典型 ETC或非典型 ETC。典型 ETC 就是知错不改,按当前的进度绩效和成本绩效一直执行到底;非典型ETC 就是知错就改,我现在错了,后面就改正错误,按计划中的进度和成本绩效执行。最后根据问题,我们写清楚计算步骤,带入正确的数值,得到计算结果。"项经理一边喝茶,一边和小蔡慢慢地说道。说话间,项经理的目光短暂定格在远方……

"小蔡,你现在的状态就是案例分析中的菜鸟,这些对你来说有点难了,但是总有路,总有突破口。现在我给你这个菜鸟说道说道,案例分析考的就是理论和实际工作的结合。

从历年的考试来看,案例分析通常涉及十大知识领域和进度、成本计算,但是2018年下半年的案例分析中考查了高级知识点的项目组合管理,也算例外了。近几次案例分析偏向于跨领域结合考查,而且考试中增加了技术部分和管理部分相结合的考题,难度有一定的增加。

在学习案例中一定要熟记十大知识领域的47个过程组和高级知识点的一些内容,理解并记忆计算的相关概念和公式。下午案例分析考试时间90分钟,三道题目,时间比较紧,因此平时要多动手练习,提升时间把握能力,并对知识熟能生巧。在做题的时候注意总结规律,这样案例分析就很容易拿下。对于案例分析理解题,通常有找错题(该案例中什么做得不好)、优化题(针对案例中的问题我们采取什么办法去纠正)、死记硬背题(该过程的输入有哪些、工具和技术有哪些、输出有哪些)、理解题(案例中采取了什么工具和技术)。对于案例分析计算题,通常有求总工期、自由时差、总时差、ETC、EAC。有些时候要画网络图(2019年上半年就要求我们画时标逻辑图)。"

最近4次案例分析题型见下表。

年份	试题一	试题二	试题三	总计
2020 年下半年	范围+变更管理	进度+成本综合计算题	配置+测试管理	75分
2021 年上半年	风险+整体管理	进度计算	沟通+干系人管理	75分
2021 年下半年	范围管理	进度+成本综合计算题	配置+质量管理	75分

续表

年份	试题一	试题二	试题三	总计
2022 年上半年	范围+质量+变更管理	进度+成本综合计算题	风险+安全管理	75 分

2 判案断案

小蔡正好碰到两个难题,于是他给项经理的茶杯加茶加水,拿上准备好的水果让项经理补充一下能量,休息一段时间后,小蔡便拿出题目向项经理请教怎么去判案断案。

2.1 案例分析理解题

【案例题一】

阅读下列说明,回答问题 1 至问题 4。

【说明】

2018 年 1 月,某系统集成公司中标本市某地铁线路的列车乘客信息系统项目,内容包括地铁公司运营中心节目播放控制软件、地铁列车节目接收软件及服务器、播放终端等硬件设施的搭建工作。

公司任命小陈为项目经理,并从各部门抽调了经验丰富的工程师组成了项目团队。小陈依据过去多年从事会议场所多媒体播控系统的经验,自己编写了项目范围说明书,并依此创建了 WBS 和 WBS 词典,形成了项目范围基准。在项目实施过程中,由于与供应解码设备的厂商发生合同纠纷,项目组不得不重新寻找新的合作厂商,并针对新的解码设备,重新开发接口软件,致使项目工期拖延。客户针对播放控制软件,要求增加断点续传的功能,开发人员认为工作量不大就自行增加了该功能。项目测试时,小陈发现与之前做的项目不同,地铁运行时数据是通过地铁无线网络传输,带宽有限,网络丢包现象严重,导致视频节目播放时经常卡顿,马赛克现象严重,究其原因发现是 WBS 中解决该问题的软件模块没有开发。验收时,客户对项目执行情况很不满意,小陈觉得客户吹毛求疵便与客户发生了争执,导致客户向公司高层投诉。

【问题 1】(10 分)

结合案例,请分析该项目范围管理方面存在哪些问题?

【问题 2】(6 分)

结合案例,请分析该项目在范围管理之外,还存在哪些问题?

【问题 3】(5 分)

分解是一种将项目可交付成果和项目工作分解成较小的、更易管理的组件的技术,请指出要将整个项目分解为工作包,需要展开哪些主要活动?

【问题 4】(4 分)

从备选答案中选择四个正确选项(所选答案超过四个得 0 分)。

规划范围管理过程的输入是( )。

A. 需求管理计划   B. 项目章程

C. 项目范围说明书   D. 经验教训知识库

E. 项目管理计划   F. 工作绩效数据

G. 人事管理制度

项经理看到题目后仔细地阅读了一遍,结合问题一一给小蔡讲解:"这个题目中,问题 1 考的是范围管理,是一个找错题;问题 2 考的是其他九大知识领域的内容和作用,也是一个找错题;问题 3 考的是创建 WBS 分解的步骤,属于死记硬背题;问题 4 考的是规划范围管理的输入,也属于死记硬背题。"项经理一边喝着茶,一边整理着思路,小蔡也认真地听着,并拿起笔记本记录,于是项经理慢慢开始给小蔡讲解题目。这次我就用家庭生活实例举例,结合问题 1 和问题 2,给你说说十大知识领域。

★问题1：

我们首先要知道范围管理的定义和范围管理的过程。

范围管理就是要做范围内的事，而且只做范围内的事，既不少做也不多做。如果少做，会影响项目既定功能的实现；如果多做，会造成资源浪费，甚至造成进度滞后、成本超支。

> *Tips*
>
> 范围管理就好比过年的时候家里要打扫卫生，我们只打扫家里的卫生，而且要打扫得干干净净，但是不会把外面公共区域的卫生也打扫了，如果打扫了，就是范围蔓延了，因此我们要学会控制范围。

范围管理有六个过程组。

(1)规划范围管理：是编制范围管理计划，书面描述如何定义、确认和控制项目范围的过程，其主要作用是在整个项目中对如何管理范围提供指南和方向。

(2)收集需求：是为实现项目目标而确定、记录并管理干系人的需要和需求的过程，其作用是为定义和管理项目范围(包括产品范围)奠定基础。

(3)定义范围：是制定项目和产品详细描述的过程，其主要作用是明确所收集的需求哪些将包含在项目范围内，哪些将排除在项目范围外，从而明确产品、服务或成果的边界。

(4)创建WBS：是将项目可交付成果和项目工作分解成较小的、更易于管理的组件的过程，其主要作用是对所要交付的内容提供一个结构化的视图。

(5)确认范围：是项目干系人正式验收项目已完成的可交付成果的过程，其主要作用是使验收过程具有客观性，同时，通过验收每个可交付成果，提高最终产品、服务或成果获得验收的可能性。

(6)控制范围：是监督项目和产品的范围状态、管理范围基准变更的过程，其主要作用是在整个项目期间保持对范围基准的维护。

知道以上的知识和内容后，然后就像警察一样去找线索，看看题干材料中有什么做的不好的。我们可以在题干中标明，其中题干"自己编写了项目范围说明书，并依此创建了WBS和WBS词典，形成了项目范围基准。小陈发现与之前做的项目不同，地铁运行时数据是通过地铁无线网络传输，带宽有限，网络丢包现象严重，导致视频节目播放时经常卡顿，马赛克现象严重，究其原因发现是WBS中解决该问题的软件模块没有开发。"

我们把问题和知识内容一一对照，就会发现问题，例如：没有制定范围管理计划，没有制定需求管理计划，没有进行需求收集，没有需求文件，没有做需求跟踪矩阵，范围说明书是自己编写的，干系人没有参与，范围基准没有经过批准，范围确认没有标准，范围控制做得不好。这样一看就很清晰明了，然后再用自己的语言表达清晰，意思相近就有分，通常答对1条就是2分，但是我们要结合题意，问题尽量多答多写，这样10分就轻松到手了。我整理一下，做得不好的地方有：

> 1. 没有制定范围管理计划，没有制定需求管理计划。
> 2. 没有进行需求收集的过程，没有形成用户需求说明书与需求规格说明书，没有做需求跟踪矩阵。
> 3. 范围定义未做好，不应该自己编写项目范围说明书等，应该有项目团队成员的参与。
> 4. 范围说明书没有经过评审。
> 5. 范围基准没有经过客户的确认。
> 6. 范围确认没有做好，缺少验收标准，从而导致验收时客户不满意，进而投诉。
> 7. 范围控制存在问题，没有按变更流程进行范围控制，而是开发人员自行增加功能。没及时发现WBS中有哪些工作没有做。

★问题2：

对于问题2，我们就要知道其他九大知识领域，包括整体管理、进度管理、成本管理、质量管理、人力资源管理、沟通管理、干系人管理、风险管理、采购管理。

1. 整体管理

整体管理的基本任务是为了按照实施组织确定的程序实现项目目标，将项目管理过程组中需要的各个过程有效形成整体。整体管理是整合其他的子计划（范围、进度、成本、质量、人力、沟通、干系人、风险、采购等管理计划），变成项目管理计划。

> *Tips*
>
> 整体管理就好比我们自己的人生，我们都有自己的梦想，为了实现这个梦想，我们需要给自己制定多个计划。比如，范围管理计划，哪些工作要做，工作内容是什么，做到什么程度；进度管理计划，什么时候做什么；成本管理计划，我要达成这个梦想需要多少钱，这个钱要怎么来，怎么花，才能达到最好的效果；质量管理计划，要达到什么标准，如果出现问题我该怎么去改进，怎么进行质量控制才能越做越好；人力资源管理计划，我要达到什么目标，需要什么人来帮我一起完成；沟通管理计划，我要怎么去沟通才能取得效果并提升效率；干系人管理计划，我需要接触哪些人，这些人对我实现目标有什么帮助，对于这些人我要采取什么方式去打交道；风险管理计划，对于意外情况我该怎么去处理或者避免；采购管理计划，我需要买什么东西来确保项目的实施。最后我们把所有的计划都汇总，整合成一个项目管理计划，然后再逐步明细，逐步完善。

整体管理包括六个过程。

（1）制定项目章程：是核准项目或多阶段项目的阶段。制定项目章程是制定一份正式批准项目或阶段的文件，并记录能反映干系人需要和期望的初步要求的过程。它在项目执行组织与发起组织（或客户，如果是外部项目的话）之间建立起伙伴关系。项目章程的批准标志着项目的正式启动。

（2）制定项目管理计划：是确定、编制所有部分计划并将其汇总为项目管理计划所必需的过程。项目管理计划是有关项目如何计划、执行、监控及结束的基本信息来源。

（3）指导与管理项目执行：要求项目经理和项目团队采取多种行动执行项目管理计划，完成项目范围说明书中明确的工作。

（4）监控项目工作：是监视和控制启动、规划、执行和结束项目所需的各个过程。采取纠正或预防措施控制项目的实施效果。监视应贯穿项目的始终。

（5）整体变更控制：贯穿于项目的始终。由于项目很少会准确地按照项目管理计划进行，因而变更控制必不可少。

（6）结束项目或阶段：是完结所有项目管理过程组的所有活动，以正式结束项目或阶段的过程。本过程的主要作用是总结经验教训，正式结束项目工作，为开展新工作而释放组织资源。

2. 进度管理

进度管理是指在项目实施过程中，对各阶段的进展程度和项目最终完成的期限所进行的管理，是在规定的时间内，拟定出合理且经济的进度计划（包括多级管理的子计划），在执行该计划的过程中，经常要检查实际进度是否按计划要求进行，若出现偏差，便要及时找出原因，采取必要的补救措施或调整、修改原计划，直至项目完成。其目的是保证项目能在满足其时间约束条件的前提下实现其总体目标。

进度管理包括七个过程。

(1)规划进度管理:为规划、编制、管理、执行和控制项目进度而制定政策、程序和文档的过程。

(2)定义活动:识别和记录为完成项目可交付成果而需采取的所有活动。

(3)排列活动顺序:识别和记录项目活动之间的关系的过程。

(4)估算活动资源:估算执行各项活动所需的材料、人员、设备或用品的种类和数量的过程。

(5)估算活动持续时间:根据资源估算的结果,估算完成单项活动所需工期的过程。

(6)制定进度计划:分析活动顺序、持续时间、资源需求和进度制约因素,创建项目进度模型的过程。

(7)控制进度:监督项目活动状态、更新项目进展、管理进度基准变更,以实现计划的过程。

3. 成本管理

项目成本管理包含为使项目在批准的预算内完成而对成本进行规划、估算、预算、融资、筹资、管理和控制的各个过程,从而确保项目在批准的预算内完工。

成本管理包括四个过程。

(1)规划成本:为规划、管理、花费和控制项目成本而制定政策、程序和文档的过程。

(2)估算成本:对完成项目活动所需资金进行近似估算的过程。

(3)制定预算:汇总所有单个活动或工作包的估算成本,建立一个经批准的成本基准的过程。

(4)控制成本:监督项目状态,以更新项目成本,管理成本基准变更的过程。

4. 质量管理

项目质量管理是项目管理的重要组成部分,包括确定质量政策、目标与职责的各过程和活动,从而使项目满足其预定的需求。项目质量管理要求保证该项目能够兑现它的关于满足各种需求的承诺,包括产品需求,得到满足和确认,包含"在质量体系中,与决定质量工作的策略、目标和责任的全部管理功能有关的各种过程及活动"。

质量管理包括三个过程。

(1)规划质量管理:是识别项目及其可交付成果的质量要求和标准,并准备对策确保符合质量要求的过程。本过程的主要作用是为整个项目中如何管理和确认质量提供了指南和方向。

（2）实施质量保证：是审计质量要求和质量控制测量结果，确保采用合理的质量标准和操作性定义的过程。本过程的主要作用是促进质量过程改进。

（3）控制质量：是监督并记录质量活动执行结果，以便评估绩效，并推荐必要的变更过程。主要作用包括：

1）识别过程低效或产品质量低劣的原因，建议并采取相应措施消除这些原因。

2）确认项目的可交付成果及工作满足主要干系人的既定需求，足以进行最终验收。

5. 人力资源管理

项目人力资源管理的目的是根据项目需要规划并组建项目团队，对团队进行有效的指导和管理，以保证他们可以完成项目任务，实现项目目标。

> **Tips**
>
> 人力资源管理就好比要组建家庭，双方都有自己的择偶标准，都有自己的人生规划，随着长久的接触，我们都觉得对方是自己终身的选择，于是结婚了，组建了自己的家庭。在建设自己的美满幸福家庭的过程中，我们在日常生活中分工合作，职责分明，实现幸福美满的目标。有时候我们也会出去旅游，调节一下生活；有时候周末带着孩子去野外搞一下烧烤，让孩子自己动手做事情。在管理家庭生活中，在一起久了自然会有摩擦，但都可以妥善处理冲突。换到工作中，要知道人力资源管理是一个大学问，作为管理者要了解员工在马斯洛需求理论的层次，能给他们什么从而让他们好好工作。对于 X、Y 的员工要采取什么措施，对于不同的冲突采取什么措施。

人力资源管理包括四个过程。

（1）规划人力资源管理：识别和记录项目角色、职责、所需技能、报告关系，并编制人员配备管理计划的过程。

（2）组建项目团队：确认人力资源的可用情况，并为开展项目活动而组建团队的过程。

（3）建设项目团队：提高工作能力，促进团队成员互动，改善团队整体氛围，以提高项目绩效的过程。

（4）管理项目团队：跟踪团队成员工作表现，提供反馈，解决问题并管理团队变更，以优化项目绩效的过程。

6. 沟通管理

项目沟通管理包括为确保项目信息及时且恰当地规划、收集、生成、发布、存储、检索、管理、控制、监督和最终处置所需的各个过程。项目经理的绝大多数时间都用于与团队成员和其他干系人的沟通，无论这些成员或干系人是来自组织内部（位于组织的各个层级上）还是组织外部。有效的沟通能在项目干系人之间架起一座桥梁，把具有不同文化和组织背景、不同技能水平、不同观点和利益的各类干系人联系起来，这些干系人能影响项目的执行或结果。

> **Tips**
>
> 沟通管理就好比与家庭成员相互交流，针对家庭成员的不同性格和脾气，采用不同的方式去交流。当问题发生了，找个合适的时间和地点，采用好的交流方式进行，交谈中注意聆听，彼此相互了解，避免不好的情况继续下去，从而使得家庭更加幸福美满。一个好的沟通交流，会避免很多麻烦，也会得到很多人的支持和理解，甚至会帮助我们。

项目沟通管理包括三个过程。

（1）规划沟通管理：根据干系人的信息需要和要求及组织的可用资产情况，制定合适的项目沟通方式和计划的过程。

（2）管理沟通：根据沟通管理计划，生成、收集、分发、储存、检索及最终处置项目信息的过程。

（3）控制沟通：在整个项目生命周期中对沟通进行监督和控制的过程，以确保满足项目干系人对信息的需求。

7. 干系人管理

项目干系人管理是指对项目干系人需求、希望和期望的识别，并通过沟通上的管理来满足其需要、解决其问题的过程。项目干系人管理将会赢得更多人的支持，从而能够确保项目取得成功。

> **Tips**
>
> 干系人管理就好比家庭的人员管理，我识别好干系人，采用权力/影响方格，做好干系人计划。妻子掌管财政大权，是重点管理对象，因为我们男人有时候要出去聚餐等活动的时候，钱不够啊，得申请，因此我就要隔三差五地表达我对她的爱，哄她开心，这样我要钱的时候就方便多了。然后我还得妥善处理双方父母，要让他们觉得我对他们是相当的尊重和孝顺，令其满意，这样避免双方父母担心，防止他们插手管理我们的家庭生活。对于我的偶像薛总，我就要努力工作好好学习，用行动和结果让他放心，最后让他感到，只要我做事他就放一百个心。我们接触的每一个人都是我们的干系人，所以干系人管理是非常重要的。

干系人管理包括四个过程。

（1）识别干系人：识别能影响项目决策、活动或结果的个人、群体或组织，以及被项目决策、活动或者结果影响的个人、群体或者组织，并分析和记录他们的相关信息的过程。

（2）规划干系人管理：基于干系人的需求、利益及对项目成功的潜在影响的分析，制定合适的管理策略，以有效调动干系人参与整个项目生命周期的过程。

（3）管理干系人：在整个项目生命周期中，与干系人进行沟通和协作，以满足他们的需求与期望，解决实际出现的问题，并促进干系人合理参与项目活动的过程。

（4）控制干系人参与：全面监督项目干系人之间的关系，调整策略和计划，以调动干系人参与的过程。

8. 风险管理

项目风险管理包括项目风险管理规划、风险识别、分析、应对和监控的过程。其中多数过程在整个项目期间都需要更新。项目风险管理的目标在于增加积极事件的概率和影响，降低项目消极事件的概率和影响。

> **Tips**
>
> 人生中，风险无所不在，就比如我管理孩子，不同的年龄段会有不同的风险，比如为了防止孩子总是看电视，我就买了很多书，买了很多需要动手开发玩的玩具，让孩子从小养成爱学习、爱动手探索的好习惯。带孩子出去旅游，我则是首先要考虑旅游的地方适不适合小孩子玩。又比如为了防范财务风险，我都是多头处理财务，一些钱存银行，一些钱用来理财等。因此人的一辈子都是在风险管理中度过，不停地识别风险，进行分析，制定不同的应急计划，还得进行风险监控。这里我特别感谢薛总，在我人生低谷的时候，一次次地鼓励我。他告诉我，风险有坏的一面，则一定就会有好的一面，遇到了要采取灵活的方式去处理，不能一味地逃避，而是要勇敢地去面对，这样坏事就会变成好事。

项目风险管理包括六个过程。

（1）风险管理规划：决定如何进行规划和实施项目风险管理活动。

（2）风险识别：判断哪些风险会影响项目，并以书面形式记录其特点。

（3）定性风险分析：对风险概率和影响进行评估和汇总，进而对风险进行排序，以便随后进一步分析或行动。

（4）定量风险分析：就识别的风险对项目总体目标的影响进行定量分析。

（5）风险应对规划：针对项目目标制定提高机会、降低威胁的方案和行动。

（6）风险监控：在整个项目生命周期中，跟踪已识别的风险、监测残余风险、识别新风险和实施风险应对计划，并对其有效性进行评估。

9. 采购管理

采购管理是指对采购业务过程进行组织、实施与控制的管理过程。

> **Tips**
>
> 采购管理就好比我们过年买年货，一般这些都是女方（妻子）进行采购，她知道家里要买什么东西，大概费用是多少，需要去哪些地方买最好。这么多年了，有些东西会在固定的商家买，因为买了很多次了，同时质量价格都不错。如果在买的过程中，需要买的东西超出了我们的计划费用，我们就要注意分析是不是真的要买，然后再决定买或不买。比如我们买零食，去超市买通常是有质量保证的，如果去批发市场买就会担心质量，所以我们需要货比三家，多逛逛，在买的时候就要选好的、价格合理的去买。这样买好了东西，我们会统计一下，算算花了多少钱，做好家庭账单。

采购管理包括四个过程。

（1）规划采购：决定采购什么、何时采购、如何采购，还要记录项目对于产品、服务或成果的需求，并且寻找潜在的供应商。

（2）实施采购：从潜在的供应商处获得适当的信息、报价、投标书或建议书。选择供方，审核所有建议书或报价，在潜在的供应商中选择，并与选中者谈判最终合同。

（3）控制采购：管理合同以及买卖双方之间的关系，监控合同的执行情况。审核并记录供应商的绩效以采取必要的纠正措施，并作为将来选择供应商的参考。管理与合同相关的变更。

（4）结束采购：结束采购是完结本次项目采购的过程。完成每一次项目采购，都需要结束采购过程。它是项目收尾或者阶段收尾过程的一部分，它把合同和相关文件归档以备将来参考，因为项目收尾或者阶段收尾过程已核实本阶段或本项目所有工作和项目可交付物是否是可接受的。

根据以上总结的过程，我们就要逐步一个个的去找。

第一步：根据整体管理来找。

"客户针对播放控制软件，要求增加断点续传的功能，开发人员认为工作量不大就自行增加了该功能。"对于客户要求，如果提出来了，我们要按照整体管理中的过程实施整体变更控制去处理该问题，不能客户要求什么，我们就做什么，一切都要遵守一些规定、按流程去处理客户要求。

第二步：根据第一步的思路，我们逐步按其他知识来找。

（1）"在项目实施过程中，由于与供应解码设备的厂商发生合同纠纷，项目组不得不重新寻找新的合作厂商，并针对新的解码设备，重新开发接口软件，致使项目工期拖延。"采购管理没有做好，造成合同纠纷；进度管理没有做好，造成工期拖延；成本管理没有做好，合同纠纷和工期拖延都会增加项目成本。

（2）"项目测试时，小陈发现与之前做的项目不同，地铁运行时数据是通过地铁无线网络传输，带宽有限，网络丢包现象严重，导致视频节目播放时，经常卡顿，马赛克现象严重，究其原因发现是WBS中解决该问题的软件模块没有开发。"风险管理没有做好，因为该项目和之前的项目不同，我们就要充分考虑各种风险，提前做好各种应急计划和应急储备；质量管理没有做好，因为网络丢包现象严重、卡顿等,严格进行质量管理,有标准就可以避免这些质量问题的出现;人力资源管理没有做好,应该让技术精通的人参与,避免网络丢包现象严重、卡顿这类问题的发生。

(3)"验收时,客户对项目执行情况很不满意,小陈觉得客户吹毛求疵便与客户发生了争执,导致客户向公司高层投诉。"沟通管理和干系人管理没有做好,造成客户投诉。在项目进行的时候我们需要干系人的参与,及时和干系人沟通,这样可以更好地了解客户需要,避免很多因沟通带来的矛盾和问题。

综合以上我们可以知道问题 2 怎么回答:

1. 整体管理没有做好,没有严格按照变更流程处理客户需求。
2. 采购管理没有做好,造成合同纠纷。
3. 进度管理没有做好,造成工期拖延。
4. 成本管理没有做好,合同纠纷和工期拖延都会增加项目成本。
5. 风险管理没有做好,因为该项目和之前的项目不同,我们就要充分考虑各种风险,提前做好各种应急计划和应急储备。
6. 质量管理没有做好,因为网络丢包现象严重、卡顿等,严格进行质量管理,有标准就可以避免这些质量问题的出现。
7. 人力资源管理没有做好,应该让技术精通的人参与,避免网络丢包现象严重、卡顿这类问题的发生。
8. 沟通管理没有做好,造成客户投诉。
9. 干系人管理没有做好,在项目进行的时候我们需要干系人的参与,及时和干系人沟通,这样可以更好地了解客户需要,避免或减少客户在验收的时候对项目执行情况的不满意。

★问题 3:

对于这类死记硬背的题目,我们只能凭自己的记忆去做,只要意思和关键词写到了都会有分。根据平时我们对工作的理解,我们要做一件事情就要先识别哪些工作要做,采用什么方法去做才能得到我们要的结果,接着进行自上而下地分解,再做好每个工作的标记以识别,最后再对成果进行核实是不是符合要求。

根据教材的知识点我们可以知道问题 3 的答案是:

1. 识别:识别和分析可交付成果及相关工作。
2. 构造:确定 WBS 的结构和编排方法。
3. 分解:自上而下逐层细化分解。
4. 分配代码:为 WBS 组件制定各分配标识编码。
5. 核实确认:核实可交付成果分解的程度是恰当的。

★问题 4:

这道题目属于死记硬背型题目,但是因为其是选择题,所以会有一些技巧。注意题干只要求选四个,所以我们不能多选!但是如果真的记不住,我们就参考警察办理案件的过程,逐步寻觅线索,找到关键证据。因此如果我们记住了其他的一些知识点就可以采用排除法,先排除三个,这样剩下的就是正确答案了。这个题目问的是规划范围管理过程的输入,首先我们就要排除 A 选项,为什么呢?因为规划范围管理的输出是两个计划,一个是范围管理计划,一个是需求管理计划。第二个我们排除 C 选项,因为项目范围说明书是范围定义的输出,范围定义在规划范围管理的后面,因此不会是输入。第三个我们排除 F 选项,因为工作绩效数据是执行组的输出,而规划范围管理是在规划过程组,在执行组的前面。这样就剩下我们要的正确答案:BDEG。

项经理一步步地解答这些问题后,小蔡感觉思路一下就打开了,对于找错题和死记硬背题有了更深一步的理解,赶紧给项经理加点茶水,趁热打铁,又提出了一个案例题:

【案例题二】

阅读下列说明,回答问题1至问题4。

【说明】

A公司中标某系统集成项目,正式任命王伟担任项目经理。王伟是资深的技术专家,在公司各部门具有较高的声望。

接到任命后,王伟组建了项目团队。除服务器工程师小张是新招聘来的员工外,其余项目组成员都是各个团队的老员工。项目中王伟经常身先士卒,亲自参与解决复杂问题,深受团队成员好评。

项目中期,服务器厂商供货比计划延迟了一周。为了保证项目进度,王伟与其他项目经理协商,借调了两名资深人员,随后召开项目会议,动员大家加班赶工。会上,王伟向大家承诺会向公司申请额外项目奖金。大家均同意加班,只有小张以家中有事、朋友聚会等理由拒绝加班。由于小张负责服务器基础平台,他的工作进度会影响整体进度,所以大家纷纷指责小张没有团队意识。

王伟认为好的项目团队中绝对不能出现冲突现象,这次冲突与小张的个人素养有直接关系。为了避免冲突对团队产生不良影响,王伟宣布立即终止会议,并请小张留下来单独谈话。

在沟通中,王伟批评小张缺乏团队合作意识。小张表示他对加班费、项目奖金等不在意,而且他技术经验丰富,很容易找到一份收入不错的工作。他不加班的原因是最近家人、朋友等各种圈子应酬太多。王伟表明,如果因为小张的原因导致项目工期延误,会影响小张在团队中的个人声誉,同时更会影响整个项目团队在客户和公司内部的声誉。小张虽不情愿,但最终选择了加班。

【问题1】(8分)

管理者的权力来源有五种,请指出这五种权力在王伟身上的具体体现[请将(1)~(4)处的答案及具体表现填写在对应表格内]。

权力来源	具体表现
(1):____权力	
惩罚权力	
(2):____权力	
(3):____权力	
(4):____权力	项目中王伟身先士卒,亲自参与解决复杂问题,深受团队成员好评

【问题2】(6分)

结合马斯洛需求层次理论,指出案例中小张已经满足的需求层次,并指出具体表现。如果要想有效激励小张,应该在哪些层次上采取措施?

【问题3】(8分)

(1)结合本案例,请指出王伟针对冲突的认识和做法有哪些不妥?

(2)解决冲突的方式有哪些?王伟最终采用了哪种冲突解决方式?

【问题4】(3分)

结合案例中项目团队的人员构成,请指出该项目采用了哪些组建项目团队的方法?

　　看着小蔡对案例的逐步理解,项经理说的兴头来了,然后又仔细阅读了该案例,给小蔡分析起来:"小蔡,这个题目考的是人力资源管理,但是这个题目和往年有点不一样,更加注重理解,而不是仅仅死记硬背就可以拿下的。问题1考的是管理者的五种权力,属于死记硬背与理解的综合题目;问题2考的是马斯洛需求层次理论,这个理论是非常高频的考点,也属于死记硬背与理解的综合题目;问题3考的是冲突管理,也是非常高频的考点,第1小问就是考对冲突管理的认识,属于理解题和找错题,第2小问属于死记硬背的题目,冲突管理的五种解决措施以及案例中王伟采用了哪种冲突解决方式,属于理解题;问题4考的是组建项目团队的工具和技术,属于死记硬背与理解的综合题目。"

　　项经理越说越起劲,小蔡越听越有味道,也认真地做好笔记,把项经理说的重点一一记录下来。

　　项经理:"既然知道了问题的所在,下面我们就一个个解决它。"

★问题1:

我们就要知道管理者的五种权力是什么?

(1)职位权力。来源于管理者在组织中的职位和职权。(几种权力的具体举例详解见第9章)

(2)惩罚权力。使用降职、扣薪、惩罚、批评、威胁等负面手段的能力。

(3)奖励权力。给予下属奖励的能力。奖励包括加薪、升职、福利、休假、礼物、口头表扬、认可度、特殊的任务以及其他的奖励员工满意行为的手段。

(4)专家权力。来源于个人的专业技能。

(5)参照权力。成为别人学习参照榜样所拥有的力量。

　　职位权力、惩罚权力、奖励权力来组织的授权,专家权力和参照权力来自管理者自身。项目经理更注重运用奖励权力、专家权力和参照权力,尽量避免使用惩罚权力。

　　我们根据以上的知识点结合题干就可以知道:

题干中"A公司中标某系统集成项目,正式任命王伟担任项目经理",符合职位权力;

题干中"在沟通中,王伟批评小张缺乏团队合作意识",符合惩罚权力;

题干中"会上,王伟向大家承诺会向公司申请额外项目奖金",符合奖励权力;

题干中"王伟是资深的技术专家,在公司各部门具有较高的声望",符合专家权力;

题干中"项目中王伟经常身先士卒,亲自参与解决复杂问题,深受团队成员好评",符合参照权力。

　　知道后我们就可以轻松的得到答案:

权力来源	具体体现
职位权力	A公司中标某系统集成项目,正式任命王伟担任项目经理
惩罚权力	在沟通中,王伟批评小张缺乏团队合作意识
奖励权力	会上,王伟向大家承诺会向公司申请额外项目奖金
专家权力	王伟是资深的技术专家,在公司各部门具有较高的声望
参照权力	项目中王伟经常身先士卒,亲自参与解决复杂问题,深受团队成员好评

★问题2:

这个题目考的是马斯洛需求层次理论,其主要内容如下图:

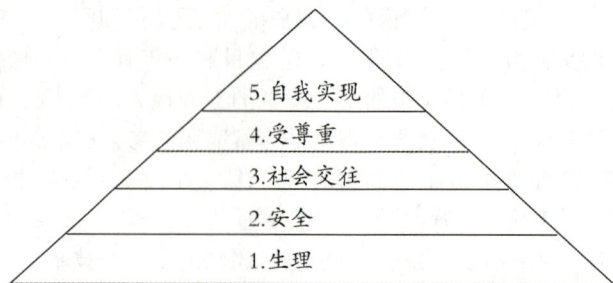

图 马斯洛需求层次理论

（1）生理需求：对衣食住行等需求都是生理需求。常见的激励措施：员工宿舍、工作餐、工作服、班车、工资、补贴、奖金等。（具体举例、详解见第9章）

（2）安全需求：包括对人身安全、生活稳定、不致失业以及免遭痛苦、威胁或疾病等的需求。常见的激励措施：养老保险、医疗保障、长期劳动合同、意外保险、失业保险等。

（3）社会交往的需求：包括对友谊、爱情以及隶属关系的需求。常见的激励措施：定期员工活动、聚会、比赛、俱乐部等。

（4）受尊重的需求：自尊心和荣誉感。荣誉来自别人，自尊来自自己。常见的激励措施：荣誉性的奖励，形象、地位的提升，颁发奖章，作为导师培训别人等。

（5）自我实现的需求：实现自己的潜力，发挥个人能力到最大程度，使自己越来越成为自己所期望的人物。常见的激励措施：给他更多的任务让他负责、让他成为智囊团一员、参与决策、参与公司的管理会议等。

理解了马斯洛需求层次理论后，我们可以知道，小张对加班费和项目奖金不在意，说明其在生理和安全层次已经没问题；再从他不加班来看，是应酬太多，所以社会交往方面也没问题。所以对小张，项目经理王伟就要在受尊重的层次上采取措施，比如给予小张荣誉性的奖励，形象、地位的提升，颁发奖章，作为导师培训别人等。

根据以上分析，我们就可以得到正确的答案：

> 小张表示他对加班费、项目奖金等不在意，而且他技术经验丰富，很容易找到一份收入不错的工作，说明小张已经满足了马斯洛需求层次理论中的生理和安全层次。他不加班的原因是最近家人、朋友等各种圈子应酬太多，说明小张已经满足了马斯洛需求层次理论中的社会交往层次，因此要在马斯洛需求层次理论中的受尊重层次上采取措施。

★问题3：

在项目进行中，冲突是无法避免的，总是会发生，但是我们对于冲突总不能看成是坏的，凡事有坏的一面就一定会有好的一面，因此就要善于利用技巧来解决冲突。冲突管理见下表。

解决方式	内容
撤退/回避	从实际或潜在冲突中退出，将问题推迟到准备充分的时候，或者将问题推给其他人员解决。双方在解决问题上都不积极，也不想合作。撤退是一种暂时性的冲突解决方法（几种解决方式的举例见第9章）
缓和/包容	强调一致、淡化分歧（甚至否认冲突的存在），为维持和谐与关系而单方面退让一步。这是一种慷慨而宽厚的做法，为了和谐和大局，而迁就对方，或者暂时放下争议点，谋求在其他非争议点与对方协作。缓和也是一种暂时性的冲突解决方法

解决方式	内容
妥协/调解	为了暂时或部分解决冲突,寻找能让各方都在一定程度上满意的方案。双方在态度上都愿意果断解决冲突,也愿意合作。双方都得到了自己想要的东西,但只是一部分,而不是全部。双方都做了让步,都有得有失。妥协是双方面的包容,包容是单方面的妥协
强迫/命令	以牺牲其他一方为代价,推行某一方的观点;只提供赢输方案。通常是利用权力来强行解决紧急问题。一方赢,一方输
合作/解决问题	综合考虑不同的观点和意见,采用合作的态度和开放式对话引导各方达成共识和承诺。这是冲突双方最理想的结果,前提是双方要相互尊重、愿意合作、愿意倾听对方

【问题(1)】分析:本案例题题干中"王伟认为好的项目团队中绝对不能出现冲突现象,这次冲突与小张的个人素养有直接关系。为了避免冲突对团队产生不良影响,王伟宣布立即终止会议,并请小张留下来单独谈话。"一个项目中冲突是无法避免的,但如果管理得当,冲突也可以帮助团队找到更好的解决方案,因此王伟认为好的项目团队绝对不能出现冲突现象是不妥的。

在项目环境下管理冲突,必须能够找到冲突的原因,然后积极地管理冲突,从而最大程度地降低潜在的负面影响,就需要在所有参与方之间建立基本信任,向各方诚心实意地寻求解决冲突的积极方案,在沟通的时候要采取良好的沟通技巧,避免冲突升级,根据题干"大家均同意加班,只有小张以家中有事、朋友聚会等理由拒绝加班。由于小张负责服务器基础平台,他的工作进度会影响整体进度,所以大家纷纷指责小张没有团队意识。为了避免冲突对团队产生不良影响,王伟宣布立即终止会议,并请小张留下来单独谈话。在沟通中,王伟批评小张缺乏团队合作意识。"当大家都指责小张的时候,王伟应该降低冲突的负面影响,不应该立即终止会议,并请小张留下来单独谈话,而应该采取开诚布公的方式去寻求解决冲突的积极方案。在沟通中,王伟不应该直接批评小张缺乏团队合作意识,而应该采取良好的沟通技巧,避免冲突的升级。

【问题(2)】分析:这个问题考查对知识点的记忆,解决冲突的方式有:撤退/回避、缓和/包容、妥协/调解、强迫/命令、合作解决问题。根据题干"王伟表明,如果因为小张的原因导致项目工期延误,会影响小张在团队中的个人声誉,同时更会影响整个项目团队在客户和公司内部的声誉。小张虽不情愿,但最终选择了加班。"这个符合强迫/命令,王伟利用自己的权力,强迫/命令小张加班。

综合以上,该题的答案是:

> (1)对冲突的认识中王伟认为好的项目团队绝对不能出现冲突现象是不妥的。做法不妥的地方有:当大家都指责小张的时候,王伟应该降低冲突的负面影响,不应该立即终止会议并请小张留下来单独谈话,而应该积极地寻求解决冲突的方案。在沟通中,王伟不应该直接批评小张缺乏团队合作意识,而应该采取良好的沟通技巧,避免冲突的升级。
> (2)解决冲突的方式有:撤退/回避、缓和/包容、妥协/调解、强迫/命令、合作解决问题。
> 采用的冲突解决方式:强迫/命令。

★问题4:

这个问题我们就要知道组建项目团队的工具和技术,见下表。

工具技术	内容
预分派	如果项目团队成员是事先选定的,他们就是被预分派的,可在下列情况下发生:在竞标过程中承诺分派特定人员进行项目工作;项目成功取决于特定人员的专有技能;或者项目章程中指定了某些人员的工作分派(几种工具技术的举例见第9章)

续表

工具技术	内容
谈判	在许多项目中,通过谈判完成人员分派。例如,项目管理团队需要与下列各方谈判
招募	如果执行组织不能提供完成项目所需的人员,就需要从外部获得所需的服务,这可能包括雇佣独立咨询师,或把相关工作分包给其他组织
虚拟团队	具有共同目标、在完成角色任务的过程中很少或没有时间面对面工作的一群人
多标准决策分析	在组建项目团队过程中,经常需要使用团队成员选择标准。通过多标准决策分析,制定选择标准,并据此对候选团队成员进行定级或打分。根据各种因素对团队的不同重要性,赋予选择标准不同的权重

根据题干"除服务器工程师小张是新招聘来的员工外",采用了招募和谈判;"其余项目组成员都是各个团队的老员工",采用了预分派。我们就可以知道这个问题的答案是:该项目采用的组建项目团队的方法有:招募、谈判、预分派。

项经理说完了,喝了茶,吃了点水果,然后对小蔡说道:"经过这样有条理地分析,小蔡你看看是不是很简单,但是你要知道,想要快速准确地得到答案,跟我们平时努力地付出是息息相关的,一份付出一份收获,所以我一直都保持努力学习的状态,要有'活到老学到老'的态度,我的座右铭就是'越努力,越幸运'。"说完这些,项经理在心里默默地感谢薛总一直以来对自己的教导,有他的教导才有了今天的自己。

小蔡听完了这些,说:"项哥你这样一说我就明白了,原来案例分析理解题就是这样做的啊,好简单啊,我要继续努力,一定不能辜负您的教导,一举拿下信息系统项目管理师考试。我做案例分析理解题的时候也要和警察一样,不错过每一个细节。"

2.2 案例分析计算题

经过了一个上午的讲解,小蔡明白了案例分析理解题的做法,中午吃饭的时候多敬了项经理几杯酒。小蔡又紧跟着项经理,趁热打铁地问起下午案例分析计算题。项经理说:"案例分析计算题必须要理解基本概念,并熟记计算公式。下午案例分析计算题通常是进度和成本的综合题目,下面我和你好好说道说道。"于是项经理接着解释计算题中的相关概念和公式。

一、进度管理的网络图是进度计算题的根本,相关概念一定要清楚明白

1. 确定依赖关系

活动之间的依赖关系可能是强制性的或选择性的,内部或外部的。这四种依赖关系可以组合成强制性外部依赖关系、强制性内部依赖关系、选择性外部依赖关系或选择性内部依赖关系。

(1)强制性依赖关系。强制性依赖关系是法律或合同要求的或工作的内在性质决定的依赖关系。强制性依赖关系往往与客观限制有关。例如,在建筑项目中,只有在地基建成后,才能建立地面结构。强制性依赖关系又称硬逻辑关系或硬依赖关系。在活动排序过程中,项目团队应明确哪些关系是强制性依赖关系,不应把强制性依赖关系和进度编制工具中的进度约束条件相混淆。

(2)选择性依赖关系。选择性依赖关系有时又可称首选逻辑关系、优先逻辑关系或软逻辑关系。它通常是基于具体应用领域的最佳实践或者是基于项目的某些特殊性质而设定,即便还有其他顺序可以选用,但项目团队仍按照此种特殊的顺序安排活动。应该对选择性依赖关系进行全面记录,因为它们会影响总浮动时间,并限制后续的进度安排。如果打算进行快速跟进,则应当审查相应的选择性依赖关系,并考虑是否需要调整或去除。在排列活动顺序过程中,项目团队应明确哪些依赖关系属于选择性依赖关系。

(3)外部依赖关系。外部依赖关系是项目活动与非项目活动之间的依赖关系。这些依赖关系

往往不在项目团队的控制范围内。例如,软件项目的测试活动取决于外部硬件的到货;建筑项目的现场准备,可能要在政府的环境听证会之后才能开始。在排列活动顺序过程中,项目管理团队应明确哪些依赖关系属于外部依赖关系。

（4）内部依赖关系。内部依赖关系是项目活动之间的紧前关系,通常在项目团队的控制之中。例如,只有机器组装完毕,团队才能对其测试,这是一个内部的强制性依赖关系。在排列活动顺序过程中,项目管理团队应明确哪些依赖关系属于内部依赖关系。

> **Tips**
>
> 这里,就拿小蔡你现在学习信息系统项目管理师这个过程举例。
>
> 上午和下午三门考试都必须分别至少拿到 45 分,才能获得这个证书,这就是强制性依赖关系。
>
> 信息系统项目管理师的知识点包括信息技术、十大管理知识领域、计算题、高级知识点管理、论文,这些知识点都是必须学的,但是可以根据自己情况,选择先学哪一个后学哪一个,这就是选择性依赖关系。
>
> 要学习好信息系统项目管理师这门课程,我们就要买一些资料,这就是外部依赖关系。
>
> 想要三门都至少拿到 45 分,就要在学习信息系统项目管理师的时候,认真听课、做好笔记,课后自己动手做计算题,刷历年真题等,这就是内部依赖关系。

2.前导图法

前导图法(PDM),也称紧前关系绘图法,是用于编制项目进度网络图的一种方法,它使用方框或者长方形(被称作节点)代表活动,节点之间用箭头连接,以显示节点之间的逻辑关系。下图展示了一个用 PDM 法绘制的项目进度网络图。这种网络图也被称作单代号网络图(只有节点需要编号)或活动节点图(AON),为大多数项目管理软件所采用。

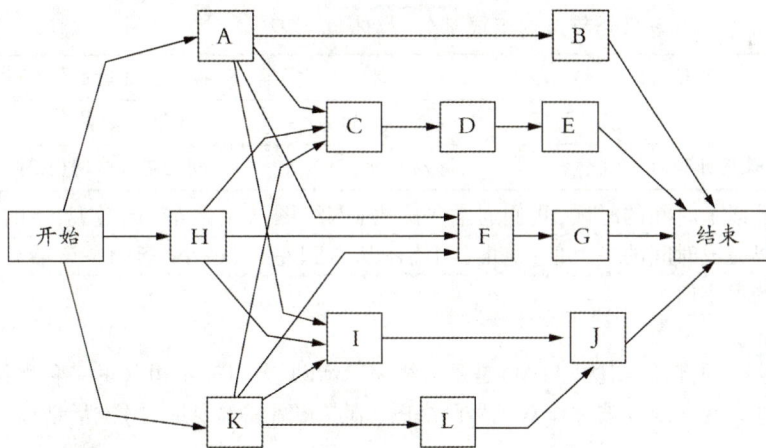

前导图法包括活动之间存在的四种类型的依赖关系:

（1）结束—开始的关系(F-S 型)。前序活动结束后,后续活动才能开始。例如,只有比赛(紧前活动)结束,颁奖典礼(紧后活动)才能开始。

（2）结束—结束的关系(F-F 型)。前序活动结束后,后续活动才能结束。例如,只有完成文件的编写(紧前活动),才能完成文件的编辑(紧后活动)。

（3）开始—开始的关系(S-S 型)。前序活动开始后,后续活动才能开始。例如,开始地基浇灌(紧前活动)之后,才能开始混凝土的找平(紧后活动)。

（4）开始—结束的关系(S-F 型)。前序活动开始后,后续活动才能结束。例如,只有第二位保安人员开始值班(紧前活动),第一位保安人员才能结束值班(紧后活动)。

比如谈恋爱,要男女双方都愿意,他们就是正式谈恋爱,这个时候他们的恋爱就是"开始—开始";当双方出去约会去看电影的时候,女孩总要先把自己打扮的漂漂亮亮才出门,打扮的漂漂亮亮—出门就是"完成—开始";当双方看完电影,因为工作必须要分开了,电影看完—约会结束就是"完成—完成";当两个人结婚生子,正式在一起生活,结束了恋爱阶段,结婚生子—结束恋爱这个就是"开始—完成"。

在 PDM 中,结束—开始的关系是最普遍使用的一类依赖关系。开始—结束的关系很少被使用。前导图四种依赖关系如下图所示。

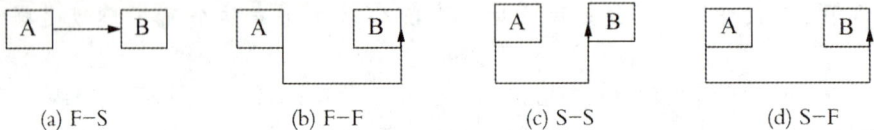

(a) F-S	(b) F-F	(c) S-S	(d) S-F

四种依赖关系

在前导图法中,每项活动有唯一的活动号,每项活动都注明了预计工期(活动的持续时间)。通常,每个节点的活动会有如下几个时间:

(1)最早开始时间(ES)。某项活动能够开始的最早时间。

(2)最早完成时间(EF)。某项活动能够完成的最早时间。计算公式如下:

$$EF = ES + 工期$$

(3)最迟完成时间(LF)。为了使项目按时完成,某项活动必须完成的最迟时间。

(4)最迟开始时间(LS)。为了使项目按时完成,某项活动必须开始的最迟时间。计算公式如下:

$$LS = LF - 工期$$

这几个时间通常作为每个节点的组成部分,具体见下表。

最早开始时间(ES)	工期	最早完成时间(EF)
活动名称		
最迟开始时间(LS)	总浮动时间(TF)	最迟完成时间(LF)

因此在计算以上时间的时候,我们通常是顺推(网络图从左到右)选最大,指的是选该活动的紧前工作中最早完成时间的最大值;逆推(网络图从右到左)选最小,指的是该活动的紧后工作中最迟开始时间的最小值。

3. 箭线图法

与前导图法不同,箭线图法(ADM)是用箭线表示活动、节点表示事件的一种网络图绘制方法,如下图所示。这种网络图也被称作双代号网络图(节点和箭线都要编号)或活动箭线图(Active On the Arrow,AOA)。

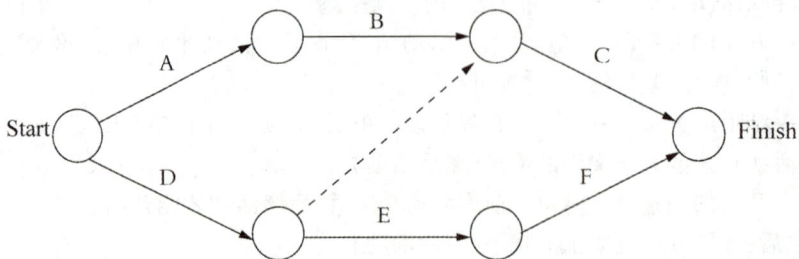

箭线图法

在箭线图法中,活动的开始(箭尾)事件叫作该活动的紧前事件,活动的结束(箭头)事件叫该活动的紧后事件。

在箭线图法中,有如下三个基本原则。

(1)网络图中每一个活动和每一个事件都必须有唯一的一个代号,即网络图中不会有相同的代号。

(2)任两项活动的紧前事件和紧后事件代号至少有一个不相同,节点代号沿箭线方向越来越大。

(3)流入(流出)同一节点的活动,均有共同的紧后活动(或紧前活动)。

为了绘图的方便,在箭线图中又人为引入了一种额外的、特殊的活动,叫做虚活动,在网络图中用一个虚箭线表示。虚活动不消耗时间,也不消耗资源,只是为了弥补箭线图在表达活动依赖关系方面的不足。借助虚活动,我们可以更好地、更清楚地表达活动之间的关系,如下图所示。

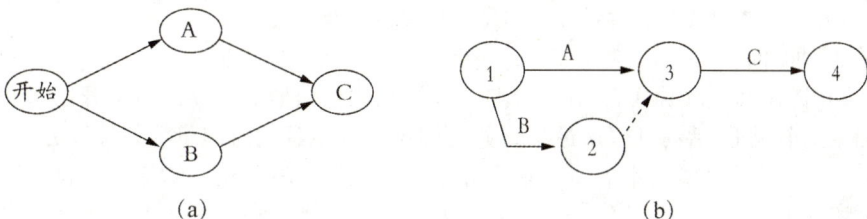

(注:活动 A 和 B 可以同时进行;只有活动 A 和 B 都完成后,活动 C 才能开始。)

箭线图的绘图基本规则细化为:

①网络图必须能正确表示各工序的逻辑关系。

②一张网络图只允许有一个起点节点和一个终点节点。

③同一计划网络图中不允许出现编号相同的箭线。

④网络图中不允许出现闭合回路。

⑤网络图中严禁出现双向箭头或无箭头的连线。

⑥网络图中严禁出现没有箭尾节点或箭头节点的箭线。

⑦当网络图中不可避免出现箭线交叉时,应采用过桥法或断线法表示。

4. 关键路径法

关键路径法(CPM)是在进度模型中,估算项目最短工期,确定逻辑网络路径的进度灵活性大小的一种方法。关键路径是项目中时间最长的活动顺序,进度网络图中可能有多条关键路径,关键路径上的活动被称为关键活动,关键活动的工期之和就是项目的总工期,关键活动的工期会影响项目总工期,所以要压缩项目进度必须压缩关键活动的工期,在压缩关键活动工期的同时,要注意是否改变了关键路径。

例如:2020 年,新型冠状病毒来袭,我们国家很多地方最美的逆行者,都在不停地奔赴前线,打个比方:其中我们第一批最美的逆行者奔向武汉,假设从以下各地的支援人员同一时刻出发,湖南的需要 1 天、广东的需要 1 天、海南的需要 2 天、吉林的需要 3 天、新疆的需要 4 天,他们全部到达武汉金银潭医院的时间是多久?是 4 天。新疆的时间最长,请注意,刚才提到是"全部到达",因此关键路径是 4 天。

5. 总浮动时间

总浮动时间(TF),又称作总时差,是在不延误项目完工时间且不违反进度制约因素的前提下,活动可以从最早开始时间推迟或拖延的时间量,就是该活动的进度灵活性。其计算方法为:本活动的最迟完成时间减去本活动的最早完成时间,或本活动的最迟开始时间减去本活动的最早开始时间。正常情况下,关键活动的总浮动时间为 0。计算公式如下:

$$TF = LS - ES = LF - EF$$

总浮动时间，就是非关键路径上的活动可以休息几天，而不影响总工期，关键路径上的活动上的休息时间是 0，我们通常采用的方法是顺推，顺推选最大，即网络图从左到右选该活动的紧前工作中最早完成时间的最大值。

例如： 2020 年，新型冠状病毒来袭，我们国家很多地方最美的逆行者，都在不停地奔赴前线，打个比方：其中我们的第一批最美的逆行者奔向武汉，湖南的需要 1 天、海南的需要 2 天、吉林的需要 3 天、新疆的需要 4 天，他们全部到达集结后第二天就要在武汉金银潭医院进行医疗救护工作。在到达之前几个地方的最美逆行者可以休息几天？因为新疆的时间最长，关键路径是 4 天，因此新疆的最美逆行者一天都不能休息，他的总浮动时间=0，而湖南的最美逆行者 1 天就可以到达，4-1=3（天），因此可以休息 3 天，总浮动时间=3（天）。依此类推海南的最美逆行者可以休息 2 天，总浮动时间=2（天）。吉林的最美逆行者可以休息 1 天，总浮动时间=1（天）。

6. 自由浮动时间

自由浮动时间（FF），又称作自由时差，是指在不延误任何紧后活动的最早开始时间且不违反进度制约因素的前提下，活动可以从最早开始时间推迟或拖延的时间量。其计算方法为：紧后活动最早开始时间的最小值减去本活动的最早完成时间。正常情况下，关键活动的自由浮动时间为零。计算公式如下：

$$FF = \min(\text{紧后活动的 ES}) - \text{本活动的 EF}$$

自由浮动时间，当前活动可以休息几天，而不影响紧后工作；逆推选最小，网络图从右到左选的是该活动的紧后工作中最迟开始时间的最小值。

例如： 2020 年，新型冠状毒来袭，我们国家很多地方最美的逆行者，都在不停地奔赴前线，打个比方：其中我们第一批最美的逆行者奔向武汉，湖南的需要 1 天、海南的需要 2 天，他们到达后立马就要进行相关工作。求湖南的自由时差是多少？我们见下图：

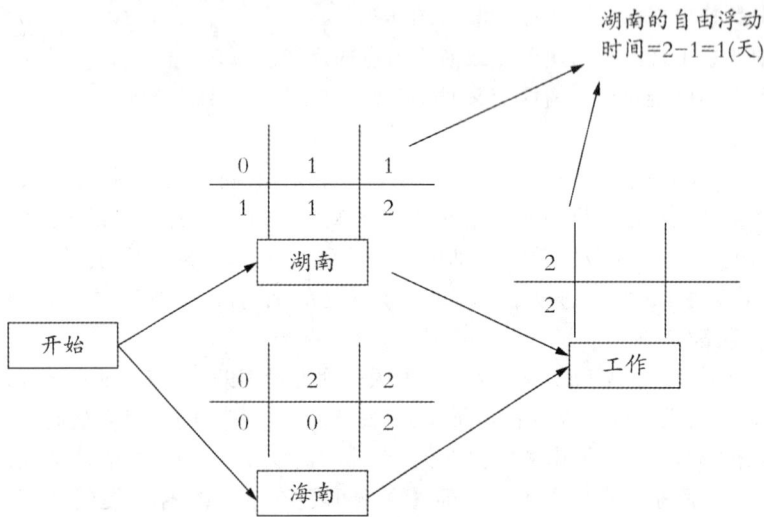

活动图例

7. 关键链法

关键链法（CCM）是一种进度规划方法，允许项目团队在任何项目进度路径上设置缓冲，以应对资源限制和项目的不确定性。这种方法建立在关键路径法之上，考虑了资源分配、资源优化、资源平衡和活动历时不确定性对关键路径的影响。关键链法引入了缓冲和缓冲管理的概念。关键链法增加了作为"非工作活动"的持续时间缓冲，用来应对不确定性。如下图所示，放置在关键链末端的缓冲称为项目缓冲,用来保证项目不因关键链的延误而延误。其他缓冲,即接驳缓冲,则放置在非关键链与关键链的接合点,用来保护关键链不受非关键链延误的影响。

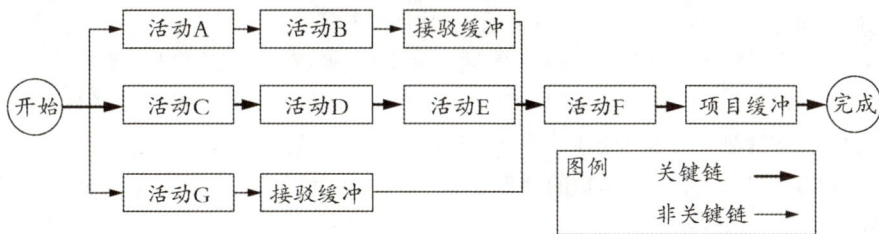

8. 资源优化技术

资源优化技术是根据资源供需情况,来调整进度模型的技术,包括(但不限于):

(1)资源平衡。为了在资源需求与资源供给之间取得平衡,根据资源制约对开始日期和结束日期进行调整的一种技术。如果共享资源或关键资源只在特定时间可用,数量有限,或被过度分配,如一个资源在同一时段内被分配至两个或多个活动,就需要进行资源平衡。也可以为保持资源使用量处于均衡水平而进行资源平衡。资源平衡往往导致关键路径改变,通常是延长。

资源平衡通俗来说就是平均主义,不管哪个工作多哪个工作少,资源(人、设备等)都平均,所以通常会造成本该重点完成的工作被拖延,造成工期延长。

(2)资源平滑。对进度模型中的活动进行调整,从而使项目资源需求不超过预定的资源限制的一种技术。相对于资源平衡而言,资源平滑不会改变项目关键路径,完工日期也不会延迟。也就是说,活动只在其自由浮动时间和总浮动时间内延迟。因此,资源平滑技术可能无法实现所有资源的优化。

资源平滑通俗来说就是高效做事,在资源限定的情况下怎么利用有效的资源和人员,在规定的时间内把人员和设备高效利用,把工作做好。

9. 进度压缩

进度压缩技术是指在不缩减项目范围的前提下,缩短进度工期,以满足进度制约因素、强制日期或其他进度目标。进度压缩技术包括(但不限于):

(1)赶工。通过增加资源,以最小的成本增加来压缩进度工期的一种技术。赶工的例子包括:批准加班、增加额外资源或支付加急费用,来加快关键路径上的活动。赶工只适用于那些通过增加资源就能缩短持续时间的,且位于关键路径上的活动。赶工并非总是切实可行,它可能导致风险和/或成本的增加。

(2)快速跟进。一种进度压缩技术,将正常情况下按顺序进行的活动或阶段改为至少是部分并行开展。例如,在大楼的建筑图纸尚未全部完成前就开始建地基。快速跟进可能造成返工和风险增加。它只适用于能够通过并行活动来缩短项目工期的情况。

例如:2020 年的新型冠状性病毒来袭,国家要在短短的半个月时间建设好火神山和雷神山医院,以救治病人,包括医院的房屋建设,电缆的铺设,网线的架设,病床采购,设备的采购等。因此对于房屋的建设,挖土机日夜不停地进行地基建设(赶工),同时进行电缆的铺设、网线的架设,病床和设备的采购(并行施工)。最后在半个月内以中国速度建设好了火神山和雷神山医院。

10. 缩短工期

在案例分析题作答时,可以采取的缩短项目工期的方法包括(但不限于):

(1)赶工,投入更多的资源或增加工作时间,以缩短关键活动的工期。

(2)快速跟进,并行施工,以缩短关键路径的长度。

(3)使用高素质的资源或经验更丰富的人员。

（4）减少活动范围或降低活动要求，需投资人同意。

（5）改进方法或技术，以提高生产效率。

（6）加强质量管理，及时发现问题，减少返工，从而缩短工期。

二、成本管理中的挣值分析法是成本计算题的根本，因此我们要理解相关概念。

1. 计划值（PV），又叫计划工作量的预算成本。是为计划工作分配的经批准的预算。

计算公式：PV＝计划工作量×计划单价，PV 反映计划工作的预算成本。

2. 挣值（EV），又叫已完成工作量的预算成本。是对已完成工作的测量值，是已完成工作的经批准的预算。

计算公式：EV＝已完成工作量×计划单价，EV 反映实际工作的预算成本。

3. 实际成本（AC），又叫已完成工作量的实际成本。是在给定时段内，执行某工作而实际发生的成本。

计算公式：AC＝已完成工作量×实际单价，AC 反映实际工作的实际成本。

例如：这次新冠肺炎疫情发生之前，口罩是 1 元 1 个，计划买 50 个，后面发生肺炎，全国各地都需要，口罩存量相当紧张，从而要 3 元 1 个，只能暂时买 30 个。请问这个时候 EV、PV、AC 各是多少？

AC 指的是实际成本，因此可以知道 AC＝3×30＝90（元）；EV 指的是实际购买的口罩在计划中的值，实际买了 30 个，计划中是 1 元 1 个，因此 EV＝30×1＝30（元）；PV 是指计划中购买 50 个口罩要多少钱，因此 PV＝1×50＝50（元）。

4. 进度偏差、成本偏差和进度绩效指数、成本绩效指数。

（1）进度偏差（SV）是测量进度绩效的一种指标，指在某个给定的时点，项目提前或落后的进度。表示为挣值与计划值之差。

计算公式：SV＝EV−PV。当 SV>0，进度超前；SV<0，进度滞后。

（2）成本偏差（CV）是测量成本绩效的一种指标，指在某个给定时点的预算亏空或盈余量。表示为挣值与实际成本之差。

计算公式：CV＝EV−AC。当 CV>0，成本节约；CV<0，成本超支。

（3）进度绩效指数（SPI）是测量进度效率的一种指标，反映了项目团队利用时间的效率。表示为挣值与计划值之比。

计算公式：SPI＝EV/PV。当 SPI>1，进度超前；SPI<1，进度滞后。

（4）成本绩效指数（CPI）是测量预算资源的成本效率的一种指标。表示为挣值与实际成本之比。

计算公式：CPI＝EV/AC。当 CPI>1，成本节约；CPI<1，成本超支。

（5）评价结论见下表：

指数关系及评价结论

指标关系		评价结论
SV>0	SPI>1	进度超前
CV>0	CPI>1	成本节约
SV<0	SPI<1	进度滞后
CV<0	CPI<1	成本超支
SV＝0	SPI＝1	进度持平
CV＝0	CPI＝1	成本持平

（6）参数图例及分析表如下所示：

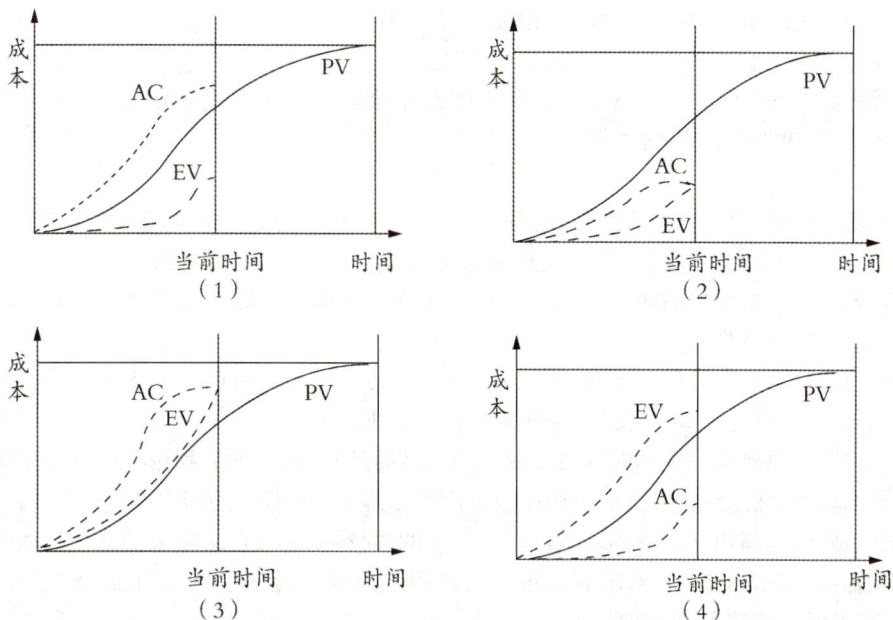

参数图例

参数分析表

序号	参数关系	分析（含义）	措施
1	AC>PV>EV SV<0,CV<0	效率低、速度较慢、投入超前	用工作效率高的人员更换一批工作效率低的人员；赶工或并行施工追赶进度
2	PV>AC=EV SV<0,CV=0	效率较低、速度慢、成本与预算相差不大	增加高效人员投入，赶工或并行施工追赶进度
3	AC=EV>PV SV>0,CV=0	效率较高、速度较快、成本与预算相差不大	抽出部分人员，增加少量骨干人员
4	EV>PV>AC SV>0,CV>0	效率高、速度较快、投入延后	若偏离不大，维持现状，加强质量控制

5. 完工预算（BAC），为将要执行的工作所建立的全部预算总和，包括应急储备，不包括管理储备。

6. 完工尚需估算（ETC），完成所有剩余项目工作的预计成本。

（1）非典型偏差（发现了错误及时改正，后面都按计划中的成本和进度执行，就是知错就改，俗话就是浪子回头了）：$ETC=BAC-EV$。

（2）典型偏差（发现了错误，我也不改正过来，后面都按当前的成本和进度执行，就是知错不改，俗话是一根筋走到底）：$ETC=(BAC-EV)/CPI$。

7. 完工估算（EAC），完成所有工作所需的预期总成本。

（1）非典型偏差：$EAC=ETC+AC=(BAC-EV)+AC$。

（2）典型偏差：$EAC=ETC+AC=[(BAC-EV)/CPI]+AC$。

8. 完工尚需绩效指数（TCPI），为了实现特定的管理目标，剩余资源的使用必须达到的成本绩效指数，是完成剩余工作所需的成本与剩余预算之比。

（1）典型 TCPI 公式：$TCPI=(BAC-EV)/(EAC-AC)$。

（2）非典型 TCPI 公式：TCPI＝（BAC-EV）/（BAC-AC）。

9. 完工偏差（VAC），是完工预算与完工估算之差。

计算公式：VAC＝BAC-EAC。VAC>0，完工偏差在计划成本内；VAC<0，完工偏差超出计划成本；VAC＝0，完工偏差与计划成本持平。

10. 成本分类

（1）可变成本：随着生产量、工作量或时间而变的成本为可变成本。可变成本又称变动成本。

（2）固定成本：不随生产量、工作量或时间的变化而变化的非重复成本为固定成本。

（3）直接成本：直接可以归属于项目工作的成本为直接成本。如项目团队差旅费、工资、项目使用的物料及设备使用费等。

（4）间接成本：来自一般管理费用科目或几个项目共同担负的项目成本所分摊给本项目的费用，就形成了项目的间接成本，如税金、额外福利和保卫费用等。

（5）机会成本：是利用一定的时间或资源生产一种商品时，而失去的利用这些资源生产其他最佳替代品的机会就是机会成本，泛指一切在做出选择后其中一个最大的损失。

（6）沉没成本：是指由于过去的决策已经发生了的，而不能由现在或将来的任何决策改变的成本。沉没成本是一种历史成本，对现有决策而言是不可控成本，会很大程度上影响人们的行为方式与决策，在投资决策时应排除沉没成本的干扰。

小蔡看到项经理非常认真地讲解，顿时理解了许多，感觉下午案例分析计算题也不像想象的那么难了，但前提是必须掌握项经理说的这些基础概念。逐渐自信的小蔡随手拿起一道案例分析计算题来做，但却又不知道该怎么做，于是他又开始向项经理请教。

【案例题一】

阅读下列说明，回答问题 1 至问题 4。

【说明】

某信息系统项目包括 10 个活动，各活动的历时、活动逻辑关系如下表所示。

活动名称	活动历时（天）	紧前活动
A	2	—
B	5	A
C	2	B、D
D	6	A
E	3	C、G
F	3	A
G	4	F
H	4	E
I	5	E
J	3	H、I

【问题1】（9分）

（1）请给出该项目的关键路线和总工期。

（2）请给出活动 E、G 的总浮动时间和自由浮动时间。

【问题2】(5分)

在项目开始前,客户希望将项目工期压缩为19天,并愿意承担所发生的所有额外费用。经过对各项活动的测算发现,只有活动B、D、I有可能缩短工期,其余活动均无法缩短工期。

活动B、D、I最多可以缩短的天数以及额外费用如下表所示。

活动名称	最多可以缩短的天数	每缩短一天需要增加的额外费用(元)
B	2	2000
D	3	2500
I	3	3000

在此要求下,请给出费用最少的工期压缩方案及其额外增加的费用。

【问题3】(4分)

请将下面(1)~(4)处的答案填写在对应栏内。

(1)(　　　)是法律或合同要求的或工作的内在性质决定的依赖关系。

(2)(　　　)是基于具体应用领域的最佳实践或者基于项目的某种特殊性质而设定,即便还有其他顺序可以选用,但项目团队仍按照此种特殊的顺序安排活动。

(3)(　　　)是项目活动与非项目活动之间的依赖关系。

(4)(　　　)是项目活动之间的紧前关系,通常在项目团队的控制之中。

【问题4】(9分)

假设该项目的总预算为20万元。其中包含2万元管理储备和2万元应急储备,当项目进行到某一天时,项目实际完成的工作量仅为应完成工作的60%,此时的PV为12万元,实际花费为10万元。

(1)请计算该项目的BAC。

(2)请计算当前时点的EV、CV、SV。

(3)在当前绩效情况下,请计算该项目的完工尚需估算ETC。

【问题1】分析:

项经理仔细地看了看这道题,发现是一道进度和成本内容结合考查的综合计算题。其中进度管理中的网络图、关键路径、总浮动时间和自由浮动时间,是解决这个问题的关键所在。对于这个题目要充分理解网络图中的四种依赖关系、关键路径的概念、总浮动时间和自由浮动时间的定义和计算公式。结合题干和问题,我们要逐步计算清楚。

步骤一:根据题干中的图表我们可以知道他们的依赖关系是F—S关系(结束—开始的关系:前序活动结束后,后续活动才能开始。例如,只有比赛结束,颁奖典礼才能开始),画出该题的网络图(如果题目没有要求,通常情况下画出前导图或单代号网络图就可以了),如下图:

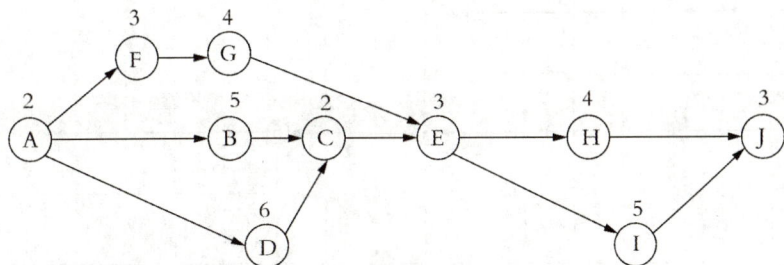

步骤二:关键路径是项目中时间最长的活动顺序,决定着可能的项目最短工期。根据定义及步骤一的网络图,得到关键路径是A→D→C→E→I→J,总工期＝A+D+C+E+I+J=2+6+2+3+5+3=

21(天)。

步骤三:根据顺推选最大,逆推选最小,我们得到下图:

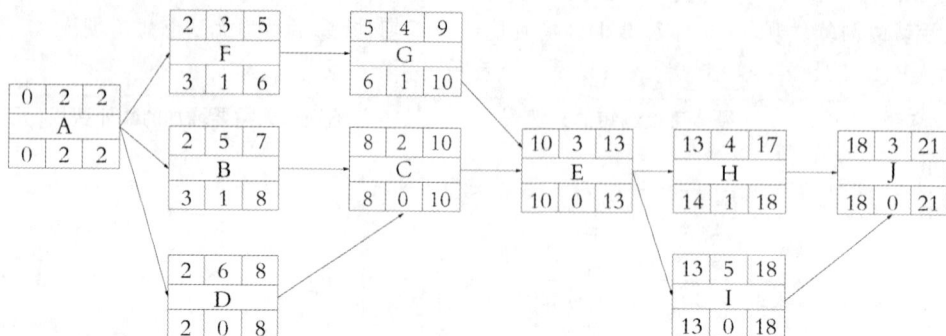

步骤四:总浮动时间的计算方法:本活动的最迟完成时间减去本活动的最早完成时间,或本活动的最迟开始时间减去本活动的最早开始时间。活动 E 的总浮动时间 = 10−10 = 0(天)或活动 E 的总浮动时间 = 13−13 = 0(天),即活动 E 的总浮动时间是 0。活动 G 的总浮动时间 = 6−5 = 1(天)或活动 G 的总浮动时间 = 10−9 = 1(天),即活动 G 的总浮动时间是 1。

步骤五:自由浮动时间的计算方法:紧后活动最早开始时间的最小值减去本活动的最早完成时间。活动 E 的自由浮动时间 = 13−13 = 0(天),即活动 E 的自由浮动时间是 0。活动 G 的自由浮动时间 = 10−9 = 1(天),即 G 的自由浮动时间是 1。(关键路径上的活动总时差和自由时差都为 0)

【问题1】参考答案:

(1)关键路线:A→D→C→E→I→J。总工期:21 天。

(2)活动 E 的总浮动时间、自由活动时间均是 0 天;活动 G 的总浮动时间、自由浮动时间均是 1 天。

【问题2】分析:这道题考的是进度压缩,属于计算题中容易出错的题,解题关键是要充分理解题干中的条件,审题一定要仔细。

根据题干"在项目开始前,客户希望将项目工期压缩为 19 天,并愿意承担所发生的所有额外费用。经过对各项活动的测算发现,只有活动 B、D、I 有可能缩短工期,其余活动均无法缩短工期。"总工期是 21 天,客户希望将项目工期压缩为 19 天,因此要压缩 2 天。活动 B 在非关键路径上,活动 D、I 在关键路径上,所以我们只能压缩关键路径上的活动 D、I 才能使得总工期为 19 天。根据题干中要求压缩到 19 天,而且费用最少,因此首先画出时标网络图,即下图为当工期为 21 天时的时标网络图。

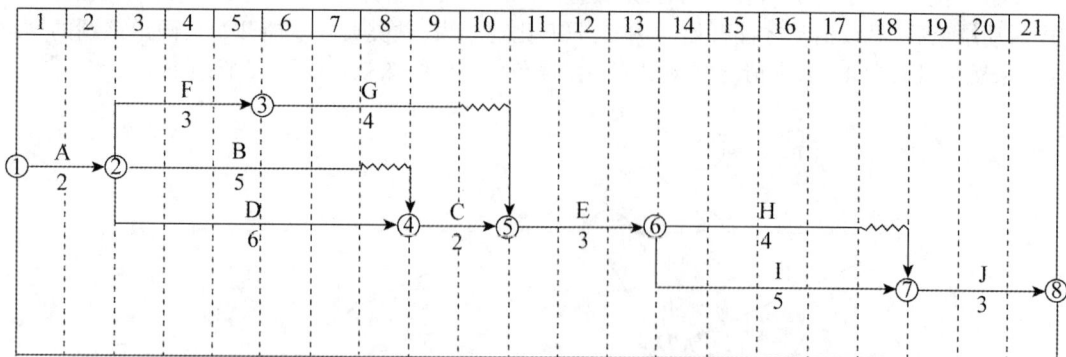

根据题意,对图中的相关活动进行调整形成了新的时标网络图,如下图所示。

在下图中:活动 D 压缩 1 天,活动 I 压缩 1 天。压缩之后关键路径发生改变,产生了最新的关键路径。关键路径有 A→D→C→E→I→J,A→B→C→E→I→J,A→D→C→E→H→J 和 A→B→C→E→H→J 四条关键路径。因此,费用最少的工期压缩方案为:活动 D 缩短 1 天,活动 I 缩短 1 天;额外增加的费用为 5500 元。

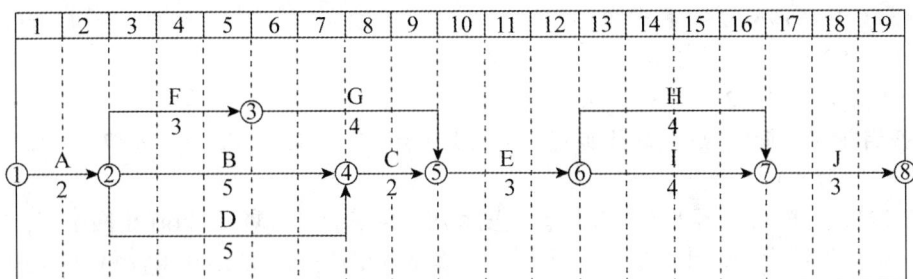

【问题2】参考答案:

费用最少的工期压缩方案为:活动 D 缩短 1 天,I 缩短 1 天;额外增加的费用为 5500 元。

【问题3】分析:这道题考查的知识点是进度管理中的确定依赖关系,因此我们要充分理解这个概念,它属于死记硬背题和理解题,是用来送分的。

活动之间的依赖关系可能是强制性的或选择性的,内部或外部的。这四种依赖关系可以组合成强制性外部依赖关系、强制性内部依赖关系、选择性外部依赖关系或选择性内部依赖关系。

(1)强制性依赖关系。强制性依赖关系是法律或合同要求的或工作的内在性质决定的依赖关系。

(2)选择性依赖关系。选择性依赖关系有时又称首选逻辑关系、优先逻辑关系或软逻辑关系。它通常是基于具体应用领域的最佳实践或者是基于项目的某些特殊性质而设定,即便还有其他顺序可以选用,但项目团队仍按照此种特殊的顺序安排活动。

(3)外部依赖关系。外部依赖关系是项目活动与非项目活动之间的依赖关系。这些依赖关系往往不在项目团队的控制范围内。

(4)内部依赖关系。内部依赖关系是项目活动之间的紧前关系,通常在项目团队的控制之中。

【问题3】参考答案:

(1)强制性依赖关系。

(2)选择性依赖关系。

(3)外部依赖关系。

(4)内部依赖关系。

【问题4】分析:这道题考查的知识点是成本管理中的挣值管理,其中涉及 BAC 的概念,CV、SV 和典型 ETC 计算。对于这个题目要充分理解挣值管理中相关的概念和计算公式。结合题干和问题 4,我们要逐步计算清楚。

(1)根据问题 4 中的题干,总预算＝BAC+管理储备,已知总预算是 20 万元,管理储备是 2 万元,因此根据公式可以得到 BAC＝总预算－管理储备＝20－2＝18(万元)。

(2)根据问题 4 中的题干"项目实际完成的工作量仅为应完成工作的 60%,此时的 PV 为 12 万元,实际花费为 10 万元",首先可以得到 AC＝10(万元),PV＝12(万元)。根据 EV 定义的实际工作在计划中的值,可以得到 EV＝12×60%＝7.2(万元)。因此 CV＝EV－AC＝7.2－10＝－2.8(万元),SV＝EV－PV＝7.2－12＝－4.8(万元),根据 CV<0,成本超支;SV<0,进度滞后。

(3)根据题干中按当前绩效继续执行,这个属于典型计算 ETC,根据公式 ETC＝(BAC－EV)/CPI,CPI＝EV/AC,带入公式计算可以得到 ETC＝(BAC－EV)/CPI＝(18－7.2)/CPI＝10.8/CPI＝

10.8/（EV/AC）= 10.8/（7.2/10）= 15（万元）。

【问题4】参考答案：

（1）BAC = 总预算−管理储备 = 20−2 = 18（万元）。

（2）EV = PV×60% = 12×0.6 = 7.2（万元）。

CV = EV−AC = 7.2−10 = −2.8（万元）。

SV = EV−PV = 7.2−12 = −4.8（万元）。

（3）按当前绩效继续执行，属于典型，因此：ETC =（BAC−EV）/CPI =（18−7.2）/CPI = 10.8/（7.2/10）= 15（万元）。

项经理慢慢解析到，小蔡也认真地听。进度和成本的综合计算题，关键在于网络图，知道 EV、PV、AC 的基本定义，分清楚什么是非典型计算，什么是典型计算，熟练运用 CV、SV、CPI、SPI、ETC、EAC 的公式来进行计算。项经理越讲越仔细，小蔡听得也更加认真，慢慢地就掌握了案例计算的重点，随后小蔡问起一道成本计算题。

【案例题二】

阅读下列说明，回答问题1至问题3。

【说明】

某公司完成一个工期10周的系统集成项目，该项目包含 A、B、C、D、E 五项任务。项目经理定制了成本预算表（如表1），执行过程中记录了每个时段项目的执行情况（如表2、表3）。

表1 成本预算表（单位：万元）

任务	1周	2周	3周	4周	5周	6周	7周	8周	9周	10周
A	10	15	5							
B		10	20	20						
C				5	5	25	5			
D					5	15	10	10		
E								5	20	25
合计	10	25	25	25	10	40	15	15	20	25

表2 实际发生成本表（单位：万元）

任务	1周	2周	3周	4周	5周	6周	7周	8周	9周	10周
A	10	14	10							
B		10	14	20						
C				5	5	10				
D					5	8				
E										
合计	10	24	24	25	10	18				

表 3　任务完成百分比

任务	1周	2周	3周	4周	5周	6周	7周	8周	9周	10周
A	30%	50%	100%							
B		20%	50%	100%						
C					5%	10%	40%			
D						10%	20%			
E										
合计										

【问题1】(5分)

项目执行到了第6周,请填写如下的项目EV表。

表 4　EV 表(单位:万元)

任务	1周	2周	3周	4周	5周	6周	7周	8周	9周	10周
A										
B										
C										
D										
E										
合计										

【问题2】(4分)

(1)经分析任务 C 的成本偏差是非典型的,而任务 D 的成本偏差是典型的。针对目前的情况,请计算项目完工时的成本估算值(EAC)。

(2)判断项目目前的绩效情况。

【问题3】(6分)

针对项目目前的进度绩效,请写出项目经理可选的措施。

【问题1】分析:这道题考查的知识点是成本管理中 EV 的概念。对于这个题目要充分理解 EV 的概念。结合图表,我们要逐步计算清楚。

首先根据表1和表3来计算,其中表3的百分比指的是任务 A、B、C、D、E 在第几周全部完成的任务占计划总任务的百分比,而不是指活动本周的单个百分比,因此有很多人掉在这个坑里。为什么不是本周的活动的百分比,是因为题干后面有说任务 A、B 都全部完成了,如果仅仅是单周的百分比,任务 A 第一周完成了 30%,还剩下 70% 没有完成,第二周完成了 50%,还剩下 50% 没有完成,第三周 100% 完成了,这样看的话任务 A 其实还有很多工作没有做完,这样就和后面的题干相互冲突了,不符合题目要求任务 A 已经百分百完成。搞清楚了表3的百分比,因为 PV 是已知的,根据 SPI=EV/PV,就可以算出 EV。

这样的话我们就可以计算出每一周应该对应的 EV 值,只要是全部完成的,最后的 EV 就是 BAC。特别要注意题干中的表3,该百分比是累计叠加的,指的是总工作量的百分比,但是金额是该周投入的资金而不是累计投入的金额。根据以上得到下表:

任务	1周	2周	3周	4周	5周	6周	7周	8周	9周	10周	合计
A	30%	50%	100%								30
B		20%	50%	100%							50

续表

任务	1周	2周	3周	4周	5周	6周	7周	8周	9周	10周	合计
C					5%	10%	40%				40
D						10%	20%				40
E											50
合计											210

表4　EV表(单位:万元)

任务	1周	2周	3周	4周	5周	6周	7周	8周	9周	10周	EV
A	9	6	15								30
B		10	15	25							50
C				2	2	12					16
D					4	4					8

【问题1】参考答案:

表4　EV表(单位:万元)

任务	1周	2周	3周	4周	5周	6周	7周	8周	9周	10周
A	9	6	15							
B		10	15	25						
C				2	2	12				
D					4	4				
E										
合计	9	16	30	27	6	16				

【问题2】分析:这道题考查的知识点是成本管理中的挣值管理。对于这个题目要充分理解挣值管理中相关的概念和计算公式。结合题干和问题2,我们要逐步计算清楚。

(1)因为任务C是非典型,任务D是典型,加上该任务是5个任务,然后再细分几个小的任务,所以要分开计算每一个任务的EAC,因为任务A、B全部做完了,所以EAC就是所有任务的实际成本。可以根据典型公式EAC=[(BAC-EV)/CPI]+AC和非典型公式EAC=(BAC-EV)+AC,来计算任务A、B、C、D、E的EAC。

表2　实际发生成本表(单位:万元)

任务	1周	2周	3周	4周	5周	6周	7周	8周	9周	10周	AC
A	10	14	10								34
B		10	14	20							44
C				5	5	10					20
D					5	8					13
E	10	24	24	25	10	18					111

项目总预算BAC=10+25+25+25+10+40+15+15+20+25=210(万元)。

①根据图表,可以知道任务A全部完成,因此EAC=10+14+10=34(万元)。(成本超支,进度持平)

②根据图表,可以知道任务 B 全部完成,因此 EAC=10+14+20=44(万元)。(成本节约,进度持平)

③根据图表和题干,任务 C 是非典型,因此 EV=16(万元),AC=20(万元),BAC=40(万元)。根据公式 EAC=(BAC−EV)+AC=(40−16)+20=44(万元)。(成本超支,进度持平)

④根据图表和题干,任务 D 是典型,因此 EV=8(万元),AC=13(万元),BAC=40(万元),根据计划中的图表可以知道在计划中此时第 6 周应该完成了 50%,计划中 PV 是 20 万元,而实际中只是完成了 20%,EV 是 8 万元,但是实际用了 13 万元,因此该任务进度落后,成本超支。根据公式 EAC=[(BAC−EV)/CPI]+AC 和 CPI=EV/AC 来计算任务 D 的 EAC。EAC=[(40−8)/(8/13)]+13=52+13=65(万元)。SPI=EV/PV=8/20=0.4,因此(成本超支,进度落后)求得任务 D 实际完工的时间需要 10 周。

⑤根据图表,可以知道任务 E 做第 6 周的时候还没有开工,因此任务 E 的 EAC=BAC=50(万元)。

综上所得,可以知道做第 6 周的估算的时候:EAC=34+44+44+65+50=237(万元)。

(2)根据(1)可以知道第 6 周项目的 EV、PV、AC。

AC=10+24+24+25+10+18=111(万元)。

EV=9+16+30+27+6+16=104(万元)。

PV=10+25+25+25+10+40=135(万元)。

成本绩效指数 CPI=EV/AC=104/111=0.94<1,成本超支。

进度绩效指数 SPI=EV/PV=104/135=0.77<1,进度落后。

【问题 2】参考答案:

(1)项目总预算 BAC=10+25+25+25+10+40+15+15+20+25=210(万元)。

任务 A 的 EAC=34(万元)。

任务 B 的 EAC=44(万元)。

任务 C 的 EAC=44(万元)。

任务 D 的 EAC=65(万元)。

任务 E 的 EAC=50(万元)。

项目完工时的 EAC=34+44+44+65+50=237(万元)。

(2)成本绩效指数 CPI=EV/AC=0.94,CPI<1,说明成本超支;

进度绩效指数 SPI=EV/PV=0.77,SPI<1,说明进度落后。

【问题 3】分析: 这道题考查的知识点是进度压缩的方法,是概念理解题,属于送分题。

进度压缩技术是指在不缩减项目范围的前提下,缩短进度工期,以满足进度制约因素、强制日期或其他进度目标。进度压缩技术包括(但不限于):CPI<1,说明成本超支;SPI<1,说明进度落后,因此可以采取以下措施:

(1)赶工,投入更多的资源或增加工作时间,以缩短关键活动的工期。

(2)快速跟进、并行施工,以缩短关键路径的长度。

(3)使用高素质的资源或经验更丰富的人员。

(4)减少活动范围或降低活动要求,需投资人同意。

(5)改进方法或技术,以提高生产效率。

(6)加强质量管理,及时发现问题,减少返工,从而缩短工期。

【问题 3】参考答案:

(1)赶工,投入更多的资源或增加工作时间,以缩短关键活动的工期。

(2)快速跟进、并行施工,以缩短关键路径的长度。

（3）使用高素质的资源或经验更丰富的人员。

（4）减小活动范围或降低活动要求，需投资人同意。

（5）改进方法或技术，以提高生产效率。

（6）加强质量管理，及时发现问题，减少返工，从而缩短工期。

项经理对小蔡说道："小蔡，今天案例分析题已经给你详细地讲解了，还有什么疑问吗？"

"项哥，您今天讲得太好了，经过您的详细解析，我懂了很多，也做了不少的笔记，把您说的重点都一一记录了下来，收获满满。"小蔡心满意足地说道。

"案例分析题，不能仅仅去看去理解，还要多做多总结，千万不能光听不练，光看不练，这样就可以避免一看就会，一做就糊涂。"项经理认真地说。

3 判案断案小技巧

经过项经理一天仔细地讲解，小蔡学到很多，回到家后，又认真地看了看笔记，自己进行了案例分析总结，针对理解题和计算题总结了一些小技巧。

3.1 案例分析理解题小技巧

小蔡认真地看着历年真题中的案例分析理解题，对于找错的题目，进行了总结分类。

一、解题思路

1. 拿到了题目，首先一定要认真地阅读，结合问题来审题，找出题干中的重要知识点。

2. 理解题目要考的知识点，首先要知道该知识点的内容和作用。

3. 最后，和警察判案断案一样，一条条地分析总结，对应相应的知识来回答，尽量多答，只要是相关的都写上去。关键词写到了就有分，所以一定要先死记硬背然后理解。

二、找错题的小技巧

其解题思路如下：

1. 根据该知识点的内容和作用来判断有没有问题。

2. 根据该知识点的过程组一个个来判断有没有问题。

3. 根据相关联的知识点来判断有没有问题。

万金油的方法，这个要根据实际考试的案例去用，如果实在是想不出来了，就把下面的内容写上去：

（1）因为项目经理管理不好，缺少项目管理知识，对于问题处理不及时，产生了一系列的问题。对于这个问题，我们要对项目经理进行相关的培训，项目经理要加强管理，及时跟踪项目情况，收集项目进度和成本等绩效，加强质量意识培训。

（2）团队成员技能不行，造成问题的产生，对其要加强培训，指定技术能力强的成员对其进行一对一培训。

（3）团队成员和相关人员没有严格按照计划执行，项目经理发现问题没有及时纠正过来。

（4）与相关干系人的沟通不到位，没有取得相关干系人的支持，在项目进行中产生各种问题，甚至不好的冲突。

（5）在项目进行中，没有加强质量管理工作，造成产品问题。

三、优化题小技巧

优化题就是针对问题找到改进措施，其主要思路如下：

1. 根据该知识点的内容和作用提出解决措施。

2. 根据该知识点的过程组一个个提出解决措施。

3. 根据相关联的知识点提出解决措施。

万金油的方法,这个要根据实际考试的案例去用,如果实在是想不出来了,就把下面的写上去:

(1)严格按照合同和标准,完善相关计划和文件,并严格执行和监督项目工作。

(2)对相关人员(项目经理、项目团队成员、项目干系人等)进行培训,提高团队和个人水平。

(3)项目经理加强管理,及时收集项目绩效数据,对其进行分析,找到问题、解决问题。严格按变更流程处理变更,做好配置管理工作。

(4)加强沟通管理,及时和相关干系人进行沟通,取得他们的理解和支持。

(5)加强质量管理和培训工作,实行全面质量管理,安排专人负责质量管理工作,严格按照标准进行质量保证工作,加强质量控制工作优化进程。

3.2　案例分析计算题小技巧

小蔡总结完案例分析理解题之后,就接着进行案例分析计算题的技巧总结。

一、计算题解题思路

1. 拿到了题目,首先一定要认真地阅读,结合问题来审题,找出题干中的重要知识点。

2. 理解题目要考的知识点,根据题干和问题要知道该计算是典型还是非典型,如果是进度计算题,一定要画出网络图,因为网络图是所有计算题的解题根本。

3. 然后和警察判案断案一样,整体考虑,写好计算步骤和公式,代入正确的数值,最后得到答案。

二、计算题小技巧

1. 工期压缩小技巧:首先我们画出最简单的前导图(单代号网络图),然后根据顺推和逆推,得到每个活动的最早开始时间和最晚开始时间,最早完成时间和最晚完成时间。总浮动时间不影响总工期,自由浮动时间不影响紧后工作。关键路径上的总浮动时间和自由浮动时间都是0,非关键路径上通常会有总浮动时间,通常是压缩关键路径上的活动来满足工期压缩。

2. 时标逻辑图画图小技巧:以关键路径为主线,非关键路径为支线,波浪线是自由浮动时间。

3. 当自己不能判断是典型还是非典型的时候,就把两个类型全都算出来。

4. 在成本计算题中,我们要先易后难,通常来说 AC 最好算,我们可以先计算出 AC,这样至少会有分拿。其次是 PV,我们可以根据当前时间,一个个来计算活动的 PV。通常来说 EV 是最难的,这个我们就要根据题干给的要求一个个来计算。

4　小蔡的自问自答

一、理解题

1. 阅读下列说明,回答问题 1 至问题 4。

【说明】

A 公司承接了某银行大型信息系统建设项目,任命张伟担任项目经理。该项目于 2017 年年初启动,预计 2018 年年底结束。

项目启动初期,张伟任命项目成员李明担任项目的质量管理员,专职负责质量管理,考虑到李明是团队中最资深的工程师,有丰富的实践经验,张伟给予李明充分授权,让他全权负责项目的质量管理。得到授权后,李明制定了质量管理计划,内容包括每月进行质量抽查、每月进行质量指标分析、每半年进行一次内部审核等工作。

2017 年 7 月份,在向客户进行半年度工作汇报时,客户表示对项目不满,一是项目进度比预期滞后;二是项目的阶段交付物不能满足合同中的质量要求。

由于质量管理工作由李明全权负责,张伟并不清楚究竟发生了什么问题,因此,他找李明进行了沟通,得到两点反馈:

（1）在每月进行质量检查时,李明总能发现些不符合项。每次都口头通知了当事人,但当事人并没有当回事,同样的错误不断重复出现。

（2）李明认为质量管理工作太得罪人,自己不想继续负责这项工作。

接着,张伟与项目组其他成员也进行了沟通,也得到两点反馈:

（1）李明月度检查工作的颗粒度不一致。针对他熟悉的领域,会检查得很仔细,针对不熟悉的领域,则一带而过。

（2）项目组成员普遍认为:在项目重要里程碑节点进行检查即可,没必要每月进行检查。

【问题1】（6分）

结合案例,请分析该项目质量管理过程中有哪些做得好的地方?

【问题2】（10分）

结合案例,请分析该项目质量管理过程中存在哪些问题?

【问题3】（6分）

请简述 ISO 9000 质量管理的原则。

【问题4】（5分）

请将下面（1）~（5）处的答案填写在对应栏内。

国家标准（GB/T 19000—2008）对质量的定义为:一组（1）满足要求的程度。

质量管理是指确定（2）、目标和职责,并通过质量体系中的质量管理过程来使其实现所有管理职能的全部活动。

在质量管理的技术和工具中,（3）用来显示在一个或多个输入转化成一个或多个输出的过程中,所需要的步骤顺序和可能分支;（4）用于识别造成大多数问题的少数重要原因;（5）可以显示两个变量之间是否有关系,一条斜线上的数据点距离越近,两个变量之间的相关性越密切。

【参考答案】

【问题1】

（1）指定了专职的质量管理员负责质量管理。

（2）制定了质量管理计划,规定了质量检查的时间、频率。

（3）按照计划进行了质量管理工作。

【问题2】

（1）质量管理计划中没有制定明确的质量标准。

（2）缺乏质量保证措施。

（3）质量控制检查工作颗粒度不一致,只检查自己熟悉的领域。

（4）交给质量管理员全权负责质量管理工作,项目经理缺乏对质量管理工作的监控。

（5）项目组成员缺乏质量意识。

【问题3】

（1）以顾客为中心。

（2）领导作用。

（3）全员参与。

（4）过程方法。

（5）管理的系统方法。

（6）持续改进。

（7）基于事实的决策方法。

（8）与供方互利的关系。

（答对六条即可）

【问题4】

（1）固有特性。

（2）质量方针。

（3）流程图。

（4）帕累托图。

（5）散点图。

2. 阅读下列说明，回答问题1至问题4。

【说明】

2018年7月，某信息系统公司中标当地司法部门语言转写项目，任命小陈为项目经理。小陈组建了项目组，制定了项目范围说明书，并获得了客户确认。为了激励成员，小陈请来小张协助软件研发工作，并对其进行了培训，项目组成员如下：

序号	姓名	职责	备注
1	小陈	项目经理	技术能力强，具有多年研发经验
2	小胡	软件架构设计师	多年软件研发工作经验，责任心强，工作积极热情，希望承担更多工作
3	小万	软件工程师	多年软件研发工作经验，单身，需要更多的认同感
4	小张	软件工程师	在读研究生，勤工俭学
5	小李	算法工程师	业内专家，收入高，喜欢享受生活
6	小王	界面美工设计	刚毕业大学生，希望多从项目中学习到一些东西并在公司立足

软件开发完成后，小陈找到小胡帮助进行软件测试，小胡普通话不标准，测试发现语音识别率不高，小李认为原因是程序架构不合理，小胡则认为是算法存在问题，双方争论不休。小陈认为是正常的工作状态，未做干预。项目组成员气氛日趋紧张，士气低落。

【问题1】（6分）

请结合项目范围管理和人力资源管理知识，总结项目经理在该项目中做得恰当与不恰当的地方。

【问题2】（10分）

如果你是项目经理，请分析表中的其他项目成员处于马斯洛需求层次理论的哪一层，并给出相应的激励措施。

【问题3】（3分）

请简述团队成员发生冲突后，有哪些冲突解决办法？

【问题4】（4分）

在人力资源管理工具中，属于X理论的有（　　　　）。

A. 人们天生反对改革

B. 在适当的条件下，人们愿意主动承担责任

C. 工作动机就是为了获得经济报酬

D. 人生来就以自我为中心

E. 人们能够自我确定目标，自我指挥，自我控制

F. 注重满足员工的生理需求和安全需求

G. 大多数人具有一定的想象力和创造力

【参考答案】

【问题1】

(1)恰当的地方:对新人进行了相关培训、项目范围说明书编写并经过确认与认可、项目经理制定奖励机制。

(2)不恰当的地方:项目范围不够清晰、冲突管理方法不当、奖励方式过于单一,没有达到预期的奖励效果。

【问题2】

小胡处于4层(受尊重),相应激励措施为:荣誉性奖励、参与重要会议。

小万处于3层(社会交往),相应激励措施为:公司文化交流、团队内部社交活动等。

小张处于1层(生理),相应激励措施为:工资、奖金、员工宿舍、公司班车等。

小李处于5层(自我实现):给他更多的空间让他负责、让他成为智囊团、参与决策、参与公司的管理会议等。

小王处于2层(安全需求):养老保险、医疗保障、长期劳动合同、意外保险、失业保险等。

【问题3】

冲突的解决办法有撤退/回避、缓和/包容、妥协/调解、强迫/命令、合作/解决问题。

【问题4】

属于X理论的有:ACDF。

3. 阅读下列说明,回答问题1至问题4。

【说明】

A公司准备研发一款手机无线充电器,项目启动时间为2018年1月,项目整体交付时间为2018年6月,按照资源配置和专业分工,公司将项目初步拆为7个子项目,其中,项目A和C负责产品主体研发和生产,项目E和F关注产品规格和外观设计,项目D负责技术攻关,项目G关注功能性附件。

2018年2月,核心芯片采购遇到困难,为了不影响整体进度,又单独成立了H组负责研究可替代芯片的选型和采购。

同时,公司专门成立了副总经理牵头的协调小组负责管理这8个启动时间不一、关键节点不一但内部又有关联的项目。

【问题1】(9分)

(1)请简述项目管理、项目集管理和项目组合管理的概念。

(2)结合案例,分析该项目适合用哪种方式进行管理,并简述理由。

【问题2】(6分)

结合案例,从变更、计划、监控三个属性上阐述项目组A的项目经理与协同小组职责的差异。

【问题3】(3分)

请将下面(1)~(3)处的答案填写在对应栏内。

项目组合治理管理包括:制定项目组合管理计划、(1)、(2)、(3)和执行项目组合监督5个子过程。

A. 定义项目组合

B. 分配项目组合资源

C. 优化项目组合

D. 批准项目组合

E. 制定项目组合预算

【问题4】(5分)

基于案例,请判断以下描述是否正确。

(1)项目集内所有的项目通过共同的目标相关联,该目标对发起组织而言具有非常重要的战略意义。(　　)

(2)项目集目标可以是短期的,也可以是长期的,可以是定性的,也可以是定量可管理的。(　　)

(3)为了获得有效资源,组织应该为每一个项目集提前分配固定的资源池。(　　)

(4)可以根据项目集收益的实现情况将项目集生命周期划分为项目集定义阶段、项目集收益交付阶段、项目集收尾阶段三个过程。(　　)

(5)项目集管理过程中,增加了绩效域这一新概念,重点关注项目集的战略、构建和治理等方面。(　　)

【参考答案】

【问题1】

(1)项目管理、项目集管理和项目组合管理的概念:

①项目管理:项目管理就是把各种知识、技能、手段和技术应用于项目活动之中,以达到项目的要求。

②项目集管理:项目集管理综合应用知识、过程、技能、工具以及技术来对其所包含的项目进行管理,以便满足项目集的需求,并能获取采用单一项目管理方式所达不到的收益和控制。

③项目组合管理:项目组合管理是将项目、项目集,以及其他方面的工作内容组合起来进行有效管理,以保证满足组织的战略性的业务目标。

(2)使用项目集管理。

理由:项目集是经过协调管理以获取单独管理所无法取得的收益的一组相关联的项目、子项目集和项目集活动。项目集内的所有项目通过共同的目标相关联,该目标对发起组织而言具有非常重要的战略意义。本案例的几个子项目是按资源配置和专业分工,它们合起来整体交付的成果是手机无线充电器,符合项目集管理的定义。

【问题2】

属性	项目组 A 的项目经理	协同小组
变更	项目经理尽量让变更最小化	要预测并拥抱变化
计划	为交付物提供详细的项目计划	为详细的项目计划提供高层指导
监控	监控产生项目交付物的任务和工作	在治理框架下,监控项目工作

【问题3】

(1)A。(2)C。(3)D。

说明:项目组合治理管理主要包括五个子过程:制定项目组合管理计划、定义项目组合、优化项目组合、批准项目组合、执行项目组合监督。[(1)、(2)、(3)必须按顺序,如果顺序不对,则只给顺序正确的那个选项的分]

【问题4】(5分)

(1)√。

(2)×(项目集目标可以长期,也可以短期,但必须是可量化可管理的)。

(3)×(项目集应该有资源池,但不是固定的,应结合项目集自身不同的特点来组建资源池)。

(4)√。

(5)√。

4. 阅读下列说明,回答问题1至问题4。

【说明】

A公司中标某金融机构(甲方)位于北京的数据中心运行维护项目,并签署了运维合同。合同明确了运维对象,包括服务器、存储及网络等设备,并约定:核心系统备件4小时到场,非核心系统备件24小时到场,80%以上备件需满足上述时效承诺,否则视为违约。

A公司任命小张担任该项目的项目经理,为了确保满足服务承诺,小张在北京建立了备件库,招聘了专职备件管理员及库房管理员。考虑到备件成本较高,无法将服务器、存储和网络设备的所有备件都进行储备,备件管理员选择了一些价格较低的备件列入《备件采购清单》,并经小张批准后交给了采购部。随后,采购部通过网站搜索,发现B公司能够提供项目所需全部备件且价格较低,于是确定B公司作为备件供应商,并签署了备件采购合同。

项目实施三个月后,甲方向公司投诉。一是部分核心系统备件未能按时到场。二是部分备件加电异常,虽然补发了备件,但是影响了系统正常运行。

针对备件未能按时到场的问题,小张通过现场工程师了解到:一是核心系统备件没有储备;二是部分备件在库存信息中显示有库存,但调取时却找不到。为此需要临时从B公司采购,延误了备件到场时间。

针对备件加电异常的问题,小张召集采购部、库房管理员、B公司召开沟通会议,库房管理员认为B公司提供的备件质量存在严重问题,但无法提供相应证据。B公司则认为供货没有问题,是库房环境问题导致备件异常,因为B公司人员送备件到库房时,曾多次发现库房温度、湿度超标,B公司去年存在多项失信行为记录,大家各执一词,会议无法达成共识。

【问题1】(5分)

请说明采购管理的主要步骤。

【问题2】(12分)

结合案例,请指出该项目采购管理中存在的问题。

【问题3】(3分)

请简述采购货物入库的三个条件。

【问题4】(7分)

请将下面(1)~(7)处的答案填写在对应栏内。

供应商选择的三大主要因素是供应商的(1)、(2)和(3)。

经进货验证确定为不合格的产品,应采取的处理包括退货、(4)和(5)。

采购需求通常包括标的物的配置、性能、数量、服务等,其中(6)和(7)最为关键。

【参考答案】

【问题1】

采购管理的主要步骤:制定采购计划、执行采购、控制采购、结束采购。

【问题2】

该项目采购管理中存在的问题:

(1)没有对供应商的综合能力、背景、公司业绩等进行审核,没有进行多家供应商信息的综合对比。

(2)签订合同时,只考虑了价格,但是没有考虑相关的服务、质量等要求。

(3)没有进行货物储备(补充采购)。

(4)货物入库后发生质量问题,无法明确具体责任人。

(5)库房环境存在问题,例如温度、湿度超标等。

(6)货物出入管理存在问题,没有对相关信息进行核实记录、信息不准确。

【问题3】

采购货物入库的条件:

(1)对设备进行检验、验收合格后应填写《验收清单》或者《进库检验合格几率》等。

(2)库存清单信息的核对应与订货单(合同清单)保持一致。

(3)设备质量证明文件、运货单、质检报告等应齐全。

【问题4】

(1)产品价格。(2)质量。(3)服务。(4)调换。(5)降级改作他用。(6)配置。(7)性能。

二、计算题

1. 阅读下列说明,回答问题1至问题3。

【说明】

某公司承接了一个软件外包项目,项目内容包括 A、B 两个模块的开发测试,项目经理创建了项目的 WBS(见下表)。估算了资源、工期、项目人力资源成本是 1000 元/(人·天)。

活动	人员安排	预计完成工作量(人·天)
模块 A 开发	8	48
模块 A 单元测试	1	4
模块 A 修复	8	8
模块 A 回归测试	1	3
模块 B 开发	8	80
模块 B 单元测试	1	3
模块 B 修复	10	10
模块 B 回归测试	1	2
模块 A、模块 B 接口测试	1	2
模块 A、模块 B 联调	2	4

【问题1】(7分)

根据目前 WBS 安排,请计算项目的最短工期,并绘制对应的时标网络图。

【问题2】(10分)

项目开展 11 天后,阶段评审发现,模块 A 的修复工作完成了一半,回归测试还没有开始;模块 B 的开发工作已经结束,准备进入端单元测试。此时项目已经花费了 18 万元的人力资源成本。

(1)请计算项目当前的 PV、EV、AC、CV、SV,并评价项目目前的进度和成本绩效。

(2)按照当前绩效继续进行,请预测项目的 ETC(写出计算过程,计算结果精确到个位)。

【问题3】(6分)

基于问题2,针对项目目前的绩效,项目经理应采取哪些措施保证项目按时完工?

【参考答案】

【问题1】

总工期:20 天。

绘制时标网络图如下:

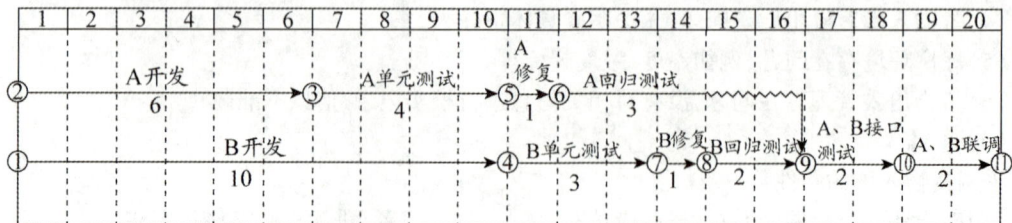

1	2	3	4	5	6	7	8	9	10	11	12	13	14	15	16	17	18	19	20

② A开发 6 ③ A单元测试 4 ⑤ A修复 1 ⑥ A回归测试 ～～～

① B开发 10 ④ B单元测试 3 ⑦ B修复 1 ⑧ B回归测试 2 ⑨ A、B接口测试 2 ⑩ A、B联调 2 ⑪

【问题2】

(1)PV = 141000(元);EV = 136000(元);AC = 180000(元);CV = EV－AC = －44000(元);SV = EV－PV = －5000(元),成本超支、进度滞后。

(2)ETC = (BAC－EV)/CPI = (164000－136000)/(136000/180000) ≈ 37059(元)。

【问题3】

项目经理应采取的措施:

(1)选择赶工,在控制成本的情况下投入更多的人力、物力等资源,增加工作效率。

(2)选择快速跟进,将之前按照顺序开展的工作,改为并行同时开展的方式来追赶进度。

(3)采用资源优化技术。

(4)用经验丰富、技术高的工程师替换之前的工程师来提高工作效率。

2. 阅读下列说明,回答问题1至问题3。

【说明】

某软件项目包含8项活动,活动之间的依赖关系,以及各活动的工作量和所需的资源如下表所示。假设不同类型的工作人员之间不能互换,但是同一类型的人员都可以从事与其相关的所有工作。所有参与该项目的工作人员,从项目一开始就进入项目团队,并直到项目结束时才能离开,在项目过程中不能承担其他活动。(所有的工作都按照整天计算)

活动	工作量(人·天)	依赖	资源类型
A	4		SA
B	3	A	SD
C	2	A	SD
D	4	A	SD
E	3	B	SC
F	3	C	SC
G	8	C、D	SC
H	2	E、F、G	SA

注:SA:系统分析人员;SD:系统设计人员;SC:软件编码人员。

【问题1】(14分)

假设该项目团队有 SA 人员 1 人,SD 人员 2 人,SC 人员 3 人,请将下面(1)~(11)处的答案填写在对应栏内。

活动 A 结束后,先投入(1)个 SD 完成活动 C,需要(2)天。

活动 C 结束后,再投入(3)个 SD 完成活动 D,需要(4)天。

活动 C 结束后,投入(5)个 SC 完成活动(6),需要(7)天。

活动 D 结束后,投入 SD 完成活动 B。

活动 C、D 结束后,投入(8)个 SC 完成活动 G,需要(9)天。

活动 G 结束后,投入(10)个 SC 完成活动 E,需要 1 天。

活动 E、F、G 完成后,投入 1 个 SA 完成活动 H,需要 2 天。

项目总工期为(11)天。

【问题 2】(7 分)

假设现在市场上一名 SA 每天的成本为 500 元,一名 SD 每天的成本为 500 元,一名 SC 每天的成本为 600 元,项目要压缩至 10 天完成。

(1)应增加什么类型的资源?增加多少?

(2)项目成本增加还是减少?增加或减少多少?（请给出简要计算步骤）

【问题 3】(6 分)

请判断以下描述是否正确。正确的选项填写"√",不正确的选项填写"×")

(1)活动资源估算过程同费用估算过程紧密相关,外地施工团队聘用熟悉本地相关法规的咨询人员的成本不属于活动资源估算的范畴,只属于项目的成本部分。(　　)

(2)制定综合资源日历属于活动资源估算过程的一部分,一般只包括资源的有无,而不包括人力资源的能力和技能。(　　)

(3)项目变更造成项目延期,应在变更确认时发布,而非在交付前发布。(　　)

【参考答案】

【问题 1】

注意:这道题不能单纯通过表格画关键路线,需要通过表格下方文字描述缕清每个工作的先后顺序,再配合时标网络图就能得出答案。

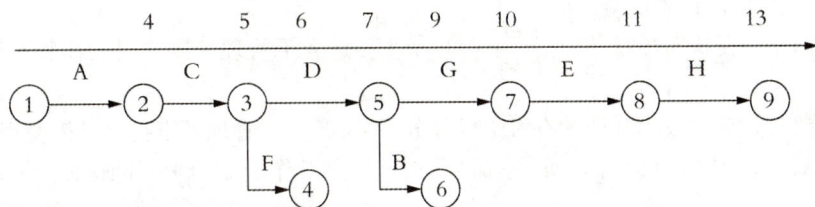

(1)2。(2)1。(3)2。(4)2。(5)3。(6)F。(7)1。(8)3。(9)3。(10)3。(11)13。

【问题 2】

(1)增加 SA,增加 1 人。

(2)原来的项目成本为:(500+2×500+3×600)×13＝42900(元);增加 1 名 SA 后的成本为:(2×500+2×500+3×600)×10＝38000(元),成本减少了 4900 元。

【问题 3】

(1)×。(2)×。(3)√。

3. 阅读下列说明,回答问题 1 至问题 4。

【说明】

某项目工期为 6 个月,该项目的项目经理在第 3 个月末对项目进行了中期检查,检查结果表明完成了计划进度的 90%,相关情况见下表(单位:万元),表中活动之间存在 F—S 关系。

序号	活动	第 1 月	第 2 月	第 3 月	第 4 月	第 5 月	第 6 月	PV 值
1	编制计划	4	4					8

序号	活动	第1月	第2月	第3月	第4月	第5月	第6月	PV值
2	需求调研		6	6				12
3	概要设计			4	4			8
4	数据设计				8	4		12
5	详细设计					8	2	10
	月度PV	4	10	10	12	12	2	
	月度AC	4	11	11				

【问题1】(8分)

计算中期检查时项目的CPI、CV和SV,以及"概要设计"活动的EV和SPI。

【问题2】(4分)

如果按照当前的绩效,计算项目的ETC和EAC。

【问题3】(8分)

请对该项目目前的进展情况作出评价。如果公司规定,在项目中期评审中,项目的进度绩效指标和成本绩效指标在计划值的±10%即为正常,则该项目是否需要采取纠正措施?如需要,请说明可采取哪些纠正措施进行成本控制;如不需要,请说明理由。

【问题4】(5分)

结合本案例,判断下列选项的正误。(正确的选项填写"√",错误的选项填写"×")

(1)应急储备是包含在成本基准内的一部分预算,用来应对已经接受的已识别风险,并已经制定应急或减轻措施的已识别风险。( )

(2)管理储备主要应对项目的"已知—未知"风险,是为了管理控制的目的而特别留出的项目预算。( )

(3)管理储备是项目成本基准的有机组成部分,不需要高层管理者审批就可以使用。( )

(4)成本基准就是项目的总预算,不需要按照项目工作分解结构和项目生命周期进行分解。( )

(5)成本管理过程及其使用的工具和技术会因应用领域的不同而变化,一般在项目生命期定义过程中对此进行选择。( )

【参考答案】

【问题1】

项目的CPI、CV、SV:PV $= 8+12+4 = 24$;AC $= 4+11+11 = 26$(万元);SPI $= 90\%$;SPI $=$ EV/PV,所以EV $=$ SPI×PV $= 0.9×24 = 21.6$(万元);CPI $=$ EV/AC $= 21.6/26 = 0.83$;CV $=$ EV$-$AC $= 21.6-26 = -4.4$(万元);SV $=$ EV$-$PV $= 21.6-24 = -2.4$(万元)。

"概要设计"活动的SV、SPI:EV $= 21.6-8-12 = 1.6$(万元);SPI $=$ EV/PV $= 1.6/4 = 0.4$。

【问题2】

"按照当前的绩效"说明当前的偏差是典型的,因此,ETC $=$ (BAC$-$EV)/CPI $= (50-21.6)/0.83 = 34.22$(万元);EAC $=$ ETC$+$AC $= 34.22+26 = 60.22$(万元)。

【问题3】

项目的CPI $= 0.83$,SPI $= 0.9$,按照题干要求,项目进度正常,成本落后,需要采取成本纠正措施。可采取的成本纠正措施有:

(1)识别可能引起项目成本基准计划发生变动的因素,并对这些因素施加影响,以保证该变化朝着有利的方向发展。

(2)以工作包为单位,监督成本的实施情况,发现实际成本与预算成本之间的偏差,查找出产生偏差的原因,做好实际成本的分析评估工作。

(3)对发生成本偏差的工作包实施管理,有针对性地采取纠正措施,必要时可以根据实际情况对项目成本基准计划进行适当地调整和修改,同时要确保所有的相关变更都准确地记录在成本基准计划中。

(4)将核准的成本变更和调整后的成本基准计划通知项目的相关人员。

(5)防止不正确的、不合适的或未授权的项目变更所发生的费用被列入项目成本预算。

(6)在进行成本控制的同时,应该与项目范围变更、进度计划变更、质量控制等紧密结合,防止因单纯控制成本而引起项目范围、进度和质量方面的问题,甚至出现无法接受的风险。

【问题4】

(1)√。(2)×。(3)×。(4)×。(5)√。

4. 阅读下列说明,回答问题1至问题4。

【说明】

某信息系统项目包含 A、B、C、D、E、F、G、H、I、J 十个活动。各活动的历时、成本估算值、活动逻辑关系如下表所示:

活动名称	活动历时(天)	成本估算(元)	紧前活动
A	2	2000	—
B	4	3000	A
C	6	5000	B
D	4	3000	A
E	3	2000	D
F	2	2000	A
G	2	2000	F
H	3	3000	E、G
I	2	2000	C、H
J	3	3000	I

【问题1】(10分)

(1)请计算活动 H、G 的总浮动时间和自由浮动时间。

(2)请指出该项目的关键路径。

(3)请计算该项目的总工期。

【问题2】(3分)

项目经理在第9天结束时对项目进度进行统计,发现活动 C 完成了50%,活动 E 完成了50%,活动 G 完成了100%,请判断该项目工期是否会受到影响?为什么?

【问题3】(10分)

结合问题2,项目经理在第9天结束时对项目成本进行了估算,发现活动 B 的实际花费比预估多了1000元,活动 D 的实际花费比预估少了500元,活动 C 的实际花费为2000元,活动 E 的实际花费为1000元,其他活动的实际花费与预估一致。

(1)请计算该项目的完工预算 BAC。

(2)请计算该时点计划值 PV、挣值 EV、成本绩效指数 CPI、进度绩效指数 SPI。

【问题4】(3分)

项目经理对项目进度、成本与计划不一致的原因进行了详细分析,并制定了改进措施。假设该改进措施是有效的,能确保项目后续过程不会再发生类似问题,请计算该项目的完工估算EAC。

【参考答案】

【问题1】

(1)活动H的总浮动时间和自由浮动时间都为0;活动G的总浮动时间和自由浮动时间都为3。

(2)该项目的关键路径为:$A \to B \to C \to I \to J$ 和 $A \to D \to E \to H \to I \to J$。

(3)该项目的总工期为17天。

【问题2】

该项目工期会受到影响。

理由:活动E在关键路径上,在第9天结束时理应全部完成,而目前只完成了50%,进度拖延,将会影响总工期。

【问题3】

(1)完工预算 $BAC = A+B+C+D+E+F+G+H+I+J = 2000+3000+5000+3000+2000+2000+2000+3000+2000+3000 = 27000$(元)。

(2)计划值 $PV = A+B+1/2C+D+E+F+G = 2000+3000+2500+3000+2000+2000+2000 = 16500$(元)。

挣值 $EV = A+B+1/2C+D+1/2E+F+G = 2000+3000+2500+3000+1000+2000+2000 = 15500$(元)。

实际成本 $AC = 2000+4000+2000+2500+1000+2000+2000 = 15500$(元)。

成本绩效指数 $CPI = EV/AC = 15500/15500 = 1$。

进度绩效指数 $SPI = EV/PV = 15500/16500 = 0.94$。

【问题4】

该项目属于非典型偏差。

$EAC = ETC+AC = (BAC-EV)+AC = (27000-15500)+15500 = 27000$(元)。

5 本章重要概念

十大知识领域:五大过程组和十大知识领域的47个过程组的内容和作用,47个过程组的输入、工具和技术、输出。

进度管理:关键路径、前导图(单代号网络图)、箭线图(双代号网络图)、总浮动时间、自由浮动时间、进度压缩措施。

成本管理:EV、PV、AC、BAC、ETC、EAC的概念和计算公式、典型计算和非典型计算的公式。

【小彩蛋】

对于案例题,我们一定要多看、多练,记住一定要自己做而且也要多做。对于计算题一定要自己手算,不能用计算器。

在案例分析题中,如果出现的判断题自己一个都不会,就全部选"√"或者全部选"×",这样至少会有1分拿。同样如果有多项选择题,我们一定不能多选也不能少选,如果不会选,就连着选,这样至少也有1分拿。因为有总比没有的好。

第四编

论文专项

论文分析

1 考情分布地图

随着考试的临近,小蔡非常努力地学习信息系统项目管理师的相关知识点,但最近最让他犯愁的变成了论文,就是不知道怎么去写。因此他用了很长时间去学习,比如通过看视频的方式,在看视频时,老师视频里讲的都明白,于是开始尝试自己去写,可是自己写着写着就不知道写什么了。因此他再次去请教项经理,"什么是论文?它考的是什么呢?能不能讲通俗一点?"小蔡虚心地求问。

项经理说:"论文就是结合理论阐述自己的具体项目。最近考试中,论文分为两个类型,一个是单论文;一个是组合论文。单论文就是单独讲述自己项目工作中涉及的十大知识领域中的某一个;组合论文就是讲述自己项目工作涉及的十大知识领域的多个知识点。要写好论文就必须掌握五大过程组和十大知识领域的47个过程组,明白它们的内容和作用是什么,采用什么工具和技术。掌握了五大过程组和十大知识领域,然后结合自己学到的理论知识写出实际工作,论文强调的是实际工作经验,你参加了不少的项目,应该有很多的工作经验,这个应该很好下手。现在我给你说说:论文考的就是理论和实际工作的结合。从历年的考试来看,论文通常是十大知识领域和高级知识点的安全管理等。在学习论文中一定要熟记十大知识领域的47个过程组和高级知识点的一些内容,理解并记忆47个过程组的内容、作用、输入、工具和技术、输出。下午论文考试时间120分钟,通常要写2500字左右,时间比较紧,因此平时要多动手练习,才能把握好时间。因为平时我们大家都习惯了电脑打字,很少动笔去写东西,所以学习的时候一定要动手去抄、去写,把写字的速度和字体练好。一手好字会让阅卷老师看得舒服,他看得舒服了,你就舒服了,只要符合论文基本要求,论文就基本没有问题了。如果你的字不好一定要加强练习,我建议论文的学习时间用一个月,不要小看论文哦,在写论文的同时,你会熟悉很多知识点,很多不熟悉的知识点,在写的时候,修改的时候,会越来越清晰明了,最难记的输入输出、工具和技术都会记住很多,论文其实就是最后阶段的总复习!"最近4次考试的论文题如下表。

年份	论文一	论文二
2020 年下半年	论信息系统项目的成本管理	论信息系统项目的采购管理
2021 年上半年	论信息系统项目的范围管理	论信息系统项目的合同管理
2021 年下半年	论信息系统项目的招投标管理	论信息系统项目的进度管理
2022 年上半年	论信息系统项目的干系人管理	

2 论文详解

项经理说:"论文就是依据学到的知识点,按实际工作来表述,我们正好接到一个新的项目,我就用这个给你说说。上个礼拜,我们公司接手了一个新的项目——湖南省某人民医院的医院信息管理系统,因为该单位二甲复评,在用的系统不能满足湖南省二甲医院信息管理系统标准,因此要换新的系统。原先老系统,据我了解,工程师和信息科负责人三年时间都没有完成该项目,第4年的时候该系统的公司又倒闭了,没有完成好所必须的软件,再加上没有工程师维护,因此需要更换新的系统。该医院二甲复评迫在眉睫,必须在很短的时间内完成,而且还要保证后续的系统日常维护,因此薛总把这个艰巨的任务交给了我,我把你们几个老熟人都申请调了过来,为了避免上述人的因素造成问题的发生,薛总给了一些要求后,我和几个小组的负责人与相关干系人根据这些要求,制定了一个人力资源管理计划,该计划可以是详细的或概括的,可以是正式的或非正式的,事后再逐步完善。这个计划就是一个单知识点的论文。项目进行中,因薛总要求在人力管理中加强成本管理,又给了一些具体的要求,让我写了一个计划,这个就是组合论文。下面我给你分开说说这两个论文该怎么写。"

2.1　单论文详解

> **论信息系统项目的人力资源管理**
>
> 　　项目中的所有活动都是由人完成的,因此组建项目团队、建设项目团队和管理项目团队,充分发挥项目团队中各种角色人员的作用,将直接影响到项目的进度、成本和质量,对项目的成败起到至关重要的作用。
>
> 　　请以"信息系统项目的人力资源管理"为题,分别从以下三个方面进行论述。
>
> 　　1. 概要叙述你参与管理过的信息系统项目(项目的背景、项目规模、发起单位、目的、项目内容、组织结构、项目周期、交付的产品等)和你在其中承担的工作,要求在该项目的管理中涉及人力资源管理的相关内容。
>
> 　　2. 结合项目管理实际情况并围绕以下要点论述你对信息系统项目人力资源管理的认识。
>
> 　　(1)项目人力资源管理的含义与作用。
>
> 　　(2)项目人力资源管理包含的主要内容。
>
> 　　(3)项目人力资源管理中用到的工具和技术。
>
> 　　3. 针对论文中所提到的信息系统项目,结合你在项目人力资源管理中遇到的实际问题与解决方法,论述如何做好项目的人力资源管理。

项经理仔细看了看薛总给的要求,分为三个部分去写,其主要架构如下:

第一部分:根据论文要求:

概要叙述你参与管理过的信息系统项目(项目的背景、项目规模、发起单位、目的、项目内容、组织结构、项目周期、交付的产品等)和你在其中承担的工作,要求在该项目的管理中涉及人力资源管理的相关内容。

这个部分概要叙述参与管理过的信息系统项目(项目的背景、项目规模、发起单位、目的、项目内容、组织结构、项目周期、交付的产品等),在项目中的职责,满足论文要求。

第二部分:根据论文要求:

(1)项目中的所有活动都是由人完成的,因此组建项目团队、建设项目团队和管理项目团队,充分发挥项目团队中各种角色人员的作用,将直接影响到项目的进度、成本和质量,对项目的成败起到至关重要的作用。

(2)项目人力资源管理的含义与作用。

(3)项目人力资源管理包含的主要内容。

(4)项目人力资源管理中用到的工具和技术。

这个部分把该知识点的每一个过程组分别在"输入""工具和技术"和"输出"这三个方面用实际工作论述相关的内容和作用,并满足论文要求。

第三部分:根据论文要求:

结合你在项目人力资源管理中遇到的实际问题与解决方法,论述如何做好项目的人力资源管理。

这个部分做好整个论文的组织过程资产总结,论述在项目中遇到的问题与解决方案。本项目通过有效的管理所取得的实际效果。以实际例子描述哪些做得好,哪些需要改进,通过以上满足论文要求。

论文示例：

论信息系统项目的人力资源管理

2019年5月，我作为项目经理参与了湖南省常宁市人民医院的医院信息管理系统的项目，该项目总费用为500万元人民币，工期为180天，该项目是建立以HIS、PACS、LIS和EMR为核心的医院信息管理系统，符合湖南省二甲医院信息管理系统标准，解决该院日益增多的患者需求和实现"以病人为中心"的服务宗旨。在该项目的人力资源管理中，我特别注重规划人力资源、组建项目团队、建设项目团队和管理项目团队等过程组的管理。为了使得项目顺利完成，在该过程中，我利用我的管理能力和领导能力，采取集中办公和定期举行会议，团队成员相互交流和沟通，进行相关知识培训。在碰到冲突时采用合理的办法处理。采取工作绩效考核，对团队成员进行认可和奖励。

一、规划人力资源管理

规划人力资源管理是为了识别和记录项目角色、职责、所需技能、报告关系，并编制人力资源管理计划的过程，其主要作用是明确和识别具备所需的人力资源，保证项目成功。

作为项目经理，规划好人力资源管理是一个项目成功的开始，我和公司高层、相关专家根据项目管理计划、活动资源需求、事业环境因素和组织过程资产等相关文件资料召开会议，初步确认了组织图和职位描述。会中制定了人力资源管理计划，该计划的内容包括：人员配备管理计划。在此基础上，把该项目分为前期工作和后期工作，前期工作为接口开发、基础数据收集、系统培训、系统安装及测试、系统联调、新老系统切换、新系统上线，后期工作为运营维护。我建立了初步文本型组织图，详细描述了团队成员的工作和职责。前期工作需要的角色和技能：软件开发人员，4名高级技术员，专业知识和技能一定要扎实，熟悉医院软件设计开发和系统集成接口设计开发工作、系统测试等，负责主要工作内容是医院信息管理系统的设计开发，医保、农合、工伤、异地结算、微信、支付宝、POS和银联等接口开发和设计，系统集成，系统测试。因为该项目的子系统相当多，有20个子系统，需求调研人员8名，必须熟悉医院信息管理软件设计、开发、实施和该系统中子系统的各个功能。后期工作需要运营维护人员2名，该人员必须熟悉医院信息软件的运营维护，具备较强的沟通能力，负责该院的信息系统的日常维护。还有QA等相关人员。此外，根据该项目比较大、项目时间短、公司的人力资源日历表和以往项目的组织过程资产，对发现人力资源日历冲突的地方与公司沟通解决办法，制定了某些重要工作负责人和开发人员的备用人选计划，制定了相应的培训计划，定期或不定期的组织团队成员业务学习，提高个人技能和团队整体效率。还制定了项目的奖罚措施，做到多做多得，少做少得。做得好的有奖励，做得不好的有惩罚。

二、组建项目团队

组建项目团队是确认人力资源的可用情况，并为开展项目活动而组建团队的过程，其主要作用是指导团队选择和职责分配，组建一个成功的团队。

在确认了人员配备管理计划和文本型组织图后，公司根据项目进度计划以及项目进展情况，逐步为项目组分派了需求调研人员，系统架构设计师，系统开发工程师，测试工程师、质量管理员等加入项目组，项目进展期间公司还派了2名新进的技术员参与项目，希望通过项目建设锻炼新人。蔡工程师、牛工程师、裴工程师、策工程师等是我向公司提前要的，属于预分派。然后又招募了胡经理和小谭。我们和院方沟通后，由其委派2名信息科工作人员加入到项目组协助系统集成的接口开发，因我们分别要与医保、农合、工伤、异地结算、微信、支付宝、POS和银联等系统的开发技术人员进行沟通，以虚拟团队的方式邀请其作为技术指导给予帮助，较好地解决了不同系统间集成时的接口问题。同时我又邀请了薛总、肖经理和左总监进入虚拟团队，我们通过微信、电话等方式进行项目相关工作的沟通和处理。

三、建设项目团队

项目团队组成后,为了提高团队工作能力,促进团队成员互动,改善团队整体氛围,便于团队之间的沟通协作,在接口开发阶段我们采用了集中办公的方式,并将进度计划以及每日的工作重点张贴于公告板上便于大家了解项目状况;对于 2 名新进技术员的培训,为了能使他们尽快成长,我亲自培训并为他们每人安排指派了一名技术高手作为组长带他们进行工作;在系统集成阶段、系统测试阶段和新老系统更换阶段,为了赶进度,项目组成员不同程度地进行了加班,对此,我在会议上表达了我对大家的感谢,同时我向公司汇报了大家积极为项目所付出的努力,对此,公司领导对项目组给予了肯定和奖励。这也因为我采取了很多积极措施,使得团队成员团结在一起,积极地做事。

四、管理项目团队

管理项目团队就是跟踪团队成员的工作表现,提供反馈,解决问题并管理团队变更情况,保持项目团队高效的工作效率。集中办公更便于我发现团队中的不稳定因素。在项目接口开发阶段,我发现一位负责接口开发的高级技术员突然有段时间经常迟到,后来经过谈话沟通后了解到,他家不在本地,平时很难回家一次。我告诉他如果他能按质按量地完成他的工作,并提前完成,我可以安排他休假,让他在家多陪陪家人。他也非常感动,主动要求通过加班处理完手上的工作,后经过阶段绩效考核,其并未对项目进度造成延误。随着项目进度的深入,项目组的人数逐渐增加,但工作效率反而降低了,并且后加入的开发人员和先加入的团队成员之间经常会发生争执,对于一些错误问题也互相推诿,不能有效地沟通,造成了项目进度延缓。我发现这个问题后,首先制定 RAM 责任分配矩阵,与每一个人确认了工作职责和范围,其次对新进项目组的成员优先给予培训,让他们了解项目的具体情况,尽早进入角色;另外我还通过公司员工档案了解到项目成员中大部分人都有户外活动的爱好,我特意在某个周末组织大家进行了爬山比赛,进一步增进了成员之间的感情;最后对于个别不服从安排的成员,我通过与其谈话的方式,晓之以理,并争取到其职能领导的支持,最后将其调换到其他项目组工作。在全体成员的积极努力下,通过他们发挥个人的能力、发挥团队力量,节约了成本、加快了进度,并且质量也符合标准。

五、总结

该项目经过全体成员的努力,在 155 天内得以完成,实际花费了 481.15 万元人民币,比合同提前了 25 天,节约近 20 万元人民币,并因此赢得了公司与院方的一致好评。回顾而言,项目的成功很大程度上归功于我们在项目进行人力资源管理中采取的一些措施,如积极地沟通和协调,集中办公和定期举行会议,使团队成员相互交流和沟通,进行相关知识培训;对新加入员工加强培训,为公司培养合格人才;在碰到冲突时采用合理的办法处理;采取工作绩效考核,对团队成员进行认可和奖励。但是在项目进行中也出现过矛盾,新进来的员工和老员工在一个接口开发程序设计的过程中产生冲突,而且我又由于手上的工作原因,没有第一时间赶到冲突现场处理,使得双方情绪比较激动,事后我单独和两人面谈,了解相关情况,缓和双方的情绪,并在一起进行探讨和研究,最后本着求同存异的思想处理了该问题,避免了冲突程度的进一步加深。事后我总结自己的原因,没有加强团队成员的沟通培训,对于问题的处理途径应该增加,情况允许的话尽量第一时间赶到冲突现场。我把这些发生的问题都记入我的工作笔记中,总结经验教训,以备后期项目的组织过程资产,提高自己的管理能力和领导能力。

2.2 组合论文详解

论信息系统项目的人力资源管理和成本管理

项目中的所有活动都是由人来完成的,因此在项目管理中,"人"的因素至关重要。如何充分发挥人的作用,使团队成员达到更好的绩效,对于项目管理者来说不容忽视。项目的人力资源管理理就是有效地发挥每一个参与项目人员作用的过程。

请以"信息系统项目的人力资源管理和成本管理"为题,分别从以下三个方面进行论述。

1. 概要叙述你参与管理过的信息系统项目(项目的背景、项目规模、发起单位、目的、项目内容、组织结构、项目周期、交付的成果等),以及该项目在人力资源方面的情况。

2. 结合项目管理实际情况并围绕以下要点论述你对信息系统项目人力资源管理和成本管理的认识。

(1)项目人力资源管理的基本过程和常用方法。

(2)项目人力资源管理中涉及的成本管理问题和成本管理中涉及的人力资源管理问题。

(3)信息系统发生成本超支后,如何通过人力资源管理来进行改善。

3. 结合项目实际情况说明在该项目中你是如何进行人力资源管理和成本管理的(可叙述具体做法),并总结你的心得体会。

第一部分:根据论文要求:

概要叙述你参与管理过的信息系统项目(项目的背景、项目规模、发起单位、目的、项目内容、组织结构、项目周期、交付的成果等),以及该项目在人力资源方面的情况。

这个部分概要叙述参与管理过的信息系统项目(项目的背景、项目规模、发起单位、目的、项目内容、组织结构、项目周期、交付的成果等),项目中团队成员和职责,满足论文要求。

第二部分:根据论文要求:

(1)在项目管理中,"人"的因素至关重要。如何充分发挥人的作用,使团队成员达到更好的绩效,对于项目管理者来说不容忽视。项目的人力资源管理就是有效地发挥每一个参与项目人员作用的过程。

(2)项目人力资源管理的基本过程和常用方法。

(3)项目人力资源管理中涉及的成本管理问题和成本管理中涉及的人力资源管理问题。

(4)信息系统发生成本超支后,如何通过人力资源管理来进行改善。

这个部分把该知识点的每一个过程组分别在"输入""工具和技术"和"输出"这三个方面用实际工作论述相关的内容和作用,并满足论文要求。

第三部分:根据论文要求:

结合项目实际情况说明在该项目中你是如何进行人力资源管理和成本管理的(可叙述具体做法),并总结你的心得体会。

这个部分做好整个论文的组织过程资产总结,论述在项目中遇到的问题与解决方案。本项目通过有效的管理所取得的实际效果。以实际例子描述哪些做得好,哪些需要改进,通过以上满足论文要求。

论文示例:

论信息系统项目的人力资源管理和成本管理

2019 年 5 月,我作为项目经理参与了湖南省常宁市人民医院的医院信息管理系统的项目,该项目总费用为 800 万元人民币,工期为 180 天,该项目是建立以 HIS、PACS、LIS 和 EMR 为核心的医院信息管理系统,符合湖南省二甲医院信息管理系统标准,解决该院日益增多的患者需求和实现

第四编

"以病人为中心"的服务宗旨。鉴于该项目技术要求严格、工作量大、时间紧迫、高层重视,在项目建设过程中施行科学结合实践的管理,在规划人力资源管理中做好成本管理规划,组建项目团队中做好成本估算和预算工作,建设项目团队中做好成本执行工作、管理项目团队中做好成本控制工作,确保项目的人力资源和成本管理工作按基线进行,圆满完成项目。同时加强与业主方积极的沟通,这在一定程度上可减少不符合组织战略目标的变更。最终该项目提前一个月完成并顺利验收,获得业主方一致好评,下面我将项目过程逐一说明。

一、在规划人力资源管理中做好人力资源成本规划,为后续工作提供指导

作为项目经理,规划好人力资源管理是一个项目成功的开始,我和我公司高层、相关专家根据项目管理计划、活动资源需求、事业环境因素和组织过程资产等相关文件资料召开会议,初步确认了组织图和职位描述。会中制定了人力资源管理计划,该计划的内容包括:人员配备计划,初步文本型组织图,详细描述团队成员的角色和职责。

根据人力资源管理计划的人员配备管理计划做好人力成本的相关规划,本工作需要业务专家和需求分析师各 1 人,月薪是 9000 元/月,具体工作是需求调研和业务场景优化等工作。系统架构师 3 个,月薪是 12000 元/月,具体工作是负责系统的架构设计和质量把控等工作,并做好高级软件工程、初级软件工程师,测试工程师等人员的月薪和职责。最后做好人员招募、培训、人员遣散、认可和奖励的相关费用,对 AB 人员备案做好管理储备大概是 20 万元。随后把人力成本相关文件更新到成本管理计划,指导项目人力管理和成本管理朝有利的方向发展,为下面后续工作做好准备。

二、组建好项目团队,做好人力成本估算和预算工作,为项目打下人力资源基础,更好地完成项目

组建项目团队是确认人力资源的可用情况,并为开展项目活动而组建团队的过程,其主要作用是指导团队选择和职责分配,组建一个成功的团队。在确认了人员配备管理计划和文本型组织图后,开始组建项目团队并进行了人力成本估算和预算。组建项目团队时,我依据人力资源管理计划通过预分派、谈判等技术和工具形成项目人员清单等项目文件。预分派:我与公司各部门职能经理进行会议,在取得了理解和支持后,按照成本管理计划的指导,在会上初步预定了各岗位的人选,比如蔡工程师、牛工程师、裴工程师、策工程师等就是我提前要的,公司预分配了给我,并做好这些人员的成本估算,大概费用为 20 万元。谈判:系统架构师在公司属于各项目竞争性资源,公司近期诸多项目也需场外支持,我向系统架构师人选承诺其只负责核心架构难点工作,在征得其认同后加入项目团队,成本费用大概为 30 万元。

完成上述工作后,我根据人员清单核对人力成本估算,将业务专家和需求分析师、高级软件工程师和初级软件工程师、系统架构师实际可用人力成本,估算人力成本费用大概为 200 万元,在此基础上进行成本预算为 245 万元。然后把项目人员清单和成本预算上报高层,经高层批准后纳入相关计划,并更新相关计划和文件。

三、建设项目团队,执行好人力成本预算,让团队更有效率

建设项目团队是提高团队协同效率、项目绩效的过程,执行好人力成本会提高项目团队工作能力,促进团队成员互动,改善团队整体氛围,便于团队之间的沟通协调。建设项目团队时,依照成本基准的预算支出计划,对人力资源管理计划、项目人员清单和相关资料的分析,制定好相关建设项目团队的具体活动,其主要内容是:制定好基本规则,在内容中强调奖罚制度。我从考勤、工作效率进行绩效考核,每月按预算支出计划对绩效前 3 名实行奖励制度,形成良性的竞争规则。定期进行团队建设活动,加强团队成员互动,改善团队整体氛围和沟通协调。在完成一个关键的里程碑的时候,我举行了一次团队聚餐和 K 歌活动,让大家在紧张的工作之后适当的放松一下自己,费用为 3226 元。另外,加强对员工的培训,对于负责培训的人员每次培训奖励 200 元。

第四编

在建设项目团队过程中,通过严格遵守成本基准,整体项目绩效上我方高层与业主方高层一致满意,确保项目执行过程"人尽其事"。

四、管理项目团队,做好人力成本控制工作,更好地完成项目

管理项目团队是解决问题、优化项目绩效并控制团队变更的过程,是控制成本、监督项目成本、管理成本基准的过程。管理项目团队时,我依据对干系人的问题日志的分析,通过冲突管理方法管控项目团队;控制成本时,我依据对项目资金需求的分析,通过挣值管理等方法管控项目成本。

在此过程中,基于上述过程完善的管理,项目绩效整体在可控范围内,院方期望系统提前1个月完成,我依此形成问题日志,与我方团队成员分析后,在成本基准的前提下,以现有人力成本赶工会造成更多的冲突,但管理冲突的目的是解决问题,无法满足在管理冲突的同时提前完成项目,业主方的诉求势必形成项目资金需求变化,我依此分析制定了两种变更方案:一是经过院方主要负责领导同意,减小项目范围;二是对成本基准进行变更,增加预算支出,投入更多的人力资源按原项目范围提前完工,将变更方案在与业主方沟通后提交至变更控制委员会,经CCB决策后选择第一种变更方案,我依此组织项目团队实施,并对变更进行跟踪,在该项目进行时,有些成员技术能力不达标,造成进度落后,增加了项目的人力成本,我由于把牛工调到该项目小组负责,采取边做边指导,提高了该项目小组的技术能力,于后期加快了进度和效益,弥补了前期的人力成本的增加这个问题。

在院方的理解和支持下,在全体项目团队成员的努力下,该项目自2019年5月起,经5个月工期,较计划工期提前1个月完成,获得院方一致好评。回顾项目过程,我深刻认识到只有科学结合实践的管理,才能最大程度在最短的时间内做最大量且正确的事情,我在多个过程中以多种方法结合的方式在项目中形成了良好的实践,使得人力与成本能够相互兼容、促进,但在涉及人力与成本的变更时有所不足,我优先考虑满足院方提前完工的诉求,应该从资源成本优化的角度去考虑,能够形成更好的变更方案。在项目中因为成员技术造成工期的延误,我采取了高效人员参加,一边培训一边做事,解决了人力成本超支的问题。对此,我都形成经验总结补充到我公司知识库,以备参考学习。在今后的工作中,我将努力提升自我的业务水平、管理水平,力争为我国国民经济信息化、社会生活信息化做出贡献。

3　论文思路

不管什么论文,五大过程组和十大知识领域的47个过程组是重点,所有的论文都是根据这些理论知识来的,重点是考查我们对实际工作的理论实践。因此我总结了一下论文思路。

3.1　单论文思路

单论文的考点主要就是十大知识领域的47个过程组,然后以实际工作论述理论,以什么为依据,然后采用哪些工具和技术实施项目,它的主要内容有哪些及其作用是什么。

单论文可以分为以下三个阶段。

第一阶段:概要叙述参与管理过的信息系统项目(项目的背景、项目规模、项目总投资、发起单位、目的、项目内容、组织结构、项目周期、交付的产品等),在项目中的职责。

第二阶段:按论文要求,把该知识点的每一个过程组分别在"输入""工具和技术"和"输出"这三个方面用实际工作论述相关的内容和作用,根据论文要求,逐步叙述项目内容。

第三阶段:做好整个论文的组织过程资产总结,论述在项目中遇到的问题与解决方案。本项目通过有效的管理所取得的实际效果。以实际例子描述哪些做得好,哪些需要改进。如果字数不够可以多写几个问题,尽量使得字数超过2500字。

3.2　组合论文思路

组合论文的考点主要就是十大知识领域的47个过程组的相互联系,然后以实际工作中我作为

项目经理,根据资料,采用哪些工具和技术实施该知识点的每一个过程组,它的主要内容有哪些及其作用是什么,相关知识点之间的相互联系和影响。

组合论文可以分为以下三个阶段。

第一阶段:概要叙述参与管理过的信息系统项目(项目的背景、项目规模、项目总投资、发起单位、目的、项目内容、组织结构、项目周期、交付的产品等),在项目中的职责,并切入论文的论题。

第二阶段:按论文要求,把该知识点的每一个过程组分别在"输入""工具和技术"和"输出"这三个方面用实际工作论述相关的内容和作用,并以论文要求逐步论述出来。这个时候如果不知道怎么写,把论文要求的原话,换一个角度说出来,这样也能满足论文要求。

第三阶段:做好整个论文的组织过程资产总结,总结它们之间的联系和影响,在项目中遇到的问题与解决方案。最后本项目通过有效的管理所取得的实际效果和实际例子描述哪些做得好,哪些需要改进。如果字数不够可以多写几个问题,尽量使得字数超过 2500 字。

4 小蔡的自问自答

试题一 论信息系统项目的风险管理与安全管理

项目风险是一种不确定的事件和条件,一旦发生,会对项目目标产生某种正面或负面的影响。信息系统安全策略是指针对信息系统的安全风险进行有效地识别和评估后,所采取的各种措施和手段,以及建立的各种管理制度和规章等。

请以"论信息系统项目的风险管理与安全管理"为题,分别从以下三个方面进行论述。

1. 概要叙述你参与管理过的信息系统项目(项目的背景、项目规模、项目总投资、发起单位、目的、项目内容、组织结构、项目周期、交付的成果等),并说明你在其中承担的工作。

2. 结合项目管理实际情况并围绕以下要点论述你对信息系统项目风险管理与安全管理的认识。

(1)项目风险管理与安全管理的联系与区别。

(2)项目风险管理的主要过程和方法。

(3)请解释适度安全、木桶效应这两个常见的安全管理中的概念,并说明安全与应用之间的关系。

3. 请结合论文中所提到的信息系统项目,介绍在该项目中是如何进行风险管理与安全管理的(可叙述具体做法),并总结你的心得体会。

试题二 论信息系统项目的整体管理

项目整体管理包括选择资源分配方案、平衡相互竞争的目标和方案,以及协调项目管理各知识领域之间的依赖关系。

请以"论信息系统项目的整体管理"为题进行论述。

1. 概要叙述你参与管理过的信息系统项目(项目的背景、项目规模、项目总投资、发起单位、目的、项目内容、组织结构、项目周期、交付的成果等),并说明你在其中承担的工作(项目背景要求本人真实经历,不得抄袭及杜撰)。

2. 请结合你所叙述的信息系统项目,围绕以下要点论述你对信息系统项目整体管理的认识,并总结你的心得体会。

(1)项目整体管理过程。

(2)项目整体变更管理过程,并结合项目管理实际情况写出一个具体变更从申请到关闭的全部过程记录。

试题三　论信息系统项目的沟通管理

项目沟通管理是确保及时、正确地产生、收集、分发、储存和最终处理项目信息所需的过程。项目经理应该根据项目特点充分了解项目涉及的各方利益诉求，并且在项目初期为沟通活动分配适当的时间、预算等资源。

请以"论信息系统项目的沟通管理"为题进行论述。

1. 概要叙述你参与管理过的信息系统项目（项目的背景、项目规模、项目总投资、发起单位、目的、项目内容、组织结构、项目周期、交付的成果等），并说明你在其中承担的工作（项目背景要求本人真实经历，不得抄袭及杜撰）。

2. 请结合你所叙述的信息系统项目，围绕以下要点论述你对信息系统项目沟通管理的认识，并总结你的心得体会。

（1）项目沟通管理的过程。

（2）项目干系人管理过程，并结合项目管理实际情况制定一个具体的干系人管理计划。

试题四　论信息系统项目的质量管理

成功的项目管理是在约定的时间、范围、成本以及质量的要求下，达到项目干系人的期望。质量管理是项目管理中非常重要的一个方面，质量与范围、成本和时间都是项目是否成功的关键因素。

请以"论信息系统项目的质量管理"为题，分别从以下三个方面进行论述。

1. 概要叙述你参与管理过的信息系统项目（项目的背景、项目规模、项目总投资、发起单位、目的、项目内容、组织结构、项目周期、交付的产品等），并说明你在其中承担的工作。

2. 结合项目管理实际情况并围绕以下要点论述你对信息系统项目质量管理的认识。

（1）项目质量与进度、成本、范围之间的密切关系。

（2）项目质量管理的过程及其输入和输出。

（3）项目质量管理中用到的工具和技术。

3. 请结合论文中所提到的信息系统项目，介绍在该项目中是如何进行质量管理的（可叙述具体做法），并总结你的心得体会。

试题五　论信息系统项目的风险管理

项目风险是一种不确定的事件和条件，一旦发生，会对项目目标产生某种正面或负面的影响，项目风险管理的目标在于增加积极事件的概率和影响，降低项目消极事件的概率和影响。

请围绕"项目的风险管理"论题，从以下几个方面进行论述。

1. 概要叙述你参与管理过的信息系统项目（项目的背景、项目规模、项目总投资、发起单位、目的、项目内容、组织结构、项目周期、交付的产品等），并说明你在其中承担的工作。

2. 结合项目管理实际情况并围绕以下要点论述你对信息系统项目风险管理的认识。

（1）项目风险管理的基本过程。

（2）信息系统项目中风险管理方面经常会遇到的问题和所采取的解决措施。

3. 结合项目实际情况说明在该项目中你是如何进行风险管理的（可叙述具体做法），并总结你的心得体会。

试题六　论信息系统项目的范围管理

实施项目范围管理的目的是确保项目做且只做所需的全部工作，以顺利完成项目的各个过程，项目范围管理关注为项目界定清楚工作边界，防止范围蔓延。当必须改变项目工作边界时，项目范围管理提供了一套规范的方法处理范围变更。

请以"论信息系统项目的范围管理"为题，分别从以下三个方面进行论述。

1. 概要叙述你所参与管理过的信息系统项目(项目的背景、目标、规模、发起单位、项目内容、组织结构、项目周期、交付的成果等),并说明你在其中承担的工作。

2. 结合项目实际,论述你对项目范围管理的认识。可以包括但不限于以下几个方面。

(1)项目范围对项目的意义。

(2)项目范围管理的主要过程、工具和技术。

(3)引起项目范围变更的因素。

(4)如何做好项目范围控制,防止项目范围蔓延。

3. 请结合论文中所提到的信息系统项目,介绍你是如何进行范围管理的,包括具体做法和经验教训。

5   本章重要总结

论文的基础就是五大过程组和十大知识领域,一定要熟记47个过程组的内容和作用,它们的输入、工具和技术、输出是论文的核心。在这个基础上根据论文要求逐步论述好,达到基本要求,这样论文才没有大问题。

第五编

模拟试卷及解析

全国计算机技术与软件专业技术资格(水平)考试

模拟试卷(一)　信息系统项目管理师　上午试卷

(考试时间 9:00~11:30　共150分钟)

> 请按下述要求正确填写答题卡

1. 在答题卡的指定位置上正确写入你的姓名和准考证号,并用正规 2B 铅笔在你写入的准考证号下填涂准考证号。

2. 本试卷的试题中共有 75 个空格,需要全部解答,每个空格 1 分,满分 75 分。

3. 每个空格对应一个序号,有 A、B、C、D 四个选项,请选择一个最恰当的选项作为解答,在答题卡相应序号下填涂该选项。

4. 解答前务必阅读例题和答题卡上的例题填涂样式及填涂注意事项。解答时用正规 2B 铅笔正确填涂选项,如需修改,请用橡皮擦干净,否则会导致不能正确评分。

例题

· 2022 年下半年全国计算机技术与软件专业技术资格(水平)考试日期是(88)月(89)日。

(88) A. 4　　　　　　　　　　　　　　B. 5

　　　C. 10　　　　　　　　　　　　　D. 11

(89) A. 23　　　　　　　　　　　　　B. 24

　　　C. 5　　　　　　　　　　　　　　D. 7

因为考试日期是"11 月 5 日",故(88)选 D,(89)选 C,应在答题卡序号 88 下对 D 填涂,在序号 89 下对 C 填涂(参看答题卡)。

· 信息系统的主要性能指标是它的有效性和可靠性。有效性就是在系统中传送尽可能多的信息;可靠性是要求信宿收到的信息尽可能地与信源发出的信息一致,或者说失真尽可能小。在信息编码时,可以采用(1)的方法来提高可靠性。

(1) A. 数字签名　　　　　　　　　　　B. 容错技术

　　　C. 加密技术　　　　　　　　　　　D. 冗余编码

试题分析:信息系统的主要性能指标是它的有效性和可靠性。为了提高可靠性,在信息编码时,可以增加冗余编码,恰当的冗余编码可以在信息受到噪声侵扰时被恢复,而过量的冗余编码将降低信道的有效性和信息传输速率。

参考答案:(1)D

· (2)不是智慧城市的功能层。

(2) A. 物理应用层　　　　　　　　　　B. 计算与存储层

　　　C. 数据及服务支撑层　　　　　　　D. 物联感知层

试题分析:智慧城市的功能层包括物联感知层、通信网络层、计算与存储层、数据及服务支撑层和智慧应用层。

参考答案:(2)A

· 移动互联网的主要特点是(3)。

①业务与终端、网络的强关联性；②终端和网络的开阔性；③业务使用的安全性；④终端移动性；⑤业务使用的私密性；⑥终端和网络的局限性。

（3）A. ①②③⑤　　　　　　　　　　　　B. ①②④⑤

　　　C. ①④⑤⑥　　　　　　　　　　　　D. ①②⑤⑥

试题分析：移动互联网的主要特点是业务与终端、网络的强关联性，终端移动性，业务使用的私密性，终端和网络的局限性。

参考答案：（3）C

· 在五阶段的生命周期中，整个系统建设的关键阶段是(4)。

（4）A. 系统分析阶段　　　　　　　　　　B. 系统设计阶段

　　　C. 系统规划阶段　　　　　　　　　　D. 系统实施阶段

试题分析：系统分析阶段又称为逻辑设计阶段，这个阶段是整个系统建设的关键阶段，也是信息系统建设与一般工程项目的重要区别所在。

参考答案：（4）A

· "四库"即建立人口、法人单位、空间地理和自然资源、宏观经济四个基础数据库。在国家信息化体系中属于的要素是(5)。

（5）A. 信息资源　　　　　　　　　　　　B. 信息网络

　　　C. 信息技术应用　　　　　　　　　　D. 信息技术和产业

试题分析："四库"是基础数据库，属于信息资源。

参考答案：（5）A

· (6)指无法在一定时间范围内用常规软件工具进行捕捉、管理和处理的数据集合，是需要新处理模式才能具有更强的决策力、洞察发现力和流程优化能力的海量、高增长率和多样化的信息资产。

（6）A. 大数据　　　　　　　　　　　　　B. 数据仓库

　　　C. 数据挖掘　　　　　　　　　　　　D. 数据管理

试题分析：大数据(big data)指无法在一定时间范围内用常规软件工具进行捕捉、管理和处理的数据集合，是需要新处理模式才能具有更强的决策力、洞察发现力和流程优化能力的海量、高增长率和多样化的信息资产。

参考答案：（6）A

· 如果将部门聚餐烤肉比作购买云计算服务，去饭店吃自助烤肉、去饭店直接吃烤肉、自己架炉子买肉烤着吃，分别对应(7)服务。

（7）A. SaaS、PaaS、IaaS　　　　　　　　B. PaaS、SaaS、IaaS

　　　C. SaaS、IaaS、PaaS　　　　　　　　D. PaaS、IaaS、SaaS

试题分析：此题较为新颖，用生活的场景刻画了云计算架构的三个层次，云计算的架构层次分为三个层次：基础设施即服务(IaaS)、平台即服务(PaaS)、软件即服务(SaaS)。

IaaS是消费者可以从云计算中心获得完善的计算机基础设施服务，如题干"自己架炉子买肉烤着吃"。

PaaS是云计算上各种应用软件提供服务的平台应用，如题干"去饭店吃自助烤肉"。

SaaS是一种通过Internet提供软件的模式，如题干"去饭店直接吃烤肉"。

参考答案：（7）B

· 薛老师是一名教师，性别男，身高180cm，主讲软考，擅长打五笔字型。该实例中关于类和对象的相关描述，正确的是(8)。

（8）A. 薛老师是对象，教师是类，性别和身高是状态信息，讲课和打五笔字型是对象行为

B. 薛老师是类,教师是对象,性别和身高是状态信息,打五笔字型是对象行为

C. 薛老师是状态信息,教师是类,性别和身高是对象,讲课和打五笔字型是对象行为

D. 薛老师是对象,教师是状态信息,性别和身高是类,讲课是对象行为

试题分析: 面向对象的基本概念包括对象、类、抽象、封装、继承等。其中,对象是由数据及操作所构成的封装体,是系统中用来描述客观事物的一个模块,是构成系统的基本单位,包括对象标识、对象状态、对象行为,其中每个对象都有一个对象标识,对象状态是对对象的静态描述,而对象行为是对对象的动态特征的描述,类是现实世界中对实体的形式化或抽象的描述,类是对象的抽象,对象是类的实例。题中:教师属于类,薛老师是教师类的一个实例,性别和身高都是薛老师这个对象的静态特征属性,讲课和打五笔字型是薛老师这个对象的动态特征行为。

参考答案: (8)A

· 针对信息系统,信息安全可以划分为以下四个层次:设备安全、数据安全、内容安全、行为安全,下列关于行为安全的说法,错误的是(9)。

(9) A. 行为的秘密性是指行为的过程和结果不能危害数据的秘密性

B. 行为的完整性是指行为的过程和结果不能危害数据的完整性,行为的过程和结果是预期的

C. 行为的可靠性是指行为的过程和结果不能危害数据的可靠性

D. 行为的可控性是指当行为的过程出现偏离预期时,能够发现、控制或纠正

试题分析: 行为安全包括行为的秘密性、行为的完整性和行为的可控性。

参考答案: (9)C

· 在OSI参考模型中,(10)是指四层交换,并对端口进行变更。

(10) A. 传输层交换　　　　　　　　　　B. 链路层交换

C. 网络层交换　　　　　　　　　　D. 应用层交换

试题分析: 传输层主要负责确保数据可靠、顺序、无错地从A点传输到B点,在系统之间提供可靠、透明的数据传送,提供端到端的错误恢复和流量控制。传输层的交换对端口进行变更。

参考答案: (10)A

· 下列说法错误的是(11)。

(11) A. 敏捷软件开发是一种应对快速变化的需求的一种软件开发能力

B. Scrum敏捷开发的流行,越来越多的公司采用敏捷开发用于软件产品和应用的开发

C. 敏捷开发是一种以人为核心、迭代、循序渐进的开发方法

D. Scrum是一种迭代式增量软件开发过程,通常用于敏捷软件开发

试题分析: B选项的正确说法为:Gile敏捷开发的流行,越来越多的公司采用敏捷开发用于软件产品和应用的开发。

参考答案: (11)B

· 2007年,公安部、国家保密局、国家密码管理局、国务院信息化工作办公室制定了《信息安全等级保护管理办法》。根据这个办法,国家信息安全等级保护坚持(12)的原则。

(12) A. 自主定级和自主保护　　　　　　B. 自主分类和自主保护

C. 自主定级和自主维护　　　　　　D. 自主分类和自主维护

试题分析: 2007年,公安部、国家保密局、国家密码管理局、国务院信息化工作办公室制定了《信息安全等级保护管理办法》。根据这个办法,国家信息安全等级保护坚持自主定级和自主保护的原则。

参考答案: (12)A

· 在 GB/T 29264—2012 中,将运行维护服务分成基础环境运维、硬件运维服务、软件运维服务、(13)、运维管理服务和其他运行维护服务。

(13) A. 数据维护服务   B. 系统维护服务

     C. 售后运维服务   D. 安全运维服务

试题分析:在 GB/T 29264—2012 中,将运行维护服务分成基础环境运维、硬件运维服务、软件运维服务、安全运维服务、运维管理服务和其他运行维护服务。

参考答案:(13)D

· 从总体上来看,UML 的结构包括(14)三个部分。

(14) A. 构造块、规则和公共机制   B. 构造块、规则和法律机制

     C. 构造块、规则和标准机制   D. 技术块、规则和公共机制

试题分析:UML 的结构包括构造块、规则和公共机制三个部分。

参考答案:(14)A

· 下列关于 UML 中四种关系的说法,错误的是(15)。

(15) A. 依赖是两个事物之间的语义关系,其中一个事物发生变化会影响另一个事物的语义

     B. 关联描述一组对象之间连接的结构关系

     C. 顺序是一般化和特殊化的关系,描述特殊元素的对象可替换一般元素的对象

     D. 实现是类之间的语义关系,其中的一个类指定了由另一个类保证执行的契约

试题分析:C 选项的正确说法为:泛化是一般化和特殊化的关系,描述特殊元素的对象可替换一般元素的对象。

参考答案:(15)C

· 下列关于动态测试的说法,不正确的是(16)。

(16) A. 动态测试是指在计算机上运行程序进行软件测试

     B. 使用白盒测试的方法也可以实现静态测试。例如,使用人工检查代码的方法来检查代码的逻辑问题,也属于白盒测试的范畴

     C. 黑盒测试也称为功能测试,主要用于集成测试、确认测试和系统测试中

     D. 白盒测试也称为结构测试,主要用于软件单元测试中

试题分析:B 选项的正确说法为:使用静态测试的方法也可以实现白盒测试。例如,使用人工检查代码的方法来检查代码的逻辑问题,也属于白盒测试的范畴。

参考答案:(16)B

· 业务流程集成(17)。

(17) A. 由一系列基于标准的、统一数据格式的工作流组成

     B. 是在业务逻辑层上对应用系统进行集成的

     C. 是比较原始和最浅层次的集成,但又是常用的集成

     D. 对数据进行标识并编成目录,另外还要确定源数据模型,保证数据在数据库系统中分布和共享

试题分析:业务流程集成也称为过程集成,它由一系列基于标准的、统一数据格式的工作流组成。

参考答案:(17)A

· 大数据所涉及的关键技术很多,主要包括采集、存储、管理、分析与挖掘相关技术。其中,HBase 属于(18)技术。

(18) A. 数据采集   B. 数据存储

     C. 数据管理   D. 数据分析与挖掘

第五编

试题分析：大数据的关键技术中，HBase是一个分布式、面向列的开源数据库，不同于一般的关系数据库，它是一个适合于非结构化数据存储的数据库。

参考答案：(18)B

· 中间件有多种类型，IBM的MQSeries属于__(19)__中间件。

(19)A. 面向消息 　　　　　　　　　　　　B. 分布式对象

　　　C. 数据库访问 　　　　　　　　　　　D. 事务

试题分析：通常将中间件分为数据库访问中间件、远程过程调用中间件、面向消息中间件、分布式对象中间件、事务中间件等：

①数据库访问中间件：通过一个抽象层访问数据库，从而允许使用相同或相似的代码访问不同的数据库资源。典型技术如Windows平台的ODBC和Java平台的JDBC等。

②远程过程调用中间件（Remote Procedure Call，RPC）：是一种分布式应用程序的处理方法。一个应用程序可以使用RPC来"远程"执行一个位于不同地址空间内的过程，从效果上看和执行本地调用相同。一个RPC应用分为服务器和客户两个部分。服务器提供一个或多个远程操作过程；客户向服务器发出远程调用。服务器和客户可以位于同一台计算机，也可以位于不同的计算机，甚至可以运行在不同的操作系统之上。客户和服务器之间的网络通讯和数据转换通过代理程序（Stub与Skeleton）完成，从而屏蔽了不同的操作系统和网络协议。

③面向消息中间件（Message Oriented Middleware，MOM）：利用高效可靠的消息传递机制进行平台无关的数据传递，并可基于数据通信进行分布系统的集成。通过提供消息传递和消息队列模型，可在分布环境下扩展进程间的通信，并支持多种通讯协议、语言、应用程序、硬件和软件平台。典型产品如IBM的MQSeries。

④分布式对象中间件：是建立对象之间客户/服务器关系的中间件，结合了对象技术与分布式计算技术。该技术提供了一个通信框架，可以在异构分布计算环境中透明传递对象请求。典型产品如OMG的CORBA、SUN的RMI/EJB、Microsoft的DCOM等。

⑤事务中间件：也称事务处理监控器（Transaction Processing Monitor，TPM），提供特大规模事务处理的可靠运行环境。TPM位于客户和服务器之间，完成事务管理与协调、负载平衡、失效恢复等任务，以提高系统的整体性能。典型产品如IBM/BEA的Tuxedo。结合对象技术的对象事务监控器（Object Transaction Monitor，OTM）如支持EJB的JavaEE应用服务器等。

参考答案：(19)A

· 2015年，国务院发布了《关于积极推进"互联网+"行动的指导意见》，其总体思路是顺应世界"互联网+"发展趋势，充分发挥我国互联网的规模优势和应用优势，推动互联网由__(20)__拓展，加速提升产业发展水平，增强各行业创新能力，构筑经济社会发展新优势和新动能。

(20)A. 实体经济向虚拟经济 　　　　　　　B. 第二产业向第三产业

　　　C. 线上领域向线下领域 　　　　　　　D. 消费领域向生产领域

试题分析：根据《关于积极推进"互联网+"行动的指导意见》，总体思路：顺应世界"互联网+"发展趋势，充分发挥我国互联网的规模优势和应用优势，推动互联网由消费领域向生产领域拓展，加速提升产业发展水平，增强各行业创新能力，构筑经济社会发展新优势和新动能。坚持改革创新和市场需求导向，突出企业的主体作用，大力拓展互联网与经济社会各领域融合的广度和深度。着力深化体制机制改革，释放发展潜力和活力；着力做优存量，推动经济提质增效和转型升级；着力做大增量，培育新兴业态，打造新的增长点；着力创新政府服务模式，夯实网络发展基础，营造安全网络环境，提升公共服务水平。

参考答案：(20)D

· 信息技术服务标准(ITSS)的 IT 服务生命周期模型中,(21)是在规划设计基础上,依据 ITSS 建立管理体系、提供服务解决方案。

(21)A. 服务战略 　　　　　　　　B. 部署实施

　　 C. 服务运营 　　　　　　　　D. 监督管理

试题分析:部署实施:在规划设计基础上,依据 ITSS 建立管理体系、部署专用工具及服务解决方案。

参考答案:(21)B

· 在互联网环境下,应用系统安全是以计算机设备安全、网络安全和数据库安全为基础的。Web 内容安全管理十分重要,下列不是其技术的是(22)。

(22)A. 电子邮件过滤 　　　　　　　B. 网页防篡改

　　 C. 反间谍软件 　　　　　　　　D. 网页过滤

试题分析:Web 内容安全管理分为电子邮件过滤、网页过滤、反间谍软件三项技术,这三项技术不仅对内容安全市场发展起到决定性推动作用,而且对于互联网的安全起到至关重要的保障作用。网页防篡改是 Web 威胁防护技术。

参考答案:(22)B

· 信息系统建设项目因管理不规范会普遍存在诸多问题,普遍存在的主要问题是(23)。

①系统质量不达标,存在安全漏洞和隐患;②工程进度拖后、延期,成本超支;③文档缺失;④产品化与个性化矛盾;⑤重硬件、开发和建设;⑥业务需求不断变化。

(23)A. ①②③④⑤ 　　　　　　　　B. ①②③④⑥

　　 C. ①②④⑤⑥ 　　　　　　　　D. 以上都是

试题分析:管理欠规范,则信息系统建设项目会普遍存在诸多问题,普遍存在的主要问题如下:

①系统质量不能完全满足应用的基本需求。

②工程进度拖后,延期。

③项目资金使用不合理或严重超出预算。

④项目文档不全甚至严重缺失。

⑤在项目实施过程中系统业务需求一变再变。

⑥项目绩效难以量化评估。

⑦系统存在着安全漏洞和隐患等。

⑧重硬件轻软件,重开发轻维护,重建设轻应用。

⑨信息系统服务企业缺乏规范的流程和能力管理。

⑩信息系统建设普遍存在产品化与个性化需求的矛盾。

⑪开放性要求高,而标准和规范更新快。

参考答案:(23)D

· 项目团队应当将项目置于其所处的文化、社会、国际、政治和自然的环境及其同这些环境之间的关系中加以考虑,(24)不是主要的考虑内容。

(24)A. 组织文化和组织战略

　　 B. 国际与政治环境

　　 C. 自然环境

　　 D. 文化与社会环境

试题分析:项目团队应当将项目置于其所处的文化、社会、国际、政治和自然的环境及其同这些环境之间的关系中加以考虑:①文化与社会环境;②国际与政治环境;③自然环境。

参考答案：(24)A

· 相对于 Web 1.0 来说，Web 2.0 具有多种优势，__(25)__ 不属于 Web 2.0 的优势。

(25)A. 页面简洁、风格流畅　　　　　　B. 个性化、突出自我品牌

　　　C. 用户参与度高　　　　　　　　　D. 更加追求功能性利益

试题分析：Web 1.0 和 Web 2.0 的区别，如下表所示。

项目	Web 1.0	Web 2.0
页面风格	结构复杂，页面繁冗	页面简洁、风格流畅
个性化程度	垂直化、大众化	个性化、突出自我品牌
用户体验程度	低参与度、被动接受	高参与度、互动接受
通讯程度	信息闭塞知识程度低	信息灵通、知识程度高
感性程度	追求物质性价值	追求精神性价值
功能性	实用追求功能性利益	体验追求情感性利益

参考答案：(25)D

· __(26)__ 标准规定了计算机系统安全保护能力的五个等级：用户自主保护级、系统审计保护级、安全标记保护级、结构化保护级、访问验证保护级。

(26)A. GB 17859—1999　　　　　　　　B. GA/T 671—2006

　　　C. GB/T 20272—2006　　　　　　　D. GB/T 20271—2006

试题分析：《计算机信息系统安全保护等级划分准则》(GB 17859—1999)标准规定了计算机系统安全保护能力的五个等级。

参考答案：(26)A

· 按照实施过程的先后，网络工程在 __(27)__ 阶段通常包括确定网络总体目标和设计原则，进行网络总体设计和拓扑结构设计，确定网络选型和进行网络安全设计等方面的内容。

(27)A. 网络实施　　　　　　　　　　　B. 网络规划

　　　C. 网络设计　　　　　　　　　　　D. 网络监控

试题分析：网络系统的设计阶段通常包括确定网络总体目标和设计原则，进行网络总体设计和拓扑结构设计，确定网络选型和进行网络安全设计等方面的内容。

参考答案：(27)C

· 下图是 __(28)__ 。

企业资源 数据类型	产品	顾客	设备	材料	厂商	资金	人事
存档数据	产品零部件	客户	设备负荷	原材料付款单	厂家	财务会计总账	雇员工资
事务数据	订购	运输			材料接收	收款/付款	
计划数据	产品计划	销售区域 销售行业	设备计划 能力计划	需求生产 计划表		预算	人员计划
统计数据	产品需求	销售历史	设备利用率	分类需求	厂家行为	财务统计	生产率

(28)A. RBS　　　　　　　　　　　　　　B. R/D 矩阵

　　　C. P/O 矩阵　　　　　　　　　　　D. OBS

试题分析:图中所示为 R/D 矩阵图,是为了定义类,在调查研究和访谈基础上,可以采用实体法归纳出数据类。实体法首先列出企业资源,再列出一个资源/数据(R/D)矩阵。

参考答案:(28)B

· (29)是负责制定企业的信息化政策和标准,实施组织信息系统规划,并对企业的信息资源进行管理和控制的高级管理人员,是企业的一个跨技术、跨部门的高层决策者。

(29)A. CIO   B. CEO

C. CFO   D. COO

试题分析:企业首席信息官 CIO(Chief Information Officer,CIO)、首席执行官(Chief Executive Officer,CEO)、首席财务官(Chief Finance Officer,CFO)、首席技术官(Chief Technology Officer,CTO)、首席营运官(Chief Operation Officer,COO)。

参考答案:(29)A

· PMBOK 提供了全面的项目管理知识体系,而 PRINCE2 提供了最佳的项目管理方法论,更加接近项目的实施,更加重视项目的实际(30)。

(30)A. 成果和绩效   B. 收益和回报

C. 执行和监控   D. 效应和效益

试题分析:PMBOK 提供了全面的项目管理知识体系,而 PRINCE2 提供了最佳的项目管理方法论,更加接近项目的实施,更加重视项目的实际收益和回报。

参考答案:(30)B

· 项目可行性研究报告是通过对项目的主要内容和(31)进行调查研究,提出投资意见和建设的咨询意见,为项目决策提供依据的一种综合性的分析方法。

(31)A. 目标   B. 战略

C. 配套条件   D. 市场条件

试题分析:项目可行性研究报告是通过对项目的主要内容和配套条件进行调查研究,提出投资意见和建设的咨询意见,为项目决策提供依据的一种综合性的分析方法。

参考答案:(31)C

· 经济可行性分析不包括(32)。

(32)A. 支出分析   B. 收益投资比分析

C. 敏感性分析   D. 市场效益分析

试题分析:经济可行性分析具体包括支出分析,收益分析(直接收益、间接收益以及其他收益),收益投资比、投资回收期分析,敏感性分析以及社会效益分析。

参考答案:(32)D

· 整合者是项目经理承担的重要角色之一,下列对作为整合者的说法,不正确的是(33)。

(33)A. 整合者从技术角度审核项目

B. 通过与项目干系人主动、全面沟通,了解他们对项目的需求

C. 在相互竞争的干系人之间寻找平衡点

D. 通过协调工作,达到项目需求间平衡,实现整合

试题分析:整合者是项目经理承担的重要角色之一,他要通过沟通来协调,通过协调来整合。作为整合者,项目经理必须:

①通过与项目干系人主动、全面地沟通,来了解他们对项目的需求。

②在相互竞争的众多干系人之间寻找平衡点。

③通过认真、细致地协调工作,来达到各种需求间的平衡,实现整合。

参考答案：(33)A

·项目管理计划的内容不包括(34)。

　A. 范围管理计划与范围基准

　B. 干系人管理计划与沟通管理计划

　C. 进度管理计划与进度基准

　D. 成本管理计划与成本绩效

试题分析：项目管理计划合并和整合了其他规划过程所产生的所有子管理计划和基准。

子管理计划包括：变更管理、沟通管理、配置管理、成本管理、人力资源管理、过程改进、采购管理、质量管理、需求管理、风险管理、进度管理、范围管理、干系人管理计划。

基准包括：成本基准、范围基准、进度基准。

参考答案：(34)D

·下列选项中，(35)不属于事业环境因素。

　(35)A. 质量标准和工艺标准

　　　B. 会计编码及标准合同条款

　　　C. 自动化工具

　　　D. 组织的工作授权系统

试题分析：能够影响监控项目工作过程的事业环境因素包括(但不限于)：政府或行业标准(如监管机构条例、行为准则、产品标准、质量标准和工艺标准)；组织的工作授权系统；干系人风险承受能力；项目管理信息系统(如自动化工具，包括进度计划软件、配置管理系统、信息收集与发布系统，或进入其他在线自动化系统的网络界面)。会计编码及标准合同条款属于组织过程资产。

参考答案：(35)B

·下列工具和技术不能用于整体管理的是(36)。

　(36)A. 冲突处理

　　　B. 头脑风暴

　　　C. 变更控制工具

　　　D. 群体决策技术

试题分析：引导技术可用于指导项目章程的制定。头脑风暴、冲突处理、问题解决和会议管理等，都是引导者可以用来帮助团队和个人完成项目活动的关键技术，是制定项目章程和规划项目整体管理的工具和技术。变更控制工具是整体变更控制的工具和技术。群体决策技术应用于范围、进度和成本管理中。

参考答案：(36)D

·因公司进行一个项目其包含 A、B、C、D、E、F、G 七个活动，各活动的历时估算和活动间的逻辑关系如下表所示，该项目的工期是(37)天。因该项目对资源限制和项目的不确定性，为保证项目按质按量的完成，项目经理在原进度计划采用了关键链路法，设置了项目的接驳缓冲为 1 天和项目缓冲为 4 天，其关键路径有(38)条。

活动名称	活动历时(天)	紧前活动
A	2	—

活动名称	活动历时（天）	紧前活动
B	4	A
C	5	A
D	10	A
E	4	B
F	4	C、D
G	3	E、F

(37) A. 17　　　　　　　　　　　　B. 18

　　C. 19　　　　　　　　　　　　D. 20

(38) A. 11　　　　　　　　　　　　B. 1

　　C. 3　　　　　　　　　　　　 D. 4

试题分析：关键路径是 A→D→F→G，工期是 19 天。因采用了关键链路法，在原有的工期上进行了接驳缓冲和项目缓冲，关键路径是 A→D→F→G，总工期＝19+4＝23（天）。

参考答案：(37) C　(38) B

· 下列描述中，不正确的是(39)。

(39) A. 公司接到一个项目，项目经理进行范围管理即对必须要做的工作的管理

　　B. 一台新的汽车，能坐 8 个人，汽车要带音响，是产品范围说明书的内容

　　C. 产品范围是项目范围的基础，当产品范围发生改变，项目范围就会跟着变化

　　D. 软件产品是否完成，需要根据软件需求规格说明书的要求来判断

试题分析：产品范围变更后，首先受到影响的是项目的范围。在项目的范围调整之后，才能调整项目的进度表和质量基准等。但要注意的是，产品范围发生变化，并不意味着项目范围就会跟着变化。

参考答案：(39) C

· 下列过程组输出的说法正确的是(40)。

(40) A. 规划范围管理的输出是范围管理计划

　　B. 收集需求的输出是需求文件

　　C. 创建 WBS 的输出是范围基准和项目文件更新

　　D. 控制范围的输出是工作绩效信息、变更请求、项目管理计划和项目文件更新、组织过程资产

试题分析：规划范围管理的输出是范围管理计划和需求管理计划；收集需求的输出是需求文件和需求跟踪矩阵；控制范围的输出是工作绩效信息、变更请求、项目管理计划和项目文件更新、组织过程资产更新。

参考答案：(40) C

· 确认范围的一般步骤是(41)。

①确定需要进行范围确认的时间；②识别范围确认需要哪些投入；③确定范围正式被接受的标准和要素；④确定范围确认会议的组织步骤；⑤组织范围确认会议。

(41) A. ①②③④⑤　　　　　　　　B. ②①③④⑤

　　C. ③①②④⑤　　　　　　　　D. ③①④②⑤

试题分析：确认范围应该贯穿项目的始终。如果是在项目的各个阶段对项目的范围进行确认工

作,则还要考虑如何通过项目协调来降低项目范围改变的频率,以保证项目范围的改变是有效率和适时的。确认范围的一般步骤如下:

①确定需要进行范围确认的时间。

②识别范围确认需要哪些投入。

③确定范围正式被接受的标准和要素。

④确定范围确认会议的组织步骤。

⑤组织范围确认会议。

参考答案:(41)A

· 质量管理是指确定质量方针、目标和(42),并通过质量体系中的质量规划、质量保证和质量控制以及(43)来使其实现所有管理职能的全部活动。

(42)A. 固有特性　　　　　　　　　B. 职责

　　C. 等级　　　　　　　　　　　D. 行为

(43)A. 质量改进　　　　　　　　　B. 以客户为中心

　　C. 全面质量管理　　　　　　　D. 质量成本

试题分析:质量管理(Quality Management)是指确定质量方针、目标和职责,并通过质量体系中的质量规划、质量保证和质量控制以及质量改进来使其实现所有管理职能的全部活动。质量管理是指为了实现质量目标而进行的所有质量性质的活动。在质量方面指挥和控制的活动,包括质量方针和质量目标以及质量规划、质量保证、质量控制和质量改进。

参考答案:(42)B　(43)A

· 某研究院利用质量控制的工具和技术管理智慧沃云项目的质量,下列关于质量管理的描述,不正确的是(44)。

(44)A. 帕累托图用于识别造成大多数问题的少数重要原因

　　B. 控制图展示了项目进展信息,用于判断某一过程是否失控

　　C. 直方图用于描述几种趋势分散程度和统计分布,反应了时间对分布内的变化的影响

　　D. 过程决策程序图用于理解一个目标与达成此目标的步骤之间的关系

试题分析:趋势分散程度属于散点图,而直方图是以一组无间隔的条形图表现频数分布特征的统计图,能够直观地显示出数据的分布情况。

参考答案:(44)C

· 虚拟团队可行最主要依托(45)。

(45)A. 团队成员能力　　　　　　　B. 现代沟通技术

　　C. 项目管理方法　　　　　　　D. 人文

试题分析:现代沟通技术(如电子邮件、电话会议、社交媒体、网络会议和视频会议等)使虚拟团队成为可行。

参考答案:(45)B

· 某项目经理长期要求自己每天计划的工作必须完成,即使合理被耽误的工作也加班加点完成,即使加班加点也不得影响第二天的考勤作息和任何工作,项目团队成员受此影响,多数核心成员也开始严格要求自己。该事例中项目经理是行使(46)。

(46)A. 专家权力　　　　　　　　　B. 参照权力

　　C. 职位权力　　　　　　　　　D. 法定权力

试题分析:参照权力是由于他人对你的认可和敬佩从而愿意模仿和服从你以及希望自己成为你那样的人而产生的,这是一种个人魅力。

参考答案:(46)B

· 下列关于项目沟通的描述,正确的是(47)。

(47)A. 正式沟通的优点是沟通效果好,速度快

　　B. 项目中的非正式沟通需要受组织监督,以达到沟通的目的

　　C. 正式沟通的优点是比较严肃、约束力强、易于保密

　　D. 非正式沟通的形式不限,理解起来比较容易

试题分析:正式沟通的优点是:沟通效果好、比较严肃、约束力强、易于保密,可以使信息沟通保持权威性。重要信息的传达一般都采取这种方式。其缺点是:由于依靠组织系统层层的传递,所以较刻板,沟通速度慢。

非正式沟通是正式沟通的有机补充。非正式沟通的优点是:沟通形式不拘,直接明了,速度很快,容易及时了解到正式沟通难以提供的"内幕新闻"。非正式沟通能够发挥作用的基础,是团体中良好的人际关系。其缺点表现在:非正式沟通难以控制,传递的信息不确切,易于失真、曲解,而且可能导致小集团、小圈子,影响人心稳定和团体的凝聚力。

参考答案:(47)C

· 关于责任分配矩阵(RAM)的描述,不正确的是(48)。

(48)A. 大型项目中,RAM可分为多个层

　　B. 针对具体的一项活动可分配多个成员,每个成员承担不同职责

　　C. RAM中用不同的字母表示不同的职责

　　D. RAM中每项活动中可以有一个以上成员对任务负责

试题分析:每项活动可以有超过一个人参与,但负责人只能有一个。

参考答案:(48)D

· 项目团队原来有6个成员,由于1名成员请假,这时团队形成沟通渠道的数量为(49),并且目前5个成员团队正处于(50)。

(49)A. 7　　　　　　　　　　　　　　B. 8

　　C. 9　　　　　　　　　　　　　　D. 10

(50)A. 形成阶段　　　　　　　　　　B. 震荡阶段

　　C. 规范阶段　　　　　　　　　　D. 发挥阶段

试题分析:潜在沟通渠道的总量公式 $n \times (n-1)/2$,其中,n 代表干系人的数量。团队原来6人沟通渠道数为 $6 \times (6-1)/2 = 15$,请假1名成员,现沟通数 $5 \times (5-1)/2 = 10$,由于1名成员请假,所以该成员所负责的任务无人接替,一般会遇到超出预想的困难,希望被现实打破,个体之间开始争执,互相指责,并且开始怀疑项目经理的能力,处于震荡阶段。

参考答案:(49)D　(50)B

· 干系人识别在项目启动时便已经完成,下列描述中,正确的是(51)。

(51)A. 由于项目启动时,就已经进行了干系人的识别工作,后续就不再需要对干系人进行识别

　　B. 在干系人识别时,对于外包团队的成员不应纳入干系人登记册进行管理

　　C. 项目执行过程中,业主单位的负责人更换了,只需要修改干系人登记册

　　D. 项目干系人识别还要分析和汇总干系人的沟通信息需求

试题分析:识别干系人:识别能影响项目决策、活动或结果的个人、群体或组织,以及被项目决策、活动或者结果影响的个人、群体或者组织,并分析和记录他们的相关信息的过程。这些信息包括他们的利益、参与度、互相依赖、影响力及对项目成功的潜在影响。项目干系人包括项目当事人和其利益受该项目影响(受益或受损)的个人和组织;也可以把他们称作项目的利害关系者。

除了上述的项目当事人外,项目干系人还可能包括政府的有关部门、社区公众、项目用户、新闻媒体、市场中潜在的竞争对手和合作伙伴等;甚至项目成员的家属也应视为项目干系人。在项目或者阶段的早期就识别干系人,并分析他们的利益层次、个人期望、重要性和影响力对项目的成功非常重要,项目干系人识别还要分析和汇总干系人的沟通信息需求。

参考答案:(51)D

· 公司正在进行 A 项目的成本核算,其中销售费用是 100 万元,项目成员的工资是 20 万元,办公室电费是 2 万元,项目成员的差旅费是 10 万元,项目所需材料费是 10 万元,公司为员工缴纳的商业保险费是 10 万元,该 A 项目的直接成本是(52)万元。间接费用 A、B 两个项目均分,该 A 项目的间接成本是(53)万元。

(52)A. 156　　　　　　　　　　　　B. 71

　　C. 40　　　　　　　　　　　　D. 41

(53)A. 78　　　　　　　　　　　　B. 56

　　C. 46　　　　　　　　　　　　D. 25

试题分析:A 项目的直接成本包括项目成员的工资 20 万元,项目成员的差旅费 10 万元,项目所需材料费 10 万元,因此直接成本是 20+10+10=40(万元)。A、B 两个项目的间接成本包括销售费用 100 万元,办公室电费 2 万元,商业保险费 10 万元,A、B 两个项目均分,因此 A 项目的间接成本是(100+2+10)/2=56(万元)。

参考答案:(52)C　(53)B

· 期望理论认为"激发力量=目标效价×期望值(M=V×E)",下列描述中,不正确的是(54)。

(54)A. 目标效价 V 是指目标对于满足个人需要的价值

　　B. 期望值 E 是指目标对于满足个人需要的价值

　　C. 对个人来说目标效价 V 越大,个人积极性越低

　　D. 对个人来说期望值 E 越大,个人越努力争取实现

试题分析:根据"激发力量=目标效价×期望值(M=V×E)",目标效价 V 越大,对个人来说价值也越大,个人积极性越高。

参考答案:(54)C

· (55)不是建设项目团队的工具和技术。

(55)A. 培训　　　　　　　　　　　　B. 人际关系技能

　　C. 基本规程　　　　　　　　　　D. 冲突管理

试题分析:冲突管理是管理项目团队的工具和技术。

参考答案:D

· (56)会让相应的活动主体遭受一定的损失,但也有些活动主体因此获得受益的风险是指(56)。

(56)A. 纯粹风险　　　　　　　　　　B. 投机风险

　　C. 人为风险　　　　　　　　　　D. 自然风险

试题分析:投机风险指的是既可能带来机会、获得利益,又隐含威胁、造成损失的风险,投机风险有三种可能的后果,包括造成损失、不造成损失和获得利益。投机风险如果使活动主体蒙受了损失,但全社会不一定也跟着受损,相反,其他人有可能因此而获得利益。例如,私人投资的房地产开发项目如果失败,投资者要蒙受损失,但是发放贷款的银行却可将抵押的土地和房屋收回,等待时机转手高价卖出,不但可收回贷款,而且还有可能获得高额利润。

参考答案:(56)B

· 在定性风险分析过程中,使用定性语言将风险的发生概率及其后果描述为极高、高、中、低、极低

五级。此种分析方法称为(57)。

(57) A. 风险概率及影响评估

    B. 风险数据质量评估

    C. 风险类别

    D. 风险数据收集

试题分析:风险概率评估旨在调查每个具体风险发生的可能性;风险影响评估旨在调查风险对项目目标(如进度、成本、质量或性能)的潜在影响,既包括威胁所造成的消极影响,也包括机会所产生的积极影响。在风险概率及影响评估交流或会议中,可能会使用定性语言将风险的发生概率及其后果描述为极高、高、中、低、极低等级别。

参考答案:(57) A

· 下列关于建立供应商战略合作伙伴的意义描述,错误的是(58)。

A. 可以缩短供应商的供应周期并提高供应灵活性

B. 可以降低企业采购设备的库存水平,降低管理费用、加快资金周转

C. 可以提高采购设备的质量

D. 可以加强与供应商的沟通,改善定单的处理过程,提高设备需求的可靠度

试题分析:D 选项的正确说法为:可以加强与供应商的沟通,改善定单的处理过程,提高设备需求的准确度。

参考答案:(58) D

· 通过建设学习型组织使员工顺利地进行知识交流,是知识学习与共享的有效方法。下列关于学习型组织的描述,正确的是(59)。

①学习型组织有利于集中组织资源完成知识的商品化;②学习型组织有利于开发组织员工的团队合作精神;③建设金字塔型的组织结构有利于构建学习型组织;④学习型组织的松散管理弱化了对环境的适应能力;⑤学习型组织有利于开发组织的知识更新和深化。

(59) A. ①②③   B. ①②⑤

    C. ②③④   D. ③④⑤

试题分析:扁平化的组织结构有利于构建学习型组织;学习型组织的松散管理强化了对环境的适应能力。

参考答案:(59) B

· 根据我国《著作权法》,作者的署名权、修改权、保护作品完整权是著作权的一部分,其保护期限为(60)。

(60) A. 50 年   B. 20 年

    C. 15 年   D. 不受限制

试题分析:著作权分为人身权和财产权。财产权有期限,期限为 50 年。署名权是人身权,人身权无期限,长期保护。

参考答案:(60) D

· 变更管理的原则是项目基准化、变更管理过程规范化,其内容包括(61)。

①基准管理;②变更控制流程化;③明确组织分工;④评估变更的可能影响;⑤妥善保存变更产生的相关文档。

(61) A. ①②③④⑤   B. ①③④⑤

    C. ②①③④   D. ①③④⑥

试题分析:变更管理的原则是项目基准化、变更管理过程规范化,其内容包括基准管理、变更控

制流程化、评估变更的可能影响、明确组织分工、妥善保存变更产生的相关文档。

参考答案：(61) A

· 某联通公司信息化部近期发布了某个项目的 V1.0 版本，版本发布前的准备工作包括(62)。

①进行相关的回退分析；②仅备份版本发布所涉及的存储过程、函数等其他的代码及回退管理；③备份配置数据，包括数据备份的方式，如 DMP 方式；④备份在线生产平台接口、应用、工作流等版本；⑤启动版本更新的触发条件；⑥对变更回退的机制职责的说明。

(62) A. ②①③④　　　　　　　　　　B. ①③⑤⑥

　　C. ①②③④　　　　　　　　　　D. ①③④⑥

试题分析：版本发布前的准备工作包括：

①进行相关的回退分析。

②备份版本发布所涉及的存储过程、函数等其他数据的存储及回退管理。

③备份配置数据，包括数据备份的方式，如 DMP 方式。

④备份在线生产平台接口、应用、工作流等版本。

⑤启动回退机制的触发条件。

⑥对变更回退的机制职责的说明：如通知相关部门，确定需要回退的关联系统和回退时间点等。

参考答案：(62) D

· 如果一个企业经常采用竞争性定价或生产高质量产品来阻止竞争对手进入该行业，从而保持自己的稳定，则该企业的战略应该属于(63)。

(63) A. 开拓型战略组织　　　　　　　　B. 防御型战略组织

　　C. 分析型战略组织　　　　　　　　D. 反应型战略组织

试题分析：防御者(Defender)战略：作为相对成熟行业中的成熟组织，组织内部产品线较窄，同时组织高层也不愿意积极探索熟知领域以外的机会。除非顾客有紧迫的需要，否则高层不愿意就运作方法和组织的结构做出较大程度和范围的调整。组织努力的方向主要是提高组织的运行效率，扩大或者是继续保持目前的市场占有情况，预防竞争对手对组织原有市场的侵蚀，维持行业内的相对地位。

参考答案：(63) B

· 量化的项目管理过程在量化的管理项目阶段包括监督所选定子过程的性能、管理项目绩效和(64)这三个活动。

(64) A. 持续改进　　　　　　　　　　B. 项目过程剪裁

　　C. 执行根本原因分析　　　　　　　D. 外部变更控制

试题分析：量化的项目管理过程在量化的管理项目阶段包括监督所选定子过程的性能、管理项目绩效和执行根本原因分析这三个活动。

参考答案：(64) C

· 依据软件工程国家标准《软件工程术语》(GB/T 11457—2006)，(65)是对程序执行情况进行人工模拟，用逐步检查源代码中有无逻辑或语法错误的办法来检测故障。

(65) A. 桌面检查　　　　　　　　　　B. 功能配置审计

　　C. 走查　　　　　　　　　　　　D. 代码审计

试题分析：依据软件工程国家标准《软件工程术语》(GB/T 11457—2006)，桌面检查是对程序执行情况进行人工模拟，用逐步检查源代码中有无逻辑或语法错误的办法来检测故障。

参考答案：(65) A

· 某化工集团运输表如下表所示(单位：km)，从原料地 S 运输原料经 B1、B2、B3 中转站后，可以选择 C1、C2 仓库,再从仓库 C1、C2 运输到目的地工厂 F,原料地 S 到目的地工厂 F 的最短距离是(66)km。

	S	B1	B2	B3	C1	C2	F
S		26	30	28			
B1	26				15	19	
B2	30				11	15	
B3	28				11	17	
C1		15	11	11			21
C2		19	15	17			19
F					21	19	

(66)A.62　　　　　　　　　　　　　　　B.64

　　C.60　　　　　　　　　　　　　　　D.59

试题分析:根据最短路径计算,结果如下图所示。

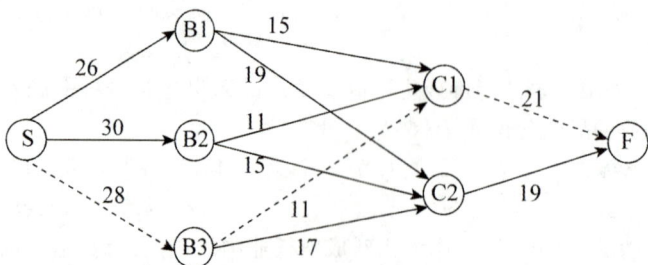

最短路径距离 = S→B3→C1→F = 28+11+21 = 60(km)。

参考答案:(66)C

·某机构决策层计划彻底重构企业核心系统以满足市场变化的长远业务需求,经统计形成以下预测绩效指标数据(优秀满分 10 分),根据乐观主义准则选择(67);根据悲观主义原则选择(68);根据后悔值原则选择(69)。

	成本绩效指数	进度绩效指数	近年盈利绩效指数
整体自研彻底改革	5	6	10
重新采购兼顾维稳	6	9	8
升级系统优化流程	9	8	5

(67)A. 整体自研彻底改革　　　　　　　B. 重新采购兼顾维稳

　　C. 升级系统优化流程　　　　　　　D. 无法判断

(68)A. 整体自研彻底改革　　　　　　　B. 重新采购兼顾维稳

　　C. 升级系统优化流程　　　　　　　D. 无法判断

(69)A. 整体自研彻底改革　　　　　　　B. 重新采购兼顾维稳

　　C. 升级系统优化流程　　　　　　　D. 无法判断

试题分析:根据乐观主义准则分析(大中取大),整体自研彻底改革最大绩效指数是近年盈利绩效指数 10 分,重新采购兼顾维稳最大绩效指数是进度绩效指数 9 分,升级系统优化流程最大绩效指数是成本绩效指数 9 分,相对分数最大为整体自研彻底改革。

根据悲观主义准则分析(小中取大):整体自研彻底改革最小绩效指数是成本绩效指数 5 分,重新采购兼顾维稳最小绩效指数是成本绩效指数 6 分,升级系统优化流程最小绩效指数是近年盈利绩效指数 5 分,相对分数最大的是重新采购兼顾维稳。

根据后悔值原则分析(在后悔值的基础上大中取小):后悔值用每项绩效指数最大值减去各个绩效指数得出,如下表所示。

	成本绩效指数	进度绩效指数	近年盈利绩效指数
整体自研彻底改革	9−5=4	9−6=3	10−10=0
重新采购兼顾维稳	9−6=3	9−9=0	10−8=2
升级系统优化流程	9−9=0	9−8=1	10−5=5

按照后悔值计算结果,整体自研彻底改革最大后悔值成本绩效指数 4 分,重新采购兼顾维稳最大后悔值是成本绩效指数 3 分,升级系统优化流程最大后悔值是近年盈利绩效指数 5 分,相对分数最小的是重新采购兼顾维稳。

参考答案:(67)A　(68)B　(69)B

· 某 O2O 创业公司计划研发针对 B 类用户、C 类用户的终端产品 Ⅰ 和 Ⅱ,人力资源及设备资源如下表所示,Ⅰ 和 Ⅱ 两种产品的产量为(70)时利润最大。

	Ⅰ	Ⅱ	资源限制
人力资源(人)	5	4	20
设备资源(台)	10	5	34
单位利润(万元)	3	4	

(70)A. Ⅰ =3,Ⅱ =2.2　　　　　　　　　B. Ⅰ =2.4,Ⅱ =2
　　 C. Ⅰ =3,Ⅱ =4　　　　　　　　　　D. Ⅰ =3.25,Ⅱ =3.75

试题分析:根据题意设 Ⅰ 为 x,Ⅱ 为 y,则:

$$\begin{cases} 5x + 4y \leq 20 \\ 10x + 5y \leq 34 \end{cases}$$

解出二元一次方程,得:$x \leq 2.4, y \leq 2$。

参考答案:(70)B

· Big data can be described by four characteristics:Volume,Variety,Velocity and Veracity. (71) refers to the quantity of generated and stored data.

(71)A. Volume　　　　　　　　　　　　B. Variety
　　 C. Velocity　　　　　　　　　　　　D. Veracity

试题分析:题目翻译:大数据可以用四个特征来描述:大量、多样、高速和真实。(71)是指生成和存储的数据量。

(71)A. 大量　　　　　　　　　　　　　　B. 多样
　　 C. 高速　　　　　　　　　　　　　　D. 真实

解析:大数据可以用四个特征来描述:Volume,Variety,Velocity and Veracity,其中,Volume 指储存的数据量大。

参考答案:(71)A

· (72) is the extension of internet connectivity into physical devices and everyday objects. Embedded with electronics,internet connectivity,and other forms of hardware (such as sensors),these devices can communicate and interact with others over the Internet,and they can be remotely monitored and controlled.

（72）A. Cloud Computing   B. Internet of Things

      C. Block Chain   D. Artificial Intelligence

试题分析:题目翻译:(72)是将互联网连接延伸到物理设备和日常用品上。嵌入电子设备、互联网连接和其他形式的硬件(如传感器),这些设备可以通过互联网与其他设备进行通信和交互,并且可以远程监控。

（72）A. 云计算   B. 物联网   C. 区块链   D. 人工智能

解析:物联网就是将互联网连接扩展到物理设备和日常事务中,这些设备嵌入电子设备、互联网连接设备和其他形式的硬件中(例如传感器),可以通过互联网与其他设备通信和交互,并且可以实现远程监控和控制。

参考答案:(72) B

· （73）is a process of developing a document that formally authorizes the existence of a project and provides the project manager with the authority to apply organizational resources to project activities.

    （73）A. Develop Project Charter   B.Manage Project Knowledge

      C.Monitor and Control Project Work   D.Close Project

试题分析:题目翻译:(73)是一个制定文件的过程,该文件正式授权项目的存在,并赋予项目经理将组织资源应用于项目活动的权力。

    （73）A. 制定项目章程   B. 管理项目知识

      C. 监控项目工作   D. 项目收尾

解析:制定项目章程是一个制定正式文件的过程,授权项目的存在,为项目经理提供权限使用组织资源。

参考答案:(73) A

· （74）is a process of developing a detailed description of the project and product.

    （74）A. Collect Requirements   B. Scope Definition

      C. Validate Scope   D. Control Range

试题分析:题目翻译:(74)是对项目和产品进行详细描述的过程。

（74）A. 收集需求   B. 范围定义   C. 确认范围   D. 控制范围

解析:范围定义是一个详细描述项目和产品的过程。

参考答案:(74) B

· （75）is a process of monitoring the status of the project to update the project costs and manage changes to the cost baseline.

    （75）A. Plan Cost Management   B. Estimate Costs

      C. Determine Budget   D. Control Costs

试题分析:题目翻译:(75)是一个监控项目状态的过程,以更新项目成本并管理对成本基线的更改。

（75）A. 规划成本管理   B. 估算成本

      C. 确定预算   D. 控制成本

解析:控制成本是一个监控项目状态的过程,目的是更新项目成本并且对成本基准的变化进行管理。

参考答案:(75) D

全国计算机技术与软件专业技术资格(水平)考试

模拟试卷(一)　信息系统项目管理师　下午试卷 I

(考试时间　13:30～15:00　共90分钟)

> **请按下述要求正确填写答题卡**

1. 本试卷共三道题,全部为必答题,每题25分,满分75分。
2. 在答题纸的指定位置填写你所在的省、自治区、直辖市、计划单列市的名称。
3. 在答题纸的指定位置填写准考证号、出生年月日和姓名。
4. 答题纸上除填写上述内容外只能写解答。
5. 解答时字迹务必清楚,字迹不清时,将不评分。

例题

2022年下半年全国计算机技术与软件专业技术资格(水平)考试日期是(1)月(2)日。
因为正确的解答是"11月5日",故在答题纸的对应栏内写上"11"和"5"(参看下表)。

例题	解答栏
(1)	11
(2)	5

试题一(25分)

阅读下列说明,回答问题1至问题3,将解答填入答题纸的对应栏内。

【说明】

　　某石化行业的信息化项目是一个大型项目,前期投标竞争非常激烈,甲公司最终中标。合同谈判过程也比较紧张,客户提出的一些要求,如工期和某些增加的功能,虽然在公司内部讨论时,认为并没有把握能按要求完成,但是为了赢得这个项目,甲公司在谈合同时未提出异议。由于项目工期紧张,甲公司选择了项目经理老李负责该项目。原因是老李在甲公司多年一直从事石化行业的项目咨询、设计、开发,对行业非常熟悉,技术水平高。而且近一年来,他正努力转型做项目经理,管理并负责完成了2个较小规模的项目。

　　老李带领项目组根据客户要求的工期制定了项目计划,但项目执行到第一阶段,就未按计划进度完成。由于项目刚开始,老李怕客户有意见终止合同,因此决定不把实际情况告知客户,打算在后面的工作中加班加点把进度追回来。接下来,项目组在解决客户谈判过程中增加的功能需求的时候,遇到了一个技术问题,老李带领项目组加班进行技术攻关,耗费了几周的时间,终于解决了技术问题。但此时项目进度延误得更多了。

　　甲公司已建立项目管理体系,该项目的QA本应该按照甲公司要求对项目过程进行检查,但老李认为过程中的检查会影响到项目组的工期,要求QA在项目阶段末再进行检查。时间已经超过了工期的一半,客户到甲公司检查项目工作,发现项目的进度严重滞后,并且已经完成的部分也未能达到质量要求。

【问题1】(15分)

你认为该项目的实施过程中存在哪些问题?请逐条说明并给出正确的做法。

【问题2】(4分)

除了行业知识和专业技术知识外,你认为该项目的项目经理还应该具备哪些知识与能力?

【问题3】(6分)

结合案例,判断下列选项的正误(填写在答题纸的对应栏内,正确的选项填写"√",错误的选项填写"×")。

(1)对于比较小的项目来说,可以选择技术能力较强的项目经理。( )

(2)大型项目的项目经理的管理工作应该以间接管理为主。( )

(3)公司中的项目必须按照公司定义的完整项目管理流程执行,不能进行裁剪。( )

试题一解题要点

【问题1】

(1)客户提出的工期和增加功能,为了赢得这个项目,在谈合同时未提出异议。应该提出异议,要求按招标文件走,但客户坚持,可以在其他方面,比如费用上要求增加。

(2)甲公司选择了项目经理老李负责该项目存在的问题,因为通过下面描述老李还不具备项目经理要求的能力和经验。如果必须要老李做项目经理,需要对他进行项目管理等知识技能的培训,并经考核通过才能上岗。

(3)项目执行到第一阶段,就未按计划进度完成。老李决定加班加点把进度追回来存在问题。项目没有按进度计划进行,应该及时查找问题原因,及时解决,而不是寄希望于后期的赶工。

(4)进度未按计划进度完成,老李怕客户有意见终止合同,因此决定不把实际情况告知客户存在问题。当进度出现问题后,应及时与客户就问题沟通,查找原因,共同面对解决,防止问题扩大化。

(5)遇到了技术问题,老李带领项目组加班进行技术攻关,耗费了几周的时间,终于解决了技术问题。进行技术攻关没有问题,但应该注重整体进度的把控,防止出现进度大范围延误。

(6)老李认为过程中的检查会影响到项目组的工期,要求QA在项目阶段末再进行检查。质量保证要在项目的各阶段同步进行,做到及时发现质量问题及时解决,到后期再发现,只能付出更惨重的代价。

(7)时间已经超过了工期的一半,客户到甲公司检查项目工作,发现项目的进度严重滞后,并且已经完成的部分也未能达到质量要求。老李和客户的沟通存在问题,应该按沟通计划及时就项目进度、质量等问题进行沟通,增强用户对公司的信任度。

(8)公司高层对老李的指导和监督存在问题。老李没有大型项目经验,公司应该定期对项目情况进行检查,发现问题及时帮助老李解决,而不是撒手不管。

【问题2】

项目经理还应该具备:

(1)全面的项目管理知识和丰富的项目管理经验和能力。

(2)良好的沟通技能和解决冲突的能力。

(3)团队建设能力,鼓舞激励团队成员的技能。

(4)良好的道德素质、健康的身体素质。

(5)系统的思维能力、积极的创新能力。

【问题3】

(1)×。(2)√。(3)×。

试题二(25分)

阅读下述说明,回答问题1至问题4,将解答填入答题纸的对应栏内。

【说明】

某项目进入详细设计阶段后,项目经理为后续活动制定了如下图所示的网络计划图,图中的"△"标志代表开发过程的一个里程碑,此处需进行阶段评审,模块1和模块2都要通过评审后才能开始修复。

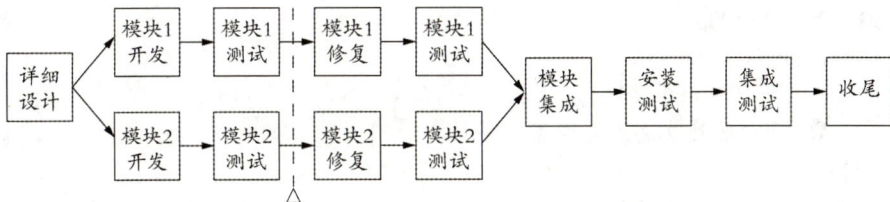

项目经理对网络图中的各活动进行了成本估算,估计每人每天耗费的成本为1000元,安排了各活动的人员数量并统计了模块1、模块2的开发和测试活动的工作量,其中阶段评审活动不计入项目组的时间和人力成本预算,如下表所示。

活动	人数安排	预计完成工作量(人·天)
模块1开发	8	48
模块1测试	1	3
模块1修复	8	8
模块1测试	1	2
模块2开发	10	80
模块2测试	1	3
模块2修复	10	10
模块2测试	1	2

【问题1】(3分)

请计算该项目自模块开发起至模块测试全部结束的计划工期。

【问题2】(10分)

详细设计完成后,项目组用了11天才进入阶段评审。在阶段评审中发现:模块1开发已完成,测试尚未开始;模块2的开发和测试均已完成,修复工作尚未开始,模块2的实际工作量比计划多用了3人·天。

(1)请计算自详细设计完成至阶段评审期间模块1的PV、EV、AC,并评价其进度和成本绩效。

(2)请计算自详细设计完成至阶段评审期间模块2的PV、EV、AC,并评价其进度和成本绩效。

【问题3】(8分)

(1)如果阶段评审未做出任何调整措施,项目仍按当前状况进展,请预测从阶段评审结束到软件集成开始这一期间模块1、模块2的ETC(完工尚需成本)(给出公式并计算结果)。

(2)如果阶段评审后采取了有效的措施,项目仍按计划进展,请预测从阶段评审结束到软件集成开始这一期间模块1、模块2的ETC(完工尚需成本)(给出公式并计算结果)。

【问题4】(4分)

请结合软件开发和测试的一般过程,指出项目经理制定的网络计划和人力成本预算中存在的问题。

试题二解题要点

【问题1】

将各活动工作量与人员安排相除得到持续时间,代入网络图可得到全部结束的计划工期应为:8+3+1+2=14(天)。

【问题2】

(1)PV=48×1000+3×1000=51000(元);

EV=48×1000=48000(元);

AC=48×1000=48000(元);

由于EV<PV,所以模块1进度落后;

由于EV=AC,所以模块1成本持平。

(2)PV=80×1000+3×1000=83000(元);

EV = 80×1000+3×1000 = 83000(元);

AC = 83000+3×1000 = 86000(元)。

由于 EV=PV,所以模块 2 进度持平;

由于 EV<AC,所以模块 2 成本超支。

【问题 3】

(1)阶段评审未做出任何调整:

模块 1 的 ETC = 13000/(EV/AC) = 13000/1 = 13000(元);

模块 2 的 ETC = 12000/(EV/AC) = 12000/(83000/86000) = 12434(元)。

(2)阶段评审后采取了有效措施:

模块 1 的 ETC = 3×1000+8×1000+2×1000 = 13000(元);

模块 2 的 ETC = 10×1000+2×1000 = 12000(元)。

【问题 4】

问题在于安排到模块 1 开发与安排到模块 2 开发的人力和对应的工作量相除后不匹配,使得模块 1 与模块 2 不能同时达到里程碑,这就会造成资源和时间的浪费。

试题三(25 分)

阅读下列说明,回答问题 1 至问题 5,将解答或相应的编号填入答题纸的对应栏内。

【说明】

A 公司近期成功中标当地政府机构某信息中心的信息安全系统开发项目,公司任命小李为项目经理,配备了信息安全专家张工,负责项目的质量保证和关键技术。

小李为项目制定了整体进度计划,将项目分为需求、设计、实施和上线试运行四个阶段。项目开始后,张工凭借其丰富的经验使开发过程得到了很好的质量保证,需求和设计顺利通过了张工的把关。小李认为后续阶段不会有什么太大问题。开发阶段过半时,公司领导通知小李发生了两件事。第一是公司承揽新项目,需要张工调离;第二是信息中心进行人事调整,更换了负责人。小李向公司领导承诺,一定做好配合工作,保质保量完成项目。

张工调离后,小李亲自负责质量保证和技术把关,项目实施阶段完成后,信息中心新领导对该系统相当重视,委派信息中心技术专家到现场调研和考察。小李为此专门组织技术人员与信息中心专家讨论软件开发技术,查看部分关键代码,并考察了部分程序的运行结果。现场考察后,信息中心专家认为 A 公司编写的代码不规范,安全性存在隐患,关键部分执行效率无法满足设备要求,不具备上线试运行的条件。

信息中心领导获悉上述情况后,决定邀请上级领导、业界有关专家并会同 A 公司主要负责人组织召开项目正式评审会。

【问题 1】(5 分)

请结合案例,分析小李在质量管理方面存在的问题。

【问题 2】(4 分)

请简述质量 ISO 9000 系列的八大基本原则。

【问题 3】(5 分)

(1)简要分析信息中心组织的正式评审会可能产生的几种结论。

(2)如经评审和协商后 A 公司同意实施返工,简要叙述小李在质量管理方面应采取的后续措施。

【问题 4】(6 分)

《计算机信息安全保护等级划分准则》是建立安全等级保护制度,实施安全等级管理的重要基础性标准,它将计算机信息系统分为哪些安全保护等级,适用于地方各级国家机关、邮电通信属于什么保护级?

【问题5】(5分)

在(1)～(5)中填写恰当内容(从候选答案中选择一个正确选项,将该选项编号填入答题纸对应栏内)。

在质量控制中,可以使用的工具和技术有(1)、(2)、(3)、(4)、(5)。

候选答案:

A. 趋势分析 　　　　B. 实验设计 　　　　C. 因果图 　　　　D. 统计抽样

E. 帕累托图 　　　　F. 质量成本 　　　　G. 成本/效益分析 　　H. 控制图

试题三解题要点

【问题1】

(1)未制定详细的项目质量管理计划,只是制定了整体进度计划。

(2)质量职责分配不合理,人员不足,经验不够(张工调离后,小李亲自负责质量保证和技术把关)。

(3)质量职责分配不及时(小李为此专门组织技术人员与信息中心专家讨论软件开发技术)。

(4)需求和设计未经过外部评审就付诸执行。

(5)进度计划中缺少测试阶段等质量控制环节(现场考察后才暴露问题)。

(6)缺少风险评估及应急处理(小李认为后续阶段不会有什么太大的问题)。

【问题2】

(1)以客户为中心。

(2)全员参与。

(3)领导作用。

(4)基于事实的决策的方法。

(5)持续改进。

(6)与供方的互利关系。

(7)管理的系统方法。

(8)过程方法。

【问题3】

(1)简要分析信息中心组织的正式评审会可能产生的几种结论:

①组织上线试运行,加强后续质量控制;②修复前一阶段发现的问题;③按照变更流程调整项目的进度、成本和范围基准。

(2)如经评审和协商后A公司同意实施返工,小李在质量管理方面的后续措施如下:

①科学制定项目后续的质量管理计划;②合理分配质量职责;③实施和加强测试、评审等质量控制环节;④提前准备和启动返工后的上线试运行工作;⑤加强与客户的沟通和交流。

【问题4】

计算机信息系统分为5个安全保护等级:

①第1级:用户自主保护级;②第2级:系统审计保护级;③第3级:安全标记保护级;④第4级:结构化保护级;⑤第5级:访问验证保护级。

适用于地方各级国家机关、邮电通信属于第3级:安全标记保护级。

【问题5】

(1)A。(2)C。(3)D。(4)E。(5)H。

全国计算机技术与软件专业技术资格(水平)考试

模拟试卷(一) 信息系统项目管理师 下午试卷 Ⅱ

(考试时间 15:20~17:20 共120分钟)

请按下表选答试题

试题号	一~二
选择方法	选答一题

请按下述要求正确填写答题纸

1. 本试卷满分75分。

2. 在答题纸的指定位置填写你所在的省、自治区、直辖市、计划单列市的名称。

3. 在答题纸的指定位置填写准考证号、出生年月日和姓名。

4. 在试题号栏内用"○"圈住选答的试题号。

5. 答题纸上除填写上述内容外只能写解答。

6. 正文字数为2300字左右,文中可以分条叙述,但不要全部用分条叙述的方式。

7. 解答时字迹务必清楚,字迹不清,将不评分。

从下列的2道试题(试题一至试题二)中任选1道解答。请在答卷上用"○"圈住选答的试题编号。若用"○"圈住的试题编号超过1道,则按题号最小的1道评分。

试题一 论项目的计划与监控

长期以来,有很多项目经理只关注项目是否按期完成和质量情况,缺少对项目规划和控制的责任,项目出现问题的现象屡见不鲜,往往是项目完成后或进行中才发现有问题。越来越多的企业对其下属项目经理提出了首先要做好计划和在项目进行中加强监控管理的要求。

为保证项目能完成预定的目标,必须要加强对项目计划全面的详细的规划。随着项目管理理论和技术的发展,项目的计划和控制已经不只是管理的问题,而是管理思想、经济和技术的综合反映。

请围绕"项目的计划与监控"论题,分别从以下三个方面进行论述。

1. 简要叙述你参与管理过的信息系统项目(如项目背景、发起单位、项目目标、项目内容、组织结构、项目周期、交付产品、项目特色等)。

2. 基于你对计划和监控管理的认识,并结合你所管理的项目情况,论述项目计划和监控管理所应实施的活动。请围绕但不局限于以下要点。

(1)计划和监控的概念和重要性。

(2)计划和监控的基本活动、技术或方法。

(3)你所在的项目如何实施计划和监控,采用了哪些方法,进行后的效果如何。

3. 结合你的项目管理经历,总结信息系统项目在进行计划和监控管理时应重点关注的内容,谈谈你的心得体会或经验教训。

【论文题目分析】

论题一写作要点:

1. 整篇论文陈述完整,论文结构合理、语言流畅,字迹清楚。

2. 所述项目切题真实,介绍清楚(项目要真实,描述清楚,所描述的项目情况应能支持后文中论述的计划与监控管理的思想和方法)。

3. 结合项目情况,论述对项目计划和监控管理的认识以及应实施的活动。

试题二 论大项目的范围管理与质量管理

随着信息系统集成项目不断地向智能化、规模化发展,项目团队成员呈现高学历、高专业化分工以及年轻化的趋势。如何管理好项目范围和质量,减少范围蔓延带来的一系列的变更和不必要的工作,加强质量控制,减少项目因质量带来的永久性影响。

请以"信息系统项目的范围管理与质量管理"为题,分别从以下三个方面进行论述。

1. 简要说明你参与的信息系统项目的背景、目的、发起单位的性质,项目的技术和运行特点、项目的周期、人力资源需求的特点,以及你在项目中的主要角色和职责。

2. 结合你参与的项目,论述范围管理与质量管理的主要流程,关键的输入输出、使用的基本工具,以及相关的范围管理技术和质量管理技术。

3. 根据你的项目范围管理与质量管理实践,说明你是如何进行项目范围管理与质量管理的,有哪些经验和教训?

【论文题目分析】

论题二写作要点:

1. 整篇论文陈述完整,论文结构合理、语言流畅,字迹清楚。

2. 所述项目切题真实,介绍清楚(项目要真实,描述清楚,所描述的项目情况应能支持后文中论述的范围和质量管理的思想和方法)。

3. 结合项目情况,论述对项目范围与质量管理的认识以及应实施的活动。

全国计算机技术与软件专业技术资格(水平)考试

模拟试卷(二)　信息系统项目管理师　上午试卷

(考试时间 9:00~11:30　共 150 分钟)

请按下述要求正确填写答题纸

1. 在答题卡的指定位置上正确写入你的姓名和准考证号,并用正规 2B 铅笔在你写入的准考证号下填涂准考证号。

2. 本试卷的试题中共有 75 个空格,需要全部解答,每个空格 1 分,满分 75 分。

3. 每个空格对应一个序号,有 A、B、C、D 四个选项,请选择一个最恰当的选项作为解答,在答题卡相应序号下填涂该选项。

4. 解答前务必阅读例题和答题卡上的例题填涂样式及填涂注意事项。解答时用正规 2B 铅笔正确填涂选项,如需修改,请用橡皮擦干净,否则会导致不能正确评分。

例题

· 2022 年下半年全国计算机技术与软件专业技术资格(水平)考试日期是(88)月(89)日。

(88) A. 4　　　　　　　　B. 5　　　　　　　　C. 10　　　　　　　　D. 11

(89) A. 23　　　　　　　B. 24　　　　　　　C. 5　　　　　　　　D. 7

因为考试日期是"11 月 5 日",故(88)选 D,(89)选 C,应在答题卡序号 88 下对 D 填涂,在序号 89 下对 C 填涂(参看答题卡)。

· 基于 TCP/IP 协议的网络属于信息传输模型中的(1)。

(1) A. 信源　　　　　　　B. 信道　　　　　　　C. 信宿　　　　　　　D. 编码器

试题分析:信息传输模型:信源—编码—信道—解码—信宿,噪声干扰信道。

①信源:产生信息的实体,信息产生后,由这个实体向外传播。

②信宿:信息的归宿或接收者。

③信道:传送信息的通道,如 TCP/IP 网络。信道可以从逻辑上理解为抽象信道,也可以是具有物理意义的实际传送通道。TCP/IP 网络是一个逻辑上的概念,这个网络的物理通道可以是光纤、铜轴电缆、双绞线,也可以是 4G 网络,甚至是卫星或微波。

④编码器:在信息论中是泛指所有变换信号的设备,实际上就是终端机的发送部分。

⑤译码器:是编码器的逆变换设备,把信道上送来的信号转换成信宿能接受的信号,可包括解调器、译码器、数模转换器等。

⑥噪声:噪声可以理解为干扰,干扰可以来自信息系统分层结构的任何一层,当噪声携带的信息大到一定程度的时候,在信道中传输的信息可以被噪声淹没导致传输失败。

参考答案:(1)B

· 下列关于"信息化"的描述,不正确的是(2)。

(2) A. 信息化的手段是基于现代信息技术的先进社会生产工具

　　B. 信息化是综合利用各种信息技术改造、支撑人类各项活动的过程

　　C. 互联网金融是社会生活信息化的一种体现和重要发展方向

　　D. 信息化的主体是信息技术领域的从业者,包括开发和测试人员

试题分析：信息化的基本内涵启示我们：信息化的主体是全体社会成员，包括政府、企业、事业、团体和个人；它的时域是一个长期的过程；它的空域是政治、经济、文化、军事和社会的一切领域；它的手段是基于现代信息技术的先进社会生产工具；它的途径是创建信息时代的社会生产力，推动社会生产关系及社会上层建筑的改革；它的目标是使国家的综合实力、社会的文明素质和人民的生活质量全面提升。

参考答案：（2）D

· 开展区域链技术的商业试探性应用，属于国家信息化体系中的（3）要素。

（3）A. 信息技术应用　　　　　　　　　　B. 信息网络
　　　C. 信息资源　　　　　　　　　　　　D. 信息技术和产业

试题分析：国家信息化体系六要素关系图如下图所示。

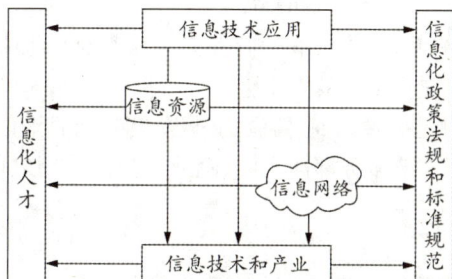

其中，信息技术应用是指把信息技术广泛应用于经济和社会各个领域。传统的信息技术包括计算工程、软件工程、网络工程、数据工程、信息安全等，而新一代信息技术包括云计算、大数据、人工智能、物联网、移动互联、区块链等。

参考答案：（3）A

· 我国陆续建成了"两网、一站、四库、十二金"工程为代表的国家级信息系统，其中的"一站"属于（4）电子政务模式。

（4）A.G2G　　　　　B.G2C　　　　　C.G2E　　　　　D.B2C

试题分析：全国"两网、一站、四库、十二金"工程如下图所示。

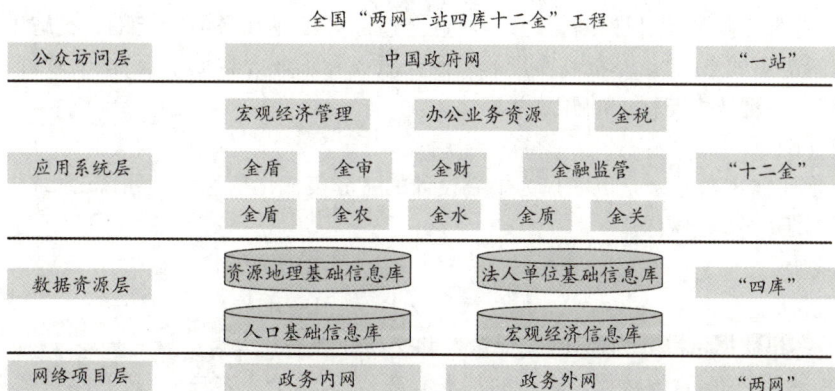

电子政务主要包括如下四个方面：政府间的电子政务 G2G，政府对企业的电子政务 G2B，政府对公众的电子政务 G2C，政府对公务员的电子政务 G2E。

"两网、一站、四库、十二金"中，"一站"是指政府门户网站。政府门户网站属于政府对公众的电子政务 G2C 模式。

参考答案：（4）B

- 在 A 公司面向传统家电制造业的网上商城技术解决方案中,重点阐述了身份认证、数字签名、防入侵方面的内容,体现了电子商务平台规范(5)的基本特征。

(5)A. 可靠性　　　　　　　　　　　　B. 普遍性

　　C. 便利性　　　　　　　　　　　　D. 安全性

试题分析: 电子商务应该具有以下基本特征:

(1)普遍。电子商务作为一种新型的交易方式,将生产企业、流通企业、消费者以及金融企业和监管者集成到了数字化的网络经济中。

(2)便利性。参与电子商务的各方不受地域、环境、交易时间的限制,能以非常简洁的方式完成传统上较为繁杂的商务活动。

(3)整体性。电子商务能够规范事务处理的工作流程,将人工操作和电子信息处理集成为一个不可分割的整体,保证交易过程的规范和严谨。

(4)安全性。与传统的商务活动不同,电子商务必须采取诸如加密、身份认证、防入侵、数字签名、防病毒等技术手段确保交易活动的安全性。

(5)协调性。商务活动本身是一种磋商、协调的过程,客户与企业之间、企业与企业之间、客户与金融服务部门之间、企业与金融服务部门之间、企业与配送部门之间等需要有序地协作,共同配合来完成交易。

参考答案:(5)D

- (6)属于互联网在制造领域的应用范畴。

(6)A. 建设智能化工厂和数字化车间

　　B. 加强智能制造工控系统信息安全保障体系

　　C. 开展工业领域的远程诊断管理、全产业链追溯等

　　D. 组织研发具有深度感知的机器人

试题分析: 根据《中国制造2025》(国发〔2015〕28号)的内容,要深化互联网在制造领域的应用。制定互联网与制造业融合发展的路线图,明确发展方向、目标和路径。发展基于互联网的个性化定制、众包设计、云制造等新型制造模式,推动形成基于消费需求动态感知的研发、制造和产业组织方式。建立优势互补、合作共赢的开放型产业生态体系。加快开展物联网技术研发和应用示范,培育智能监测、远程诊断管理、全产业链追溯等工业互联网新应用。实施工业云及工业大数据创新应用试点,建设一批高质量的工业云服务和工业大数据平台,推动软件与服务、设计与制造资源、关键技术与标准的开放共享。

参考答案:(6)C

- 客户关系管理(CRM)系统是以客户为中心设计的一套集成化信息管理系统,系统中记录的客户购买记录属于(7)客户数据。

(7)A. 交易性　　　　　　　　　　　　B. 描述性

　　C. 促销性　　　　　　　　　　　　D. 维护性

试题分析: 客户数据可以分为描述性、促销性和交易性数据三大类。

(1)关于描述性数据:这类数据是客户的基本信息,如果是个人客户,一定要涵盖客户的姓名、年龄、ID 和联系方式等;如果是企业客户,一定要涵盖企业的名称、规模、联系人和法人代表等。

(2)关于促销性数据:这类数据是体现企业曾经为客户提供的产品和服务的历史数据,主要包括用户产品使用情况调查的数据、促销活动记录数据、客服人员的建议数据和广告数据等。

(3)关于交易性数据:这类数据是反映客户对企业做出的回馈的数据,包括历史购买记录数据、投诉数据、请求提供咨询及其他服务的相关数据、客户建议数据等。

参考答案:(7)A

· 商业智能(BI)能够利用信息技术将数据转化为业务人员能够读懂的有用信息,辅助决策,它的实现方式包括三个层次,即(8)。

　　(8)A. 数据统计、数据分析和数据挖掘

　　　　B. 数据仓库、数据 ETL 和数据统计

　　　　C. 数据分析、数据挖掘和人工智能

　　　　D. 数据报表、多维数据分析和数据挖掘

试题分析:商业智能的实现有三个层次:数据报表、多维数据分析和数据挖掘。

(1)数据报表:报表系统是 BI 的低端实现,虽然随着时代的发展,传统报表系统已经不能满足日益增长的业务需求了,数据分析和数据挖掘的时代正在来临,但是值得注意的是,数据分析和数据挖掘系统的目的是带给我们更多的决策支持价值,并不是取代数据报表。报表系统依然有其不可取代的优势,并且将会长期与数据分析、挖掘系统一起并存下去。

(2)多维数据分析:如果说在线事务处理(OLTP)侧重于对数据库进行增加、修改和删除等日常事务操作,在线分析处理(OLAP)则侧重于针对宏观问题全面分析数据,获得有价值的信息。为了达到 OLAP 的目的,传统的关系型数据库已经不够了,需要一种新的技术叫做多维数据库。数据分析系统的总体架构分为四个部分:源数据、数据仓库、多维数据库和客户端。

(3)数据挖掘:广义上说,任何从数据库中挖掘信息的过程都叫做数据挖掘。从这点看来,数据挖掘就是 BI。从技术术语上说,数据挖掘指的是源数据经过清洗和转换等成为适合于挖掘的数据集。数据挖掘在这种具有固定形式的数据集上完成知识的提炼,最后以合适的知识模式用于进一步分析决策工作。从这种狭义观点上定义,数据挖掘是从特定形式的数据集中提炼知识的过程。

参考答案:(8)D

· A 公司是一家云服务提供商,向用户提供老租户、可定制的办公软件和客户关系管理软件,A 公司所提供的此项云服务属于(9)服务类型。

　　(9)A. IaaS　　　　　　　　　　　　　B. PaaS

　　　　C. SaaS　　　　　　　　　　　　　D. DaaS

试题分析:云计算服务按照提供的资源层次,可以分为 IaaS、PaaS、SaaS 三种服务类型。

(1)IaaS(基础设施即服务),向用户提供计算机能力、存储空间等基础设施方面的服务。

(2)PaaS(平台即服务),向用户提供虚拟的操作系统、数据库管理系统、Web 应用等平台化的服务。

(3)SaaS(软件即服务),向用户提供应用软件(如 CRM、办公软件等)、组件、工作流等虚拟化软件的服务。

参考答案:(9)C

· 信息技术服务标准(ITSS)定义了 IT 服务的核心要素由人员、过程、技术和资源组成。(10)要素关注"正确做事"。

　　(10)A. 人员　　　　　　　　　　　　B. 过程

　　　　C. 技术　　　　　　　　　　　　D. 资源

试题分析:ITSS 定义了 IT 服务的核心要素由人员、过程、技术和资源组成,并对这些 IT 服务的组成要素进行标准化,如图所示,对这四个要素及其关系可以概括为:人员(正确选人)、过程(正确做事)、技术(高效做事)、资源(保障做事)。ITSS 如下图所示。

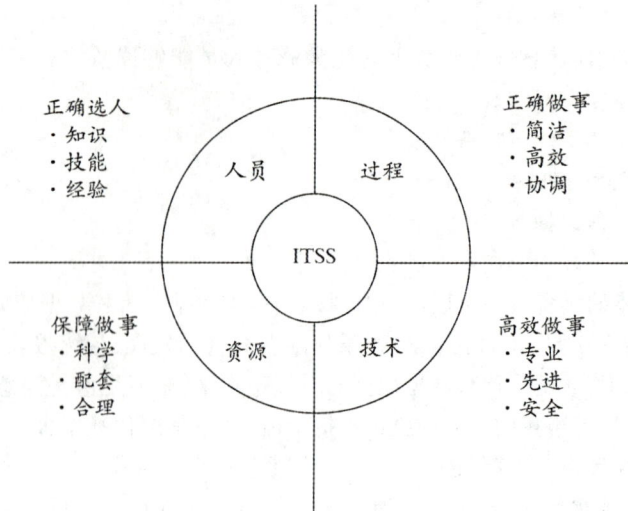

参考答案:(10)B

·针对信息系统审计流程,在了解内部控制结构、评价控制风险、传输内部控制后,下一步应当进行(11)。

(11)A. 有限的实质性测试
   B. 外部控制测试

  C. 内部控制测试
   D. 扩大的实质性测试

试题分析:信息系统审计流程基本顺序为:审计工作预备工作、了解内部控制结构、评价控制风险、传输内部控制、内部控制测试、评价控制风险等。具体参见下图。

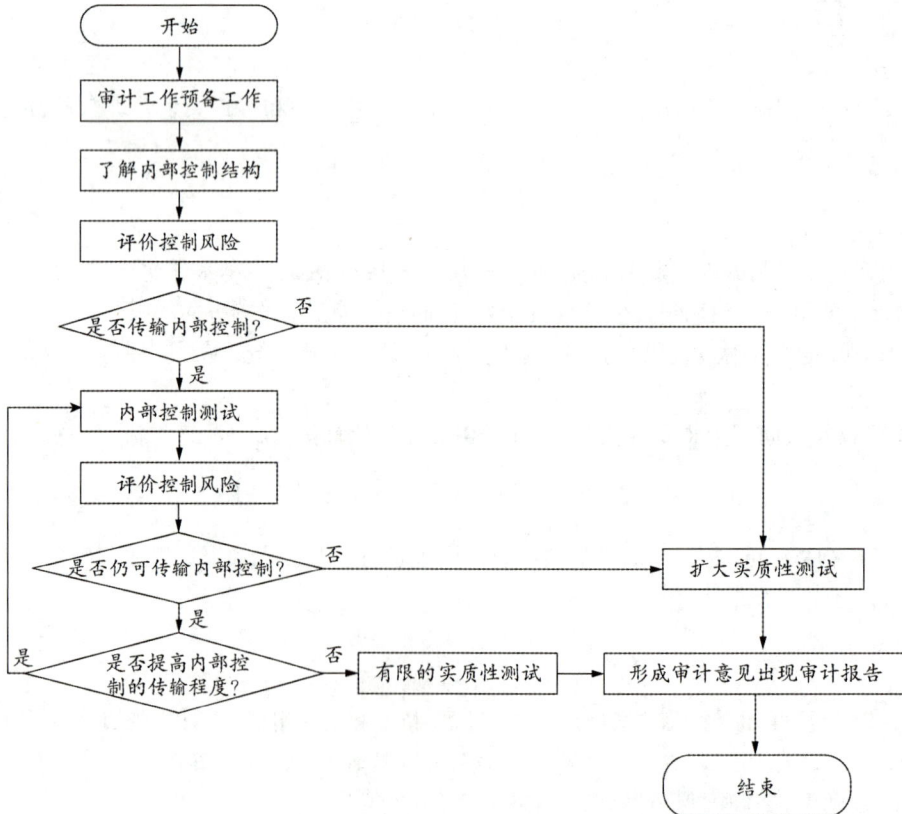

第五编

参考答案:(11)C

· 某企业信息化系统建设初期,无法全面准确获取需求,此时可以基于对已有需求的初步理解,快速开发一个初步系统模型,然后通过反复修改实现用户的最终需求。这种开发方法称为(12)。

(12)A. 结构法　　　　　　　　　　　　B. 原型法

C. 瀑布模型法　　　　　　　　　　D. 面向对象法

试题分析:常用的开发方法包括结构化方法、原型法、面向对象方法等。

(1)结构化方法:应用结构化系统开发方法,把整个系统的开发过程分为若干阶段,然后依次进行,前一阶段是后一阶段的工作依据,按顺序完成。要求在开发之初全面认识系统的需求,充分预料各种可能发生的变化。

(2)原型法:其认为在无法全面准确地提出用户需求的情况下,并不要求对系统做全面、详细地分析,而是基于对用户需求的初步理解,先快速开发一个原型系统,然后通过反复修改来实现用户的最终系统需求。

(3)面向对象方法:用对象表示客观事物,对象是一个严格模块化的实体,在系统开发中可被共享和重复引用,以达到复用的目的。

参考答案:(12)B

· 系统方案设计包括总体设计和详细设计,系统总体设计内容包括(13)。

(13)A. 计算机和网络系统的方案设计　　B. 人/机界面设计

C. 处理过程设计　　　　　　　　　D. 数据库设计

试题分析:系统方案设计包括总体设计和各部分的详细设计(物理设计)两个方面。

(1)系统总体设计包括系统的总体架构方案设计、软件系统的总体架构设计、数据存储的总体设计、计算机和网络系统的方案设计等。

(2)系统详细设计包括代码设计、数据库设计、人/机界面设计、处理过程设计等。

参考答案:(13)A

· 下列关于配置管理的描述,不正确的是(14)。

(14)A. 配置管理计划制定时需了解组织结构环境和组织单元之间的联系

B. 配置标识包含识别配置项,并为其建立基线等内容

C. 配置状态报告应着重反映当前基线配置项的状态

D. 功能配置审计是审计配置项的完整性,验证所交付的配置项是否存在

试题分析:配置审计也称配置审核或配置评价,包括功能配置审计和物理配置审计,分别用以验证当前配置项的一致性和完整性。

(1)功能配置审计,是审计配置项的一致性(配置项的实际功效是否与其需求一致)。

(2)物理配置审计,是审计配置项的完整性(配置项的物理存在是否与预期一致)。

所以 D 选项不正确。

参考答案:(14)D

· 进行面向对象系统分析和设计时,将相关的概念组成一个单元模块,并通过一个名称来引用它,这种行为叫做(15)。

(15)A. 继承　　　　　　　　　　　　B. 封装

C. 抽象　　　　　　　　　　　　D. 复用

试题分析:面向对象的基本概念包括对象、类、抽象、封装、继承、多态、接口、消息、组件、复用和模式等。

(1)对象:由数据及其操作所构成的封装体,是系统中用来描述客观事物的一个模块,是构成系

统的基本单位。对象包含三个基本要素,分别是对象标识、对象状态和对象行为。

(2)类:现实世界中实体的形式化描述,类将该实体的属性(数据)和操作(函数)封装在一起。类和对象的关系可理解为,对象是类的实例,类是对象的模板。

(3)抽象:通过特定的实例抽取共同特征以后形成概念的过程。对象是现实世界中某个实体的抽象,类是一组对象的抽象。

(4)封装:将相关的概念组成一个单元模块,并通过一个名称来引用它。

(5)继承:表示类之间的层次关系(父类与子类),这种关系使得某类对象可以继承另外一类对象的特征,继承又可分为单继承和多继承。

(6)多态:使得在多个类中可以定义同一操作或属性名,并在每个类中可以有不同的实现。

(7)接口:描述对操作规范的说明,其只说明操作应该做什么,并没有定义操作如何做。

(8)消息:体现对象间的交互,通过它向目标对象发送操作请求。

(9)组件:表示软件系统可替换的、物理的组成部分,封装了模块功能的实现。

(10)复用:指将已有的软件及其有效成分用于构造新的软件或系统。组件技术是软件复用实现的关键。

(11)模式:描述了一个不断重复发生的问题,以及该问题的解决方案。

参考答案:(15)B

· 软件三层架构中,(16)是位于硬件、操作系统等平台和应用之间的通用服务,用于解决分布系统的异构问题,实现应用与平台的无关性。

(16)A. 服务器   B. 中间件

    C. 数据库   D. 过滤器

试题分析:软件三层构件中,中间件是位于硬件、操作系统等平台和应用之间的通用服务。借由中间件,解决了分布系统的异构问题。中间件服务具有标准的程序接口和协议。不同的应用、硬件及操作系统平台,可以提供符合接口和协议规范的多种实现,其主要目的是实现应用与平台的无关性。

参考答案:(16)B

· 下列关于数据库和数据仓库技术的描述,不正确的是(17)。

(17)A. 数据库是面向主题的,数据仓库是面向事务的

    B. 数据仓库一般用于存放历史数据

    C. 数据库主要采用OLTP,数据仓库主要采用OLAP

    D. 数据仓库的数据源相对数据库来说比较复杂

试题分析:数据库技术:以单一的数据源即数据库为中心,进行事务处理、批处理、决策分析等各种数据处理工作,主要有操作型处理和分析型处理两类。传统数据库系统主要强调的是优化企业的日常事务处理工作,难以实现对数据分析处理要求,无法满足数据处理多样化的要求。

数据仓库:是一个面向主题的、集成的、相对稳定的、反映历史变化的数据集合,用于支持管理决策。

OLTP属于传统的关系型数据库的一个主要应用,主要用于基本的、日常的事务处理;OLAP是数据仓库系统的一个主要应用,支持复杂的分析操作,侧重决策支持,并且提供直观易懂的查询结果。

参考答案:(17)A

· Windows操作系统下的ping命令,使用的是(18)协议。

(18)A. UDP   B. ARP

第五编

C. ICMP D. FTP

试题分析: Ping 程序是用来探测主机到主机之间是否可通信,如果不能 ping 到某台主机,表明不能和这台主机建立连接。Ping 使用的是 ICMP 协议,它发送 ICMP 回送请求消息给目的主机。ICMP 协议规定:目的主机必须返回 ICMP 回送应答消息给源主机。如果源主机在一定时间内收到应答,则认为主机可达。

参考答案: (18)C

· 在网络存储结构中,__(19)__成本较高、技术较复杂,适用于数据量大、数据访问速度要求高的场合。

(19)A. 直连式存储(DAS) B. 网络存储设备(NAS)

C. 存储网络(SAN) D. 移动存储设备(MSD)

试题分析: 网络存储结构大致分为三种:直连式存储(DAS)、网络存储设备(NAS)、存储网络(SAN)。

(1)直连式存储(DAS),存储设备是通过电缆(通常是 SCSI 接口电缆)直接挂到服务器总线上。I/O(输入/输出)请求直接发送到存储设备。

(2)网络存储设备(NAS),存储设备通过标准的网络拓扑结构(例如以太网)连接,NAS 是在网络中放置一个单独的存储服务器,此存储服务器开启网络共享。NAS 设备直接连接到 TCP/IP 网络上,网络服务器通过 TCP/IP 网络存取管理数据。它是一种专用数据存储服务器。它以数据为中心,将存储设备与服务器彻底分离,集中管理数据,从而释放带宽、提高性能、降低总拥有成本、保护投资。其成本远远低于使用服务器存储,而效率却远远高于后者。

(3)存储网络(SAN),SAN 实际是一种专门为存储建立的独立于 TCP/IP 网络之外的专用网络。SAN 连接又分 ISCSI(网口)SAS(SAS 口)以及 FC(光纤口)连接,这种连接需要单独的存储产品,可以通过交换机连接。它的最大特性是将网络和设备的通讯协议与传输物理介质隔离开。这样多种协议可在同一个物理连接上同时传送,高性能存储体和宽带网络使用单 I/O 接口使得系统的成本和复杂程度大大降低。

参考答案: (19)C

· 下列关于网络交换技术的描述,不正确的是__(20)__。

(20)A. Internet 传输的最小数据单位是 Byte B. ATM 交换的最小数据单位是码元

C. Internet 使用数据报网络 D. ATM 使用虚电路网络

试题分析: 分组交换可用于数据报网络和虚电路网络。我们常用的 Internet 就是数据报网络,单位是 Bit,而 ATM 则用的是虚电路网络,单位是码元。

参考答案: (20)A

· 根据《关于信息安全等级保护改造的实施意见》的规定,信息系统受到破损后,会对社会秩序和公共利益造成较大的损害,或者对国家安全造成损害,该信息系统应实施__(21)__的信息安全保护。

(21)A. 第一级 B. 第二级

C. 第三级 D. 第四级

试题分析: 信息系统的安全保护等级分为以下五级。

第一级:信息系统受到破坏后,会对公民、法人和其他组织的合法权益造成损害,但不损害国家安全、社会秩序和公共利益。

第二级:信息系统受到破坏后,会对公民、法人和其他组织的合法权益产生严重损害,或者对社会秩序和公共利益造成损害,但不损害国家安全。

第三级:信息系统受到破坏后,会对社会秩序和公共利益造成严重损害,或者对国家安全造成损害。

第四级:信息系统受到破坏后,会对社会秩序和公共利益造成特别严重损害,或者对国家安全造成严重损害。

第五级:信息系统受到破坏后,会对国家安全造成特别严重损害。

参考答案:(21)C

· 下列以下关于数据仓库的叙述中,正确的是(22)。

(22) A. 数据仓库主要用于支持管理决策

B. 数据仓库的数据源相对比较单一

C. 存放在数据仓库中的数据一般是实时更新的

D. 数据仓库为企业的特定应用服务、强调处理的响应时间,数据的安全性和完整性等

试题分析:数据仓库是一个面向主题的、集成的、相对稳定的、反映历史变化的数据集合,主要用于支持管理决策。数据仓库是对多个异构数据源(包括历史数据)的有效集成,集成后按主题重组,且存放在数据仓库中的数据一般不再修改。

参考答案:(22)A

· 下列关于计算机病毒与蠕虫的特点比较的叙述中,正确的是(23)。

(23) A. 在传染机制中,蠕虫是通过主要程序运行的

B. 为系统打补丁,能有效预防蠕虫,但不能有效预防病毒

C. 在触发机制中,蠕虫的触发者是计算机使用者

D. 蠕虫和病毒都是寄生模式生存

试题分析:在传染机制中,病毒是通过主要程序运行的,蠕虫是利用系统的漏洞。在触发机制中,病毒是计算机使用者,蠕虫是程序自身。存在形式:病毒是寄生,蠕虫是独立个体。因此,B选项"为系统打补丁,能有效预防蠕虫,但不能有效预防病毒"是正确的。

参考答案:(23)B

· 在物联网的关键技术中,射频识别(RFID)是一种(24)。

(24) A. 信息采集技术

B. 无线传输技术

C. 自组织组网技术

D. 中间件技术

试题分析:感知层负责采集和物物之间的信息传输,信息采集技术包括传感器、条形码和二维码、RFID射频技术、音频等多媒体信息,信息传输技术包括远近距离数据传输技术、自组织组网技术、协同信息处理技术、信息采集中间件技术等传感器网络。

参考答案:(24)A

· 与例行工作相比,项目具有更明显的特点。其中,(25)是指每一个项目都有一个明确的开始时间和结束时间。

(25) A. 临时性　　　　　　　　　　　B. 暗示性

C. 独特性　　　　　　　　　　　D. 渐进明细

试题分析:项目的特点有:临时性、独特性、渐进明细性。其中,临时性是指每一个项目都有一个明确的开始时间和结束时间。

参考答案:(25)A

· 项目目标包括成果性目标和(26)目标,后者也叫管理性目标。

(26) A. 建设性　　　　　　　　　　　B. 约束性

C. 指导性　　　　　　　　　　　D. 原则性

试题分析:项目目标包括成果性目标和约束性目标。项目的成果性目标有时也简称为项目目标,指通过项目开发出的满足客户要求的产品、系统、服务或成果。项目的约束性目标也叫管理性目标,是指完成项目成果性目标需要的时间、成本以及要求满足的质量。

参考答案:(26)B

· 软件统一过程(RUP)是迭代模型的一种。下列关于 RUP 的叙述中,不正确的是(27)。

(27)A. RUP 生命周期在时间上分为四个顺序阶段,分别是初始阶段、细化阶段、构建阶段和交付阶段

B. RUP 的每个阶段里面都要执行核心过程工作流的"商业建模""需求""分析和设计""实现""测试""部署"。每个阶段的内部仅完成一次迭代即可

C. 软件产品交付给用户使用一段时间后如有新的需求则应该开始另外一个 RUP 开发周期

D. RUP 可以用于大型复杂软件项目开发

试题分析:RUP(Rational Unified Process)软件统一过程是一种"过程方法",它就是迭代模型的一种。RUP 可以用二维坐标来描述。横轴表示时间,是项目的生命周期,体现开发过程的动态结构,主要包括周期(Cycle)、阶段(Phase)、迭代(Iteration)和里程碑(Milestone);纵轴表示自然的逻辑活动,体现开发过程的静态结构,主要包括活动(Activity)、产物(Artifact)、工作者(Worker)和工作流(Workflow)。

RUP 中的软件生命周期在时间上被分解为四个顺序的阶段,分别是初始阶段(Inception)、细化阶段(Elaboration)、构建阶段(Construction)和交付阶段(Transition)。这四个阶段的顺序执行就形成了一个周期。每个阶段结束于一个主要的里程碑(Major Milestone)。在每个阶段的结尾执行一次评估以确定这个阶段的目标是否已经满足。每个阶段,从上到下迭代,亦即从核心过程工作流"商业建模""需求调研""分析与设计"……执行到"部署",再从核心支持工作流"配置与变更管理""项目管理"执行到"环境"完成一次迭代。根据需要,在一个阶段内部,可以完成一次到多次的迭代。

软件产品交付给用户使用一段时间后如有新的需求则应该开始另外一个 RUP 开发周期。

大型复杂项目通常采用迭代方式实施,这使项目团队可以在迭代过程中综合考虑反馈意见和经验教训,从而降低项目风险。

参考答案:(27)B

· 在 V 模型中,(28)是对详细设计进行验证,(29)与需求分析相对应。

(28)A. 集成测试　　　　　　　　　　B. 系统测试
　　　C. 验收测试和确认测试　　　　　D. 验证测试

(29)A. 代码测试　　　　　　　　　　B. 集成测试
　　　C. 验收测试　　　　　　　　　　D. 单元测试

试题分析:V 模型如下图所示。

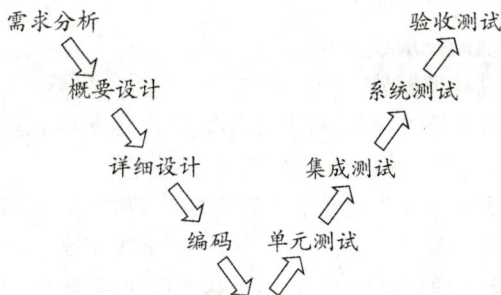

参考答案:(28)A (29)C

· 某集成商准备去投标一个政府网站开发项目,该系统集成商在项目招标阶段的工作顺序是(30)。

①建立评标小组;②编制投标文件;③参与开标过程;④研读招标公告;⑤提交投标文件。

(30)A. ①②③④⑤　　　　　　　　　　B. ⑤②④③

C. ④②⑤③　　　　　　　　　　D. ①④⑤②③

试题分析:系统集成商在项目招标阶段的工作顺序为:①研读招标公告;②编制投标文件;③提交投标文件;④参与开标过程。

参考答案:(30)C

· 项目章程的作用不包括(31)。

(31)A. 为项目人员绩效考核提供依据　　　B. 确立项目经理,规定项目经理的权利

C. 规定项目的总体目标　　　　　　　D. 正式确认项目的存在

试题分析:项目章程的作用如下:

①确立项目经理,规定项目经理的权利。

②正式确认项目的存在,给项目一个合法的地位。

③规定项目的总体目标,包括范围、时间、成本和质量等。

④通过叙述启动项目的理由,把项目与执行组织的日常经营运作及战略计划等联系起来。

参考答案:(31)A

· 为项目选择特定的生命周期模型一般是(32)中的工作。

(32)A. 项目管理计划　　　　　　　　　　B. 项目章程

C. 项目任务书　　　　　　　　　　D. 质量计划编制

试题分析:项目管理计划是说明项目将如何执行、监督和控制项目的一份文件。它合并与整合了其他各规划过程所产生的所有子管理计划和基准(范围基准、进度基准、成本基准等)。

项目管理计划还可以包括如下内容:

①所使用的项目管理过程。

②每个特定项目管理过程的实施程度。

③完成这些过程的工具和技术的描述。

④项目所选用的生命周期及各阶段将采用的过程。

⑤如何用选定的过程来管理具体的项目。包括过程之间的依赖与交互关系和基本的输入和输出。

⑥如何执行工作来完成项目目标及对项目目标的描述。

⑦如何监督和控制变更,明确如何对变更进行监控。

⑧配置管理计划,用来明确如何开展配置管理。

⑨对维护项目绩效基线的完整性的说明。

⑩与项目干系人进行沟通的要求和技术。

⑪为项目选择特定的生命周期模型。

⑫为解决某些遗留问题和未定的决策,对其内容、严重程度和紧迫程度进行的关键管理评审。

参考答案:(32)A

· 信息系统集成项目完成验收后要进行一个综合性的项目后评估,评估的内容一般包括(33)。

(33)A. 系统目标评价、系统质量评价、系统技术评价、系统可持续评价

B. 系统社会效益评价、系统过程评价、系统技术评价、系统可用性评价

C. 系统目标评价、系统过程评价、系统效益评价、系统可持续性评价

D. 系统责任评价、系统环境影响评价、系统效益评价、系统可持续性评价

试题分析：信息系统后评价通过对已经建成的信息系统进行全面综合的调研、分析、总结,对信息系统目标是否实现,信息系统前期论证过程、开发建设过程以及运营维护过程是否符合要求,信息系统是否实现了预期的经济效益、管理效益以及社会效益,信息系统是否能够持续稳定地运行等方面的工作内容做出独立、客观的评价。信息系统后评价的主要内容一般包括信息系统的目标评价、信息系统过程评价、信息系统效益评价和信息系统可持续性评价四个方面的工作内容。

参考答案：(33) C

· 某招标文件要求投标方应具有计算机信息系统集成资质和 ISO 9000 质量认证证书,投标人在投标文件中提供了母公司的计算机信息系统资质和 ISO 9000 质量认证证书,则该投标人提供的投标文件 (34)。

(34) A. 符合招标要求   B. 不符合招标要求

C. 基本符合招标要求   D. 不完全符合招标要求

试题分析：本题中,该公司和母公司属于独立法人,属于借用资质投标,不符合招标要求。

参考答案：(34) B

· 小张是软件研发和项目经理,负责的某项目已进入实验阶段,此时用户提出要增加一项新的功能,小张应该 (35)。

(35) A. 拒绝该变更   B. 通过变更控制流程进行处理

C. 立即实现该变更   D. 要求客户应先与公司领导协商

试题分析：变更要走变更控制流程。

参考答案：(35) B

· 下列选项中,(36) 不属于项目范围定义的输入。

(36) A. 项目范围管理计划   B. 组织过程资产

C. 项目工作分解结构 WBS   D. 项目章程

试题分析：项目范围定义的输入包括：

①项目章程。

②项目范围管理计划。

③组织过程资产。

④批准的变更申请。

参考答案：(36) C

· 某项目经理在生成 WBS 时,按照 (37) 将项目分解为项目管理、需求分析、方案设计、集成准备、集成实施、测试和验收等几个过程。

(37) A. 项目章程   B. 项目范围说明

C. 生命周期   D. 验收准则

试题分析：此题为典型的按照生命周期将项目分解为项目管理、需求分析、方案设计、集成准备、集成实施、测试和验收。

参考答案：(37) C

· 项目经理正在估算某个 ERP 项目的成本,此时尚未掌握项目的全部细节,项目经理此时可用 (38) 来估算成本。

(38) A. 类比估算   B. 自下而上估算法

  C. 蒙特卡洛分析   D. 参数模型

试题分析：自下而上估算是指估算单个工作包或细节最详细的活动的成本。

类比估算是根据以往经验进行估算的。

参考答案：(38) A

· 某项目经理到 2015 年 6 月 1 日为止的成本执行(绩效)数据为：$PV=20000$ 元，$EV=21000$ 元，$AC=22000$(元)，则 SV 是(39)元。

 (39) A. 1000   B. −1000

   C. 2000   D. −2000

试题分析：$SV=EV-PV=21000-20000=1000$(元)。

参考答案：(39) A

· 某活动的工期采用三点估算法进行估算，其中最悲观估算是 30 天，最乐观估算是 10 天，最可能的估算是 20 天，则该活动历时大致需要(40)天，该活动历时标准差大概是(41)天。

 (40) A. 10   B. 15   C. 20   D. 25

 (41) A. 3.2   B. 3.3   C. 3.4   D. 3.5

试题分析：活动的历时=(最乐观历时+4×最可能历时+最悲观历时)/6=(10+4×20+30)/6=20(天)；

活动历时标准差=(最悲观历时−最乐观历时)/6=(30−10)/6=3.3(天)。

参考答案：(40) C (41) B

· 根据以下某项目的网络图，在最佳的人力资源利用情况下，限定在最短时间内完成项目，则项目的人力资源要求至少为(42)人。

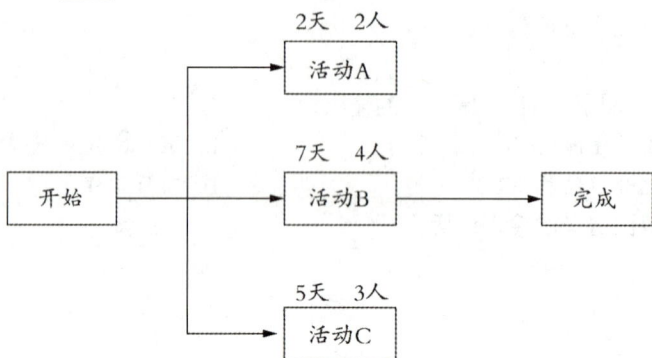

 (42) A. 9   B. 8

   C. 7   D. 6

试题分析：项目最佳配置人力资源的技术是资源平衡技术。要保证项目在最短时间内完成，活动 B 的 4 人工作 7 天是要确保的。活动 A 和活动 C 由于时间相加也是 7 天，所以可如下安排：3 人完成活动 C 后有 2 人接着进行活动 A。所以，该项目的人力资源要求至少为 7 人。

参考答案：(42) C

· 人们对自我的要求是不断提升的，下列理论中，(43)将人的需求分为不同等级。

 (43) A. 马斯洛的需求层次理论

   B. 赫茨伯格的双因素理论

   C. 维克多·弗洛姆的期望理论

   D. 道格拉斯·麦格雷戈的 X-Y 理论

试题分析：马斯洛的需求层次理论将人的需求分为不同等级。

参考答案:(43)A

· 责任分配矩阵是一种常用的描述项目角色和职责的方式,下列关于责任分配矩阵的说法,错误的是(44)。

(44)A. 在反映团队成员个人与其承担的工作时,责任分配矩阵不够直观

　　B. 责任分配矩阵可以分成多个层次

　　C. 高层级的责任分配矩阵可以界定团队中的哪个小组负责工作分解结构中的哪一部分工作

　　D. 底层级的责任分配矩阵用来在小组内为具体活动分配角色、责任

试题分析:责任分配矩阵可方便、直观地反映成员与承担工作间的关系。

参考答案:(44)A

· 在冲突管理中,经常要集合多方观点和意见,得出一个多数人接受和承诺的解决方案。这种冲突管理的方法被称为(45)。

(45)A. 合作　　　　　　　　　　　B. 强制

　　C. 妥协　　　　　　　　　　　D. 回避

试题分析:合作是集合多方的观点和意见,得出一个多数人接受和承诺的冲突解决方案。

参考答案:(45)A

· 按照我国建设部、财政部下达的通用条款,下列关于索赔的说法,错误的是(46)。

(46)A. 索赔必须以合同为依据

　　B. 索赔必须注意资料的积累

　　C. 索赔是一种惩罚行为

　　D. 索赔处理要及时、合理

试题分析:索赔的性质属于经济补偿行为,不是一种惩罚行为。

参考答案:(46)C

· 下列关于采购管理计划输入项的描述中,不正确的是(47)。

(47)A. 范围基准　　　　　　　　　B. 合作协议

　　C. 采购工作说明书　　　　　　D. 风险记录

试题分析:采购工作说明书是采购管理计划的输出项。

参考答案:(47)C

· 某公司的质量目标是每千行代码缺陷数不大于 2.5 个,项目组为确保代码质量,对软件开发项目组 5 个代码编写人员各自的质量进行趋势分析,适合使用的质量工具是(48)。

(48)A. 散点图　　　　　　　　　　B. 矩阵图

　　C. 控制图　　　　　　　　　　D. 亲和图

试题分析:控制图又叫管理图、趋势图,它是一种带控制界限的质量管理图表。运用控制图的目的之一就是通过观察控制图上产品质量特性值的分布状况,分析和判断生产过程是否发生了异常,一旦发现异常就要及时采取必要的措施加以消除,使生产过程恢复稳定状态。

参考答案:(48)C

· 下列关于需求变更策略的叙述中,错误的是(49)。

(49)A. 所有需求变更必须遵循变更控制过程

　　B. 对于未获得核准的变更,不应该做变更实现工作

　　C. 完成了对某个需求的变更之后,就可以删除或者修改变更请求的原来文档

　　D. 每一个需求变更必须能追溯到一个经核准的变更请求

试题分析：变更活动完成后，应将相关材料整理归档保存。

参考答案：(49)C

· 下列关于变更控制委员会 CCB 的描述，正确的是(50)。

(50)A. CCB 是作业机构

　　B. CCB 在审批变更时要提出变更方案

　　C. 项目经理不能进入 CCB

　　D. CCB 的权利包含对储备资质的审批

试题分析：CCB 是决策机构，不是作业机构，所以 A 选项不正确；通常 CCB 的工作是通过评审手段来决定项目基准是否能变更，但不提出变更方案，所以 B 选项不正确；项目的储备资源属于未授权部分，支持项目中的变化操作，权利属项目出资人，在项目中的代表人为管理委员会，所以 D 选项不正确；CCB 由项目所涉及的多方人员共同组成，通常包括用户和实施方的决策人员，不包括项目经理。

参考答案：(50)C

· 下列关于变更的流程和规则的做法中，错误的是(51)。

(51)A. 以口头方式提出某项变更，在评估前针对该变更提交了书面报告

　　B. 项目组成员的变更以邮件发出，在评审前填写了变更申请

　　C. 为了规范，监理不对变更进行分级，所有变更流程都不能简化

　　D. 按照影响范围、紧急程度把变更分为三个优先级别

试题分析：变更管理通过考虑每一项变更的影响，不断确认与改进项目的机会，在综合考虑影响的情况下也可适当简化流程满足实际需要。按照影响范围、紧急程度把变更分为重大、重要和一般三个优先级别。

参考答案：(51)C

· (52)不是控制干系人参与的输入。

(52)A. 问题日志　　　　　　　　　　B. 变更日志

　　C. 项目管理计划　　　　　　　　D. 项目文件

试题分析：变更日志是管理干系人参与的输入，不是控制干系人参与的输入。

参考答案：(52)B

· 质量管理的发展大致经历了手工艺人时代、质量检验阶段、统计质量控制阶段和(53)四个阶段。

(53)A. 零缺陷质量管理阶段　　　　　　B. 全面质量管理阶段

　　C. 过程质量管理阶段　　　　　　　D. 精益质量管理阶段

试题分析：质量管理的发展大致经历了手工艺人时代、质量检验阶段、统计质量控制阶段和全面质量管理阶段四个阶段。

参考答案：(53)B

· 下列关于管理沟通的工具说法，不正确的是(54)。

(54)A. 沟通模型的各要素会影响沟通的效率和效果

　　B. 管理沟通过程中要确保已创建并发布的信息能够被接受和理解

　　C. 项目经理在项目进行中，应定期或不定期进行绩效评估

　　D. 为了方便快捷地进行沟通，项目进行过程中需选择固定的沟通渠道

试题分析：项目经理在深入研究项目的要求和特点后，在不同的项目实施阶段，针对不同的干系人，选择适合的沟通渠道。所以 D 选项的描述不正确。

参考答案：(54)D

第五编

· 下图关于干系人权力和利益的描述,不正确的是(55)。

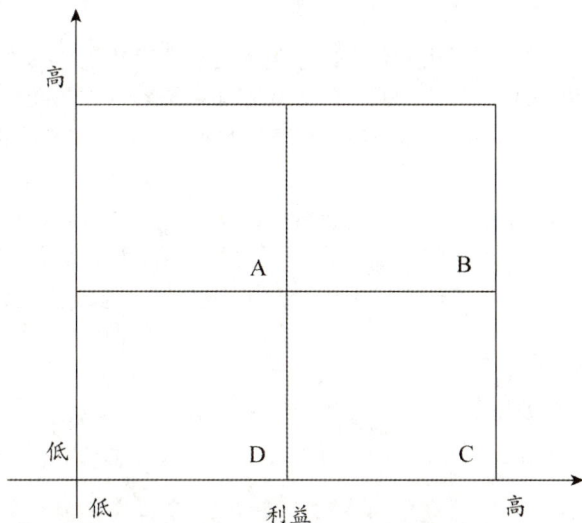

(55) A. 项目经理的主管领导就是 A 区的干系人,要"令其满意"

　　 B. 项目客户是 B 区的干系人,要"重点管理、及时报告"

　　 C. 对于 C 区的干系人,要"随时告知"

　　 D. 对于 D 区干系人,花费最少的精力监督即可

试题分析: 权力/利益矩阵是根据干系人权力的大小,以及利益对其分类。这个矩阵指明了项目需要建立的与各干系人之间的关系的种类。

首先关注处于 B 区的干系人,他们对项目有很高的权力,也很关注项目的结果,项目经理应该"重点管理、及时报告",应采取有力的行动让 B 区干系人满意。项目的客户和项目经理的主管领导,就是这样的项目干系人。

尽管 C 区干系人权力低,但关注项目的结果,因此项目经理要"随时告知"项目状况,以维持 C 区的干系人的满意程度。

方格区域 A 的关键干系人具有"权力大、对项目结果关注度低"的特点,因此争取 A 区干系人的支持,对项目的成功至关重要,项目经理对 A 区干系人的管理策略应该是"令其满意"。

D 区干系人的特点是"权力低、对项目结果的关注度低",因此项目经理主要是通过"花最少的精力来监督他们"即可。

参考答案: (55) A

· 下列关于项目合同的分类的描述,正确的是(56)。

(56) A. 信息系统工程项目合同通常按照信息系统范围和项目总价划分

　　 B. 需要立即开展工作的项目不适宜采用成本补偿合同

　　 C. 工程量大、工期较长、技术复杂的项目宜采用总价合同

　　 D. 工料合同兼有成本补偿合同和总价合同的特点,适用范围较宽

试题分析: 信息系统工程项目合同通常有两种分类方式,一种是按信息系统范围划分,一种是按项目付款方式划分。

合同按项目付款方式划分为:

(1) 总价合同。又称固定价格合同,是指在合同中确定一个完成项目的总价,承包人据此完成项目全部合同内容的合同。适合于工程量不太大且能精确计算、工期较短、技术不太复杂、风险不

大的项目,同时要求发包人必须准备详细全面的设计图纸和各项说明,使承包人能准确计算工作量。

(2)成本补偿合同。此类合同是由发包人向承包人支付未完成工作而发生的全部合法实际成本(可报销成本),并且按照事先约定的某一种方式外加一笔费用作为卖方的利润。这类合同主要适用于以下项目:①需立即开展工作的项目;②对项目内容及技术经济指标未确定的项目;③风险大的项目。

(3)工料合同。是兼具成本补偿合同和总价合同的某些特定的混合型合同。在不能很快编写出准确工作说明书的情况下,经常使用工料合同来增加人员、聘请专家和寻求其他外部支持。这类合同的适用范围比较宽,其风险可以得到合理的分摊,并且能鼓励承包人通过提高工效等手段从成本节约中提高利润。

参考答案:(56)D

· 质量保证计划属于软件文档中的(57)。

(57)A. 开发文档
B. 产品文档
C. 管理文档
D. 说明文档

试题分析:软件文档分为开发文档、产品文档、管理文档三类。其中,开发文档包括:①可行性研究报告和项目任务书;②需求规格说明;③功能规格说明;④设计规格说明,包括程序和数据规格说明;⑤开发计划;⑥软件集成和测试计划;⑦质量保证计划;⑧安全和测试信息。

参考答案:(57)A

· 下列关于配置库的描述,不正确的是(58)。

(58)A. 开发库用于保存开发人员当前正在开发的配置实体
B. 受控库包含当前的基线及对基线的变更
C. 产品库包含已发布使用的各种基线的存档
D. 开发库是开发人员的个人工作区,由配置管理员控制

试题分析:配置库可以分为开发库、受控库、产品库三种类型。
①开发库用于保存开发人员当前正在开发的配置实体。动态库是开发人员的个人工作区,由开发人员自行控制。
②受控库包含当前的基线加上对基线的变更。受控库中的配置项被置于完全的配置管理之下。
③产品库包含已发布使用的各种基线的存档,被置于完全的配置管理之下。

参考答案:(58)D

· (59)属于定量风险分析的工具和技术。

(59)A. 概率和影响矩阵
B. 风险数据质量评估
C. 风险概率和影响评估
D. 敏感性分析

试题分析:定量风险分析的工具和技术包括:
①数据收集和表示技术:访谈、概率分布。
②定量风险分析和模型技术:敏感性分析、预期货币价值分析、模型和模拟。
③专家判断。

参考答案:(59)D

· 下列关于控制风险的描述,不正确的是(60)。

(60)A. 控制风险时,需要参考已经发生的成本
B. 风险分类是控制风险过程所采用的工具和技术
C. 可使用挣值分析法对项目总体绩效进行监控

　　D. 控制风险过程中需要更新风险登记册

试题分析: 控制风险的工具和技术包括:风险再评估、风险审计、偏差和趋势分析、技术绩效测量、储备分析、会议。

本题 B 选项中,风险分类是定性风险分析的工具和技术。

参考答案: (60)B

・根据《软件工程术语》(GB/T 11457—2006),(61)是一个正式的过程,通过这个过程决定产品是否符合它的规格说明,是否可在目标环境中使用。

　　(61)A. 走查　　　　　　　　　　　　　B. 审计

　　　　C. 认证　　　　　　　　　　　　　D. 鉴定

试题分析: 根据《软件工程术语》(GB/T 11457—2006),鉴定是一个正式的过程,通过这个过程决定产品是否符合它的规格说明,是否可在目标环境中使用。

参考答案: (61)D

・根据《软件可靠性和可维护性管理》(GB/T 14394—2008),在软件开发各阶段都要求进行评审,其中,与软件可靠性和可维护性有关的具体评审除包括需求评审和设计评审外,还包括(62)。

　　(62)A. 系统架构评审、测试评审、安装和验收评审、用户满意度评审

　　　　B. 概念评审、测试评审、安装和验收评审、软件用户手册评审

　　　　C. 配置项评审、测试评审、安装和验收评审、软件用户手册评审

　　　　D. 代码走查、测试评审、安装和验收评审、用户满意度评审

试题分析: 根据《软件可靠性和可维护性管理》(GB/T 14394—2008),与软件可靠性和可维护性有关的具体评审要求有:概念评审、需求评审、设计评审、测试评审、安装和验收评审、软件用户手册评审。

参考答案: (62)B

・现代企业信息系统的一个明显特点是,企业从依靠信息进行管理向(63)转化。

　　(63)A. 知识管理　　　　　　　　　　　B. 管理信息

　　　　C. 管理数据　　　　　　　　　　　D. 决策管理

试题分析: 现代企业信息系统的一个明显特点是,企业从依靠信息进行管理向知识管理转化。

参考答案: (63)A

・项目组合组件的管理内容不包括(64)。

　　(64)A. 项目集管理　　　　　　　　　　B. 战略管理

　　　　C. 日常运作管理　　　　　　　　　D. 项目组合治理

试题分析: 项目组合组件的管理内容包括项目集管理、项目管理、日常运作管理、项目组合治理。

参考答案: (64)B

・依照《招标投标法》,必须进行招标的项目,自招标文件开始发出之日起至投标人提交投标文件截止之日止,最短不得少于(65)日。

　　(65)A. 15　　　　　　　　　　　　　　B. 20

　　　　C. 28　　　　　　　　　　　　　　D. 30

试题分析: 根据《招标投标法》,依法必须进行招标的项目,自招标文件开始发出之日起至投标人提交投标文件截止之日止,最短不得少于 20 日。

参考答案: (65)B

・某公司打算经销一种商品,进价为 450 元/件,售价 500 元/件。若进货商品一周内售不完,则每件损失 50 元。假定根据已往统计资料估计,每周最多销售 4 件,并且每周需求量分别为 0、1、2、

3、4件的统计概率之间的关系如下表所示,则公司每周进货(66)件可使利润最高。

需求量(件)	0	1	2	3	4
统计概率	0	0.1	0.2	0.3	0.4

(66)A. 1　　　　　　　　　　　　　　　B. 2

　　　C. 3　　　　　　　　　　　　　　　D. 4

试题分析: 根据已知条件,可计算出不同进货量及销售量下可能获得的收益结果,见下表。

结果 销售量 进货量	1	2	3	4	期望收益值
	0.1	0.2	0.3	0.4	
1	50	50	50	50	50
2	0	100	100	100	90
3	−50	50	150	150	110
4	−100	0	200	200	100

第一行,进货量如果是1件,销售1件只能获得50元;如果市场上可以销售2件,但是由于进货量只有1件,因此收益仍然是50元。

第二行,如果进货2件,但是只能销售1件,获得50元,同时因为有1件没有卖出去损失50元,两者相抵,总收益为50−50=0(元)。如果可以销售2件,可以获得收益100元。依次类推可以得到其他收益值。

不同进货量及销售量下可能获得的收益结果填好以后,根据决策树计算公式,得到进货量为1时的期望收益为:$50×0.1+50×0.2+50×0.3+50×0.4=50$(元)。同理得到进货量为2、3、4时的期望值。

决策结论:每周进货3件可获得最高收益110元。

参考答案: (66)C

·某项目有Ⅰ、Ⅱ、Ⅲ、Ⅳ四项不同任务,恰有甲、乙、丙、丁四个人去完成各项不同的任务。由于任务性质及每人的技术水平不同,他们完成各项任务所需的时间也不同,具体如下表所示。

任务 时间(天) 人员	Ⅰ	Ⅱ	Ⅲ	Ⅳ
甲	2	15	13	4
乙	10	4	14	15
丙	9	14	16	13
丁	7	8	11	9

项目要求每个人只能完成一项任务,为了使项目花费的总时间最短,应该指派丁完成(67)任务。

(67)A. Ⅰ　　　　　　　　　　　　　　　B. Ⅱ

　　　C. Ⅲ　　　　　　　　　　　　　　　D. Ⅳ

试题分析: 此题为运筹学中标准的指派问题,以人员指派为例,大都满足以下三个前提假设:①人数等于任务数;②每个人必须且只需完成一项任务;③每项任务必须且只需一人去完成。

本题的效率矩阵为:

$$\begin{pmatrix} 2 & 15 & 13 & 4 \\ 10 & 4 & 14 & 15 \\ 9 & 14 & 16 & 13 \\ 7 & 8 & 11 & 9 \end{pmatrix}, 本题求最小值,下面用匈牙利解法求解:$$

第一步:行变换,找出每一行(每一列)的最小值,然后让每一行(每一列)都减去这个数。

第二步:试指派,找独立的零元素。独立零元素个数为 m,矩阵阶数为 n,当 $m=n$ 时,问题得解。

最优解为:本题 $m=n=4$;最短时间为:$4+4+9+11-28=0$(天);应指派丁完成Ⅲ任务。

参考答案:(67)C

· 某项目投资额为 190 万元,实施后的利润分析如下表所示。

利润分析	第零年	第一年	第二年	第三年
利润值	—	67.14 万元	110.02 万元	59.23 万元

假设贴现率为 0.1,则项目的投资收益率为(68)。

(68) A. 0.34　　　　　　　　　　　B. 0.41

　　　 C. 0.58　　　　　　　　　　　D. 0.67

试题分析:在运营正常的年获得的平均净收益与项目总投资之比为投资收益率。

目前项目的投资收益率为:

$[67.14/(1+0.1)+110.02/(1+0.1)^2+59.23/(1+0.1)^3]/(3\times190)=0.34$。

参考答案:(68)A

· 某工程的进度计划网络图如下,其中包含了①~⑩共 10 个节点,节点之间的箭线表示作业及其进度方向,箭线旁标注了作业所需的时间(单位:周)。设起始节点①的时间为 0,则节点⑤的最早开始时间和最晚开始时间分别为(69)周。

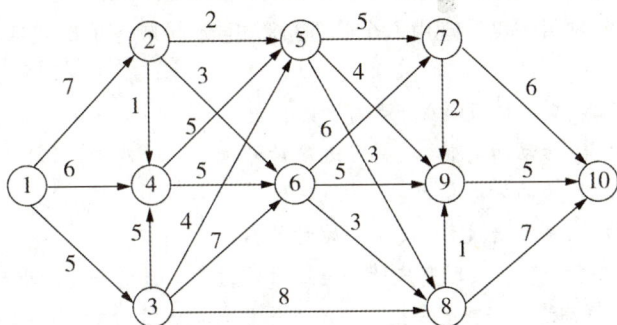

(69) A. 9、19　　　　　　　　　　　B. 9、18

　　　 C. 15、17　　　　　　　　　　D. 15、16

试题分析:首先找出关键路径。

采用遍历法,关键路径为:①→③→④→⑥→⑦→⑨→⑩,关键路径长为:$5+5+5+6+2+5=28$(周)。

活动⑤不在关键路径,所以从活动①正向追溯,活动⑤的最早开工时间是活动①、活动③、活动④都做完后的时间,即 $5+5+5=15$(周),即 15 周;采用倒序法来确定活动⑤的最晚开始时间,即从活动⑩开始倒序遍历,活动⑨在关键路径,在 $28-5=23$ 周时必须做完;活动⑦在关键路径,在 $23-2=21$ 周时活动⑦必须做完,活动⑤必须在活动⑦开始执行前完成,即 $21-5=16$(周),16 周即为活动⑤的最晚开始时间,活动⑤最晚开始执行时间-活动⑤最早开始执行时间 = 16-15 = 1(周),即为活动⑤的自由时差。

参考答案:(69)D

·下图中,从Ⓐ到Ⓔ的最短长度是(70)(图中每条边旁的数字为该条边的长度)。

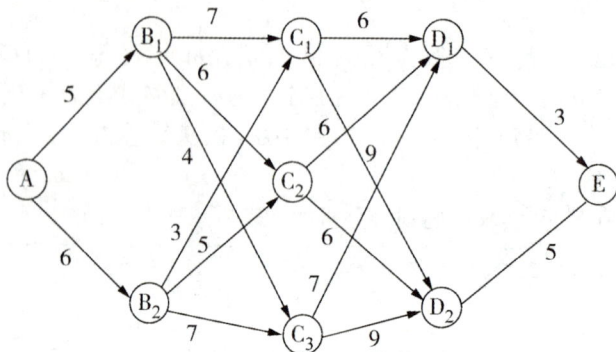

(70) A. 17 B. 18

C. 19 D. 20

试题分析:穷举法可以得出正确答案为18,路径为:Ⓐ→Ⓑ₂→Ⓒ₁→Ⓓ₁→Ⓔ。

参考答案:(70)B

· Project schedule management is made up of six management processes including: activity definition, activity sequencing, (71), and schedule control by order.

(71) A. activity duration estimating, schedule developing, activity resource estimating

　　 B. activity resource estimating, activity duration estimating, schedule developing

　　 C. schedule developing, activity resource estimating, activity duration estimating

　　 D. activity resource estimating, schedule developing, activity duration estimating

试题分析:题目翻译:项目进度管理由六个管理过程组成,按顺序依次包括:活动定义、活动排序、(71)、进度控制。

(71) A. 活动历时估算、制定进度计划、活动资源估算

　　 B. 活动资源估算、活动历时估算、制定进度计划

　　 C. 制定进度计划、活动资源估算、活动历时估算

　　 D. 活动资源估算、制定进度计划、活动历时估算

解析:项目进度管理包括使项目按时完成所必需的管理过程。进度安排的准确程度可能比成本估计的准确程度更重要。考虑进度安排时要把人员的工作量与花费的时间联系起来,合理分配工作量,利用进度安排的有效分析方法来严格监视项目的进展情况,以使得项目的进度不致被拖延。

项目进度管理过程包括:活动定义、活动排序、活动资源估算、活动历时估算、制定进度计划及进度控制六个步骤。以上六个步骤具有先后顺序,因此选 B 项正确。

参考答案:(71)B

· Many useful tools and techniques are used in developing schedule. (72) is a schedule network analysis technique that modifies the project schedule to account for limited resource.

(72) A. PERT B. Resource levelling

C. Schedule compression D. Critical chain method

试题分析:题目翻译:在进度计划的制定过程中使用了许多有用的工具和技术。(72)是一种进

度网络分析技术,它通过修改项目进度计划来匹配有限的资源。

(72) A. PERT　　　　　　　B. 资源平衡　　　　　C. 进度压缩　　　　　D. 关键链法

解析:关键路径法不考虑资源制约,所以用关键路径法编出初步的进度计划后,就需要考虑资源制约,进行资源平衡。

参考答案:(72) B

·Changes may be requested by any stakeholder involved with the project, but changes can be authorized only by (73).

(73) A. executive IT manager　　　　　B. project manger

　　C. change control board　　　　　D. project sponsor

试题分析:题目翻译:项目涉及的任何利益相关者都可以要求变更,但变更只能由(73)授权。

(73) A. 执行经理　　　　　　　　　　B. 项目管理者

　　C. 变更控制委员会　　　　　　　D. 项目发起人

解析:项目变更可以由执行经理(executive IT manager)、项目管理者(project manager)、项目发起人(project sponsor)等任意项目干系人发起,但只能由变更控制委员会(change control board)授权通过。

参考答案:(73) C

·Configuration management system can be used in defining approval levels for authorizing changes and providing a method to validate approved changes. (74) is not a project configuration management tool.

(74) A. Rational Clearcase　　　　　　B. Quality Function Deployment

　　C. Visual Source Safe　　　　　　D. Concurrent Versions System

试题分析:题目翻译:配置管理系统可用于定义授权变更的批准级别,并提供验证已批准变更的方法。(74)不是项目配置管理工具。

(74) A. Rational Clearcase　　　　　　B. Quality Function Deployment

　　C. Visual Source Safe　　　　　　D. Concurrent Versions System

解析:配置管理的目的在于运用配置标识、配置控制、配置状态统计和配置审计,建立和维护工作产品的完整性。常用的配置管理工具有 Visual Source Safe、Rational Clearcase 和 Concurrent Versions System 等。

参考答案:(74) B

·Creating WBS means subdividing the major project deliverables into smaller components until the deliverables are defined to the (75) level.

(75) A. independent resource　　　　　B. individual work load

　　C. work milestone　　　　　　　D. work package

试题分析:题目翻译:创建 WBS 意味着将主要的项目交付物细分为更小的组件,直到交付物被定义到(75)级。

(75) A. 独立资源　　　　　　　　　　B. 个人工作负荷

　　C. 工作里程碑　　　　　　　　　D. 工作包

解析:WBS(工作分解结构)是面向可交付物的层次性分析结构,是对完成项目目标、创造可交付物所需执行的项目工作的分解。WBS 把项目工作细分为更小、更易管理的工作单元,随着 WBS 层次的降低,意味着项目工作也越来越详细,直到工作包(work package)的层次。

参考答案:(75) D

全国计算机技术与软件专业技术资格(水平)考试

模拟试卷(二) 信息系统项目管理师 下午试卷 I

(考试时间 13:30~15:00 共90分钟)

请按下述要求正确填写答题纸

1. 本试卷共三道题,全部为必答题,每题25分,满分75分。
2. 在答题纸的指定位置填写你所在的省、自治区、直辖市、计划单列市的名称。
3. 在答题纸的指定位置填写准考证号、出生年月日和姓名。
4. 答题纸上除填写上述内容外只能写解答。
5. 解答时字迹务必清楚,字迹不清时,将不评分。

例题

2022年下半年全国计算机技术与软件专业技术资格(水平)考试日期是(1)月(2)日。

因为正确的解答是"11月5日",故在答题纸的对应栏内写上"11"和"5"(参看下表)。

例题	解答栏
(1)	11
(2)	5

试题一(25分)

阅读下列说明,回答问题1至问题3,将解答填入答题纸的对应栏内。

【说明】

A公司承接了某信息系统工程项目。公司李总任命小王为项目经理,向公司项目管理办公室负责。项目组接到任务后,各成员根据各自分工制定了相应项目管理子计划,小王将收集到的各子计划合并为项目管理计划并直接发布。

为了保证项目按照客户要求尽快完成,小王基于自身的行业经验,对客户需求初步了解后,立即安排项目团队开始实施项目。在项目实施过程中,客户不断调整需求,小王本着客户至上的原则,对客户的需求均安排项目组成员进行了修改,导致某些工作内容多次重复。项目进行到后期才发现项目进度严重滞后,客户对项目进度很不满意,并提出了投诉。接到客户投诉后李总要求项目管理办公室给出说明。项目管理办公室对该项目情况也不了解,因此组织相关人员对项目进行审查,发现了很多问题。

【问题1】(10分)

结合案例,请简要分析造成项目目前状况的原因。

【问题2】(10分)

请简述项目管理办公室的职责。

【问题3】(5分)

结合案例,判断下列选项的正误(填写在答题纸对应栏内,正确的选项填写"√",错误的填写"×")。

(1)项目整体管理包括选择资源分配方案,平衡相互竞争的目标和方案,以及协调项目管理各

知识领域之间的依赖关系。(　　)

(2)只有在过程之间相互交互时,才需要关注项目整体管理。(　　)

(3)项目整体管理还包括开展各种活动来管理项目文件,以确保项目文件与项目管理计划及交付成果(产品、服务或能力)的一致性。(　　)

(4)针对项目范围、进度、成本、质量、人力资源、沟通、风险、采购、干系人九大领域的管理,最终是为了实现项目的整体管理,实现项目目标的综合最优。(　　)

(5)半途而废,失败的项目,只需要说明项目终止的原因,不需要进行最终产品、服务或成果的移交。(　　)

试题一解题要点

【问题1】

造成当前状况的原因有:

(1)项目经理小王项目管理经验不足,管理能力不强,不适合项目经理职位。

(2)项目管理子计划应该根据项目管理计划来制定和细化,而不是先有项目管理子计划,再合并为项目管理计划。

(3)项目管理计划没有经过相关干系人评审就直接发布。

(4)对客户需求没有完整的获取、分析并确认,就开始实施项目。

(5)小王没有建立需求变更控制流程,没有进行需求变更控制。

(6)小王没有进行有效的进度检查和进度控制。

(7)小王与客户的沟通存在问题,没有有效的沟通管理。

(8)项目管理办公室没有对小王进行监督和指导,没有对项目过程进行监控。

【问题2】

项目管理办公室的职责有:

(1)建立组织内项目管理的支撑环境。

(2)培养项目管理人员。

(3)提供项目管理的指导和咨询。

(4)组织内的多项目管理和监控。

(5)项目组合管理。

(6)提高企业项目管理能力。

【问题3】

(1)√。(2)×。(3)√。(4)√。(5)×。

试题二(25分)

阅读下列说明,回答问题1至问题4,将解答填入答题纸的对应栏内。

【说明】

下表给出了某信息系统建设项目的所有活动截止到2018年6月1日的成本绩效数据,项目完工预算 BAC 为30000元。

活动名称	完成百分比(%)	PV(元)	AC(元)
1	100	1000	1000
2	100	1500	1600
3	100	3500	3000

续表

活动名称	完成百分比(%)	PV(元)	AC(元)
4	100	800	1000
5	100	2300	2000
6	80	4500	4000
7	100	2200	2000
8	60	2500	1500
9	50	4200	2000
10	50	3000	1600

【问题1】(8分)

请计算项目当前的成本偏差CV、进度偏差SV、成本绩效指数CPI、进度绩效指数SPI,并指出该项目的成本和进度执行情况(CPI和SPI结果保留两位小数)。

【问题2】(6分)

项目经理对项目偏差产生的原因进行了详细分析,预期未来还会发生类似偏差,如果项目要按期完成,请估算项目中的ETC(结果保留一位小数)。

【问题3】(5分)

假如此时项目增加10000元的管理储备,项目完工预算BAC如何变化?

【问题4】(6分)

以下成本中,直接成本有哪三项?间接成本有哪三项?(从候选答案中选择正确选项,将该选项编号填入答题纸的对应栏内,所选答案多于三项不得分)

A. 销售费用

B. 项目成员的工资

C. 办公室电费

D. 项目成员的差旅费

E. 项目所需的物料费

F. 公司为员工缴纳的商业保险费

试题二解题要点

【问题1】

$PV = 1000+1500+3500+800+2300+4500+2200+2500+4200+3000 = 25500(元);$

$EV = 1000+1500+3500+800+2300+4500\times0.8+2200+2500\times0.6+4200\times0.5+3000\times0.5 = 20000(元);$

$AC = 1000+1600+3000+1000+2000+4000+2000+1500+2000+1600 = 19700(元);$

$CV = EV-AC = 20000-19700 = 300(元);$

$SV = EV-PV = 20000-25500 = -5500(元);$

$CPI = EV/AC = 20000/19700 = 1.02;$

$SPI = EV/PV = 20000/25500 = 0.78。$

【问题2】

$ETC = (BAC-EV)/(CPI\times SPI) = (30000-20000)/(1.02\times0.78) = 12569.1(元)。$

【问题3】

无影响。因为管理储备是不作为项目预算分配下去的,计算BAC时,不需要考虑管理储备。

【问题4】

直接成本：B、D、E。

简接成本：A、C、F。

试题三（25分）

阅读下列说明，回答问题1至问题3，将解答填入答题纸的对应栏内。

【说明】

某公司规模较小，公司总经理认为工作开展应围绕研发和市场进行，该项目研发过程中，编写相关文档会严重耽误项目执行的进度，应该能省就省。2018年1月公司中标一个公共广播系统建设项目，主要包括广播主机、控制器等设备及平台软件的研发工作。公司任命小陈担任项目经理，为保证项目质量，小陈指定一直从事软件研发工作的小张兼职负责项目的质量管理。

小张参加完项目需求和设计方案评审后，便全身心投入到自己负责的研发工作中。在项目即将交付前，小张按照项目组制定的验收大纲进行了检查，并按照项目组拟订的文件列表，检查文件是否齐全，然后签字通过。客户验收时发现系统存在严重的质量问题，不符合客户的验收标准，项目交付时间推延。

【问题1】（12分）

结合案例，分析该项目中质量问题产生的原因。

【问题2】（5分）

请简述质量控制过程的输入。

【问题3】（8分）

基于案例，请判断以下描述是否正确（填写在答题纸对应栏内，正确的选项填写"√"，错误的选项填写"×"）。

（1）项目质量管理包括确定质量政策、目标与职责的各个过程和活动，从而使项目满足其预定的需求。（　　）

（2）帕累托图是一种特殊形式的条形图，用于描述几种趋势、分散程度和统计分布形状。（　　）

（3）通过持续过程改进，可以减少浪费，消除非增值活动，使各个过程在更高的效率与效果水平上运行。（　　）

（4）从项目作为一项最终产品来看，项目质量体现在其性能或使用价值上，即项目的过程质量。（　　）

试题三解题要点

【问题1】

该项目中质量问题产生的原因有：

（1）公司高层（总经理）不重视项目质量。

（2）公司高层认为相关文档会耽误项目执行的进度，能省就省的指导思想错误。

（3）项目经理小陈缺乏对兼职质量管理员小张的质量管理活动的指导和监控。

（4）小张不适合质量管理员岗位要求。

（5）小张没有做到兼顾质量管理工作和开发工作，忽略了质量管理工作。

（6）没有制定项目质量管理计划。

（7）没有进行质量保证过程。

（8）质量控制活动频次太低，只在即将交付前进行。

（9）质量检查只进行了文件齐全的检查，没有进行可交付成果是否满足质量要求的检查。

【问题2】

质量控制过程的输入：

(1)项目管理计划。

(2)质量测试指标。

(3)质量核对单。

(4)工作绩效数据。

(5)批准的变更请求。

(6)可交付成果。

(7)项目文件。

(8)组织过程资产。

【问题3】

(1)√。(2)×。(3)√。(4)×。

全国计算机技术与软件专业技术资格(水平)考试

模拟试卷(二) 信息系统项目管理师 下午试卷 II

(考试时间 15:20~17:20 共120分钟)

请按下表选答试题

试题号	一 ~ 二
选择方法	选答 1 题

请按下述要求正确填写答题纸

1. 本试卷满分 75 分。
2. 在答题纸的指定位置填写你所在的省、自治区、直辖市、计划单列市的名称。
3. 在答题纸的指定位置填写准考证号、出生年月日和姓名。
4. 在试题号栏内用"○"圈住选答的试题号。
5. 答题纸上除填写上述内容外只能写解答。
6. 正文字数为 2300 字左右,文中可以分条叙述,但不要全部用分条叙述的方式。
7. 解答时字迹务必清楚,字迹不清,将不评分。

从下列的 2 道试题(试题一至试题二)中任选 1 道解答。请在答卷上用"○"圈住选答的试题编号。若用"○"圈住的试题编号超过 1 道,则按题号最小的 1 道评分。

试题一 论项目的沟通管理和干系人管理

为保证项目能完成预定的目标,必须要加强对项目计划全面的详细的规划。随着项目管理理论和技术的发展,项目的沟通管理和干系人管理已经不只是管理的问题,而是管理思想、经济和技术的综合反映。

请围绕"项目的沟通管理和干系人管理"论题,分别从以下三个方面进行论述。

1. 简要叙述你参与管理过的信息系统项目(如项目背景、发起单位、项目目标、项目内容、组织结构、项目周期、交付产品、项目特色等)。

2. 基于你对沟通管理和干系人管理的认识,并结合你所管理的项目情况,论述项目沟通管理和干系人管理所应实施的活动。请围绕但不局限于以下要点。

(1)沟通管理和干系人管理的概念和重要性。

(2)沟通管理和干系人管理的基本活动、技术或方法。

(3)你所在的项目如何实施沟通管理和干系人管理,采用了哪些方法,进行后的效果如何。

3. 结合你的项目管理经历,总结信息系统项目在进行沟通管理和干系人管理管理时应重点关注的内容,谈谈你的心得体会或经验教训。

【论文题目分析】

论题一写作要点:

1. 整篇论文陈述完整,论文结构合理、语言流畅、字迹清楚。

2. 所述项目切题真实,介绍清楚(项目要真实,描述清楚,所述的项目情况应能支持后文中论述的沟通和干系人管理的思想和方法)。

3. 结合项目情况,论述对项目沟通管理和干系人管理的认识以及应实施的活动。

试题二 论项目的质量和成本管理

随着信息系统集成项目不断地向智能化、规模化发展,项目团队成员呈现高学历、高专业化分工以及年轻化的趋势。如何管理好项目范围和质量,减少范围蔓延带来的一系列的变更和不必要的工作,加强质量控制,减少项目因质量带来的永久性影响。

请以"信息系统项目的质量和成本管理"为题,分别从以下三个方面进行论述。

1. 简要说明你参与的信息系统项目的背景、目的、发起单位的性质,项目的技术和运行特点、项目的周期、人力资源需求的特点,以及你在项目中的主要角色和职责。

2. 结合你参与的项目,论述质量和成本管理的主要流程,关键的输入输出、使用的基本工具,以及相关的质量和成本管理技术。

3. 根据你的项目质量和成本管理实践,说明你是如何进行项目质量和成本管理的,有哪些经验和教训。

【论文题目分析】

论题二写作要点:

1. 整篇论文陈述完整,论文结构合理、语言流畅,字迹清楚。

2. 所述项目切题真实,介绍清楚(项目要真实,描述清楚,所描述的项目情况应能支持后文中论述的质量和成本管理的思想和方法)。

3. 结合项目情况,论述对项目质量和成本管理的认识以及应实施的活动。